算数 出題分野分析表

分野＼年度		2024	2023	2022	2021	2020	2019	2018	2017	[illegible]	2015
計算	四則計算・逆算	○	○	○	○	○	[illegible]	[illegible]	[illegible]	[illegible]	[illegible]
	計算のくふう	○		○		[illegible]	[illegible]	[illegible]	[illegible]	[illegible]	[illegible]
	単位の計算					[illegible]	[illegible]	[illegible]	[illegible]	[illegible]	[illegible]
和と差	和差算・分配算					[illegible]	[illegible]	[illegible]	[illegible]	[illegible]	[illegible]
	消去算				○	[illegible]	[illegible]	[illegible]	[illegible]		
	つるかめ算	○	○			[illegible]	[illegible]				
	平均とのべ		○								
	過不足算・差集め算	○						○	○		
	集まり	○	○								
	年齢算										
割合と比	割合と比	○			○	○					○
	正比例と反比例										
	還元算・相当算										
	比の性質			○					○		
	倍数算										
	売買損益						○				
	濃度			○	○				○		
	仕事算			○							
	ニュートン算										○
速さ	速さ										
	旅人算	○	○			○	○	○	○	○	
	通過算										○
	流水算								○		
	時計算			○		○					
	速さと比	○			○	○	○		○	○	
図形	角度・面積・長さ	●	●		◎	◎	●	●	●	●	◎
	辺の比と面積の比・相似	◎	○	◎	●	●	●		○	●	●
	体積・表面積	◎	◎	◎	◎	●	◎	◎	◎	●	○
	水の深さと体積				○					◎	◎
	展開図	○			○	○	○		◎		○
	構成・分割	◎	◎	●	○	◎	●	●	◎	◎	○
	図形・点の移動	○	○		○	◎	○	◎	○	○	○
表とグラフ			○							○	
数の性質	約数と倍数						●				○
	N進数										
	約束記号・文字式			○	○			○			
	整数・小数・分数の性質	○		◎	●	◎	◎	◎		●	
規則性	植木算										
	周期算		○	○		○					○
	数列		○					○	○	○	
	方陣算										
	図形と規則				○						
場合の数		●	●	◎	○	○	◎	●	●	○	●
調べ・推理・条件の整理		◎	●	○	○	◎	●		◎	○	
その他											

※ ○印はその分野の問題が１題，◎印は２題，●印は３題以上出題されたことをしめします。

理科 出題傾向＆対策

◆基本データ（2024年度）

試験時間／満点	60分／100点
問題構成	・大問数…６題 ・小問数…24問
解答形式	記号選択や短文記述，数値の記入など解答形式は多彩である。記号選択は，択一式のものが中心。記述問題は２行程度のものがある。作図問題も見られる。
実際の問題用紙	Ｂ４サイズ
実際の解答用紙	Ｂ４サイズ

◆過去10年間の分野別出題率

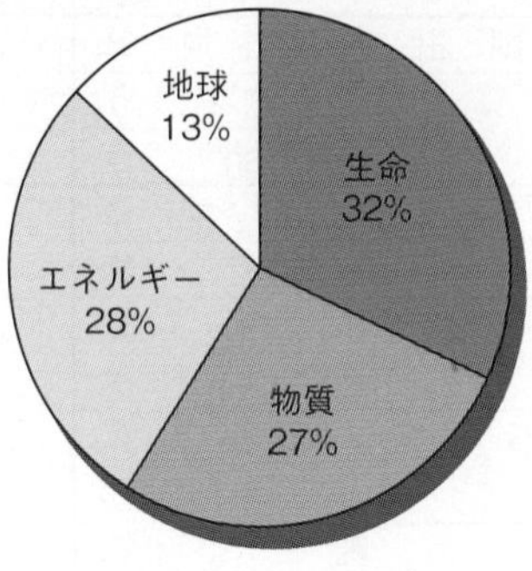

※　配点（推定ふくむ）をもとに算出

◆近年の出題内容

		【　2024年度　】			【　2023年度　】
大問	1	〔地球〕 地震	大問	1	〔物質〕 ものの溶け方
	2	〔物質〕 水溶液の判別		2	〔エネルギー〕 光の量とあたたまり方
	3	〔エネルギー〕 力による変形		3	〔生命〕 栄養素・消化
	4	〔物質〕 水の状態変化		4	〔地球〕 星の動き
	5	〔生命〕 昆虫		5	〔物質〕 金属と塩酸の反応
	6	〔エネルギー〕 ふりこ，球の運動		6	〔エネルギー〕おもりと糸のつり合い

◆出題傾向と内容

　実験や観察を主体にして考えさせる問題が多く，断片的な知識を問うものは少なくなっています。これらの問題は，説明文が長いこともあって，**ていねいに読んで考察できるかどうかがポイント**になります。また，ポピュラーな実験が多いわりに，その結果を示すグラフや図には見慣れないものも多く，読み取りが難しいといえます。なかには，実験自体が複雑なものもあるので，日頃の観察力が問われます。

●**生命**…植物のつくりと成長，動物と環境，動物のからだのつくりと成長などが出題されています。

●**物質**…物質のすがた，気体の性質，水溶液の性質，ものの溶け方，金属の性質，ものの燃え方などが取り上げられています。

●**エネルギー**…てこ・滑車・輪軸，ふりこ・物体の運動，もののあたたまり方，浮力と密度・圧力，電気回路などが見られます。

●**地球**…地球・月・太陽系や気象がよく出題されています。

◆対策～合格点を取るには？～

　本校の理科は実験・観察をもとにした問題が大部分なので，細かい知識を覚えるよりも，**教科書・参考書の内容をしっかり身につける**ことや，**資料**（グラフや表，実験や観察の結果）**をもとにして考える訓練を積んでおく**ことが大切です。そのために，次のことを実行してみてはいかがでしょうか。①…教科書や標準的な受験参考書を中心とした学習をする。基本的なことがらの理解に努め，グラフや表の見方にも慣れる。②…学校で行う実験や観察には積極的に参加し，目的，方法，経過，結果，実験器具の使用方法などをノートに整理する。わからないことがあれば，図鑑などで調べる。③…科学ニュースにも目を向ける。新聞や雑誌の記事，テレビのニュース番組や科学番組などをできるだけ関心を持って見るようにする。④…標準的でうすめの問題集で演習する。解けた問題も解けなかった問題も，解答・解説をよく読んで自分の解法と比較しながら検討する。

理科　出題分野分析表

分野＼年度		2024	2023	2022	2021	2020	2019	2018	2017	2016	2015
生命	植物									★	★
	動物	★				○	★	★	★	★	★
	人体		★	★	★						
	生物と環境	○				★		★			
	季節と生物								★		
	生命総合						★				
物質	物質のすがた	★					○		○		
	気体の性質								○		
	水溶液の性質	★		★	★	○					★
	ものの溶け方		★			★	★			★	
	金属の性質		★						★		
	ものの燃え方			★							
	物質総合					★	★	★		★	
エネルギー	てこ・滑車・輪軸		★	★	★	★	★	★			
	ばねののび方										
	ふりこ・物体の運動	★				★			★	★	★
	浮力と密度・圧力						○	★			
	光の進み方										
	ものの温まり方		★								
	音の伝わり方										
	電気回路			★	★						
	磁石・電磁石										
	エネルギー総合	★									★
地球	地球・月・太陽系				★	★	★	★		★	★
	星と星座		★						★		
	風・雲と天候			★					★	★	
	気温・地温・湿度										★
	流水のはたらき・地層と岩石										
	火山・地震	★									
	地球総合										
実験器具					○	○					○
観察											
環境問題											
時事問題											
複数分野総合											

※　★印は大問の中心となる分野をしめします。

国語 出題傾向＆対策

◆基本データ（2024年度）

試験時間／満点	1日目…40分／80点 2日目…70分／120点
問題構成	・1日目 文章読解題1題／知識問題5題 ・2日目 文章読解題3題
解答形式	記述問題が大半をしめるが，記号選択や適語の記入も見られる。記述問題には字数制限があるものとないものがある。
実際の問題用紙	B４サイズ
実際の解答用紙	B４サイズ

◆過去10年間の分野別出題率

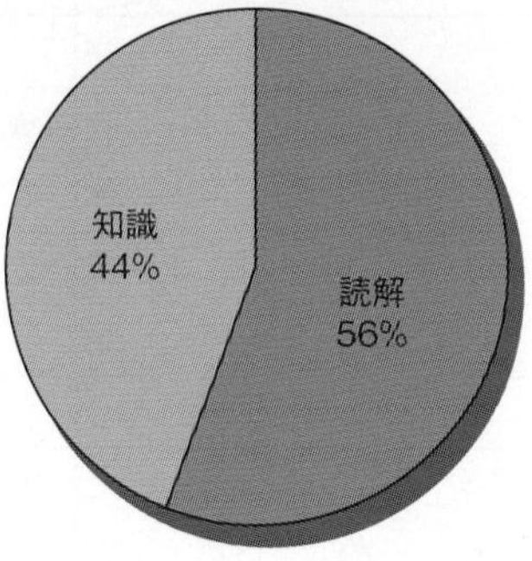

※　配点（推定ふくむ）をもとに算出

◆近年の出題内容

【　2024年度２日目　】			【　2023年度２日目　】		
大問	一	〔**説明文**〕兼本浩祐『普通という異常　健常発達という病』（約3100字）	大問	一	〔**随筆**〕鎌田裕樹「ポケットの種から」（約3000字）
	二	〔**随筆**〕桜木紫乃「軍艦島にて」（約1800字）		二	〔**随筆**〕村井理子『本を読んだら散歩に行こう』（約3500字）
	三	〔**韻文**〕細見和之「夜の舟」		三	〔**韻文**〕秋村宏『生きものたち』所収の詩「あなたに」

◆出題傾向と内容

全体的に，本校の国語は**「国語は論理だ」という強い信念の感じられる出題傾向**といえます。そしてそれは，受験勉強の成果を見るためというよりも，国語力をはかることを通じて受験生がどのくらい成長した人間であるかを見るためであると考えられます。

●読解問題…引用文は説明文・論説文，随筆・紀行，詩，短歌・俳句が多く，小説・物語文はあまり出題されていません。設問は読解を軸として，要旨のはあく，文脈理解，適語適文選択，難表現・難語の文脈の中での意味の説明といったふうに，特に読解力に大きなウェートがおかれています。

●知識問題…１日目を中心として，慣用句・ことわざや外来語の問題がひんぱんに出されています。また，漢字は通常の書き取りはもちろん，漢字・熟語の組み立てや部首をあつかった問題が多く出されています。その一方で，ことばのきまりをあつかった問題や文学史はあまり出題されていません。

◆対策～合格点を取るには？～

まず，論理を重視する読解力の養成が必要です。文章の種類別に読解法を整理してある参考書を手本にしながら，それぞれの種類の中で典型的な文章を選び精読してみましょう。参考書に示されている読解法にそって読む訓練を，最初はゆっくりと行って読解のコツをつかみ，そのような感触を得たら，今度は読解のコツを崩すことなく徐々にスピードを上げていきます。筆者の主張を短文でまとめる訓練も有効です。

また，**ことばのきまり・知識に関しては，参考書を１冊仕上げる**とよいでしょう。慣用句・ことわざ，文法などの基本事項は確実に身につけておくこと。漢字や熟語については，読み書きはもちろんのこと，さらに同音（訓）異義語，意味などについても辞書で調べる習慣をつけることが大切です。よく出題される外来語については，時事的な新語も問われるので，テレビのニュースや新聞記事などから新鮮な情報を得ることもこころがけましょう。

国語 出題分野分析表

分野			2024	2023	2022	2021	2020	2019	2018	2017	2016	2015
読解	文章の種類	説明文・論説文	★		★	★	★		★		★	★
		小説・物語・伝記					★		★		★	
		随筆・紀行・日記	★	★	★	★		★		★	★	★
		会話・戯曲										
		詩	★	★	★	★	★	★	★	★	★	
		短歌・俳句	★	★	★	★	★	★	★	★	★	★
	内容の分類	主題・要旨		○				○		○		
		内容理解	○	○	○	○	○	○	○	○	○	○
		文脈・段落構成										
		指示語・接続語	○	○	○				○	○		
		その他	○	○	○	○	○	○	○	○	○	○
知識	漢字	漢字の読み										
		漢字の書き取り	○	○	○	○	○	○	○	○	○	○
		部首・画数・筆順					★					
	語句	語句の意味						★	○	★		○
		かなづかい	○			★						
		熟語	★	★	★	★	★	★	★	★	★	★
		慣用句・ことわざ	○	★	★	★	★	○	★	★		★
	文法	文の組み立て								★		○
		品詞・用法	○	○				★		○		
		敬語			★		★					
	形式・技法											
	文学作品の知識											
	その他		★	★	★	★		○		○		
	知識総合		★	★	★	★	★	★		★	★	★
表現	作文											
	短文記述											
	その他											
放送問題												

※ ★印は大問の中心となる分野をしめします。

Memo

Memo

2024年度　灘　中　学　校

【算　数】〈**第１日目**〉（60分）〈満点：100点〉

次の問題の［　　］にあてはまる数を解答欄《らん》に書き入れなさい。

［注意］・問題にかいてある図は必ずしも正しくはありません。

・円周率には3.14を用いなさい。

・角すいの体積は，(底面積)×(高さ)×$\frac{1}{3}$で求められます。

1　$1\div\left\{\frac{1}{9}-1\div(35\times35+32\times32)\right\}=9+\frac{81}{\square}$

2　太郎君は１本の値段が［　　］円のペンを５本買う予定でしたが，所持金が120円足りませんでした。代わりに，１本の値段が予定していたものより100円安いペンを７本と60円の消しゴムを１個買ったところ，ちょうど所持金を使い切りました。

3　ある学校の生徒に，A，B，Cの３つの町に行ったことがあるかどうかの調査をしたところ，A，B，Cに行ったことがある生徒の割合はそれぞれ全体の$\frac{2}{7}$，$\frac{5}{14}$，$\frac{1}{9}$でした。AとBの両方に行ったことがある生徒の割合は全体の$\frac{1}{4}$でした。また，Cに行ったことがある生徒は全員，AにもBにも行ったことがありませんでした。A，B，Cのどの町にも行ったことがない生徒は999人以下でした。

A，B，Cのどの町にも行ったことがない生徒の人数として考えられるもののうち最も多いものは［　　］人です。

4　A町とB町を結ぶ道があります。この道を何台ものバスがA町からB町に向かう方向に一定の速さで，一定の間隔《かんかく》で走っています。

太郎君が同じ道を，A町からB町に向かう方向に一定の速さで自転車で走ると，バスに20分ごとに追い越《こ》されました。太郎君がそのままの速さで走る方向のみを反対に変えると，バスに10分ごとに出合いました。その後，太郎君が速さを時速６km上げたところ，バスに９分ごとに出合いました。

バスとその次のバスの間隔は［　　］kmです。

ただし，バスと自転車の長さは考えないものとします。

5　４枚のカード$\boxed{0}$，$\boxed{2}$，$\boxed{2}$，$\boxed{4}$があるとき，この４枚のカードを並べてできる４桁《けた》の数のうち11で割り切れるものは全部で［①　　］個あります。ただし，0224は４桁の数ではありません。

また，５枚のカード[0]，[2]，[2]，[4]，[6]があるとき，このうちの４枚のカードを並べてできる４桁の数のうち11で割り切れるものは全部で[②]個あります。ただし，[6]のカードを上下逆にして[9]として用いることはできません。

6　1，2，3，4，5，6，7，8から異なる４つを選び，大きい方から順にA，B，C，Dとしました。また，選ばなかった残りの４つを並べ替《か》え，E，F，G，Hとしました。すると，４桁の数$ABCD$から４桁の数$DCBA$を引いた差は４桁の数$EFGH$でした。４桁の数$ABCD$は[　　]です。

7　図のような，電池１個，電球１個，スイッチ７個を含《ふく》む電気回路があります。スイッチのオン・オフの仕方は全部で128通りあり，そのうち電球が点灯するようなスイッチのオン・オフの仕方は全部で[　　]通りあります。

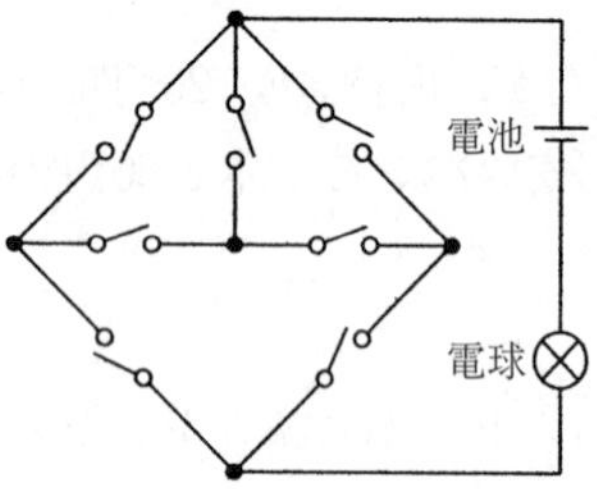

8　図のように，三角形ABC，DEFがあり，点A，Dはそれぞれ辺EF，BC上にあります。また，辺AB，DEは点Gで交わり，辺AC，DFは点Hで交わります。

辺AB，DEの長さは等しく，辺AC，DFの長さは等しく，辺AE，AFの長さは等しく，辺CDの長さは辺BDの長さの３倍です。また，辺BC，EFは平行です。四角形AGDHの面積は三角形AHFの面積の[　　]倍です。

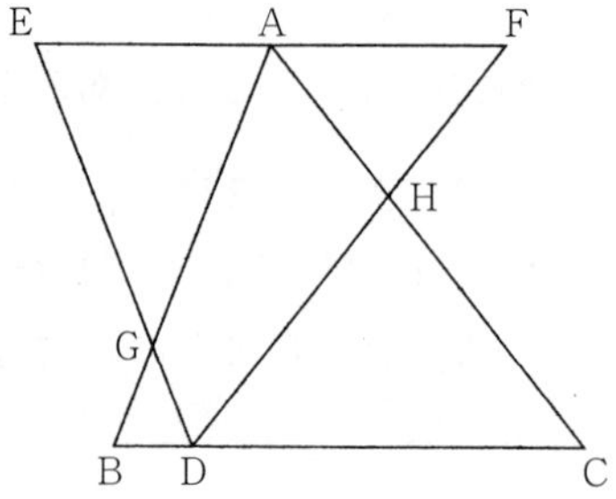

9　１辺の長さが8 cmである２つの正方形ABCD，PQRSがあります。

図１には，点Bを中心とし点Dを通る半円と，点Cを中心とし点Aを通る半円がかかれています。

図２のように正方形PQRSが①の位置から②の位置まで直線アの上をすべることなく転がるときに辺PQが通過する部分の面積と，図１の斜線《しゃせん》部分の面積の和は[　　]cm^2です。

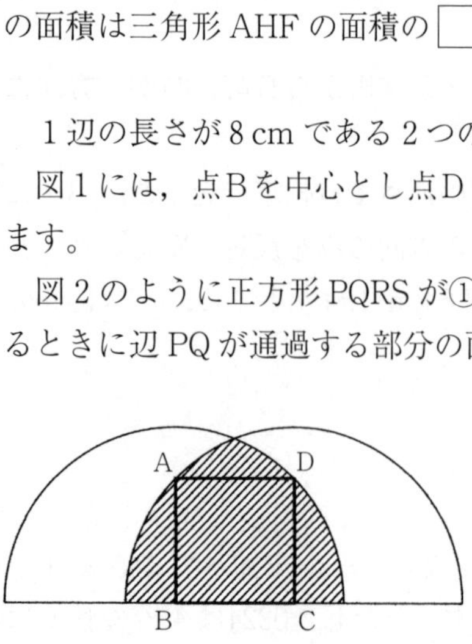

図１

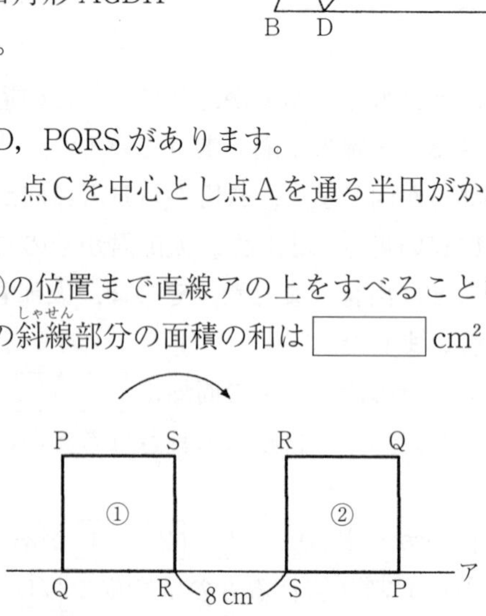

図２

10　図の五角形ABCDEは正五角形で，四角形CDFG，ADHIはどちらも正方形です。このとき，角㋐の大きさは□度です。

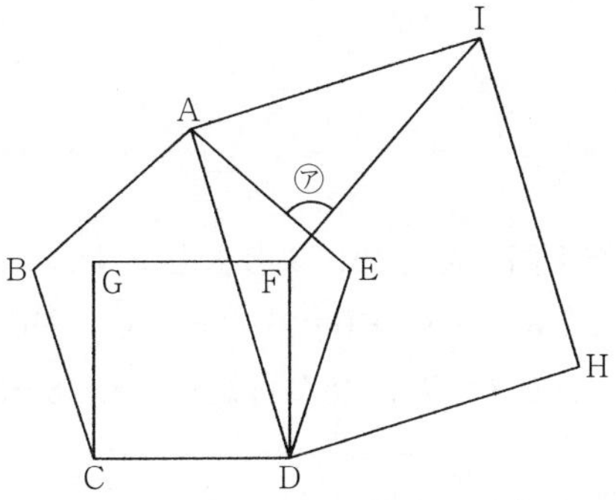

11　図の直方体ABCD−EFGHについて，辺AD，AE，EFの長さはそれぞれ1 cm，2 cm，1 cmです。また，点Iは辺CDの真ん中の点です。3点A，F，Iを通る平面でこの直方体を切り分けたとき，点Cを含む方の立体の体積は，他方の立体の体積の□倍です。

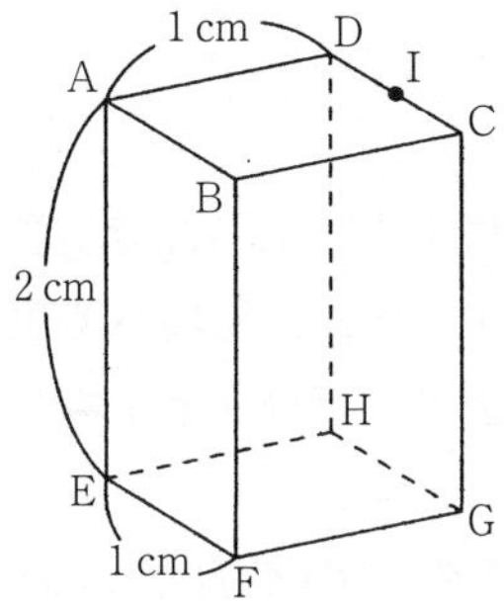

12　ある立体の展開図は図のようになっています。この立体の体積は□cm³です。ただし，同じ記号がかかれた辺の長さは等しいとします。

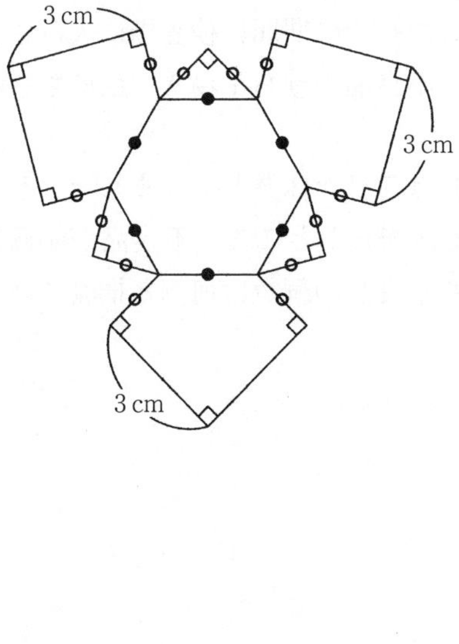

〈**第２日目**〉（60分）〈満点：100点〉

［注意］
- **1**(2)(イ)，**2**(2)，**3**(2)(イ)，(ウ)，**5**(2)は答え以外に文章や式，図などもかきなさい。それ以外の問題は答えのみ記入しなさい。
- 問題にかいてある図は必ずしも正しくはありません。
- 角すいの体積は，(底面積)×(高さ)×$\frac{1}{3}$で求められます。

1　10以上の整数に対して，各位の数をかけ合わせる操作１回を記号→により表します。この操作を繰《く》り返し，10より小さくなると終了《しゅうりょう》します。たとえば，2×1×0＝０ですから，210から始めると 210→０となります。また，4×8＝32，3×2＝６ですから，48から始めると 48→32→６となります。

(1)　２桁《けた》の整数AでA→０となるものは全部で□個あり，３桁の整数BでB→０となるものは全部で□個あります。

(2)　３桁の整数CでC→D→２となるものを考えます。ただしDは整数です。

(ア)　このような整数Cのうち，最も小さいものは□で，最も大きいものは□です。

(イ)　このような整数Cは全部で何個ありますか。

2　製品Ｐは，１日につき，工場Ａで2000個，工場Ｂで3000個生産されます。工場Ａで生産された製品Ｐから1000個取り出して検査すると７個不良品が見つかります。また，工場Ｂで生産された製品Ｐから1000個取り出して検査すると12個不良品が見つかります。工場Ａと工場Ｂで生産された製品Ｐはすべて検査場に入荷され，検査の前によく混ぜられます。

たとえば工場Ａで生産された製品Ｐが3000個あったとき，その中の不良品の個数は$3000\times\frac{7}{1000}=21$個と推測されます。実際には21個より多いことも少ないこともあり得ますが，このように推測します。

この例にならって次の問いに答えなさい。

(1)　ある期間，工場Ａ，工場Ｂはどちらも休まず稼働《かどう》しました。その期間に検査場に入荷された製品Ｐから不良品が1000個見つかったとき，その1000個の不良品のうち工場Ａで生産された不良品の個数は□個と推測されます。

(2)　ある年の４月，工場Ａは休まず稼働しましたが，工場Ｂは何日か休業となりました。その１ヶ月に検査場に入荷された製品Ｐから10000個取り出して検査したところ，不良品が80個見つかりました。その80個の不良品のうち工場Ａで生産された不良品の個数は何個と推測されますか。

3　(1)　下の図の正方形ABCDにおいて，三角形AEFの面積は□cm²です。
また，４つの面がそれぞれ三角形ABE，ECF，FDA，AEFと合同な三角すいの体積は□cm³です。

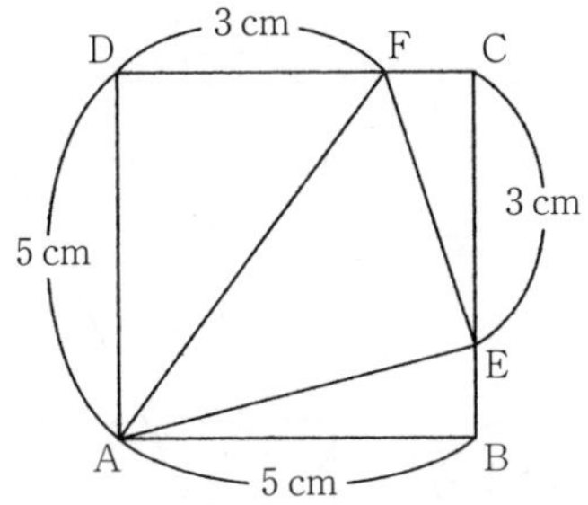

(2)　右の図のような，１辺の長さが20cmの立方体GHIJ-KLMNがあります。点PはGPの長さが10cmとなる辺GJ上の点，点QはGQの長さが15cmとなる辺GH上の点，点RはKRの長さが3cmとなる辺KL上の点です。

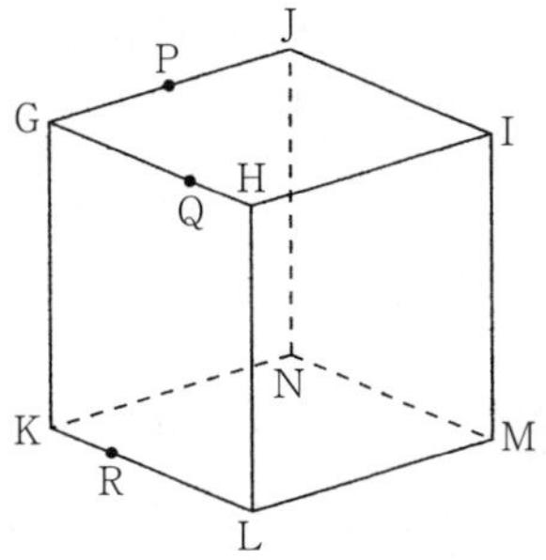

(ア)　３点P，Q，Rを通る平面と辺KNが交わる点をSとします。このとき，KSの長さは□cmです。
　また，３点P，Q，Rを通る平面で立方体GHIJ-KLMNを２つの立体に切り分けたとき，Gを含《ふく》む方の立体の体積は□cm³です。

(イ)　４点G，P，Q，Rを頂点とする三角すいの，三角形PQRを底面とみたときの高さを求めなさい。

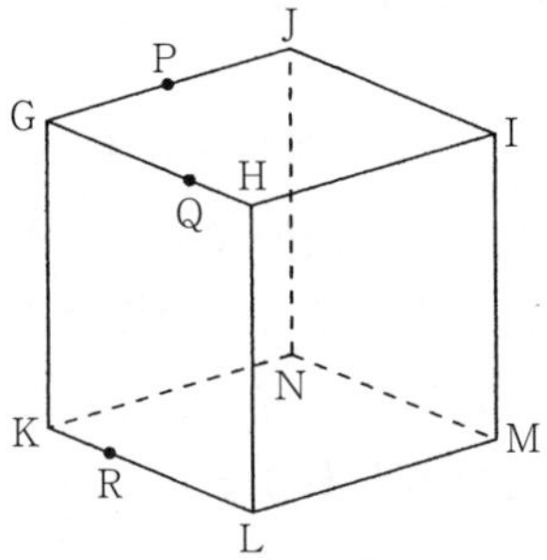

(ウ)　４点M，P，Q，Rを頂点とする三角すいの，三角形PQRを底面とみたときの高さを求めなさい。

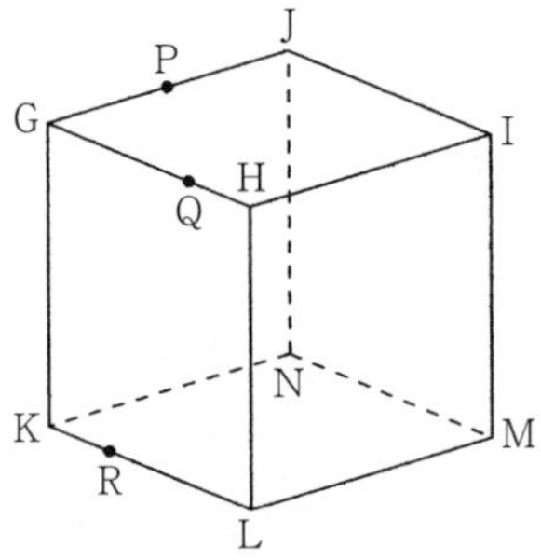

4　(1)　下の図のような長方形ABCDがあり，辺BC上に点E，辺CD上に点Fがあります。三角形AEFが直角二等辺三角形であるとき，三角形AEFの面積は［　　　］cm^2です。

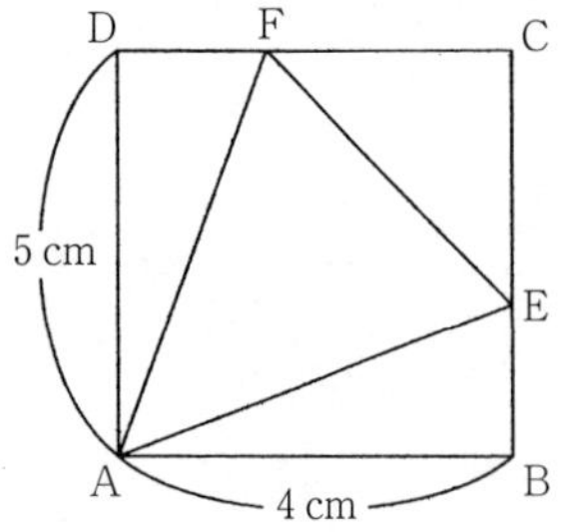

(2)　1辺の長さが12cmである正方形GHIJがあります。右の図のように，辺HIの延長上に点Kがあり，GKとIJが点Lで交わっています。また，半径が3cmである半円が三角形GJLにぴったり収まっています。このとき，三角形GHKにぴったり収まる円の半径は［　　　］cmです。また，辺HKの長さは［　　　］cmです。

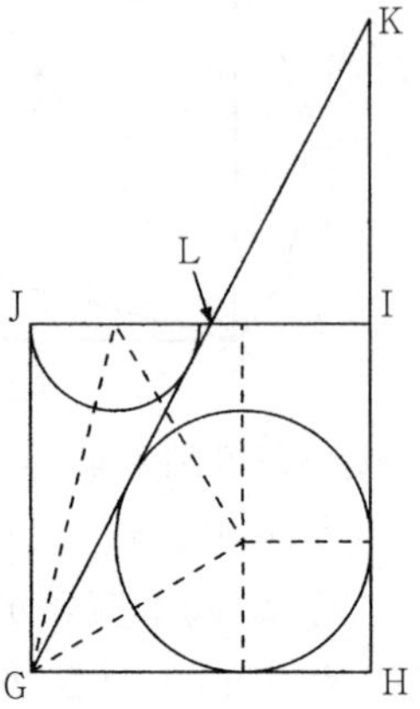

5　図のような的《まと》があり，AからIの9つの場所に1，2，3，4，5，6，7，8，9の9つの数が1つずつ書かれています。また，同じ数は2つ以上の場所に書かれることはありません。

A	B	C
D	E	F
G	H	I

(1)　太郎さんがボールを3つ投げると，A，E，Iに当たり，当たった場所に書かれた数の和は10になりました。次郎さんもボールを3つ投げると，C，E，Gに当たり，当たった場所に書かれた数の和は10になりました。

(ア)　Eに書かれた数が5であるとき，的に書かれた9つの数の並びは全部で［　　　］通りあります。

(イ)　的に書かれた9つの数の並びは，(ア)の場合を含めて全部で［　　　］通りあります。

(2)　太郎さんがボールを3つ投げると，的のどの縦列にも1回ずつ，どの横列にも1回ずつ当たり，当たった場所に書かれた数の和は10になりました。次郎さんもボールを3つ投げると，的のどの縦列にも1回ずつ，どの横列にも1回ずつ当たり，当たった場所に書かれた数の和は10になりました。また，太郎さんが当てて次郎さんが当てなかった場所がありました。このとき，的に書かれた9つの数の並びは，(1)の場合を含めて全部で何通りありますか。

【理　科】〈第1日目〉（60分）〈満点：100点〉

1　地震《しん》について以下の問いに答えなさい。

問1　地震は，地盤《ばん》に大きな力がはたらき，岩石が破壊《はかい》されて断層ができることで起こります。断層について述べた次の文aとbが，正しいか誤っているかの組合せとして適切なものを，下の表の**ア**～**エ**から選び記号で答えなさい。

a　地震を起こした断層は，地表に現れることがある。

b　地震を起こした断層が，水平方向にずれることはない。

	a	b
ア	正しい	正しい
イ	正しい	誤り
ウ	誤り	正しい
エ	誤り	誤り

問2　地震において岩石の破壊が始まった点を震源といいます。地震が起こると，震源では性質の異なる二種類の揺《ゆ》れが同時に発生し，あらゆる方向に一定の速さで地中を伝わっていきます。これらはP波，S波とよばれ，それぞれ決まった速さをもっています。下の表はある地震の記録の一部で，3か所の観測地点A，B，Cについて，震源からの距離《きょり》，P波が到《とう》達した時刻，S波が到達した時刻を示しています。

観測地点	A	B	C
震源からの距離	(①)km	45km	(②)km
P波の到達時刻	3時8分5秒	3時8分8秒	3時8分14秒
S波の到達時刻	3時8分9秒	3時8分14秒	3時8分(③)秒

(1)　P波とS波が同時に発生したことをふまえて，震源で揺れが発生した時刻を答えなさい。

(2)　上の表の(①)～(③)にあてはまる数をそれぞれ答えなさい。

(3)　大きな揺れをもたらすS波が到達する前に，予想される地震の揺れの大きさを伝えるしくみが緊急《きんきゅう》地震速報です。震源に近い観測地点が，比較《かく》的小さな揺れであるP波を観測した後，数秒以内に緊急地震速報が発表されます。この地震では，震源から15kmの距離にある観測地点DでP波が観測された8秒後に緊急地震速報が発表されました。観測地点A，B，Cのうち，緊急地震速報の発表後にS波が到達した地点として適切なものを次の**ア**～**エ**から選び記号で答えなさい。

ア　A・B・C　　**イ**　B・C　　**ウ**　C

エ　なし(どの地点も緊急地震速報の発表前にS波が到達した)

2　5つのビーカーA～Eにそれぞれ，**あ** 塩酸，**い** 炭酸水，**う** 石灰水，**え** 食塩水，**お** アンモニア水のいずれかが入っています。

実験1　A～Eの水溶《よう》液に赤色リトマス紙をつけたところ，AとCでは青色に変化した。

実験2　A～Eの水溶液に青色リトマス紙をつけたところ，DとEでは赤色に変化した。

問1　**実験1**と**実験2**の結果から，Bの水溶液はどの水溶液とわかるか，**あ**～**お**から選び記号で答えなさい。

問２　A，Cの水溶液を区別するための実験を考えました。

(1)　実験の方法と結果として正しいものを次の**ア**〜**エ**から１つ選び記号で答えなさい。

ア　見た目を観察したところ，Aは泡《あわ》が出ていたが，Cは泡が出ていなかった。

イ　においをかぐと，Aからはつんとしたにおいがしたが，Cは何もにおいがしなかった。

ウ　加熱して水分を蒸発させると，Aは黄色の固体が残り，Cは何も残らなかった。

エ　鉄くぎを加えたところ，Aからは勢いよく泡が出たが，Cは何も変化がなかった。

(2)　(1)で選んだことから，A，Cの水溶液はそれぞれどの水溶液とわかるか，**あ**〜**お**から選び記号で答えなさい。

問３　D，Eの水溶液を区別するための実験の方法として次の**ア**〜**ウ**があります。**ア**〜**ウ**から好きな方法を１つ選び，D，Eの水溶液をどのように区別するか，例にならって簡潔に答えなさい。

ア　見た目を観察する。

イ　においをかぐ。

ウ　鉄くぎを加える。

（例　無色の方が水，色がついている方が黒砂糖の水溶液。）

２つのビーカーF，Gにそれぞれ，**あ** 塩酸，**い** 炭酸水，**う** 石灰水，**え** 食塩水のうちいずれかが入っています。

実験３　F，Gの水溶液をいろいろな割合で混ぜたところ，いずれも透《とう》明で，泡が出ていた。

実験４　F，Gを混ぜて作った水溶液はいずれも，加熱して水分を蒸発させると，固体が残った。

問４　**実験３**の結果から，ビーカーF，Gのどちらにも入っていないとわかる水溶液を，**あ**〜**え**からすべて選び記号で答えなさい。

問５　**実験３**と**実験４**の結果から，F，Gの水溶液はどの２つの水溶液とわかるか，**あ**〜**え**から２つ選び記号で答えなさい。

3　一辺が10cmの立方体の消しゴムがあります。図１のように，消しゴムの各辺に沿って，上下方向，左右方向，前後方向とよぶことにします。また消しゴムは変形しても直方体とみなせるものとします。

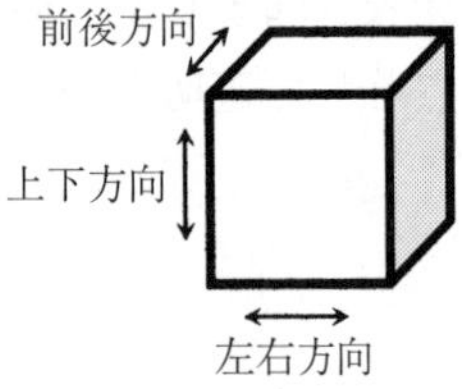

図１

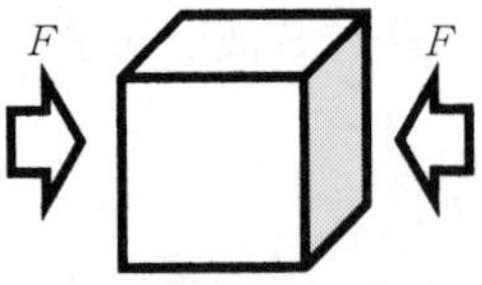

図２

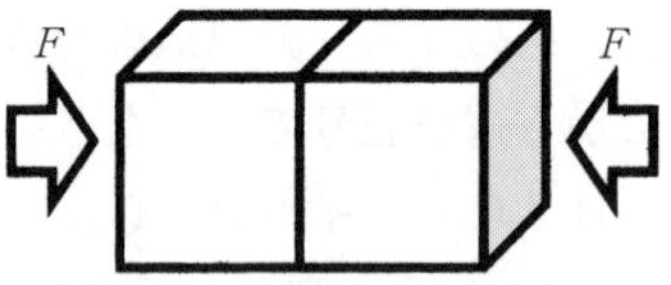

図３

問１　図２のように左右方向に対して垂直な面を，ある大きさFの力で両側から押《お》すと，消しゴムは左右方向に縮み，左右方向の長さは9.99cmになりました。力の大きさを変え，両側から押すと，消しゴムは左右方向にもとの10cmから0.002cm縮みました。このとき両側から押した力の大きさはFの何倍ですか。押した力と消しゴムの縮み（縮んだ距離）の間には比例関係が成り立つものとします。

問２　今度は先ほどと同じ消しゴムを２個用意し，図３のように左右方向にくっつけて，問１の大きさFの力で両側から押しました。このとき左右方向の消しゴムの全長(長さの和)は何cmですか。

消しゴムが両側から押されたとき，その方向の長さの変化がわかれば消しゴムの体積変化を簡単に計算できそうに思えます。しかし左右方向に両側から押された場合，消しゴムは直方体の形に変形し，上下方向および前後方向の消しゴムの長さも変化するので，計算はそれほど簡単ではありません。

問３　図２のように消しゴムが左右方向に両側から押されたとき，消しゴムの(1)上下方向および(2)前後方向の長さはそれぞれどうなりますか。伸《の》びる場合はＡ，縮む場合はＢとそれぞれ答えなさい。

図２のように１個の消しゴムが左右方向に両側から押されたとき(上下方向の伸びまたは縮み)÷(左右方向の縮み)の値をaとします。このとき，(前後方向の伸びまたは縮み)÷(左右方向の縮み)の値もaとなります。aの値は，消しゴムの素材によって異なります。

問４　問１の消しゴム１個では$a=0.48$でした。このとき問１の大きさFの力でその消しゴム１個を両側から押すと，消しゴムの体積は何cm^{3}減りますか。小数第２位まで答えなさい。ただし，xとyがともに１に比べてとても小さな数のとき$(1-x)\times(1+y)\times(1+y)$を$1-x+2\times y$のように計算してかまいません。これを近似計算とよびます。近似計算では例えば，

$(1-0.0003)\times(1+0.001)\times(1+0.001)=1.0017003997$ を $1-0.0003+2\times0.001=1.0017$

としてよいことになります。

問５　どんな立方体の消しゴムも，両側から押されたとき，体積は必ず減少することが知られています。このことから，aの値はある値以上になりえないことがわかります。ある値を答えなさい。必要であれば問４の近似計算を使ってかまいません。

4　試験管に入れた水を冷やして，水の温度変化と水のようすを調べました。その結果，冷やした時間と水の温度の関係は図１のようになりました。

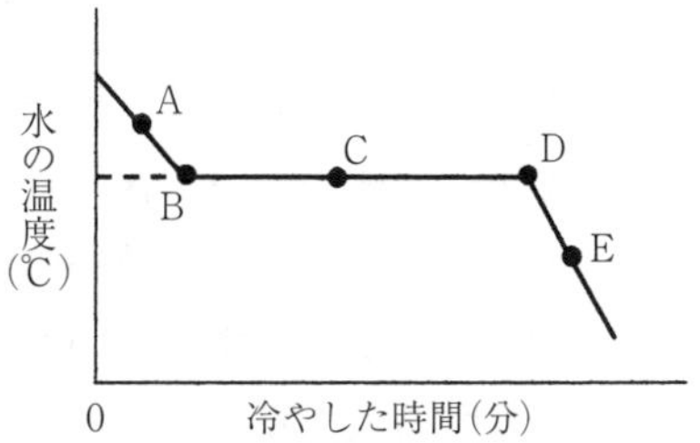

図１

問１　水がこおりはじめる(試験管内に固体が生じはじめる)のは，図１の点Ａ～Ｅのいずれの点か，記号で答えなさい。

問２　点Ｃでの試験管内の水のすがたを答えなさい。

次に，試験管に食塩水を入れ，水と同じように冷やしたときの温度変化とそのようすを調べました。食塩水について，水20ｇに溶《と》かす食塩の量を変えて，４種類の異なる水溶液を用意し，それぞれについてこおりはじめる温度を調べると，表のような結果になりました。

水20ｇに溶かした食塩の重さ(ｇ)	0.5	1.0	1.5	2.0
水溶液がこおりはじめる温度(℃)	−1.6	−3.2	−4.8	−6.4

また，食塩0.5ｇを溶かした水溶液について，こおりはじめてから図１の点Ｃにあたるところまで実験を続けると，水溶液の温度は図２のように変化しました。

問３　水100ｇに食塩６ｇを溶かした水溶液を冷やしたとき，何℃でこおりはじめますか。

問4　図2で，こおりはじめる温度の −1.6℃は点F，Gのいずれの点の値か，記号で答えなさい。

問5　図2から，水溶液がこおりはじめてから試験管内で何が起こっていると考えられますか。次の**ア**～**ウ**から選び記号で答えなさい。

ア　水と食塩が混ざった，食塩水がこおっている。

イ　水だけがこおっている。

ウ　食塩だけが固体となって出てきている。

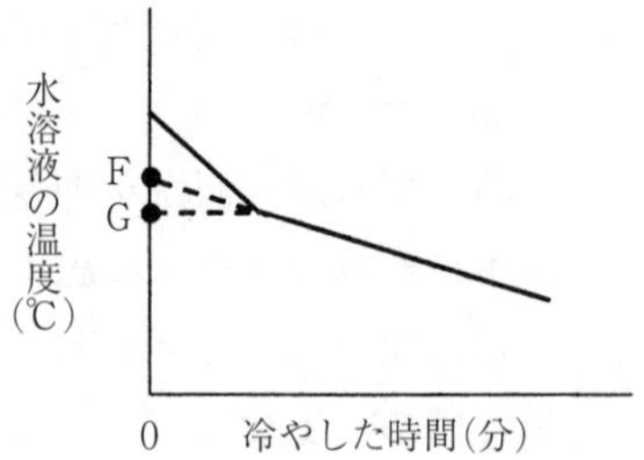

図2

問6　水20gに食塩0.5gを溶かした水溶液を −5℃まで冷やしたとき，試験管内に固体は何g生じていますか。

5　以下の文の(　)に最もよくあてはまる語句または数をそれぞれ答えなさい。また，{　}にあてはまるものをそれぞれ**ア**，**イ**から選び，[⑥]にあてはまるものを下線部の**あ**～**え**からすべて選び記号で答えなさい。さらに，[A]と[B]にあてはまる語句をそれぞれ答えなさい。

生物の中で現在最も種類が多いのは昆《こん》虫です。しかし，3億年前の地球にはメガネウラという体長70cmほどのトンボの仲間が存在していたものの，現在の地球ではそのような大きな昆虫を見ることはできません。また，昔も今も昆虫は海にほとんど存在しません。これらの理由を考えてみましょう。

仮に昆虫が進化して，からだが巨《きょ》大になったとします。まず，昆虫がその大きなからだを支えられるかどうかについて考えます。

昆虫はからだの外側が比較的硬《かた》くなっていて体重を支えています。この構造を外骨格といいます。例えば昆虫のからだが相似形で2倍に(同じ形のまま各部の長さがすべて2倍に)なったとします。からだの密度(1 cm^3 あたりの重さ)が変わらないと仮定すると，「体重を，脚《あし》の断面積で割った値」はもとの(①)倍になります。したがって昆虫が大きくなった場合，そのからだを支えるためには，脚をさらに太くする，あるいは昆虫のなかまとは呼べなくなってしまいますが，脚の[A]ことが必要になります。

ところで，昆虫の外骨格の主成分は，酸素を利用して固まるクチクラという物質です。ただし，クチクラは非常に硬いわけではありません。一方，カニも外骨格をもつ生物であり，深海で生息する大きなカニが知られています。このカニが大きなからだを支えられるのは，カニの外骨格が海水中に含《ふく》まれるカルシウムを取り込《こ》んで非常に硬くなっていることや，水中では[B]ことが理由として考えられます。

ちなみに，ゾウは非常に巨大な陸上の生物ですが，今よりもさらにからだを大きくするには，ゾウの脚を構成する(②)と骨を太くする必要があります。かつて存在した恐竜《きょうりゅう》は，ゾウよりもきわめて大きいものも存在しましたが，恐竜はからだの(③)がゾウに比べてかなり小さかったため，その体重を支えることができました。

以上のように，外骨格をもつ生物であっても内骨格(からだの内部にあって体重を支える骨)をもつ生物であっても，進化して巨大になることは簡単ではないことがわかります。

次に，からだを支えること以外で，昆虫が巨大化できない理由を考えます。

昆虫は外骨格につながった気管を体内にもっており，この気管を使って呼吸しています。昆虫は一生のうちで何回か(④)を行うことでからだを大きくしますが，外骨格だけでなく気管も一回り大きくなります。このとき気管は{⑤　**ア**　単純　　**イ**　複雑}な構造のほうがうまく(④)を行うことができます。

また，ゾウの血液の役割には，**あ** 酸素の運搬《ぱん》，**い** 老廃《ろうはい》物の運搬，**う** 二酸化炭素の運搬，**え** 養分の運搬などがありますが，昆虫の体液の役割としてあてはまるものは，下線部の**あ**～**え**のうち[⑥]です。昆虫は背中側に心臓と血管をもち，腹の体液を頭まで移動させますが，頭で血管は途切《とぎ》れてなくなり，体液は頭・胸・腹へと拡散します。このことから，昆虫とゾウでは{⑦　**ア**　昆虫　　**イ**　ゾウ}のほうがより計画的に血液または体液を全身に送ることができると言えます。

呼吸についても，昆虫(特に幼虫)とゾウを比較すると，{⑧　**ア**　昆虫　　**イ**　ゾウ}のほうがより効率よく呼吸することができます。

つまり，血液・体液の循環《じゅんかん》という点でも，呼吸という点でも，昆虫が巨大化するのは難しいと結論できそうです。

なお，現在の地球で比較的大きな昆虫が見られる地域は熱帯雨林などです。大昔にメガネウラのような巨大な昆虫が生息していたのも，当時の地球は空気中の(⑨)の割合が大きかったためであると考えられます。

最後に，昆虫が海で生息できるかどうかについて考えてみます。

陸上に生息する生物が進化して再び海に生息するようになった例として，ほ乳類ではクジラ，は虫類ではウミヘビ，植物ではアマモなどが知られています。空を飛ばない鳥のなかまで，海に生息または海で活動するものの例には(⑩)があります。

しかし，海に生息する昆虫はほとんど見つかっていません。それは，海水中という環境《かんきょう》では，ヒトと同様にからだの中の体液の(⑪)の濃《こ》さを調節できないことや，酸素が少ないので(⑫)をつくりにくいことが理由だと考えられています。

6　長さ100cmの糸に小さなおもりをつけた振《ふ》り子を用意します。糸の端《はし》は壁《かべ》の点Oに固定されていて，振り子は壁の表面にそって振らせることができます。空気抵抗《ていこう》および壁との摩擦《まさつ》は無視します。振り子の最下点Pの高さを高さの基準(高さ0cm)とします。

糸を張った状態で，左側の高さ20cmの位置で静かにおもりを放《はな》すと，よく知られているように，おもりは糸が張った状態のまま点Pを通過して進み，右側の高さ20cmの位置で一瞬《いっしゅん》静止し，その後，放した位置まで引き返します。

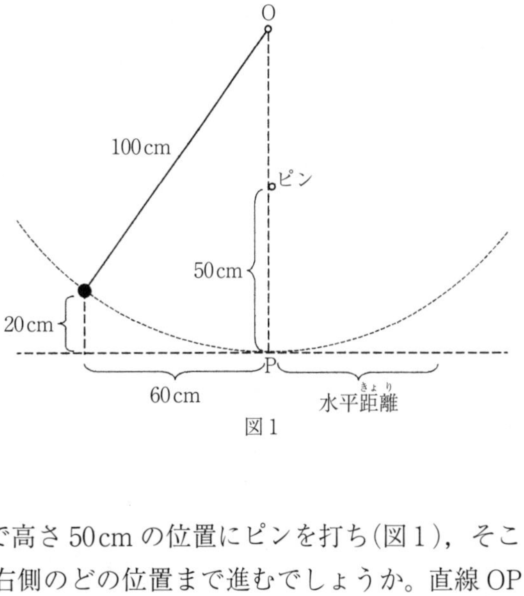

図1

問1　おもりを放す位置は変えずに，直線OP上で高さ50cmの位置にピンを打ち(図1)，そこで糸が折れ曲がるようにした場合，おもりは右側のどの位置まで進むでしょうか。直線OPからその位置までの水平距離を答えなさい。

問２　問１の場合も，おもりは一瞬静止した後，放した位置まで引き返します。おもりが往復するのに要する時間は，ピンを打たない場合に比べてどうなりますか。次の**ア**～**ウ**から選び記号で答えなさい。

ア　変わらない。　　**イ**　長くなる。　　**ウ**　短くなる。

問３　放す高さを20cmのままにして，ピンを打つ高さを50cmよりも少し小さくした場合，おもりが進む位置までの水平距離は，問１の答えに比べてどうなるでしょうか。次の**ア**～**ウ**から選び記号で答えなさい。

ア　変わらない。　　**イ**　大きくなる。　　**ウ**　小さくなる。

問４　放す高さを20cmのままにして，ピンを打つ高さをさらに少しずつ小さくしながら実験を続けてみたところ，ピンの高さをある値よりも小さくすると，糸がたるむ(糸が張ったままではいられない)ことがわかりました。ある値は何cmですか。

問５　おもりを放す高さをHcm，ピンを打つ高さを$x$cmとします。ただし，Hとxは100以下とします。いろいろなHの値に対して，xの値をHよりも大きな値から始めて少しずつ小さくしながら実験を続けてみたところ，おもりが点Ｐを通過した後のおもりの動きは**A**，**B**，**C**の３種類の動きのどれかひとつになることがわかりました。**A**と**B**は次のような動きです。

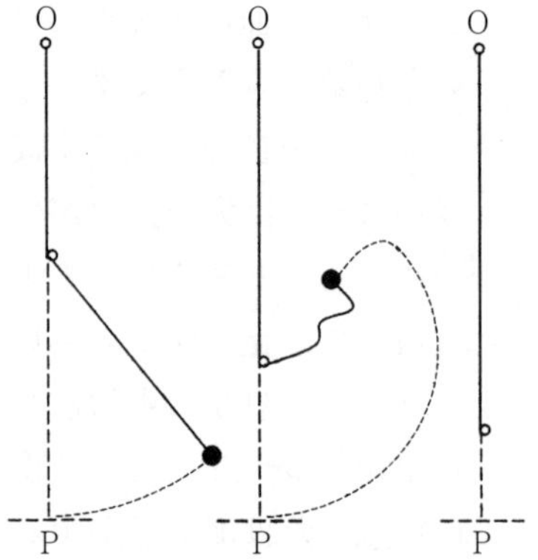

図２　　図３　　図４

A　図２のように，糸がたるむことなく進んでいき，一瞬静止して引き返す。

B　図３のように，あるところで糸がたるみ，静止することなく不規則な動きが続く。

Cはどのような動きでしょうか。**C**の動きを図で示しなさい(図４を完成させなさい)。ただし，おもりが点Ｐを通過してから点Ｏの真下のある点に達する瞬間《しゅんかん》までのおもりの道筋(‥‥‥)と，その瞬間におけるおもりの位置(●)と，糸(――)をかくこと。

目を覚ますと
眩《まぶ》しい光を反射して
むっちりとした娘の足が
私の目の前に横たわっていた
4行く先不明の妻の舟は
それでも
5朝の港にたどりついていた

問一　二か所の□には、同じ言葉が入ります。その言葉を考えて答えなさい。

問二　――線部1「長い夜がはじまった」とありますが、「長い」と感じるのはなぜですか。理由を答えなさい。

問三　――線部2「娘はいまでは泣き出しそう」なのはなぜですか。理由を具体的に考えて答えなさい。

問四　――線部3「私は睡魔の海に攫われてしまった」とありますが、これはどういうことを表現していますか。これについて説明した次の文の[A][B]に入る言葉をそれぞれ答えなさい。

[　A　]という語からの連想で「睡魔」を「海」にたとえ、[　B　]ことを表現している。

問五　――線部4「行く先不明の妻の舟」とありますが、これは妻のどのような様子を表していますか、答えなさい。

問六　――線部5「朝の港にたどりついていた」とはどういうことですか、答えなさい。

うなところだと感じるようになったのですか、答えなさい。

問六　――線部6「ガイドさんの口調」とありますが、ガイドさんの語りはどのようなものだったのですか。本文全体をふまえて答えなさい。

三　次の詩を読んで、後の問いに答えなさい。

夜の舟《ふね》　細見和之《ほそみかずゆき》

午前二時
私が寝《ね》ようとしていた矢先である
「タウ！」の叫《さけ》びとともに
娘《むすめ》は飛び起きてひとしきり泣いた
二歳《にさい》になった上の娘は反抗期《はんこうき》で
何ごとにも「タウ、タウ」（　　、　　）を繰《く》り返《かえ》す
夢のなかでまでいったい何を否認《ひにん》していたのか
娘の泣き声に
さきに休んでいた妻も起き出して
1長い夜がはじまった
娘を抱《だ》いて妻があやしはじめる
「船だよ、船だよ」――
娘はすこし落ちついてきたようだ
それを見て妻が調子をあげる
「船だよー、おっきな船だよー」
「タウ！」
娘の言葉がピシャリと放たれた
船はどうやら小さいようだ
「じゃあ、モーターボートだ、エンジン全開！」
「タウ！」
エンジンもいけないらしい
2娘はいまでは泣き出しそうな気配だ
これで生まれたばかりの下の娘まで泣き出せば
妻の小舟は阿鼻叫喚《あびきょうかん》である
妻は右手でオールを漕《こ》ぐ仕草をしながら問いかける
「どこ行こう？　バータンとこ？」
「タウ！」
「コウくんとこ？」
「タウ！　タウ！」
いずれもあまりに近場である
そこで私が寝酒《ねざけ》に酔《よ》った口を挟《はさ》む
「東京のアーちゃんとこー？」
「タウ！」
「アメリカは遠すぎるよ、アメリカは遠すぎるよ」
妻が心細げに口走る
二歳の娘に「アメリカ」が分かるはずがない
彼女《かのじょ》もだいぶ疲《つか》れて混乱していたのだろう
けれども
私が覚えているのはそこまで
あえなく3私は睡魔《すいま》の海に攫《さら》われてしまった

北海道にも複数の炭鉱があったし、生まれ育った釧路《くしろ》にも数年前まで炭鉱が存在していたというのに、廃墟だ廃墟だと逸《はや》る心に、つい4そうした現実は埃《ほこり》を被《かぶ》って眠《ねむ》ってしまっていたらしい。

ガイドさんの言葉にはことさら切々とした感情は込められておらず、それゆえにこちらに伝えたいことがらの重みが伝わってくる。

現在の島は、長く個人の所有地であったゆえ残っている姿だという。過剰《かじょう》な人口を支えた島の、坑道入り口、海底からベルトコンベアーで地上に運ばれてくる石炭、工場を見下ろす高い場所にあるのは重役用の住宅だ。重役の居住区から眺《なが》める長崎の夜景は、今と同じく星空のように美しかったろうか。

炭鉱に働く人とその家族が住んでいたのは、沖を望む海側だったようだ。いま上陸見学できる場所は、島民の住宅建物から五十メートルほど手前まで。当然、生活空間だったところには入ることができない。いちばん見たいものは遠くから眺めるのみ。

ビデオを観《み》れば、島を去る際に持ち出されなかった家具や家電、人形や生活道具がそのままの場所に残っている画像が出てくる。

上陸して目にする物はみな、呼吸をしていなかった。すべてが過去形、すべてが無機物。そんな言葉が頭に浮《う》かび、通り過ぎて行く。空の青さが疎《うと》ましくなってきた最終地点で、ガイドさんが言った。

「週末になると、たくさんの方々がこの島を訪《おとず》れます。炭鉱のあたりをご案内しているときは気づかないのですが、島民の住宅部分が見えるここまでやってくると分かるんです。百人二百人というみなさまを一度にご案内するのですが、毎回おひとりかおふたり、ここで写真も撮《と》らなければ驚《おどろ》きもせず、黙《だま》ってアパートを見つめている方がいるんです。そんなときは『すみませんが、もしかして。』とお声がけいたします。今まで外れたことはありません。十人お声がけすれば十人が、元島民あるいは島民のお子さんでした。」

5軍艦島上陸ガイドはそのお話で締《し》めくくられるのだった。スマホ片手にわぁわぁ言いながら画像を撮っていた手がだらりと下がる。

正直なことを言うとあのとき、文章では伝えきれない風のにおいを嗅《か》いだ。

決して、物見遊山《ものみゆさん》で行くなと訴《うった》えているわけではない。一度観て損はないし、是非《ぜひ》ともあのガイドさんと過ごす時間を体験して欲《ほ》しいとも思う。己《おのれ》の文章表現の拙《つたな》さを棚《たな》に上げつつ「いっぺん観てみて。」と。

ビデオには映らない「何か」があるからこそのガイド付き上陸なのだろう。持ち帰る感情はひとりひとり違っていいのだという包容力が、6ガイドさんの口調をより平坦《へいたん》なものにしていた。

（桜木紫乃《さくらぎしの》「軍艦島にて」による）

＊注　軍艦島―長崎市にある端島《はしま》の通称《つうしょう》。

問一　――線部1「半ば賭けにも似た旅」とありますが、このように言えるのはなぜですか。理由を説明した次の文の□に入る言葉を自分で考えて答えなさい。

旅行の目的がかなうかどうかは□であるから。

問二　――線部2「翌朝は眩しいほどの快晴、海はべた凪だった」とありますが、これは筆者にとってどのようなことを意味しますか、答えなさい。

問三　――線部3「旅行代金が頭から消えた」とはどういうことですか、答えなさい。

問四　――線部4「そうした現実」とありますが、ここで筆者が言っているのは、「炭鉱」のどのような「現実」のことですか、説明しなさい。

問五　――線部5「軍艦島上陸ガイドはそのお話で締めくくられるのだった」とありますが、この話を聞いて、筆者は軍艦島をどのよないといったこともあり、洗練されれば高度な対人スキルに仕上がるコミュニケーション技術の側面があるように思われます。

(兼本浩祐《かねもとこうすけ》『普通《ふつう》という異常　健常発達という病』による)

＊注　ジャブ打ち―言葉による軽い攻撃《こうげき》や牽制《けんせい》(もとはボクシングでの戦法)。

ADHDやASD―それぞれ「注意欠陥《けっかん》多動性障害」、「自閉症《じへいしょう》スペクトラム障害」を略した言い方。

問一　――線部A～Iのカタカナを漢字に直しなさい。

問二　――線部1「彼女は気にも留めていません」とありますが、それはなぜですか。理由を答えなさい。

問三　――線部2「そうした手練手管」とありますが、それはどのようなことですか、答えなさい。

問四　――線部3「先生たちの配慮」とありますが、「先生たち」はどのように考えたのですか、答えなさい。

問五　――線部4「大泣きしてうちに帰ってきた」とありますが、「大泣き」したいきさつを百字以内で説明しなさい。

問六　――線部5「きっと無事に電車を出て今頃はお外の花壇にたどり着いているわよ」とありますが、この発言にはお母さんのどのような意図がありますか、答えなさい。

問七　――線部6「女の子にとって一〇歳というのが一つの鬼門だ」とありますが、それはどのようなことを言っているのですか。問題文中の言葉を使って答えなさい。

問八　文中の X ・ Y に入れるのに最も適当なものを次のア～カからそれぞれ選び、記号で答えなさい。

ア　一時的な友情　　イ　強制的な支配

ウ　社会的な関係　　エ　絶対的な自由

オ　直接的な暴力　　カ　物理的な距離《きょり》

二　次の文章を読んで、後の問いに答えなさい。

三月半ば、＊軍艦島《ぐんかんじま》上陸のために長崎へ降り立った。はるばる北海道からのツアーなのだが悪天候で上陸が叶《かな》わなくても振《ふ》り替《か》えはしないという。

1半ば賭《か》けにも似た旅の途中《とちゅう》、明日の天気予報を見ればどれも「雨」とある。上陸出来なくても、遠巻きに島を一周するというのだけが慰《なぐさ》めで、それでもいいと言ってはいたが旅行代金は北海道から夫《ふう》婦《ふ》ふたりで八万円だ。上陸したい。口に出せば叶うだろうか、いやここは祈《いの》ろう。

行ったり来たりの思いと祈りが通じてか、2翌朝は眩《まぶ》しいほどの快晴、海はべた凪《なぎ》だった。

現地には軍艦島クルーズの会社が数件あり、上陸時間は限られている。港と島のあいだは常に船が行ったり来たり。船に乗《の》り込《こ》み、どんどん近づいてくる島影《しまかげ》は、なんとなく軍艦に見えなくもない。DVDやテレビ番組などで見知った島影とはちょっと違《ちが》う。それもそのはず、軍艦に見える絶好の撮影《さつえい》ポイントというのは、ぐるりと回り込んだ沖からのものだった。

そして上陸――廃墟《はいきょ》好きが高じて、とうとう軍艦島まで来てしまったと思った瞬間《しゅんかん》、3旅行代金が頭から消えた。

上陸後はガイドさんに案内されながら、島にまつわるお話を伺《うかが》う。船着き場のすぐそばには、一週間前に高波で倒《たお》れ、手が着けられない状態だというコンクリートの壁《かべ》があった。島は絶えず変化している。歩いて見学が出来るのは炭鉱の建物があった側だという。坑道《こうどう》の入り口に続く階段が青空の下、露出《ろしゅつ》している。

ガイドさんがゆっくりと静かに話す。

「この坑道入り口から入った人と、無事に出てこられた人の数は一致《いっち》しないのです。」

そうこうしているうちにBちゃんもちょっかいを出すのを諦《あきら》めて、一年生が終わった時には3先生たちの配慮《はいりょ》でクラス替《が》えになってBちゃんとは別の(怪獣や虫好きの子どもが多い)クラスになり、Bちゃん事件はいつの間にか立ち消えになったようでした。

Bちゃんもなかなかのつわものですが、Aちゃんもなかなかのつわものです。Bちゃんのちょっかいについておおよそは歯牙《しが》にもかけず、結局はBちゃんのことをそれほど特別に意識もせぬままにスルーしてしまったのですが、そんな彼女が4大泣きしてうちに帰ってきたことがありました。

虫好きのAちゃんは学校の花壇《かだん》で青虫をみつけ、うちで飼おうと思って持って帰ってきました。お母さんが「青虫さんは学校の花壇でみんなと過ごしていたほうが幸せだから帰してあげなくちゃあだめ。」と諭《さと》すと、ちょっと涙《なみだ》ぐみながら納得《なっとく》し、あくる日にマッチ箱に入れて花壇に帰しに行くことになりました。

Aちゃんは、この青虫さんとのお別れが名残《なご》り惜《お》しくて、最後に一目お別れをしようと、マッチ箱を登校途中《とちゅう》の電車のなかで開けてしまいます。すると、青虫がマッチ箱から零《こぼ》れ落《お》ちてしまい、混み合っている電車のなかでどこにいったかわからなくなってしまいました。お母さんの顔を見た途端《とたん》、それまで形になっていなかった気持ちがあふれだしてしまったのか、「つぶされてしまったわ！」(この「わ」は、女の子の言葉使いの「わ」ではなくて、関西弁などで使うような詠嘆《えいたん》と少し怒《いか》りのこもった「わ」です)と、大声で泣きながら、彼女は訴《うった》えました。小一時間近くもなかなか彼女は泣き止《や》まず、お母さんも困り果ててあれこれなだめすかしていたのですが、「5きっと無事に電車を出て今頃《いまごろ》はお外の花壇にたどり着いているわよ。」というお母さんの苦《くる》し紛《まぎ》れの慰《なぐさ》めがなんとか効いたようで、「そうかな～」と訝《いぶか》しがりながらではありますが、ようやく泣き止んだそうです。

Bちゃんが採用した対人戦略をとりあえずは、いじわるコミュニケーション(略していじコミ)と呼んでおこうと思います。女の子の間では、小学一年生でも、こうしたバトルは始まっていると同僚《どうりょう》の先生からお聞きしたことがあります。6女の子にとって一〇歳というのが一つの鬼門《きもん》だとも、別の児童精神科をEセンモンにしている先生からずいぶん前に聞いたことがあるのですが、自分自身の臨床《りんしょう》経験からもそれは当たっているような気がしています。いじコミによって成立する社会が一応の完成をみるのが、女の子の場合は一〇歳頃ではないか、その時に最大多数がいじコミを習得するなかで、それに乗れない子が孤立《こりつ》して事例化することがあるのではないかとも考えられます(男の子同士の場合はこれよりもかなり遅《おく》れて、暴力を含《ふく》むもう少し非文化的なかたちで、発現するのがFテンケイと考えられます)。

いじコミというのは、適度な量のいじわるをお互《たが》いの社会的Gカイソウ(子ども社会のなかでの大げさにいえばスクールカーストのようなもの)や個人的力量に応じて小出しに*ジャブ打ちしながら、自分の子ども社会における立ち位置を決めていく技術のことです。たぶん、幼稚園《ようちえん》の終わりか、小学校の低学年では、Bちゃんのように早熟な子はもうじゅうぶんにそれを意識しながら行動しはじめていて、自分が何をしたいかが、他人が自分をどう思っているのかよりも主要な関心事になる*ADHDやASDの傾向《けいこう》のある子は、だんだんとこのいじコミの世界からはじきだされてしまうことになるのでしょう。

上手にいじコミすることは、[X]を避《さ》けて[Y]を保つという点では相当に文化的なHイトナみともいえます。京都や英国など長い伝統的な文化がはぐくまれているIチイキでは、鋭敏《えいびん》な感性がないと察知できないいじコミ力を養わないと一人前の市民とは認知《にんち》され

〈**第二日目**〉（七〇分）〈満点：一二〇点〉

◎解答に字数制限のある場合、句読点などの記号も字数に数えます。

一　**次の文章を読んで、後の問いに答えなさい。**

Aちゃんはなかなかに[A]リハツな人で、ちょっとした受験が必要な小学校にそれほど受験勉強もせずに進学しました。本人の希望で空色のランドセルをお母さんから買ってもらい、意気揚々《いきようよう》と彼女《かのじょ》の小学校生活は始まりました。しかし、早速《さっそく》そこでちょっとした事件がもちあがります。もう一人、空色のランドセルを選んだ子がたまたまいて、ランドセルの色がバッティングしてしまいます。そして、そのもう一人の空色のランドセルの子、クラスでお友だちも多く、ちょっとボス的なBちゃんに目をつけられてしまうのです。

そもそもAちゃんが夢中なのは、怪獣《かいじゅう》や昆虫《こんちゅう》で、彼女の愛読書は、『おもしろい！　進化のふしぎ　ざんねんないきもの事典』です（そのシリーズの第2弾《だん》か第3弾だったような気がします）。ですから、ランドセルの色がバッティングしたことなどは当然ながら[1]彼女は気にも留めていません（あるいはそもそも気づいていなかったかもしれません）。

しかしもう一人の空色のランドセルの子は「空色ランドセルがかぶった事件」をきっかけにAちゃんを強烈《きょうれつ》に意識してしまったようで、BちゃんのAちゃんへの猛《もう》アタックが始まりました。早熟で社会性の高いBちゃんは、お友だちというよりは取り巻きと言ったほうがよいような同級生も何人かいて、そうした女の子も巻《ま》き込《こ》んでAちゃんの気を惹《ひ》くための小さな策略が張《は》り巡《めぐ》らされます。

Aちゃんにいっしょに帰ろうと誘《さそ》っては、いざ帰宅の段になると今日は別の子と帰るからいっしょに帰らないと言ってみたり、大阪弁で言うなら自分になびかないなら「はみご」（仲間はずれにすること）にするぞとほのめかします。そうかと思うと急に何かをくれたりと、ともかく巧《たく》みに駆《か》け引《ひ》きをして、Aちゃんの自分への関心を少しでも大きくして、濃密《のうみつ》な関係を持とうとするのです。しかし、そもそも怪獣と昆虫に夢中なAちゃんに対して[2]そうした手練手管はうまく通用せず、ことごとく彼女の戦略は外れてしまいます。

ついに堪忍袋《かんにんぶくろ》の緒《お》が切れたBちゃんは、もっと露骨《ろこつ》な実力[B]コウシに出ます。何かの順番で並んでいたAちゃんが躓《つまず》いて[C]タイレツから少しはみ出して、元の位置に戻《もど》ろうとしたときに、「ちゃんと順番を守りなさいよ。」と他の自分の取り巻きの女の子たちとはやし立ててもう一度一番後ろから並ばせようとし、いやだと言って抵抗《ていこう》するAちゃんを無理やり後ろに行かせてとうとう泣《な》かせてしまいます。また、別の機会にはAちゃんの髪《かみ》の毛《け》がきちんと結ばれていないのを見て、「その団子みたいな髪をどうにかしたらどう？　そんな髪で学校に来るのはみっともない。」と揶揄《やゆ》したりと、そういったことがくりかえされたようです。

しかし、時々は泣かされることはあっても、なかなかに気の強いAちゃんはたいていは負けずに言い返し、しかももっと別のことに夢中のAちゃんは、すぐにそんな事件のことは忘れてしまって、結局は、Bちゃんのいじわるは期待したほどのダメージをAちゃんに与《あた》えることができませんでした。

同じ方面に帰るのがBちゃんのグループだけだったので、とうとうAちゃんは一人で下校することになってしまいますが、通学電車で、たまたま怪獣好きの二年生の男の子と知り合いになり、怪獣の話で盛り上がって、いつもその生徒と下校するようになります。そうしたなかで、学校での出来事か、下校中のことかはわかりませんが、Bちゃん[D]イッパに囲まれてなにかまたまた難癖《なんくせ》をつけられていた時に、この男の子が「馬鹿《ばか》というやつが馬鹿だ。」とか言って大声でかばってくれるということもあったようです。

3　事件のあらましについては、現場への道□話そう。
4　となりの家とは、長年にわたり家族□のつき合いがある。
5　友達と遊ぶ約束をしていたのに、待ち□をくわされた。

四　**次の各文の□に入る言葉として、最も適当なものをそれぞれ後のア～オから選び、記号で答えなさい。ただし、同じものはくり返して使えません。**

1　あんなに会いたがっていたのだから、□来ないことはあるまい。
2　彼女《かのじょ》は□とりすました感じの良家のおじょうさんだった。
3　彼《かれ》の参加を認めるか認めないかは、運営側にとっても□できない問題だ。
4　ここまですすめてきたからには□あともどりはできませんよ。
5　社員たちの言い分を聞いていた社長は、□口を開いた。

ア　いささか　　イ　おもむろに　　ウ　なおざりに
エ　もはや　　オ　よもや

五　**和語と漢語では、和語「みぎひだり」・漢語「左右《サユウ》」、和語「あとさき」・漢語「前後《ゼンゴ》」のように順序が逆になるものがあります。そのようなものを次の1～4の語群からそれぞれ一つずつ選び、対応する漢語とともに答えなさい。**

1　いきしに　　うりかい　　やまかわ　　よるひる
2　あけしめ　　かちまけ　　のりおり　　みちひき
3　あにおとうと　　あねいもうと　　ちちはは　　めおと
4　うえした　　たてよこ　　にしひがし　　ゆきき

六　**次の〔例〕とⅠ～Ⅲの漢字しりとりは、1～4の〔条件〕を満たしています。これについて、後の問いに答えなさい。**

〔例〕　漢[A]―[A]作―作[B]―[B]景―景[C]―[C]議
Ⅰ　法[A]―[A]注―注[B]―[B]角―角[C]―[C]胸
Ⅱ　街[A]―[A]明―明白―白[B]―[B]力―力[C]―[C]破
Ⅲ　母[A]―[A]得―得[B]―[B]情―情実―実[C]―[C]師

〔条件1〕　それぞれのA・B・Cの漢字を適切な順序で並べると、三字熟語になります。
〔条件2〕　どの漢字も、すべて音読みです。
〔条件3〕　どの漢字も、読み方は毎回同じとは限りません。
〔条件4〕　三字熟語は、次のア～オのいずれかの意味です。

ア　季節の感じをよく表している事物。
イ　影絵《かげえ》が映し出される器具で、「思い出が次々と心の中に現れる」時のたとえとして用いられる言葉。
ウ　自分の考えの中に入れないでおくこと。
エ　だしぬけに行動に出るさま。
オ　武道やスポーツで重んじられる三つの要素を並べたもの。

問一　Ⅰ～Ⅲの[A]～[C]に入る漢字をそれぞれ答えなさい。
※　〔例〕では、A「詩」・B「風」・C「物」。

問二　Ⅰ～Ⅲの[A]～[C]に入る漢字を並べかえて、三字熟語をそれぞれ答えなさい。
※　〔例〕では、「風物詩」。

問三　問二で答えた三字熟語の意味として、最も適当なものをそれぞれ〔条件4〕のイ～オから選び、記号で答えなさい。
※　〔例〕で答えた「風物詩」の意味は「ア」。

（くどうれいん『桃《もも》を煮《に》るひと』による）

問一　――線部1「ぶどう味の味」とはどのような味ですか、答えなさい。

問二　――線部2「つやつやの～がっかりするだろう」とありますが、どうしてですか。理由を答えなさい。

問三　〰〰線部X「レシート」のように、「ート」で終わる外来語はたくさんあります。1～5の意味になるそのような言葉を、（　）内の文字数になるように、解答らんに合わせて答えなさい。

1　警報（四字）
2　支援《しえん》（四字）
3　スポーツ選手（五字）
4　遠くはなれた所から行うこと（四字）
5　旅券（五字）

問四　〰〰線部Y「目くじら立てる」とありますが、次の1～6の「目」を使った言葉に、〔Ⅰ〕〔Ⅱ〕の語群にある言葉を正しくつなぎ、慣用句を完成させなさい。〔Ⅰ〕〔Ⅱ〕の言葉は同じものを何度使ってもかまいません。

1　裏目　2　大目　3　駄目《だめ》
4　目頭　5　目先　6　目鼻

〔Ⅰ〕が　と　に　へ　を
〔Ⅱ〕押《お》さえる　押す　変わる　使う
付く　出る　見る

問五　問題文中の[Z]について、次の問いに答えなさい。

A　[Z]に、「お」「を」「う」のいずれか一つを入れて、正しい表現を完成させなさい。

B　次の1～5の文の□に「お」「を」「う」のいずれか一つを入れて、正しい表現を完成させなさい。

1　運動会の開会式で、き□つけの号令をかける。
2　元日に早起きをして、初も□でに出かけてきた。
3　生活が苦しくて月々の返済がとどこ□っている。
4　不正を働いていたことが、お□やけになった。
5　やむ□えず急停車いたしますのでご注意ください。

二

次の俳句は新年から春夏秋冬の順でならんでいます。[1]～[6]に入る語として最も適当なものをそれぞれ後のア～シから選び、記号で答えなさい。ただし、同じものはくり返して使えません。

[1]のすずやかに粥《かゆ》透《す》きとおる　谷本元子
紅白の枝差《さ》し交《かわ》す[2]浄土《じょうど》　野間口一夫
[3]の花長《なご》うして雨ふらんとす　正岡子規
[4]のどの花となく雫《しずく》かな　岩井英雅
葉《は》洩《も》れ日《び》の粒《つぶ》の不揃《ふぞろ》い[5]園　片山由美子
白[6]のひかりの棒をいま刻む　黒田杏子

ア　あじさい　イ　梅　ウ　さくら　エ　山茶花《さざんか》
オ　歯朶《しだ》　カ　すずしろ　キ　椿《つばき》　ク　葱《ねぎ》
ケ　向日葵《ひまわり》　コ　藤《ふじ》　サ　葡萄《ぶどう》　シ　紅葉《もみじ》

三

次の各文の□に入るひらがな三字の適当な言葉を答えなさい。なお、□の言葉は上と組み合わさって一つの言葉になります。ただし、同じ言葉はくり返して使えません。

（例）葬儀《そうぎ》にはみな黒□の服装で参列していた。　答　ずくめ

1　おため□ではなく、心から君に親切にしているのだ。
2　この事業からは、ゆき□上《じょう》、手を引くわけにはいかない。

2024年度 灘中学校

【国語】〈第一日目〉（四〇分）〈満点：八〇点〉

◎解答に字数制限のある場合、句読点などの記号も字数に数えます。

一　次の文章を読んで、後の問いに答えなさい。

焼肉屋でランチをした帰りのレジにちいさな籠《かご》があって、そこにカラフルな飴玉《あめだま》がたくさん入っていた。透明《とうめい》なフィルムに包まれた飴玉には、黄色、黄緑色、水色、オレンジ色、紫《むらさき》色、薄桃《うすもも》色、透明があって、どれもとても淡《あわ》い色できらきらしていた。

普段《ふだん》、焼肉屋のレジのこういうお口直しは貰《もら》わない。おいしい焼肉を食べたあとは口直しなんてもったいない、できるだけ長く口内をその余韻《よいん》にしておきたいと思ってしまうのだ。しかしその日は透明な包み紙に包まれている飴になぜか猛烈《もうれつ》にこころ惹《ひ》かれた。おそらくぶどう味だろうと思い、ミドリがお会計の小銭《こぜに》を受け取っている隙《すき》に紫色の飴玉をひとつ貰うと、Xレシートを貰い終えたミドリも同じ色の飴玉を手に取った。お店の自動ドアを出て、車に乗りこむまでのほんの数十秒の間で、わたしたちは飴玉を口に含《ふく》んだ。

「ぶどうあじあじだ。」

とわたしが言うと、彼《かれ》は聞き間違《まちが》えたのかという顔で首をかしげた。

「ぶどうあじあじだよ。ぶどうの味じゃなくて、1ぶどう味の味がするの、わかる？」

あー、と彼は飴を左右の頰《ほお》に移動させながらその味を確かめているようだった。ぶどうあじあじだよ、これが。なんかすっごく久しぶりにこういう味食べる気がしてうれしいなあ。ふふ、本当にぶどうあじあじだ。わたしは口の中でころころ飴を転がしながらにこにこ車に乗りこんだ。

わたしが小学生だったころの駄菓子屋《だがしや》には、まさにぶどうあじあじのように、いちごあじあじや、メロンあじあじのお菓子がたくさんあったような気がする。その果物そのものではなく、あくまで「いちご味」の味や、「メロン味」の味なのだ。わたしはそれを人工甘味料《じんこうかんみりょう》がどうとかY目くじら立てるつもりはない。「あじあじ」たちのことも、それはそれでとても好きだ。

もうずいぶん前から、果物のお菓子は果汁《かじゅう》をそのまま詰《つ》めこんだように濃縮《のうしゅく》されたジュースを飲んでいるような味に進化したように思う。特にグミ。もはやその果物を超《こ》えてしまっているのではないかと思うくらい、果汁の酸味や甘《あま》みが濃《こ》い。飴も、ガムも、アイスも、ジュースも、みんなみんな「ぶどうあじあじ」から「ぶどうそのもの」を求めて進化してしまった。だからいま、お菓子売り場でこうした「ぶどうあじあじ」のものを探すほうが難しい。

ぶどうあじあじからは、どんくさいサービス精神を感じる。みんなが大好きなぶどうの味をがんばってすこしでも再現してみようと思います！　と言わんばかりの、それでいてそこまでうまくいっていない不器用さのようなものもあり愛《いと》[Z]しい。

包み紙のシンプルさも、ぶどうあじあじの魅力《みりょく》を最大限に引き出してくれたのかもしれない。たとえば2つやつやの巨峰《きょほう》のような絵が描《か》かれた濃い紫色の包み紙からぶどうあじあじの飴が出てきたら、たぶんちゃんとがっかりするだろう。七色の飴が何も描かれていない包み紙に包まれているからよかったのだ。

わたしたちは紫色だからおそらくぶどうだろう、と信頼《しんらい》してその飴を口へ入れて、ぶどうあじあじに「やっぱりぶどう！」と喜ぶ。わたしがお菓子に求めているうれしさは、きらっとひかる薄紫の「やっぱりぶどう！」くらいがちょうどいい。

2024年度

灘 中 学 校 ▶解説と解答

算 数 ＜第１日目＞ (60分) ＜満点：100点＞

解 答

1 2240	2 260	3 875	4 9	5 ① 3 ② 9	6 8532
7 69	8 $2\frac{1}{3}$	9 200.96	10 99	11 $\frac{7}{17}$	12 13.5

解 説

1 四則計算，計算のくふう

$1\div\left\{\frac{1}{9}-1\div(35\times35+32\times32)\right\}=1\div\left\{\frac{1}{9}-1\div(1225+1024)\right\}=1\div\left(\frac{1}{9}-1\div2249\right)=1\div\left(\frac{1}{9}-\frac{1}{2249}\right)=1\div\left(\frac{2249-9}{9\times2249}\right)=1\div\frac{2240}{9\times2249}=1\times\frac{9\times2249}{2240}=\frac{9\times2249}{2240}=9\times\frac{2249}{2240}=9\times1\frac{9}{2240}=9\times1+9\times\frac{9}{2240}=9+\frac{81}{2240}$ よって，□=2240

2 差集め算

ア	□円，□円，□円，□円，□円	→ 120円不足
イ	△円，△円，△円，△円，△円，△円，△円	→ 60円余る
ウ	△円，△円，△円，△円，△円	→ 380円余る

買う予定だったペン１本の値段を□円とすると，右のアのようになる。また，消しゴムを買わなかったとすると60円余るから，実際に買ったペン１本の値段を△円とすると，イのようになる。アの買い方で，□円のペンのかわりに△円のペンを５本買うとすると，必要な金額は，100×５＝500(円)減る。すると，500－120＝380(円)余るから，ウのようになる。イとウの買い方を比べると，△円のペン２本分の代金が，380－60＝320(円)とわかるので，△＝320÷２＝160(円)となり，□＝160＋100＝260(円)と求められる。

3 集まり

図１

7)	7	14	9	4
2)	1	2	9	4
	1	1	9	2

右の図１の計算から，７，14，９，４の最小公倍数は，７×２×１×１×９×２＝252とわかるから，全体の人数を$\boxed{252}$とすると，Ａに行ったことがある人の数は，$\boxed{252}\times\frac{2}{7}=\boxed{72}$，Ｂに行ったことがある人の数は，$\boxed{252}\times\frac{5}{14}=\boxed{90}$，Ｃに行ったことがある人の数は，$\boxed{252}\times\frac{1}{9}=\boxed{28}$となる。また，ＡにもＢにも行ったことがある人の数は，$\boxed{252}\times\frac{1}{4}=\boxed{63}$となるので，右の図２のように表すことができる。図２で，ＡまたはＢに行ったことがある人の数は，$\boxed{72}+\boxed{90}-\boxed{63}=\boxed{99}$となるから，どこにも行ったことがない人の数は，$\boxed{252}-\boxed{99}-\boxed{28}=\boxed{125}$とわかる。これが999以下の整数なので，999÷125＝７余り124より，考えられる最も多い人数は，125×７＝875(人)と求められる。

図２

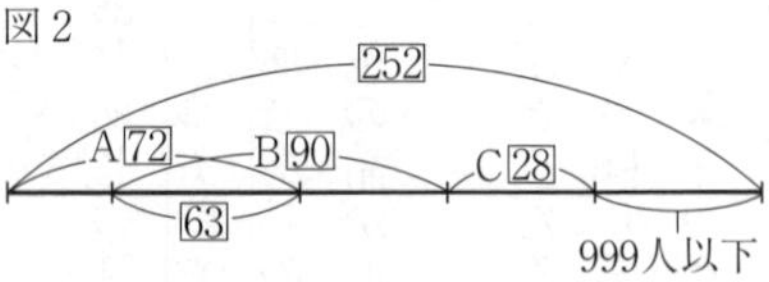

4 速さと比，旅人算

バスとバスの間隔《かんかく》を１とする。同じ方向に走ると20分ごとに追い越《こ》されるから，バスと太郎君の

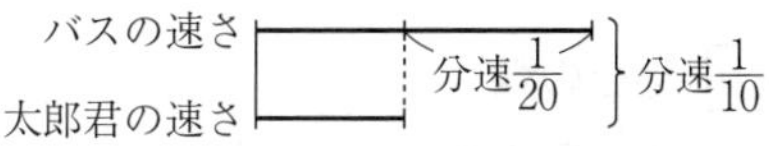

速さの差は分速，1÷20＝$\frac{1}{20}$となる。また，反対の方向に走ると10分ごとに出会うので，バスと太郎君の速さの和は分速，1÷10＝$\frac{1}{10}$となる。よって，右の図から，バスの速さは分速，$\left(\frac{1}{10}+\frac{1}{20}\right)\div 2=\frac{3}{40}$，太郎君の速さは分速，$\frac{1}{10}-\frac{3}{40}=\frac{1}{40}$となるから，バスと太郎君の速さの比は，$\frac{3}{40}:\frac{1}{40}=3:1$とわかる。そこで，あらためてバスの速さを分速３，太郎君の速さを分速１とすると，バスとバスの間隔は，(３＋１)×10＝40と表すことができる。すると，太郎君が速さを上げたときのバスと太郎君の速さの和は分速，40÷９＝$\frac{40}{9}$となるので，このときの太郎君の速さは分速，$\frac{40}{9}-3=\frac{13}{9}$と求められる。つまり，$\frac{13}{9}-1=\frac{4}{9}$にあたる速さが時速６km(＝分速100m)だから，比の１にあたる速さは分速，$100\div\frac{4}{9}=225$(m)となり，バスの速さともとの太郎君の速さの和は分速，225×(３＋１)＝900(m)とわかる。したがって，バスとバスの間隔は，900×10＝9000(m)＝９(km)である。

5　整数の性質，場合の数

㋐	{2，2，4，6}
㋑	{0，2，4，6}
㋒	{0，2，2，6}
㋓	{0，2，2，4}

４桁《けた》の整数を*ABCD*とすると，(*A*＋*C*)と(*B*＋*D*)の差が０か11の倍数になるとき，*ABCD*は11の倍数になる。ここで，０＋２＋２＋４＝８だから，{0，2，2，4}を並べた整数が11の倍数になるのは，(*A*＋*C*)と(*B*＋*D*)がどちらも，８÷２＝４になるときとわかる。よって，2024，2420，4202の３個(…①)ある。次に，{0，2，2，4，6}の中から４枚を選ぶ方法は上の図の４通りある。㋐の場合，(２＋２＋４＋６)÷２＝７となるが，(*A*＋*C*)と(*B*＋*D*)を７にすることはできないからあてはまらない。また，㋑の場合，(０＋２＋４＋６)÷２＝６より，(*A*＋*C*)と(*B*＋*D*)を６にすればよいので，2046，2640，4026，4620，6204，6402の６個あることがわかる。同様に考えると，㋒の場合は，(０＋２＋２＋６)÷２＝５よりあてはまらず，㋓の場合は①で求めた３個だから，全部で，６＋３＝９(個)(…②)と求められる。

6　条件の整理

*ABCD*と*DCBA*はそれぞれ下の図１のように表すことができるから，その差である*EFGH*は図１のようになり，*EFGH*は９の倍数であることがわかる。よって，*E*，*F*，*G*，*H*の和も９の倍数になる。また，４つの整数の和は，１＋２＋３＋４＝10以上，５＋６＋７＋８＝26以下なので，*E*＋*F*＋*G*＋*H*＝18と決まる。さらに，１から８までの和は，(１＋８)×８÷２＝36だから，*A*＋*B*＋*C*＋*D*＝36－18＝18となる。したがって，考えられる*ABCD*は下の図２の８通りあり，それぞれの場合について*DCBA*との差を求めると図２のようになるので，条件に合うのは*ABCD*が8532の場合

図１

ABCD…1000×*A*＋100×*B*＋ 10×*C*＋　1×*D*
DCBA…　　1×*A*＋ 10×*B*＋100×*C*＋1000×*D*
EFGH… 999×*A*＋ 90×*B*－ 90×*C*－ 999×*D*
＝ 999×(*A*－*D*)＋90×(*B*－*C*)

図２

ABCD	*DCBA*	差
8721	1278	7443
8631	1368	7263
8541	1458	7083
8532	2358	6174
7641	1467	6174
7632	2367	5265
7542	2457	5085
6543	3456	3087

とわかる。

7 場合の数

下の図1のように7個のスイッチを①〜⑦とする。点灯するためには少なくとも2個のスイッチをオンにする必要があるから，下の図2の㋐〜㋕の場合に分けて求める。㋐の場合，オンにする2個の組み合わせは，{②⑥，③⑦}の2通りある。また，㋑の場合，オンにする3個の組み合わせは，㋐の場合に1個を加えた，{②⑥＊，③⑦＊}と，{①④⑥，①⑤⑦}である。それぞれの＊には残りの5個のスイッチを入れることができるので，㋑の場合は，$5\times2+2=12$(通り)とわかる。次に㋒の場合，まず，3個のスイッチをオフにして点灯させないことを考える。そのような3個の組み合わせは，{⑥⑦＊，①②③，②④⑦，③⑤⑥}であり，＊には残りの5個のスイッチを入れることができるから，$5+3=8$(通り)となる。ここで，7個から3個を選ぶ組み合わせの数は，$\frac{7\times6\times5}{3\times2\times1}=35$(通り)あるので，㋒の場合は，$35-8=27$(通り)と求められる。同様に考えると，㋓の場合，2個のスイッチをオフにして点灯させない組み合わせは{⑥⑦}だけであり，7個から2個を選ぶ組み合わせの数は，$\frac{7\times6}{2\times1}=21$(通り)あるから，$21-1=20$(通り)となる。さらに，㋔の場合はどの6個を選んでも必ず点灯するので7通り，㋕の場合は1通りだから，全部で，$2+12+27+20+7+1=69$(通り)と求められる。

図1

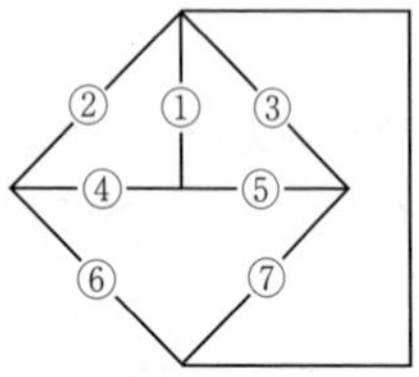

図2

㋐	2個オン(5個オフ)
㋑	3個オン(4個オフ)
㋒	4個オン(3個オフ)
㋓	5個オン(2個オフ)
㋔	6個オン(1個オフ)
㋕	7個オン(0個オフ)

図3

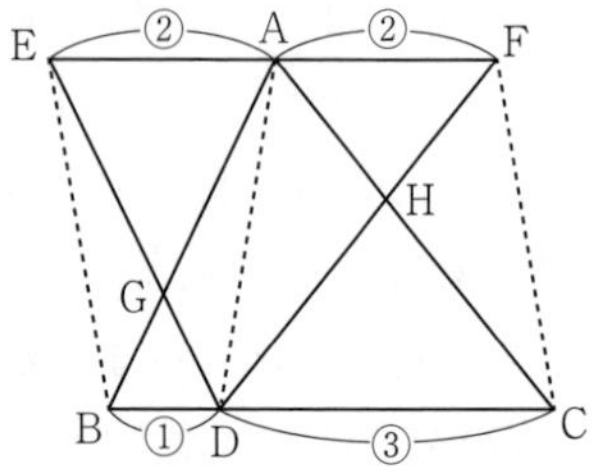

8 平面図形—相似，辺の比と面積の比

上の図3で，四角形EBDAと四角形ADCFはそれぞれ等脚《とうきゃく》台形だから，EBとFCは平行であり，EFとBCの長さは等しくなる。すると，辺の長さの比は図3のように表すことができる。三角形EGAと三角形DGBは相似であり，相似比は2：1なので，AG：GB＝2：1となる。よって，三角形DGBの面積を1とすると，三角形AGDの面積は2，三角形ABDの面積は，$1+2=3$となるから，三角形ADFの面積は，$3\times\frac{2}{1}=6$とわかる。また，三角形AHFと三角形CHDは相似であり，相似比は2：3なので，FH：HD＝2：3となる。したがって，三角形ADHの面積は，$6\times\frac{3}{2+3}=3.6$，三角形AHFの面積は，$6-3.6=2.4$だから，四角形AGDHの面積は三角形AHFの面積の，$(2+3.6)\div2.4=\frac{7}{3}=2\frac{1}{3}$(倍)である。

9 平面図形—図形の移動，面積

辺PQが通過するのは下の図①のかげの部分だから，図①の「斜線《しゃせん》部分とかげの部分の面積の和」を求める(重なりの部分は両方ともかぞえる)。はじめに，斜線部分の一部を矢印のように移動すると下の図②のようになる。次に，図②の太線で囲まれた図形のうち，かげの部分だけを矢印のように移動すると四分円になる。そこで，正方形PQRSの対角線の長さを□cmとすると，斜線部分とかげの部分の面積の和は，半径が□cmの四分円3個分の面積から，半径が8cmの四分円2個分の面積をひいたものになる。$□\times□\div2=8\times8=64(cm^2)$より，$□\times□=64\times2=128$となるので，求める面積は，□×□×3.14×$\frac{1}{4}$×3－8×8×3.14×$\frac{1}{4}$×2＝128×3.14×$\frac{1}{4}$×3－32×3.14＝(96－32)×3.14＝64×3.14＝200.96(cm^2)となる。

図①

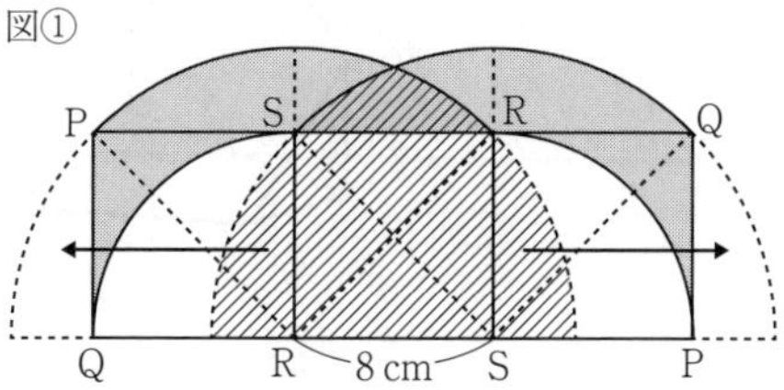

図②

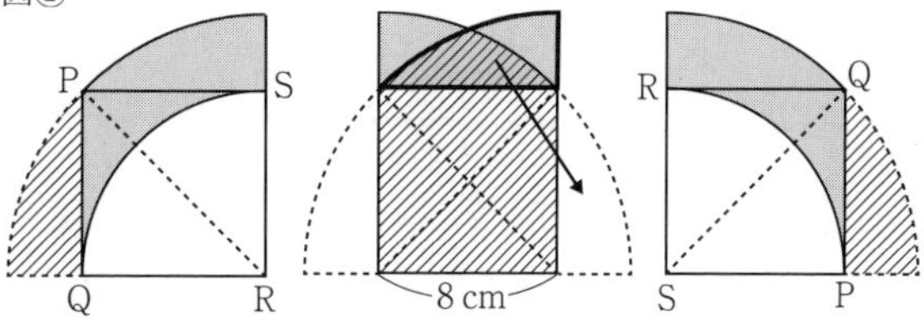

10 平面図形―角度

下の図1で，同じ印をつけた辺の長さはそれぞれ等しい。また，角ADCと角HDFはどちらも90度から角FDAをひいたものだから，同じ大きさである。よって，三角形ACDと三角形HFDは合同なので，AC＝HF＝HIとなり，三角形HIFは二等辺三角形とわかる。ここで，五角形の内角の和は，180×(5－2)＝540(度)だから，正五角形の1つの内角は，540÷5＝108(度)となり，●印の角の大きさはどちらも，(180－108)÷2＝36(度)とわかる。すると，角CAD＝角FHD＝108－36×2＝36(度)となり，角FHI＝90－36＝54(度)と求められる。したがって，角HIF＝(180－54)÷2＝63(度)なので，角AIF＝90－63＝27(度)とわかる。さらに，角IAE＝90－36＝54(度)だから，角㋐の大きさは，180－(27＋54)＝99(度)である。

図1

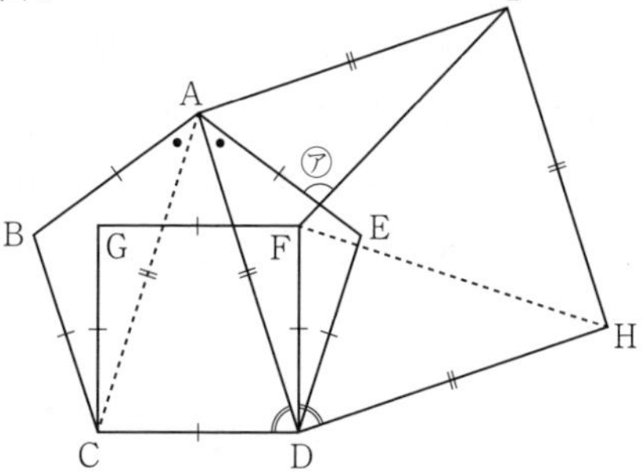

図2

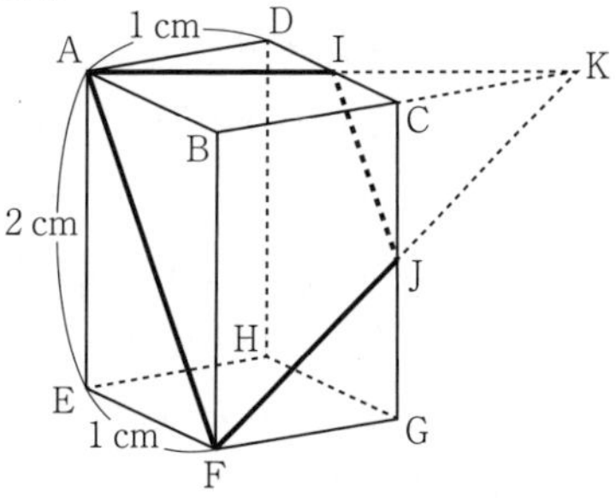

11 立体図形―分割，体積

切り口は上の図2の台形AFJIであり，点Cを含《ふく》む方の立体は，三角すいK－BAFから三角すいK－CIJを取り除いた形の立体である。ここで，IはCDの真ん中の点だから，三角すいK－BAFと三角すいK－CIJの相似比は2：1であり，体積の比は，(2×2×2)：(1×1×1)＝8：1となる。よって，点Cを含む方の立体の体積は三角すいK－CIJの体積の，(8－1)÷1＝7(倍)になる。さらに，CI＝1×$\frac{1}{2}$＝$\frac{1}{2}$(cm)，CJ＝2×$\frac{1}{2}$＝1(cm)，CK＝DA＝1(cm)より，三角すいK－CIJの体積は，$\frac{1}{2}$×1÷2×1×$\frac{1}{3}$＝$\frac{1}{12}$(cm^3)と求められるので，点Cを含む方の立体の体積は，$\frac{1}{12}$×7＝$\frac{7}{12}$(cm^3)とわかる。また，切り分ける前の直方体の体積は，1×1×2＝2(cm^3)だから，他方の立体の体積は，2－$\frac{7}{12}$＝$\frac{17}{12}$(cm^3)となる。したがって，点Cを含む方の立体の体積は，他方の立体の体積の，$\frac{7}{12}$÷$\frac{17}{12}$＝$\frac{7}{17}$(倍)である。

12 立体図形―展開図，体積

展開図を組み立てると下の図のようになる。これは立方体を合同な2つの立体に分けたものだから，この立体の体積は立方体の体積の半分であり，3×3×3÷2＝13.5(cm^3)と求められる。

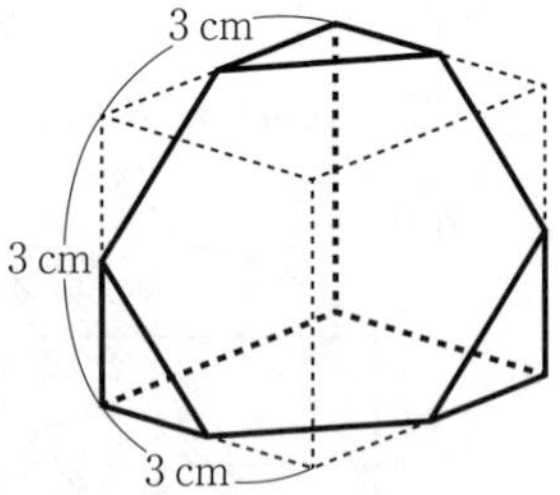

算 数 ＜第２日目＞(60分)＜満点：100点＞

解 答

1 (1) ***A***…9個，***B***…171個 (2) (ア) **最小**…126，**最大**…872 (イ) 30個 2 (1) 280個 (2) 56個 3 (1) **三角形AEF**…9.5cm^2，**三角すい**…5 cm^3 (2) (ア) **KS**…2 cm，**体積**…620cm^3 (イ) $7\frac{17}{19}$cm (ウ) $24\frac{14}{19}$cm 4 (1) 8.5cm^2 (2) **半径**…4.5cm，**HK**…22.5cm 5 (1) (ア) 192通り (イ) 1152通り (2) 10368通り

解 説

1 場合の数

(1) 2桁《けた》の整数でA→0となるのは，一の位が0の場合(＊0)である。ここで，＊には0以外の9通りの数字を入れることができるから，このようなAは9個ある。また，3桁の整数でB→0となるのは，㋐一の位だけが0の場合(＊＊0)，㋑十の位だけが0の場合(＊0＊)，㋒一の位と十の位がともに0の場合(＊00)の3つの場合がある。いずれの場合も＊には0以外の9通りの数字を入れることができるので，㋐と㋑の場合はどちらも，9×9＝81(個)，㋒の場合は9個あり，全部で，81×2＋9＝171(個)と求められる。

(2) (ア) Dとして考えられる数は右の5通りある。12を3つの1桁の整数の積で表すと，12＝1×2×6＝1×3×4＝2×2×3となるから，D＝12となるのは，Cがこれらの3つの数字を入れかえた整数の場合である。21の場合も同様である。

D	C
12	｛1，2，6｝，｛1，3，4｝，｛2，2，3｝
21	｛1，3，7｝
112	｛2，7，8｝，｛4，4，7｝
121	×
211	×

また，112を素数の積で表すと，112＝2×2×2×2×7となるので，112を3つの1桁の整数の積で表すと，112＝2×7×8＝4×4×7となることがわかる(121と211を3つの1桁の整数の積で表すことはできない)。よって，Cは｛ ｝の中の数字を入れかえた整数だから，考えられる最小の数は126，最大の数は872である。 (イ) ｛ ｝の中の3つの数字がすべて異なる場合は，3×2×1＝6(個)，2つの数字が同じ場合は3個の整数ができるので，Cとして考えられる数は全部で，6×4＋3×2＝30(個)ある。

2 割合と比，つるかめ算

(1) 工場Aが1日に生産する製品のうち，不良品の数は，$2000\times\frac{7}{1000}=14$(個)である。また，工場Bが1日に生産する製品のうち，不良品の数は，$3000\times\frac{12}{1000}=36$(個)である。よって，同じ期間に工場Aが生産する不良品と工場Bが生産する不良品の数の比は，14：36＝7：18だから，1000個の不良品のうち工場Aで生産された数は，$1000\times\frac{7}{7+18}=280$(個)とわかる。

⑵ 工場Aと工場Bの不良品の数をまとめると，右のようになる。取り出した10000個がすべて工場Bで生産されたものだとすると，その中に含まれる不良品の数は，$10000\times\frac{12}{1000}=120$(個)となり，実際よりも，120－80＝40(個)多くなる。工場Bで生産された製品と工場Aで生産された製品を1個ずつ交換《こうかん》すると，不良品である割合は，$\frac{12}{1000}-\frac{7}{1000}=\frac{5}{1000}$小さくなるので，取り出した10000個のうち工場Aで生産された製品の数は，$40\div\frac{5}{1000}=8000$(個)とわかる。よって，80個の不良品のうち工場Aで生産された数は，$8000\times\frac{7}{1000}=56$(個)と求められる。

(工場A)1000個のうち7個 ⎫ 合わせて
(工場B)1000個のうち12個 ⎭ 10000個のうち80個

3 立体図形―体積，分割

⑴ 右の図1で，正方形ABCDの面積は，5×5＝25(cm²)である。また，三角形ABEの面積は，5×2÷2＝5(cm²)，三角形ECFの面積は，3×2÷2＝3(cm²)，三角形FDAの面積は，3×5÷2＝7.5(cm²)だから，三角形AEFの面積は，25－(5＋3＋7.5)＝9.5(cm²)とわかる。次に，これらの三角形と合同な面をもつ三角すいは，右の図2のような三角すいである。よって，この三角すいの体積は，$2\times3\div2\times5\times\frac{1}{3}=5$(cm³)と求められる。

図1

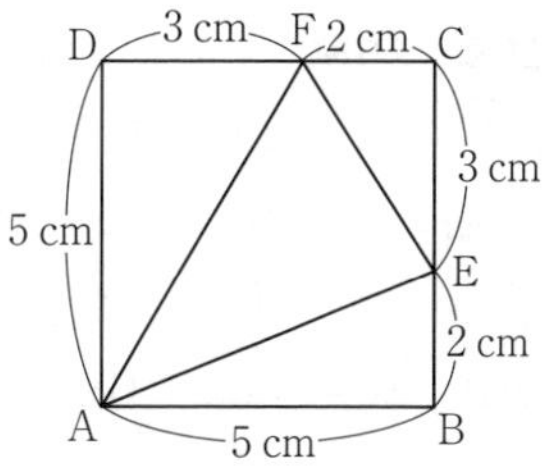

図2

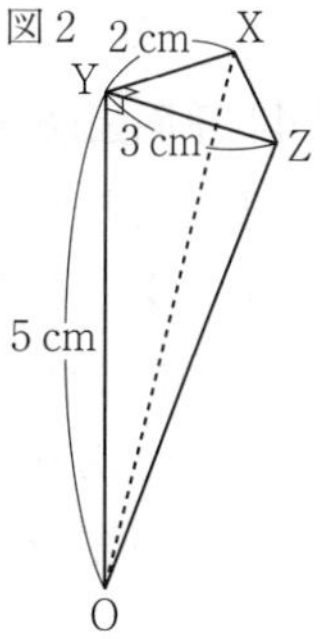

⑵ ㋐ 下の図3で，三角形PGQと三角形SKRは相似であり，相似比は，GQ：KR＝15：3＝5：1なので，$KS=10\times\frac{1}{5}=2$(cm)とわかる。次に，三角すいT－PGQと三角すいT－SKRは相似であり，相似比は5：1だから，体積の比は，(5×5×5)：(1×1×1)＝125：1となる。よって，Gを含む方の立体の体積は三角すいT－SKRの体積の，(125－1)÷1＝124(倍)である。さらに，$KT=20\times\frac{1}{5-1}=5$(cm)なので，三角すいT－SKRは図2の三角すいO－XYZと合同であり，体積は5cm³とわかる。よって，Gを含む方の立体の体積は，5×124＝620(cm³)と求められる。

㋑ 4点G，P，Q，Rを頂点とする三角すいは，下の図4のかげの部分である。図4で，三角形PQRは三角形PQTの一部だから，三角すいG－PQRで三角形PQRを底面とみたときの高さは，三角すいG－PQTで三角形PQTを底面とみたときの高さと一致《いっち》する。また，図4の三角すいG－PQTは図2の三角すいを5倍に拡大したものなので，図2の三角すいで三角形XZOを底面とみたときの高さを5倍にすればよい。⑴より，図2の三角すいの体積は5cm³，三角形XZOの面積は9.5cm²とわかるから，三角形XZOを底面とみたときの高さは，$5\times3\div9.5=\frac{30}{19}$(cm)となり，求める高さは，$\frac{30}{19}\times5=\frac{150}{19}=7\frac{17}{19}$(cm)となる。 ㋒ 4点M，P，Q，Rを頂点とする三角すいは，下の図5のかげの部分である。㋑と同様に考えると，この三角すいで三角形PQRを底面とみたときの高さは，三角すいM－SRTで三角形SRTを底面とみたときの高さと一致する。また，正方形KLMNの面積は，20×20＝400(cm²)であり，3つの三角形KRS，LMR，NSMの面積はそれぞれ，3×2÷2＝3(cm²)，(20－3)×20÷2＝170(cm²)，20×(20－2)÷2＝180(cm²)になるので，三角形

MSRの面積は，400−（3＋170＋180）＝47（cm^2）と求められる。よって，三角すいM－SRTの底面を三角形MSRとみると，この三角すいの体積は，$47\times5\times\frac{1}{3}=\frac{235}{3}$（cm^3）とわかる。さらに，三角形SRTの面積は図2の三角形XZOの面積と等しく9.5cm^{2}である。したがって，三角すいM－SRTで三角形SRTを底面とみたときの高さは，$\frac{235}{3}\times3\div9.5=\frac{470}{19}=24\frac{14}{19}$（cm）と求められる。

図3

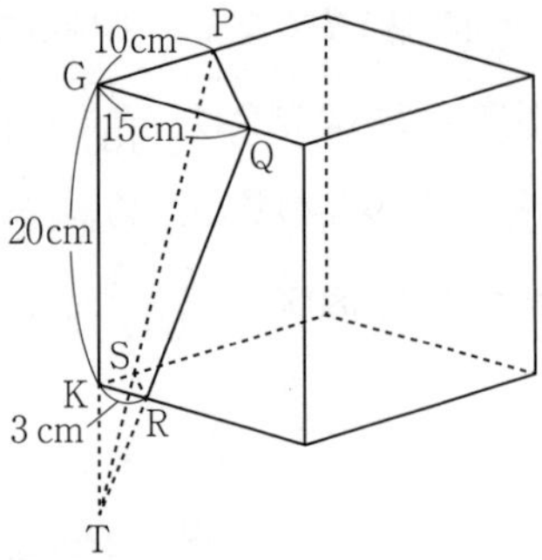

図4

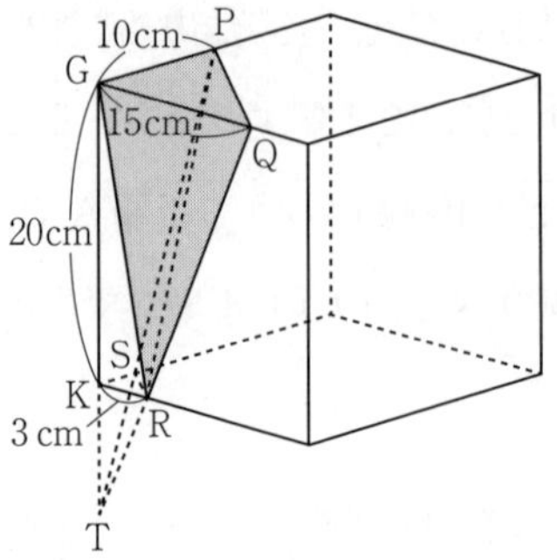

図5

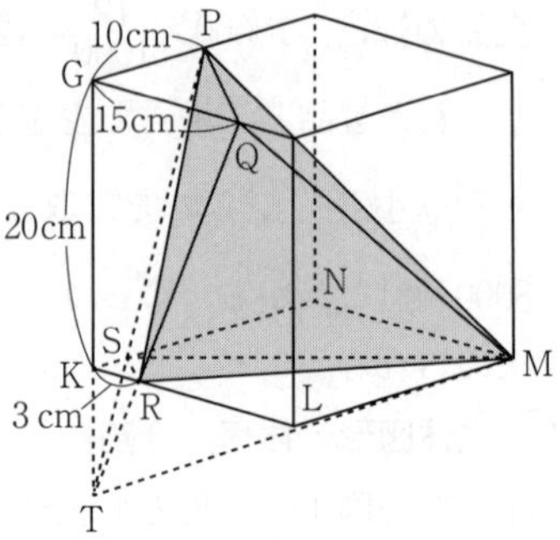

4 平面図形―面積，相似

(1) 長方形ABCDのたてと横の長さから，三角形AEFが直角二等辺三角形であるとき，右の図1のように角AEFが直角になる。図1で，同じ印をつけた角の大きさはそれぞれ等しいから，三角形ABEと三角形ECFは合同であり，AB＝EC＝4cm，BE＝CF＝5－4＝1（cm），FD＝4－1＝3（cm）とわかる。したがって，三角形ABEと三角形ECFの面積はどちらも，4×1÷2＝2（cm^2）になり，三角形FDAの面積は，3×5÷2＝7.5（cm^2）なので，三角形AEFの面積は，5×4－（2＋2＋7.5）＝8.5（cm^2）と求められる。

図1

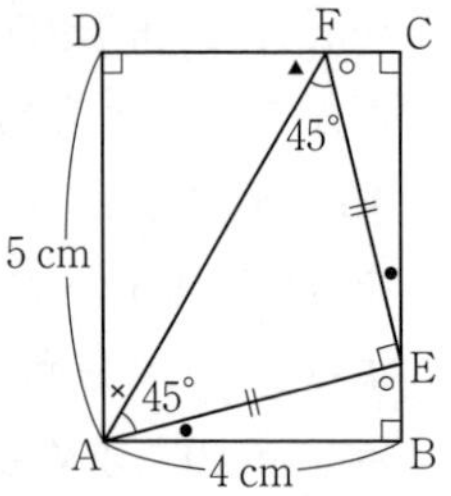

(2) 右の図2のように，半円の中心をO，円の中心をPとし，GKと半円が接する点をM，三角形KGHと円が接する点をQ，R，Sとすると，三角形GOJとGOM，三角形PGQとPGR，三角形PKQとPKSはそれぞれ合同になる。ここで，三角形GOJの直角をはさむ2辺の長さの比は，3：12＝1：4だから，この三角形は図1の三角形AEBと相似であり，図1と図2の●印と○印の大きさはそれぞれ等しくなる。また，図1の●印と×印の大きさの和は，90－45＝45（度）であり，図2の●印と×印の大きさの和も，90÷2＝45（度）なので，図1と図2の×印の大きさも等しくなる。すると，図2の三角形PGRは図1の三角形FADと相似になるから，GR：PR＝AD：FD＝5：3とわかる。よって，GR：RH＝5：3なので，円の半径は，$12\times\frac{3}{5+3}=4.5$（cm）と求められる。次に，JGとKHは平行だから，角GKHの大きさは●2個分となり，三角形GOJと三角形KPSは相似になる。したがって，PS：SK＝1：4なので，$SK=4.5\times\frac{4}{1}=18$（cm）となり，HK＝4.5＋18＝22.5（cm）とわかる。

図2

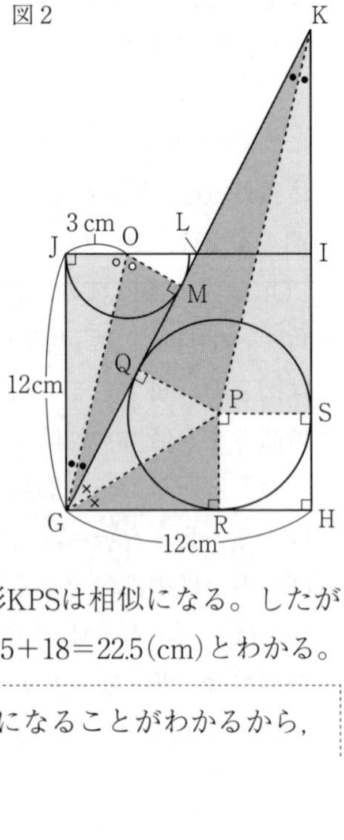

〔ほかの考え方〕 図1から，●と×の和は45度，○と▲の和は135度になることがわかるから，

右の図3のように，たて8cm，横5cmの長方形アイウエの中に三角形オイカを作ると，三角形オイカは直角二等辺三角形になる。また，図3の三角形アイオと右の図4の三角形JGOは相似なので，角OGJ＝角OGM＝●となる。すると，角PGQ＝角PGR＝×となるから，長方形JGRTは長方形アイウエを1.5倍に拡大したものとわかり，円の半径は，3×1.5＝4.5(cm)と求めることができる。

図3

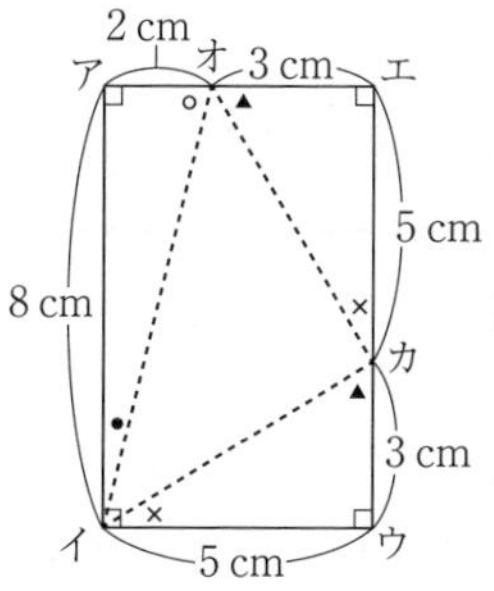

図4

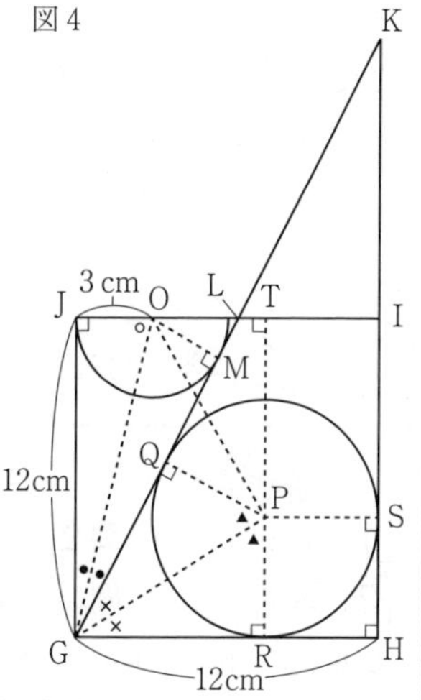

5 条件の整理，場合の数

⑴ ㋐ $A+E+I=C+E+G=10$だから，Eに書かれた数が5のとき，$A+I=C+G=5$となる。ここで，和が5となる2つの数の組み合わせは，（1，4），（2，3），（3，2），（4，1）の4通りある。もし，（A，I）＝（1，4）だとすると，（C，G）は（2，3）と（3，2）の2通りが考えられる。ほかの場合も同様なので，{A，I，C，G}の組み合わせは，4×2＝8(通り)ある。このとき，残りの{B，D，F，H}の組み合わせは，4×3×2×1＝24(通り)あるから，全部で，8×24＝192(通り)と求められる。　㋑ Eに書かれた数をかえて㋐と同様に調べると，2つの数の組み合わせは下の図1のようになる。{A，I，C，G}の組み合わせは，E＝1の場合は，6×4＝24(通り)，E＝2，3の場合は，E＝5の場合と同様に8通りとなる。また，E＝4，6，7の場合はあてはまらないので，全部で，24＋8×3＝48(通り)とわかる。どの場合にも{B，D，F，H}の組み合わせが24通りあるから，9つの数の並び方は，48×24＝1152(通り)と求められる。

図1

E	$A+I=C+G$	2つの数の組み合わせ
1	9	（2，7），（3，6），（4，5），（5，4），（6，3），（7，2）
2	8	（1，7），（3，5），（5，3），（7，1）
3	7	（1，6），（2，5），（5，2），（6，1）
4	6	（1，5），（5，1）
6	4	（1，3），（3，1）
7	3	（1，2），（2，1）

⑵ 太郎さんと次郎さんが当てた的は，下の図2の6通りが考えられる。また，太郎さんが当てて次郎さんが当てなかった場所があるので，太郎さんと次郎さんが当てた的は，この6通りの中の異なる2つになる。そのうち，アとイ，アとウ，アとカ，イとエ，イとオ，ウとエ，ウとオ，エとカ，オとカの9通りは○が1個だけ重複する。よって，⑴と同様にそれぞれ1152通りの並びが考えられ

図2

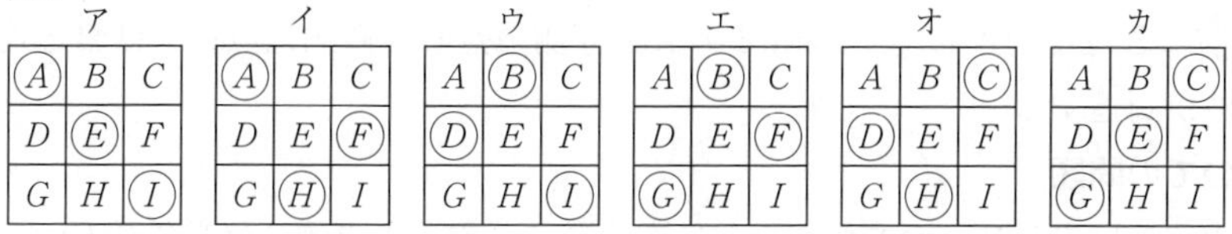

図3

1＋2＋7＝10
1＋3＋6＝10
1＋4＋5＝10
2＋3＋5＝10

る。また，残りの，アとエ，アとオ，イとウ，イとカ，ウとカ，エとオには重複する○はない。ここで，３つの数の和が10になる組み合わせは上の図３のように４通りあるが，この中のどの２つを組み合わせても必ず重複する数があるから，＿のような場合はあてはまらない。したがって，９つの数の並び方は全部で，1152×９＝10368(通り)と求められる。

理科 ＜第１日目＞(60分)＜満点：100点＞

解答

1 **問１** イ　**問２** (1) ３時７分59秒　(2) ① 30　② 75　③ 24　(3) イ
2 **問１** え　**問２** (1) イ　(2) **A** お　**C** う　**問３** (例) **方法**…ア　**区別のしかた**…(例) 水溶液中に泡が見られる方が炭酸水，見られない方が塩酸。　**問４** う　**問５** い，え　**3** **問１** 0.2倍　**問２** 19.98cm　**問３** (1) A　(2) A　**問４** 0.04 cm^3　**問５** 0.5　**4** **問１** B　**問２** (例) 液体と固体が混じっている。　**問３** −3.84℃　**問４** G　**問５** イ　**問６** 13.6ｇ　**5** ① 2　② 筋肉　③ 密度　④ 脱皮　⑤ ア　⑥ い，え　⑦ イ　⑧ イ　⑨ 酸素　⑩ ペンギン　⑪ 塩分　⑫ クチクラ　**A** (例) 本数を増やす　**B** (例) 浮力がはたらく
6 **問１** 40cm　**問２** ウ　**問３** ウ　**問４** 20cm　**問５** 解答の図Ⅱを参照のこと。

解説

1 地震《じしん》についての問題

問１　a　地震の断層のずれが地表まで到達《とうたつ》したものを地表地震断層といい，兵庫県南部地震による野島断層などがよく知られている。　b　断層には上下方向だけでなく，水平方向にずれたものもある。水平方向にずれた断層は横ずれ断層とよばれる。

問２　(1)　観測地点Ａと観測地点Ｂの差から，Ｐ波とＳ波が同じ距離《きょり》を進むのにかかる時間の比は３：５である。それぞれの波が45km進んだときの時間の差は，14－８＝６(秒)で，これが比の，５－３＝２にあたるから，Ｐ波が45km進むのにかかった時間は，$6\times\frac{3}{2}=9$(秒)とわかる。よって，地震発生時刻は，３時８分８秒－９秒＝３時７分59秒になる。　(2)　①　(1)より，Ｐ波の速さは，秒速，45÷９＝５(km)である。観測地点ＡにＰ波が伝わるまでにかかった時間は，３時８分５秒－３時７分59秒＝６秒だから，観測地点Ａの震源からの距離は，５×６＝30(km)とわかる。　②　Ｐ波が，３時８分14秒－３時７分59秒＝15秒で進む距離は，５×15＝75(km)である。　③　Ｓ波の速さはＰ波の速さの$\frac{3}{5}$倍なので，秒速，$5\times\frac{3}{5}=3$(km)になる。よって，観測地点ＣにＳ波が到達するのは，地震発生から，75÷３＝25(秒後)の，３時７分59秒＋25秒＝３時８分24秒となる。　(3)　緊急《きんきゅう》地震速報は地震発生から，15÷５＋８＝11(秒後)に出されていて，その間にＳ波は，３×11＝33(km)進む。よって，震源からの距離が33kmより短い観測地点Ａでは，緊急地震速報が届く前にＳ波が到達して，33kmより長い観測地点Ｂと観測地点Ｃでは緊急地震速報が届いたあとにＳ波が到達する。

2 水溶液《すいようえき》の判別についての問題

問１　アルカリ性の水溶液は赤色リトマス紙を青色に変化させ，酸性の水溶液は青色リトマス紙を

赤色に変化させる。よって，実験１よりＡとＣはアルカリ性，実験２よりＤとＥは酸性の水溶液だから，Ｂの水溶液は中性の食塩水である。

問２　ＡとＣはアルカリ性の石灰水かアンモニア水である。アンモニア水には特有の刺激臭《しげきしゅう》があり，石灰水にはにおいがないので，イの方法で区別でき，Ａがアンモニア水，Ｃが石灰水とわかる。

問３　アの方法の場合，水溶液中に泡《あわ》が生じている方が炭酸水，泡が見られない方が塩酸とわかる。イの方法の場合，塩酸には特有の刺激臭があるが，炭酸水はにおいがないので区別できる。ウの方法の場合，鉄くぎを溶《と》かしてさかんに泡を発生する方が塩酸，ほとんど変化が見られない方が炭酸水である。

問４　水溶液中に泡が見られることから，混ぜた水溶液の一方は炭酸水である。炭酸水と石灰水を混ぜると白くにごるが，混合溶液は透明《とうめい》なので，石灰水はＦ，Ｇのどちらにも入っていない。なお，食塩水や塩酸は炭酸水と混ぜてもとくに変化は見られない。

問５　食塩水には固体の食塩(塩化ナトリウム)が溶けているため，水溶液から水分を蒸発させると固体が残る。いっぽう，炭酸水と塩酸はどちらも気体が溶けた水溶液なので加熱して水分を蒸発させても何も残らない。よって，Ｆ，Ｇに入っていたのは炭酸水と食塩水だと判断できる。

３ 力による変形についての問題

問１　Fの大きさの力を加えた場合は，$10-9.99=0.01$(cm)縮んでいる。力の大きさを変えて押《お》したときの縮みは0.002cmであり，加える力の大きさと縮みは比例するので，求める力の大きさはFの，$0.002\div0.01=0.2$(倍)である。

問２　図３のようにしてFの大きさの力を加えた場合，消しゴムの間でもFの大きさの力が左右方向にはたらき合い，それぞれの消しゴムには図２と同じように力がはたらく。よって，左右方向の全長は，$9.99\times2=19.98$(cm)となる。

問３　上下方向に注目すると，図２のように左右方向から押したとき，消しゴムは伸《の》びるように変形する。これは，前後方向でも同じである。

問４　$\alpha=0.48$だから，上下(前後)方向の伸びの長さは，$0.01\times0.48=0.0048$(cm)である。よって，もとの長さと比べて，左右方向には，$0.01\div10=0.001$(倍)縮み，上下方向と前後方向には，$0.0048\div10=0.00048$(倍)伸びている。そのため，体積は，もとの立方体の$\{(1-0.001)\times(1+0.00048)\times(1+0.00048)\}$倍になる。これは，与《あた》えられた式より，$1-0.001+2\times0.00048=0.99996$(倍)と近似計算できる。よって，体積は，$10\times10\times10\times(1-0.99996)=0.04$(cm^3)減ることがわかる。

問５　左右方向に縮んだ割合をx，上下(前後)方向に伸びた割合をyとする。問４と同様に考えると，立方体に図２のように力を加えたとき，その体積は$(1-x+2\times y)$倍になる。このとき，体積がもとの立方体より必ず減少することから，xの値は$(2\times y)$の値より必ず大きくなる。ここで，$\alpha=y\div x$より，$y=\alpha\times x$だから，xの値は，$2\times y=2\times\alpha\times x$の値より大きいことになる。したがって，$(2\times\alpha)$が１より小さくなり，$\alpha$は，$1\div2=0.5$より必ず小さくなる。

４ 水の状態変化についての問題

問１　純粋《じゅんすい》な水の温度が下がってこおり始めると，温度は０℃で一定になり，すべてがこおると再び温度が下がり始める。よって，こおり始めるのはグラフの点Ｂである。

問２　温度が０℃で一定になっている点Ｃでは，水がしだいにこおっている途中《とちゅう》で，固体(氷)と液体(水)が混ざり合った状態になっている。

問3　表より，水20 gに溶かした食塩の重さと，水溶液がこおり始める温度の下がり方は比例していることがわかる。水100 gに食塩6 gを溶かした食塩水は，水20 gに食塩を，$6\times\frac{20}{100}=1.2$(g)溶かしたものと同じ濃度《のうど》(食塩水中の食塩の割合)になっているので，こおり始める温度は0℃より，$1.6\times\frac{1.2}{0.5}=3.84$(℃)低い，−3.84℃になる。

問4　食塩水の場合も，こおり始めると温度の変化のしかたが変わるので，グラフの折れ曲がったところがこおり始めである。そのときの温度は折れ曲がった点の縦軸《じく》の値(点G)になる。

問5　表にあるように，食塩水は0℃になってもこおらないが，ある一定の温度まで下がると，食塩水中の水がこおり始める。その後，水がこおると食塩水中の水が減るため，こおっていない部分の濃度が高くなり，残った食塩水がこおる温度が下がっていく。このようにして，図2のように，食塩水ではこおり始めてからも水溶液の温度が下がり続ける。

問6　−5℃でこおり始める食塩水の濃度は，水20 gに食塩を，$0.5\times\frac{5}{1.6}=\frac{25}{16}$(g)溶かしたときの濃度に等しい。よって，食塩の重さが0.5 gで，この濃度になるときの水の重さを□gとすると，$0.5:□=\frac{25}{16}:20$が成り立ち，$□=0.5\times20\div\frac{25}{16}=6.4$(g)になる。よって，こおった水の重さは，20−6.4=13.6(g)と求められる。

5 昆虫《こんちゅう》についての問題

①　からだの密度が変わらなければ，体重は体積に比例する。からだが相似形で2倍になると，体積は，2×2×2＝8(倍)になり，脚《あし》の断面積は，2×2＝4(倍)になるので，体重を脚の断面積で割った値は，8÷4＝2(倍)になる。　②　からだを大きくするには，からだを支える脚の筋肉と骨を丈夫《じょうぶ》にする(太くする)必要がある。　③　恐竜《きょうりゅう》がゾウよりも大きいからだを支えられたのは，からだの密度が小さく，からだの大きさの割に体重が軽かったためと考えられる。

④　昆虫のからだは外骨格でおおわれている。外骨格は成長とともに大きくなるものではないため，成長の過程で古い皮を脱《ぬ》ぐこと(脱皮《だっぴ》)が必要となる。　⑤　からだのつくりは単純な構造の方が脱皮しやすい。　⑥　昆虫は気管で酸素や二酸化炭素のやり取りをしていて，血液で老廃《ろうはい》物や栄養分の運搬《うんぱん》をしている。　⑦　昆虫の血管は頭の部分で途切れ，その先はほかの体液と混ざり合うので，血液や体液の運搬の効率はあまりよくない。一方，ゾウなどの動物では血液とそれ以外が分かれて流れるため，それぞれの運搬の効率がよいといえる。　⑧　ゾウは肺で取り込《こ》んだ酸素を，血液で効率的に全身に運んでいるが，昆虫は気管の部分でのみ酸素を取り入れるので，全身に運ぶ効率はよくない。　⑨　植物が多い熱帯雨林のように，大昔の地球では，大気中の酸素の割合が今よりも高かった時代があったとされている。酸素の割合が高ければ，呼吸の効率が悪くても酸素を多く取り込むことができるため，大型の昆虫も生活することができたと考えられる。　⑩　鳥類に属するペンギンのなかまは，飛ぶことができず，おもに海で活動している。　⑪　体液中の塩分濃度は，動物によりほぼ決まった値で一定となっている。たとえば，海に生息する魚類などは，海水中でも体内の塩分濃度を一定に保つしくみを持っているが，ヒトや昆虫などはそのしくみを持たないため，海水中で生活することができない。　⑫　昆虫の外骨格の主成分は，酸素を利用して固まるクチクラという物質でできていると述べられている。酸素が少ない水中ではクチクラ(外骨格)をつくりにくいといえる。　**A**　昆虫の脚は3対6本と決まった数になっているが，大きなからだを支えるためには，脚を太くしたり，脚の本数を増やしたりする必要がある。　**B**　水中では浮力《ふりょく》がはたらくので，からだが大きく，体重が重い動物でも，からだを支えることがで

きる。

6 振《ふ》り子の動きと物体の運動についての問題

図Ⅰ

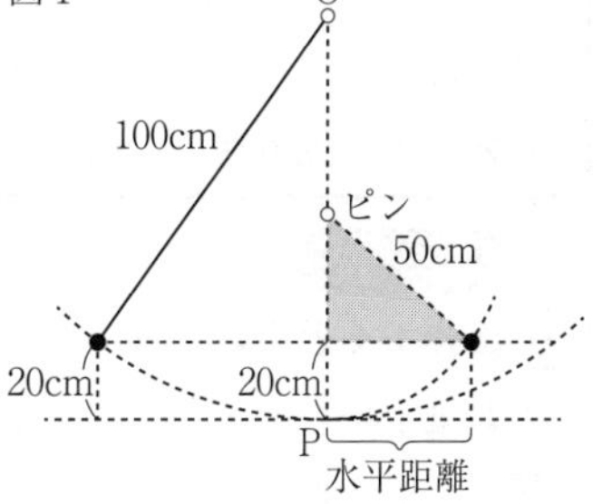

問１　ピンにふれて糸が折れ曲がっても，おもりは振れ始めと同じ高さまで上がる。よって，おもりが最も右側の位置にきたときは右の図Ⅰのようになる。このとき，図Ⅰでかげをつけた三角形は，(50－20)：50＝３：５より，辺の長さの比が３：４：５の直角三角形になる。よって，おもりの点Ｐからの水平距離は，$50\times\frac{4}{5}=40$(cm)となる。

問２　振り子の周期(往復に要する時間)は振り子の長さが長くなるほど長くなる。よって，ピンの右側では，ピンを打たない場合より振れる時間が短くなるため，おもりが往復する時間はピンを打たない場合よりも短くなる。

問３　おもりを放す高さが20cmのとき，ピンを打つ高さが50cmより低くなっていくと，ピンからおもりまでの糸の長さが短くなり，おもりが20cmの高さまで上がったときの位置が直線OPに近づく。つまり，水平距離は小さくなっていく。

問４　ピンの高さを20cmにすると，おもりが20cmまで上がったときの位置はピンから水平方向に20cm離れた位置となり，この位置で一瞬静止したあと，振り始めの位置まで戻《もど》っていく。しかし，ピンを高さ20cmより下げると，おもりが最も高いところ(20cmの高さ)まできたとき，ピンよりおもりの方が上にあり，水平距離がピンからおもりまでの長さより小さくなる。そのため，おもりは糸に引かれることなく，落下するように運動をして，糸がたるむ不規則な運動になる。

図Ⅱ

問５　たとえば，$H=20$のとき，問４で述べたように，ピンの高さ(h)が20cmより低くなるとＢのように不規則に動くようになる。しかし，hが10cmより小さくなると，ピンで糸が折れ曲がったあとの振り子の長さが10cm未満になるため，おもりは20cmの高さまで上がれず，最も高い位置(ピンの真上)まで到達しても静止することなく動き続ける。そのため，おもりは右の図Ⅱのように，直線OP上にきたあと，円をえがくように糸がピンに巻きつくような運動(Ｃ)をする。なお，以上のことから，おもりは，hがH以上のときにはＡ，$\frac{H}{2}$以上H未満のときにはＢ，$\frac{H}{2}$未満のときにはＣのように動く。

国語　＜第１日目＞（40分）＜満点：80点＞

解答

一 **問１**　(例)　ぶどうの味を中途半端に再現した味。　**問２**　(例)　包み紙にぶどうの絵が描かれていればぶどうそのものの味を期待してしまうから。　**問３**　**1**　アラ(ート)　**2**　サポ(ート)　**3**　アスリ(ート)　**4**　リモ(ート)　**5**　パスポ(ート)　**問４**　(Ⅰ，Ⅱの順で)　**1**　に，出る　**2**　に，見る　**3**　を，押す　**4**　を，押さえる　**5**　が，変わる　**6**　が，付く　**問５**　**A**　お　**B**　**1**　を　**2**　う　**3**　お　**4**　お　**5**　を　二 **1**　カ　**2**　イ　**3**　コ　**4**　ア　**5**　サ　**6**　ク　三 **1**

ごかし　2　がかり　3　すがら　4　ぐるみ　5　ぼうけ　四　1　オ　2　ア　3　ウ　4　エ　5　イ　五　(和語，漢語の順で)　1　よるひる，昼夜　2　みちひき，干満　3　めおと，夫婦　4　にしひがし，東西　六　問1　Ⅰ　A　外　B　視　C　度　Ⅱ　A　灯　B　馬　C　走　Ⅲ　A　体　B　心　C　技　問2　Ⅰ　度外視　Ⅱ　走馬灯　Ⅲ　心技体　問3　Ⅰ　ウ　Ⅱ　イ　Ⅲ　オ

解説

一　**出典：くどうれいん『桃《もも》を煮《に》るひと』**。果物そのものではなく，その味を中途半端《ちゅうとはんぱ》に再現した味のお菓子《かし》について，筆者の思いがつづられている。

問1　続く部分で，小学生だったころの駄菓子《だがし》屋には「その果物そのものではなく，あくまで『いちご味』の味や，『メロン味』の味」をしたお菓子がたくさんあったと，筆者は振《ふ》り返っている。つまり，「ぶどう味の味」とは，本物の味(「ぶどうの味」)を「がんばってすこしでも再現してみようと思い」ながらもうまくいかなかった，中途半端な味を意味しているものと考えられる。

問2　「包み紙のシンプルさも，ぶどうあじあじの魅力《みりょく》を最大限に引き出してくれたのかもしれない」と前置きしたうえで筆者は，その素朴《そぼく》な包み紙に包まれた紫色《むらさきいろ》の飴《あめ》に「ぶどうあじあじ」を想定し，あたっていれば「『やっぱりぶどう！』と喜ぶ」のだと，浮《う》き立つ気持ちを語っている。しかし，濃《こ》い紫色をした包み紙に「つやつやの巨峰のような絵」が描かれていたならば，先に本物の「ぶどう味」を期待してしまうので，「ぶどうあじあじ」だった場合には「ちゃんとがっかりする」というのである。

問3　1　「アラート」は，何かに対して注意を呼びかける警報のこと。　2　「サポート」は，支援すること。　3　「アスリート」は，スポーツ選手のことで，特に，陸上・水泳・球技などの競技選手をいう。　4　「リモート」は，遠隔《えんかく》でものごとを行うこと。　5　「パスポート」は，国籍およびその他身分に関する事項《じこう》を証明する国際証明書のこと。

問4　1　「裏目に出る」は，“よい結果になることを期待してしたことが，かえって不都合な結果となってしまう”という意味。　2　「大目に見る」は，“相手のした失敗などをきびしくとがめることなく，寛大《かんだい》に処理する”という意味。　3　「駄目《だめ》を押《お》す」は，“念のためもう一度確かめておく”という意味。　4　「目頭《めがしら》を押さえる」は，“目頭からこぼれ出そうになる涙《なみだ》を指で押さえてとどめようとする”という意味。　5　「目先が変わる」は，“それまでの趣向《しゅこう》が変わり，目新しくなる”という意味。　6　「目鼻が付く」は，“ものごとのおおよその見通しが立つ”という意味。

問5　A　「愛おしい」は，大切にして，守ったりかわいがったりしたくなるようす。　B　1　「きをつけ」は，直立不動の姿勢をとらせるための号令。　2　「初もうで」は，新年を迎《むか》え，初めて社寺にお参りすること。　3　「とどこおる」は，ここでは“支払《しはら》うべき期限になっても金を支払えずにいる”という意味。　4　「おおやけになる」は，表ざたになること。　5　「やむをえず」で，“しかたがなく”という意味。

二　**俳句の知識**

俳句は五・七・五の三句十七音に季語が盛りこまれたものであること，そして，ここでは取りあげられた俳句が「新年から春夏秋冬の順」になっている点に留意する。　1　四音のことばが入

るので，新年の季語である「すずしろ」が入る。大根の古い呼び方で，春の七草のひとつ。ここでの「粥《かゆ》」は七草粥を指している。　**2**　二音のことばで，「紅白」から連想される植物なので，初春の季語である「梅」があてはまる。　**3**　二音のことばであることと，「長《なご》うして」という表現から，花房《はなぶさ》が長く垂れさがる「藤」が連想される。晩春の句である。　**4**　四音のことばが入る。「雫《しずく》かな」から連想されるのは梅雨《つゆ》の長雨で，その時期に咲《さ》く「あじさい」があてはまる。仲夏の句である。　**5**　三音のことばが入る。「粒《つぶ》の不揃《ふぞろ》い」からは，仲秋の季語である「葡萄《ぶどう》」が連想される。　**6**　二音のことばが入る。「ひかりの棒」にたとえられた，晩冬の季語である「葱《ねぎ》」が選べる。

三　ことばの知識

1　「おためごかし」は，いかにも相手のためを思っているかのように見せかけておきながら，その実は自分の利益をはかること。　**2**　「ゆきがかり」は，あるものごとからすでに手を引くことができない状態にあること。　**3**　「道すがら」は，“道を行きながら”という意味。　**4**　「家族ぐるみ」は，“親も子もふくむ家族全体で”という意味。　**5**　「待ちぼうけ」は，待っている相手がいつまでたっても来ないこと。

四　ことばの知識

1　後に「あるまい」と続くので，これと呼応して“まさか〜ないだろう”という意味になる「よもや」が入る。　**2**　「いささか」は，“ほんの少し”という意味。　**3**　「なおざり」は，深く心にとめないで，いいかげんにしておくこと。　**4**　「もはや」は，“今となっては”という意味。ある事態が変えられないところまで進んでいる場合に用いる。　**5**　「おもむろに」は，“ゆっくりと”という意味。落ち着いて行動するようすを表す。

五　和語と漢語の知識

1　漢語にすると，上から「生死」「売買」「山川」「昼夜」となる。よって，「よるひる」が漢語にしたとき順序が逆になる。　**2**　漢語にすると，上から「開閉」「勝負」「乗降」「干満」となる。よって，「みちひき」が漢語にしたとき順序が逆になる。　**3**　漢語にすると，上から「兄弟」「姉妹」「父母」「夫婦」となる。よって，「めおと」が漢語にしたとき順序が逆になる。　**4**　漢語にすると，上から順に「上下」「縦横」「東西」「往来」となる。よって，「にしひがし」が漢語にしたとき順序が逆になる。

六　熟語のしりとり

問1〜問3　〔条件1〕より，空欄《くうらん》A〜Cに入る漢字を並べかえると「三字熟語」になること，〔条件4〕の意味をもとにまず三字熟語を確定させることを特に意識しつつ，見当がつきそうなところから埋《う》めていくのがよい。　Ⅰ　**A〜C**　「法外」—「外注」—「注視」—「視角」—「角度」—「度胸」となり，「度外視」という三字熟語ができる。「度外視」は，問題にしないこと。　Ⅱ　**A〜C**　「街灯」—「灯明」—「明白」—「白馬」—「馬力」—「力走」—「走破」で，「走馬灯」という三字熟語ができる。「走馬灯」は，影絵《かげえ》の仕掛《しか》けがほどこされた回り灯籠《どうろう》をいい，過去の思い出が次々と思い出されることのたとえとして用いる。　Ⅲ　**A〜C**　「母体」—「体得」—「得心」—「心情」—「情実」—「実技」—「技師」で，「心技体」という三字熟語ができる。「心技体」は，スポーツ界や武道において大切とされる，精神力・技術・体力を指す。

国語 ＜第２日目＞（70分）＜満点：120点＞

解答

一 **問１** 下記を参照のこと。 **問２** （例） Ａちゃんが夢中なのは昆虫や怪獣で，他人のことなどに関心がないから。 **問３** （例） Ａちゃんの気を惹き，濃密な関係を持とうとする目的で，Ａちゃんに対して行ったいじわるや親切などの駆け引きのこと。 **問４** （例） ＡちゃんをＢちゃんから引きはなし，Ａちゃんが過ごしやすい環境をつくろう。 **問５** （例） 学校の花壇で見つけた青虫を家で飼おうと思い持ち帰ったが母親に諭され，帰しに行く道すがら，満員電車の中で青虫を落としてしまい，乗客にふみつぶされたと思いこんだことから，後悔と悲しみがこみあげ大泣きした。 **問６** （例） 苦し紛れの慰めではあるが，青虫が無事であることをＡちゃんに信じこませ，Ａちゃんの気持ちを落ち着かせようとする意図。 **問７** （例） 女の子は一〇歳頃にいじコミによって子ども社会における自分の立ち位置を決めていくが，いじコミに乗れない子は孤立してしまうおそれがあるということ。 **問８** Ｘ オ Ｙ ウ

二 **問１** （例） 天候しだい **問２** （例） 軍艦島に上陸したいという願いを叶えるのに絶好の状態になったということ。 **問３** （例） 軍艦島に上陸できた感動から，旅行代金のことなど忘れてしまったということ。 **問４** （例） かつて軍艦島には炭鉱があり，炭鉱で働く人のなかには事故などで亡くなる人も多くいたという現実。 **問５** （例） かつては人々の営みが濃密にあった場所。 **問６** （例） 切々とした感情をこめることなく，かつて炭鉱であったころの厳しい現実や人々の暮らしがあったことを平坦に伝え，そこから何を感じるかは，聞き手に委ねるという語り口。

三 **問１** （例） ちがう **問２** （例） 寝たいと思いながら，ぐずる娘が寝つくまでは寝ることができないから。 **問３** （例） 母親がイメージする船が自分のイメージとことごとく異なり不満だから。 **問４** Ａ （例） 舟 Ｂ （例） 不覚にも寝てしまった **問５** （例） 娘をなかなか寝かしつけられず，疲れて混乱してしまっているようす。 **問６** （例） どうにか娘を寝かしつけることができ，無事に朝まで寝られたということ。

●漢字の書き取り

一 **問１** Ａ 利発 Ｂ 行使 Ｃ 隊列 Ｄ 一派 Ｅ 専門 Ｆ 典型 Ｇ 階層 Ｈ 営(み) Ｉ 地域

解説

一 **出典：兼本浩祐《かねもとこうすけ》『普通《ふつう》という異常　健常発達という病』**。女の子の場合，「いじわるコミュニケーション」という対人戦略を通じて子ども社会における自分の立ち位置を決めていくが，自分が何をしたいかが，他人が自分をどう思っているのかよりも主要な関心事である子どもの場合，孤立《こりつ》することがあると，筆者は具体例をあげつつ説明している。

問１ Ａ 頭の回転が速く，かしこいこと。 Ｂ 実際に使うこと。 Ｃ 隊を組んでつくった列。 Ｄ 主義主張や目的などを同じくする人たち。 Ｅ 限られた分野の学問や職業などにもっぱらかかわること。 Ｆ 同じ種類のものの中で，基本的な特徴《とくちょう》や本質をよく表しているもの。 Ｇ 職業・学歴・財産・年齢《ねんれい》などの基準で分類された，社会的・経済的地位などがほぼ等しい人々の集団。 Ｈ 音読みは「エイ」で，「営業」などの熟語がある。 Ｉ 一定の

範囲《はんい》の土地。区域。

問2　「自分が何をしたいかが，他人が自分をどう思っているのかよりも主要な関心事」になっている子どもの例として，Ａちゃんが取り上げられている点をおさえる。つまり，Ａちゃんはこのとき「怪獣《かいじゅう》や昆虫《こんちゅう》」に「夢中」だったために，「ランドセルの色がバッティングした」ことで自分を強烈《きょうれつ》に意識してきたＢちゃんなどまったくの無関心だったのである。これをもとに，「Ａちゃんが夢中なのは怪獣や昆虫で，ランドセルの色のバッティングなどどうでもよいから」のようにまとめる。

問3　「手練手管」は，自分の思いどおりに人をあやつって，だますための方法や技術のこと。ここでは，「『空色ランドセルがかぶった事件』をきっかけにＡちゃんを強烈に意識してしまった」Ｂちゃんが，「Ａちゃんの気を惹《ひ》くため」（「濃密《のうみつ》な関係」を持つため）にいじわるをしたり，ときに好意を示したりといったさまざまな駆《か》け引きをしてきたことを指す。これを整理して，「自分に対するＡちゃんの関心を少しでも大きくして濃密な関係を持つための，たくみな駆け引きのこと」のように書く。

問4　「配慮《はいりょ》」とは，進級時に先生がＡちゃんをＢちゃんとは別の，「怪獣や虫好きの子どもが多い」クラスにしたことを指す。Ｂちゃんが行った数々の「いじわるコミュニケーション」を見かねたのであろう先生たちは，Ａちゃんを気にかけ，過ごしやすい環境《かんきょう》に置いてあげようとしたものと考えられるので，「ＡちゃんとＢちゃんを引き離《はな》し，Ａちゃんを怪獣や虫好きの子どもが多いクラスに入れ好きにさせる」といった趣旨《しゅし》でまとめる。

問5　学校の花壇《かだん》で青虫を見つけたＡちゃんは，家で飼おうと連れ帰ったものの，母親から帰すよう諭《さと》され，仕方なく元の場所に帰しに行くことになった。しかし，別れを惜《お》しみ，最後に一目見ようとしたＡちゃんの不注意により，青虫は満員電車の人の中にまぎれてしまったのである。その後，うかつなことをしてしまった後悔《こうかい》や青虫を失ってしまった悲しみが，お母さんの顔を見たことでこみあげ，大泣きしてしまったのだから，「学校で見つけた青虫を家で飼おうとしたが，母親に元にもどすよう言われしぶしぶ承知したところ，途中《とちゅう》の満員電車で青虫を落としてしまい，ふみつぶされたと思いこみ，母親の顔を見たとたん後悔と悲しみがあふれた」といった内容でまとめる。

問6　母親がＡちゃんにかけた「きっと無事に電車を出て今頃《いまごろ》はお外の花壇にたどり着いているわよ」ということばは何の根拠《こんきょ》もないので，「苦し紛《まぎ》れの慰《なぐさ》め」だというのである。しかし，そうであったとしてもＡちゃんが信じてくれたならば，彼女《かのじょ》の気持ちも落ち着くだろうと意図して，母親はこのような慰めの言葉をかけたのだろうと想像できる。これを整理して，「現実味のない話であっても，青虫が無事であると言って，何とかＡちゃんの気持ちを落ち着かせようとする意図」といった形で書くとよい。

問7　「鬼門《きもん》」は，もともとは何かものごとをする場合に避《さ》けたほうがよい方角のことだが，ここでは，ある人にとって好ましくない人やことがら，苦手なものなどを指す。多くの女の子は一〇歳《さい》頃《ころ》，相手に向けて「小出しにジャブ打ちしながら」，自分の「立ち位置を決めていく」「いじコミ」によって一応の「子ども社会」（「いじコミの世界」）を完成させるが，「それに乗れない」一部の子どもは「孤立」してしまうおそれもあるというのである。こうした危機を迎《むか》える時期だということを指して，筆者は「鬼門」だと言っているので，「いじコミによって成立する社会が一応の完成を見るのが，女の子の場合は一〇歳頃であり，多くの子がいじコミを習得するが，それに乗れない子は孤立してしまうということ」のようにまとめる。

問8　X，Y　問3でみたような，たくみな「策略」やことばによって「自分の子ども社会における立ち位置を決め」る女の子に対し，男の子の「いじコミ」は「暴力を含《ふく》むもう少し非文化的な形で，発現する」と筆者は述べている。つまり，「直接的な暴力」を避けて「社会的な関係」を保つ，女の子の「上手」な「いじコミ」は，「相当に文化的な営み」であり，「洗練されれば高度な対人スキルに仕上がるコミュニケーション技術」だといえるので，空欄《くうらん》Xにはオ，空欄Yにはウが入る。

二　**出典：桜《さくら》木《ぎ》紫乃《しの》「軍艦《ぐんかん》島にて」（日本文藝《ぶんげい》家協会編『ベスト・エッセイ2020』所収）**。長崎県にある「軍艦島」（端島《はしま》）を訪問したときの，筆者の思い出がつづられている。

問1　夫婦《ふうふ》二人，八万円かけてはるばる北海道からやってきたこともあり，どうしても軍艦島に「上陸したい」と思っていたものの，「明日の天気予報を見ればどれも『雨』」であり，上陸できない可能性があるため，筆者はこの「旅」が「賭《か》け」なのだと言っている。よって，「（旅行の目的がかなうかどうかは）天気しだい（であるから）」などとするのがよい。

問2　「べた凪《なぎ》」は，風が少しも吹《ふ》かず，海面に波が立っていない状態。悪天候であれば軍艦島への上陸が叶《かな》わないという状況《じょうきょう》に置かれていた筆者にとって，「快晴」で「べた凪」の海は，上陸に絶好の天候になったことを意味する。これをふまえ，「軍艦島に上陸したいという願いが実現する状態になったということ」といった趣旨で書けばよい。

問3　「廃墟《はいきょ》好きが高じて」軍艦島に来たいとは思っていたものの，高額な「旅行代金」だったこともあり，筆者のなかにはその金額を惜しむ気持ちが多少なりともあったはずである。しかし，軍艦島を目のあたりにした感動から，「八万円」を気にすることなど些末《さまつ》なもののように思えるようになったと考えられる。これをふまえ，「軍艦島に上陸できた感動で，高い旅行代金のことなど忘れてしまったということ」のようにまとめる。

問4　ガイドさんの言う，「この坑道《こうどう》入り口から入った人と，無事に出てこられた人の数は一致《いっち》しない」とは，かつて，炭坑内の事故などで多くの人が命を落としたということを意味する。筆者にとって炭坑は身近にあり，そうした事実があったことをいやというほど理解していたはずなのに，「廃墟だ廃墟だ」と浮《う》かれるあまり，いつの間にか悲しい歴史が自分のなかから忘れ去られてしまっていたというのである。これを整理して，「かつての炭坑では，事故で亡くなった労働者もいたという，忘れてはならない歴史上の悲しい現実」のようにまとめる。

問5　軍艦島を訪《おとず》れる人のなかには，「黙《だま》ってアパートを見つめている」だけの「元島民あるいは島民のお子さん」がいる，と締《し》めくくったガイドさんの話をきいたことで，これまで「目にする物はみな，呼吸をして」おらず「すべてが過去形，すべてが無機物」だという印象を軍艦島に抱《いだ》いていた筆者は，かつて，確かにこの島には人々の営みが濃厚《のうこう》に存在していたのだということをあらためて実感し，物見遊山《ゆさん》で来ていた自分を恥《は》じたのである。以上より，「かつては人々の営みが濃厚だった場所」のように整理する。

問6　炭坑にまつわる悲しい事実にしろ，「黙ってアパートを見つめ」る元島民・島民のお子さんのことにしろ，ガイドさんはあえて「平坦《へいたん》」な口調で話している。ここには，自身の思いを押《お》しつけることなく，「持ち帰る感情はひとりひとり違《ちが》っていい」と，聞き手にすべてを委ねることをよしとするガイドさんの姿勢が表れていると推測できる。

三　**出典：細《ほそ》見《み》和之《かずゆき》「夜の舟《ふね》」**。「プチ反抗《はんこう》期」でなかなか寝《ね》ついてくれない二歳の娘《むすめ》を，なんとか寝かしつけようと苦労する「私」と妻の姿がユーモラスに描《えが》かれている。

問1　続く部分で「私」が，「夢のなかでまでいったい何を否認《ひにん》していたのか」と思っていることや，あらゆる呼びかけに「タウ！」と言われた妻が疲弊《ひへい》していることから，娘は「タウ，タウ」と言うことで，「ちがう，ちがう」と伝えようとしたものと考えられる。

問2　「私」が「寝ようとしていた矢先」に二歳の娘は夜泣きをはじめ，「さきに休んでいた妻も起き出し」ている。「午前二時」ということもあり，自分たちも早く寝たいが，ふたたび娘が眠《ねむ》りにつくまで夫婦二人で相手をしなければならないので，「私」はなかばうんざりしながら「長い夜がはじまった」と思ったのである。これをもとに，「娘が深夜に泣き始め，眠いのにいつ泣きやむかもわからないから」のようにまとめる。

問3　なかなか寝つかない娘を抱《だ》き，「船だよ」と言ってあやし始めた妻の，「おっきな船」「モーターボート」といったイメージは娘の船のイメージと合わないらしく，次々に「タウ！」と言われてしまっている(否認されている)。なかなか自分の思いどおりの船を言い出してくれないことへのもどかしさや不満から，娘は「泣き出しそうな気配」を見せたと考えられる。

問4　A，B　娘に四苦八苦している妻のようすを見ながら，「私」は「睡魔《すいま》の海に攫《さら》われて」いつの間にか寝てしまっている。つまりここでは，「舟」から連想される大きな「海」に，あらがいようのない「睡魔」を重ね，意図せず寝てしまった「私」のようすを「攫われ」たと表現したものと推測できる。

問5　行き先として「バータンとこ？」「コウくんとこ？」「東京のアーちゃんとこー？」と次々にたずねてみるのだが，娘からすべて否認された妻は，あげくの果てに「アメリカは遠すぎるよ，アメリカは遠すぎるよ」と口走っている。これをきいて「私」は「二歳の娘に『アメリカ』が分かるはずがない」と考え，そんな行き先を口走った妻のようすを「彼女もだいぶ疲《つか》れて混乱していたのだろう」と推測している。どうしたらいいのかわからなくなっている妻のようすが「行く先不明の妻の舟」と表現されていることをおさえてまとめる。

問6　「眩《まぶ》しい光を反射して／むっちりとした娘の足が／私の目の前に横たわっていた」とあることから，夜中になかなか寝つくことができなかった娘がどうにか眠りについたことがうかがえる。つまり，「行く先不明」だった「妻の舟」が「朝の港にたどりついていた」とは，娘が寝たのにともなって混乱がおさまり，妻もようやく就寝《しゅうしん》できたことを表している。

Dr.福井の

入試に勝つ！ 脳とからだのウルトラ科学

入試当日の朝食で，脳力をアップ！

朝食を食べない学生は，朝食をきちんと食べる学生に比べて成績が悪かった――という研究発表がある。まあ，ちょっと考えればわかると思うけど，朝食を食べないということは，車にガソリンを入れないで走らせようとするようなものだ。体がガス欠になった状態では，頭が十分に働くわけがない。入試当日の朝食はちゃんと食べよう！　朝食を食べた効果があらわれるように，試験開始の2時間以上前に食べるようにするとよい。

では，入試当日の朝食にふさわしいものは何か？

まず，脳の直接のエネルギー源はブドウ糖だけであるから，それを補給するためのご飯やパン，これは絶対に必要だ。また，砂糖や果物の糖分は吸収されやすく，効果が速くあらわれやすいので，パンにジャムをぬったり果物を食べたりするのもよいだろう。

次に，タンパク質。これは脳の温度を上げる作用がある。温度が低いままでは十分に働かないからね。タンパク質を多くふくむのは肉や魚，牛乳，卵，大豆などだが，ここでは大豆でできたとうふのみそ汁や納豆をオススメする。そして，記憶力がアップするDHAを多くふくんでいる青魚，つまりサバやイワシなども食べておきたい。

生野菜も忘れてはならない。その中にふくまれるビタミンBは，ブドウ糖を脳に吸収しやすくする働きを持つので，結果的に脳力アップにつながるんだ。

コーヒーや紅茶，緑茶は，カフェインという成分の作用で目覚めをうながすが，トイレが近くなってしまうので，飲みすぎに注意！　試験当日はひかえたほうがよいだろう。眠気を覚ましたいときはガムをかむといい。脳が刺激《しげき》されて活性化し，目が覚めるんだ。

Dr.福井(福井《ふくい》一成《かずしげ》)…医学博士。開成中・高から東大・文Ⅱに入学後，再受験して翌年東大・理Ⅲに合格。同大医学部卒。さまざまな勉強法や脳科学に関する著書多数。

2023年度　灘中学校

【算　数】〈**第1日目**〉(60分)〈満点:100点〉

次の問題の□にあてはまる数またはカタカナを解答欄《らん》に書き入れなさい。

[注意]
- 問題にかいてある図は必ずしも正しくはありません。
- 円周率は3.14とします。
- 円すいの体積は,(底面積)×(高さ)×$\frac{1}{3}$で求められます。

1　$2023\times\left(\frac{1}{14}-\frac{1}{15}\right)\times\frac{1}{17}\times\frac{1}{17}=1\div(81-\square)$

2　図のように,三角形ABCの周と三角形DEFの周がG,H,I,J,K,Lで交わっています。点Aから点Lまでの12個の点から異なる3個の点を同時に選んでそれらの点を直線で結びます。このとき,三角形ができない3個の点の選び方は全部で□通りあります。

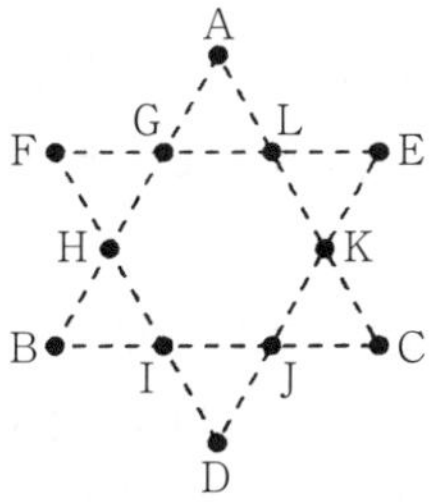

3　1桁《けた》の数A,2桁の数BC,3桁の数DEFと3桁の数ABC,2桁の数DE,1桁の数Fについて,$A+BC+DEF=ABC+DE+F$が成り立っています。このとき,次の**ア**から**ソ**のうち,必ず成り立つものは3つあります。それは[①]と[②]と[③]です。ただし,①,②,③の順序は問いません。

ア　$A=B$　　**イ**　$A=C$　　**ウ**　$A=D$　　**エ**　$A=E$　　**オ**　$A=F$
カ　$B=C$　　**キ**　$B=D$　　**ク**　$B=E$　　**ケ**　$B=F$　　**コ**　$C=D$
サ　$C=E$　　**シ**　$C=F$　　**ス**　$D=E$　　**セ**　$D=F$　　**ソ**　$E=F$

4　1,2,3,4,5,6,7,8,9,1,2,3,4,5,6,7,8,9,1,2,3,…
というように1から9までの数を繰《く》り返し並べ,

|1,2,3,4|5,6,7,8|9,1,2,3|4,5,6,7|8,9,1,2|3,…

というように4個ずつの数のグループに分けていきます。

2023番目のグループに含《ふく》まれる4個の数の和は[①]です。1番目のグループから2023番目のグループまでに含まれる8092個の数の和は[②]です。

5　6個の数1，2，3，4，5，6を2個ずつ3つのグループA，B，Cに分けます。Aに含まれる2つの数のうち大きい方が，Bに含まれる2つの数のうち大きい方よりも大きくなるような分け方は全部で［　　　］通りです。

6　まっすぐな道路に地点Pと地点Qがあります。Aさんは地点Pを出発して地点Qに向かって歩き，地点Qに着くとすぐに折り返して地点Pに向かって歩きます。Aさんが地点Pを出発するのと同時にBさんは地点Qを出発して地点Pに向かって歩き始め，地点Pに着くとすぐに折り返して地点Qに向かって歩きます。AさんもBさんも，それぞれ常に一定の速さで歩きます。

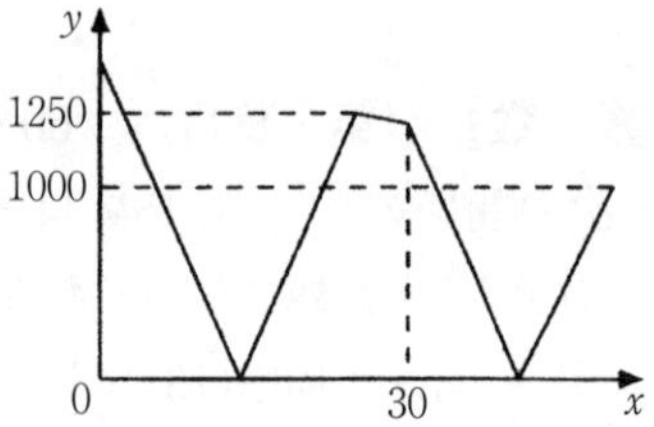

Aさんが地点Pを出発してx分後のAさんとBさんの距離《きょり》をy mとします。Aさんが地点Pを出発したのち再び地点Pに着くまでの間のxとyの関係は上のグラフのようになりました。このとき，地点Pと地点Qの距離は［①　　］mです。また，Aさんが地点Pを出発して［②　　］分後に，AさんとBさんは初めてすれ違《ちが》います。

7　ある国で使われる通貨の単位は「ナダ」です。円・ナダ取引において，円に対するナダの値段は毎日1回変化し，前日より安くなるか高くなるかのどちらかです。

ある日1ナダは150円でした。Aさんはその次の日から以下のような方法で円・ナダ取引を始めました。前日よりナダが安くなれば持っている円の半分をナダに替《か》え，前日よりナダが高くなれば持っているナダの半分を円に替えます。

Aさんは最初5760円のみを持っており，ナダは持っていませんでした。1ナダは取引1日目は120円でした。前日よりナダが安くなったので，1日目の取引の後Aさんの所持金は2880円と24ナダになりました。1ナダは取引2日目は90円，取引4日目は180円で，4日目の取引の後Aさんの所持金のうち円は5940円でした。このとき，取引3日目の1ナダは最も高い場合で［①　　］円，最も安い場合で［②　　］円です。ただし，Aさんがしたすべての取引について，1円未満，1ナダ未満の端数《はすう》は生じませんでした。また，手数料などは考えないものとします。

8　図のように，四角形ABCDの辺上に点E，F，G，Hがあります。このとき，四角形EFGHの面積は［　　　］cm²です。

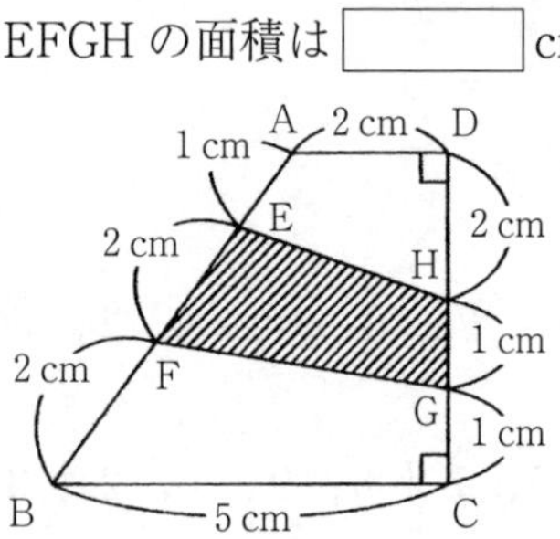

9　図のように，半径が2cmの大きな円の周上に中心を持つ，半径が1cmの小さな円が7つあります。また，小さな円の中心はその隣《となり》の小さな円の周上にあります。このとき，太線の長さは［　　　］cmです。

10　図の四角形ABCD，BEFG，CHIEはすべて正方形です。また，Fは辺AB上に，Iは辺AD上にあります。正方形CHIEの面積が65cm²，四角形AFEIの面積と三角形BCEの面積の和が56cm²のとき，正方形BEFGの面積は［　　　］cm²です。

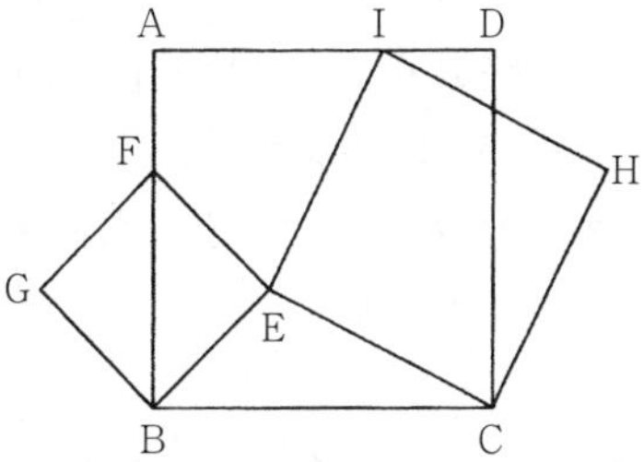

11　図のような，1目盛りの幅《はば》が1cmの方眼用紙があります。斜線《しゃせん》部分の図形を，2点A，Bを通る直線のまわりに1回転させたとき，その図形が通過する部分の体積は［　　　］cm³です。

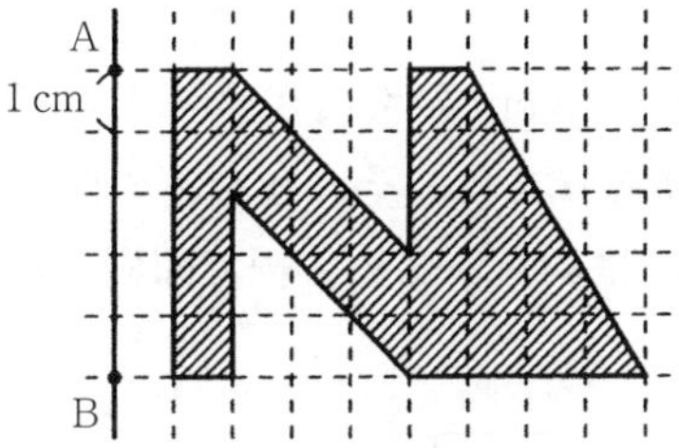

12　白の立方体，赤の立方体，青の立方体が全部で216個あります。それぞれの立方体の中は表面と同じ色です。それら216個を図のように積み上げて大きな立方体を作ります。3点A，B，Cを通る平面でこの大きな立方体を切断したときの切り口について，赤い部分の面積は白い部分の面積の［　　　］倍です。

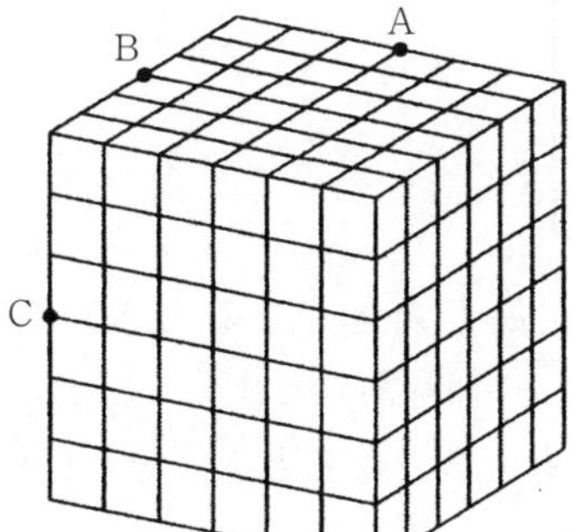

白	白	白	白	白	白
白	赤	赤	赤	赤	白
白	赤	青	青	赤	白
白	赤	青	青	赤	白
白	赤	赤	赤	赤	白
白	白	白	白	白	白

上から1段目，3段目，5段目

白	白	白	白	白	白
白	青	青	青	青	白
白	青	赤	赤	青	白
白	青	赤	赤	青	白
白	青	青	青	青	白
白	白	白	白	白	白

上から2段目，4段目，6段目

〈**第2日目**〉（60分）〈満点：100点〉

［注意］ • **1**(1)，**2**(1)，(2)，**3**(3)，**5**(1)は答えのみ記入しなさい。それ以外の問題は答え以外に文章や式，図などもかきなさい。

• 問題にかいてある図は必ずしも正しくはありません。

1 次の【操作】を考えます。

【操作】 奇数に対しては3を足す。偶数に対しては2で割る。

たとえば，1から始めて【操作】を1回行うと，4が得られます。また，5から始めて【操作】を4回行うと，5→8→4→2→1となり，1が得られます。

(1) 81から始めて【操作】を3回行うと，□が得られます。また，81から始めて【操作】を2023回行うと，□が得られます。

(2) 整数Aから始めて【操作】を6回行うと，初めて1が得られました。Aとして考えられる数をすべて求めなさい。

(3) $\underbrace{2\times2\times\cdots\times2}_{2023個}-1$から始めて【操作】を何回行うと，初めて1が得られますか。

2 図のような，すべての面が1辺の長さが1cmの正三角形である三角すいがあり，太線でかかれた辺にはインクがぬられています。この三角すいを紙の上に置き，紙にふれている面のいずれかの辺を軸《じく》としてすべらないように何回か転がします。ただし，インクは紙についても辺からなくならないものとします。

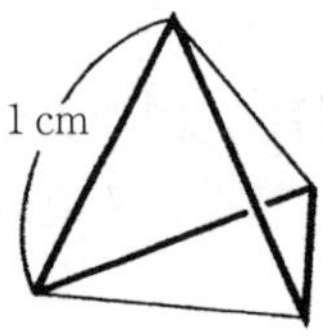

(1) 2回転がす場合，紙についたインクの線は，長さの合計が3cmのものが全部で2通り，4cmのものが全部で3通り，5cmのものが全部で4通りあります。それらを下の図にかき入れなさい。ただし，転がす前に紙についているインクの線はあらかじめ太線で印刷されています。また，解答の順序は問いません。

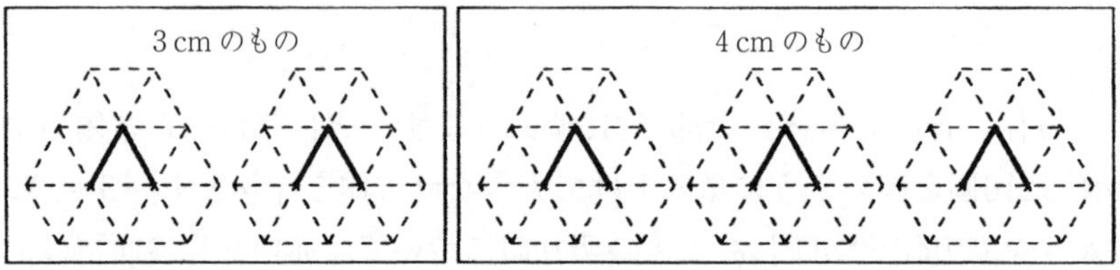

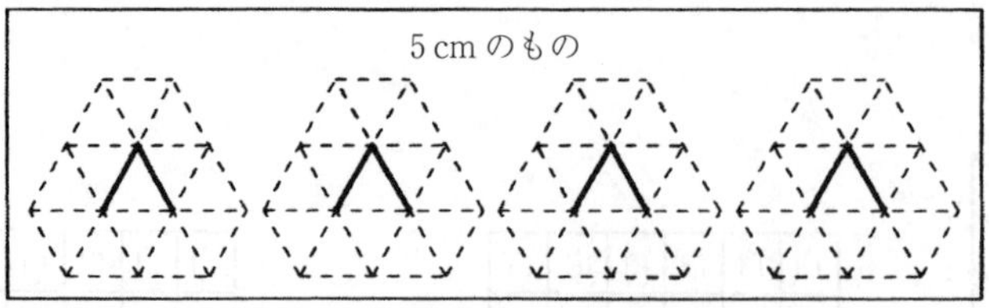

(2) 3回転がします。紙についたインクの線の長さの合計が最も大きくなるとき，それは□cmです。また，そのような転がし方は全部で□通りあります。

(3) 4回転がします。紙についたインクの線の長さの合計が最も大きくなるとき，それは何cmですか。また，そのような転がし方は全部で何通りありますか。

3　生徒が25人いるクラスで10点満点の試験を行いました。試験は１番，２番，３番の３問からなり，配点は１番が２点，２番が３点，３番が５点です。部分点はありません。

試験の結果，２番を正解した生徒は全部で14人，３番を正解した生徒は全部で14人いました。また，３問中ちょうど２問正解した生徒は全部で16人おり，その16人の得点の平均は6.5点でした。３問中ちょうど１問正解した生徒の得点の平均は3.5点でした。クラス全体の得点の平均は5.68点でした。得点が０点の生徒はいませんでした。

(1)　１番を正解した生徒の人数を求めなさい。

(2)　３問中ちょうど１問正解した生徒の人数を求めなさい。

(3)　この試験の得点の度数分布表としてあり得るものは下の３通りです。空欄《らん》をうめなさい。

得点(点)	人数(人)
10	
8	2
7	
5	
3	
2	
合計	25

得点(点)	人数(人)
10	
8	4
7	
5	
3	
2	
合計	25

得点(点)	人数(人)
10	
8	6
7	
5	
3	
2	
合計	25

4　右の図で，太線，細線の六角形はどちらも１辺の長さが６cmの正六角形です。

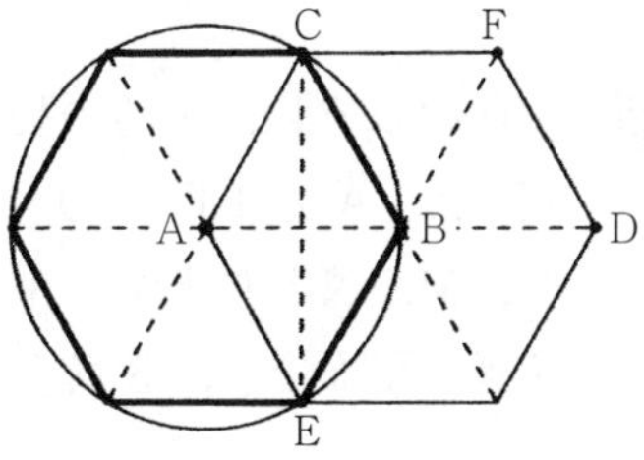

点Ｂは点Ａを中心とする半径６cmの円周上を１周します。点Ｂが動くとともに，点Ｂと点Ｃを結ぶまっすぐな線，点Ｂと点Ｄを結ぶまっすぐな線，点Ｂと点Ｅを結ぶまっすぐな線，点Ｂと点Ｆを結ぶまっすぐな線がそれぞれ長さと向きを変えないように，点Ｃ，Ｄ，Ｅ，Ｆも動きます。たとえば，Ｂが半周したとき，ＤはＡの位置にあります。

ここでは円周率は3.14とし，この図において三角形ABCの面積は15.6cm² であるとします。

(1)　点Ｂ，点Ｃを結ぶまっすぐな線が通過する部分のうち，太線の正六角形の内側にある部分を斜線《しゃせん》で図にかき入れました。この部分の面積を求めなさい。

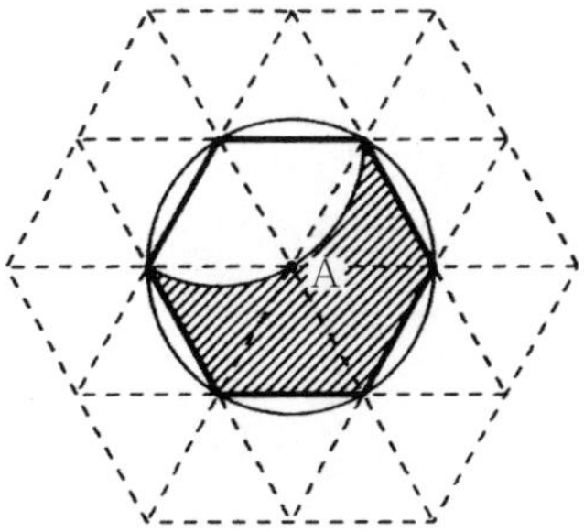

(2)　点C，点Eを結ぶまっすぐな線が通過する部分のうち，太線の正六角形の内側にある部分を(1)の図にならって図にかき入れ，面積を求めなさい。

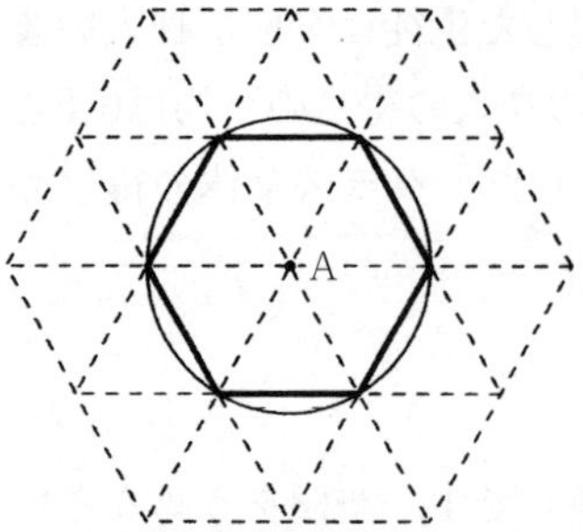

(3)　点D，点Fを結ぶまっすぐな線が通過する部分のうち，太線の正六角形の内側にある部分を(1)の図にならって図にかき入れ，面積を求めなさい。

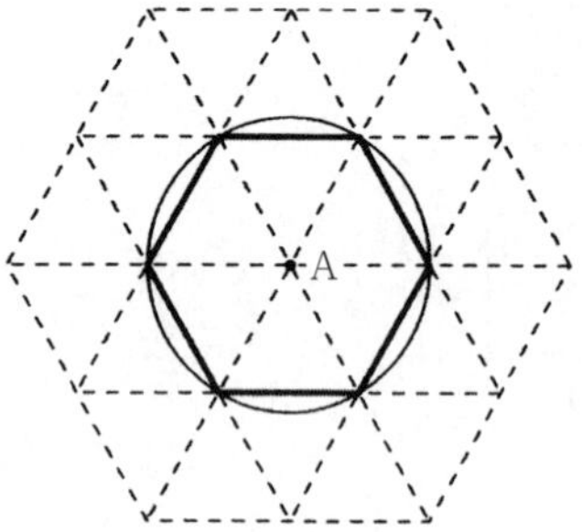

5　図のように，1辺の長さが6 cmの立方体ABCD−EFGHがあります。辺DA，AB，BF，CD，CG，BCの真ん中の点をそれぞれI，J，K，L，M，Nとします。3点I，J，Kを通る平面を㋐，3点I，L，Mを通る平面を㋑，3点J，M，Nを通る平面を㋒とします。

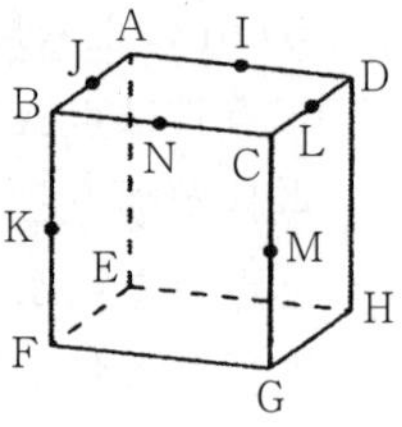

角すいの体積は，(底面積)×(高さ)×$\frac{1}{3}$で求められます。

(1)　平面㋐で立方体を2つの立体に切り分けたとき，点Hを含《ふく》む立体の体積は□cm³です。

(2)　3つの平面㋐，㋑，㋒で立方体をいくつかの立体に切り分けたとき，点Gを含む立体の体積を求めなさい。

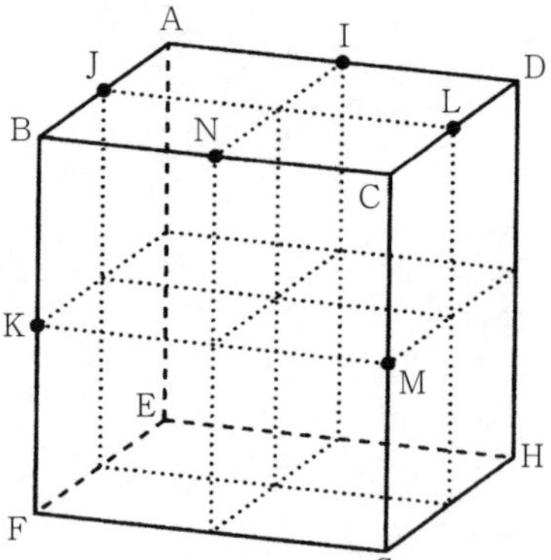

(3)　2つの平面㋐，㋑で立方体をいくつかの立体に切り分けたとき，点Dを含む立体の体積を求めなさい。

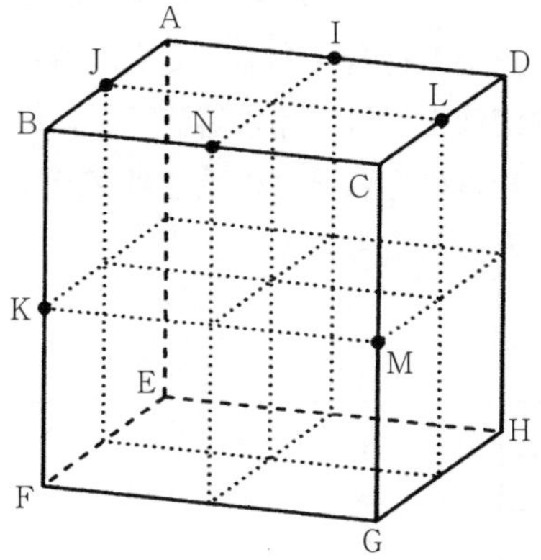

(4)　2つの平面㋐，㋑で立方体をいくつかの立体に切り分けたとき，点Cを含む立体をVとします。また点Bと点Jの真ん中の点をP，点Cと点Mの真ん中の点をQとします。3点N，P，Qを通る平面で立体Vを2つの立体に切り分けたとき，点Iを含む立体の体積を求めなさい。

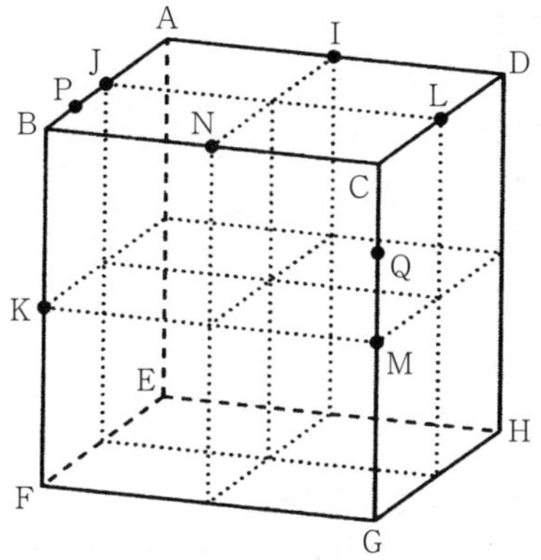

【理　科】〈第１日目〉（60分）〈満点：100点〉

1　固体の物質Ａ，Ｂ，Ｃを水に溶《と》かす実験を行いました。下図は，物質Ａ，Ｂ，Ｃについて，水溶《よう》液の温度と，水 100ｇに溶ける物質の重さの関係をグラフで表したものです。例えば，40℃の水 100ｇに物質Ａは 40ｇまで溶けますが，それより多くの物質Ａを加えても，溶けきらず固体が残ります。このように，限界まで物質が溶けた水溶液を「ほう和水溶液」といいます。なお，複数の異なる物質が水に溶けるときも，水に溶ける物質のそれぞれの重さはグラフにしたがうものとします。また，物質Ｂ，Ｃのグラフは直線とみなせるものとします。

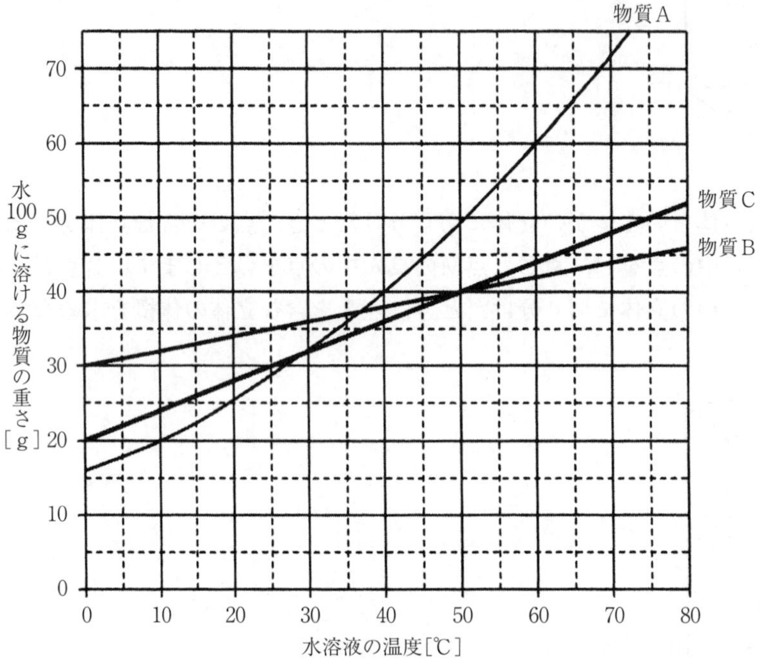

問１　60℃の物質Ａのほう和水溶液 100ｇに溶けている物質Ａは何ｇですか。

問２　60℃の物質Ａのほう和水溶液 100ｇを10℃まで冷やした場合，溶けきらずに出てくる物質Ａは何ｇですか。

問３　物質Ａに少量の物質Ｂが混ざった試料Ｘがあります。50ｇの試料Ｘを60℃の水 100ｇに加えると，すべて溶けました。それを10℃まで冷やしたところ，物質Ａのみが 26ｇ溶けきらずに出てきました。50ｇの試料Ｘにふくまれる物質Ａは何ｇですか。

問４　問３で10℃まで冷やした水溶液から，温度を変えずに水を蒸発させ，物質Ａのみをできるだけ多く取り出したいと考えました。何ｇの水を蒸発させるとよいでしょうか。また，そのとき新たに溶けきらずに出てくる物質Ａは何ｇですか。

問５　物質Ｃに少量の物質Ｂが混ざった試料Ｙがあります。50ｇの試料Ｙを80℃の水 100ｇに加えると，すべて溶けました。それを10℃まで冷やしたところ，物質Ｃのみが溶けきらずに出てきました。さらに，温度を変えずに水を蒸発させ，物質Ｃのみをできるだけ多く取り出そうとしました。水を 75ｇ蒸発させたときに物質Ｂも溶けきらずに出てきはじめたので，この段階で水の蒸発を止め，出てきた物質Ｃを集めました。

⑴　50ｇの試料Ｙにふくまれる物質Ｃは何ｇですか。

⑵　一連の操作で出てきた物質Ｃは合計何ｇですか。

2　右図のように金属板が，床《ゆか》との角度が x 度となるように糸でつるされています。x の値は $0 \leqq x \leqq 90$ の間で調整でき，実験中の太陽の高度は常に60度で，太陽光の光の強さは一定とします。

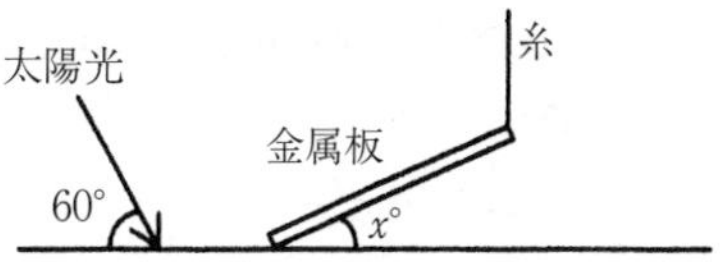

問１　いくつかの x に対して，一定時間あたりの金属板に当たる光の量を調べました。金属板に最も光が当たるときの光の量を１とすると，x の値と光の量との関係は下表のようになりました。表の中の①～③にあてはまる数値を答えなさい。

x	0	10	20	30	40	50	60	70	80	90
光の量	0.87	0.94	0.98	①	0.98	0.94	②	0.77	0.64	③

$x=0$ のとき，金属板に太陽光を10分間当て続けると，はじめ20℃だった金属板の温度が上昇《しょう》し，30℃になりました。金属板の温度変化は太陽光からのエネルギーでのみ起こり，また金属板が受け取る太陽光からのエネルギーは表の光の量に比例するものとします。

問２　$x=30$ のとき，金属板に太陽光を10分間当て続けると，はじめ20℃だった金属板の温度は何℃になりますか。割り切れない場合は，小数第２位を四捨五入して小数第１位まで答えなさい。

以下の各問いでは，x の値が一定の割合で増えるように，金属板をゆっくり引き上げます。

問３　10分間かけて $x=0$ から $x=30$ まで金属板を引き上げました。このとき，はじめ20℃だった金属板の温度は何℃になりますか。最も近いものを次の**ア～キ**から選び記号で答えなさい。

ア　29.0℃　　**イ**　29.5℃　　**ウ**　30.0℃　　**エ**　30.5℃
オ　31.0℃　　**カ**　31.5℃　　**キ**　32.0℃

問４，問５では，問３で選んだ値を用いて計算しなさい。

問４　20分間かけて $x=0$ から $x=60$ まで金属板を引き上げました。このとき，はじめ20℃だった金属板の温度は何℃になりますか。

問５　10分間かけて $x=0$ から $x=60$ まで金属板を引き上げました。このとき，はじめ20℃だった金属板の温度は何℃になりますか。

3　ヒトが生きていくために最も重要な３つの栄養素には，A，B，Cがあります。Aはおもにからだをつくる材料になります。またBおよびCは，おもにからだを動かすためのエネルギー源になります。多くの植物体内で，光や空気中の物質Xなどを利用してつくられる物質Yは，Bに分類されます。Yにヨウ素液を１滴《てき》たらすと，青むらさき色になりました。

さまざまな食品の成分

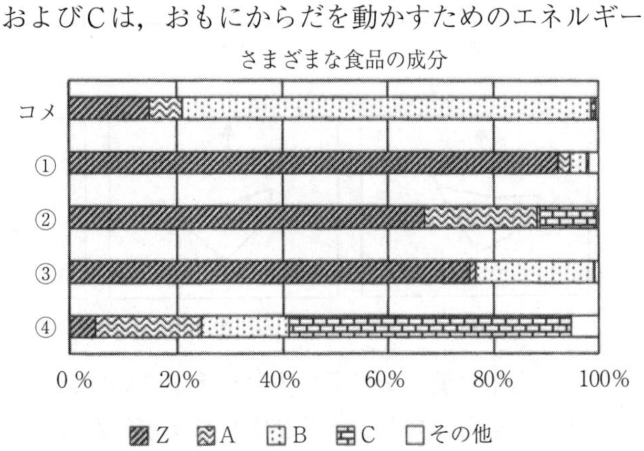

また，ヒトがからだの調子を整えるのに必要な２つの栄養素DとEをふくめて，A～Eは五大栄養素とよばれています。

右上の図は，さまざまな食品の可食

部(食べられる部分)にふくまれるA～Cなどの成分について，重さの割合をグラフで表したものです。

一番上のグラフはコメ(白米)のものです。食品①～④のグラフは，牛肉(もも)，バナナ，ほうれんそう，ごまのいずれかのものです。

なおZはさまざまな食品にふくまれている成分で，五大栄養素にはふくまれませんが，ヒトのからだの中でも大切なはたらきをしています。

問１　A～Eはそれぞれ何ですか。ただしDとEの順序は問いません。

問２　X～Zはそれぞれ何ですか。

問３　食品①～④はそれぞれ何ですか。次の**ア**～**エ**から選び記号で答えなさい。

ア　牛肉(もも)　　**イ**　バナナ　　**ウ**　ほうれんそう　　**エ**　ごま

物質Yに関する，以下の**実験１**，**実験２**を行いました。

	実験の操作	観察された現象
実験１	小さな試験管に粉末状のYを１g入れ，ごく少量の物質Sと水５mLを加えて10分間，40℃に保ってから，ヨウ素液を１滴たらした。	色の変化はほとんどなかった。
実験２	小さな試験管に［　　あ　　］。	［　い　］。

問４　**実験１**と**実験２**の結果を比べることにより「物質Sが物質Yを他のものに変える性質をもつ」ことがわかりました。［あ］および［い］にあてはまる文を書きなさい。

4　北斗七星をある日から一か月ごとに同じ時刻に観測し，スケッチを計３枚えがきました。また，やぎ座についても別の季節のある日から一か月ごとに同じ時刻に観測し，スケッチを計３枚えがきました。しかし，どの月の観測かを記入していなかったので，えがいた順番がわからなくなってしまいました。ただし，スケッチ中の矢印は頭の真上の方向を示しています。

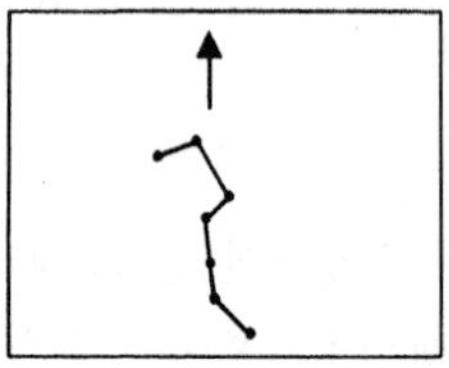
ア

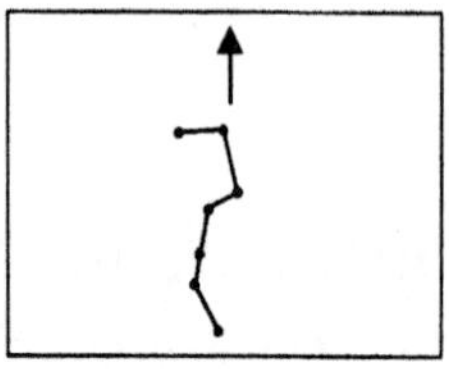
イ

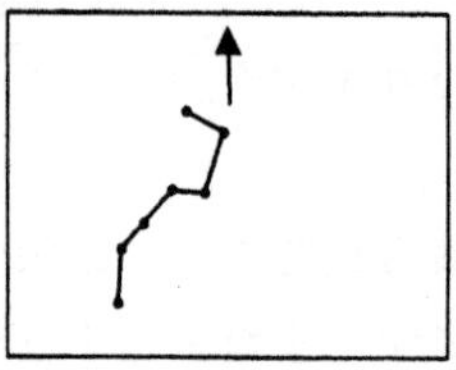
ウ

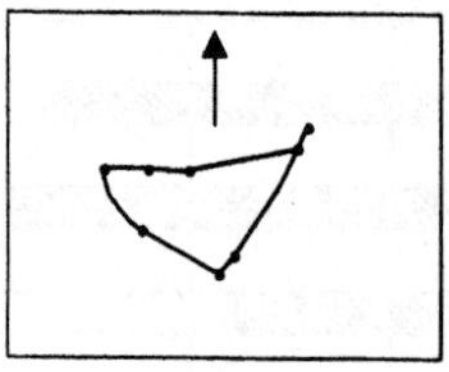
エ

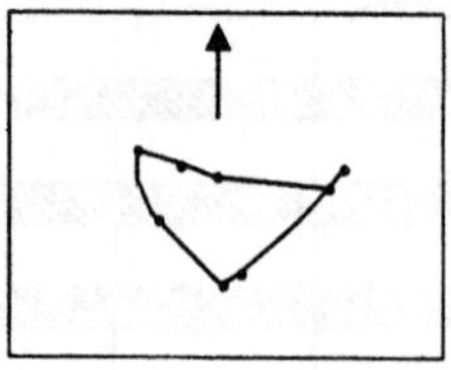
オ

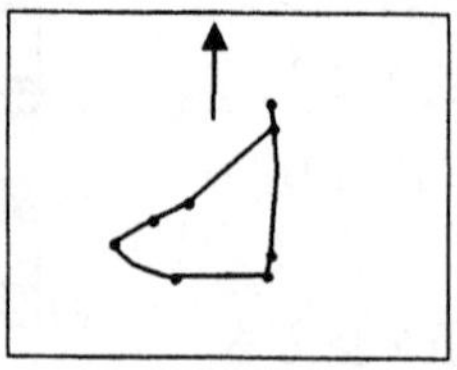
カ

問１　北斗七星，やぎ座のスケッチについてえがいた順番をそれぞれ**ア**～**カ**の記号で答えなさい。

問２　やぎ座のスケッチを２回目にえがいたとき，やぎ座は南の方角にみえていました。北斗七星のスケッチを２回目にえがいたとき，北斗七星はどの方角にみえていましたか。{北,北東，東，南東，南，南西，西，北西}のうちから選びなさい。

ある日のある時刻，こと座のベガは，ほぼ頭の真上にみえました。右のスケッチは，そのある日の一か月前の同じ時刻に，夏の大三角をえがいたものです。ただし，スケッチ中の矢印は頭の真上の方向を示しています。

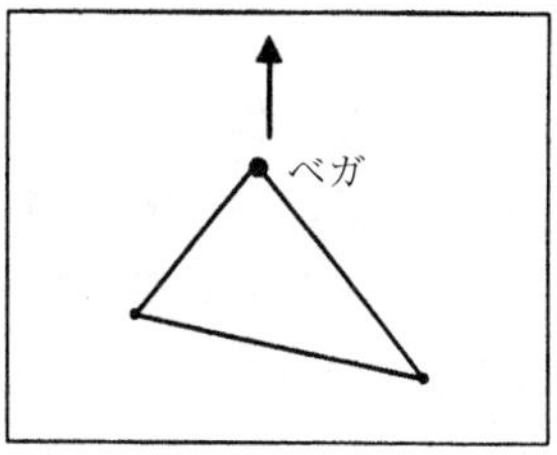

問３　夏の大三角を構成する，こと座のベガ以外の星座と星の名前をそれぞれ答えなさい。ただし，星座と星の組み合わせが正しければ，解答の順序は問いません。

問４　下線部の日の一か月後の同じ時刻にえがいた夏の大三角のスケッチはどれですか。次の**ア**～**ウ**から選び記号で答えなさい。

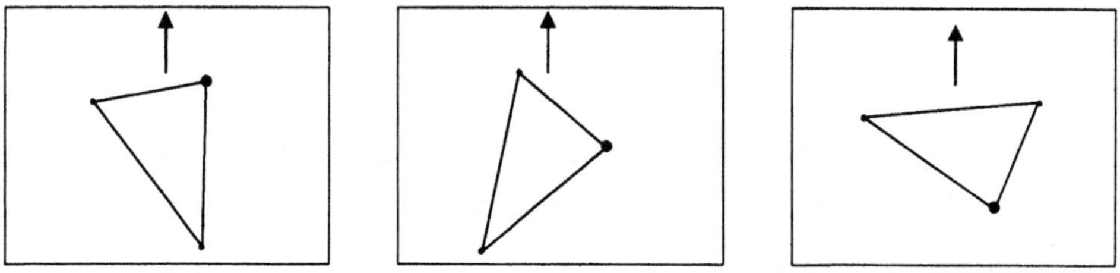

ア　　**イ**　　**ウ**

5　日本でも物々交換《こうかん》が行われていた時代はありましたが，これを効率的に行うために流通貨幣《かへい》が用いられるようになりました。現在，流通貨幣には硬貨《こうか》と紙幣があり，その中で硬貨はさまざまな金属でできています。１円硬貨は(　①　)からできていて，５円，10円，50円，100円，500円硬貨は主に(　②　)からできています。(　①　)は自動車や航空機の軽量化に利用されており，リサイクルが容易です。５円硬貨は(　②　)と(　③　)が混ざったものであり，この混ざってできる金属(合金)は(　④　)とよばれることがあります。10円硬貨は古くなるにつれて空気中の物質と結びつき，(　⑤　)色のろくしょうとよばれるものができます。50円以上の硬貨の色はニッケルが混ざったことによるものです。

いま，(　①　)0.5ｇと(　③　)３ｇを用意しました。それぞれを，ある濃《こ》さの塩酸(塩酸Ａ)と反応させたとき，加えた塩酸の体積，溶《と》け残った(　①　)や(　③　)の重さ，発生した気体の体積の関係をまとめると，表１と表２のようになりました。ただし，気体の体積はすべて同じ条件の下で測定したものです。

加えた塩酸Ａの体積(cm^3)	10	20	30	40	50	60
溶け残った(　①　)の重さ(ｇ)	0.41	0.32	0.23	0.14	0.05	⑥
発生した気体の体積(cm^3)	120	240	360	480	600	⑦

表１

加えた塩酸Ａの体積(cm^3)	20	40	60	80	100	120
溶け残った(　③　)の重さ(ｇ)	2.35	1.7	1.05	0.4	⑧	⑨
発生した気体の体積(cm^3)	240	480	720	960	1108	⑩

表２

問１　(①)～(④)にあてはまる金属名と，(⑤)にあてはまる色を答えなさい。

問２　６個ある100cm^3ビーカーに，１円，５円，10円，50円，100円，500円硬貨をそれぞれ１枚ずつ入れて，その中に水を50cm^3ずつ入れました。ビーカーの底にしずんでいる硬貨は全部で何枚ですか。０～６の数で答えなさい。

問３　表の中の⑥～⑩にあてはまる数値を答えなさい。割り切れない場合は，小数第１位を四捨五入して整数で答えなさい。

問４　(②)と(③)の金属の粉末が５円硬貨と同じ重さの割合で混ざっているもの２gに塩酸A40cm^3を加えたところ，発生した気体は260cm^3でした。５円硬貨にふくまれる(②)と(③)はそれぞれ何%ですか。割り切れない場合は，小数第１位を四捨五入して整数で答えなさい。

問５　重さがわからない(①)，(②)，(③)の金属の粉末を混ぜて，重さを計測すると10gでした。これに塩酸A300cm^3を加えたところ，発生した気体は3120cm^3でした。また，このとき溶け残った金属の重さは3.9gでした。(①)と(③)はそれぞれ何gふくまれていましたか。

6　図１のように，一本の糸の端《はし》に輪をくっつけて，もう一方の端におもりをくっつけたものを用意します(これをSとよぶことにします)。図では輪とおもりは大きくえがいてありますが，それらの大きさは無視できるものとします。また，おもり以外の部分の重さはすべて無視するものとします。

図２のように，細くてかたい棒を水平に固定して，棒にSの輪を通します。棒はじゅうぶん長く，輪と棒の間には摩擦《まさつ》はない(よくすべる)ものとします。おもりを持っていた手を放すと，輪がどの場所にあっても糸はつりあいます(安定して静止する)。

図３のように，棒をななめに固定した場合は，手を放したときにつりあう場所はありません。

図４のように，固定点Aと固定点Bの間に別の糸をゆるく張り(点Aのほうが点Bよりも高い位置にある)，その糸にSの輪を通します。輪と糸の間には摩擦はないものとします。手を放すと，輪がすべって移動し，特定の場所でつりあいます。

つりあっているときには糸はまっすぐになっている(たるんでいない)ことに注意して以下の問いに答えなさい。

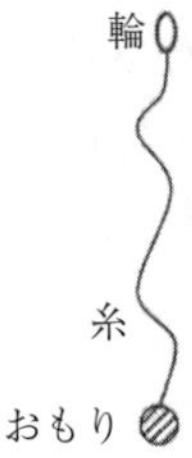

図１

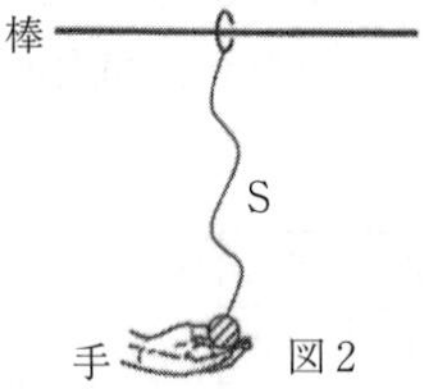

図２

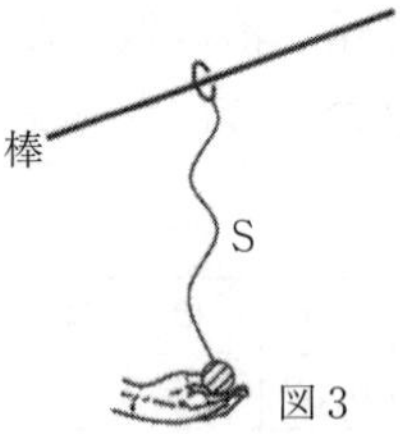

図３

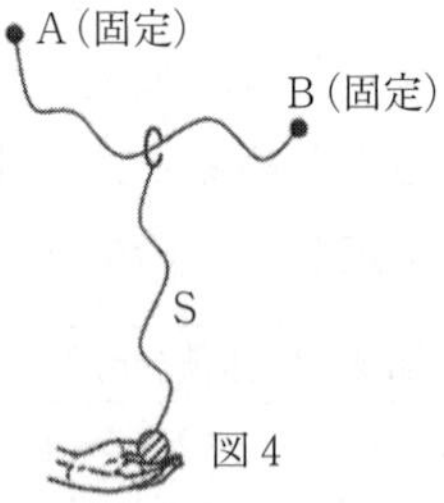

図４

問１　図４で手を放したあとでつりあったとき，輪の場所はどのような場所でしょうか。最も適するものを次の**ア**～**ウ**から選び記号で答えなさい。

ア　AとBを直線で結んだ真ん中の点の真下。

イ　**ア**よりもAに近いところ。

ウ　**ア**よりもBに近いところ。

問２　問１の場所の説明として適するものはどれですか。次の**ア**～**ウ**から選び記号で答えなさい。

ア　輪から点A，点Bまでの直線距離《きょり》が等しい。

イ　輪から点A，点Bまでの水平距離が等しい。

ウ　Sの糸の延長線が，張られた糸が折れ曲がって作る角を二等分する。

一端《たん》または両端に輪をつけた糸を新たに用意します(これをS′とよぶことにします)。図5のように壁《かべ》に棒を70度の角で固定します。

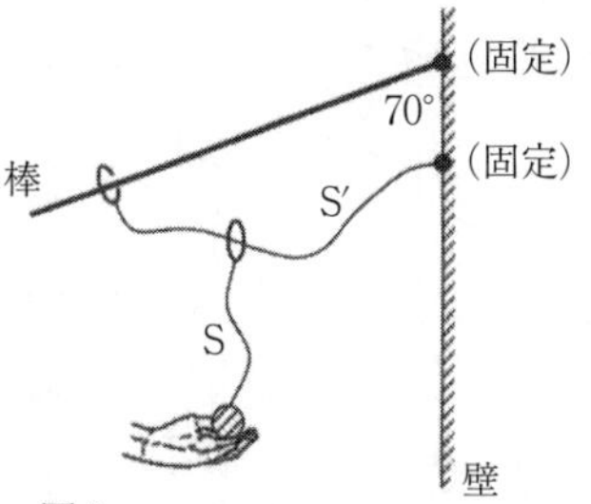

図5

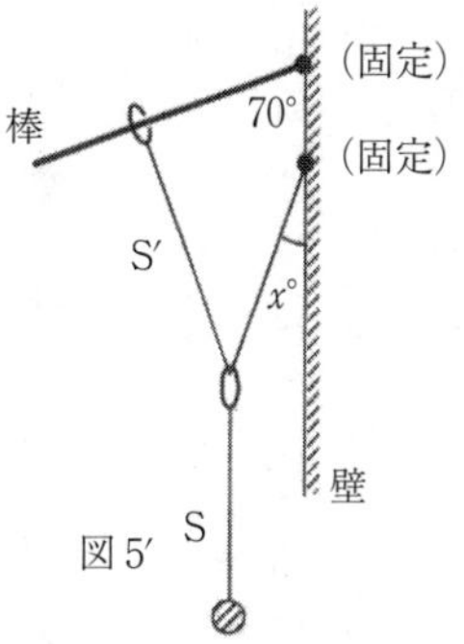

図5′

問3　図5に示したようにSとS′を配置して手を放すと，SとS′は，およそ図5′のような形になってつりあいます。このときS′の糸が壁となす角度を答えなさい。(角度は壁の下方向となす角 x の値で答えること。以下同様)

問4　図6のようにSとS′を配置して手を放すと，SとS′はどのような形になってつりあうでしょうか。S′の糸が壁となす角度を答えなさい。

問5　図7のようにSとS′を配置して手を放すと，SとS′はどのような形になってつりあうでしょうか。Sの糸が壁となす角度を答えなさい。

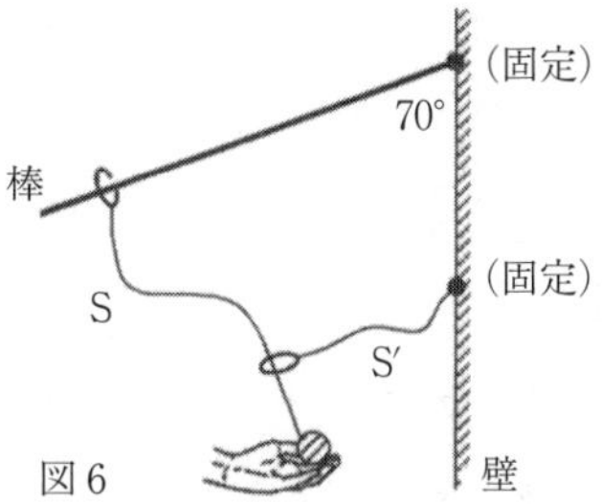

図6

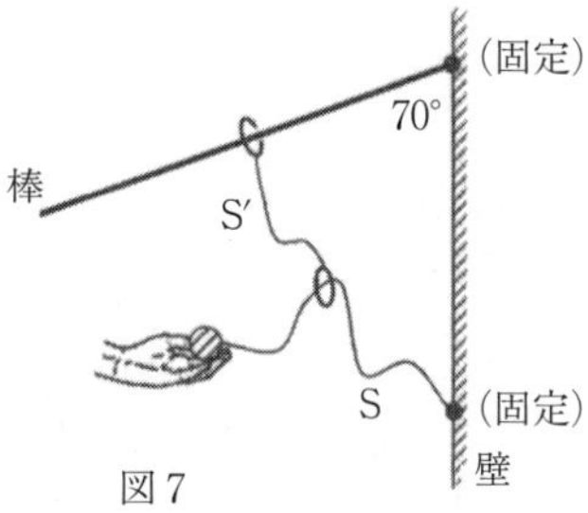

図7

夢とか希望とかを話しあう時
2 声が小さくなっていないか
怒《おこ》ったり笑ったりする時
心が深くついていかなくなっていないか
なぜ
3 カネとかモノのあたたかさに
ひたっていたいのだろう
わたしが望んでいるのは
この憤《いきどお》りに満ちた世界を変えることなのに

でもそれが普通《ふつう》なのではないか
わたしはいつも世間の誘惑《ゆうわく》のなかにいて
あなたはいつも未来や人間の豊かさの側にいる
だからわたしは
4 あなたにじっとみられるのが嫌《きら》いではない

どうか手を強く握《にぎ》ってください
5 丸くなって座《すわ》っているようにみえても
生きる意味を問いつづけることはできる
あなたと話すために
いつも始まりの言葉を探しているのだから

（『生きものたち』による）

問一　――線部1「ずいぶんカドがとれましたね」とありますが、「カドがとれる」とはどういう意味ですか、答えなさい。

問二　詩中の□に入る言葉として最も適当なものを次のア～オから選び、記号で答えなさい。

ア　落ち着いている　イ　変わっている
ウ　尖《とが》っている　エ　弾《はず》んでいる
オ　曲がっている

問三　――線部2「声が小さくなっていないか」とありますが、ここでの「声が小さくなる」の意味として最も適当なものを次のア～オから選び、記号で答えなさい。

ア　考えが浅くなる　イ　体力がなくなる
ウ　立場が弱くなる　エ　他人に迷惑《めいわく》がかかる
オ　熱意がなくなる

問四　――線部3「カネとかモノのあたたかさ」を言いかえた言葉を、詩中から五字以内でぬき出して答えなさい。

問五　――線部4「あなたにじっとみられる」とありますが、
A　「あなた」とはどんな存在ですか、答えなさい。
B　「あなたにじっとみられる」とはどうすることですか。Aの問いをふまえて答えなさい。

問六　――線部5「丸くなって座っている」とはどのような様子のたとえですか、説明しなさい。

ルなメニューで構成されている。シンプルなメニューがどんなものかというと、新米がとても美味しい時期だから、塩むすびである。炊《た》きたてのご飯を、少し強めの塩で握《にぎ》って、パリパリの海苔《のり》を巻く。それだけだ。それだけなのになんと、「うまい！」という声が上がるではないか。味噌汁《みそしる》は、良い出汁《だし》パックを使って作れば、卵を溶《と》いて葱《ねぎ》をぱらりと入れるだけで、「うわあ、美味しい。」となる。ゆで卵をマヨネーズのチューブと一緒《いっしょ》に、ドン！　とテーブルの上に出すだけで食卓が盛り上がる。じゃがいもをオーブンに三十分ほど放り込み、バターと塩を添《そ》えて、こちらもドン！　と出すだけで、もうそれでいいのである。なぜ今までそうしなかったのか。新米と塩とマヨネーズ。この三つがあれば勝てる。まんぷく三銃士《さんじゅうし》と呼びたい。素材が良ければ当然6勝率はアップする（これ、とても重要）。

　そしてもちろん、自分が本当に好きなメニューもどんどん作る。自分のために作る。バターを溶《と》かしたフライパンに卵を流して作るスクランブルエッグとか、長芋《ながいも》のステーキだとか、甘くて大きなお揚《あ》げが入ったきつねうどんとか、そんなものである。

　考えに考え、勝手に傷つき、ぐるりと回って私は再びスタートラインに立つことができた。Ⅱ料理と向き合う日々は続いている。

問一　――線部1「疲れた」とありますが、筆者は何に「疲れた」のですか。文章**A**から二つぬき出して答えなさい。一つは十三字、もう一つは十字です。

問二　――線部2「あなたの料理はあなたのためではない」とありますが、ここで筆者が作ることを求められている料理はどのようなものですか、答えなさい。

問三　――線部3「料理に対するわくわくとしたピュアな喜び」とはどういったものですか、答えなさい。

問四　――線部4「とても気の毒になって」とありますが、筆者はどうしてそのような気持ちになるのですか。理由を説明しなさい。

問五　――線部5とありますが、「皿の上に自分の念まで盛り付け」るとはどういうことですか、答えなさい。

問六　――線部6「勝率はアップする」とはどういうことですか、答えなさい。

問七　＝線部Ⅰ「私はもう一度、料理に向き合おうと決めた」・Ⅱ「料理と向き合う日々は続いている」とありますが、この結果筆者の作る料理はどのようになりましたか。文章**A**・**B**をふまえて答えなさい。

三　**次の詩を読んで、後の問いに答えなさい。**

あなたに　　秋村宏《あきむらひろし》

1ずいぶんカドがとれましたね
この頃《ごろ》
そう言われることがある
若い時とは違《ちが》うし
それに人生というものもわかってきたし

そうつぶやいてから
そのわたしをじっとみているあなたに気づく
そういえば
わたしの好きな言葉は
［　　　］だった

しかし、病を克服《こくふく》したことで私が得た、かけがえのない宝物の存在が、私の頑《かたく》なな心に小さな声で呼びかけ続けている。そのかけがえのない宝物とは、自分をなによりも大切にするという気持ちだ。自分自身をないがしろにすることが、家族への愛だと勘違《かんちが》いをしていた自分に別れを告げてからは、ただひたすら、自分をいたわるようになった。だから、I私はもう一度、料理に向き合おうと決めた。今度は誰かのためではなく、自分自身のために。自分のより良い生活のために。

B

主婦として家事を切り盛りして二十年以上経過するが、最近になってようやく気づいたことがある。なにを今更《いまさら》と思うのだが、私にとってはなかなかどうして大きな発見だった。私が最も得意としていたもの、ここ数年で完全に熱意を失い、気持ちが冷め切ってしまっていた家事、そう、料理についてである。

なぜ料理がそこまでつらくなってしまったのか、自分なりにしっかりと考えてみた。まずは、自分の味に飽きたことがひとつ。そして、拒絶されることのがっかり感に、そろそろ疲れてきたのがもうひとつの理由だった。料理本とにらめっこして、どれだけ工夫《くふう》を重ねても、新しいメニューにチャレンジすればするほど、「美味しい料理を作らなければ。」という強い思い（そして重い）だけが空回りしたと気づく、あの瞬間《しゅんかん》である。

さあどうぞ、食べてみて！　と張り切って出したとき、例えば子どもが微妙な表情をしつつも、「美味しいよ。でもお腹《なか》がいっぱいなんだ。」と、私に対する優《やさ》しさを最大限に発揮して言ったとする。そして実際に息子《むすこ》たちは、そう言う場合が多い。そこで私はがっかりするのだが、同時に4とても気の毒になって、そのうえじわじわと腹が立つのである。この、がっかり・気の毒・腹が立つのコンボが、二十年ほどのときを経て私を打ちのめしたのだと気づいた。大げさだが。

そしてなにより、「軽く腹が立つ自分」にも、軽く腹が立つ。なぜかというと、そこに「作ってやったのだから、喜んで食べるのは当然だ。」みたいな、自分のエゴの存在をちらりと感じてしまうからだ。そして、その私の一方通行な気持ちを汲《く》み取った子どもが、「美味しい。」と言わねばならぬシチュエーションを作っている、そんな自分が嫌になる。

それじゃあどうすればいいんだよ……私が子どもの立場だったら、一〇〇%そう言うだろう。私だったら、絶対に、はっきりと、辛辣《しんらつ》に言う。母さんは考えすぎじゃないの？　そんな一方的な思いを押《お》しつけられても、こっちだって困る。っていうか、重すぎるよ、その気持ち。べつに、手の込んだものを作ってほしいなんて言ってないよね？　簡単なものでいいのに、勝手に焦《あせ》ってるのはそっちじゃん……私だったらこのように、流れるように言いますね。というか、言ったことがあります、実の母に。

自分の子ども時代を回想しつつ、熟考を重ねたとある日の夕方、私はとうとう最後の真実に辿《たど》りついた。私という人間は、料理だけに限らず、なにかと「考えすぎである」ということに。読者の皆《みな》さんはここで、「ようやく気づいてくれたか。長い道のりだったな。」と思われるだろう。とにかく私は、自分の気持ちが先行し、それが常に空回りするのだ。特に、相手が自分の子どもだと、その傾向《けいこう》が顕著《けんちょ》であると認めざるを得ない。だから私は自分自身に、肩《かた》の力を抜《ぬ》くこと、そしてなにより、「5皿の上に自分の念まで盛り付けない」という掟《おきて》を定めた。二十年目にして解脱《げだつ》である。

ということで、最近のわが家の食卓《しょくたく》は、週の半分がミールキット（食材が下ごしらえをした状態で届き、仕上げ作業だけでメニューが完成するよう工夫されたキット）、そして残りの半分が究極にシンプ

二　**次の文章A・Bはいずれも村井理子《むらいりこ》『本を読んだら散歩に行こう』の一節です。これを読んで、後の問いに答えなさい。**

A

　ここ数年、料理に対する情熱がどんどん失われつつあった。その理由はいくつか考えられるけれど、「1疲《つか》れた」というひと言でほとんどすべて説明できるだろう。なにがどう疲れてしまったのかを説明すると、決まって「え、そんなことで?」と驚《おどろ》かれる。そこは盲点《もうてん》だったなあと感心されてしまう。種明かしをすると、私が心底疲れてしまったのは、自分自身の「味」だ。自分が作り出す、何十年も変わらない自分の味に疲れて、嫌気《いやけ》がさし、心底うんざりしている。ため息が出るほど自分の料理に飽《あ》きた。豪華《ごうか》なものなんていらない。奇抜《きばつ》なアイデアも必要ない。ただただ、私は自分以外の誰《だれ》かが作ってくれた、なんの変哲《へんてつ》もない一皿に飢《う》えている。そして私は、誰かのために作ることに、疲れ切ってしまったのだ。

　両親が共働きだったため、小学校の低学年から料理は作り続けてきた。最初はインスタントラーメンぐらいしか作ることができなかったけれど、火の扱《あつか》いへの恐怖心《きょうふしん》が徐々《じょじょ》に薄《うす》らぎ、やがて自信に変わると、次々と新しいレシピに挑戦《ちょうせん》するようになった。それは料理というよりは、むしろ図画工作や理科の実験に近かった。材料を切って、火を通して、調味料を加えていくことで、食べることができるなにかになるという面白《おもしろ》さと、それを「美味《おい》しい」なにかに変えていくことの楽しさにすっかりやみつきになった。私が料理をすると母が驚くのも、兄が褒《ほ》めちぎるのも、父が残さず食べてくれるのもうれしかった。結局、小学校を卒業するまでに、学校行事に必要な弁当は自分で作ることができるまでになった。

　料理に対する気持ちが微妙《びみょう》に変化しはじめたのは、私が料理を作ることが、当然のことと受け止められるようになってからだ。大学を出て働きはじめ、結婚適齢期《けっこんてきれいき》に近づくにつれ、「こんな料理を作ることができるんだね。」とか、「ありがとう!」という、シンプルだけれど、私にとってはうれしい周囲の言葉がピタリと止まった。実の母でさえ、おふくろの味だとか、男性を喜ばせるレシピなんて本を送ってくるようになり、私が母に対して出す料理にも、「もうちょっと甘《あま》くしたほうが男の人は好きだよ。」とか、「働《はたら》き盛《ざか》りの男の人には塩分を多めに。」とか、ことあるごとに言われるようになった。どれだけ作っても、必ずひとつは課題点を見つけられる。その課題点の先にあったのは、結婚だった。2あなたの料理はあなたのためではないと遠回しに言われ続けた私の心のなかで、違和感《いわかん》はくすぶり続けた。

　しかし、それを思い出して私が暗澹《あんたん》たる気持ちになるのは、そんな周囲からの言葉を受け入れていたのは、ほかでもなく自分であったという事実だ。あの頃《ころ》の自分は、努力しても必ずなにかを指摘《してき》され、課題を与《あた》えられることに慣れてしまい、それを当然のことだと信《しん》じ込《こ》んでいた。料理は誰かのために、必ず私がやり続けなければならないことだと思っていた。今となっては、その頃の自分に心からご苦労さまと伝えたい。そして、誤解を解いてあげたいし、同じ誤解を誰に対しても与えないようにしなければと思う。

　子どもが生まれて、作った料理をあっさりと拒絶《きょぜつ》されることの痛みにも、やっぱり手作りが一番美味しいという呪《のろ》いの言葉にも慣れ、私はすっかりやさぐれた主婦となってしまった。小学生の頃抱《いだ》いていた3料理に対するわくわくとしたピュアな喜びなんて美しいものは、すっかり消え去った。数年前に大病をしてからというもの、料理に対する気持ちは拒絶に近いものとなり、今はもう、手作りVS冷凍《れいとう》食品という論争にも気軽に乗れない程度に、私のなかの「料理」は瀕死《ひんし》の状態だ。

農業の一年目を終えて、そんなことを考えていると友達に話したら、「そういえば幸田文《こうだあや》も5そんなことを書いてたよ。」と教えてくれた。彼女《かのじょ》の文章を読んでいると、つくづく見る目がある人だなぁと思うのだけれど、樹木の観察についてこんなことを書いている。

去年の晩秋にも、ここへ檜《ひのき》を見にきているのだが、その時から夏にもぜひもう一度と思っていた。そういう思いかたは私に、抜《ぬ》きがたい家庭人の癖《くせ》がついているからだとおもう。若い頃にしみこんだ、料理も衣服も住居も、最低一年をめぐって経験しないことには、話にならないのだ、とGツウカンしたその思いが、今も時にふれて顔をだすのである。

（「ひのき」『木』収録）

筍《たけのこ》のあくは椿《つばき》の葉でも抜けるんでっせ。最近仲良くなった近所の爺《じい》さんは、そんな調子で生活の知恵《ちえ》を教えてくれる。山椒《さんしょう》の保存の仕方とか、山菜のこととか、昔の茶摘《ちゃつ》みの話とか、そんな生きた知恵を仕入れると、来年、同じ季節がやってくるのが待ち遠しくなる。山椒の実が取れたら今度は＊ジンに漬《つ》け込《こ》んでみようとか、そんなことを随分《ずいぶん》先のカレンダーに書き込んで忘れないようにしておく。そうやって、いろいろな美味《おい》しいものを知りながら、自分にとって6農業と生活が縫《ぬ》い目なく繋《つな》がっていけば良い。

幸田文が癖と呼んでいるものは、家事仕事から培《つちか》われたもので、Hレイゾウや流通の事情も違う、ひと昔前の家事は今よりもずっと季節に寄《よ》り添《そ》うものだったんだろうと思う。一年経《た》って、彼女の「一年めぐらないと確かではない」という言葉の意味がよくわかる。例えば、ネムノキの花が咲《さ》く頃にオクラの花も咲くとか、雨が続くとカボチャがみんな腐《くさ》るとか、それが今回だけのIゲンショウなのか、それとも、毎年繰《く》り返《かえ》されるものなのか、季節がひとめぐりしてみないとわからない。春夏秋冬のそれぞれに景色があって、畑では毎日違うことが起きている。季節の移り変わりとともに生きて、だんだんと野生の暦《こよみ》を学んでいく。

（鎌田裕樹《かまたゆうき》「ポケットの種から」による）

＊注　ジン—香《かお》りをつけた酒の一種。

問一　——線部A～Iのカタカナを漢字に改めなさい。

問二　——線部1「そんな人間」とはどのような人のことですか、答えなさい。

問三　——線部2「切掛けはやっぱり本だった」とありますが、筆者が農家になったきっかけを答えなさい。

問四　——線部3「ポケットの種が生んだ不思議な縁」とありますが、どのような「不思議な縁」なのですか。次の説明文の[X]～[Z]に入る内容を、それぞれ問題文中の言葉を用いて十五字以上二十字以内で答えなさい。

たまたまデザイナーのAさんに[X]ことをきっかけに、Aさんに[Y]ところ、[Z]という縁。

問五　——線部4「距離や広さの感覚は農家らしくなってきた」とはどういうことですか、答えなさい。

問六　——線部5「そんなことを書いてたよ」とありますが、具体的にはどのように書いていたのですか。問題文中から三十五字程度でぬき出し、始めと終わりの五字を答えなさい。

問七　——線部6とありますが、「農業と生活が縫い目なく繋がっていく」とはどういうことですか、答えなさい。

白のパックには見覚えがあった。

数日後、本が届き、休憩《きゅうけい》時間にパラパラ読んでいると、「百姓《ひゃくしょう》とは地べたのことをする仕事。」という一文が目にとまる。その本には焦点《しょうてん》を当てるべき言葉が他にたくさん並んでいたけれど、何気ない会話の流れに登場した「地べた」という言葉にとりわけ惹《ひ》かれた。自分の祖父よりも歳上《としうえ》で、戦争を経験している忠吉さんが使う言葉の先に色々なものが見える。『忠吉語録』は、著者の野津恵子《のづけいこ》さんはじめ、忠吉さんの言葉を次代に残そうと地元のDユウシが集まってつくった一冊で、すっと健《すこ》やかな本だった。地に足がついた言葉というものは、こういう、しなやかな強さを言うのだと思った。農業へ漠然《ばくぜん》とした憧《あこが》れを抱《いだ》きはじめたのはそれからだった。

たしか、三月の頭とか、朝晩がまだ冷える季節に、ナスの種をポケットに入れていたことがあった。夏の野菜の苗《なえ》を種から育ててみようと思って調べていると、種に発芽のスイッチを入れるにはちょうど人《ひと》肌《はだ》くらいの温度を保つと良いと書いてあったので、名刺《めいし》くらいの大きさの、封《ふう》ができるビニールに、湿《しめ》らせたキッチンペーパーを入れて、それに種を包み、肌身離さずに持ち歩く方法を試《ため》していたのだった。親鳥のような心境で、種から白い根が顔を出すのを待ちわびていた。

その日は、デザイナーのAさんが店を訪ねてきた。自作の絵本をつくったから感想を聞かせて欲《ほ》しいと言うので、ポケットからメモ帳を取り出そうとして、何気なく例の種が入ったビニールを机に並べた。

「なんですかそれ？　お薬？」

「あぁ、これはナスの種で……。」

それまでにAさんと農業の話をしたことがなかったから、急に種の話になって驚《おどろ》かれた。それから本の話を聞いて、別れ際《ぎわ》に、いつか農業に携《たずさ》わってみたいと打ち明けた。後日、Aさんから連絡《れんらく》があった。

「友人夫婦《ふうふ》が京都で有機農業をしているんですけど、ちょうど今、求人をしているらしくて、鎌田《かまた》さんどうですか？」

3ポケットの種が生んだ不思議な縁《えん》。何千、何万と並ぶ本の海から、今まさに読まねばならない本をぴたっと見つけ出すような、偶然《ぐうぜん》の嗅覚《きゅうかく》というか、そういう、技術や知識と無関係のところで、人生の分岐《ぶんき》をいつもEスクわれてきた。農家になったのもそんな偶然からだった。

あれから、色白だった肌が日に焼けたり、体重が落ちたり、ふと鏡を見て、少しずつ変わっていく自分に気がつくことがある。そうやって、仕事に見合った風貌《ふうぼう》になっていくのだろうし、体つき以外にも変化を感じることがあって、とくに4距離《きょり》や広さの感覚は農家らしくなってきたと思う。去年の日記を見ると、初日の感想に「畝《うね》が長くてビビった。」と一言だけ書いてあった。その日の仕事はズッキーニの収《しゅう》穫《かく》で、その畝はだいたい70メートルあるのだけど、最初はこれがとんでもなく長く見えた。慣れないうちは、泥濘《ぬかる》んだ畝の間を歩くことだって大変だ。今年の夏は、同じ場所にオクラが植わっている。いつから畑をすいすい歩けるようになったのか、よく覚えていない。

農作業は、自らの体を物差しに世界を見る訓練のようだ。親指から小指の先までちょうど20センチ。握《にぎ》り拳《こぶし》が10センチ。小股《こまた》の一歩が50センチ。大股だと1メートル。畑でいちいちメジャーを使っていられないから、手足を使って距離を測る。慣れていくと、見ただけでなんとなくの長さがわかる。作物の株間や、畝の長さ、広さ、肥料の計量など、自分の体を規格に世界を観察すると、風景が具体化していって、最初はあんなに広く、途方《とほう》もなく感じていた畑が、今は違《ちが》って見える。

初めて歩いた時はやけに長く感じた道が、次に通る時にはなぜか短く思えたりする。道や畑がFチヂんだわけではないから、変わったとすれば自分のほうなのだ。二年目の季節はそんなふうに過ぎていく。

〔例〕自分にかけられた疑いを［やっき］になって打ち消した。

1　いきなり切りかかってきた刀を［　］と受け止めた。

2　彼が犯人だなどと［　］なことを言うもんじゃない。

3　急に意見を求められても［　］に言葉が出てこない。

4　他人の落とし物を横領するのは［　］とした犯罪だ。

5　見張りがいないのを［　］の幸いと牢《ろう》をぬけ出した。

［六］　次の〔条件〕にしたがって、漢字しりとりを完成させなさい。

〔条件1〕示されている漢字も、A～Lの字も、すべて音読みです。

〔条件2〕示されている漢字も、A～Lの字も、一回目と二回目とで読み方・意味が変わってもかまいません。

〔条件3〕熟語［A］［B］、［C］［D］、……、［K］［L］はそれぞれ逆の意味、または対の意味になる字の組み合わせです。

〔条件4〕熟語［A］［B］、［C］［D］、……、［K］［L］の時の漢字A～Lの読み方は、次から選びなさい。同じものはくり返して使えません。

〔エン、カン、クウ、ジ、タン、チ、チョウ、テン、ヒ、ホウ、ミン、リ〕

〔条件5〕同じ字はくり返して使えません。また、示されている字を解答に使ってもいけません。

〔例〕海［W］―［W］［X］―［X］災―災［Y］―［Y］［Z］―［Z］者

（読み方）イ、カ、スイ、ナン

（解答）W 水　X 火　Y 難　Z 易

身［A］―［A］［B］―［B］調―調［C］―［C］［D］―［D］常―常［E］―［E］［F］―

［F］前―前［G］―［G］［H］―［H］満―満［I］―［I］［J］―［J］上―上［K］―

［K］［L］―［L］衆

〈第二日目〉（七〇分）〈満点：一二〇点〉

◎解答に字数制限のある場合、句読点などの記号も字数に数えます。

［一］　次の文章を読んで、後の問いに答えなさい。

田舎《いなか》を離《はな》れたのは十二年前。大学の入学をきっかけにひとり京都に越《こ》してきて、すぐに本屋でアルバイトをはじめた。京都は本好きに優《やさ》しい街で、古書店も、大型店も、ちょっと変わった本屋もある。それらがお互《たが》いのAリョウブンを守りながら、碁盤《ごばん》の目の内にBテンザイしている。それぞれの点をCシュウユウする生活は楽しく、居心地《いごこち》よく感じていたから、卒業後はそのままこの地に留《とど》まって、十年ちょっとの間、本屋として過ごした。

1そんな人間が今は農業をやっている。理由はあとで書くとして、一年前から京都で有機農業を営んでいる会社で働きはじめ、農業の勉強をしている。技術を学び、数年後には故郷に戻《もど》り、農家として独立することを目標にしている。まだまだ半人前といったところで、周りに助けてもらってどうにかやれている。

どういう理由で農家になったのかと、よく人に聞かれる。2切掛《きっか》けはやっぱり本だった。まだ本屋だった頃《ころ》、『忠吉《ちゅうきち》語録』という本の案内を見て、面白《おもしろ》そうだと思って自分の店にも仕入れた。忠吉というのは、島根県木次《きすき》乳業の創業者の佐藤《さとう》忠吉さんのことで、低温殺菌《さっきん》の牛乳を日本で初めて流通させた、日本の有機農業の草分け的存在である。

一般に流通している牛乳は、120℃～150℃の高温で殺菌される。保存期間が長くなるので、流通と販売《はんばい》のことを考えれば都合が良いのだけど、この方法だと生乳の風味や有用な菌まで殺してしまう。対して65℃の低温で長い時間をかけて殺菌（パスチャライズ）すると、それらを活《い》かしたままにすることができる。消化に良いのも特徴《とくちょう》らしい。牛乳は好きだけど、飲むとお腹《なか》がゆるくなってしまう体質のぼくも「木次パスチャライズ牛乳」はぐびぐび飲めたので、あの黄色と

問五　〰〰線部C「文字や言葉で『誤り』とされるもの」とありますが、次の1～3の各文には、誤って変換《へんかん》された言葉が一字ずつふくまれています。誤っている漢字一字を挙げ、正しい漢字に書き改めなさい。

1　レポートの期限が延びたので、調査し直していたら、情報が増えすぎて収集がつかなくなった。

2　自宅のガレージに車を進入させようとしたら、車庫のとびらが解放されていないことに気づき、あわてて車を止めた。

3　会合で新たな商品について意見をかわし合ったところ、参加者から意外な発想が飛び出して関心した。

二

俳句の中には、買い物を通じて季節を描いたものがあります。次の[1]～[6]に入る語を、それぞれ後のア～シから選び、記号で答えなさい。ただし、同じものはくり返して使えません。

春　一つだけ買う道草の[1]　水田むつみ
夏　船旅や買ってすぐ着る[2]　山崎ひさを
夏　いま買いし花付《はなつき》[3]今かじる　小澤實
秋　路地売りの尻《しり》まで紅《あか》き[4]買う　吉田千嘉子
冬　[5]の一つが言えず三つ買う　間宮あや子
冬　[6]買う良き事ばかり書くために　寺島ゆう子

ア　アロハシャツ　　イ　苺《いちご》
ウ　鉛筆　　エ　胡瓜《きゅうり》
オ　鯛焼《たいやき》　　カ　ちゃんちゃんこ
キ　手袋　　ク　日記
ケ　初鰹《はつがつお》　　コ　バナナ
サ　蓬餅《よもぎもち》　　シ　林檎《りんご》

三

ことわざ・慣用句の中には、数を用いたものがあります。次の1～6の□に入る、数字をふくむ適切な語句を漢字で答えなさい。

1　悪事□を走る
2　一寸の虫にも□のたましい
3　□に一生を得る
4　酒は□の長
5　□逃げるにしかず
6　早起きは□の得

四

「～笑い」という言葉はいろいろあります。次の各文の□にあてはまる言葉を、それぞれ指定された字数のひらがなで答えなさい。ただし、同じ言葉はくり返して使えません。

1　悪人どもをこらしめて、正義の味方はかかかと[(二字)]笑いを残して去って行った。
2　弟に注意しても、[(三字)]笑いをうかべるだけで、全く聞き入れようとしない。
3　彼《かれ》は、社長のそうおもしろくもない話に、[(三字)]笑いをうかべてこたえている。
4　彼は、ぼくを見くびっているのか、ふんと鼻で[(三字)]笑いながら近寄ってきた。
5　とても簡単な問題をまちがえて、[(二字)]笑いするしかなかった。

五

「○っ○」という形の三字の言葉はいろいろあります。次の各文の□にあてはまるそのような言葉を答えなさい。ただし、同じ言葉はくり返して使えません。

C文字や言葉で「誤り」とされるものの中には、かならずしも誤りとはいいきれないものもあります。でも、固有名詞や数字などの誤りは誰が見ても歴然とした「誤り」、新聞の校閲記者は「あってはならない致命的《ちめい》なもの」とさえいいます。ビルの「見える順番が違う」のは事実に反している。だから改めねばならない。そう考える読者がいたとしても当然です。

　ですが、校正とははたしてすべてを「事実」に即《そく》して正すべき仕事なのでしょうか。

　新聞やノンフィクションのような事実を伝えるためのメディアにおいては、正確であることは大前提です。たったひとつの発言の裏を取るために東京から北海道まで足を運ぶ、著者のそんな地道な積み重ねを、校正者が裏付け補強する。でも『生物と無生物のあいだ』はそうした性質の文章ではありません。著者が「考えた末」に「書いたときの流れを尊重してもらってこのままとした」というのは、この文章においては事実よりも優先されるべきものがあるということです。頭の中で何十回も何百回も反復された記憶《きおく》は、事実とは違っているかもしれない。でも、その人にとっては真実です。

　「目ざとい読者がそのうち指摘してくるかもしれない。」と著者はいいます。「2でも私はあえてこう書いたのです。」そういえるプロセスがここには含《ふく》まれている。」と。校正者は「事実としては、こうではありませんか。」と指摘はします。採る／採らないは編集者と著者しだい。採られなかった指摘も無駄《むだ》にはなりません。読者からの問い合わせに編集者は「ご指摘まことにごもっとも。ですが著者は〝あえて〟こう書いたのです。」と答えることができる。費《つい》やされた時間は建築物の筋交《すじか》いのように見えないところで文章を強靭《きょうじん》にする。

　「活字の未来」と題された文章は、こんな一文で締《し》めくくられています。

書き手、編集者、校正者。この間のてまひまが活字というものを支えているのである。　（福岡伸一『ルリボシカミキリの青』）

（牟田都子《むたさとこ》『文にあたる』による）

＊注　マンハッタン―アメリカ合衆国、ニューヨーク市中心部の島。
　　ゲラ―校正をするために仮に刷ったもの。

問一　――線部1「地図と仲良くなれない」とはどういうことですか、説明しなさい。

問二　――線部2「でも私はあえてこう書いたのです」と言えるのはなぜですか。理由を答えなさい。

問三　〰〰線部A「アメリカはマンハッタン」とありますが、‖線部の「は」の使い方がこれと同じものを次のア～オから一つ選び、記号で答えなさい。

ア　象は日本にはもともと住んでいない。
イ　ぼくが行ったことのある店はここだ。
ウ　山には行ったが海には行かなかった。
エ　曽祖父《そうそふ》は明治は四十五年の生まれだ。
オ　彼女《かのじょ》はそのおじさんが好きではない。

問四　〰〰線部B「ランドマーク」とは「その土地の目印となるもの」という意味ですが、同じように「ーク」という形の外来語・カタカナ語は多くあります。次に挙げる意味の言葉を、指定された字数で答えなさい。

1　機密情報などをもらすこと　（三字）
2　煙《けむり》でいぶして作った燻製《くんせい》　（四字）
3　最盛期をむかえた状態　（三字）
4　人やコンピュータ同士の結びつき　（六字）
5　ほかにない独自なこと　（四字）

2023年度 灘中学校

【国語】〈第一日目〉（四〇分）〈満点：八〇点〉

◎解答に字数制限のある場合、句読点などの記号も字数に数えます。

一 **次の文章は、校正者が自身の仕事について書いたものです。これを読んで、後の問いに答えなさい。なお、校正とは本が出版される前に文章を読んで、内容の誤りを正したり不足な点を補ったりすることです。**

> 観光船サークルラインは、＊マンハッタンが、縦に細長い、しかし極度に稠密《ちゅうみつ》的な島であることを実感できる格好の乗り物だ。船は、ハドソンリバー岸を出発点とし南下、自由の女神《めがみ》像を眺《ちょう》望《ぼう》しつつ、かつて世界貿易センタービルが聳《そび》え立《た》っていたマンハッタン南端《なんたん》を回って、イーストリバーに入りこれを北に遡行《そこう》する。
>
> ウォール街のビル群、ニューヨークマラソンが通るブルックリンブリッジ、やがて現れるスタイリッシュな国連本部ビル。アールデコのクライスラービル。白い羊羹《ようかん》を削《そ》ぎ切《ぎ》りにしたようなシティコープビル。ひときわ高いエンパイアステートビル。次々と見せ場がやってくる。
>
> （福岡伸一《ふくおかしんいち》『生物と無生物のあいだ』）

サントリー学芸賞、新書大賞を受賞したベストセラー『生物と無生物のあいだ』はこんなふうに始まります。著者の研究者人生の起点になったAアメリカはマンハッタン。トランクひとつを手に旅立ち、与えられた研究室の窓からイーストリバーを見下ろすと、満員の観光船が川を行《ゆ》き交《か》っている。かつてはあの船の上からマンハッタンの摩天《まてん》楼《ろう》を見上げる観光客のひとりだった自分が、いまは同じ船をこうして見下ろしている……映画のような映像が目に浮《う》かぶプロローグです。

ところが、そんな原稿《げんこう》を編集者に渡《わた》してしばらくしてから、著者のもとに送られてきた＊ゲラには「バーンとマンハッタンの地図のコピーが貼《は》り付《つ》け」られ、「各ビルの位置がマーカーペンで塗《ぬ》られていた」のだそうです。何事かと思えば「見える順番が違《ちが》います。」。

位置関係からしてエンパイアステートビルが見えるのはクライスラービルよりもずっと前、国連ビルが見えるのはさらにその後ではないか、という校正者からの指摘《してき》でした。

「見える順番が違います。」などという指摘、自分にはできる気がしないと腰《こし》が引けてしまうのは地理に苦手意識があるからです。方向音《ほうこうおん》痴《ち》という引け目があって、いつまでたっても1地図と仲良くなれない。Bランドマークの名称《めいしょう》を確認《かくにん》するだけなら辞書でもこと足りますが、地図を広げひとつひとつ印をつけ、観光船の航路をたどりながら位置関係を確かめて、船上から見える景色を想像していくことで初めて「見える順番が違います。」と気がつける。

著者はこの指摘を読んで「確かに校正者さんの言うとおり。」と認めます。そのうえで「この部分は、書いたときの流れを尊重してもらってこのままとした。」というのです。

テレビやSNSの影響《えいきょう》か、校正の仕事の中でもとりわけ「校閲《こうえつ》」の部分が注目されることが増えました。調べもの、事実確認、ファクトチェックなどさまざまな呼び方がありますが、固有名詞や数字、事実関係に誤りがないかどうかを信頼《しんらい》のおける資料を使って調べ、確かめる工程です。文字や言葉の誤り以上にこうした「事実」に誤りがないか神経を尖《とが》らせるのは、「事実」は誰《だれ》の目にも正誤が明らかな事柄《ことがら》だからです。

2023年度

灘 中 学 校　▶解説と解答

算 数　＜第１日目＞（60分）＜満点：100点＞

解 答

[1] 51　[2] 24　[3] ①，②，③　ウ，エ，ス　[4] ①　25　②　40456

[5] 45　[6] ①　1500　②　$13\frac{7}{11}$　[7] ①　522　②　40　[8] 4.7　[9] 18.84　[10] 32　[11] 681.38　[12] $\frac{5}{8}$

解 説

[1] 逆算

$2023\times\left(\frac{1}{14}-\frac{1}{15}\right)\times\frac{1}{17}\times\frac{1}{17}=2023\times\left(\frac{15}{210}-\frac{14}{210}\right)\times\frac{1}{17}\times\frac{1}{17}=7\times17\times17\times\frac{1}{210}\times\frac{1}{17}\times\frac{1}{17}=\frac{1}{30}$より，$1\div(81-\square)=\frac{1}{30}$，$81-\square=1\div\frac{1}{30}=1\times\frac{30}{1}=30$　よって，$\square=81-30=51$

[2] 場合の数

三角形ができないのは，一直線上に並ぶ４点(たとえばA，G，H，B)の中の３点を選ぶ場合である。一直線上に並ぶ４点は，三角形ABCと三角形DEFの辺の数と等しく６通りある。どの場合も，４点から３点を選ぶ方法は４通りあるから，三角形ができない選び方は全部で，６×４＝24(通り)とわかる。

[3] 条件の整理

２桁《けた》の数BCは，$10\times B+C$と表すことができる。ほかの数についても同じ表し方をすると，下の図１のようになる。図１で，２つの式の＿部分は等しいから，残りの部分も等しくなる。よって，$A+100\times D+10\times E=100\times A+10\times D+E$より，$(100-10)\times D+(10-1)\times E=(100-1)\times A$，$90\times D+9\times E=99\times A$となる。さらに，等号の両側を９で割ると，$10\times D+1\times E=11\times A$となるので，考えられる組み合わせは下の図２のようになる。つまり，このようになるのはA，D，Eが等しい場合だから，必ず成り立つのはウ，エ，スである。

図１

$A+BC+DEF\rightarrow\quad A+\underline{10\times B}+\underline{C}+100\times D+10\times E+\underline{F}$

$ABC+DE+F\rightarrow100\times A+\underline{10\times B}+\underline{C}+\ 10\times D+\quad E+\underline{F}$

図２

A	1	2	3	…	9
D	1	2	3	…	9
E	1	2	3	…	9

[4] 周期算

2023番目のグループの最後の数は，最初からかぞえて，４×2023＝8092(番目)の数である。<u>8092÷９＝899余り１</u>より，これは１とわかるから，2023番目のグループの４個の数は{7，8，9，1}である。よって，その和は，７＋８＋９＋１＝25(…①)と求められる。次に，＿の計算から，8092番目の数までには{1，2，3，…，9}の９個の数が899回繰《く》り返され，最後に１が余ることがわかる。１から９までの整数の和は，１＋２＋…＋９＝(１＋９)×９÷２＝45なので，8092個の数の和は，45×899＋１＝40456(…②)となる。

5 場合の数

はじめに，６個の数を２個ずつ３つのグループに分けるとき，１と同じグループになる数の選び方は５通りある。それぞれの場合で，残りの４個の数を２個ずつ２つのグループに分ける方法は３通りあるから，３つのグループの分け方は全部で，$5\times3=15$(通り)となる。次に，たとえば，（１，２)，(３，４)，(５，６)の３つのグループに分けたとき，Ａが(３，４)の場合はＢが(１，２)になり，Ａが(５，６)の場合はＢが(１，２)か(３，４)になる。同じように考えると，それぞれのグループ分けにおいて，条件に合うＡとＢの選び方は３通りずつあるから，全部で，$15\times3=45$(通り)とわかる。

6 グラフ―旅人算

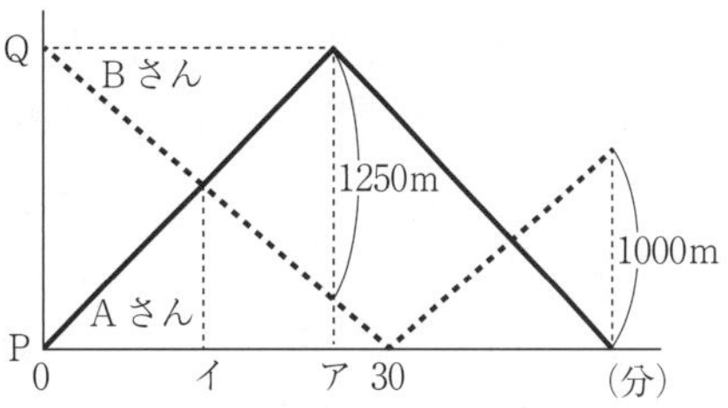

２人の進行のようすをグラフに表すと，右のようになる。グラフから，ＡさんがPQ間の片道分を歩く間に，ＢさんはＱ地点から1250m歩いたことがわかる。よって，ＡさんがPQ間の１往復分を歩く間にＢさんが歩く距離《きょり》は，$1250\times2=2500$(m)である。つまり，グラフの太点線部分の距離の合計が2500mだから，PQ間の距離は，$2500-1000=1500$(m)(…①)と求められる。次に，Ｂさんが30分で歩く距離は1500mなので，Ｂさんの速さは毎分，$1500\div30=50$(m)とわかる。すると，Ｂさんが1250m歩く時間(ア)は，$1250\div50=25$(分)だから，Ａさんの速さは毎分，$1500\div25=60$(m)となる。したがって，ＡさんとＢさんが初めてすれ違《ちが》った時間(イ)は，$1500\div(60+50)=\frac{150}{11}=13\frac{7}{11}$(分後)(…②)と求められる。

7 条件の整理

最初	5760円	0ナダ	150円/ナダ
1日目	2880円	24ナダ	120円/ナダ
2日目	1440円	40ナダ	90円/ナダ
3日目	[ア] 円	[イ]ナダ	[ウ]円/ナダ
4日目	5940円	[エ]ナダ	180円/ナダ

２日目はナダが安くなったから，円の半分である，$2880\div2=1440$(円)をナダに替《か》えたことになる。すると，$1440\div90=16$(ナダ)が手に入り，ナダの合計は，$24+16=40$(ナダ)になる。よって，右のようにまとめることができる。はじめに，３日目のナダ([ウ])が180円よりも高い場合を考える。この場合，３日目はナダの半分を円に替えて，４日目は円の半分をナダに替えたことになる。その結果5940円になったから，[ア]$=5940\times2=11880$(円)とわかる。すると，３日目は，$40\div2=20$(ナダ)を円に替えて，$11880-1440=10440$(円)が手に入ったことになるので，[ウ]$=10440\div20=522$(円/ナダ)(…①)と求められる。次に，３日目のナダ([ウ])が90円よりも安い場合を考える。この場合，３日目は円の半分をナダに替えて，４日目はナダの半分を円に替えたことになる。よって，[ア]$=1440\div2=720$(円)だから，４日目は，$5940-720=5220$(円)が手に入ったことがわかる。つまり，４日目に替えたのは，$5220\div180=29$(ナダ)なので，[エ]$=29$(ナダ)，[イ]$=29\times2=58$(ナダ)となる。すると，３日目は，720円をナダに替えて，$58-40=18$(ナダ)が手に入ったことになるから，[ウ]$=720\div18=40$(円/ナダ)(…②)と求められる。

8 平面図形―相似，辺の比と面積の比

下の図１のように，BAとCDを延長して交わる点をＯとする。三角形OADと三角形OBCは相似であり，相似比は，AD：BC＝２：５だから，OA：AB＝OD：DC＝２：(５－２)＝２：３となる。よって，$OA=(1+2+2)\times\frac{2}{3}=\frac{10}{3}$(cm)，$OD=(2+1+1)\times\frac{2}{3}=\frac{8}{3}$(cm)とわかる。すると，

OA：AE：EF＝$\frac{10}{3}$：１：２＝10：３：６，OD：DH：HG＝$\frac{8}{3}$：２：１＝８：６：３なので，図１のようになる。したがって，３つの三角形OAD，OEH，OFGの面積の比は，(10×８)：{(10＋３)×(８＋６)}：{(10＋３＋６)×(８＋６＋３)}＝80：182：323だから，四角形EFGHの面積は三角形OADの面積の，(323－182)÷80＝$\frac{141}{80}$(倍)とわかる。さらに，三角形OADの面積は，２×$\frac{8}{3}$÷２＝$\frac{8}{3}$(cm^2)なので，四角形EFGHの面積は，$\frac{8}{3}$×$\frac{141}{80}$＝4.7(cm^2)と求められる。

9 平面図形─面積

下の図２で，点線で囲んだ三角形はすべて正三角形だから，斜線《しゃせん》部分のおうぎ形の中心角は，360－60×２＝240(度)である。また，かげをつけた２つのおうぎ形の中心角の和は，360－60×４＝120(度)となる。斜線部分と合同なおうぎ形は２個，かげの部分と合同なおうぎ形の組は５組あるので，太線部分の中心角の和は，240×２＋120×５＝1080(度)とわかる。よって，太線の長さは，１×２×3.14×$\frac{1080}{360}$＝18.84(cm)である。

図１

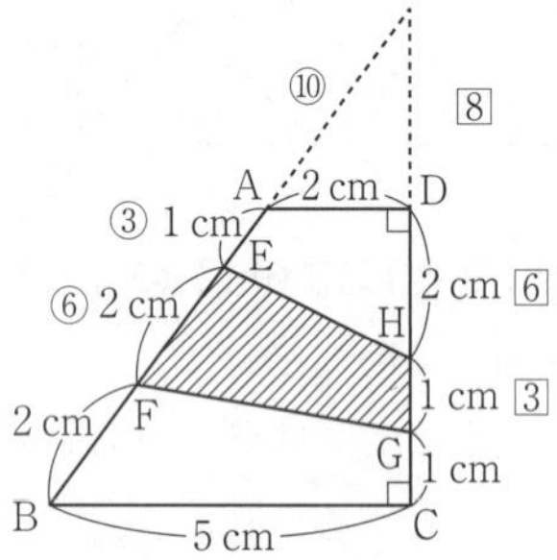

図２

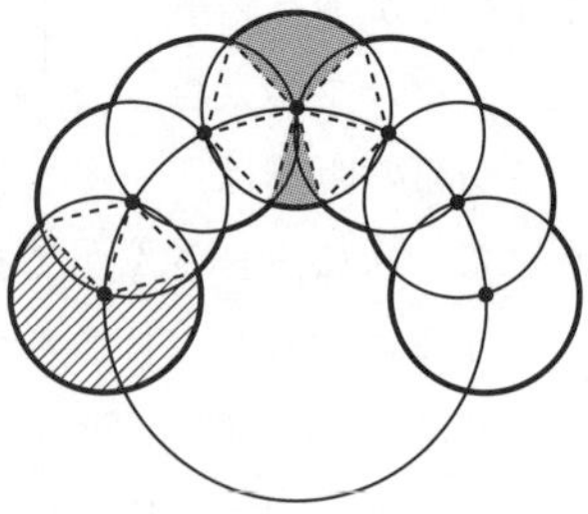

図３

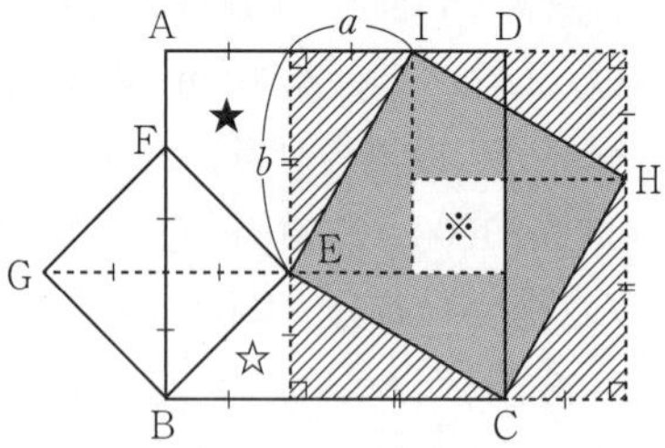

10 平面図形─面積

上の図３のように，正方形CHIEを合同な直角三角形で囲み，正方形を作る。図３で，★の部分と☆の部分を組み合わせると，斜線の三角形２つ分の長方形になる。よって，四角形AFEIと三角形BCEの面積の和は，斜線の三角形４つ分の面積と等しくなる。これが56cm^{2}だから，かげの部分の面積も56cm^{2}とわかる。また，正方形CHIEの面積は65cm^{2}なので，※の正方形の面積は，65－56＝９(cm^2)と求められる。つまり，※の正方形の１辺の長さは３cmだから，aとbの差は３である。さらに，斜線の三角形の面積は，56÷４＝14(cm^2)なので，aとbの積は，14×２＝28とわかる。したがって，a＝４，b＝７と決まるから，☆の面積は，４×４÷２＝８(cm^2)となり，正方形BEFGの面積は，８×４＝32(cm^2)と求められる。

11 立体図形─体積

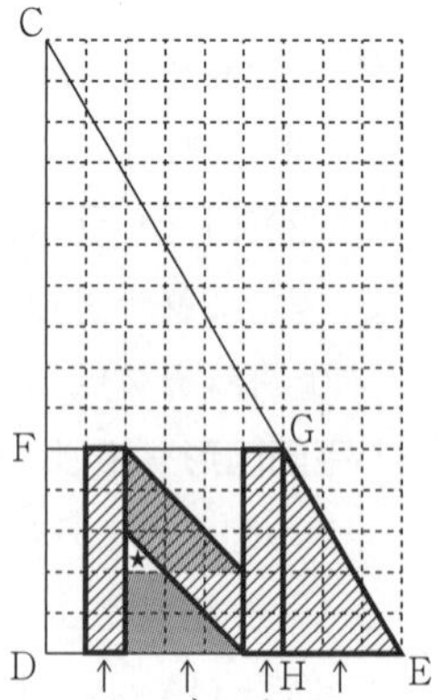

右の図のように，ア～エの４つの部分に分けて求める。ア，ウの長方形の部分を１回転させると，どちらも円柱から円柱を取り除いた形の立体になる。また，エの三角形の部分を１回転させると，三角形CDEを１回転させてできる円すいから，三角形CFGを１回転させてできる円すいと，長方形FDHGを１回転させてできる円柱を取り除いた形の立体になる。次に，イの部分で，２つのかげの部分を１回転させてできる立体は，どちらも合同な直角二等辺三角形を１回転させてできる立体から，★の部分を１回転させてできる立体を取り除いた形の立体になる。よっ

て，これらの体積は等しいから，上側のかげの部分を下側のかげの部分に移動してから1回転させると，円柱から円柱を取り除いた形の立体になる。したがって，アの部分の体積は，(2×2×3.14－1×1×3.14)×5＝(4－1)×3.14×5＝15×3.14(cm³)，イの部分の体積は，(5×5×3.14－2×2×3.14)×2＝(25－4)×3.14×2＝42×3.14(cm³)，ウの部分の体積は，(6×6×3.14－5×5×3.14)×5＝(36－25)×3.14×5＝55×3.14(cm³)，エの部分の体積は，9×9×3.14×15÷3－6×6×3.14×10÷3－6×6×3.14×5＝(405－120－180)×3.14＝105×3.14(cm³)なので，全部で，(15＋42＋55＋105)×3.14＝217×3.14＝681.38(cm³)と求められる。

12 立体図形―分割

切り口は右の図1のような正六角形になる。すると，下の図2で，1段目の上面の切り口はア，1段目の下面の切り口はイのようになるから，1段目は太線で囲まれた立方体が切断される。ほかの段についても同様に考えると，各段で切断される赤と白の立方体の個数は下の図3のようになる。また，すべての切り口は下の図4のように同じ大きさの正三角形になるから，切り口の赤い部分の面積は白い部分の面積の，$\frac{15}{24}=\frac{5}{8}$(倍)になる。

図1

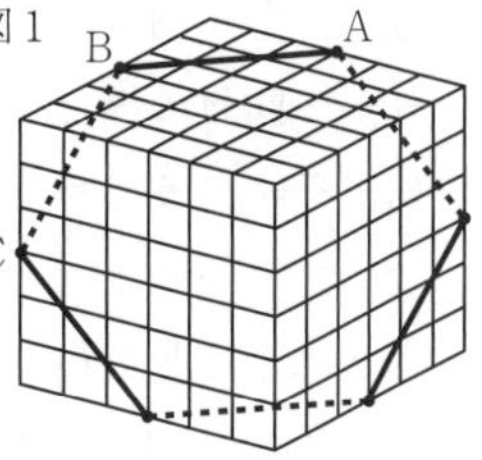

図2

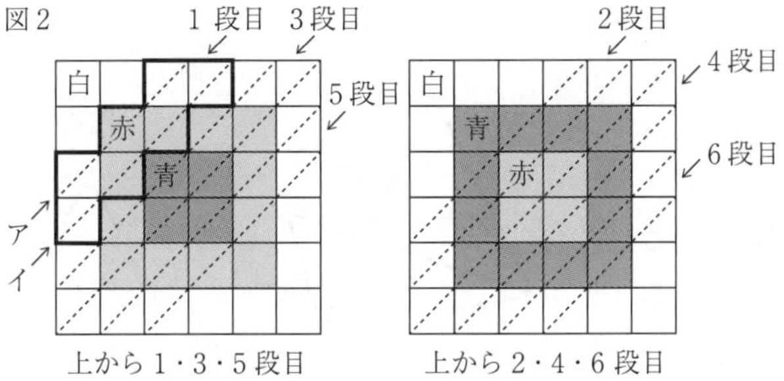

図3

段	1	2	3	4	5	6	計
赤	3	1	4	3	4	0	15
白	4	4	4	4	4	4	24

図4

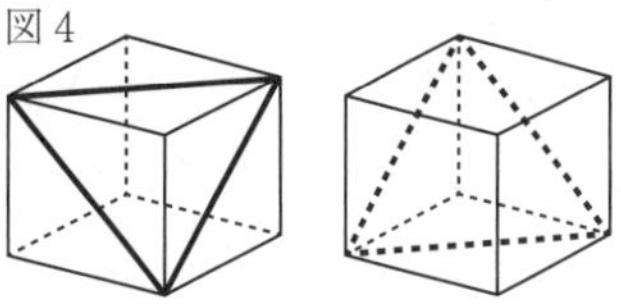

算 数 <第2日目>(60分)<満点：100点>

解 答

1 (1) **3回**…21，**2023回**…3　(2) 7，20，26，29，64　(3) 3036回　2 (1) 解説の図4～図6を参照のこと。　(2) 7cm，2通り　(3) 8cm，10通り　3 (1) 15人　(2) 8人　(3) 解説の図7を参照のこと。　4 (1) 55.92cm²　(2) **図**…解説の図3を参照のこと。／**面積**…71.52cm²　(3) **図**…解説の図5を参照のこと。／**面積**…32.76cm²

5 (1) 108cm³　(2) 13.5cm³　(3) 45cm³　(4) 31.5cm³

解 説

1 条件の整理，数列

(1) 81→84→42→21→24→12→6→3→6→…となるから，操作を3回行うと21が得られる。また，6回目以降は{6，3}がくり返される。2023回目はこのくり返しの中の，2023－5＝2018(回目)なので，2018÷2＝1009より，操作を2023回行うと3が得られることになる。

(2) 1から順に6回さかのぼると，下の図1のようになる。よって，Aとして考えられる数は{7，

20, 26, 29, 64｝の5個である。

図1

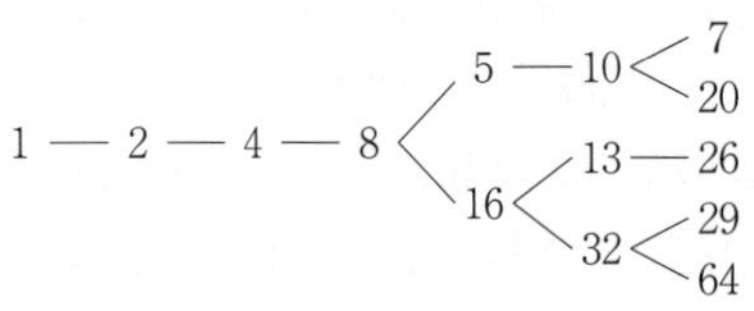

図2

$(2^{2023}-1)\xrightarrow{+3}(2^{2023}+2)\xrightarrow{\div 2}(2^{2022}+1)\xrightarrow{+3}(2^{2022}+4)$ 1

$\xrightarrow{\div 2}(2^{2021}+2)\xrightarrow{\div 2}(2^{2020}+1)\xrightarrow{+3}(2^{2020}+4)$ 2

$\xrightarrow{\div 2}(2^{2019}+2)\xrightarrow{\div 2}(2^{2018}+1)\xrightarrow{+3}(2^{2018}+4)$ 3

⋮　⋮　⋮　⋮

$\to(2^{1}+2)\to 2\to 1$ X

$\|$

4

(3)　2をN個かけた数を2^{N}と表すことにする。2^{N}は必ず偶数《ぐうすう》になるから，$2^{2023}-1$は奇数《きすう》であり，1回目の操作後は，$2^{2023}-1+3=2^{2023}+2$となる。これは偶数なので，2回目の操作後は，$(2^{2023}+2)\div 2=2^{2022}+1$となる。すると，これは奇数だから，3回目の操作後は，$2^{2022}+1+3=2^{2022}+4$となる。これをくり返すと上の図2のようになり，「＋2」，「＋1」，「＋4」がくり返されることがわかる。図2のように3回の操作を組にすると，最後の組の数(Xにあてはまる数)は，$(2023-1)\div 2+1=1012$と求められる。よって，初めて1が得られるのは，$3\times 1012=3036$(回)の操作後である。

2　立体図形―条件の整理，場合の数

(1)　右の図1のように三角すいの頂点に記号をつけ，図2のように，面BCDが紙にふれている状態から考える。はじめに，図1の三角すいを辺BCを軸《じく》として転がすと，ABとACが紙にふれて，紙についたインクの長さは2cm増える。また，辺BD，CDを軸として転がすと，それぞれAB，ACが紙にふれて，紙についたインクの長さはどちらも1cm増える。ほかの辺についても調べると右の図3のようになる。よって，図2の状態から2回転がして3cmにする(1cm増やす)ためには，1回目にBD(またはCD)を軸として転がし，2回目に同じ辺を軸としてもとの状態にもどせばよい。すると，このときのインクのつき方は下の図4のようになる。次に，全部で4cmにする(2cm増やす)場合を考える。1回目にBCを軸にすると2cm増えるから，2回目は同じ辺を軸にしてもとにもどせばよい。また，1回目にBDを軸にすると1cm増える。このとき，紙にふれているのは面ABDなので，あと1cm増やすためには，2回目にABを軸にすればよい。さらに，1回目にCDを軸にする場合は，2回目にACを軸にすればよいから，インクのつき方は下の図5のようになる。最後に，全部で5cmにする(3cm増やす)には，図4で1回転がした直後の状態からADを軸にする場合と，図5でBCを軸として転がした直後の状態(図5の左側の図の状態)からABまたはACを軸にする場合がある。したがって，このときのインクのつき方は下の図6のア～エのようになる。

図1

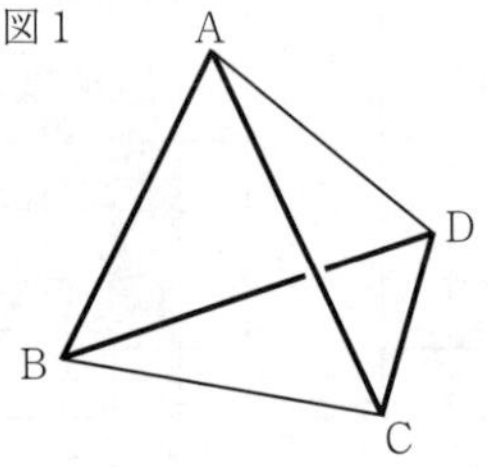

図2

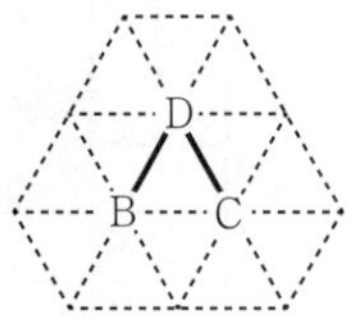

図3

軸にする辺	AB	AC	AD	BC	BD	CD
増える長さ	1cm	1cm	2cm	2cm	1cm	1cm

(2)　図6の状態からもう1回転がすことを考える。このとき，ADまたはBCを軸にすると2cm増やすことができ，全部で，$5+2=7$(cm)になる。これが可能なのは図6の★印を軸にする場合の2通りである。なお，ウの場合は下の図7のようになる(エの場合はこれと線対称《たいしょう》になる)。

図4　3cmのもの
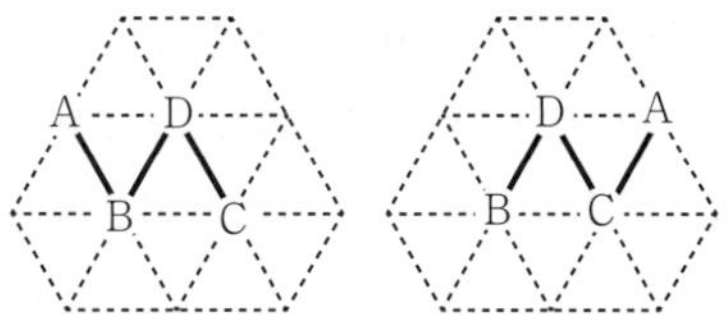

図5　4cmのもの
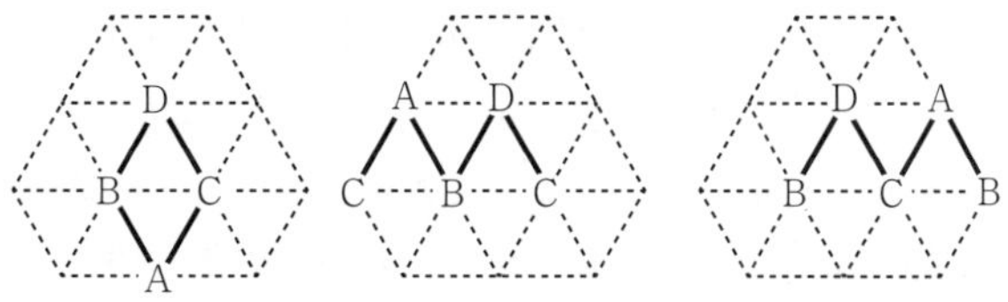

図6　5cmのもの
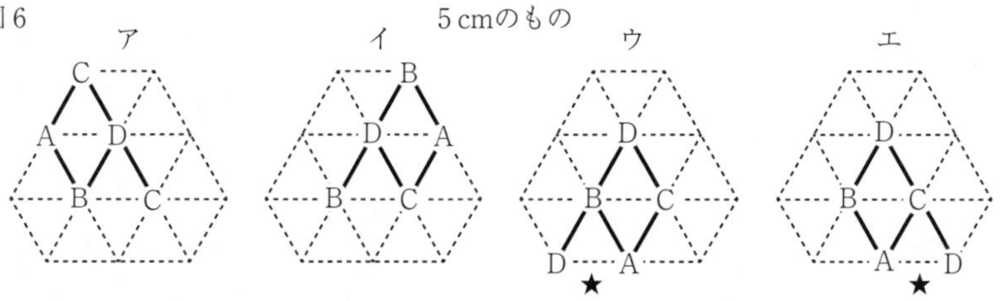

図7
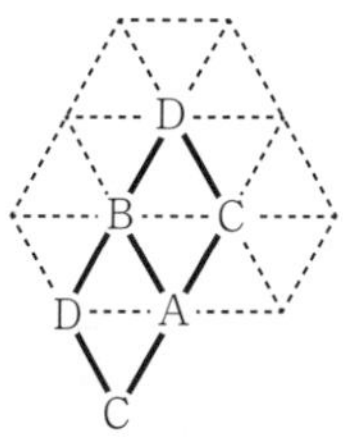

(3)　図7の状態からもう1回転がすと1cmしか増やすことができないので，最大の長さは，7＋1＝8(cm)である。また，8cmにするためには，図6の状態から2回転がして3cm増やせばよい。アの場合，ACを軸にすると1cm増え，面ABCが紙にふれる。すると，次はBCを軸にして2cm増やすことができる。同様に，CDを軸にすると1cm増え，面BCDが紙にふれる。すると，次はBCを軸にして2cm増やすことができるから，アの場合の転がし方は2通りとなる。また，アとイは線対称なので，イの場合も2通りある。次にウの場合，★印を軸にすると図7のようになるから，次はACまたはCDを軸にすればよい。また，BDを軸にすると1cm増え，面BCDが紙にふれる。すると，次はBCを軸にして2cm増やすことができるので，ウの場合は全部で，2＋1＝3(通り)とわかる。ウとエは線対称だから，エの場合も3通りとわかり，8cmになる転がし方は全部で，2＋2＋3＋3＝10(通り)と求められる。

[3] 条件の整理，平均とのべ，つるかめ算，集まり

(1)　25人全員の合計点は，5.68×25＝142(点)である。そのうち，[2]番を正解した分の合計点は，3×14＝42(点)，[3]番を正解した分の合計点は，5×14＝70(点)だから，[1]番を正解した分の合計点は，142－(42＋70)＝30(点)とわかる。よって，[1]番を正解した人数は，30÷2＝15(人)と求められる。

(2)　2問正解した16人の合計点は，6.5×16＝104(点)なので，右上の図1のようにまとめることができる。1問正解した人と3問正解した人は，人数の合計が，25－16＝9(人)であり，得点の合計が，142－104＝38(点)だから，右の図2のようになる。図2より，1問正解した人の数は，(10×9－38)÷(10－3.5)＝8(人)と求められる。なお，3問正解した人の数は，9－8＝1(人)である。

図1

正解した問題	得点	人数		
[1]	2点	ア人	平均3.5点	25人142点
[2]	3点	イ人		
[3]	5点	ウ人		
[1]，[2]	5点	エ人	16人104点	
[1]，[3]	7点	オ人		
[2]，[3]	8点	カ人		
[1]，[2]，[3]	10点	キ人		

図2

1問正解(平均3.5点)
3問正解(平均10点)　合わせて9人で38点

(3)　1問正解した8人の合計点は，3.5×8＝28(点)なので，下の図3のかげの部分の面積は，28－2×8＝12(点)となる。よって，(3－2)×イ＋(5－2)×ウ＝12，1×イ＋3×ウ＝12より，条件に合う{ア，イ，ウ}の組は下の図4のようになる。2問正解した16人についても同様に考える

と，下の図5のかげの部分の面積は，104－5×16＝24(点)だから，(7－5)×オ＋(8－5)×カ＝24，2×オ＋3×カ＝24より，条件に合う{エ，オ，カ}の組は下の図6のようになる。さらに，(1)より，ア＋エ＋オ＝15－1＝14となるので，考えられる組み合わせは，①と❷，②と❸，③と❹となる。したがって，度数分布表はそれぞれ下の図7のようになる。なお，これらはすべて，[2]番を正解した人数と[3]番を正解した人数の条件にも合う。

図3

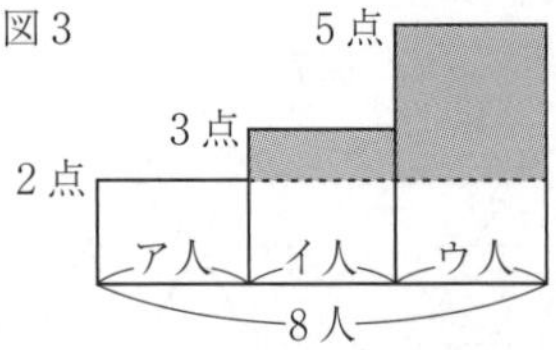

図4

ア	0	2	4
イ	6	3	0
ウ	2	3	4
	①	②	③

図5

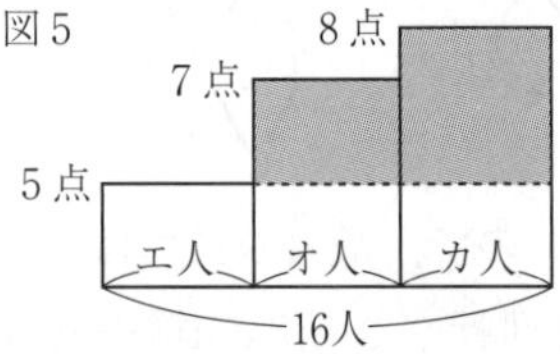

図6

エ	4	5	6	7	8
オ	12	9	6	3	0
カ	0	2	4	6	8
	❶	❷	❸	❹	❺

図7

	得点	人数	得点	人数	得点	人数
キ	10	1	10	1	10	1
カ	8	2	8	4	8	6
オ	7	9	7	6	7	3
ウ＋エ	5	7	5	9	5	11
イ	3	6	3	3	3	0
ア	2	0	2	2	2	4
	合計	25	合計	25	合計	25

[4] 平面図形—図形の移動，面積

(1) 下の図1の斜線《しゃせん》部分の面積は，正三角形4個分の面積からかげの部分2個分の面積をひいて求めることができる。また，半径が6cmで中心角が60度のおうぎ形の面積は，$6\times6\times3.14\times\frac{60}{360}=18.84(\text{cm}^2)$だから，かげの部分1個の面積は，$18.84-15.6=3.24(\text{cm}^2)$とわかる。よって，斜線部分の面積は，$15.6\times4-3.24\times2=55.92(\text{cm}^2)$である。

(2) 点Bが円周を$\frac{1}{6}$周するごとの点Cと点Eの動きを考える。下の図2で，点Bがアからイまで動くのにともなって，点Cはイからエまで，点Eはウからオまで動く。つまり，直線CEはイウからエオまで動く。次に，点Bがイからカまで動くのにともなって，点Cはエからキまで，点Eはオからクまで動く。つまり，直線CEはエオからキクまで動く。同様に考えると，直線CEは図2のかげの部分を通るので，太線の正六角形の内側にある部分は下の図3の斜線部分になる。これは，正三角形5個分の面積から図1のかげの部分2個分の面積をひいて求めることができるから，$15.6\times5-3.24\times2=71.52(\text{cm}^2)$となる。

図1

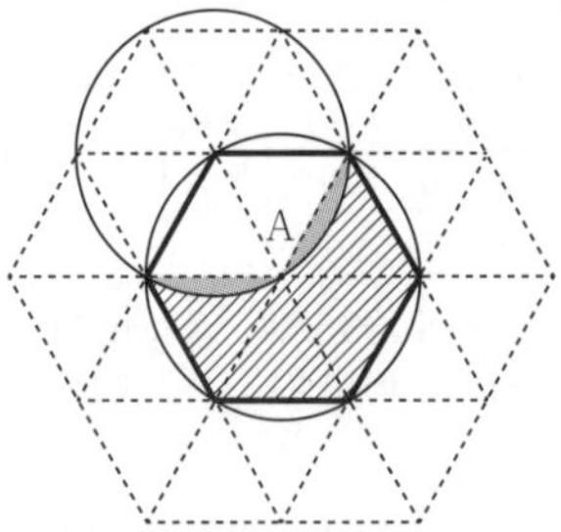

図2

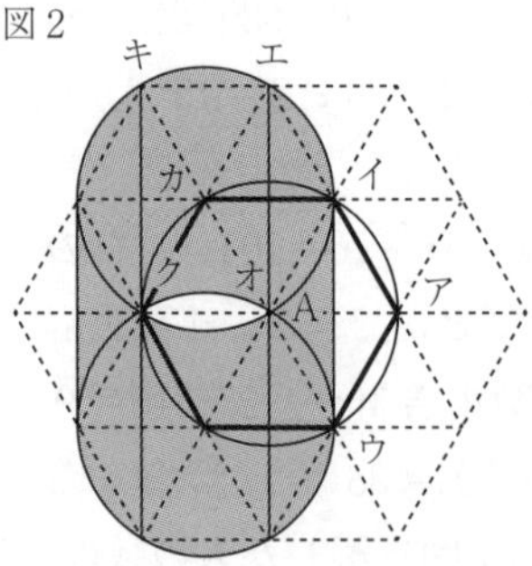

図3

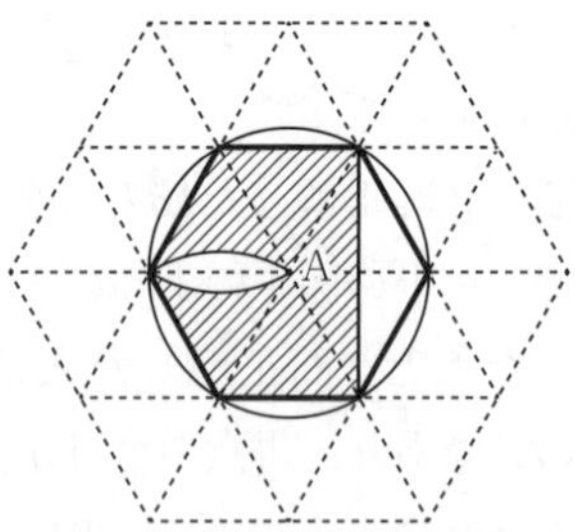

(3) (2)と同様に，点Bが$\frac{1}{6}$周するごとに考える。このとき，下の図4で，点Bが$\frac{1}{12}$周してⒷの位置にきたとき，直線DFはⒹⒻの位置にくることに注意する。反対側についても同様なので，直線DFが通る部分は図4のかげの部分になる。このうち，太線の正六角形の内側にあるのは下の図5の斜線部分である。図5で，かげをつけた2つのおうぎ形を★印の部分に移動すると，斜線部分の面積

は，１辺６cmの正方形の面積から図１のかげの部分１個分の面積をひいたものと等しくなる。したがって，$6\times6-3.24=32.76(\text{cm}^2)$とわかる。

図４

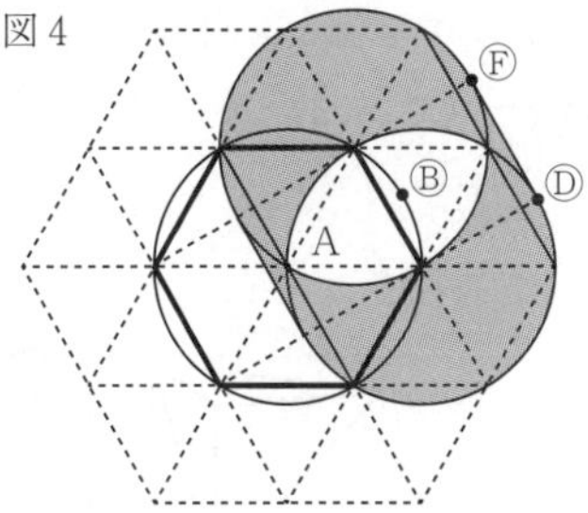

図５

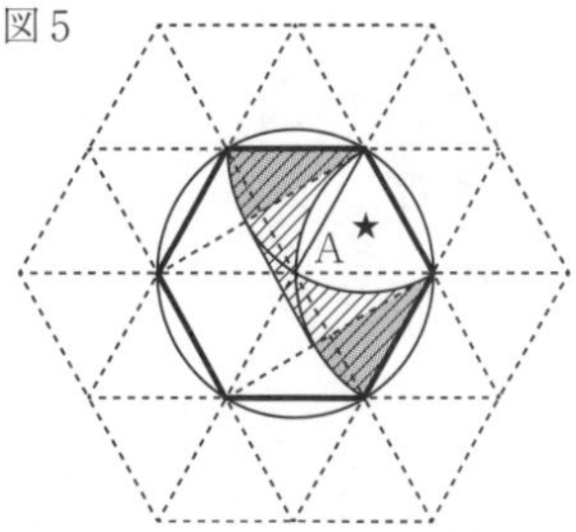

5 立体図形―分割，体積

⑴　平面㋐は下の図１の太線の正六角形である。平面㋐によって立方体が２等分されるから，点Hを含《ふく》む立体の体積は立方体の体積の半分であり，$6\times6\times6\div2=108(\text{cm}^3)$とわかる。なお，平面㋑，平面㋒はそれぞれ下の図２，図３のようになり，いずれの平面も点Oを通る。

図１

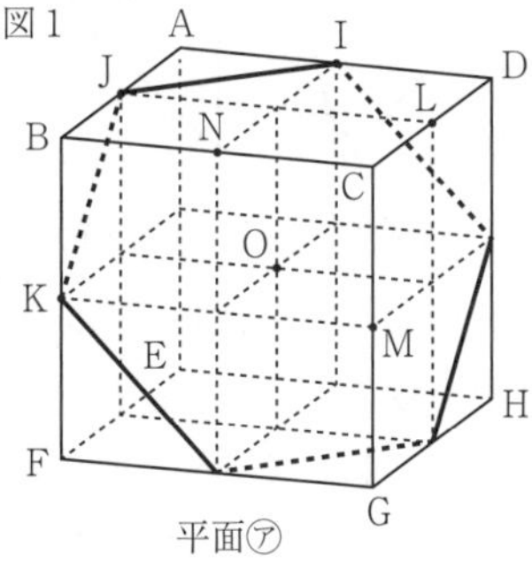

平面㋐

図２

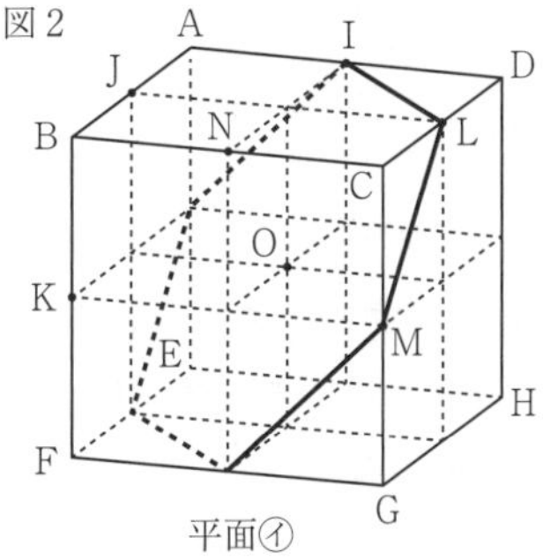

平面㋑

図３

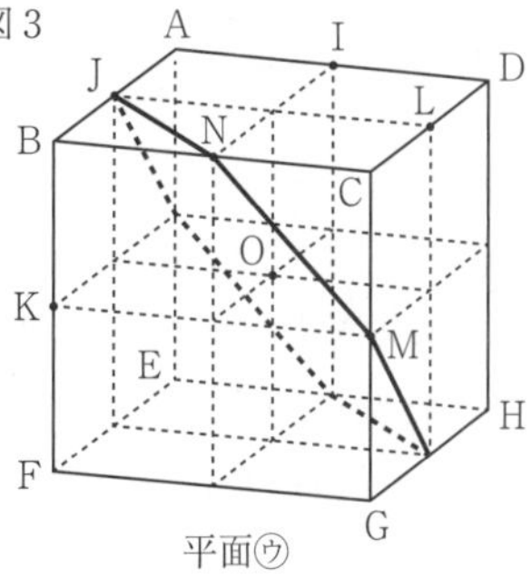

平面㋒

⑵　下の図４のように，点Gを含む１辺の長さが，$6\div2=3(\text{cm})$の小立方体に注目する。この小立方体から，平面㋐によって三角形ORSの奥《おく》にある三角すいが切り取られ，平面㋑によって三角形OMRの左側の三角すいが切り取られ，平面㋒によって三角形OMSの右側の三角すいが切り取られる。小立方体の体積は，$3\times3\times3=27(\text{cm}^3)$であり，切り取られた三角すい１個の体積は，$3\times3\div2\times3\times\frac{1}{3}=4.5(\text{cm}^3)$なので，点Gを含む立体の体積は，$27-4.5\times3=13.5(\text{cm}^3)$と求められる。

図４

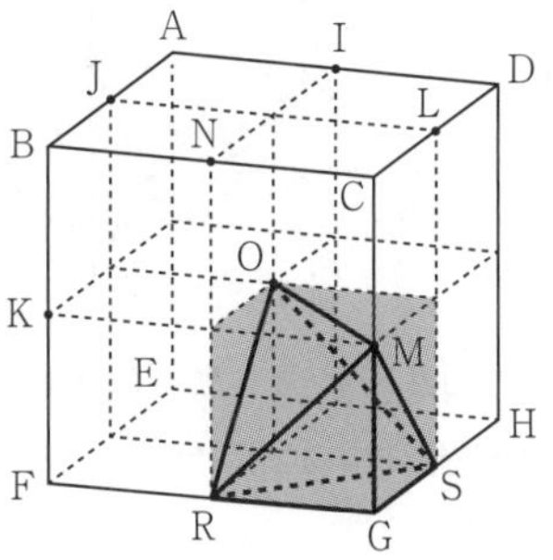

図５

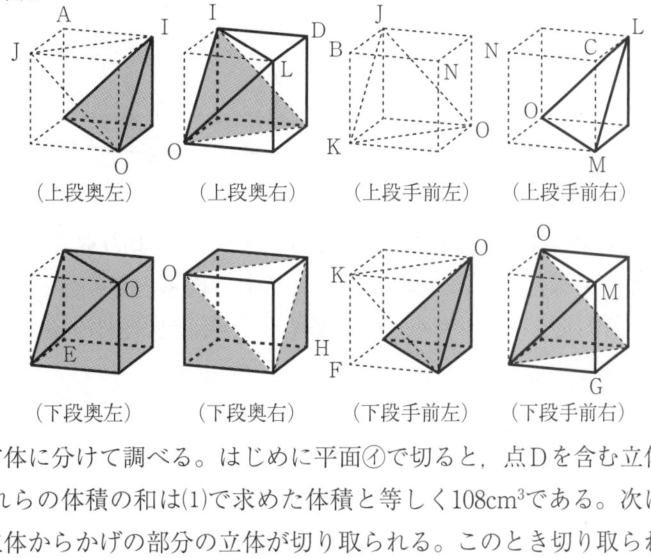

⑶　上の図５のように８個の小立方体に分けて調べる。はじめに平面㋑で切ると，点Dを含む立体はそれぞれ太線の立体になる。これらの体積の和は⑴で求めた体積と等しく108cm^3である。次に平面㋐で切ると，それぞれ太線の立体からかげの部分の立体が切り取られる。このとき切り取られ

るのは，体積が4.5cm^{3}の三角すいが4個と，体積が，27－4.5＝22.5(cm^3)の立体が2個なので，全部で，4.5×4＋22.5×2＝63(cm^3)である。よって，点Dを含む立体の体積は，108－63＝45(cm^3)となる。

図6

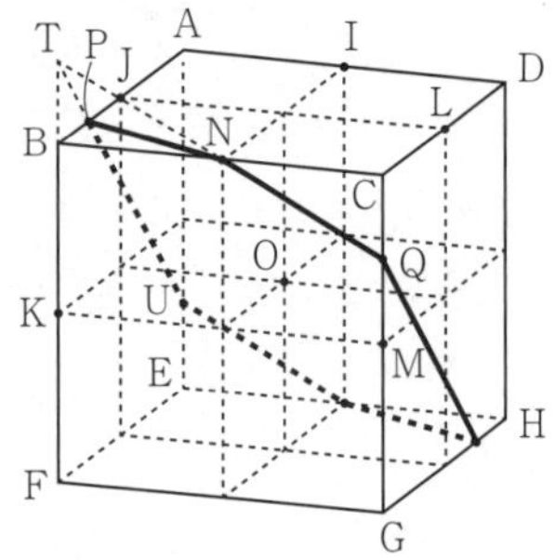

図7

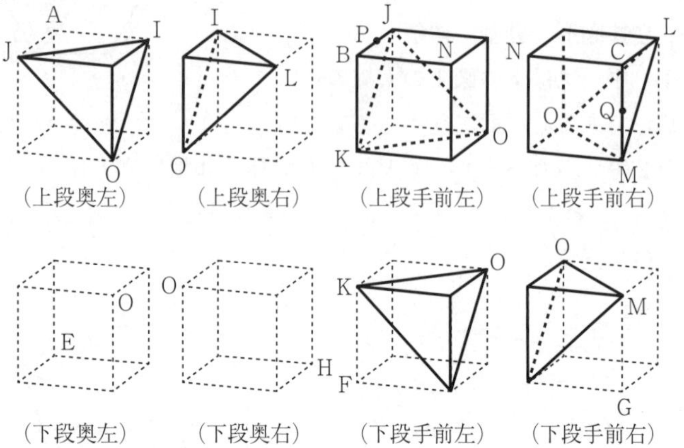

(4) はじめに，3点N，P，Qを通る平面について考える。上の図6のように，QNとFBを延長した直線が交わる点をTとすると，三角形TBNと三角形QCNは合同だから，BT＝1.5cmとなる。すると，三角形TBPは直角二等辺三角形になるので，切り口は，AU＝6－1.5＝4.5(cm)となる点Uを通ることがわかる。さらに，向かい合う面の切り口は平行になるから，3点N，P，Qを通る平面は図6の太線の六角形になり，やはり点Oを通る。また，立体Vは上の図7の太線の立体である。次に，図7の立体を3点N，P，Qを通る平面で切ったときの，点Iを含む立体の体積を求める。上段奥左，上段奥右は完全に残り，下段手前左，下段手前右は完全に切り取られるので，これらの体積の和は，4.5×2＝9(cm^3)になる。また，上段手前左，上段手前右の立体を反対側から見ると，それぞれ右の図8，図9のようになる。図8で，立体Vは太線部分であり，これを3点N，O，Pを通る平面で切ると，かげをつけた三角すい台から斜線部分の三角すいを除いた形の立体が残る。一方，図9で，立体Vは太線部分であり，これを3点N，O，Qを通る平面で切ると，かげをつけた三角すい台から斜線部分の三角すいを除いた形の立体が切り取られる。よって，図8で残った部分と図9で切り取られた部分の体積は等しいから，図8と図9で残った部分の体積の和は22.5cm^{3}となる。したがって，点Iを含む立体の体積は，9＋22.5＝31.5(cm^3)と求められる。

図8

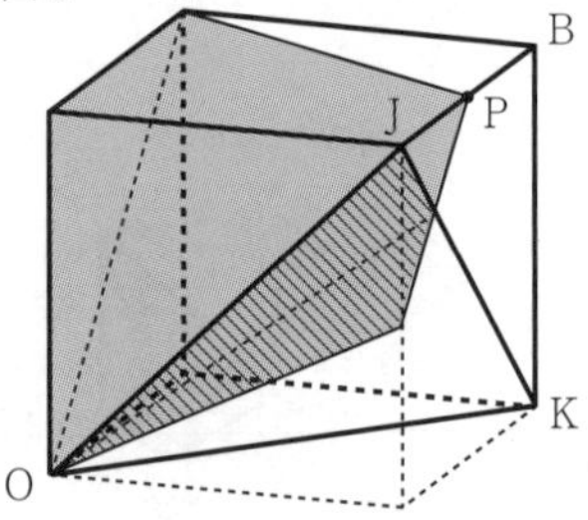

（上段手前左）

図9

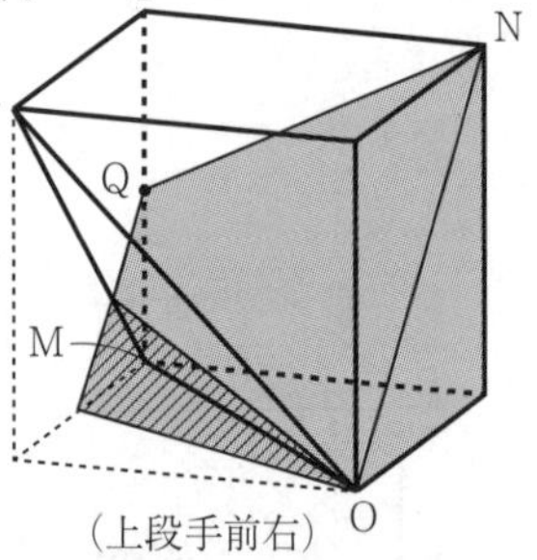

（上段手前右）

理 科 ＜第1日目＞（60分）＜満点：100点＞

解 答

1 **問1** 37.5 g **問2** 25 g **問3** 46 g **問4** **水**…87.5 g **物質A**…17.5 g
問5 (1) 42 g (2) 36 g **2** **問1** ① 1 ② 0.87 ③ 0.5 **問2** 31.5℃
問3 オ **問4** 42.0℃ **問5** 31.0℃ **3** **問1** **A** タンパク質 **B** 炭水化物
C 脂肪 **D，E** ビタミン，ミネラル **問2** **X** 二酸化炭素 **Y** デンプン **Z**
水 **問3** ① ウ ② ア ③ イ ④ エ **問4** **あ** (例) 粉末状のYを1 g入れ，水5 mLを加えて10分間，40℃に保ってから，ヨウ素液を1滴たらした **い** (例) 青むらさき色になった **4** **問1** **北斗七星**…ウ→イ→ア **やぎ座**…カ→エ→オ **問2** 北東 **問3** (星座，星の順に) わし座，アルタイル／はくちょう座，デネブ **問4** ウ
5 **問1** ① アルミニウム ② 銅 ③ 亜鉛 ④ 黄銅 ⑤ 緑 **問2** 6枚
問3 ⑥ 0 ⑦ 667 ⑧ 0 ⑨ 0 ⑩ 1108 **問4** ② 65％ ③ 35％
問5 ① 0.9 g ③ 5.2 g **6** **問1** ウ **問2** ウ **問3** 20度 **問4** 80度
問5 140度

解 説

1 ものの溶《と》け方についての問題

問1 グラフより，物質Aは60℃の水100 gに60 gまで溶けて，160 gのほう和水溶液《すいようえき》となる。したがって，100 gのほう和水溶液には，$60\times\frac{100}{160}=37.5$(g)の物質Aが溶けている。

問2 グラフより，物質Aは10℃の水100 gに20 gまで溶ける。よって，60℃のほう和水溶液160 gを10℃まで冷やすと，60－20＝40(g)の物質Aが溶けきらずに出てくる。したがって，60℃のほう和水溶液100 gを10℃まで冷やしたときは，$40\times\frac{100}{160}=25$(g)が溶けきらずに出てくる。

問3 複数の異なる物質が水に溶けるときも，それぞれが溶ける量はグラフにしたがって考えればよいので，試料X 50 gを水100 gに溶かしたときも，10℃の水100 gには物質Aは20 gまで溶ける。よって，試料X 50 gにふくまれる物質Aは，20＋26＝46(g)とわかる。

問4 問3より，50 gの試料Xには物質Bが，50－46＝4(g)ふくまれている。また，グラフから，物質Bは，温度を0℃から50℃まで上げると，水100 gに溶ける重さが30 gから40 gまで，40－30＝10(g)増えるので，10℃の水100 gには，$30+10\times\frac{10}{50}=32$(g)まで溶ける。よって，4 gの物質Bをすべて溶かすのに必要な10℃の水の重さは，少なくとも，$100\times\frac{4}{32}=12.5$(g)だから，問3で10℃まで冷やした水溶液から水を，100－12.5＝87.5(g)蒸発させればよい。このとき新たに溶けきらずに出てくる物質Aは，蒸発させた87.5 gの水に溶けていたものなので，その重さは，$20\times\frac{87.5}{100}=17.5$(g)である。

問5 (1) 試料Y 50 gを溶かした水溶液を10℃まで冷やし，水75 gを蒸発させたときに物質Bが出始めたので，この水溶液は10℃の水，100－75＝25(g)に物質Bが限界まで溶けたほう和水溶液になっている。よって，試料Yにふくまれている物質Bは，$32\times\frac{25}{100}=8$(g)である。したがって，試料Y 50 gにふくまれる物質Cは，50－8＝42(g)である。 (2) グラフより，物質Cは温度が

25℃上がるごとに溶ける量が10ｇの割合で増えているので，10℃の水100ｇに溶ける重さは，20＋10×$\frac{10}{25}$＝24(ｇ)まで溶ける。水75ｇを蒸発させたあとの水溶液には，物質Ｃが，24×$\frac{25}{100}$＝6(ｇ)溶けているので，一連の操作で出てきた物質Ｃの重さは，42－6＝36(ｇ)である。

2　太陽光の当たり方と金属板の温度変化についての問題

問１　一定時間あたりに金属板に当たる光の量は，光が金属板に垂直に当たるときが最も大きい。　①　x＝30のときには，太陽光と金属板のつくる角度が，180－(60＋30)＝90(度)になり，金属板に光が垂直に当たるので，光の量は１である。　②　x＝60のときには，金属板と光のつくる角度の小さい方が，180－(60＋60)＝60(度)となり，x＝0のときと同じ量の光が当たるため，光の量は0.87とわかる。　③　x＝90のときは，光と金属板のなす角度の小さい方は，180－(60＋90)＝30(度)で，右の図のようになる。ここで，かげをつけた三角形は正三角形を半分にした三角形だから，金属板に当たる光の量は，太陽光に垂直な面に当たる光の量の$\frac{1}{2}$となる。よって，光の量は，1×$\frac{1}{2}$＝0.5である。

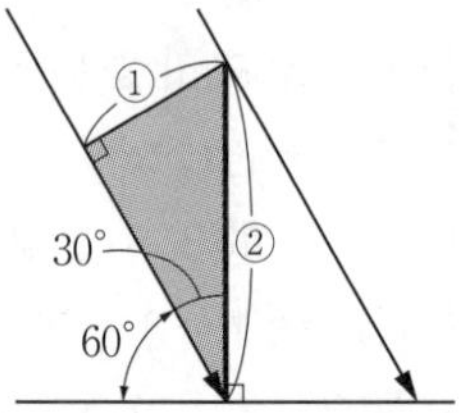

問２　金属板が受け取る太陽光からのエネルギーの量は光の量に比例するので，温度上昇《じょうしょう》も光の量に比例すると考えられる。よって，x＝30のときに10分間光を当てたときの温度上昇は，(30－20)×$\frac{1}{0.87}$＝11.49…より，11.5℃となり，金属板の温度は，20＋11.5＝31.5(℃)になる。

問３　10分間光を当てたときに，x＝0のときには30℃に，x＝30のときには31.5℃になる。また，x＝0からx＝30に変化させた場合，光の量の増加量ははじめが大きく，少しずつ小さくなるので，10分間かけて角度を変化させたときは，30℃と31.5℃のうち，31.5℃に近い方の温度になると考えられる。よって，オの31.0℃が選べる。

問４　x＝0からx＝30までの光の量の増え方と，x＝30からx＝60までの光の量の減り方は対《たい》称《しょう》になっている。よって，x＝0からx＝60まで20分間かけて金属板を引き上げたときの上昇温度は，問３のときの２倍の，(31.0－20)×2＝22.0(℃)になる。したがって，金属板の温度は，20＋22.0＝42.0(℃)と求められる。

問５　問４と比べ，光が当たる時間が半分になったので，太陽光から受け取るエネルギー量が時間に比例するとき，上昇温度は，22.0×$\frac{1}{2}$＝11.0(℃)である。よって，金属板の温度は，20＋11.0＝31.0(℃)になる。

3　食品と栄養素についての問題

問１　三大栄養素のうち，おもにからだをつくる材料となるＡはタンパク質，植物が体内で光を利用して光合成によってつくるデンプンなどがふくまれるＢは炭水化物，炭水化物とともにエネルギー源になるＣは脂肪《しぼう》である。からだの調子を整えるのに必要なＤとＥは，ビタミン類とミネラルである。三大栄養素にこの２つを加えて五大栄養素とよばれる。

問２　植物が光を利用してデンプンなどをつくる光合成は，空気中の二酸化炭素と根から吸収した水を用いて行われている。デンプンは，ヨウ素液を加えると青むらさき色を示す。また，さまざまな食品にふくまれ，ヒトだけでなく生物のからだに必要とされるものは水である。

問３　①　食品の成分の大部分が水だから，葉を食べるウのほうれんそうである。　②　水が比《ひ》較的《かくてき》多くふくまれ，タンパク質の割合が大きいので，アの牛肉(もも)が適する。　③　水とデンプン(炭水化物)が多くふくまれているので，イのバナナが選べる。　④　水の割合が小さく，脂肪の割合が最も大きいのは，油をとることにも利用されるエのごまである。

問４　実験１と実験２の結果を比べることで，物質Ｓが物質Ｙを変化させたことがわかったのだから，実験２では，実験１と物質Ｓ以外の条件をそろえて実験を行い，実験１と異なる結果になったと考えられる。

4　星や星座の動きについての問題

問１　北極星の近くに見える北の空の星は，北極星を中心に一か月で30度ずつ反時計回りに移動して見える。北極星は，北斗《ほくと》七星のひしゃくの先端《せんたん》にある２つの星をのばした先にあるので，スケッチをえがいた順にウ→イ→アとなる。また，やぎ座は南の空に見える秋の星座なので，一か月で30度ずつ東から右上がりに移動し，南の空を通って西に右下がりに移動していく。よって，星座の向きに注目するとカ→エ→オの順となる。

問２　北斗七星の２回目のスケッチはイである。イの向きの北斗七星は，右の図のように北極星の東側に見えるので，観測者からは北東の空に見えている。

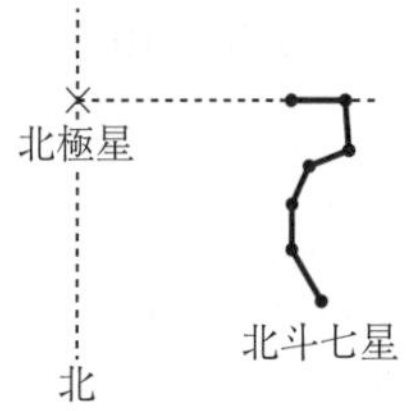

問３　夏の大三角は，こと座のベガ，わし座のアルタイル，はくちょう座のデネブの３つの１等星を結んでできる三角形である。

問４　ある日に観測するとベガが頭の真上に見られたと述べられているので，夏の大三角は，一か月前の図から，図の上向きに動いたと考えられる。よって，ある日の一か月後には，図の向きのまま頭の真上を通過したような三角形が見えるはずだから，ベガの反対側の辺が真上に向いたウのように見える。

5　いろいろな金属と塩酸の反応についての問題

問１　①～④　１円硬貨《こうか》はアルミニウムからできていて，５円以上の硬貨はおもに銅をふくむ合金でできている。５円硬貨は銅が60～70％，亜鉛《あえん》が30～40％の合金でできており，この合金は黄銅(真ちゅう)ともよばれる。なお，50円硬貨と100円硬貨が銀色をしているのはふくまれるニッケルの影響《えいきょう》で，500円硬貨が銀色や黄色なのはニッケルや亜鉛の影響である。　⑤　銅が空気中でさびると，ろくしょうとよばれる緑(青緑)色のさびをつける。

問２　水は１cm^3の重さが１ｇであり，１cm^3あたりの重さが１ｇよりも大きいものは水にしずみ，１ｇより小さいものは水に浮《う》く。金属はいずれも１cm^3あたりの重さが１ｇより大きいので，６枚の硬貨はすべて水にしずむ。

問３　⑥，⑦　表１より，①の金属(アルミニウム)は10cm^3の塩酸Ａに，0.5−0.41＝0.09(ｇ)が溶けている。よって，0.5ｇのアルミニウムをすべて溶かす塩酸Ａの体積は，$10\times\frac{0.5}{0.09}=55.5\cdots$より，56$cm^3$だから，塩酸60$cm^3$を加えたときにはアルミニウム0.5ｇがすべて溶けて，溶け残りは０ｇになっている。また，0.09ｇのアルミニウムが塩酸Ａに溶けると，気体(水素)が120cm^3発生しているので，0.5ｇのアルミニウムがすべて溶けると，$120\times\frac{0.5}{0.09}=666.6\cdots$より，667$cm^3$の気体が発生する。　⑧～⑩　表２より，③の金属(亜鉛)は20cm^3の塩酸Ａに，３−2.35＝0.65(ｇ)が溶けているので，３ｇの亜鉛をすべて溶かす塩酸Ａの体積は，$20\times\frac{3}{0.65}=92.3\cdots$より，92$cm^3$である。よって，塩酸Ａの体積が100$cm^3$，120$cm^3$のときは３ｇの亜鉛がすべて溶け，溶け残りは０ｇである。また，100cm^3の塩酸Ａには３ｇの亜鉛がすべて溶け，気体(水素)が1108cm^3発生しているので，塩酸Ａの体積が120cm^3のときに発生する気体の体積も1108cm^3となる。

問4　②の金属（銅）は塩酸とは反応しないので，260cm^3の気体は亜鉛が塩酸と反応して発生したものである。40cm^3の塩酸Aがすべて亜鉛と反応すると，480cm^3の気体が発生するので，混合粉末にふくまれる亜鉛はすべて反応して塩酸Aが残ったことがわかる。よって，ふくまれていた亜鉛の重さは，$0.65\times\frac{260}{240}=0.70\cdots$より，0.7ｇであり，その割合は粉末全体の，$0.7\div2\times100=35$（%）と求められる。したがって，銅の割合は，$100-35=65$（%）とわかる。

問5　溶けた金属の重さは，$10-3.9=6.1$（ｇ）である。ここで，②の金属（銅）は塩酸に溶けないので，溶けた金属6.1ｇがすべて③の金属（亜鉛）だったとすると，発生する気体の体積は，$240\times\frac{6.1}{0.65}=2252.3\cdots$より，2252$cm^3$である。6.1ｇの亜鉛のうち，１ｇを①の金属（アルミニウム）にかえると，発生する気体の体積は，$120\times\frac{1}{0.09}-240\times\frac{1}{0.65}=964.1\cdots$より，964$cm^3$増える。実際に発生した気体の体積は3120$cm^3$なので，混合粉末にふくまれるアルミニウムの重さは，$1\times\frac{3120-2252}{964}=0.90\cdots$より，0.9ｇと求められる。よって，混合粉末にふくまれる亜鉛の重さは，$6.1-0.9=5.2$（ｇ）となる。なお，アルミニウム0.9ｇと亜鉛5.2ｇを溶かすのに必要な塩酸Aの体積は，$10\times\frac{0.9}{0.09}+20\times\frac{5.2}{0.65}=260$（$cm^3$）なので，アルミニウムと亜鉛はすべて溶け，溶け残った金属にはふくまれていないことがわかる。

6　力のつりあいについての問題

問1　図４で，A，Bが同じ高さであれば，輪はAとBを直線で結んだ真ん中の点の真下の位置でつりあう。この状態からBを下げていくと，輪はA，Bの真ん中よりもBに近いところに移動してつりあう。

問2　問１のとき，見かけ上，輪の左右で糸が等しい大きさの力で輪を引っ張っている状態でつりあう。このとき，輪の付近では糸が左右対称になっているので，ウが適する。なお，Bの位置が低くなるほど，輪の位置はBに近くなるので，アとイは適さないことがわかる。

問3　Sの輪にS′を通して手を放すと，下の図Ⅰのようになってつりあう。問２より，○印をつけた角の大きさは等しく，また，平行線のさっ角は等しいので，○印をつけた角の大きさはx度となる。さらに，S′の輪は棒に沿ってよくすべるので，棒と糸が直角になった状態でつりあう。よって，S′の糸，壁《かべ》，棒でつくる四角形の内角の和について，$(180-x)+x\times2+70+90=360$よ

図Ⅰ

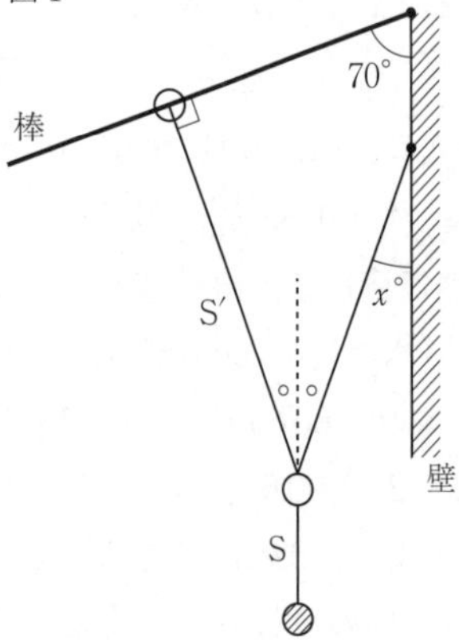

図Ⅱ

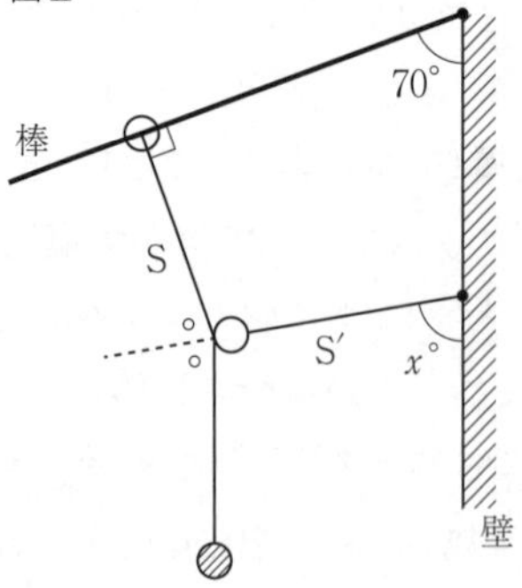

図Ⅲ

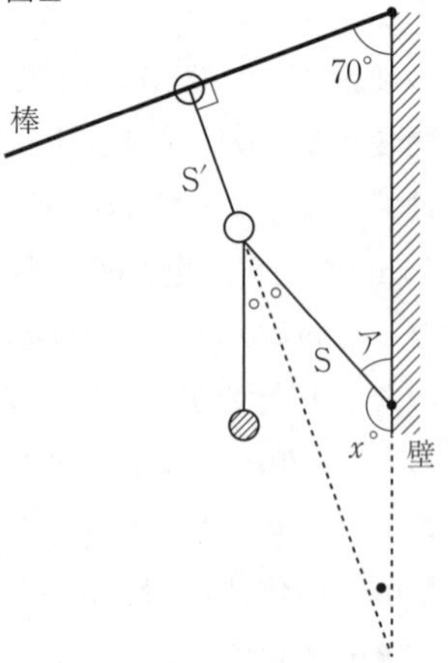

り，$x=20$(度)である。

問4　図6で手を放すと，上の図Ⅱのようになってつりあう。このとき，S′の延長線が，Sの糸が折れ曲がってつくる角度を二等分する。よって，平行線の同位角は等しいので，○印をつけた角の大きさはx度になるから，$(180-x)\times 2+70+90=360$より，$x=80$(度)である。

問5　図7で手を放すと，上の図Ⅲのようになってつりあう。このとき，S′の延長線がSの折れ曲がってつくる角度を二等分する。図Ⅲで，●印をつけた角の大きさは，$180-(90+70)=20$(度)で，三角形の内角と外角の関係から，角ア＝○＋20(度)となる。これより，平行線のさっ角は等しいから，○＋○＝○＋20が成り立ち，○＝20(度)と求められる。よって，角ア＝20＋20＝40(度)より，$x=180-40=140$(度)とわかる。

国語　＜第1日目＞（40分）＜満点：80点＞

解答

□一 **問1**　(例)　地図を読み取ることが苦手で，うまく使いこなすことができないこと。　**問2**　(例)　頭の中で何十回も何百回も反復された記憶は，当人にとっては真実であり，事実でなくとも尊重したいから。　**問3**　エ　**問4**　**1**　リ(ーク)　**2**　スモ(ーク)　**3**　ピ(ーク)　**4**　ネットワ(ーク)　**5**　ユニ(ーク)　**問5**　**1**　集→拾　**2**　解→開　**3**　関→感　□二 **1**　サ　**2**　ア　**3**　エ　**4**　シ　**5**　オ　**6**　ク　□三 **1**　千里　**2**　五分　**3**　九死　**4**　百薬　**5**　三十六計　**6**　三文　□四 **1**　たか　**2**　うすら　**3**　あいそ　**4**　せせら　**5**　にが　□五 **1**　は(っ)し　**2**　め(っ)た　**3**　と(っ)さ　**4**　れ(っ)き　**5**　も(っ)け　□六 **A**　長　**B**　短　**C**　理　**D**　非　**E**　時　**F**　空　**G**　方　**H**　円　**I**　天　**J**　地　**K**　官　**L**　民

解説

□一 **出典は牟田都子《むたさとこ》の『文にあたる』による。**本の校閲《こうえつ》・校正とはどのようなものであるかについて，筆者は解説している。

問1　「方向音痴《おんち》という引け目」のある筆者は，「地理に苦手意識」を持っている。地図を正確に読み取り，それぞれのビルの位置関係を確かめていくことなど「自分にはできる気がしないと腰《こし》が引けてしまう」のだから，「地図と仲良くなれない」とは，「地図を正しく読み取って上手に活用することができないということ」を意味している。

問2　「あえて」とは，やりにくいことをある意図を持ってするようす。確かに，「各ビル」の「見える順番」は「事実」からいえば違《ちが》うのかもしれないが，実際にその場へと足を運んだ著者の「頭の中で何十回も何百回も反復された記憶《きおく》」にもとづいて書かれたことは，当人にとってもっとも尊重されるべき「真実」にほかならない。だから著者は，「事実」とは異なるとの指摘《してき》を受けても，「あえてこう書いた」として改めることをしなかったのである。

問3　波線部Aは，“アメリカのマンハッタン”と言いかえられる。よって，“明治の四十五年”と言い表すことのできる，エが同じになる。

問4　**1**　「リーク」は，意図的に情報などをもらす場合に用いられる。　**2**　「スモーク」には，

“煙《けむり》”という意味もある。　3 「ピーク」には，“山頂”という意味もある。　4 「ネットワーク」は，「ネット」と省略される場合もある。　5 「ユニーク」は，“ユニークな発想”のように用いられる。

問5　1 「収集」は，ものなどを集めること。「収拾」は，混乱した状態をおさめ，整えること。　2 「解放」は，不自由な状態に置かれたり制限されたりしているものを解き放して自由にすること。「開放」は，門や戸などを開けたままにしておくこと。　3 「関心」は，ある物事に特に心をひかれ，興味を持つこと。「感心」は，心に深く感じること。

二 俳句の知識

俳句は，五・七・五の三句十七音であることに留意しながら，季節に関連した言葉を選んでいくとよい。　1 「道草」のついでに買うようなものであることや「草」という言葉に関連する，サの「蓬餅《よもぎもち》」がふさわしい。　2 アの「アロハシャツ」は，ハワイ諸島などで男性の日常着として用いられているシャツ。「船旅」という言葉に関連している。　3 「花付《はなつき》」で売られているものであり，「かじる」という食べ方に関連しているものなので，エの「胡瓜《きゅうり》」があてはまる。　4 「路地売り」されているようなもので，「紅《あか》き」という色に関連しているのだから，秋に旬《しゅん》を迎《むか》えるシの「林檎《りんご》」があてはまる。　5 一つだけ買うのがためらわれてしまう冬のものなので，オの「鯛焼《たいやき》」があてはまる。　6 「良き事ばかり書くため」に注目する。新年を迎えるにあたり，良い一年になることを願って「日記」を買うのだから，クが選べる。

三 ことわざ・慣用句の完成

1 「悪事千里を走る」は，“悪事を働いた事実や悪い評判は，またたくまに世間に知れ渡《わた》る”という意味。　2 「一寸の虫にも五分のたましい」は，“どんなに小さく弱い者であっても，それなりの意地や感情があるのだから，あなどってはいけない”という意味。　3 「九死に一生を得る」は，“万事《ばんじ》休すの危険な状況《じょうきょう》から，なんとか助かる”という意味。　4 「酒は百薬の長」は，“適度な飲酒はどんな薬にもまさる効果がある”という意味。　5 「三十六計逃《に》げるにしかず」は，“形勢が不利になったときは，あれこれと策を講じるよりも逃げてしまうのがいちばんの得策である”という意味。　6 「早起きは三文の得(徳)」は，“朝早く起きると，何かしらよいことがある”という意味。

四 ことばの知識

1 「たか笑い」は，大きな声で笑うこと。　2 「うすら笑い」は，かすかに表情を動かしただけの笑い方。　3 「あいそ笑い」は，相手の機嫌《きげん》をとるためにする笑い方。　4 「せせら笑い」は，相手のことをばかにしたときにする笑い方。　5 「にが笑い」は，不快感や苛立《いらだ》たしい気持ちを持ちながらしかたなく笑うこと。

五 ことばの知識

1 「はっしと」は，勢いよく飛んでくるものを力強く受け止めるようす。　2 「めったな」は，考えが浅くて，軽率《けいそつ》であるさま。　3 「とっさに」は，“すぐに”“たちどころに”という意味。　4 「れっきと」は，世の中で確かなものとして認められているようす。　5 「もっけの幸い」は，思いがけず，たまたまやってきた幸運。

六 熟語のしりとり

A～L 〔条件1〕～〔条件5〕をもとに，空らんをふくむ熟語のうち片方が明らかになっているところから手をつけていくのがよいだろう。たとえば，最初の熟語は片方が「身」となっており，〔条件４〕にあげられた読み方のうち，空らんＡにあてはまるものは「チョウ(長)」だけなので，「身長」となる。続いて〔条件３〕より，空らんＡと空らんＢに入る漢字は「逆の意味，または対の意味になる」のだから，空らんＢには「タン(短)」が入る，といったように考えていけばよい。よって，「身長」―「長短」―「短調」―「調理」―「理非」―「非常」―「常時」―「時空」―「空前」―「前方」―「方円」―「円満」―「満天」―「天地」―「地上」―「上官」―「官民」―「民衆」という熟語ができる。なお，空らんＣ，Ｄにあてはまる「理非」は，「理」が道理にかなっていること，「非」は道理から外れていることを意味する。空らんＥ，Ｆに入る「時空」は，時間と空間。空らんＧ，Ｈの「方円」は，「方」が四角，「円」が丸を表す。空らんＫ，Ｌの「官民」は，「官」が公務員，「民」が民間人を指す。

国語 ＜第２日目＞（70分）＜満点：120点＞

解答

一 **問１** 下記を参照のこと。 **問２** （例） 学生時代の本屋でのアルバイトを皮切りに，本屋にずっとかかわってきた人間。 **問３** （例） 日本の有機農業の草分け的存在である佐藤忠吉さんの語録を読み，農業へ漠然とした憧れを抱きはじめたこと。 **問４** **X** （例） ポケットに入れておいたナスの種を見られた **Y** （例） いつか農業に携わってみたいと打ち明けた **Z** （例） 有機農業の仕事の求人を紹介してもらった **問５** （例） 自らの体を物差しに世界を見る訓練のような農作業を続けるうちに，風景が具体化し，距離や広さへの感覚が身についたということ。 **問６** 料理も衣服～にならない **問７** （例） 季節の移り変わりとともに農業に従事することで，野生の暦とともにある生活の知恵を生かしながら生きること。 **二** **問１** 何十年も変わらない自分の味／誰かのために作ること **問２** （例） 夫や子どもの好みや健康のことを考えた料理。 **問３** （例） 材料に手を加え，「美味しい」なにかに変えていくことの楽しさや，料理を食べた人たちにほめられ，感謝される喜び。 **問４** （例） 「作ってやったのだから，喜んで食べるのは当然だ。」みたいな自分のエゴを汲み取った子どもは「美味しい」と言うしかなくなるから。 **問５** （例） 「美味しい料理を作らなければ。」という強い思いにとらわれたり，「作ってやったのだから，喜んで食べるのは当然だ。」みたいなエゴを押しつけたりすること。 **問６** （例） 作った料理を「うまい！」「美味しい」と言って家族が食べてくれることが多くなるということ。 **問７** （例） ミールキットを利用したものや究極にシンプルなメニューになるとともに，自分のために作る自分が本当に好きなメニューの料理となった。 **三** **問１** （例） 性格や考え方が穏やかになったということ。 **問２** ウ **問３** オ **問４** 世間の誘惑 **問５** **A** （例） 若かったころの自分自身。 **B** （例） 現在の自分の生き方を若いころの自分はどのように見ているか自問自答して省みること。 **問６** （例） 年を重ねることで，若いころのような尖った生き方ができないでいるようす。

●漢字の書き取り

一 問1　A　領分　B　点在　C　周遊　D　有志　E　救(われ)　F　縮(んだ)　G　痛感　H　冷蔵　I　現象

解　説

一　出典は鎌田裕樹《かまたゆうき》の「ポケットの種から」による。現在，有機農業を営んでいる会社で働き，農業の勉強をしている筆者が，農業を始めることになったいきさつや現在の状況《じょうきょう》について語っている。

問1　A　勢力や権限などのおよぶ範囲《はんい》。　B　あちこちに散らばるようにして存在していること。　C　さまざまな場所をめぐること。　D　あるものごとに関心を持ち，ともに何かを実現しようとする人々。　E　音読みは「キュウ」で，「救助」などの熟語がある。　F　音読みは「シュク」で，「縮図」などの熟語がある。　G　身にしみて強く心に感じること。　H　食品や飲料などの腐敗《ふはい》を防ぐために，凍《こお》らない程度の低温で保存すること。　I　人間が知覚することのできるすべてのできごと。

問2　「そんな」とあるので，前の部分に注目する。大学の入学をきっかけに京都に移り，本屋でアルバイトをはじめた筆者は，本好きに優《やさ》しい街での生活に居心地《いごこち》のよさを感じながら，卒業後も十年ほど「本屋として過ごし」ている。つまり，本屋にずっとかかわってきた人間だといえる。

問3　続く部分で，「日本の有機農業の草分け的存在」だった佐藤忠吉《さとうちゅうきち》さんの『忠吉語録』に興味を抱《いだ》き，自分の店へと仕入れた筆者は，そのなかに書かれた「百姓《ひゃくしょう》とは地べたのことをする仕事」という一文(特に「地べた」)に惹《ひ》かれ，「農業へ漠然《ばくぜん》とした憧《あこが》れを抱きはじめた」と自身を振《ふ》り返っている。この本との出会いが，筆者と農業をつないだことをふまえてまとめるとよい。

問4　X～Z　たまたま「ナスの種をポケットに入れていた」筆者は，何気なくそれが入ったビニール袋《ぶくろ》を机に並べたさい，デザイナーのAさんに目ざとく見つけられ，種の話をした後に農業へと携《たずさ》わりたい自分の思いを打ち明けている。後日，「友人夫婦が京都で有機農業をしているんですけど，ちょうど今，求人をしているらしくて，鎌田さんどうですか？」との思いがけない申し出を受けた筆者は，ふとしたきっかけが自分と農業を結びつけたことに不思議な「縁《えん》」の存在を感じたのである。

問5　はじめ，畝《うね》が「とんでもなく長く見えた」り畑も「広く，途方《とほう》もなく感じて」いたりした筆者は，「自らの体を物差しに世界を見る訓練のよう」な農作業を続けているうち，「作物の株間や，畝の長さ，広さ，肥料の計量など，自分の体を規格に世界を観察」できるようになり，農家らしい距離《きょり》や広さの感覚を身につけている。これをもとに，「自分の体を物差しに世界を見るような訓練によって，じょじょに風景が具体化し，見ただけでだいたいの距離や広さがわかる感覚をつかめるようになったということ」のようにまとめる。

問6　「そんなこと」とは，一年間農業を体験したことで，距離や広さの感覚が農家らしくなり，「やけに長く感じた道が，次に通る時にはなぜか短く思えたりする」ようになったことを指す。この一年間の体験が大事だということを，幸田文《こうだあや》はその著書のなかで「料理も衣服も住居も，最低一年をめぐって経験しないことには，話にならない」と語っているので，この部分がぬき出せる。

問7　最近仲良くなった近所の爺《じい》さんから聞いたような，「山椒《さんしょう》の保存の仕方」や「山菜のこと」，「昔の茶摘《ちゃつ》みの話」といったさまざまな「生きた知恵《ちえ》」を蓄積《ちくせき》しつつ，筆者は農業を通じ，「季節の移り変わりとともに生きて，だんだんと野生の暦《こよみ》を学んで」いきたいと語っている。農業を営むなかで自然を知り，そのサイクルに身をゆだねる生活を筆者は望んでいるのだから，「季節の移り変わりとともに生きて，野生の暦を学ぶことで，農業が自分の生活そのものとなること」のようにまとめる。

二 **出典は村井理子《むらいりこ》の『本を読んだら散歩に行こう』による**。料理に対する「私」（筆者）の思いや，料理についての考え方の変化について語られている。

問１　続く部分で「私」は，「何十年も変わらない自分の味」に嫌気《いやけ》がさし，心底うんざりしているほか，「誰《だれ》かのために作ること」にも「疲《つか》れ切ってしまった」と語っている。

問２　料理の楽しさにすっかりやみつきになっていた小学生の頃《ころ》とは違《ちが》い，特に結婚適齢《けっこんてきれい》期に近づき「料理を作ることが，当然のことと受け止められるようになってから」，母は「私」に「おふくろの味だとか，男性を喜ばせるレシピ」などという本を送ってくるようになったと書かれている。つまり「私」は，「自分が本当に好きなメニュー」を作るのではなく，子どもや夫の好みや健康を考えた料理を作らなければいけないというような言葉を周囲から言われているような気持ちになったのだろうと考えられる。

問３　「小学生の頃」の「私」が，料理にどのような思いを抱いていたのかは，文章Ａの二つ目の段落に書かれている。当時，「料理というよりは，むしろ図画工作や理科の実験に近」いようすで新しいレシピに挑戦《ちょうせん》していた「私」は，「材料」に手を加えることで「食べることができるなにかになるという面白《おもしろ》さと，それを『美味しい』なにかに変えていくことの楽しさ」に魅了《みりょう》されたことに加え，「母が驚《おどろ》」いたり，兄から「褒《ほ》めちぎ」られたり，「父が残さず食べ」たりしてくれることに純粋《じゅんすい》な喜びを感じていたのである。

問４　「美味しい料理を作らなければ」という強い思いによって出されたものに対し，子どもは「私に対する優しさを最大限に発揮して」，「美味しいよ。でもお腹がいっぱいなんだ」と言っている。情熱が強いあまりに生まれてしまった，「作ってやったのだから，喜んで食べるのは当然だ」といったエゴを否応《いやおう》なく汲《く》み取らされ，「美味しい」と言わざるを得ないシチュエーションに置かれる子どもを，「私」は「気の毒」だと思っているのである。

問５　少し前で，「自分の気持ちが先行し，それが常に空回り」してしまうと，「私」は自分自身についての気づきを得ている。「料理は誰かのために，必ず」自分が「やり続けなければならないことだ」という考えにとらわれていた「私」は，問４でみたように，「美味しい料理を作らなければ」との情熱をたぎらせるあまり，その思いだけがひとり歩きし，できあがったものを食べる相手に対しても，「『作ってやったのだから，喜んで食べるのは当然だ。』みたいな，自分のエゴ」を押《お》しつけてしまっていたのではないかと反省している。「皿の上に自分の念まで盛り付け」るとは，このような重い情念やエゴを料理に持ちこんでしまうことを表現している。

問６　ここでの「勝率」は，自分の作った料理に対して「『うまい！』という声」が上がったり，「うわあ，美味しい」という反応がどれだけあったりするかということを指している。

問７　今まで「料理は誰かのために，必ず」自分が「やり続けなければならない」という思いや，子どもや夫のために「『美味しい料理を作らなければ。』という強い思い」にとらわれ，「私」は疲れはてていたが，やがて，料理においては「自分をなによりも大切にするという気持ち」にもとづき，「今度は誰かのためではなく，自分自身のために。自分のより良い生活のために」料理をしていくことが重要だと気づいている。その結果，「週の半分がミールキット」を利用したメニュー，「残りの半分が究極にシンプルなメニューで構成され」るようになり，同時に「自分が本当に好きなメニュー」を「自分のために作る」ようになったのである。

三 **出典は秋村《あきむら》 宏《ひろし》の『生きものたち』所収の詩「あなたに」による。**年を重ねた「わたし」（作者）が，今の自分の生き方は若いころの自分から見たらどのようなものかと自問自答している。

問1 「カド(角)がとれる」は，“人生経験を重ねることで心が成熟し，性格や考え方などが穏《おだ》やかになる”という意味。続く部分に，「若い時とは違うし／それに人生というものもわかってきたし」とあることや，第三連に書かれた内容が参考になる。

問2 穏やかになった今と，「若い時」の自分は違っているのだから，過去の「わたし」は「尖《とが》っている」という言葉が好きだったと想像できる。

問3 「尖っている」という言葉を好んでいた過去の「わたし」は，「夢とか希望とかを話しあう時」，相当の熱量を持っていたものと推測できる。今では「カドがとれ」てしまった自分に，以前抱いていたであろう理想を思い起こさせようとしているのだから，オが合う。

問4 「わたしが望んでいるのは／この憤《いきどお》りに満ちた世界を変えることなのに」とあることに着目する。若い時の「わたし」は，「カネとかモノのあたたかさに／ひたっていたい」と思うことを拒否《きょひ》し，そういった世界を変えたいと思っていたが，年を重ねるうちに「世間の誘惑《ゆうわく》のなか」で，いつの間にか「ずいぶんカドがとれ」た状態になってしまったというのである。

問5 **A** 「あなたはいつも未来や人間の豊かさの側にいる」というのは，「カネとかモノのあたたかさ」を拒否し，夢や希望を熱く語り尖っていた，若い時の自分を表している。それに対して「いつも世間の誘惑のなか」にいる「わたし」は，年を重ね，「若い時とは違」い「人生というものもわかってきた」今の自分自身である。　**B** 「あなたにじっとみられる」というのは，今の自分を若い時の自分がどう見るだろうかと自問自答してみるということを言っている。夢や希望を持ち，尖った生き方をし，カネとかモノのあたたかさを拒否し，「この憤りに満ちた世界を変えること」を望んでいた若い時の自分からすれば，「いつも世間の誘惑のなかにいて」，「丸くなって座《すわ》っているように」見える今の自分のことをどう思うだろうかと自問自答しているというのである。

問6 「丸くなって座っている」自分とは，若い時とは異なり，年を重ね尖った生き方ができなくなってしまった「わたし」の姿を指す。もちろん，人生経験を重ねることで「カドがとれ」ていくのは「普通《ふつう》」のことだが，それでも「わたし」は，若い時の自分を思い出し，つねに自問自答することで，「生きる意味を問いつづけることはできる」と考えているのである。

Dr.福井の

入試に勝つ！脳とからだのウルトラ科学

試験場でアガらない秘けつ

キミたちの多くは，今まで何度か模擬試験（たとえば合不合判定テストや首都圏模試）を受けていて，大勢のライバルに囲まれながらテストを受ける雰囲気を味わっているだろう。しかし，模擬試験と本番とでは雰囲気がまったくちがう。そういうところでも緊張しない性格ならば問題ないが，入試独特の雰囲気に飲みこまれてアガってしまうと，実力を出せなくなってしまう。

試験場でアガらないためには，試験を突破するぞという意気ごみを持つこと。つまり，気合いを入れることだ。たとえば，中学の校門前にはあちこちの塾の先生が激励《げきれい》のために立っている。もし，キミが通った塾の先生を見つけたら，「がんばります！」とあいさつをしよう。そうすれば先生は必ずはげましてくれる。これだけでもかなり気合いが入るはずだ。ちなみに，ヤル気が出るのは，TRHホルモンという物質の作用によるもので，十分な睡眠をとる，運動する（特に歩く），ガムをかむことなどで出されやすい。

試験開始の直前になってもアガっているときは，腹式呼吸が効果的だ。目を閉じ，おなかをふくらませるようにしながら，ゆっくりと大きく息を吸う。ここでは「ゆっくり」「大きく」がポイントだ。そして，ゆっくりと息をはく。これをくり返し何回も行うと，ノルアドレナリンという悪いホルモンが減っていくので，アガりを解消することができる。

よく「手のひらに“人”の字を書いて飲みこむことを３回行う」とアガらないというが，そのようなおまじないを信じて実行し，自分に暗示をかけてもいいだろう。要は，入試に対するさまざまな不安な気持ちを消し去って，試験に集中できるようなくふうをこらせばいいのだ。

Dr.福井（福井《ふくい》一成《かずしげ》）…医学博士。開成中・高から東大・文Ⅱに入学後，再受験して翌年東大・理Ⅲに合格。同大医学部卒。さまざまな勉強法や脳科学に関する著書多数。

Memo

2022年度　灘　中　学　校

〔電　話〕（078）411－７２３４
〔所在地〕〒658-0082　神戸市東灘区魚崎北町８－５－１
〔交　通〕JR「住吉駅」より徒歩10分，
阪神本線「魚崎駅」より徒歩10分

【算　数】〈第１日目〉（60分）〈満点：100点〉

次の問題の□にあてはまる数を解答欄《らん》に書き入れなさい。

［注意］・問題にかいてある図は必ずしも正しくはありません。

・角すいの体積は，(底面積)×(高さ)×$\frac{1}{3}$　で求められます。

1　$\left(\frac{\square}{726}+\frac{1}{22}\right)\div\frac{2}{5}=2\times\left(\frac{1}{3}-\frac{7}{121}\right)$

2　ある仕事に兄と弟が取り組みます。兄は30分働くごとに５分休むことを繰《く》り返します。弟は働き始めると休まずに働き続けます。兄が働き始め，その95分後に弟も一緒《いっしょ》に働き始めると，兄が働き始めてから135分後にこの仕事が終わります。また，弟が働き始め，その90分後に兄も一緒に働き始めると，弟が働き始めてから140分後にこの仕事が終わります。

この仕事を弟だけで終わらせるには□分かかります。

3　濃度《のうど》が［①］％の食塩水が［②］g入っている容器に，濃度が1.9％の食塩水100gを加えてよくかき混ぜると，濃度が3.1％になりました。そのあとに食塩10gを加えてよくかき混ぜると，濃度が５％になりました。

4　２を10個かけてできる数２×２×２×２×２×２×２×２×２×２を17で割った余りは［①］です。また，２を2022個かけてできる数$\underbrace{2\times\cdots\cdots\times2}_{2022個}$を17で割った余りは［②］です。

5　A，B，C，Dは１以上10以下の整数です。A，B，C，Dの中に同じ整数が含《ふく》まれていてもよいものとします。$A\times B+A\times C+A\times D+B\times C\times D$が偶数となるような$A$，$B$，$C$，$D$の組は全部で□組あります。

6　$\frac{\boxed{ア}}{\underbrace{2\times\cdots\cdots\times2}_{\boxed{ウ}個}}-\frac{\boxed{イ}}{\underbrace{3\times\cdots\cdots\times3}_{\boxed{エ}個}}-\frac{1}{5\times5\times5\times5}=\frac{337}{\underbrace{2\times\cdots\cdots\times2}_{\boxed{ウ}個}\times\underbrace{3\times\cdots\cdots\times3}_{\boxed{エ}個}\times625}$

の［ア］に整数を，［イ］に１以上９以下の整数を，［ウ］，［エ］に２以上５以下の整数をあてはめて，この式を完成させました。このとき，［ア］にあてはまる整数は□です。

7　図のような形をしたタイルがそれぞれ何枚かあります。これらを裏返さずに，壁《かべ》に固定された枠《わく》の中にすき間なくぴったりはりつけます。一辺の長さが 20cm の正方形の枠の中に，２枚のタイルＢをはりつける方法は全部で２通りあります。

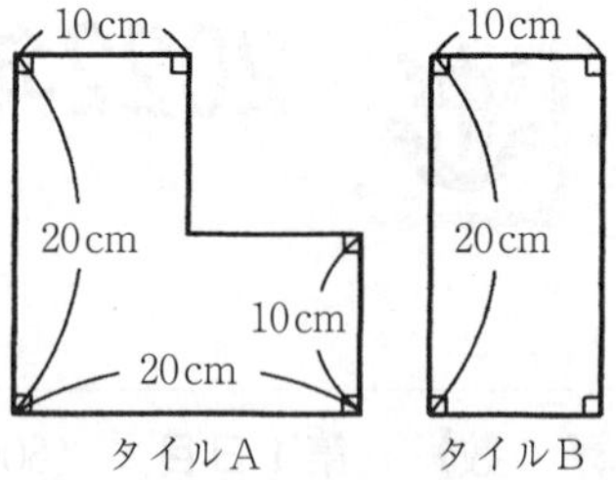

縦の長さが 20cm，横の長さが 40cm の長方形の枠の中に，２枚のタイルＡと１枚のタイルＢをはりつける方法は全部で［①　　］通りあります。

また，縦の長さが 20cm，横の長さが 50cm の長方形の枠の中に，２枚のタイルＡと２枚のタイルＢをはりつける方法は全部で［②　　］通りあります。

8　右の図で，３本の直線 AD，BE，CF は点Ｏで交わっています。また，三角形 OAB の面積は $3\,cm^2$，三角形 OBC の面積は $5\,cm^2$，三角形 OCA の面積は $4\,cm^2$ です。このとき，三角形DEFの面積は［①　　］cm^2，三角形 OEF の面積は［②　　］cm^2 です。

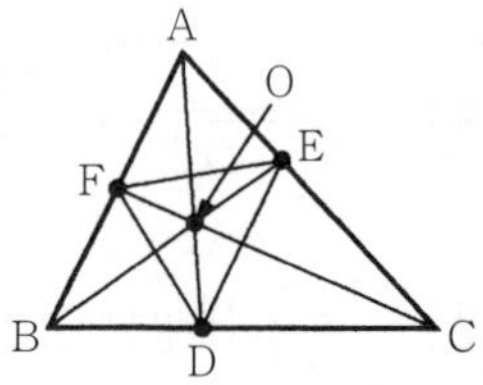

9　右の図の四角形 ABCD で，㋐の角の大きさは 150°，㋑の角の大きさは 60°，㋒の角の大きさは 90° です。辺 BC の長さが辺 AB の長さの５倍であるとき，辺 CD の長さは辺 DA の長さの［　　］倍です。

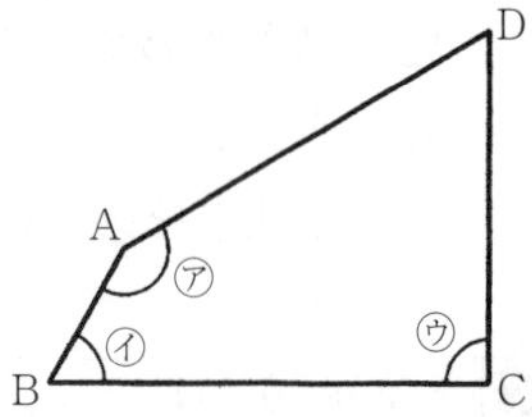

10　右の図のように，一辺の長さが１cm の正十二角形があります。この正十二角形の面積は，一辺の長さが１cm の正三角形12個の面積の和よりも［①　　］cm^2 大きいです。また，右の図の斜線《しゃせん》部分の面積は，一辺の長さが１cm の正三角形６個の面積の和よりも［②　　］cm^2 大きいです。

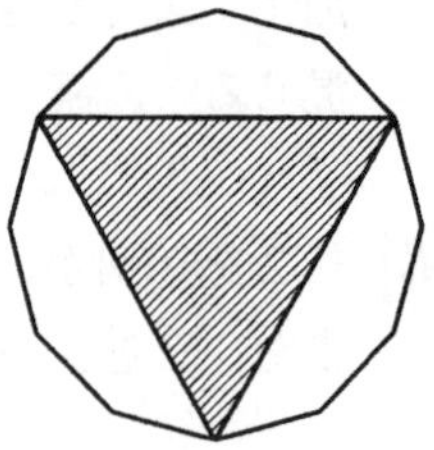

11　右の図のように，体積が $144\,cm^3$ の四角すい O-ABCD があります。辺 OA，OB，OC，OD の長さはすべて等しく，底面は正方形 ABCD です。Ｅは辺 AD の真ん中の点，Ｆは辺 BC の真ん中の点です。Ｇは辺 OD 上の点で，OG の長さは GD の長さの５倍です。この四角すいを，３点Ｅ，Ｆ，Ｇを通る平面と，その平面に平行で点Ａを通る平面で３つの立体に切り分けたとき，点Ｏも点Ｄも含《ふく》まない立体の体積は［　　］cm^3 です。

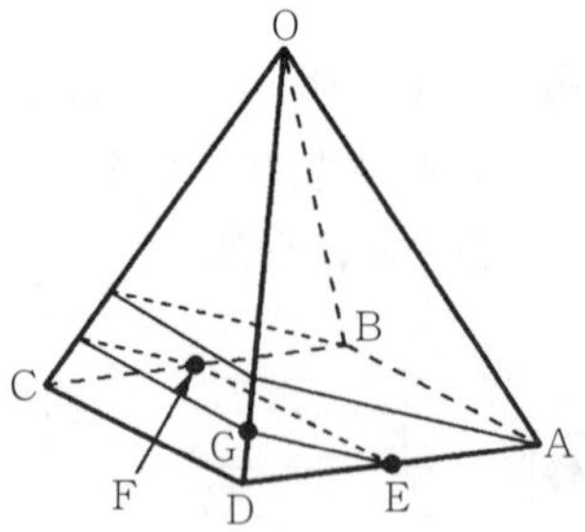

12　右の図で，Ｘ，Ｙはどちらも，すべての辺の長さが１cm で底面が正方形の四角すいです。Ｘの正方形の面を床《ゆか》に接着し，ＡとＦ，ＢとＥ，ＣとＤがそれぞれ重なるようにＸとＹを接着すると，Ｇの床からの高さは，Ａの床からの高さの［　　］倍です。

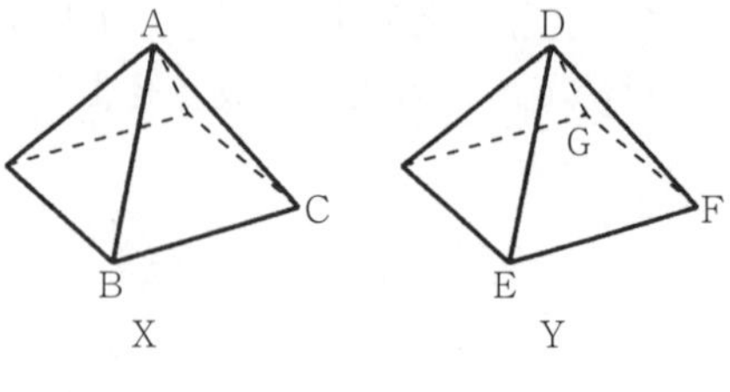

〈**第2日目**〉（60分）〈満点：100点〉

［注意］・**1**(1)，(2)，**2**(1)，**3**(1)，**5**(2)は答えのみ記入しなさい。それ以外の問題は，答え以外に文章や式，図なども書きなさい。

・問題にかいてある図は必ずしも正しくはありません。

・角すいの体積は，(底面積)×(高さ)×$\frac{1}{3}$　で求められます。

1　1より大きい整数xについて，xの約数のうち，小さい方から2番目の数と，大きい方から2番目の数の和を【x】で表します。例えば

【6】=2+3=5，【9】=3+3=6，【13】=13+1=14

です。

(1)【x】がxより大きいような，1より大きい整数xを小さいものから順に4個並べると，[　　]，[　　]，[　　]，[　　]です。

(2)【x】が12に等しいような，1より大きい整数xは全部で4個あります。それらを小さいものから順に並べると，[　　]，[　　]，[　　]，[　　]です。

(3) 50個の数【51】，【52】，【53】，……，【99】，【100】の中で，最も小さい数と，2番目に小さい数を求めなさい。ただし，答えは【　】を使わずに書きなさい。例えば【51】が答えの場合は20と書きなさい。

2　箱Aには[0]，[1]，[2]の3枚のカードが入っています。箱Bには[0]，[1]，[2]，[3]，[4]の5枚のカードが入っています。2つの箱から一方を選び，次の【操作】を行います。

【操作】　選んだ箱の中からカードを1枚取り出し，カードに書かれた数字を確認してカードを箱の中に戻《もど》します。これを4回繰《く》り返し，取り出した4つの数字を確認した順にア，イ，ウ，エとします。そして，9桁《けた》の整数 8ア8イ8ウ8エ8 を作ります。

(1) 箱Bを選んで【操作】を行います。そこで作られる9桁の整数 8ア8イ8ウ8エ8 が8の倍数になるカードの取り出し方は全部で[　　]通りあります。

(2) 箱Aを選んで【操作】を行います。そこで作られる9桁の整数 8ア8イ8ウ8エ8 が3の倍数になるカードの取り出し方は全部で何通りありますか。

(3) 箱Bを選んで【操作】を行います。そこで作られる9桁の整数 8ア8イ8ウ8エ8 が24の倍数になるカードの取り出し方は全部で何通りありますか。

3　短針と長針のついた時計があります。図のように，最初は短針と長針が12時の位置でぴったり重なっています。短針は1時間につき30°の一定の速さで右回りに動きます。長針は次のルールに従って動きます。

(ア) 長針は1時間につき360°の一定の速さで動きます。

(イ) 長針は，最初は右回りに動きます。

(ウ) 長針が右回りに動いている間に短針とぴったり重なると，長針は回り方を変えて左回りに動きます。長針が左回りに動いている間に短針とぴったり重なると，長針は回り方を変えて右回りに動きます。ただし，回り方を変えるのに必要な時間はないものとします。

⑴　短針が動き始めたのち，初めて短針と長針がぴったり重なるのは，短針が動き始めてから[　　　]時間後です。その次に短針と長針がぴったり重なるのは，短針が動き始めてから[　　　]時間後です。

⑵　短針が動き始めたのち，初めて図の12時の位置で短針と長針がぴったり重なるのは，短針が動き始めてから何時間後ですか。

4　光が鏡で反射するときには，図1のように角㋐と角㋑の大きさが等しくなります。

図2で，1辺の長さが10cmの正方形XCDYの辺YXの真ん中の点がA，辺XCの真ん中の点がB，辺DYの真ん中の点がEです。五角形ABCDEの辺に沿って内向きに鏡が置かれています。頂点Aから出た光は，鏡で反射しながら五角形ABCDEの内側を進み，A，B，C，D，Eのいずれかに到達《とうたつ》するとそれ以上は進みません。

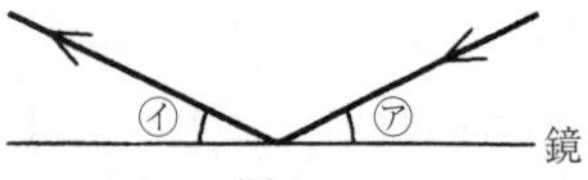

図1

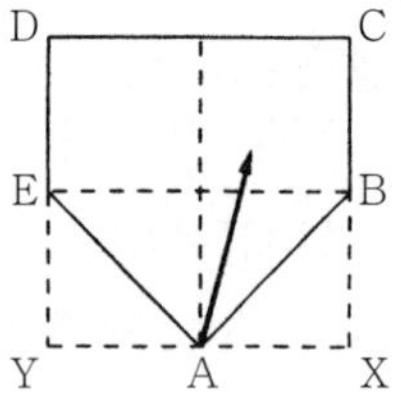

図2

⑴　図3のように，Aから出た光が辺CD上の点Pで反射したのち，辺EA上の点Qで反射し，Bに到達したとき，CPの長さを求めなさい。

⑵　Aから出た光が辺CD上の点で反射したのち，さらに鏡で2回反射してCに到達する進み方は2通りあります。これら2通りの場合について，光が最初に反射した辺CD上の点をRとするとき，CRの長さを求めなさい。

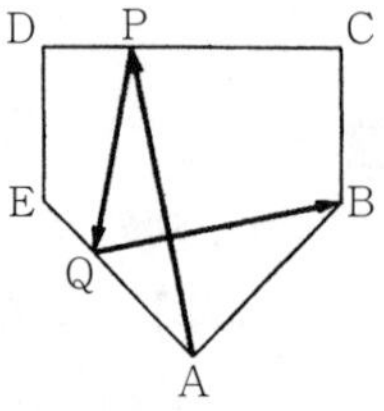

図3

5　8個の合同な正三角形でできた，図1のような立体Xがあります。点Pは辺DFを3等分する2つの点のうちFに近い方の点です。立体Xの辺を3等分する点のうちのいくつかを図2のように結び，立体Xの中に図3のような立体Yを作ります。

A，B，Dを通る平面で立体Yを切ったとき，その断面は図4のようになり，分けられた2つの立体の体積は等しくなります。

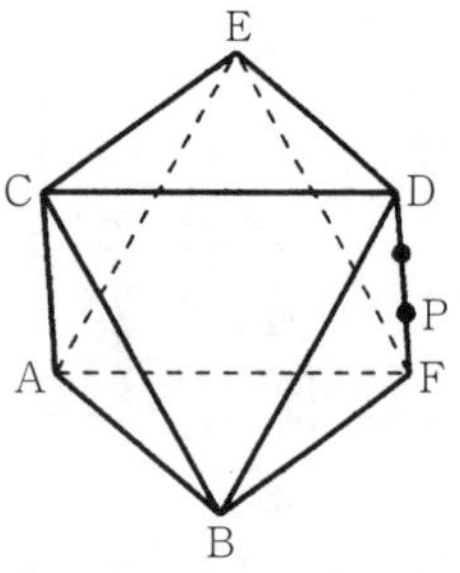

図1

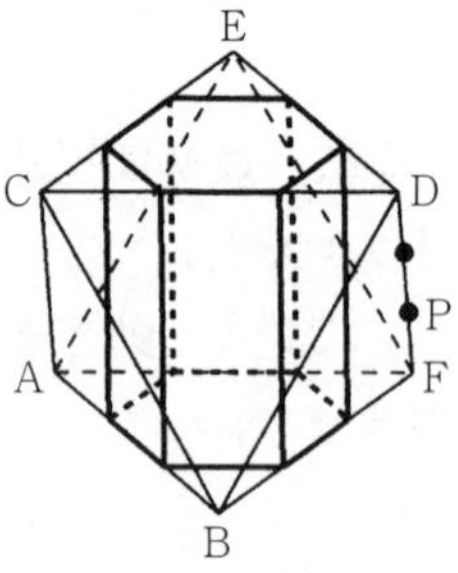

図2

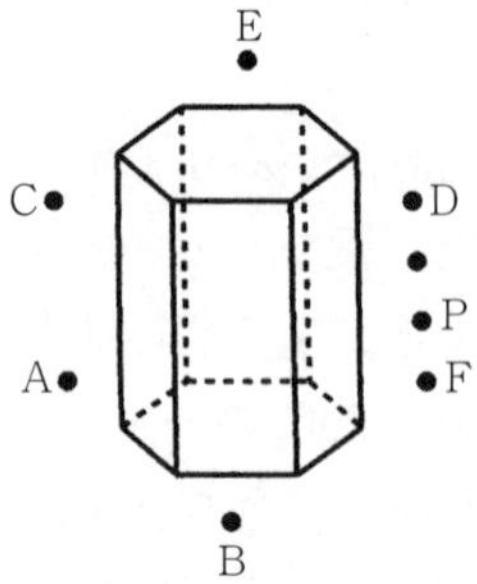

図3

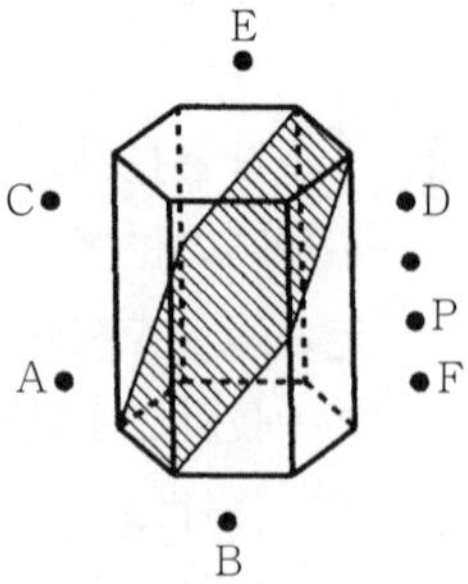

図4

⑴　A，B，Pを通る平面で立体Yを切ったとき，分けられた2つの立体のうち大きい方の体積は小さい方の体積の何倍ですか。

⑵　図5は，立体Yの12個の頂点に1，2，…，12の番号をつけたものです。図6は立体Yの展

開図です。

A，E，Pを通る平面で立体Yを切ったときの断面の周を，図6にかき入れなさい。

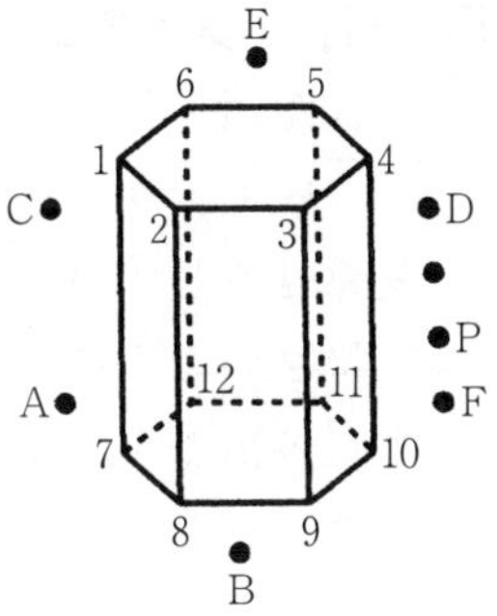

図5

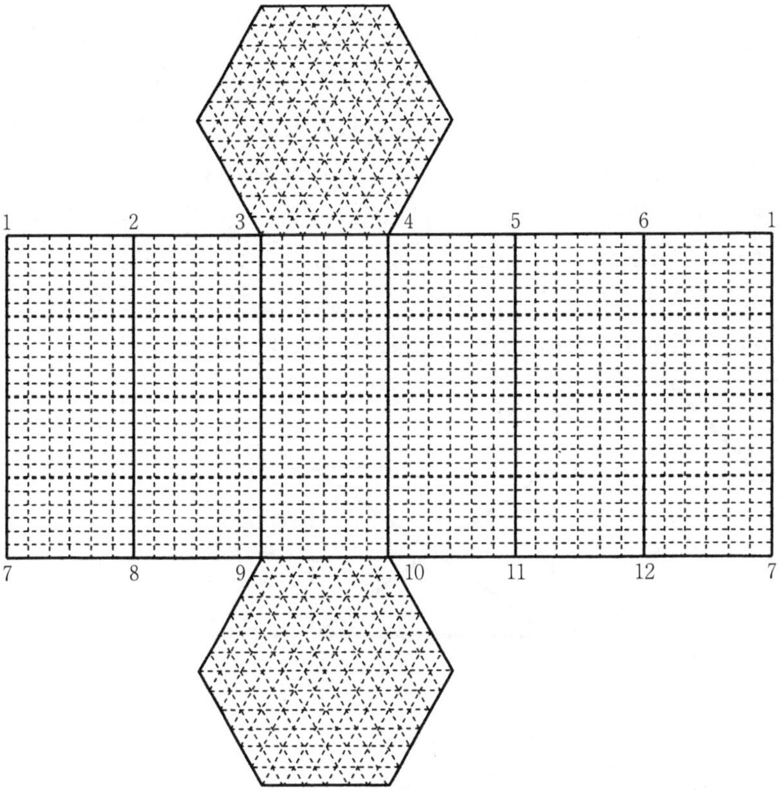

図6

【理　科】〈第１日目〉（60分）〈満点：100点〉

1　図１のような小さな圧力センサーを使って実験をします。圧力センサーは，その上にたとえば50ｇのおもりを乗せると「50ｇ」と表示される装置です。

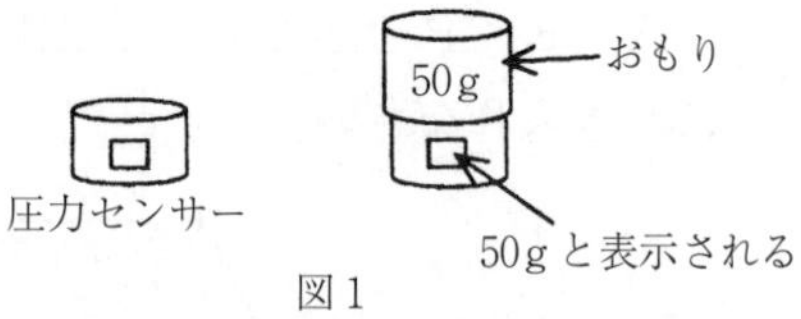

図１

図２のように，正三角形ABCをかいた軽い板を用意し，各頂点Ａ，Ｂ，Ｃの真下にそれぞれセンサーを並べて，その上に板を乗せます。３個のセンサーを頂点と同じ記号Ａ，Ｂ，Ｃで区別しておきます。板の重さは無視します。

板の上に何も置かないときはセンサーの表示はＡ，Ｂ，Ｃの順に（０ｇ，０ｇ，０ｇ）です。たとえば頂点Ｂに50ｇのおもりを置いたときは，表示は（０ｇ，50ｇ，０ｇ）です。以下では，単位を省いてＡ，Ｂ，Ｃの順に数字を並べて（0，50，0）のように表すことにします。

いま，Ｂに50ｇのおもりを置き，辺BC上でＢからＣまで少しずつ，そのおもりの場所を変えながらセンサーの表示を読み取りました。その結果が図３のグラフです。

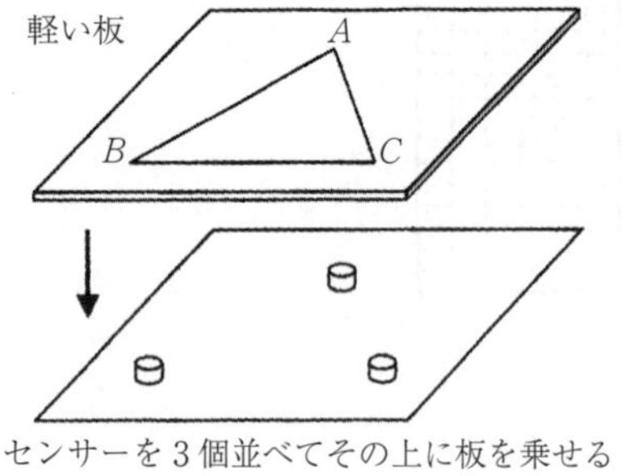

図２

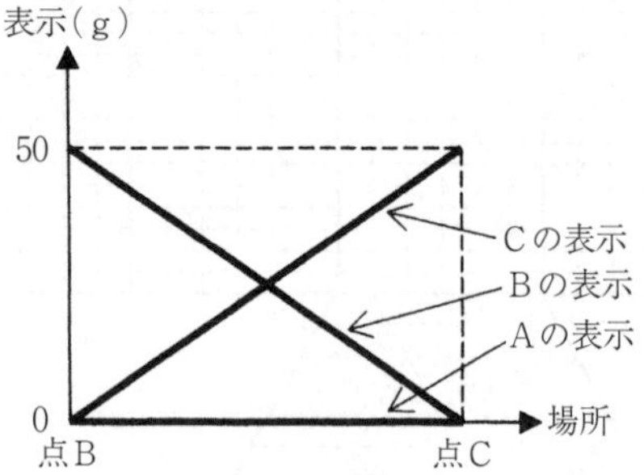

図３

問１　次の文の ① ， ② にあてはまる数値を答えなさい。

『図４のように，辺BCを２：３に分ける点Ｐに50ｇのおもりを置く。このとき，センサーの表示は（0，［ ① ］，［ ② ］）となる。このおもりの置き方は，点Ｂに［ ① ］ｇのおもりを置き，点Ｃに［ ② ］ｇのおもりを置いた場合と同等である。つまり１個のおもりを適切な２個のおもりに置きかえることができる。』

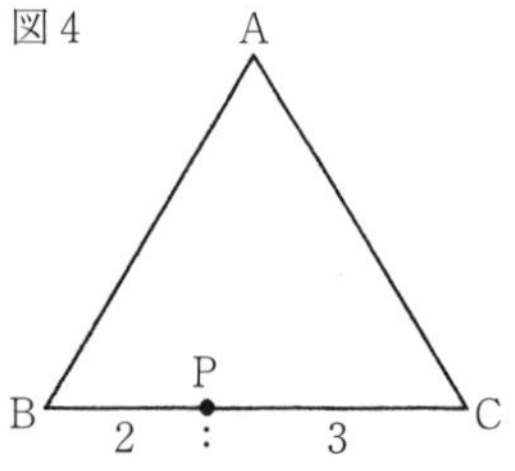

問２　点Ａに30ｇのおもりを置き，点Ｐに60ｇのおもりを置いた場合，センサーの表示はどうなりますか。（　，　，　）の形で答えなさい。

問３　問２と同じ表示をおもり１個だけを置いて実現するためには，何ｇのおもりをどの場所に置けばよいですか。おもりの重さを答え，場所を図示しなさい。（図示のしかたは図示例にならいなさい。以下同様。）

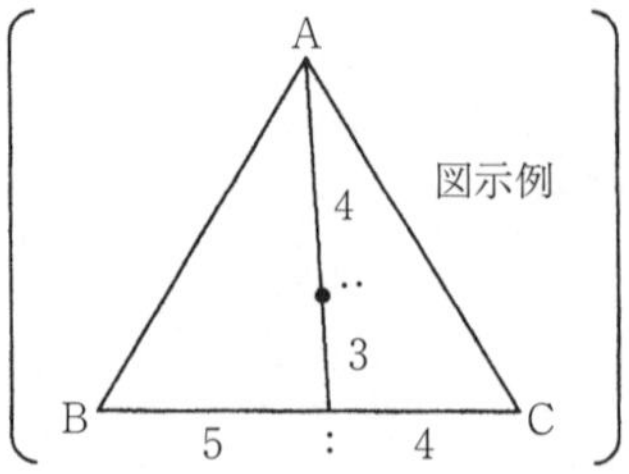

問４　おもり１個だけを置いてセンサーの表示が（50，30，70）になるようにするためには，何ｇのおもりをどの場所に置けばよいですか。おもりの重さを答え，場所を図示しなさい。

問５　辺AB，BC，CAのそれぞれのまん中の点を順にＤ，Ｅ，Ｆとします。点Ｄ，Ｅ，Ｆにおもりを１個ずつ置いて，問４の表示を実現するためには，それぞれ何ｇのおもりを置けばよいですか。

2　スチールウール(細い糸状の鉄)は酸素中では激しく燃えますが，空気中でもガスバーナーで火をつけた後，ガラス管で息をふきつけると燃やすことができます。スチールウールの重さをA～Dのようにかえて，空気中でスチールウールを燃やし，燃えた後の重さを調べると，右表のような結果になりました。なお，この実験を行ったとき，一回だけ途中《とちゅう》で火が消えてしまいました。

	A	B	C	D
スチールウールの重さ(g)	0.42	0.63	1.05	1.26
燃えた後の重さ(g)	0.58	0.87	1.40	1.74

問1　空気中でも，スチールウールに火をつけた後，息をふきつけるとスチールウールを燃やすことができるのはなぜですか。25字以内で説明しなさい。

問2　途中で火が消えてしまったのは，A～Dのうちのどれですか。記号で答えなさい。

問3　スチールウール1.5gが完全に燃えると，重さは何g増えますか。四捨五入によって小数第二位まで答えなさい。

問4　スチールウールとスチールウールが燃えた後の物質は異なる物質です。そのちがいについて述べた次の文章の①～③の{　}内から，あてはまるものをそれぞれ選び，記号で答えなさい。

> スチールウールを塩酸に入れると，①{**ア**　白色　**イ**　黄色　**ウ**　かっ色　**エ**　無色}の気体が発生しながら溶《と》ける。燃えた後の物質は塩酸に溶けるが，気体は発生しない。
>
> スチールウールを塩酸に溶かした溶《よう》液から水を蒸発させると，②{**ア**　白色　**イ**　うすい黄色　**ウ**　うすい青色　**エ**　うすい赤色}の固体(粉)が残るが，燃えた後の物質を塩酸に溶かした溶液から水を蒸発させても，固体は③{**ア**　残る　**イ**　残らない}。

問5　次の**あ**～**お**の文のうち，内容にまちがいがある文は何個ありますか。0～5の数字で答えなさい。

あ　空気の入ったビンの中に火のついたろうそくを入れてふたをすると，ビンの中の酸素がすべてなくなって，ろうそくの火が消える。

い　空気中のちっ素には，ものを燃やすはたらきがない。

う　空気中でものが燃えると，必ず二酸化炭素が発生する。

え　空気中で，木を燃やしても炭を燃やしても，いずれのときも水蒸気が発生する。

お　酸素だけが入ったビンの中に火のついていないろうそくを入れても，ろうそくに火がつき激しく燃える。

問6　実験の途中で火が消えたスチールウールでは，最初のスチールウールのうち何％が燃えずに残りましたか。

3　地球のまわりには空気が取り巻いており，この空気を地球の大気と呼んでいます。大気中の，特に地表に近い部分では，風がふいたり，雲ができて雨が降ったりと，さまざまな天気の変化が起こっています。地球の大気はどれくらいの高さまであるのでしょうか。

問1　雲は，できる高さと形などによって，10種類に分けられています。次の①～④の説明にあてはまる雲を，下の**ア**～**カ**からそれぞれ選び，記号で答えなさい。

① 最も高い位置にできる雲のひとつである。雨を降らせることはない。

② うね雲とも呼ばれ，波打ったような形をしている。この雲が次々と出てくると，その後の天気がくずれることがある。

③ ひつじ雲とも呼ばれる。この雲がすぐに消えると，晴れることが多い。

④ むくむくと空高くにわき上がる雲である。雷《かみなり》をともなった大雨を降らせることがある。

ア 高積雲　**イ** 乱層雲　**ウ** 巻積雲　**エ** 積乱雲　**オ** 層積雲　**カ** 層雲

問２ 空気にも重さがあります。ある高さで，１m²の平面の上に乗っている空気の柱の重さを，その高さでの大気圧といい，高さが０ｍとなる海水面１m²の上に乗っている空気の柱の重さは10トン（10000kg）にもなります。一方で，大気圧は，その高さよりも上にある空気の柱の重さによって決まるので，高い場所ほど大気圧は小さくなります。図１に示すように，5.5km高くなるごとに，大気圧の大きさは半分になっていくことが知られています。地球の全表面が海水面と同じ高さであると仮定したとき，高さ11kmより下にあるすべての大気の重さは，地球全体の大気の重さのおよそ何％になりますか。整数で答えなさい。

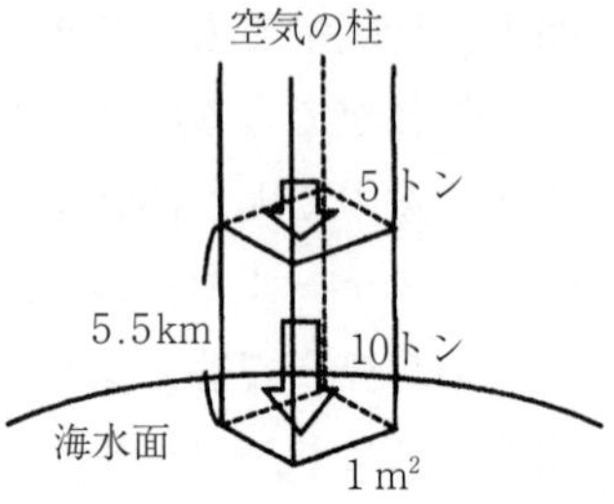

図１

問３ 海水面付近では，空気１Ｌの重さは1.3ｇであることが知られています。実際には，上空ほど空気１Ｌの重さは小さくなりますが，もし，空気１Ｌの重さが1.3ｇのまま上空まで変わらないとしたら，地球の大気は，海水面からどれくらいの高さまであることになりますか。最も近いものを次の**ア**～**カ**から選び，記号で答えなさい。

ア 80ｍ　**イ** 800ｍ　**ウ** 8km　**エ** 80km　**オ** 800km　**カ** 8000km

問４ 大気の高さが初めて推定されたのは，今から1000年ほど前といわれています。その方法を説明した次の文の［①］～［③］にあてはまる数値を整数で答えなさい。必要であれば，あとの図の直角三角形の３辺の長さの比を用いなさい。ただし，図は正確ではありません。

地球の大気は，太陽の光を受けると明るくなるという性質があるため，日の出前に東の地平線付近の空が明るくなる「薄明《はくめい》」という現象が起こります。この「薄明」が始まってから日の出までの時間の長さを計測することによって，大気の高さを推定しました。ここでは，春分の日に，薄明が始まってから日の出までの時間を72分とします。

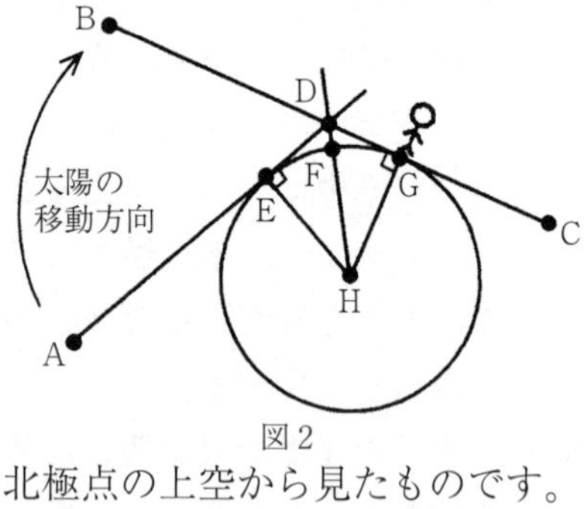

図２

図２は，地球の赤道上のＧに人が立ったようすを，北極点の上空から見たものです。Ｇでの地平線はBCで表され，太陽がＢにきたとき，Ｇでは日の出となります。一方で，Ｇで薄明が始まった瞬間の太陽の位置をＡとします。Ａから出た太陽の光は地上のＥを通りＤに達します。このＤが大気の上の端《はし》であると考えたのです。

太陽は24時間で地球のまわりを１周しますから，72分間では［①］度回転します。したがって，地球の中心をＨとすると∠EHG＝［②］度になります。地球の半径を6400kmとすると，FD＝［③］kmとなり，この値が求める大気の高さとなります。

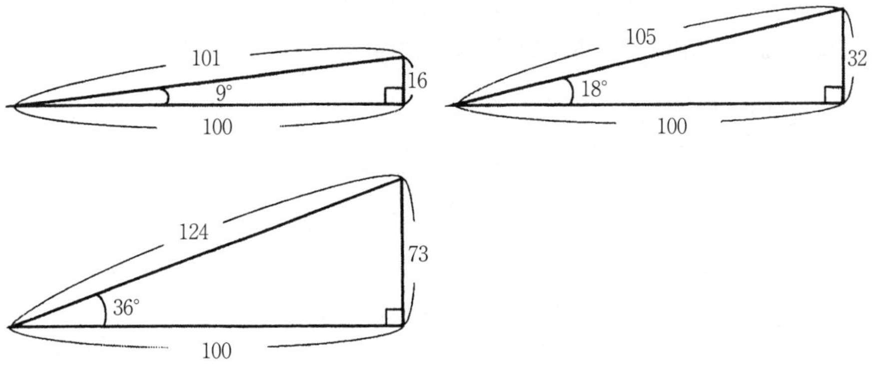

4 　手回し発電機にコンデンサーを１個つないでハンドルを一定の速さで回し続け（図１），じゅうぶんに時間をかけて充電《じゅうでん》してから，コンデンサーを取りはずしました。この充電されたコンデンサーの状態をＡとします。

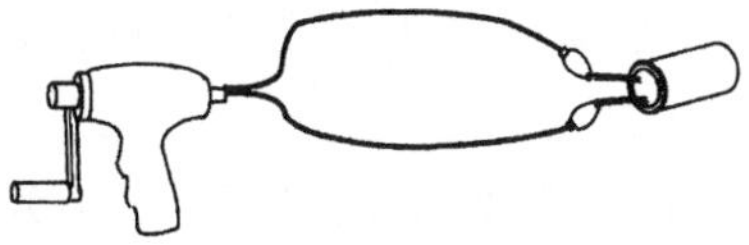

図１

　また，複数の同じ電熱線を用意します。充電されたコンデンサーに電熱線を接続すると，電流が流れます。以下の実験の説明を読み，問いに答えなさい。

実験１　状態Ａのコンデンサーを，電流計を介《かい》して電熱線１本に接続します（図２）。接続したときから時間を計り始め，電流計の示す値を，整数値で時間ごとに記録したところ，図３のグラフおよび表のようになりました。電流の単位（mA）はミリアンペアです。

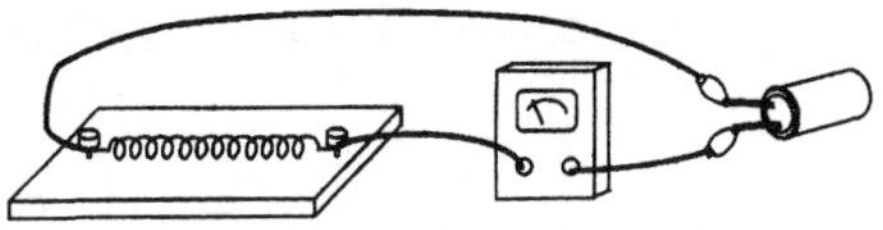

図２

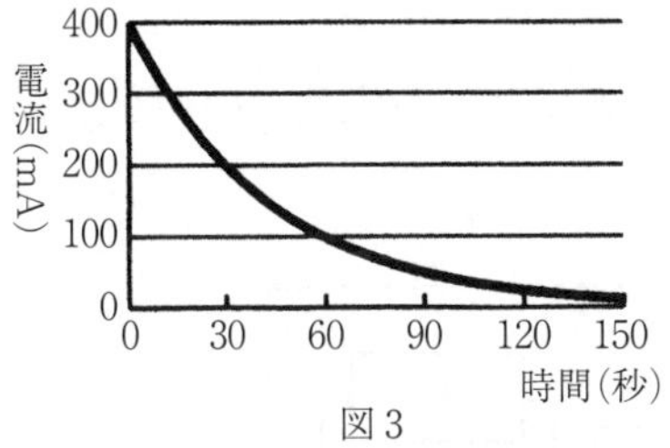

図３

時間（秒）	0	30	60	90	120	150
電流（mA）	400	200	100	50	25	13

実験２　コンデンサーを再び充電し，状態Ａのコンデンサーを用意します。状態Ａのコンデンサーを，直列につないだ電熱線２本に接続します。電流計の示す値は下の表のようになりました。

時間（秒）	0	30	60	90	120	150
電流（mA）	200	141	100	70	50	35

　実験２は**実験１**に比べて，接続した直後（０秒）での電流は400mAからその半分の200mAに，また「電流が半分まで減る時間」は30秒からその２倍の60秒になっていました。

問１　くわしく調べてみると，電流が半分まで減る時間は［　　　　］に比例していることがわかりました。［　　］にあてはまる言葉を次の**ア**～**ウ**から選び，記号で答えなさい。

ア　充電でのハンドルを回す速さ　　**イ**　直列につないだ電熱線の本数

ウ　電熱線の温度

実験３　手回し発電機のハンドルを状態Ａの場合の２倍の速さで回し続けてコンデンサーを充電

しました。このコンデンサーの状態をBとします。状態Bのコンデンサーを，直列につないだ電熱線２本に接続します。電流計の示す値は下の表のようになりました。

時間(秒)	0	30	60	90	120	150
電流(mA)	400	282	200	141	100	70

問２　コンデンサーに最初たまっていた電気の量を考えます(以下ではこの量を「電気量」と呼ぶことにする)。電気量は，「接続した直後での電流」×「電流が半分まで減る時間」に比例します。コンデンサーの状態AとBの電気量の比を答えなさい。

実験４　再び充電された状態Bのコンデンサーを用意し，並列につないだ電熱線２本に接続します(図４)。電流計の示す値を測定しました。

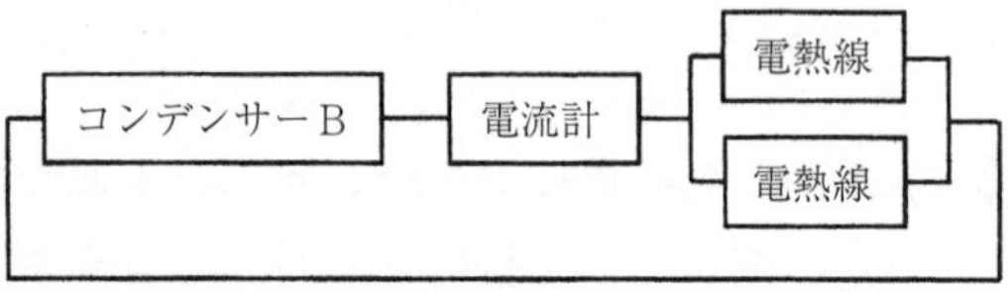

図４

問３　**実験４**で，「電流が半分まで減る時間」は15秒でした。接続した直後の電流計の示す値を答えなさい。

実験５　次に手回し発電機のハンドルを状態Aの場合の1.5倍の速さで回し続けてコンデンサーを充電しました。このコンデンサーの状態をCとします。状態Cのコンデンサーを，あるつなぎ方の３本の電熱線(図５のXの部分)に接続します。電流計の示す値は下の表のようになりました。

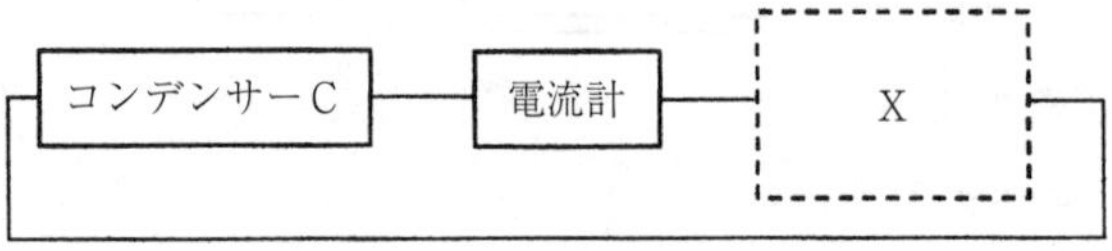

図５

時間(秒)	0	30	60	90	120	150
電流(mA)	400	252	159	y	63	40

問４　表のyにあてはまる数値を答えなさい。またXの部分にあてはまる電熱線のつなぎ方を次の**ア**～**エ**から１つ選び記号で答えなさい。

ア

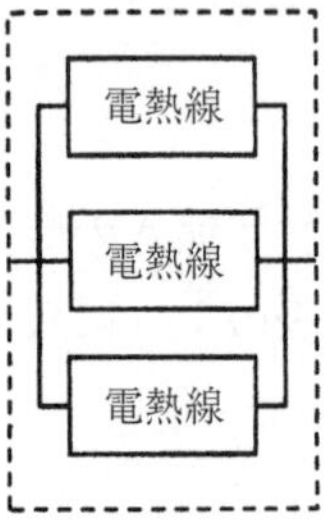

イ

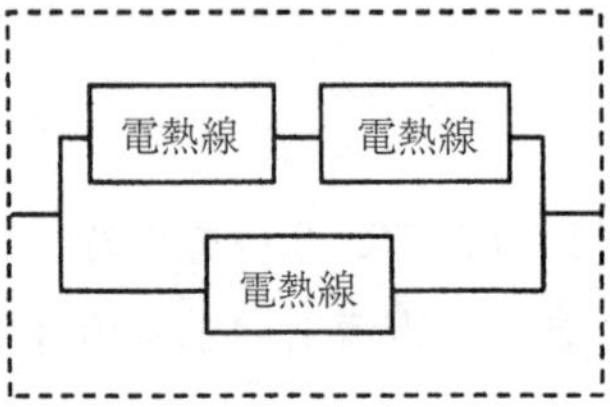

ウ

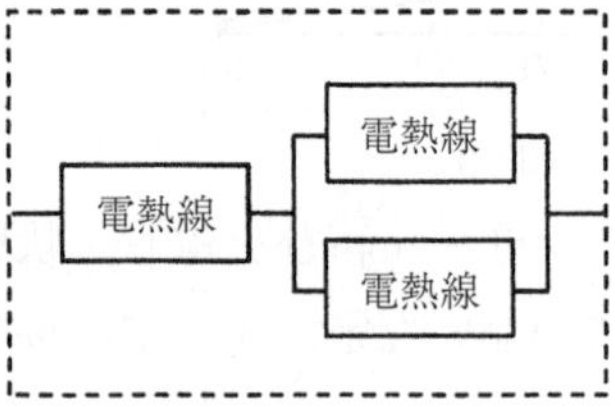

エ

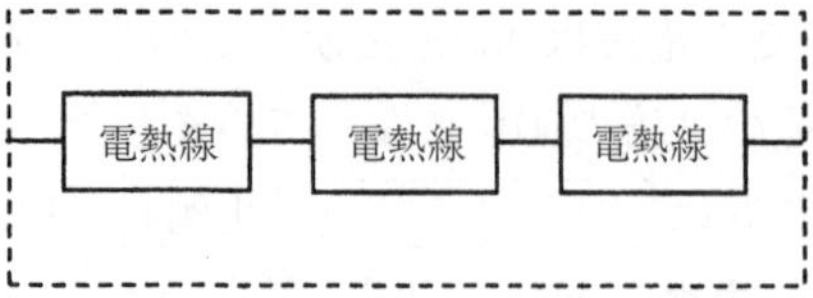

5　以下の問いに答えなさい。

問１　植物における光合成は，次のような変化が起こります。

二酸化炭素＋水①→ブドウ糖＋酸素＋水②

水①と水②の量をくらべると，水①のほうが多いので，この変化では水が消費されることがわかります。水①は植物のどこから入って来ますか，また，水②は葉のどこから出て行きますか，それぞれ答えなさい。

次に，ヒトのからだの水の出入りを考えます。１日の水の出入りには次の表のＡ～Ｉがあり，からだ全体における，入る水の量と出る水の量は同じになっています。

A	飲料水	1.0L	F	便にふくまれる水	0.1L
B	消化液等	8.2L	G	食べ物にふくまれる水	1.2L
C	肺からの水蒸気	0.3L	H	腸から吸収した水	x L
D	尿《にょう》	1.5L	I	ヒトの体内でブドウ糖が分解されたときに生じる水	y L
E	ひふからの汗	0.6L			

問２　脂《あぶら》と消化液を混ぜるはたらきをするだけで，消化には直接関わらないものを次の**ア**～**オ**から１つ選び，記号で答えなさい。

ア　だ液

イ　胃液

ウ　すい液

エ　たん汁《じゅう》

オ　腸液

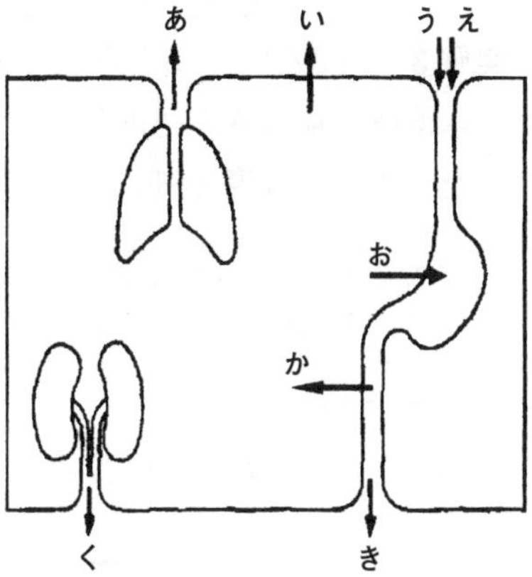

問３　右の図はヒトにおける水の出入りを矢印で表した模式図です。矢印**あ**～**く**に対応するものを表のＡ～Ｉからそれぞれ選び，記号で答えなさい。ただし，**う**と**え**の順番は問いません。

問４　口から肛門《こうもん》までの管全体を『消化管』とみなします。消化管における水の出入りがつりあっているとして，表の x にあてはまる数値を答えなさい。

問５　ヒトは吸収したブドウ糖を分解し，エネルギーを得て活動しています。このとき，問１で示した変化の逆向きの変化が起こります。

ブドウ糖＋酸素＋水②→二酸化炭素＋水①

この変化においても水①のほうが水②よりも多いので，ブドウ糖を分解すると体内で水が生じることがわかります。からだ全体における水の出入りがつりあっているとして，表の y にあてはまる数値を答えなさい。

問６　口から肛門までの『消化管』は水の通路であり，消化管の内側の空間も『からだの外部』とみなすことができます。このとき，③『からだの内部』から『からだの外部』に出て行く水の量と④『からだの外部』から『からだの内部』に入る水および体内で生じる水の量がつりあうことになります。下線部③と④にあてはまるものを，それぞれ表のＡ～Ｉからすべて選び，記号で答えなさい。

6　３種類の塩酸(塩酸Ａ，塩酸Ｂ，塩酸Ｃ)と水酸化ナトリウム水溶《よう》液を使って実験をしました。水や水溶液はいずれも１cm³あたり１ｇとし，また１ｇの水や水溶液の温度を１℃上げるのに必要な熱は同じになるとして，以下の実験の説明を読み，問いに答えなさい。

実験１　(1)ある濃《こ》さの水酸化ナトリウム水溶液と塩酸Ａをそれぞれ25℃にし，合計体積が100cm³になるように熱を逃がさない容器の中でよく混ぜた。すぐに温度を測定し，結果を表にした。

水酸化ナトリウム水溶液の体積(cm³)	100	90	80	60	40	20	0
塩酸Ａの体積(cm³)	0	10	20	40	60	80	100
水溶液の温度(℃)	25.0	27.7	30.4	35.8	35.8	30.4	25.0

実験２　(2)**実験１**と同じ濃さの水酸化ナトリウム水溶液と塩酸Ｂをそれぞれ25℃にし，合計体積が100cm³になるように熱を逃がさない容器の中でよく混ぜた。すぐに温度を測定し，結果を表にした。

水酸化ナトリウム水溶液の体積(cm³)	100	90	80	60	40	20	0
塩酸Ｂの体積(cm³)	0	10	20	40	60	80	100
水溶液の温度(℃)	25.0	35.8	46.6	41.2	35.8	30.4	25.0

実験３　塩酸Ｂを1.5倍の濃さにした塩酸Ｃを用意した。**実験１**と同じ濃さの水酸化ナトリウム水溶液と塩酸Ａ，塩酸Ｂ，塩酸Ｃとをそれぞれ25℃にし，熱を逃がさない容器の中でよく混ぜた。すぐに温度を測定し，BTB溶液を加えて水溶液の色を確認した。その結果を表にした。

水酸化ナトリウム水溶液の体積(cm³)	塩酸Ａの体積(cm³)	塩酸Ｂの体積(cm³)	塩酸Ｃの体積(cm³)	温度(℃)	水溶液の色
20	100	0	0	29.5	黄色
90	45	0	0	①	⑤色
105	25	5	0	②	⑥色
150	110	10	0	③	⑦色
310	210	10	10	④	⑧色
⑨	280	20	5	39.8	黄色

問１　下線部(1)のように実験を行うと，水溶液の温度を最高何℃まで上げることができますか。

問２　下線部(2)のように実験を行うと，水溶液の温度を最高何℃まで上げることができますか。

問３　**実験３**において，表の温度①～④にあてはまる数値，⑤～⑧にあてはまる水溶液の色，水酸化ナトリウム水溶液の体積⑨にあてはまる数値をそれぞれ答えなさい。

4私は好きだ　大根の種をまくの
ときには　思いっきり
そちらの土にも
大粒のそれ　ぱあっと　まきたい
5目の前を　とおりすぎていった
あの顔　この顔
萌《も》えいでてくるかも　しれない
そろそろ　彼岸花《ひがんばな》も咲《さ》くころ

（『野あざみの栞《しおり》』による）

問一　――線部1「土にあずける」とありますが、これはどういうことですか、説明しなさい。

問二　――線部2「こちらのリズムに乗って／芽が　わきでること も」とありますが、この部分が示している内容として最も適当なものを次から選び、記号で答えなさい。

ア　自分が朝起きると必ず、それに合わせて作物の芽が生えてくるということ。
イ　自分が種をまく動作のリズムに合わせて、次々に芽が生えてくることもあるということ。
ウ　自分が願った通りの日に、実際に芽を生やすことができることも多いということ。
エ　自分の暮らしのリズムと、種が芽生えるリズムが一致することもあるということ。
オ　自分の全く予想していなかったタイミングで、芽が生えてくることもあるということ。

問三　□に入る言葉として最も適当なものを次のア～オから選び、記号で答えなさい。

ア　うらやんで　イ　かなしんで　ウ　くるしんで
エ　たのしんで　オ　つつしんで

問四　――線部3「三日と待たず　もたげる土を　早や」とありますが、これはどのような気持ちを示していますか、答えなさい。

問五　――線部4「私は好きだ　大根の種をまくの」とありますが、そう思うのはなぜですか。理由を答えなさい。

問六　――線部5「目の前を　とおりすぎていった／あの顔　この顔／萌えいでてくる」とありますが、どのようなことですか、答えなさい。

の一つ。
ゲシュタルト崩壊―文字などがばらばらに見えてきて、全体としての意味を見失うこと。

問一　――線部1「こんなことを言って相手の反応を観察する悪い癖がある」とありますが、筆者がそれを「悪い癖」というのはなぜですか。その理由として最も適当なものを次から選び、記号で答えなさい。

ア　詩人の身分を隠《かく》して相手のことを知ろうとするのは、ひきょうだと思えるから。
イ　自分の詩に曲をつけてもらうことをすぐ期待するのは、身勝手だと思えるから。
ウ　素人《しろうと》のふりで相手の作った詩を聞き出すのは、自信がないせいだと思えるから。
エ　詩をよく知らない相手の間違いを見下そうとするのは、意地悪だと思えるから。
オ　出会った人の反応を詩の材料にしようとするのは、相手に失礼だと思えるから。

問二　――線部2「私には『趣味』がなかった」とありますが、ここで筆者が「趣味」と呼んでいるのはどのようなものですか、答えなさい。

問三　――線部3「とにかく時計の針ばかり見ていた記憶がある」とありますが、これはどんな気持ちを表したものですか、答えなさい。

問四　――線部4「自然に呼吸している」とはどういうことですか、答えなさい。

問五　――線部5「そのことが、なんだか清々しく思える」とありますが、それはなぜですか。「そのこと」が何を指すのかわかるように理由を説明しなさい。

問六　――線部6「あの過酷なコンクールの舞台」とは、どのような場所ですか。問題文中からそれを説明した部分を、解答らんに合うように二十五字でぬき出して答えなさい。

問七　――線部7「等身大の二十五歳にほどいてくれる」とありますが、「等身大」になるとはどういうことですか。ギター練習の話題にそって答えなさい。

三　次の詩を読んで、後の問いに答えなさい。

大根の種まき　森文子《もりふみこ》

花や　野菜や　さまざまな種
1土にあずける手仕事
たぶん　性《しょう》にあったのだろう
2こちらのリズムに乗って
芽が　わきでることも
ほら　ほそく　風が立ちはじめた
秋迎《むか》えの　儀式《ぎしき》
□　大根の種をまこう
野菜種にしては　大粒《おおつぶ》のほう
なのに　やわらかな芽
3三日と待たず　もたげる土を　早《は》や
ああ　まだ生きていて　いい
この身をも　ぐっともたげてくれる

「うん！　そんな風に歌うと、ヘタなりによく聞こえますよ。」

ヘタなりに……。先生の一言に、ガクッと膝《ひざ》の上のギターが傾《かたむ》いた。弾き語り教室では、どんなにヘタでも恥《は》ずかしくても、先生の前で歌わなくてはならない。「ヘタなりに」やるしかないのだ。

けれど意外だった。「ヘタ」であるという事実を突《つ》きつけられても、私は落ち込むどころか、むしろ歌を楽しもうとしている。だんだんと「ヘタなりに楽しい」という感覚が得られるようになってきた。もしや、これが「趣味」なのか。とうとう私も趣味に目覚めたぞ、とひとりごちた。

趣味ってすごい。惰性《だせい》で続けてナンボ。他人と比べず、無理に上達しなくてもいい。そんなものは仕事だったらまずありえない。すべてが趣味になったらどんなにいいだろうか。

書くこと以外のすべてが「趣味」ならば、「こんなことも自分はできないのか。」と思ってきた多くのことを許せるだろう。炊事洗濯《すいじせんたく》も趣味。人間付き合いも趣味。朝起きて夜寝るのも趣味。趣味は救いの神か。無趣味の暗闇《くらやみ》にいた私へ光が差し込み、趣味が＊ゲシュタルト崩壊《ほうかい》を起こす。

仮に「ギターを習ってるんです。」と人に話せば、「なんのために？」と聞かれるだろう。「ああ、エッセイのネタにされるんですね！」と返す人もいるだろう。私がギターを弾くのは、なんのためでもない。この原稿《げんこう》は例外として、今後ネタにすることもないはずだ。5そのことが、なんだか清々《すがすが》しく思える。

我ながらギターの腕前《うでまえ》はひどいものだ。たどたどしい旋律《せんりつ》、追いきれない楽譜、見失いがちなリズム。習い出したから仕方なく続けている、と自分自身に言い聞かせてきた。けれど半面、もう手放したくないとも思う。

ああ、と私はようやく納得《なっとく》する。こんな自分でも、ギターを弾くことが好きなのだ。

私は私。誰かのペースと並ぶ必要なんてない。そんな心持ちでギターを抱《かか》えてみれば、弦を押さえる指先がじんわりと痛い。この痛みを越《こ》えた頃、私は自分の音を鳴らせるのかな、と思いながら、たどたどしく音階をなぞる。かたくなだった音は少しずつ柔らかくなり、一小節を確かにつないでいく。

この文章を書こうと思ったのは、趣味でさえ躊躇《ちゅうちょ》する臆病な自分を励ましたかったからだ。矛盾《むじゅん》することを承知で言えば、私はレッスンに通う一方で、ギターがうまくなってしまうことが怖かった。上達すれば、人目に触《ふ》れる機会も増える。それはまた、私を6あの過酷《かこく》なコンクールの舞台に引《ひ》き戻《もど》してしまう気がした。

「自分なんかが踏《ふ》み込《こ》んでよいのか。」と躊躇してしまうのは、自信がないからではなく、むしろ自分に期待をかけすぎている証拠《しょうこ》だろう。楽器が弾ける人を口では「いいなあ。」と羨《うらや》みながら、内心は「いつまでも弾けない自分でいたい。」と甘《あま》えにすがっていたのだ。

「趣味はギターです。」と胸を張って言える日はまだまだ遠い。ひっそりと練習をこなし、ときおり小さな発表会に出る。それが当面の目標だ。内輪の発表会に出て喜んでいるような自分を、十代の頃の私が見たらひどい言葉で罵倒《ばとう》するだろう。お気楽か！　恥知《はじし》らず！

でもね、趣味も案外悪くないものだよ。「立派な書き手になりたい、ならなくては。」と背伸《せの》びし続けていた私を、7等身大の二十五歳にほどいてくれるのだから。

（文月悠光《ふづきゆみ》『臆病な詩人、街へ出る。』による）

＊注　ヤフオク―中古品などの競売を行うインターネット上のサービス

なるわけでもないのにカラオケに通い、ケーキ屋さんを開くわけでもないのにお菓子《かし》作りに励《はげ》む。私はすぐに、受付でのダルい待ち時間や、店員の空虚《くうきょ》な視線、汚《よご》れた調理器具の片付けを想像して、「めんどくさ……。」と意欲を失う。めんどくさいのはお前の方だ。

物書きを目指していた十代の頃《ころ》を思い返すと、大げさではなく「それが創作によい刺激《しげき》を与《あた》えてくれるかどうか」という基準で全行動を決めていた。

遊びも勉強も、苦手なものは徹底的《てっていてき》に避《さ》け、好きな分野でも、上達の見込《みこ》みがないとわかった時点で投げ出した。自己満足の趣味なんて見苦しい、とお気楽な大人たちを見て苦々しく思ったものだった。

曲がりなりにもプロの書き手になった今は、自己満足ってなかなかいいものじゃないか、と思う。自己満足は誰《だれ》の評価も気にする必要がない。誰に頼《たの》まれたわけでもない自分だけの愉《たの》しみを持つ人は幸せそうだ。アイドルに熱狂《ねっきょう》するオタクたち、山登りに向かうおじいちゃんたち。とても純粋《じゅんすい》に何かに打《う》ち込《こ》んでいるように見える。

なぜ私はここまで趣味に不慣れなのか。思い当たる節がある。

実は私が楽器を習うのは、ギターが初めてではない。三歳《さい》から十歳頃まで演奏家の先生について、バイオリンのレッスンを受けていた。

毎日二時間の練習も、当時の私には地獄《じごく》だった。友達とは遊べないし、「名探偵《めいたんてい》コナン」は観《み》られないし、ミスするたび母に怒鳴《どな》られるし、寝《ね》る時間は遅《おそ》くなるし。3とにかく時計の針ばかり見ていた記憶《きおく》がある。練習が嫌《いや》すぎて泣《な》き叫《さけ》び、弓を折ったこともある(バイオリンの弓って高いんだってね……)。思えばこの頃の経験が、趣味への臆病《おくびょう》さに拍車《はくしゃ》をかけたようだ。

自分なりに必死にがんばっていたけれど、同時期に習いはじめた同《おな》い歳《どし》の女の子はレベルが違《ちが》った。私と同じ日に教室を見学し、同時に楽器を手にした彼女《かのじょ》だったが、瞬《またた》く間《ま》に難曲をクリアし、進みに圧倒《あっとう》的《てき》な差をつけた。熱心な父親と一日四時間は欠かさず練習し、楽器を挟《はさ》む顎《あご》が赤く腫《は》れていた。プロの演奏家を目指して、メキメキと力をつけていく。その様子を間近で見せつけられ、「自分にはムリ」と心底思った。

才能はもちろん、意志も根性《こんじょう》も、逆立ちしたって彼女に敵《かな》うことはなかった。

先生は進みの遅い私を「ゆみちゃんはカメね！」「カタツムリみたい。」と何かとなじったが、それも仕方のないことだった。

教室で、発表会で、コンクールで――私などよりはるかに才能があり、その世界で4自然に呼吸している人たちがいた。

九歳のとき、学生対象の音楽コンクールに初めて出場した。本番前、楽屋で私が石のごとく緊張《きんちょう》していると、歳下の小さな男の子がはしゃいで駆《か》けまわっていた。こんな状況《じょうきょう》下で笑えるってどういうこと？　まるで自分の家にいるようなくつろぎようだ。彼は舞台《ぶたい》に出ると、私の選んだ曲より難しい課題曲を見事に弾きこなした。弦を押さえる指は軽く、弓は呼吸するように動き、まるで別人だった。彼の次に自分が演奏するなんて……。私はますます畏縮《いしゅく》し、結果、練習でも問題のなかった箇所《かしょ》でミスをしてしまった。

じきに私はバイオリンを辞《や》めた。もっと早く辞めてもよかったと思う。

何かに挑《いど》むということは、すなわち戦いの土俵に上がること。自分より才能があり、能力のある者と厳しく比較《ひかく》されるものなのだ。

「才能がないものに時間をかけてもムダ。さっさと辞めるべき。」という考え方は、この経験で強化されたように思う。だが、そんな「生きるか死ぬか」の覚悟《かくご》で自分の趣味を決めている人は、どうやら稀《まれ》のようだ。

が、どのように違うのですか、答えなさい。

問四　――線部3「彼らの長寿化は、それを可能にした形態や生活様式の変化に支えられています」とはどのようなことですか、答えなさい。

問五　――線部4「ネズミの中には～当てはまります」とありますが、ハダカデバネズミが「体が小さいにもかかわらず食われて死なない」のはなぜですか。理由を答えなさい。

問六　――線部5「ハダカデバネズミは全くがんになりません」とありますが、それはなぜですか。左の□に合うように理由を答えなさい。

□ことに加えて、体に多くのヒアルロン酸を含んでいるから。

問七　――線部6「ミツバチやアリなどの昆虫で見られる女王を中心とした分業制」とはどういう仕組みのことですか、答えなさい。

問八　――線部7「寿命延長の正のスパイラル」とはどのようなことですか、答えなさい。

二　次の文章を読んで、後の問いに答えなさい。

ネットで見つけた弾《ひ》き語《がた》り教室は、古いマンションの一室にあり、年季の入ったソファにはおばあちゃんの家に来たような生活感が漂《ただよ》っていた。

「どんな曲が歌いたい？」

五十代半ばの女性の先生は、童謡《どうよう》や昔の歌謡曲の楽譜《がくふ》をいくつか見せてくれた。

「生徒さんが選んだ詩に、私がメロディをつけてあげることもあるの。」という。その言葉に、私は「実は詩を書くのが好きで、ときどき書いてるんです。」と漏《も》らした。初対面で「詩人」を自称《じしょう》することはないが、1こんなことを言って相手の反応を観察する悪い癖《くせ》がある。

果たして先生は「あら、私も詩を書くの。ちょっと見せてもらえる？」とノリノリで応じてきた。ならば、とネットに載《の》っている自分の詩を一篇《ぺん》読んでもらった。

先生は読みながら頷《うなず》いて「……うん、なかなか詩心がありますよ！」と一言。

「あ、詩心があってよかったなあ。」と思わずホッとする自分。それはそれでプロとしてどうなのか。

そんなキャラの濃《こ》い先生の勢いに押《お》されるように、その教室に通いはじめた。

習いはじめたきっかけは、成り行き任せのものだった。たとえば、親に勧《すす》められるままお見合いをして、なんとなく結婚《けっこん》したような具合である。

さかのぼること二年半前、私はクラシックギターの柔《やわ》らかい音色に興味を持った。自分でも弾けたらどんなに気持ちがいいだろう。けれど「教室で習うなんて怖《こわ》くてムリ！　ひとまず部屋にあれば弾くようになるかも……。」と思い、中古でヤマハのクラシックギターを購入《こうにゅう》（楽器店に行くのも恐《おそ》ろしいため、あろうことか*ヤフオクで落札）。

半年後、東京出張の際に訪ねてきた父がそのギターを見つけた。「懐《なつ》かしいなあ。お父さんも昔弾いてたんだよ。」と嬉々《きき》として、新しい弦《げん》に張《は》り替《か》えてくれた。それぱかりか、父は近所の楽器教室の店主と顔なじみになり、「ぜひ娘《むすめ》さんも一度連れてきてください。」と私の知らぬところで話がまとまっていたのだった。そんなのありか。まさにお見合いである。

思えば、2私には「趣味《しゅみ》」がなかった。「趣味」とはどういうものなのか、どうも理解できなかったのだ。

みんな、結果の見えないことをなぜそんなに楽しめるのか。歌手にます。まず、低酸素の生活環境です。深い穴の中で、100匹《ぴき》程度が集団生活を送っているため、酸素が薄《うす》い状態にEテキオウしています。普通《ふつう》のネズミは酸素がなくなると5分程度で死んでしまうのに対し、もともと酸素が少ない環境で生活しているハダカデバネズミは20分以上生きていられます。体温も非常に低く(32度)、そのため体温を維持《いじ》するエネルギーが少なくていいので、食べる量も少なくてすみます。これらの性質はハダカデバネズミの代謝が低い、つまり省エネ体質であることを示しています。

省エネ体質のさらに有利な点は、エネルギーを生み出すときに生じる副産物の活性酸素が少ないということです。活性酸素は、生体物質(タンパク質、DNAや脂質《ししつ》)を酸化、つまり錆《さ》びさせる作用がある老化促進《そくしん》物質です。これらが少ないということは、細胞《さいぼう》の機能を維持する上で有利です。

例えばDNAが酸化されると遺伝情報が変化しやすくなり、がんの原因となりますが、そのリスクが減ります。興味深いことに、実際に5ハダカデバネズミは全くがんになりません。これは長寿に相当貢献《こうけん》しています。また、狭《せま》いトンネルの中で暮らしているため、体に多くのヒアルロン酸が含まれ、皮膚《ひふ》に弾力性《だんりょくせい》を与《あた》えています。このヒアルロン酸も抗がんの作用があることが最近の研究でFハンメイしました。

省エネ体質に加えて、もう一つの長寿の原因となる特徴《とくちょう》は、ハダカデバネズミは哺乳類《ほにゅうるい》ではめずらしく「真社会性」をとる生き物であることです。真社会性とは、6ミツバチやアリなどの昆虫《こんちゅう》で見られる女王を中心とした分業制です。ハダカデバネズミは100匹程度の集団で暮らしていますが、その中で1匹の女王ネズミのみが子供を産みます。ちょうどミツバチの女王バチのようです。ミツバチの場合、働きバチは全てメスで、それらは生まれながら子供を産めません。一方、ハダカデバネズミの女王以外のメスは、女王ネズミの発するフェロモンによって排卵《はいらん》が止まり、子供が一時的に産めなくなっています。女王ネズミが死んでいなくなるとフェロモンの影響《えいきょう》も受けないため、排卵がGフッカツした別のメスが女王になり、子供を産み始めます。

女王以外の個体は、それぞれ仕事を分業しています。例えば、Hゴエイ係、食料調達係、子育て係、布団《ふとん》係などなど、です。布団係はゴロゴロして子供のネズミを温め体温の低下を防ぎます。寝《ね》るのが好きな個体には、人気のIショクシュかもしれません。真社会性の大切なことは、これらの分業により仕事が効率化し、1匹あたりの労働量が減少することです。実際に布団係以外の多くの個体もゴロゴロ寝て過ごす姿が見られます。こうした労働時間の短縮と分業によるストレスの軽減が、寿命の延長に重要だったと思われます。そして寿命の延長により、「教育」に費《つい》やせる時間が多くなり、分業がさらに高度化・効率化し、ますます寿命が延びたというわけです。まさに、7寿命延長の正のスパイラルによって通常のネズミの10倍もの長生きが可能になったわけです。

そして肝心《かんじん》の死に方ですが、これがまた不思議で、若齢《じゃくれい》個体と老齢個体でその死亡率にほとんど差がありません。つまり年をとって元気のない個体がいないのです。何が原因で死ぬのかはわかっていませんが、死ぬ直前までピンピンしています。まさにピンピンコロリで理想的な死に方です。

(小林武彦《こばやしたけひこ》『生物はなぜ死ぬのか』による)

問一　――線部A~Iのカタカナを漢字に改めなさい。

問二　――線部1「このペースで年に何度も出産します」とありますが、ハツカネズミがこのようなペースで出産すると有利なのはなぜですか。理由を答えなさい。

問三　――線部2「ヒトとマウスの死に方は違うのです」とあります

〈第二日目〉（七〇分）〈満点：一二〇点〉

◎解答に字数制限のある場合、句読点などの記号も字数に数えます。

一　次の文章を読んで、後の問いに答えなさい。

ハツカネズミは生後わずか2ヵ月で成長・成熟し、名前の通り20日間の妊娠《にんしん》期間で4～5匹《ひき》の赤ちゃんを出産します。1このペースで年に何度も出産します。もし野生のハツカネズミが餌《えさ》にも恵《めぐ》まれ何年も生き延びたら、町中ネズミだらけになることでしょう。実際にヒトが住まなくなった街で、ネズミが大発生しているのはよく聞く話です。

「進化が生き物を作った」というAカンテンからハツカネズミの生き方を考えると、彼《かれ》らの生き残り戦略、つまり結果的に生き残れた理由としては、天敵に食べられて死ぬBカクリツを減らすために、すばしっこく動くことで逃《に》げ回《まわ》り、食べられる前にできるだけ早く成熟して、たくさん子供を残すような性質を持ったものが生き残ったということになります。

そのトレードオフ（引《ひ》き換《か》え）として、小型のネズミは長生きに関わる機能――例えばがんになりにくい抗《こう》がん作用や、なるべく長生きできるような抗老化作用に関わる遺伝子の機能を失っていったと考えられます。なぜなら、どうせ食べられて死ぬので、彼らにとって長生きは必要ないのです。そういう意味では、ヒトの老化を研究するためにマウスをモデル動物としてCサイヨウするのは、あまり良くないのかもしれません。つまり、2ヒトとマウスの死に方は違《ちが》うのです。

ネズミでも、中型や大型になってくると事情が違ってきます。まず寿命《じゅみょう》ですが、中型のハリネズミ（体長約20センチメートル）の寿命は約10年、大型のビーバー（体長約1メートル）は約20年生きます。体長が大きくなれば寿命も延びるというわけです。これら大型ネズミが長寿になった原因は、もうおわかりのことと思いますが、独特の身を守る形態（ハリネズミの針のような毛）や生活環境《かんきょう》の多様化（ビーバーの水上暮らし）により、他の生物から食べられにくくなり、長生きするほうがより子孫を多く残せたからです。

長寿の性質を持った種が多くの子孫を残し、徐々《じょじょ》に寿命を延ばしていったわけです。つまり、長寿になるための遺伝子が進化したと言えます。3彼らの長寿化は、それを可能にした形態や生活様式の変化に支えられています。そのため、よりとがった毛やより大きなダムを作る能力も同時に進化しました。そういう能力が高いものが生き残り、長寿を達成できたわけです。全ての性質に理由があるのです。こういうところも、生物学の面白《おもしろ》いところです。

かくしてネズミの仲間は、「食べられる死に方」から「寿命を全《まっと》うする死に方」に変化しました。ただ、他から捕食《ほしょく》されなくても、老化して自分で餌が取れなくなったら死んでしまうので、顕著《けんちょ》に身体の能力が低下した老齢期《ろうれいき》のようなものはありません。ピンピンコロリな死に方です。

4ネズミの中には、体が小さいにもかかわらず食われて死なないタイプのものもいます。ハダカデバネズミがそれに当てはまります。ハダカデバネズミは、その名の通り毛がなく出っ歯で、アフリカの乾燥《かんそう》したDチイキにアリの巣のような穴を掘《ほ》りめぐらし、その中で一生を過ごします。

天敵は時折ヘビが侵入《しんにゅう》してくるくらいで、あまりいません。そのため体長は10センチメートルとハツカネズミとほぼ同じ大きさですが、その寿命は、なんとハツカネズミの10倍以上の30年。ネズミの仲間では最長です。

ハダカデバネズミが長寿になったのは、天敵が少ないためだけではありません。そこには、長寿を可能にする重要なヒントが隠《かく》されてい

三 **次の1～5の各組の[A]・[B]に入る二つの漢字を組み合わせると、別の漢字一字ができます。その漢字をそれぞれ答えなさい。**

1 他山の[A]とする―面《つら》の[B]が厚い
2 夜を[A]に継《つ》ぐ―去る[B]は追わず
3 [A]死に一生を得る―墓[B]を掘《ほ》る
4 時は[A]なり―[B]中八九
5 [A]をときめく―立てば歩めの親[B]

四 **次の1～4の各群は、動作や状態を表す言葉です。各群の□にそれぞれ共通するひらがな二字を入れて、言葉を完成させなさい。**

1 はる□　ひし□　なぞ□
2 ひろ□　むら□　ころ□
3 ささ□　かが□　つぶ□
4 なみ□　あわ□　きわ□

五 **次の1～6の各文の□に入る言葉を、それぞれ答えなさい。**

1 大《おお》□に乗ったつもりで、ゆったり構えていろ。
2 大《おお》□を広げるだけでは信用されないよ。
3 不注意で窓ガラスを割って大《おお》□を食った。
4 おれは有史以来の天才だと大《おお》□をたたいた。
5 大《おお》□を切った以上は、あとには引けない。
6 大《おお》□をふるって、不要な人員を整理した。

六 **次の1～3の各文章の――線部ア～エには、敬語としてふさわしくない表現がそれぞれ一つずつふくまれています。その記号を答えなさい。また、選んだものを敬語としてふさわしい形に書きかえなさい。**

1 このたびはすばらしいミカンをア送ってくださり、まことにありがとうございます。さっそく家族でおいしくイいただきました。実家がミカン農家のウお母さんも、こんなにおいしい物は初めて食べたとエ申しておりました。

2 Aさんから、ここ数日あなたが体調をアくずしていらっしゃるとイうかがいました。無理せずじっくりウお休みしてください。元気なあなたとエお会いできるのを楽しみにしています。

3 今日は気温が高かったので、アいらっしゃられたお客様には冷たい麦茶をイお出ししましたが、どなたもおいしそうにウ召《め》し上《あ》がっていました。エ喜んでいただけたようでうれしく思います。

七 **次の1～3の漢字しりとりを、後の〔条件〕に合わせて完成させなさい。**

1 理[A]―[A]来―来[B]―[B]紀―紀[C]―[C][D]―[D]曜
2 首[E]―[E][F]―[F]体―体[G]―[G]作―作[H]―[H]句
3 絶[I]―[I]成―成[J]―[J][K]―[K]配―配[L]―[L]銅

〔条件1〕　示されている漢字も、□に入る漢字も、すべて音読みです。
〔条件2〕　示されている漢字の読み方は、一回目と二回目とで異なりません。
〔条件3〕　□に入る漢字の読み方は、一回目と二回目とで異なります。たとえば、大学（だいがく）―学校（がっこう）のように、「っ」に変化するものでもかまいません。

の□にあてはまる言葉を後のア～コから選び、記号で答えなさい。ただし、同じものはくり返して使えません。

1　窮鼠《きゅうそ》□をかむ
2　鶏口《けいこう》となるも□後となるなかれ
3　犬□の労
4　鶴《つる》は千年□は万年
5　鳶《とび》が□をうむ
6　□ににらまれた蛙《かえる》

ア　亀《かめ》　イ　蛇《へび》　ウ　牛　エ　鷹《たか》　オ　犬
カ　猿《さる》　キ　鶴　ク　猫《ねこ》　ケ　猪《いのしし》　コ　馬

問四　〰〰線部b「おい□□と」の□にあてはまるひらがなを答えなさい。

問五　〰〰線部c「ツルツル」とありますが、次の1～4の□には、同じように一・三文字目が夕行、二・四文字目がラ行のそれぞれ同じ文字からなる四文字の言葉が入ります。あてはまる言葉をひらがなで答えなさい。ただし、同じ言葉はくり返して使えません。

1　□思うに、人生は短い。
2　□と脂《あぶら》ぎった顔。
3　不平を□のべる。
4　昼下がりに□まどろむ。

問六　〰〰線部d「コンクリート」とありますが、これは「コン」で始まる外来語です。次の1～5の文の（　）に入れるのに適当な「コン」で始まる外来語を、後のA～Gから選び、記号で答えなさい。

1　白と黒の配色の（　）がきわだつ絵画。
2　製品の（　）があいまいで消費者に伝わらない。
3　新企画《きかく》について、社内の（　）を得ることができた。
4　逆境の中でも自分の感情を（　）する。
5　大量の情報を（　）な形にまとめる。

A　コンセプト　B　コンセンサス
C　コンタクト　D　コンディション
E　コントラスト　F　コントロール
G　コンパクト

二

1～4群の俳句の□には、「春・夏・秋・冬」のいずれかが共通して入ります。それぞれどの季節を入れるのがよいか答えなさい。ただし、同じものはくり返して使えません。

1
流れ来るもの一つなき□の川　五十嵐播水
襟巻《えりまき》に首引入れて□の月　杉山杉風
ことごとく未踏《みとう》なりけり□の星　髙柳克弘
かくれなく重なりあうや□の山　蝶夢

2
どこまでが父の戦記の□の空　宇多喜代子
伸《の》びることのみに徹《てっ》する□の草　福田甲子雄
河童《かわたろ》の恋《こい》する宿や□の月　与謝蕪村
脱《ぬ》けがらの潜水服《せんすいふく》や□の雲　和家明子

3
足もとはもうまっくらや□の暮　草間時彦
遠山やしずかに見ゆる□の空　高桑闌更
□の蚊《か》の影《かげ》のごときを払《はら》いけり　檜紀代
石山の石より白し□の風　松尾芭蕉

4
一草に一花の手はず□の雨　伊藤敬子
さまざまのもの流れけり□の川　勝見二柳
地に触《ふ》れるまでの華《はな》やぎ□の雪　山内遊糸
□の海ひねもすのたりのたりかな　与謝蕪村

二〇二二年度　灘中学校

【国語】〈第一日目〉（四〇分）〈満点：八〇点〉

◎解答に字数制限のある場合、句読点などの記号も字数に数えます。

一　**次の文章を読んで、後の問いに答えなさい。**

何日か前、暑いまっ昼間に、突然《とつぜん》クシャミが出てとまらなくなった。研究室の学生もいっせいにクシャミを始めた。いったいなぜだか、さっぱりわからない。一階へおりてみると、下の住民もみんなそろってクシャミをしている。まもなく三階からもかけおりてきて、建て物じゅうaキツネにつままれたような感じになった。

やがて、原因はすぐ前の草地にまいている除草剤《じょそうざい》であることがわかった。さっそく文句をいいにいったが、これは有毒な薬ではないという答えだった。「毒がないたってこんなにクシャミが出るんだから……」といっても、bおい□□とは聞き入れそうもない雰囲気《ふんいき》であった。

隣人《りんじん》にさんざんクシャミをさせてまで、なぜそんなにムキになって草を退治したいのだろう？　ぼくのすんでいる公務員住宅でも、夏になると月二回は全員総出で草取りをする。少し離《はな》れた草原も、朝早くから草刈《くさか》り機が轟音《ごうおん》を立てながらきれいに刈る。せっかくみごとに群生していた美しいネジバナも、秋口に咲《さ》くツルボも、おかまいなしに、ぜんぶ刈ってしまう。1手ごわいと見れば除草剤をまいて、一面に赤茶けた焼けあとにする。それでもまだ足りないらしく、用務員さんが何日も地べたにしゃがみこんで、生えかけた草を一本一本、根っこからこそげとる。おかげで地面は裸《はだか》になり、雨でも降ればcツルツルすべって、どうしようもない。天気のいい日がつづけば土ぼこりは必然だ。

なんでそんなに草をとるのですか？　と聞けば、「雑草ですからね。」という答えである。雑草はだめで、花壇《かだん》や芝生《しばふ》ならいいわけだ。消防庁のお達しだともいう。草が生えていると、冬、火災の危険があるそうだ。今どきdコンクリートの建て物ばかりなのに、いったいどういうつもりだろう。

けれど、もっと根本にあるのは、「草ぼうぼう……」とか、「草の伸《の》びるにまかせた……」という表現に示されているような、「2手入れの思想」ではないだろうか？　草など生やして……といわれたくないのである。自分の管理下にある土地に、「雑草」は生やしてはならないのだ。なぜなら、雑草は「とにかく」悪いものだからである。

同じことは山林についてもいえる。ほったらかしの山を見て「もっと手入れをすればいい山になるのに……。」という人は多かろう。だが、「いい山」とは何を指すのだろうか。

美しく咲きそろった花壇、きれいな芝生、すくすくと伸びた杉林《すぎばやし》……そういうものがよくて雑草が悪いという感覚は、画一管理の思想につらなる。いろいろな雑草が思い思いに生え、育ってゆくことを許せないのだからである。野山に緑を、といいながら、自分の家のまわりの「雑草」を退治するような感覚は、*欺瞞《ぎまん》もはなはだしいものだと思う。

（日髙敏隆《ひだかとしたか》『日髙敏隆選集V　動物はなぜ動物になったか』による）

*注　欺瞞―人をごまかし、だますこと。

問一　――線部1「手ごわい」とありますが、草のどのような点が「手ごわい」というのですか。考えて答えなさい。

問二　――線部2「手入れの思想」とはどのような考えですか。問題文中の言葉を用いて答えなさい。

問三　〰〰線部a「キツネにつままれた」とありますが、次の1～6

2022年度
灘 中 学 校　▶解説と解答

算 数　＜第１日目＞（60分）＜満点：100点＞

解 答

[1] 127　[2] 200　[3] ① 3.4　② 400　[4] ① 4　② 13　[5] 7500　[6] 25　[7] ① 6　② 16　[8] ① $2\frac{6}{7}$　② $\frac{5}{6}$　[9] $\frac{2}{3}$
[10] ① 6　② 2.25　[11] 47　[12] $1\frac{1}{3}$

解 説

[1] 逆算

$2\times\left(\frac{1}{3}-\frac{7}{121}\right)=2\times\left(\frac{121}{363}-\frac{21}{363}\right)=2\times\frac{100}{363}=\frac{200}{363}$より，$\left(\frac{\square}{726}+\frac{1}{22}\right)\div\frac{2}{5}=\frac{200}{363}$，$\frac{\square}{726}+\frac{1}{22}=\frac{200}{363}\times\frac{2}{5}=\frac{80}{363}$，$\frac{\square}{726}=\frac{80}{363}-\frac{1}{22}=\frac{160}{726}-\frac{33}{726}=\frac{127}{726}$　よって，□＝127

[2] 仕事算，比の性質

兄は，30＋５＝35(分)で１回休むことをくり返す。135÷35＝３余り30より，135分では３回休むことがわかるから，兄から働き始めるときに兄が働く時間は，135－５×３＝120(分)，弟が働く時間は，135－95＝40(分)となる。そこで，兄が１分間にする仕事の量を[兄]，弟が１分間にする仕事の量を[弟]とすると，この仕事の量は，[兄]×120＋[弟]×40(…ア)と表すことができる。次に，弟から働き始めるとき，兄が働く時間と休む時間の合計は，140－90＝50(分)である。よって，50÷35＝１余り15より，休む回数は１回であり，兄が働く時間は，50－５×１＝45(分)とわかる。一方，弟が働く時間は140分なので，この仕事の量は，[兄]×45＋[弟]×140(…イ)と表すことができる。アとイが等しいので，[兄]×120＋[弟]×40＝[兄]×45＋[弟]×140，[兄]×(120－45)＝[弟]×(140－40)，[兄]×75＝[弟]×100，[兄]×３＝[弟]×４より，[兄]：[弟]＝$\frac{1}{3}$：$\frac{1}{4}$＝４：３とわかる。そこで，[兄]＝４，[弟]＝３とすると，この仕事の量は，４×120＋３×40＝600となるから，弟だけで終わらせるには，600÷３＝200(分)かかる。

[3] 濃度《のうど》

食塩は濃度が100％の食塩水と考えることができるから，濃度が3.1％の食塩水の重さを□ｇとすると，食塩を加えたときのようすは下の図１のように表すことができる。図１で，□×(５－3.1)＝10×(100－５)より，□＝10×95÷1.9＝500(ｇ)と求められるので，最初の食塩水の重さは，500－100＝400(ｇ)(…②)とわかる。次に，濃度が3.1％の食塩水500ｇに含《ふく》まれる食塩の重さは，500×0.031＝15.5(ｇ)である。そのうち，濃度が1.9％の食塩水100ｇに含まれていた食塩の重さは，100×0.019＝1.9(ｇ)だから，最初の食塩水に含まれていた食塩の重さは，15.5－1.9＝13.6(ｇ)と求

図１

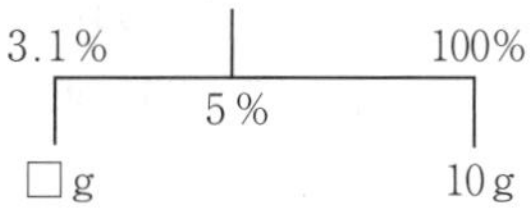

図２

２の個数	１個	２個	３個	４個	５個	６個	７個	８個	９個	10個
整数	2	4	8	16	32	64	128	256	512	1024
17で割った余り	2	4	8	16	15	13	9	1	2	4

められる。したがって，最初の食塩水の濃度は，13.6÷400×100＝3.4(％)(…①)となる。

4 整数の性質，周期算

2を10個かけてできる数は，2×2×2×2×2×2×2×2×2×2＝1024だから，1024÷17＝60余り4より，17で割った余りは4(…①)とわかる。次に，たとえば17で割った余りが15になる数は，17×□＋15と表すことができる(□は整数)。すると，その数を2倍した数は，(17×□＋15)×2＝34×□＋30となるので，2倍した数を17で割った余りは30を17で割った余りと等しく，13と求められる。同様に考えると，2を次々とかけた数を17で割ったときの余りは，上の図2のようになることがわかる。よって，{2，4，8，16，15，13，9，1}の8個がくり返されるから，2022÷8＝252余り6より，2022個かけた数の余りは，6個かけた数の余りと等しく13(…②)とわかる。

5 場合の数

与《あた》えられた式を，$A\times B+A\times C+A\times D+B\times C\times D=A\times(B+C+D)+B\times C\times D$(…★)として考える。また，$A$，$B$，$C$，$D$の組は全部で，10×10×10×10＝10000(組)あり，そこから★の値が奇数《きすう》になる場合をひいて求める。★の値が奇数になるのは，下の図1のア，イの場合がある。アの場合について，$B\times C\times D$＝(奇数)となるのは，B，C，Dがすべて奇数のときであり，このとき，$B+C+D$＝(奇数)となる。よって，$A\times(B+C+D)$＝(偶数《ぐうすう》)となるのは，Aが偶数のときとわかる。つまり，Aが偶数，Bが奇数，Cが奇数，Dが奇数のときだから，アの場合は全部で，5×5×5×5＝625(組)ある。次にイの場合について，$A\times(B+C+D)$＝(奇数)となるのは，Aが奇数であり，しかも，B，C，Dのうち1個または3個が奇数の場合である。ところが，B，C，Dが3個とも奇数だとすると，$B\times C\times D$＝(偶数)にならないので，条件に合うのは，B，C，Dのうち1個が奇数で2個が偶数の場合とわかる。Bが奇数だとすると，Aが奇数，Bが奇数，Cが偶数，Dが偶数となり，5×5×5×5＝625(組)ある。同様に，C，Dが奇数の場合も625組ずつあるから，イの場合は全部で，625×3＝1875(組)ある。したがって，★の値が奇数になる組は全部で，625＋1875＝2500(組)あるので，★の値が偶数になる組の数は，10000－2500＝7500(組)と求められる。

図1

ア　$A\times(B+C+D)$＝(偶数)，$B\times C\times D$＝(奇数)
イ　$A\times(B+C+D)$＝(奇数)，$B\times C\times D$＝(偶数)

図2

$$\frac{ア}{A}-\frac{イ}{B}-\frac{1}{625}=\frac{ア\times B\times 625-イ\times A\times 625-A\times B}{A\times B\times 625}$$
$$=\frac{625\times(ア\times B-イ\times A)-A\times B}{A\times B\times 625}$$

6 条件の整理

2×…×2＝A，3×…×3＝Bとすると，上の図2のようになる。この式の分子の値が337であり，625×(ア×B－イ×A)の値は5の倍数だから，$A\times B$の一の位は3または8である。また，Aとして考えられる数は{4，8，16，32}，Bとして考えられる数は{9，27，81，243}なので，$A\times B$の一の位が3または8になる組は，(A，B)＝(4，27)，(8，81)，(16，243)，(32，9)となる。それぞれの場合について，625×(ア×B－イ×A)の値を求めると，337＋4×27＝445，337＋8×81＝985，337＋16×243＝4225，337＋32×9＝<u>625</u>となり，このうち625の倍数になるのは__の場合だけである。つまり，(A，B)＝(32，9)と決まるから，625×(ア×9－イ×32)＝625より，ア×9－イ×32＝1とわかる。さらに，イは1けたの整数なので，イ＝7，ア＝25と求められる。

7 平面図形―構成

縦20cm，横40cmの場合は，下の図１の６通り(…①)の方法がある。また，縦20cm，横50cmの場合，図１の６通りの左右にタイルＢを追加することにより，$6\times2=12$(通り)できる。ただし，アの左側に追加したものとイの右側に追加したもの，ウの左側に追加したものとエの右側に追加したものはそれぞれ同じになるから，全部で，$12-2=10$(通り)となる。このほかに，下の図２，図３のような場合がある。図２の場合，かげをつけた部分にタイルＡを２枚はりつける方法が２通りずつあるので，$2\times2=4$(通り)ある。これに図３の２通りを加えると，全部で，$10+4+2=16$(通り)(…②)と求められる。

図１

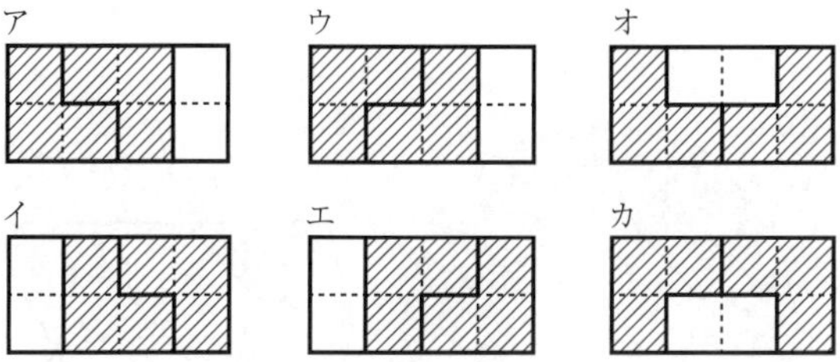

図２

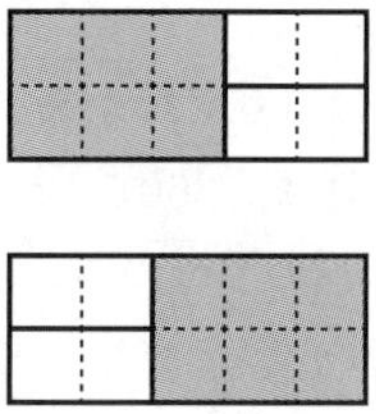

図３

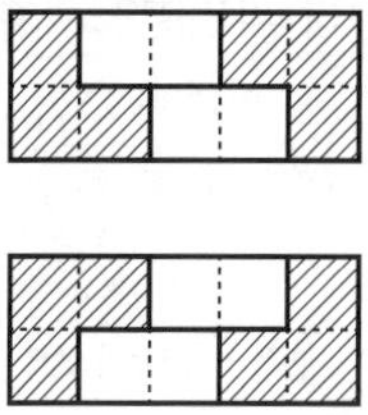

8 平面図形―辺の比と面積の比

下の図１から，三角形ABCの面積は，$3+5+4=12$(cm²)とわかる。また，三角形OABと三角形OBCの面積の比は３：５だから，AE：EC＝３：５となる。同様に考えると，下の図２のようになる。図２で，三角形ABCの面積を１とすると，三角形AFEの面積は，$1\times\frac{4}{4+5}\times\frac{3}{3+5}=\frac{1}{6}$となる。同様に，三角形BDFの面積は，$1\times\frac{3}{3+4}\times\frac{5}{5+4}=\frac{5}{21}$，三角形CEDの面積は，$1\times\frac{5}{5+3}\times\frac{4}{4+3}=\frac{5}{14}$となるので，三角形DEFの面積は，$1-\left(\frac{1}{6}+\frac{5}{21}+\frac{5}{14}\right)=\frac{5}{21}$と求められる。よって，三角形DEFの実際の面積は，$12\times\frac{5}{21}=\frac{20}{7}=2\frac{6}{7}$(cm²)(…①)である。次に，三角形OABと四角形OBCAの面積の比は，３：(４＋５)＝１：３だから，FO：OC＝１：３とわかる。したがって，三角形ABC→三角形AFC→三角形EFC→三角形OEFの順に計算していくと，三角形OEFの面積は，$12\times\frac{4}{4+5}\times\frac{5}{3+5}\times\frac{1}{1+3}=\frac{5}{6}$(cm²)(…②)と求められる。

図１

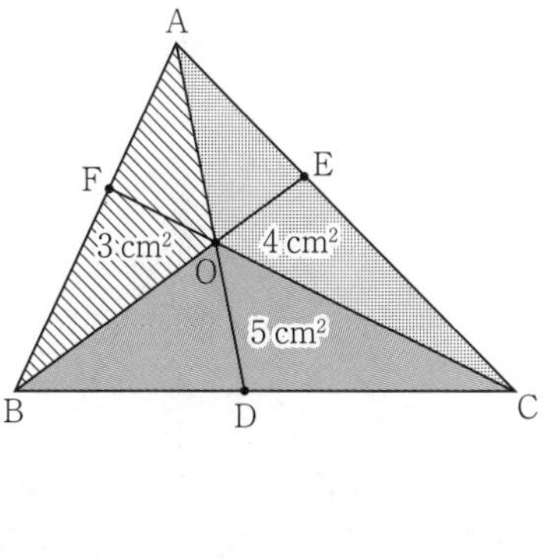

図２

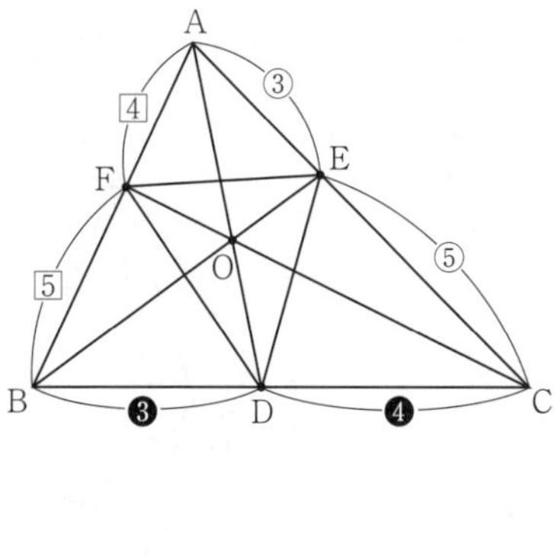

図３

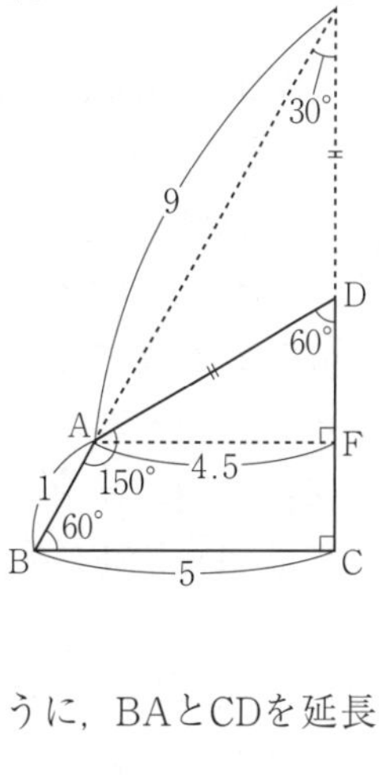

9 平面図形―構成

角ADCの大きさは，$360-(150+60+90)=60$(度)である。上の図３のように，BAとCDを延長して交わる点をEとすると，角CEB＝180－(90＋60)＝30(度)だから，三角形EBCは正三角形を半分にした形の三角形になる。よって，AB＝1，BC＝5とすると，EB＝5×2＝10なので，EA＝10－1＝9となる。また，Aを通りBCに平行な直線AFを引くと，三角形EAFも正三角形を半分にした形の三角形だから，AF＝9÷2＝4.5とわかる。次に，角DAE＝180－150＝30(度)なので，三角形DEAは二等辺三角形である。さらに，三角形DAFも正三角形を半分にした形の三角形だから，DF：DA＝DF：DE＝1：2となる。ここで，AFとBCは平行なので，EA：AB＝EF：FC＝9：1である。したがって，EF＝⑨，FC＝①とすると，DF＝⑨×$\frac{1}{1+2}$＝③となるから，DE＝DA＝③×2＝⑥，DC＝③＋①＝④と求められる。よって，辺CDの長さは辺DAの長さの，$\frac{4}{6}$＝$\frac{2}{3}$(倍)である。

10 平面図形―構成

多角形の外角の和は360度だから，正十二角形の1つの外角は，360÷12＝30(度)であり，正十二角形の1つの内角は，180－30＝150(度)とわかる。また，150＝90＋60なので，右の図1のように，正十二角形の内側の辺にそって，正方形と正三角形を交互《こうご》に6個ずつ並べることができる。

図1

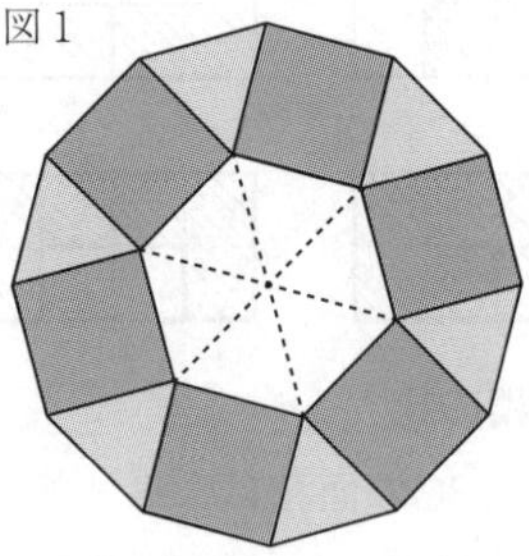

図2

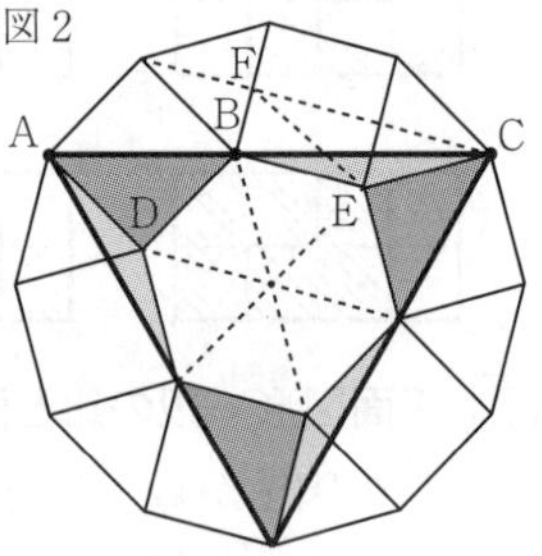

すると，内側には正六角形ができ，この正六角形も6個の正三角形に分けることができる。つまり，正十二角形は，6個の正方形と，6＋6＝12(個)の正三角形に分けることができる。よって，この正十二角形の面積は，一辺の長さが1cmの正三角形12個の面積の和よりも，一辺の長さが1cmの正方形の面積6個分，つまり，1×1×6＝6(cm^2)(…①)大きくなる。次に，上の図2の太線で囲まれた三角形の面積は，一辺の長さが1cmの正三角形6個の面積の和よりも，かげをつけた部分の面積だけ大きくなる。ここで，濃《こ》いかげをつけた三角形1個の面積は，1×1÷2＝0.5(cm^2)である。また，三角形CBEの面積を変えずに変形すると三角形FBEになるから，うすいかげをつけた三角形1個の面積は，1×$\frac{1}{2}$÷2＝0.25(cm^2)と求められる。したがって，かげをつけた部分の面積の和，つまり求める面積は，(0.5＋0.25)×3＝2.25(cm^2)(…②)とわかる。なお，角BECの大きさは，90＋60＝150(度)なので，角CBEの大きさは，(180－150)÷2＝15(度)である。すると，角ABD＋角DBE＋角CBE＝45＋60×2＋15＝180(度)となるから，3点A，B，Cは一直線上にあることがわかる。

11 立体図形―分割，体積

図1

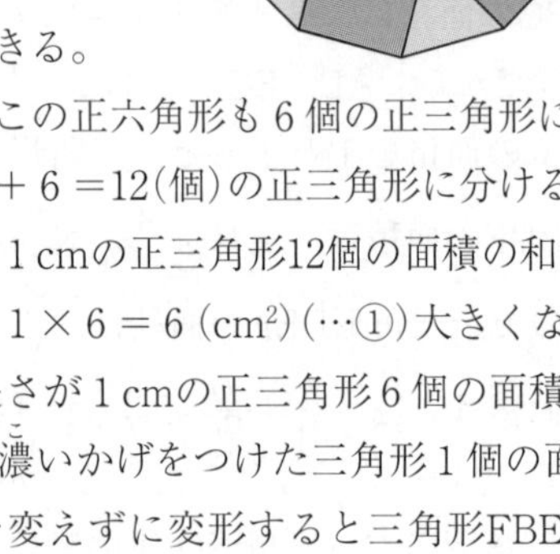

図2

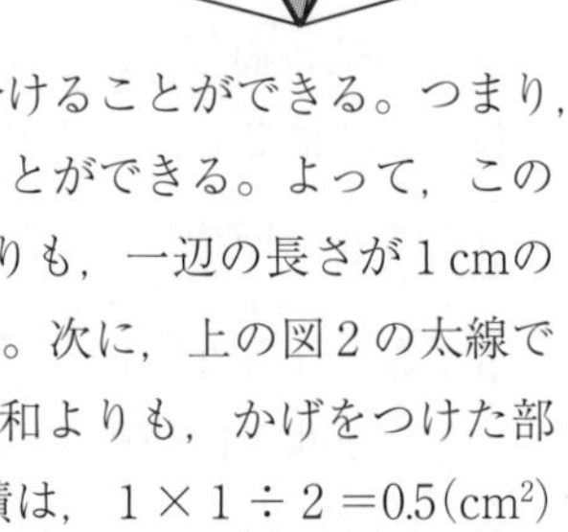

右の図1のように，CD，ABの真ん中の点をそれぞれP，Qとし，OPと2つの切断面との交点をそれぞれR，Sとする。また，PQとEFの交点をTとすると，三角形OPQは右の図2のようになる。図2で，TSと

QRは平行だから，PS：SR＝PT：TQ＝１：１となり，SR＝①，RO＝⑤－①＝④とわかる。ここで，四角すいO－ABCDを，三角形OPQを底面とし，「O，DC，ABの平均」を高さとする立体と見る。同様に，切り分けたときに点Oを含む立体を，三角形ORQを底面とし，「O，HH′，ABの平均」を高さとする立体，点Dを含む立体を，三角形SPTを底面とし，「GG′，DC，EFの平均」を高さとする立体と見ることにする。すると，図２から，３つの立体の底面積の比は，(三角形OPQ)：(三角形ORQ)：(三角形SPT)＝６：４：$\left(1\times\frac{1}{2}\right)$＝12：８：１とわかる。また，正方形ABCDの１辺の長さを６とすると，HH′＝４，GG′＝５となるので，高さの比は，$\left(\frac{0+6+6}{3}\right)$：$\left(\frac{0+4+6}{3}\right)$：$\left(\frac{5+6+6}{3}\right)$＝12：10：17とわかる。よって，体積の比は，(12×12)：(８×10)：(１×17)＝144：80：17だから，点Oを含む立体の体積は，$144\times\frac{80}{144}$＝80(cm^3)，点Dを含む立体の体積は，$144\times\frac{17}{144}$＝17(cm^3)と求められる。したがって，点Oも点Dも含まない立体の体積は，144－(80＋17)＝47(cm^3)である。

12　立体図形―構成

接着したときのようすは，下の図１のようになる。図１のように，X，Yの底面の正方形の対角線の交点をそれぞれP，Qとすると，XとYを$\frac{1}{4}$にした三角すいA－PBCと三角すいD－QEFは合同だから，PQと面ABCは，PQの真ん中の点Rで垂直に交わることがわかる。次に，三角すいA－PBCで，三角形ABCは正三角形であり，３つの三角形PBA，PBC，PCAは合同なので，三角すいA－PBCをPの方向から見ると，下の図２のようになる。図２で，三角形PHBは正三角形を半分にした形の三角形だから，BP：PH＝AR：RH＝２：１とわかる。よって，三角すいA－PBCは下の図３のようになるので，Aの床からの高さを１とすると，Rの床からの高さは，$1\times\frac{1}{2+1}=\frac{1}{3}$となる。さらに，図１から，Qの床からの高さはRの２倍であり，EQ＝QGより，Gの床からの高さはQの２倍とわかるので，Gの床からの高さは，$\frac{1}{3}\times2\times2=\frac{4}{3}$と求められる。したがって，Gの床からの高さはAの床からの高さの，$\frac{4}{3}\div1=\frac{4}{3}=1\frac{1}{3}$(倍)である。

図１

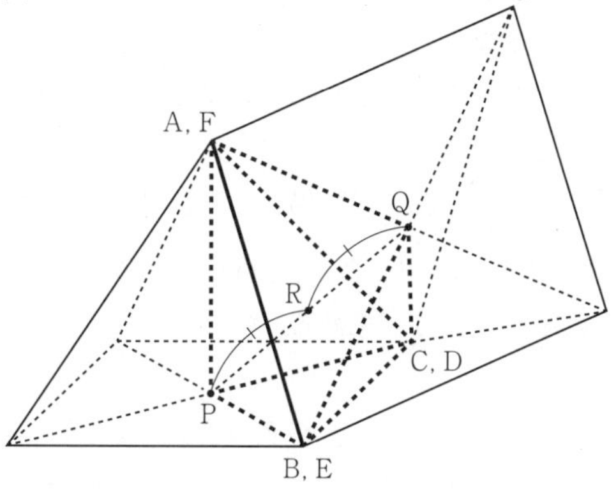

図２

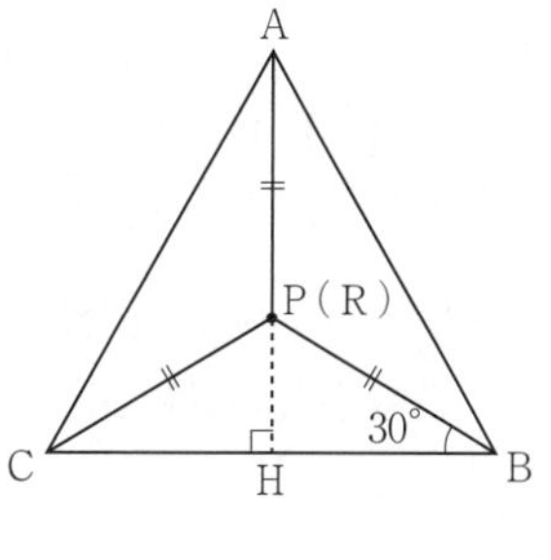

図３

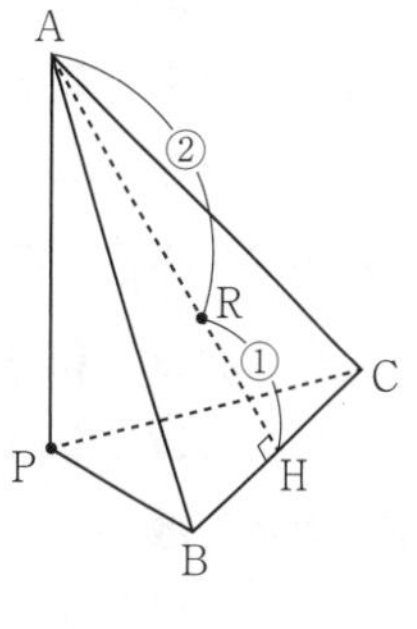

算数 ＜第2日目＞(60分)＜満点：100点＞

解答

1 (1) 2，3，5，7 (2) 11，20，27，35 (3) **最も小さい数**…16，**2番目に小さい数**…18 **2** (1) 250通り (2) 27通り (3) 84通り **3** (1) **初めて**…$1\frac{1}{11}$時間後，**その次**…$2\frac{2}{143}$時間後 (2) 132時間後 **4** (1) 7cm (2) $2\frac{1}{7}$cmと$6\frac{2}{3}$cm **5** (1) 7倍 (2) 解説の図⑧を参照のこと。

解説

1 約束記号，整数の性質

㋐xが素数
㋑xが2の倍数(㋐を除く)
㋒xが3の倍数(㋐，㋑を除く)
㋓xが5の倍数(㋐，㋑，㋒を除く)
㋔xが7の倍数(㋐，㋑，㋒，㋓を除く)
㋕xが11の倍数(㋐，㋑，㋒，㋓，㋔を除く)
⋮

(1) 右のように場合分けをして考える。㋐の場合，xの約数は{1，x}の2個だから，【x】＝x＋1となり，【x】は必ずxよりも1大きくなる。また，㋑の場合，2番目に小さいxの約数は2，2番目に大きいxの約数は$\frac{x}{2}$なので，【x】＝2＋$\frac{x}{2}$となる。ここで，xに4，6，8をあてはめると，【4】＝2＋$\frac{4}{2}$＝4，【6】＝2＋$\frac{6}{2}$＝5，【8】＝2＋$\frac{8}{2}$＝6となるから，【x】がxより大きくならないことがわかる。同様に，㋒の場合，2番目に小さいxの約数は3，2番目に大きいxの約数は$\frac{x}{3}$なので，【x】＝3＋$\frac{x}{3}$となり，これがxより大きくなることもない。それ以降の場合も同様だから，条件に合うのはxが素数の場合だけであり，小さいものから順に，2，3，5，7となる。

(2) ㋐の場合，x＋1＝12より，x＝12－1＝11となり，条件に合う。また，㋑の場合，2＋$\frac{x}{2}$＝12より，x＝(12－2)×2＝20となり，これも条件に合う。同様に，㋒の場合，3＋$\frac{x}{3}$＝12より，x＝(12－3)×3＝27，㋓の場合，5＋$\frac{x}{5}$＝12より，x＝(12－5)×5＝35となり，どちらも条件に合う。よって，小さいものから順に，11，20，27，35となる。

(3) ㋐の場合はxよりも大きくなるので，㋑以降について考える。また，㋑以降の場合，xの値が大きくなるのにともなって【x】の値も大きくなるから，それぞれの場合について，xが最も小さい場合を求めればよい。よって，㋑の場合は，【52】＝2＋$\frac{52}{2}$＝28，㋒の場合は，【51】＝3＋$\frac{51}{3}$＝20，㋓の場合は，【55】＝5＋$\frac{55}{5}$＝16，㋔の場合は，【77】＝7＋$\frac{77}{7}$＝18となる。51以上100以下で㋕にあてはまる数はないので，最も小さい数は16，2番目に小さい数は18である。

2 場合の数

(1) 8の倍数は下3桁《けた》が8の倍数(または000)になる。よって，「8エ8」が8の倍数になればよいから，エにあてはまる数字は{0，4}の2通りである。また，ア，イ，ウには5通りの数字を入れることができるので，全部で，5×5×5×2＝250(通り)とわかる。

(2) 3の倍数は各位の数字の和が3の倍数になるので，8＋ア＋8＋イ＋8＋ウ＋8＋エ＋8＝40＋ア＋イ＋ウ＋エが3の倍数になればよい。ここで，ア＋イ＋ウ＋エは，2×4＝8以下だから，考えられるのは下の図1の3つの場合である。また，それぞれの場合について，ア～エの組み合わせは①〜⑤のようになる。次に，ア〜エの数字の決め方が，①は4通り，②は，$\frac{4\times3}{2\times1}=6$（通り），③は，$4\times3=12$（通り），④は4通り，⑤は1通りあるので，全部で，4＋6＋12＋4＋1＝27（通り）と求められる。

図1

・ア＋イ＋ウ＋エ＝2
①（2，0，0，0）
②（1，1，0，0）
・ア＋イ＋ウ＋エ＝5
③（2，2，1，0）
④（2，1，1，1）
・ア＋イ＋ウ＋エ＝8
⑤（2，2，2，2）

図2

・ア＋イ＋ウ＝2
（2，0，0）☆
（1，1，0）☆
・ア＋イ＋ウ＝5
（4，1，0）★
（3，2，0）★
（3，1，1）☆
（2，2，1）☆
・ア＋イ＋ウ＝8
（4，4，0）☆
（4，3，1）★
（4，2，2）☆
（3，3，2）☆
・ア＋イ＋ウ＝11
（4，4，3）☆

図3

・ア＋イ＋ウ＝1
（1，0，0）☆
・ア＋イ＋ウ＝4
（4，0，0）☆
（3，1，0）★
（2，2，0）☆
（2，1，1）☆
・ア＋イ＋ウ＝7
（4，3，0）★
（4，2，1）★
（3，3，1）☆
（3，2，2）☆
・ア＋イ＋ウ＝10
（4，4，2）☆
（4，3，3）☆

(3)　24は8と3の公倍数だから，8の倍数と3の倍数の両方の条件を満たせばよい。(1)より，8の倍数になるのはエが{0，4}の場合とわかる。エ＝0の場合，各位の数字の和は，40＋ア＋イ＋ウ＋0＝40＋ア＋イ＋ウとなる。ここで，ア＋イ＋ウは，4×3＝12以下なので，考えられるのは右上の図2の4つの場合である。同様に，エ＝4の場合，各位の数字の和は，40＋ア＋イ＋ウ＋4＝44＋ア＋イ＋ウとなるから，右上の図3のようになる。どちらの場合も，ア〜ウの数字の決め方は，★の場合は6通り，☆の場合は3通りあるので，全部で，6×6＋3×16＝84（通り）と求められる。

3　時計算，計算のくふう

(1)　長針と短針の間の角度は，長針が右回りに動くときは1時間に，360−30＝330（度）の割合で縮まり，長針が左回りに動くときは1時間に，360＋30＝390（度）の割合で縮まる。これをくり返すから，1回目に重なるのは動き始めてから，$360\div330=\frac{12}{11}=1\frac{1}{11}$（時間後）である。また，2回目に重なるのは1回目に重なってから，$360\div390=\frac{12}{13}$（時間後）なので，動き始めてから，$\frac{12}{11}+\frac{12}{13}=\frac{288}{143}=2\frac{2}{143}$（時間後）と求められる。

(2)　はじめに，偶数《ぐうすう》回目に重なる場合を求める。(1)より，2回目に重なるのは$\frac{288}{143}$時間後であり，その後も$\frac{288}{143}$時間ごとに重なることがわかるから，偶数回目に重なるのは$\frac{288}{143}$時間ごとである。また，短針はつねに右回りに動くので，短針は12時間ごとに12時の位置にくる。よって，$\frac{288}{143}\times\square=12\times\triangle$にあてはまる最小の□と△の組を求めればよい（ただし，□と△は1以上の整数）。等号の両側に143をかけると，288×□＝1716×△となり，さらに等号の両側を12で割ると，24×□＝143×△となるから，□＝143，△＝24とわかる。つまり，偶数回目に重なる場合で最も早いのは，12×24＝288（時間後）である。次に，奇《き》数《すう》回目に重なる場合を求める。1回目に重なるのは$\frac{12}{11}$時間後であり，その後は$\frac{288}{143}$時間ごとに重なるので，偶数回目の場合と同様に式に表すと，$\frac{12}{11}+\frac{288}{143}\times\square=12\times\triangle$となる。等号の両側に143をかけると，156＋288×□＝1716×△となり，さらに等号の両側を12で割ると，13＋24×□＝143×△となる。ここで，143が13の倍数であることに注目すると，この式は，24×□＝143×△−13，24×□＝13×(11×△−1)と変形することができる。この式で，等号の左側は24の倍数だから，＿部分も24の倍数になる。△に1から順に整数をあてはめると，＿部分は，10，21，32，43，54，65，76，87，98，109，120となるので，△＝11とすればよいことがわかる。つまり，奇数回目に重なる場合で最も早いのは，12×11＝132（時間後）だから，条件に合うのは132時間後である。

4 平面図形―構成，相似

(1) 辺CD，辺AEの順に反射するから，この順で五角形を折り返した図形をかくと，下の図①のようになる。この図形上でAとBを結ぶと，光は太点線のように進むことになる。図①で，小さい方眼の1辺の長さは，$10\div2=5$(cm)である。また，かげをつけた三角形の相似から，アの長さは，$5\times\frac{2}{3+2}=2$(cm)と求められるので，CPの長さは，$5+2=7$(cm)とわかる。

図①

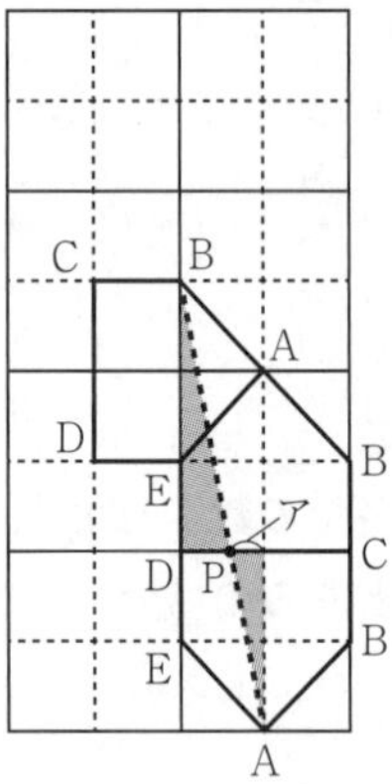

図②

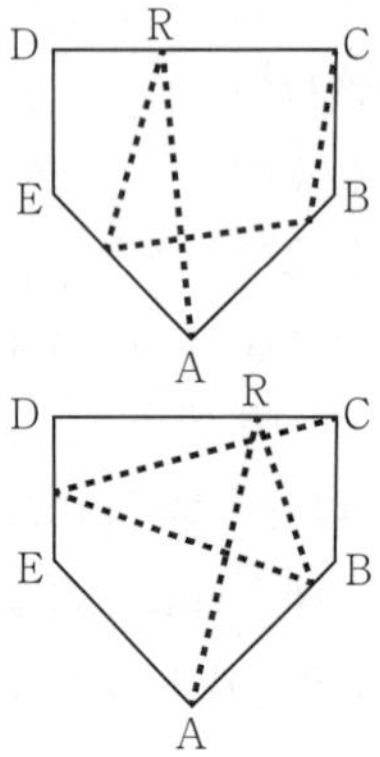

図③

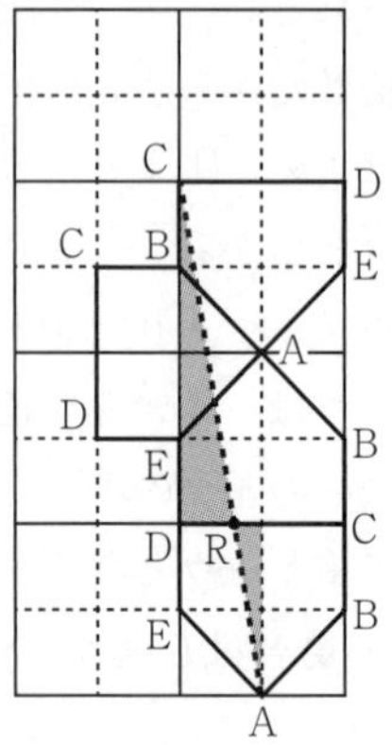

図④

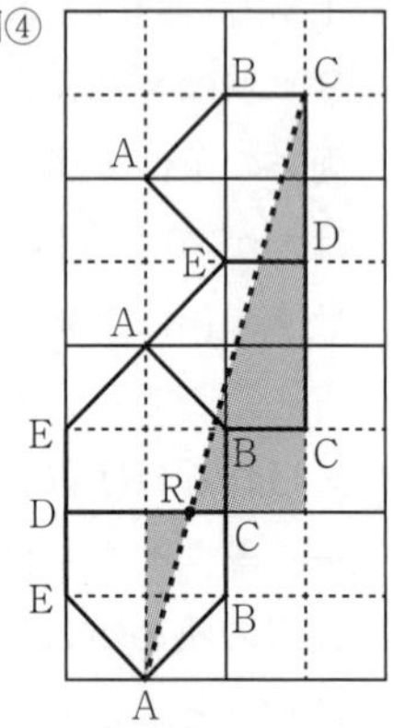

(2) 上の図②のような進み方が考えられる。(1)と同様に，反射する辺で折り返した図をかくと，それぞれ上の図③，図④のようになる。図①と同様にかげをつけた三角形の相似を利用すると，CRの長さは，図③の場合は，$5+5\times\frac{2}{4+2}=6\frac{2}{3}$(cm)，図④の場合は，$5-10\times\frac{2}{5+2}=2\frac{1}{7}$(cm)と求められる。

5 立体図形―分割，体積

(1) A，B，Pを通る平面で切ったときの断面は下の図①の斜線《しゃせん》部分になる。また，図①を真上から見ると図②，正面から見ると図③のようになる(かげの部分が立体Y)。図③で，C′Bの長さを3とすると，BD′：BP′＝(3×2)：(3×2＋2)＝3：4だから，PP′の長さを4とすると，イの長さは3となる。また，立体Yの高さは，4×3＝12なので，ア：イ＝(12－3)：3＝3：1とわかる。よって，図①で断面の下側の立体の体積を1とすると，立体Yの体積は，1×2×(1＋3)＝8となるから，断面の上側の立体の体積は，8－1＝7と求められる。したがって，大きい方の体積は小さい方の体積の，7÷1＝7(倍)である。

図①

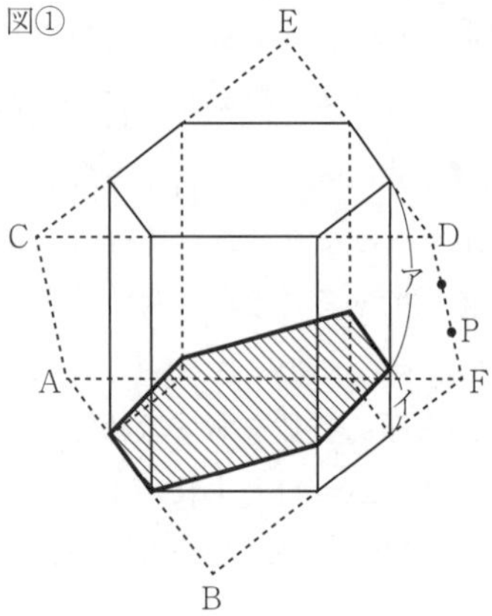

図②

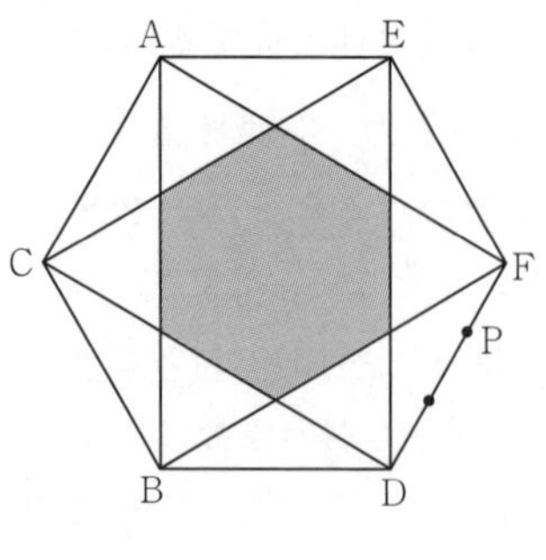

図③

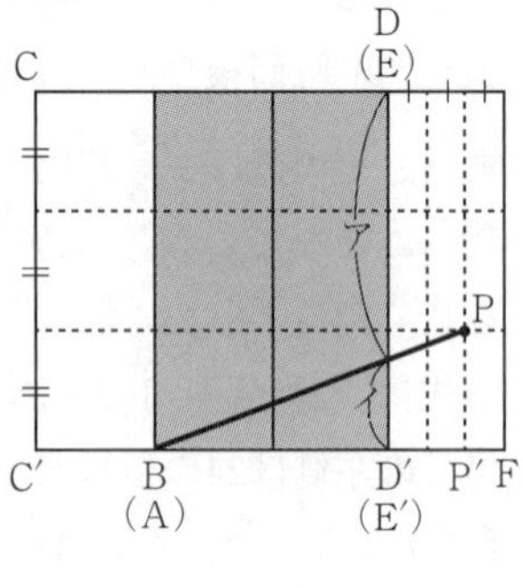

(2) 問題文中の図２で，Ｐを通りEAと平行な直線を引くと，立体Ｙの10番の頂点と重なることがわかる。次に，下の図④のように，Ａと10番の頂点を結んだ直線が立体Ｙの辺と交わる点をＱとする。すると，１番，７番，12番，６番の頂点を含《ふく》む面とＥは同じ面上にあるので，ＥとＱは直接結ぶことができる。このとき，この直線と立体Ｙの辺が交わる点をＲとする。さらに，４番，５番，11番，10番の頂点を含む面とＥも同じ面上にあるから，Ｅと10番の頂点は直接結ぶことができる。このとき，この直線と立体Ｙの辺が交わる点をＳとすると，断面は図④の太実線のような四角形になる。次に，下の図⑤から，Ｑは７番と12番の頂点を結ぶ辺を２：１に分ける点とわかる。よって，下の図⑥から，Ｒは６番と12番の頂点を結ぶ辺を３：１に分ける点とわかり，下の図⑦から，Ｓは５番と11番の頂点を結ぶ辺を１：１に分ける点とわかる。したがって，断面の周は下の図⑧のよう

図④

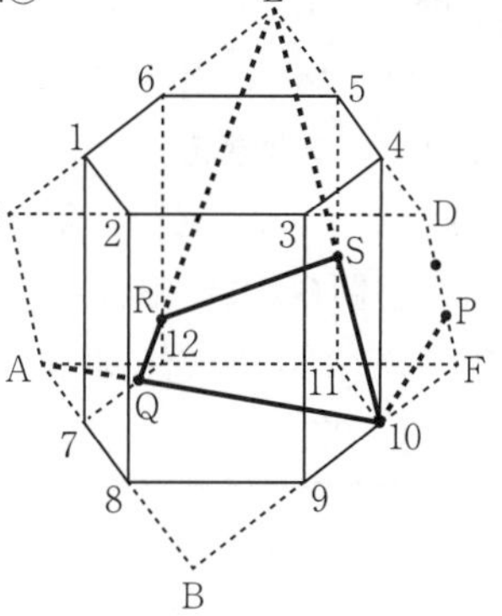

図⑤

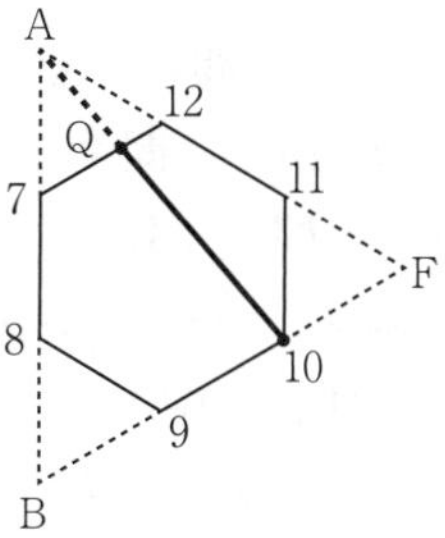

図⑥

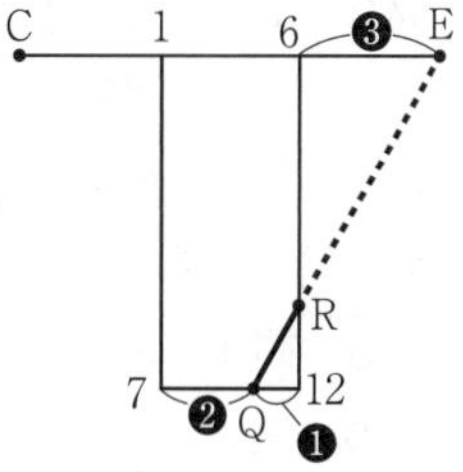

図⑦

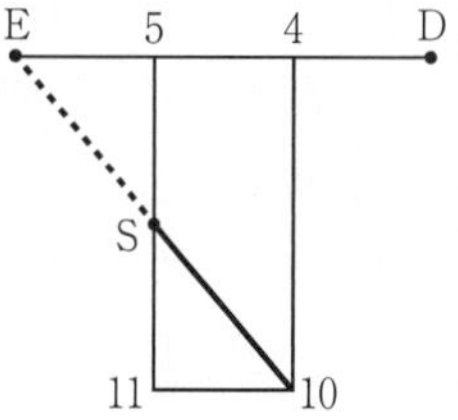

図⑧

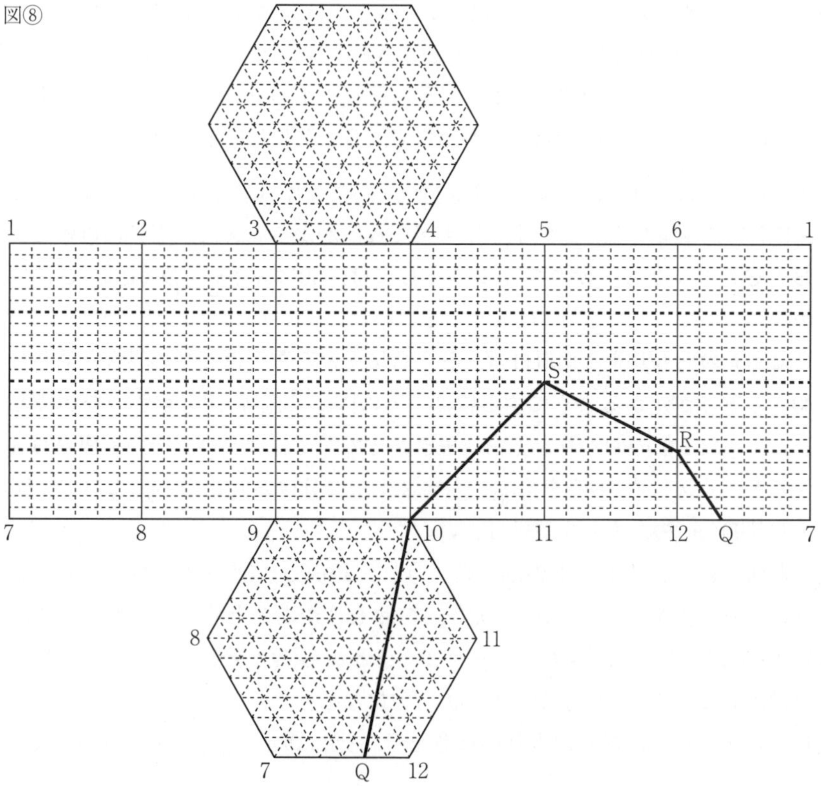

になる。

理 科 ＜第１日目＞（60分）＜満点：100点＞

解 答

1 **問１** ① 30 ② 20 **問２** (30, 36, 24) **問３** **おもりの重さ**…90 g **おもりの場所**…解説の図①を参照のこと。 **問４** **おもりの重さ**…150 g **おもりの場所**…解説の図②を参照のこと。 **問５** **D** 10 g **E** 50 g **F** 90 g 2 **問１** (例) スチールウールのすき間の奥へ空気を送りこめるから。 **問２** C **問３** 0.57 g **問４** ① エ ② イ ③ ア **問５** 4 個 **問６** 12.5% 3 **問１** ① ウ ② オ ③ ア ④ エ **問２** 75% **問３** ウ **問４** ① 18 ② 18 ③ 64 4 **問１** イ **問２** 1 : 2 **問３** 1600mA **問４** ***y***…100 **つなぎ方**…ウ 5 **問１** ① 根 ② 気孔 **問２** エ **問３** **あ** C **い** E **う** A **え** G **お** B **か** H **き** F **く** D **問４** 10.3 **問５** 0.3 **問６** ③ B, C, D, E ④ H, I 6 **問１** 38.5℃ **問２** 46.6℃ **問３** ① 34.0 ② 34.0 ③ 40.0 ④ 40.5 ⑤ 青 ⑥ 青 ⑦ 緑 ⑧ 緑 ⑨ 370

解 説

1 てこのつり合いついての問題

問１ 図３より，おもりが辺BC上を移動するとき，点Aには重さ(圧力)がかからない。そのため辺BCを重さのない棒と見立てて考えることができる。すると，図４の点Pに置いたおもりの重さは，点B，点Cからの距離《きょり》の逆比に分かれてそれぞれの下のセンサーにかかる。よって，点Pに50 gのおもりを置いたとき，Aには重さがかからず，BとCには50 gの重さが，$\frac{1}{2}:\frac{1}{3}=3:2$に分かれてかかるので，Aは0 g，Bは，$50\times\frac{3}{3+2}=30$(g)，Cは，$50-30=20$(g)を示す。

問２ 点Aに置いた30 gのおもりの重さはすべてAにかかる。また，点Pに置いた60 gのおもりの重さは，BとCに3：2に分かれてかかり，Bには，$60\times\frac{3}{3+2}=36$(g)，Cには，$60-36=24$(g)がかかる。

問３ 点Pに60 gのおもりを１個置けば，B，Cにかかる重さは問２の場合と同じになる。この状態でAに30 gの重さがかかるようにするには，下の図①の直線APを重さのない棒と見なしたとき，点Aと点Pに置いた２個のおもりを１個に置きかえて考えればよい。その１個のおもりを置いた点を点Xとすると，点Xは直線APを，$\frac{1}{30}:\frac{1}{60}=2:1$に分ける点になる。よって，図①の点Xの位置に，$60+30=90$(g)のおもりを置けばよい。

問４ 問３と同様に考えると，下の図②のように，辺BC上に点Yを，BY：YC=$\frac{1}{30}:\frac{1}{70}=7:3$となるようにとり，点Yに，$30+70=100$(g)のおもりがあると考える。次に，この点Yと点Aを結び，直線AY上に，AZ：ZY=$\frac{1}{50}:\frac{1}{100}=2:1$となる点Zをとり，点Zに，$100+50=150$(g)のおもりを置けばセンサーの表示が(50, 30, 70)になる。

問５ 点D，点E，点Fに置くおもりの重さをそれぞれⒹg，Ⓔg，Ⓕgとすると，各辺の両端《りょうたん》にはその真ん中の点に置いたおもりの重さが半分ずつかかるので，各センサーにかかる重さは，下の図③のようにまとめられる。ア，イ，ウをそれぞれ２倍するとエ，オ，カのようになる。エ～カの式をすべて加えると，(Ⓓ＋Ⓔ＋Ⓕ)の２倍が，100＋60＋140＝300(ｇ)とわかるので，Ⓓ＋Ⓔ＋Ⓕ＝300÷２＝150(ｇ)と求められる。ここから，エ，オ，カをそれぞれ引くと，Ⓓ＝10(ｇ)，Ⓔ＝50(ｇ)，Ⓕ＝90(ｇ)と求められる。

図①

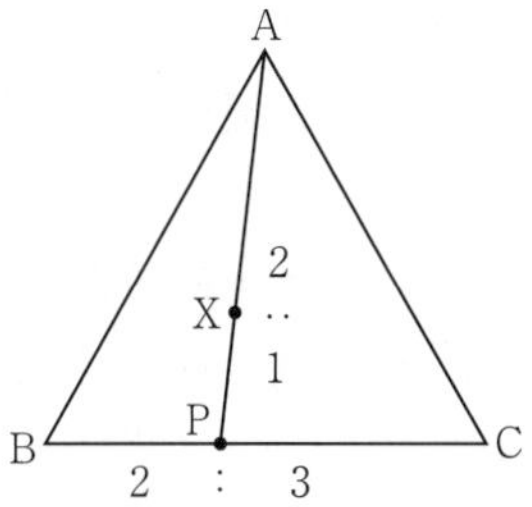

図②

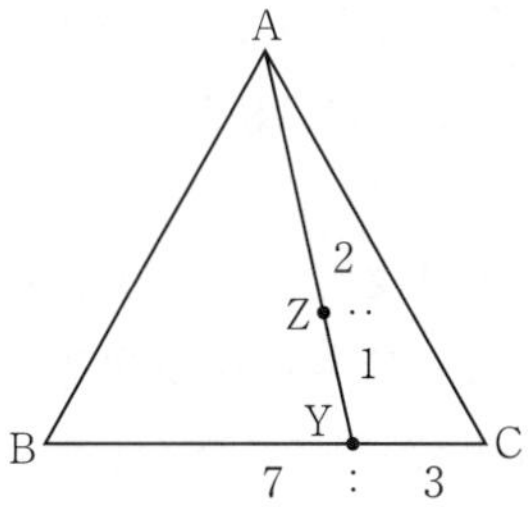

図③

A　$\frac{\text{Ⓓ}}{2}+\frac{\text{Ⓕ}}{2}=$ 50(ｇ)…ア

B　$\frac{\text{Ⓓ}}{2}+\frac{\text{Ⓔ}}{2}=$ 30(ｇ)…イ

C　$\frac{\text{Ⓔ}}{2}+\frac{\text{Ⓕ}}{2}=$ 70(ｇ)…ウ

⬇

Ⓓ＋Ⓕ＝100(ｇ)…エ

Ⓓ＋Ⓔ＝ 60(ｇ)…オ

Ⓔ＋Ⓕ＝140(ｇ)…カ

2 ものの燃え方についての問題

問１　スチールウールが燃えるためには酸素が必要である。空気中には約21％の酸素が含《ふく》まれているが，はく息の中にも16～17％ほどの酸素が含まれている。したがって，息をふきつけることで息の中の酸素がスチールウールのすき間の奥《おく》まで入りこむことができ，スチールウールを燃やすことができる。

問２　スチールウール(鉄)が燃えると，空気中の酸素と結びついて酸化鉄ができる。Ａ～Ｄで，スチールウールの重さと結びついた酸素との重さの比を求めると，Ａでは，0.42：(0.58－0.42)＝21：８，Ｂでは，0.63：(0.87－0.63)＝21：８，Ｃでは，1.05：(1.40－1.05)＝３：１(＝21：７)，Ｄでは，1.26：(1.74－1.26)＝21：８となっていて，Ｃはスチールウールの重さに対する酸素の重さの割合が他とは異なり小さくなっている。これは，途中《とちゅう》で火が消えてしまい，燃焼が不十分だったためだと考えられる。

問３　問２のＡ，Ｂ，Ｄより，スチールウールが完全に燃えると，スチールウールの重さの$\frac{8}{21}$の重さの酸素が結びついて，全体の重さが増加する。よって，1.5ｇのスチールウールが完全に燃えると，$1.5\times\frac{8}{21}=0.571\cdots$より，重さが0.57ｇ増える。

問４　①　スチールウールは鉄なので，塩酸に溶《と》けると水素が発生する。水素は無色無臭《むしゅう》の気体である。　②　鉄が塩酸に溶けると，塩化鉄という物質ができる。塩化鉄はうすい黄色の固体(粉)である。　③　鉄が燃焼してできた酸化鉄は黒っぽい色をした固体である。燃えた後の物質(酸化鉄)は塩酸に溶けると述べられていることから，酸化鉄が塩酸に溶けたものの固体が残ると考えられる。

問５　あ　酸素の割合が減少すると，まだ酸素が残っていても火は消える。　い　ちっ素にはものを燃やすはたらきはない。　う　成分として炭素を含まない鉄などが燃えるときには，二酸化炭素は発生しない。　え　燃えたときに水蒸気が発生するのは，成分として水素を含む物質の場合である。炭はほぼ炭素だけでできているため，燃えると二酸化炭素は発生するが水蒸気は発生しない。　お　ろうそくに火がつく(燃焼する)ためには，ある一定(発火点)以上の温度が必要である。

問6　Cで燃焼後に増えた重さは，1.40－1.05＝0.35（g）である。完全に燃えれば，$1.05\times\frac{8}{21}$＝0.40（g）だけ重さが増えるはずだから，燃えずに残っているスチールウールの割合は，(0.40－0.35)÷0.40×100＝12.5(%)となる。

3 大気についての問題

問1　①　最も高い位置にできる雲の名前には「巻」の文字がつく，ここでは巻積雲(うろこ雲)があてはまる。　②　うね雲は層積雲のことである。くもり空のときの雲で，白や灰色をしている。
③　ひつじ雲は高積雲のことで，高積雲は小さなかたまりが規則正しく並んでいることが多い。
④　雷《かみなり》をともなって激しい雨を降らせるのは積乱雲(入道雲)で，よく晴れた夏の夕方などに発生しやすい。

問2　高さが０ｍである海水面１m^2の上で，高さが，5.5×２＝11(km)よりも上にある空気の柱の重さは，$10\times\frac{1}{2}\times\frac{1}{2}$＝2.5(トン)なので，高さ11kmより下にあるすべての大気の重さは，地球全体の大気の重さの，(10－2.5)÷10×100＝75(%)になる。

問3　１m^3＝1000Ｌより，海水面付近の空気１m^3の重さは，1.3×1000÷1000＝1.3(kg)である。よって，空気の重さが上空まで変わらないとき，空気の柱10トン(＝10000kg)の体積は，10000÷1.3＝7692.3…より，7692m^3なので，その高さは，およそ，7692÷１＝7692(m)と求められる。よって，８kmが選べる。

問4　①　24時間で太陽は地球のまわりを１周(360度)回るとすると，72分では，$360\times\frac{72}{24\times60}$＝18(度)回転する。　②　太陽がＡからＢまで動いたときの角度(角AHB)と地球上で人がＧからＥまで動いたときの角度(角EHG)は等しくなる。①より，太陽は18度動いたので，角EHGも18度とわかる。　③　三角形DHEと三角形DHGは合同なので，角DHE＝18÷２＝９(度)である。問題文中の図より，直角三角形DHEについて，EH：DH＝100：101で，また，円の半径は等しいから，FD＝DH－FH＝DH－EHとなり，EH：FD＝100：(101－100)＝100：１となる。よって，FDの長さは，$6400\times\frac{1}{100}$＝64(km)と求められる。

4 コンデンサーをつないだ電流回路についての問題

問1　状態Ａのコンデンサーについて，電流の大きさが半分に減る時間は実験１では30秒，実験２ではその２倍の60秒となっていて，30：60＝１：２より，直列につないだ電熱線の数の比と一致《いっち》している。よって，電流の大きさが半分まで減る時間は，直列につないだ電熱線の数に比例しているといえる。

問2　実験２と実験３より，それぞれのコンデンサーに最初たまっていた電気量を比べると，(状態Ａ)：(状態Ｂ)＝(200×60)：(400×60)＝12000：24000＝１：２である。

問3　状態Ｂのコンデンサーの電気量は24000だから，実験４でコンデンサーを接続した直後に流れる電流の大きさを□mAとすると，□×15＝24000が成り立ち，□＝24000÷15＝1600(mA)と求められる。

問4　問２より，コンデンサーの電気量は回す速さに比例するとわかる。よって，状態Ｃのコンデンサーの電気量は，12000×1.5＝18000となる。すると，図５の回路で，コンデンサーをつないでから流れる電流の大きさが半分になるまでの時間を□秒とすると，400×□＝18000が成り立ち，□＝45(秒)とわかる。よって，実験を開始してから90秒後の電流の大きさ(y)は，45×２＝90より，400÷２÷２＝100(mA)となる。また，問１より，図５では電流が半分になるまでの時間が実験１

の30秒の，45÷30＝1.5(倍)になっているので，Xの部分につないだ電熱線は電熱線，1×1.5＝1.5(本)分になる。電熱線２本を並列につなぐと流れる電流は１本のときの２倍になるので，電熱線２本を並列につないだ部分は0.5本分の電熱線と見なすことができ，ウのように，これと電熱線１本を直列につなぐと，1.5本分の電熱線のつなぎ方となる。

5 ヒトのからだの水の出入りについての問題

問１　植物は，根から水を体内にとり入れ，葉の表面にある気孔《きこう》というすき間から，水分を水蒸気のすがたで放出している。陸上植物の場合，気孔は一般《いっぱん》に葉の裏側に多い。

問２　肝臓《かんぞう》でつくられ，胆《たん》のうにためられて，十二指腸に分泌《ぶんぴつ》されるたん汁《じゅう》は，消化酵素《こうそ》を含まないが，脂《あぶら》（脂肪《しぼう》）を細かくして(乳化して)消化液と混ざりやすくするはたらきをしている。

問３　**あ**　肺から体外へ放出される水(水蒸気)を表している。　**い**　ヒトのからだの表面(皮ふ)からは汗《あせ》のかたちで水分が排出《はいしゅつ》される。　**う，え**　消化管の入り口，すなわち口からとり入れている水なので，飲み物や食べ物に含まれる水である。　**お**　胃などの消化器官で，消化管に消化液のかたちで分泌される水を表している。　**か**　消化管(おもに小腸)からとり入れている水になる。　**き**　消化管の出口(肛《こう》門)から外に出る水を表している。　**く**　腎臓《じんぞう》では尿《にょう》が作られ，尿として水が体外へ排出される。

問４　「う」「え」「お」が消化管に入る水，「か」「き」が消化管から出る水を表しているので，A＋G＋B＝H＋Fが成り立つ。よって，1.0＋1.2＋8.2＝x＋0.1より，x＝10.3(L)である。

問５　からだ全体から出ていく水を表しているのはC，D，E，F，からだ全体に入る水を表しているのはA，G，Iとなる(Iで生じた水は体外からとり入れたブドウ糖が分解したとき生じたものである)。なお，BとHはからだの中での水のやりとりと考える。すると，0.3＋1.5＋0.6＋0.1＝1.0＋1.2＋yが成り立ち，y＝0.3(L)と求められる。

問６　③　消化管へ水が出ることは『からだの内部』から『からだの外部』へ水が出ること，A，G，Fは消化管の中，つまり『からだの外部』から『からだの外部』のやりとりであることに注意すると，B，C，D，Eの４つが選べる。　④　腸から『からだの内部』にとり入れられるHと体内で生じる水のIがあてはまる。

6 中和で発生する熱についての問題

問１　実験１で，塩酸Aの体積を０cm^{3}から増やしていった場合，40cm^{3}までは10cm^{3}ごとに水溶液《すいようえき》の温度が2.7℃ずつ一定の割合で上昇《じょうしょう》している。したがって，塩酸A40cm^{3}と水酸化ナトリウム水溶液60cm^{3}を混ぜたとき，40cm^{3}の塩酸Aがすべて中和して水溶液の温度が，35.8−25＝10.8(℃)上昇して，35.8℃になっている。すると，塩酸A60cm^{3}と水酸化ナトリウム水溶液40cm^{3}を混ぜたときも水溶液の温度は35.8℃となっていることから，塩酸Aは60cm^{3}のうち40cm^{3}が中和し，これと水酸化ナトリウム水溶液40cm^{3}がすべて中和していることがわかる。よって，塩酸Aと水酸化ナトリウム水溶液は同じ体積どうしで完全に中和することがわかるので，実験１では塩酸A50cm^{3}と水酸化ナトリウム水溶液50cm^{3}が中和したとき温度は最も高くなる。中和による発熱量は中和した塩酸や水酸化ナトリウム水溶液の体積に比例するので，水溶液の温度は最高で，$10.8\times\frac{50}{40}$＝13.5(℃)上昇し，25＋13.5＝38.5(℃)まで上がる。

問２　実験２で，塩酸Bの体積が０cm^3〜20cm^{3}のときは，10cm^{3}増えるごとに水溶液の温度が10.8℃ずつ一定の割合で上昇していて，このとき塩酸Bはすべて中和している。したがって，20cm^{3}の塩酸Ｂが中和すると，温度は，10.8×２＝21.6(℃)上昇することになる。塩酸Ｂが40cm^{3}のとき，温度は，41.2－25＝16.2(℃)上昇しているので，塩酸Ｂは，$20\times\frac{16.2}{21.6}$＝15(cm^3)だけ中和し，60cm^{3}の水酸化ナトリウム水溶液はすべて中和してなくなっていることがわかる。よって，塩酸Ｂと水酸化ナトリウム水溶液は，15：60＝１：４の体積比でちょうど中和する。したがって，塩酸Ｂ20cm^{3}と水酸化ナトリウム水溶液80cm^{3}はどちらもすべて中和してなくなっているので，このときの温度(46.6℃)が最高の温度となる。

問３　塩酸Ｃは塩酸Ｂの1.5倍の濃《こ》さなので，塩酸Ｃと水酸化ナトリウム水溶液は，１：４×1.5＝１：６の体積比で完全に中和することになる。また，中和による発熱量が同じとき，水溶液の温度上昇は全体の体積に反比例する。　①，⑤　水酸化ナトリウム水溶液Ａ45cm^{3}と塩酸Ａ45cm^{3}が完全に中和して，90＋45＝135(cm^3)の水溶液になるので，温度は，$10.8\times\frac{45}{40}\times\frac{100}{135}$＝9.0(℃)上昇して，25.0＋9.0＝34.0(℃)になる。また，水酸化ナトリウム水溶液が余っているため，水溶液はアルカリ性になっており，青色になる。　②，⑥　塩酸Ａ25cm^{3}と水酸化ナトリウム水溶液25cm^{3}が完全に中和し，塩酸Ｂ５cm^{3}と水酸化ナトリウム水溶液，５×４＝20(cm^3)が完全に中和する。よって，水酸化ナトリウム水溶液，25＋20＝45(cm^3)が完全に中和してなくなり，105＋25＋５＝135(cm^3)の水溶液になるので，①と同じ34.0℃になる。また，水酸化ナトリウム水溶液が余っているので，水溶液の色は青色である。　③，⑦　塩酸Ａ110cm^{3}と水酸化ナトリウム水溶液110cm^{3}が完全に中和し，塩酸Ｂ10cm^{3}と水酸化ナトリウム水溶液，10×４＝40(cm^3)が完全に中和する。よって，水酸化ナトリウム水溶液，110＋40＝150(cm^3)がすべて完全に中和してなくなり，温度が，$10.8\times\frac{150}{40}\times\frac{100}{150+110+10}$＝15.0(℃)上昇して，25.0＋15.0＝40.0(℃)になる。このとき，水溶液は中性になるので，緑色を示す。　④，⑧　塩酸Ａ210cm^{3}と水酸化ナトリウム水溶液210cm^3，塩酸Ｂ10cm^{3}と水酸化ナトリウム水溶液40cm^3，塩酸Ｃ10cm^{3}と水酸化ナトリウム水溶液，10×６＝60(cm^3)がそれぞれ完全に中和する。したがって，水酸化ナトリウム水溶液，210＋40＋60＝310(cm^3)がすべて完全に中和する。よって，温度は，$10.8\times\frac{310}{40}\times\frac{100}{310+210+10+10}$＝15.5(℃)上昇し，25.0＋15.5＝40.5(℃)になる。また，水溶液は中性になるので，緑色になる。　⑨　水溶液の色が黄色になっていることから，水酸化ナトリウム水溶液がすべてなくなり，塩酸が余っていることがわかる。そこで，水酸化ナトリウム水溶液の体積を□cm^{3}とすると，温度上昇について，$10.8\times\frac{\square}{40}\times\frac{100}{\square+280+20+5}$＝39.8－25.0＝14.8が成り立つ。これを整理すると，$\frac{27\times\square}{\square+305}$＝14.8より，27×□＝14.8×(□＋305)，27×□＝14.8×□＋14.8×305，(27－14.8)×□＝4514，12.2×□＝4514となり，□＝4514÷12.2＝370(cm^3)と求められる。

国語　＜第１日目＞(40分)＜満点：80点＞

解答

一　**問１**　(例)　刈っても刈ってもすぐに伸びてくる点。　**問２**　(例)　自分の管理下にある土地から，悪いものをてってい的に取り除こうとする考え。　**問３**　**１**　ク　**２**　ウ　**３**　コ　**４**　ア　**５**　エ　**６**　イ　**問４**　(おい)それ(と)　**問５**　**１**　つらつら　**２**　てらてら　**３**　たらたら　**４**　とろとろ　**問６**　**１**　Ｅ　**２**　Ａ　**３**　Ｂ　**４**　Ｆ

5　G　　二　1　冬　2　夏　3　秋　4　春　　三　1　破　2　暑　3　究　4　針　5　念　　四　1　めく　2　がる　3　やく　4　だつ　　五　1　(大)ぶね(船)　2　(大)ぶろしき(風呂敷)　3　(大)めだま(目玉)　4　(大)ぐち(口)　5　(大)みえ(見得)　6　(大)なた(鉈)　　六　1　ウ／母　2　ウ／お休み(お休みになって)　3　ア／いらっしゃった　　七　A　由　B　世　C　元(行)　D　日(水)　E　都　F　合　G　力　H　文　I　大　J　人　K　気　L　分

解説

一　**出典は日髙敏隆《ひだかとしたか》の『日髙敏隆選集Ⅴ　動物はなぜ動物になったか』による。**雑草を「『とにかく』悪いもの」とみなし，除草剤《ざい》をまいたり草刈《くさか》りをしたりして取り除くことは，多様な植物の共存を許さない画一管理の思想につらなると危惧《きぐ》している。

問1　筆者の住む公務員住宅では「夏になると月二回は全員総出で草取りをする」ほか，少し離《はな》れた草原でも，草刈り機が轟音《ごうおん》を立てながらきれいに刈り取っているが，それでも不十分なときには除草剤によって雑草を根絶やしにしようと試みるのだから，ここでの「手ごわい」は，雑草が刈っても刈ってもまたすぐに伸《の》びてくる点を指して言っているのだとわかる。

問2　雑草を取り除こうとする人々の「根本」にあるのは，「花壇《かだん》や芝生《しばふ》」をよしとしながら，「雑草」だけはとにかく悪いものとみなし，自分の管理下にある土地に生やしてはならないとする考えではないかと筆者は述べている。このことが「手入れの思想」にあたるので，「雑草を悪いものと決めつけ，自分の管理下にある土地から排除《はいじょ》しなければならないとする考え」のようにまとめる。

問3　1　「窮鼠猫《きゅうそねこ》をかむ」は，“追いつめられた鼠《ねずみ》が猫にかみつくように，弱者も追いつめられれば強者に反撃《はんげき》して，強者を苦しめるものだ”という意味。　2　「鶏口《けいこう》となるも牛後となるなかれ」は，“大きな集団の一番下にいるよりは，小さな集団であってもその先頭に立って集団をリードしていくほうがよい”という意味。　3　「犬馬の労」は，主君や他人のために全力で働くこと。　4　「鶴《つる》は千年亀《かめ》は万年」は，寿命《じゅみょう》が長く，めでたいことのたとえ。　5　「鳶《とび》が鷹《たか》をうむ」は，“平凡《へいぼん》な親から優秀《ゆうしゅう》な子どもが生まれる”という意味。　6　「蛇《へび》ににらまれた蛙《かえる》」は，恐怖《きょうふ》で体がすくんでしまい，動けないことのたとえ。

問4　「おいそれと」は，簡単に事に応じるようす。

問5　1　「つらつら」は，つくづく。よくよく。　2　「てらてら」は，つやがあり光っているようす。　3　「たらたら」は，好ましくないことをいつまでも未練がましく話すさま。　4　「とろとろ」は，ここでは眠気《ねむけ》をもよおすさまを表す。

問6　1　「コントラスト」は，明暗や色彩《しきさい》の対比。　2　「コンセプト」は，ものごとの基調となる考え。テーマ。　3　「コンセンサス」は，合意。　4　「コントロール」は，ちょうどよい具合に調節したり管理したりすること。　5　「コンパクト」は，小さくまとまっている状態。なお，「コンタクト」は，他者との接触《せっしょく》をはかること。「コンディション」は，あるものの状態。

二　**俳句の知識**

1　二句目の「襟巻《えりまき》に首引入れて」という部分から，寒いなか襟巻に首をうずめる情景が想像できるので，「冬」が入ると推測できる。　2　二句目の「伸びることのみに徹《てっ》する」という部分からは，草の生《お》い茂《しげ》るようすがうかがえるので，「夏」が入ると考えられる。　**3**　一句目の「足もとはもうまっくら」という部分から，日が暮れるのが早くなったようすがうかがえる。また，四句目の「白し」風という部分からは，秋に吹《ふ》く風を表現した「色なき風」という季語が連想される。よって，「秋」があてはまる。　**4**　一句目は“春になるとどんな小さな草々も必ず花をつけてその草にふさわしい装いを見せる。天の神様は平等な手はずをほどこす”ということを詠《よ》んでいる。二句目は雪解け水とともにさまざまなものがおし流されてくる川のようすを表している。三句目は冬と異なって地に触《ふ》れるとすぐに溶けてしまう雪のようすを表現している。四句目は，波がゆるやかにうねっている春の海を詠んだものである。よって，「春」が合う。

三　漢字の知識

1　「他山の石」は，“自分よりおとる人の言動でも，自分を向上させる材料になる”という意味。「面《つら》の皮が厚い」は，図々しい性格であるさま。「石」と「皮」を組み合わせ，「破」という漢字ができる。　**2**　「夜を日に継《つ》ぐ」は，“休まずに続ける”という意味。「去る者は追わず」は，“自分からはなれていく者は引き止めない”という意味。「日」と「者」を組み合わせ，「暑」という漢字ができる。　**3**　「九死に一生を得る」は，“絶望的な状況《じょうきょう》でありながら奇跡《きせき》的に助かる”という意味。「墓穴《ぼけつ》を掘《ほ》る」は，“自分で自分を破滅《はめつ》に追いこむような原因をつくる”という意味。「九」と「穴」を組み合わせ，「究」という漢字ができる。　**4**　「時は金なり」は，“時間は貴重なものだ”という意味。「十中八九」は，おおかた。たいてい。「金」と「十」を組み合わせ，「針」という漢字ができる。　**5**　「今をときめく」は，“現在もてはやされている”という意味。「立てば歩めの親心」は，子どもの成長を願う親の愛情を表す言葉。「今」と「心」を組み合わせ，「念」という漢字ができる。

四　言葉の完成

1　「はるめく」は，“春らしくなる”という意味。「ひしめく」は，“多くの人々がたがいにおし合うほど集まる”という意味。「なぞめく」は，“わかりにくく，神秘的なようすである”という意味。**2**　「ひろがる」は，“広くなる，面積が大きくなる”という意味。「むらがる」は，“多くの人や動物がその場所に集まる”という意味。「ころがる」は，“回りながら進む”という意味。　**3**　「ささやく」は，“小声で言う”という意味。「かがやく」は，“まぶしいほど光る”という意味。「つぶやく」は，“小さな声でひとりごとを言う”という意味。　**4**　「なみだつ」は，“波が起こる”という意味。「あわだつ」は，“あわができる”という意味。「きわだつ」は，“ほかとのちがいがはっきりと目立つ”という意味。

五　慣用句の完成

1　「大船に乗る」は，“頼《たよ》りになるものに任せて，すっかり安心した状態になる”という意味。**2**　「大風呂敷《おおぶろしき》を広げる」は，“自分の実力以上の大きなことを言う”という意味。　**3**　「大目玉を食う」は，“こっぴどくしかられる”という意味。　**4**　「大口をたたく」は，“身のたけに合わないようなえらそうなことを言う”という意味。　**5**　「大見得を切る」は，“自信たっぷりに大げさな言動をとる”という意味。　**6**　「大鉈《おおなた》をふるう」は，“思い切って処分したり整理したりする”という意味。

六　敬語の知識

1　自分の身内を表現するときに尊敬語を用いるのは誤り。「お母さん」ではなく「母」と表現するのが正しい。　**2**「お～する」は謙譲《けんじょう》表現。相手の動作を敬うときは「お～になる」という表現を用いる。ここでは,「お休みになって」などとするのが合う。　**3**「いらっしゃられた」は,尊敬語である「いらっしゃる」と尊敬の意味を表す助動詞の「れる」が組み合わさって二重敬語になっている。よって,「いらっしゃった」などとするのがよい。

七　熟語のしりとり

〔条件1〕～〔条件3〕に注意しつつ,空らんをふくむ熟語のうち片方が明らかになっているところ,確定できるものから順にあてはめていくのがよい。たとえば,空らんＢや空らんＬにおいて,「紀」,「銅」をふくむ二字熟語は限られていることから,すぐに「世紀」,「分銅」などとあたりをつけられるだろう。　**A～D**「理由」—「由来」—「来世」—「世紀」—「紀元(紀行)」—「元日(行水)」—「日曜(水曜)」となる。　**E～H**「首都」—「都合」—「合体」—「体力」—「力作」—「作文」—「文句」となる。　**I～L**「絶大」—「大成」—「成人」—「人気」—「気配」—「配分」—「分銅」となる。

国　語　＜第２日目＞(70分)＜満点：120点＞

解　答

一　問1　下記を参照のこと。　**問2**（例）早く成熟して年に何度も出産すれば,天敵に食べられる前にたくさん子供を残し,種として生き残れるから。　**問3**（例）ヒトは長生きをしたうえで老化や病気で死ぬが,マウスは長生きせずに天敵に食べられて死ぬ。　**問4**（例）ハリネズミの針のような毛やビーバーの水上暮らしなどにより,他の動物から食べられにくくなり長寿化したということ。　**問5**（例）アリの巣のような穴の中で一生を過ごすため天敵があまりいないから。　**問6**（例）代謝が低い省エネ体質であるため,生体物質を酸化させる活性酸素が少ない　**問7**（例）女王となった一匹のメスのみが子供を生み,女王以外の個体はそれぞれ仕事を分業し,仕事の効率化をはかる仕組み。　**問8**（例）真社会性による寿命の延長により,教育に費やせる時間が多くなり,分業がさらに高度化・効率化し,ますます寿命が延びたこと。　**二　問1**　ア　**問2**（例）結果が見えないことを自己満足のためにするもの。　**問3**（例）練習が嫌でたまらず,早く練習時間が終わってほしいと思う気持ち。**問4**（例）音楽の世界を,特別なものではなく,あたり前のものとして受け入れているということ。　**問5**（例）ギターを弾く趣味が創作という仕事とは異なり,なんのためでもなく,無理に上達する必要がないことだから。　**問6**　自分より才能があり,能力のある者と厳しく比較される(ような場所。)　**問7**（例）誰かのペースと並ぶことや誰かの評価を気にすることなく,純粋にギターを弾くことを楽しむようになれること。　**三　問1**（例）まいた種の成長を自然にゆだねること。　**問2**　エ　**問3**　オ　**問4**（例）大根の芽の生命力の強さに驚く気持ち。　**問5**（例）大根の生命力にふれることで自分も生きる活力がわいてくるから。　**問6**（例）今はもう会えなくなった人々のおもかげを強く感じとれるということ。

●漢字の書き取り

一　問1　A　観点　B　確率　C　採用　D　地域　E　適応　F　判明

G　復活　H　護衛　I　職種

解説

一　出典は小林武彦《こばやしたけひこ》の『生物はなぜ死ぬのか』による。小型のハツカネズミと異なり，中型のハリネズミや大型のビーバーなどのネズミの寿命《じゅみょう》が長くなった理由や，体が小さいにもかかわらず食われて死なないタイプのハダカデバネズミの生態が紹介《しょうかい》されている。

問1　A　ものごとを考えたり判断したりするときの立場。　B　あるできごとが起こる確からしさの割合。　C　適切な人物や，意見・方法などをとり上げて用いること。　D　一定の範《はん》囲《い》の土地。　E　その場の環境《かんきょう》や条件によくなじんでいること。　F　事実などが明らかになること。　G　おとろえたり機能などが停止したりしていたものがよみがえること。　H　身分や地位が高い人につきそって守ること。　I　職業や職務の種類。

問2　「このペース」とは，ハツカネズミが「生後わずか2ヵ月で成長・成熟」することに加え，「20日間の妊娠《にんしん》期間で4～5匹《ひき》の赤ちゃんを出産」し続けることを指す。続く段落で，天敵に狙《ねら》われやすい小型のハツカネズミは，食べられる前にできるだけ早く成熟し，たくさん子供を残すという戦略をとることで「生き残り」をはかってきたと述べられていることをふまえると，彼《かれ》らの出産ペースが自然界において「有利」なのは，早く成長することで，天敵に食べられる前にたくさん子供を産め，種として生き残りやすくなるからだといえる。

問3　問2でみたように，天敵に食べられて死ぬことが前提のハツカネズミは，進化の過程で長生きにかかわる機能を犠牲《ぎせい》にする反面，成長の速度をはやめ，たくさん子供を産むことで種の保存をはかってきた。これは，「食べられる死に方」にあたる。一方，直前に「ヒトの老化を研究するためにマウスをモデル動物として採用する」とあることからわかるとおり，ヒトは長生きをするのが前提となっており，その過程で老化したりがんなどの病気にかかったりして死ぬ。これは「寿命を全《まっと》うする死に方」だということができる。

問4　ハリネズミは「針のような毛」を身にまとうことで，ビーバーは「水上暮らし」をすることで「他の生物から食べられにくくなり」，長寿化が可能になったと説明されている。各々《おのおの》が長生きし，子供を残すための大きな阻害《そがい》要因である天敵を，そうした「形態や生活様式の変化」によって遠ざけたのである。

問5　ハダカデバネズミが「体が小さいにもかかわらず食われて死なない」のは，「乾燥《かんそう》した地域にアリの巣のような穴を掘《ほ》りめぐらし，その中で一生を過ご」すことに大きな原因がある。「天敵は時折ヘビが侵入《しんにゅう》してくる」程度であまりいないと述べられているとおり，穴の中で一生を過ごし，天敵に襲《おそ》われる確率が低いため，彼らは寿命を全うできるのである。

問6　筆者は，ハダカデバネズミが「省エネ体質」であることを説明した後，それゆえ「エネルギーを生み出すときに生じる副《ふく》産物の活性酸素」も少ないと述べている。直前の一文に，「例えばDNAが酸化されると遺伝情報が変化しやすくなり，がんの原因」になると書かれていることをふまえると，ハダカデバネズミは生体物質を酸化させる「活性酸素」を生成しにくい個体なので，がんにかかるリスクが極端《きょくたん》に低いといえる。

問7　ハダカデバネズミは，ミツバチの女王バチと同様「1匹の女王ネズミのみが子供を産み」，「女王以外の個体は，それぞれ仕事を分業」している。結果的に仕事は「効率化し，1匹あたりの労働量が減少すること」になるが，このような仕組みを「真社会性」というと筆者は述べている。

問8　「正のスパイラル」とは，ものごとが次々とつながり，よい方向に変化していくこと。ここでは，分業化のシステム（真社会性）による「労働時間の短縮」と「ストレスの軽減」から寿命の延長が可能になっただけにとどまらず，そのぶん「教育」に費やせる時間が増えたことで，分業がさらに高度化・効率化し，ますます寿命が延びるという好循環《じゅんかん》がもたらされていることを指している。

二　**出典は文月悠光《ふづきゆみ》の『臆病《おくびょう》な詩人，街へ出る。』による。**「趣味《しゅみ》」に対する「私」（筆者）のとらえかたの変化が語られている。

問1　「こんなこと」とは，弾《ひ》き語り教室の先生に向けられた「私」の，「詩を書くのが好きで，ときどき書いて」いるという発言を指す。詩人でありながら，さも素人《しろうと》であるかのように「ときどき」詩を書いていると言って相手の反応を探《さぐ》ろうとするこずるさ（悪い癖《くせ》）が自分のなかにあることを，「私」は後ろめたく感じているのだから，アが選べる。

問2　続く部分で昔の「私」は，「結果の見えないこと」に取り組む周囲のようすが理解できなかったとしたうえで，十代の頃《ころ》の自分は「創作によい刺激《しげき》を与《あた》えてくれるかどうか」という判断基準から全行動を決めていたと振《ふ》り返っている。明確な見返りが期待できない「自己満足」の愉《たの》しみに価値を見出《みいだ》すことのできない窮屈《きゅうくつ》な生き方を，当時の「私」はしていたのだから，これを整理して「結果の見えないことを誰《だれ》の評価も気にする必要のない自己満足でする，自分だけの愉しみ」のようにまとめる。

問3　三歳《さい》から十歳の頃まで演奏家の先生について受けていたバイオリンのレッスンは，自分にとって「地獄《じごく》」だったと「私」は思い返している。友達と遊ぶことも，好きなアニメを観ることもできないばかりか，ミスをすれば母に怒鳴《どな》られたり，寝《ね》る時間も遅《おそ》くなったりするなど，「練習が嫌《いや》すぎて泣き叫《さけ》」ぶこともあった「私」は，バイオリンの練習の時間が一刻も早く過ぎてほしいという思いから「とにかく時計の針ばかり見ていた」のである。

問4　続く部分で，九歳の時に初めて出場したコンクールのようすが描《えが》かれている。本番前，楽屋で石のごとく緊張《きんちょう》する自分に対し，歳下《としした》の小さな男の子は同じ出演者でありながら，まるで「家にいるようなくつろぎよう」だったばかりか，舞台《ぶたい》では自分の「選んだ曲より難しい課題曲を見事に弾きこなした」と「私」は振り返っている。練習もコンクールも苦痛でしかなかった自分に比べ，当然のごとく音楽の世界に身を置く「才能」ある男の子のようすを見た「私」は，自分の居るべき場所が違《ちが》うと感じ，彼のような人々を「自然に呼吸している」と表現したのである。

問5　昔のように「『それが創作によい刺激を与えてくれるかどうか』という基準で全行動を決めていた」ならば，ギターを弾くことも「エッセイのネタ」にするためと考えたかもしれないが，今ではギターを弾くことが楽しく，「だんだんと『ヘタなりに楽しい』という感覚が得られるようになってきた」，つまり「趣味」として楽しむことができるようになったと「私」は感じている。「趣味」であれば，「他人と比べず，無理に上達しなくても」よく，「ギターを弾くのは，なんのためでもない」のである。「創作」という仕事ならばこれは許されないと考えたとき，「趣味」であることを純粋《じゅんすい》に楽しめる点に「私」は清々《すがすが》しさを覚えたのだから，これをもとに「ギターを弾くのはなんのためでもないということは，他人と比べたり無理に上達したりする必要がないことを意味するから」のようにまとめる。

問6　「あの過酷《かこく》なコンクールの舞台」とは，幼い頃に「私」が参加したバイオリンのコンクールを指す。問4でも検討《けんとう》したとおり，当然のごとく音楽の世界に身を置く男の子のようすを見た「私」は，そこが「自分より才能があり，能力のある者と厳しく比較《ひかく》される」という過酷な場だったと痛感している。

問7　「『立派な書き手になりたい，ならなくては。』と背伸《せの》びし続けていた私」は，「『それが創作によい刺激を与えてくれるかどうか』という基準で全行動を決め」，才能がないと思えたものに時間をかけることは無意味だという考えから，「趣味」を「自己満足」のものとして否定してきた。しかし，ギターの弾き語りを始めてからは，「だんだんと『ヘタなりに楽しい』という感覚が得られるように」なり，「他人と比べず，無理に上達しなくても」よく，「誰かのペースと並ぶ必要」などないことにだんだんと気づきはじめている。「趣味」に対する否定的な考え方を打ち消し，自分らしく楽しむことができるようになれたことを「等身大」と表現しているのである。

三　**出典は森文子《もりふみこ》の『野あざみの栞《しおり》』所収の詩「大根の種まき」による。**畑にまいた大根の種が芽を出し，土をもたげていく生命力の強さから，自分自身が生きることを肯定《こうてい》する気持ちや，今ではもう会うこともできなくなった人たちへの思いを感じ取っている。

問1　種を土にまいた後，その成長は大地にゆだねるしかなく，人間の力ではどうすることもできない。このことが，「あずける」という言葉の意味にあたるので，「まいた種の成長を大地に任せるということ」のようにまとめる。

問2　「こちらのリズム」とは，畑仕事をしながら暮らす「私」の生き方や生活リズムを指しているものと考えられる。自分の生活リズムに合わせ，まいた種が芽生えてくることもあるというのだから，エが選べる。なお，「朝起きると必ず」作物の芽が生えてくるようすは描かれていないので，アは合わない。また，ここでの「リズム」は生き方や生活リズムというほどの意味であって，動作としてのリズムを意味しているわけではないので，イも正しくない。さらに，詩のなかで「三日と待たず　もたげる土を　早《は》や」と表現されているように，「私」の思いよりも先に種が芽を出す場合もあるのだから，「自分が願った通りの日に」とあるウもふさわしくない。そして，「自分の全く予想していなかったタイミングで」という部分が，詩に書かれた「こちらのリズムに乗って」という表現に合わないので，オも誤り。

問3　「秋迎《むか》えの　儀式《ぎしき》」として大根の種をまくというのだから，敬意を表し，かしこまった態度で臨むべきである。よって，オが合う。

問4　大根の芽が三日もたたないうちに土をもたげて出てくる，その早さに「私」は驚《おどろ》いている。これをもとに，「予想外の成長の早さに驚き，大根の生命力に感心している」のようにまとめる。

問5　大根の種が発芽するようすを見た「私」が，「ああ　まだ生きていて　いい／この身をもぐっともたげてくれる」と感じていることをおさえる。つまり，大根のたくましい生命力を見るたび，自分にもまた生きる活力がみなぎってくるので，「私」は大根の種をまくのが好きなのだと考えられる。

問6　最後の三連には，「私」の思いがつづられている。「そちらの土」は，現世とは対照的な死後の世界を思わせるほか，「彼岸《ひがん》花も咲《さ》くころ」という表現も，死者をとむらう「お彼岸」を連想させる。このように考えると「目の前を　とおりすぎていった／あの顔　この顔」とは，すでに死んでしまい「私」と再び会うことができなくなった人々の顔ということになる。そんな人々のおもかげも，生命力の強い大根の種を「そちらの土」にまけば強く感じとれるかもしれないという，切なくも強い，願いのような思いがこめられているものと解釈《かいしゃく》できる。

Memo

Memo

Memo

2021年度　灘　中　学　校

〔電　話〕 (078) 411－7 2 3 4
〔所在地〕 〒658-0082　神戸市東灘区魚崎北町 8－5－1
〔交　通〕 JR「住吉駅」より徒歩10分，
阪神本線「魚崎駅」より徒歩10分

【算　数】 〈第１日目〉（60分）〈満点：100点〉

次の問題の［　　］にあてはまる数を解答欄《らん》に書き入れなさい。

［注意］・問題にかいてある図は必ずしも正しくはありません。

・角すいの体積は，(底面積)×(高さ)×$\frac{1}{3}$　で求められます。

1　$9\frac{32}{221}\div\left(1\frac{1}{17}-\frac{\boxed{}}{13}\right)=(12+19\times11)\times\left(\frac{1}{13}+\frac{2}{17}\right)$

2　３つの容器Ａ，Ｂ，Ｃにあわせて600mL の水が入っています。容器Ｂの水の体積は容器Ａの水の体積の1.5倍です。容器Ａから容器Ｂに水を 40mL 移すと，容器Ｂの水の体積は容器Ｃの水の体積の1.4倍になりました。水を移したあとの容器Ｂの水の体積は［　　］mL です。

3　2021の各位の数の和は 2＋0＋2＋1＝5 です。このように，各位の数の和が 5 である 4 桁《けた》の整数は，2021を含《ふく》めて全部で［①　　］個あります。そしてそれらの整数の中で2021は小さい方から数えて［②　　］番目です。

4　右の図のような正方形 ABCD の辺上を３点Ｐ，Ｑ，Ｒが動きます。

点Ｐは点Ｂを出発し図の矢印の向きに，点Ｑは点Ａを出発し図の矢印の向きに，点Ｒは点Ｃを出発し図の矢印と反対の向きに動きます。

点Ｑの動く速さは点Ｐの動く速さの３倍です。３つの点が同時に出発し，点Ｐと点Ｒがはじめて出会うのにかかった時間は，点Ｑと点Ｒがはじめて出会うのにかかった時間の２倍でした。点Ｒの動く速さは点Ｐの動く速さの［　　］倍です。

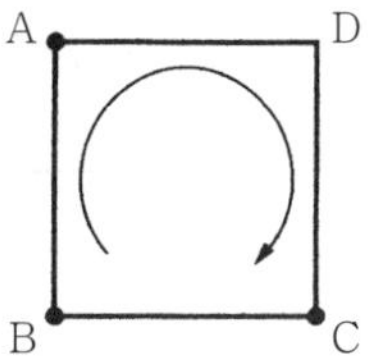

5　Aは２桁の整数で，$A\times A$ を15で割ると１余ります。このようなAは全部で［　　］個あります。

6　２以上の整数Aに対して，Aの約数をすべてかけあわせてできる数を$[A]$と書きます。例えば，

$[6]=1\times2\times3\times6=36$

です。

$B=6$ のとき $\frac{[2\times B]}{[B]}=$［①　　］です。また，$\frac{[2\times C]}{[C]}=192$ となる２以上の整数Cは［②　　］です。

7　Xは3桁の整数で，どの2つの位の数も異なります。Xを7倍すると4桁の整数$ABCD$を作ることができ，$A>B$，$B>C$，$C>D$，$D>0$となりました。このとき，Xは［　　　］です。

8　縦の長さが1 cm，横の長さが3 cmの長方形と，1辺の長さが2 cmの正三角形が，図のように置かれています。正三角形が，長方形の周に沿って，すべることなく図の矢印の向きに回転し，はじめて元の三角形の位置に戻《もど》るまで移動します。このとき頂点Aが動いてできる線の長さは［　　　］cmです。ただし，円周率は$3\frac{1}{7}$とし，1辺の長さが2 cmの正三角形の面積は$1\frac{3}{4}$ cm²とします。また，頂点Aは元の位置に戻るとは限りません。

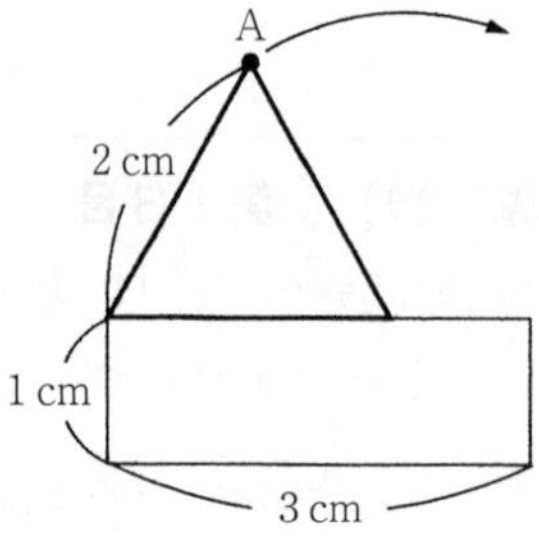

9　右の図で，三角形ABCの面積は80cm²，三角形ADFの面積は10cm²，三角形CFEの面積は35cm²，FCの長さはAFの長さの3倍です。BFとDEの交わる点をGとするとき，GFの長さはBGの長さの［　　　］倍です。

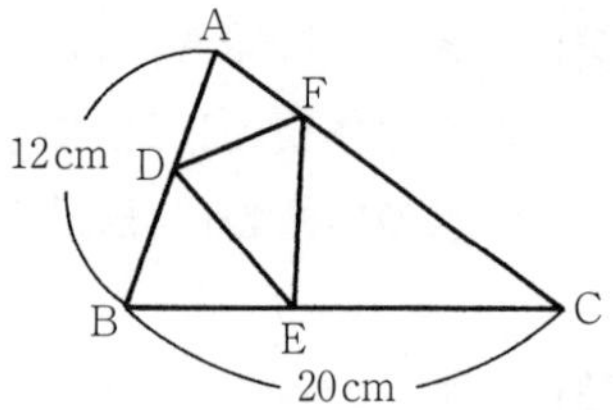

10　直角三角形を図のように三角形ABCと三角形DEFに切り分けます。これらの2つの三角形を図のように重ねたとき，斜線《しゃせん》部分の面積は［　　　］cm²です。

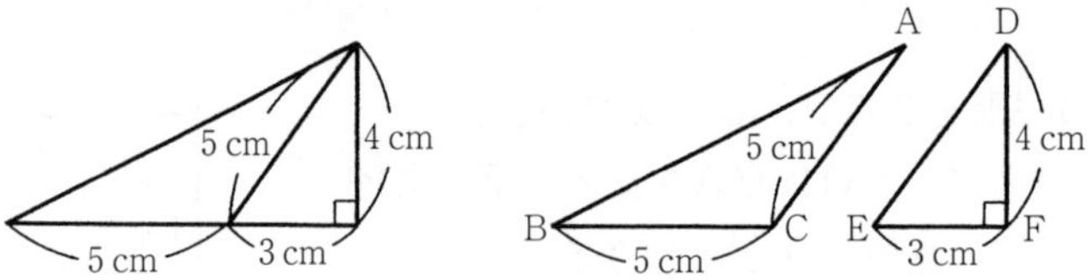

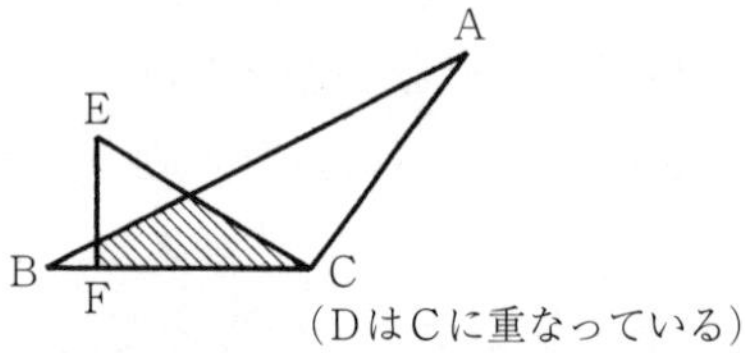

（DはCに重なっている）

11　右の図のように，三角すいの形をした容器があり，4つの面の面積は16cm²，18cm²，20cm²，24cm²です。この容器にはいくらかの水が入っています。この容器を，4つの面のいずれかが水平な地面につくように置きます。容器の内側の面のうち水にぬれる部分の面積が最も大きくなるように置いたとき，水にぬれる部分の面積は60cm²になります。水にぬれる部分の面積が最も小さくなるように置いたとき，水にぬれる部分の面積は［　　　］cm²になります。

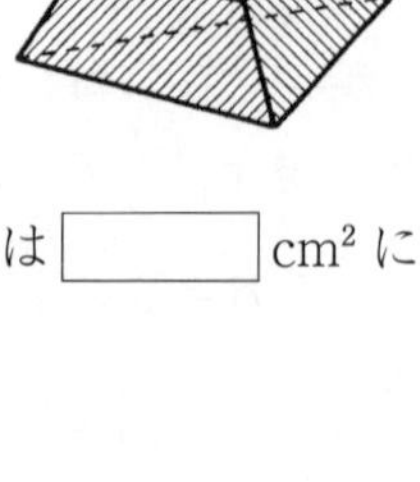

12　ある立体の展開図を，幅《はば》が3 cm の方眼紙にかくと，下の図の太線のようになりました。斜線をつけた三角形は正三角形です。また，正方形でない四角形の面はすべて長方形です。

この立体の体積は［　　　］cm^3 です。

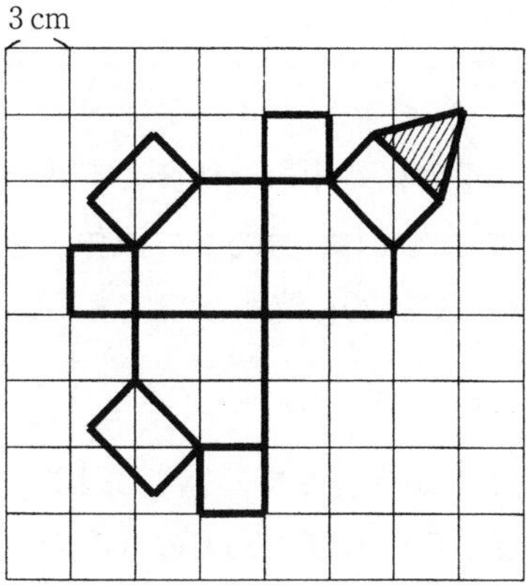

〈**第２日目**〉（60分）〈満点：100点〉

［注意］・**1**(2)(イ)，**2**(2)，**3**(2)，(3)，**5**(2)(イ)，(ウ)は答え以外に文章や式，図なども書きなさい。それ以外の問題は，答えのみ記入しなさい。

・問題にかいてある図は必ずしも正しくはありません。

・角すいの体積は，(底面積)×(高さ)×$\frac{1}{3}$　で求められます。

1　水に液体Xを溶かしてできる水溶液をＡ液と呼び，Ａ液の重さに対する液体Xの重さの割合を百分率(％)で表したものをＡ液の濃度《のうど》と呼ぶことにします。例えば，水５ｇに液体Xを45ｇ溶かしてできるＡ液の濃度は90％です。また，水10ｇに液体Xを20ｇ溶かしてできるＡ液の濃度は$66\frac{2}{3}$％です。

(1)　濃度が96％のＡ液をいくらか用意します。これに水を加えてかき混ぜて，重さが120ｇで，濃度が60％以上80％以下のＡ液をつくります。はじめに用意する，濃度が96％のＡ液の重さは□ｇ以上□ｇ以下です。

(2)　３つの容器Ｐ，Ｑ，Ｒがあります。Ｐには濃度が96％のＡ液が144ｇ，Ｑには水が150ｇ，それぞれ入っています。Ｒには何も入っていません。ＰからＡ液をちょうど８ｇずつ何回か量りとりＲに入れ，Ｑから水をちょうど10ｇずつ何回か量りとりＲに入れます。

(ア)　Ｐから□回，Ｑから□回量りとりＲに入れ，かき混ぜると，ＲのＡ液の濃度は72％になります。

(イ)　濃度が60％以上のＡ液をＲにできるだけ多くつくるには，Ｐ，Ｑからそれぞれ何回ずつ量りとって混ぜればよいですか。またそのときにできるＡ液の濃度を求めなさい。

2　右の図のようにたくさんのマス目があります。最も上の段と最も左の列のマスにはすべて１を書き入れます。それら以外のマスには，その１つ上のマスに書かれた数と１つ左のマスに書かれた数の和を書き入れます。図で斜線《しゃせん》をつけたマスを左上の隅《すみ》とする，縦４マス横４マスの正方形の中に，偶数は全部で７個あります。

1	1	1	1	1	1	1	1	1
1	2	3	4					
1	3	6	10					
1	4	10	20					
1								
1								
1								
1								
1								

(1)　図で斜線をつけたマスを左上の隅とする，縦８マス横８マスの正方形の中に，偶数は全部で□個あります。

(2)　図で斜線をつけたマスを左上の隅とする，縦16マス横16マスの正方形の中にある偶数の個数を求めなさい。

(3)　図で斜線をつけたマスを左上の隅とする，縦32マス横32マスの正方形の中に，偶数は全部で□個あります。

3　1辺の長さが2 cmの正六角形ABCDEFがあり，右の図のように点G，H，I，J，Kをとります。4点G，H，I，Fは同じ直線上にあり，4点A，I，J，Kは同じ直線上にあり，4点G，C，D，Kは同じ直線上にあります。

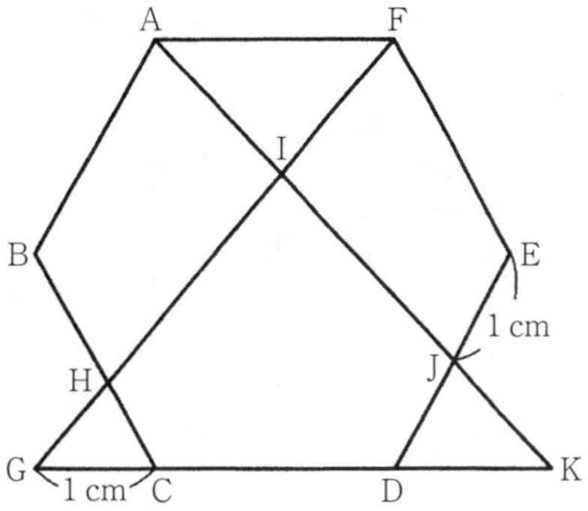

(1) CHの長さは［　　］cmで，DKの長さは［　　］cmです。

(2) 三角形AIFの面積は，正六角形ABCDEFの面積の何倍ですか。

(3) 五角形CDJIHの面積は，正六角形ABCDEFの面積の何倍ですか。

4　はじめ，3枚のカード[1]，[2]，[3]が左からこの順に並んでいます。これらのカードの並べ替《か》えを何回かします。1回の並べ替えにつき，次の(A)～(D)のどれか1つが行われます。

(A)　最も左にあるカードを右端《はし》に移動させる

(B)　最も右にあるカードを左端に移動させる

(C)　最も左にあるカードを残り2枚の間に移動させる

(D)　最も右にあるカードを残り2枚の間に移動させる

例えば，1回目に(A)，2回目に(C)の並べ替えをすると，カードの並びは

[1][2][3]　→　[2][3][1]　→　[3][2][1]

と変化します。

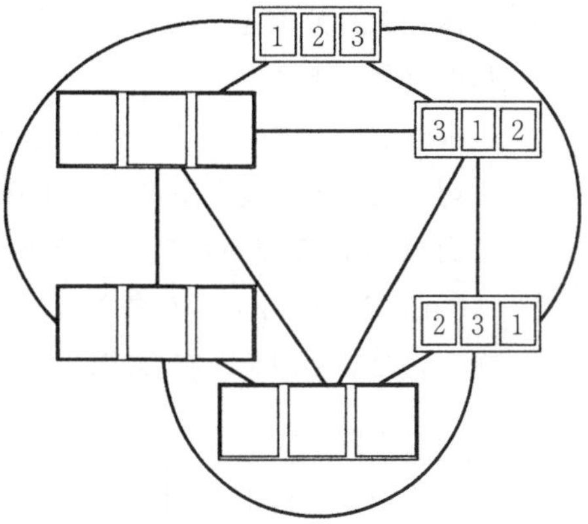

(1) 右の図で，線でつながれた並びどうしは，(A)～(D)のいずれか1回の並べ替えで変わります。右の図の9つの空欄《らん》に1～3のいずれかの数字を入れなさい。右の図の6つの並びは，どの2つも異なります。

(2) 3回の並べ替えで初めて[1][2][3]の並びに戻《もど》るような，3回の並べ替えの方法は全部で［　　］通りあります。

(3) 5回の並べ替えで初めて[1][2][3]の並びに戻るような，5回の並べ替えの方法は全部で［　　］通りあります。

(4) (3)の並べ替えの方法のうち，(A)の並べ替えの回数と(B)の並べ替えの回数の合計が5回であるものは全部で［　　］通りあります。

(5) (3)の並べ替えの方法のうち，(A)の並べ替えの回数と(B)の並べ替えの回数の合計が1回または3回であるものは全部で［　　］通りあります。

5　図1は，1辺の長さが6 cmの立方体ABCD−EFGHです。この立方体の面EFGHは水平な地面についています。

この立方体から，図2の斜線部分の正方形を底面とし，高さが6 cmの直方体をくりぬきます。次に，図3の斜線部分の正方形を底面とし，高さが1 cmの直方体をくりぬきます。さらに，図4の斜線部分の正方形を底面とし，高さが1 cmの直方体をくりぬきます。このように

してできる図5の立体をPとします。

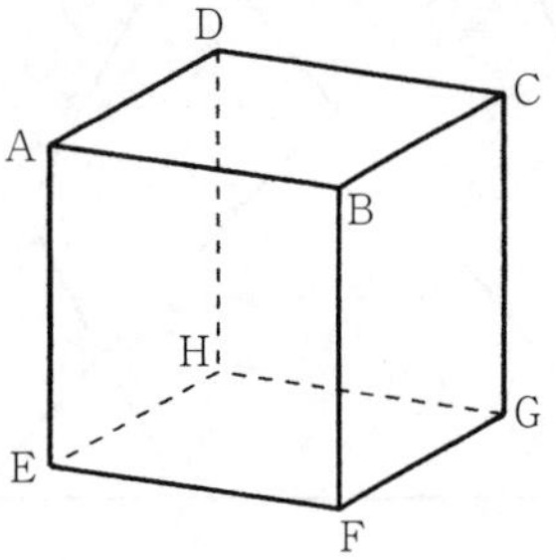

図1

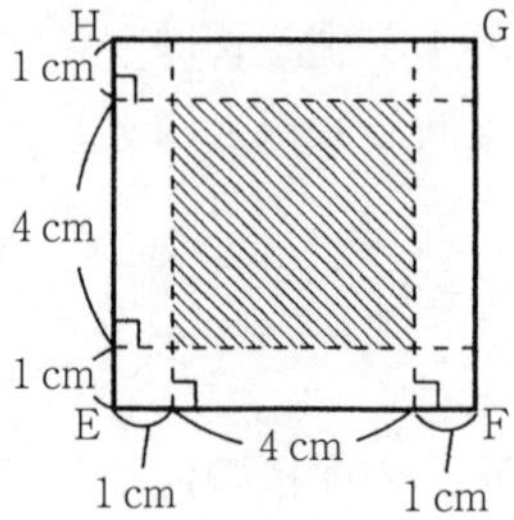

図2

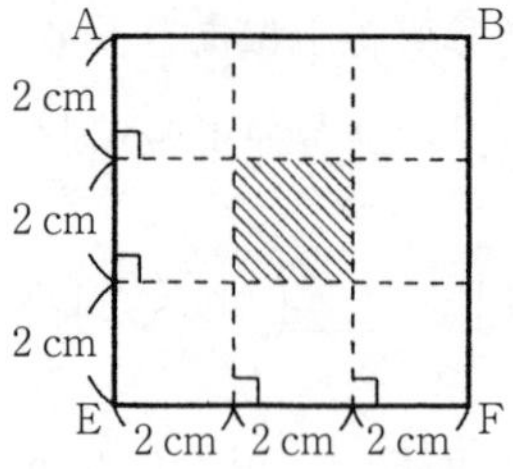

図3

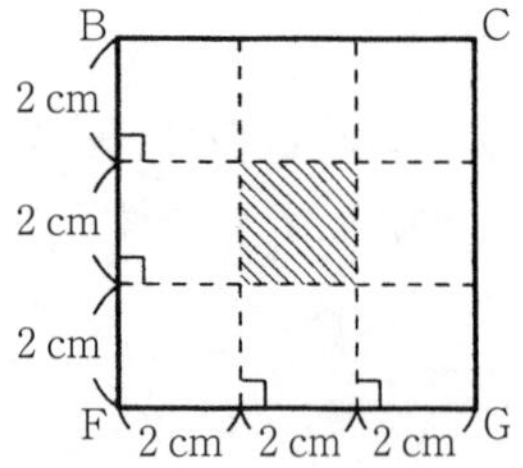

図4

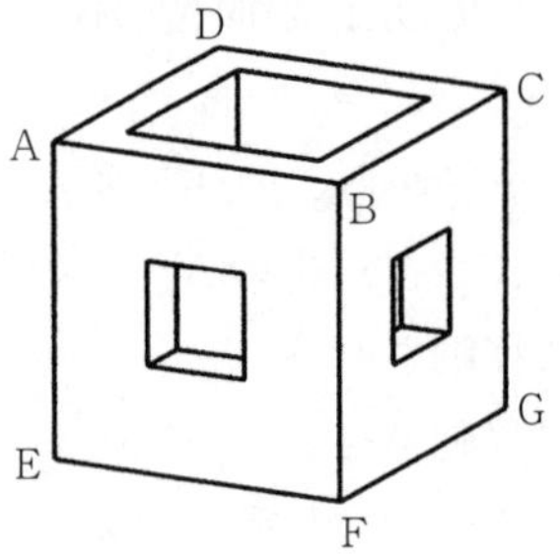

図5

(1)　立体Pの体積は［　　　］cm^3 です。

(2)　立体Pを，頂点A，C，Fを通る平面で切って2つの立体に分けたとき，頂点Bを含《ふく》む方の立体をQとします。

(ア)　右の図は，立方体の面EFGHから5cmの高さにある平面で立体Qを切ったときの真上から見た切り口をかき入れたものです。その平面と面AEFBの交わりを太線で表しています。立方体の面EFGHから4cm，3cm，2cmの高さにある平面で立体Qを切ったときの真上から見た切り口を，右の図にならってそれぞれかき入れなさい。

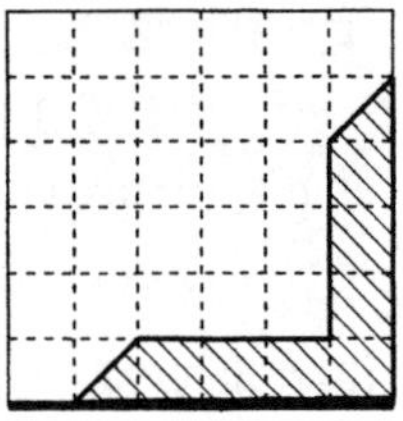

高さ5cm

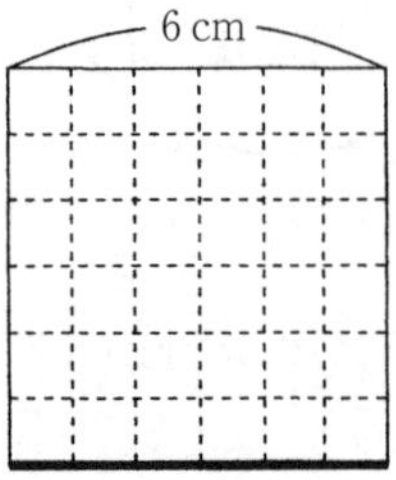

高さ4cm

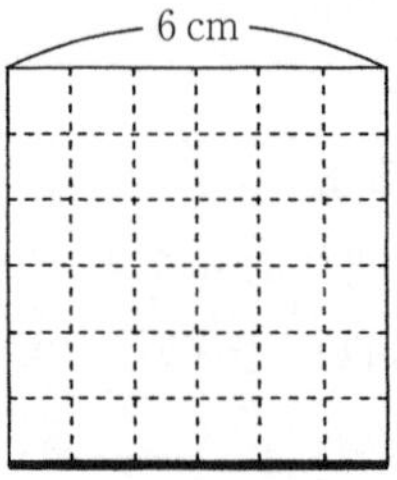

高さ3cm

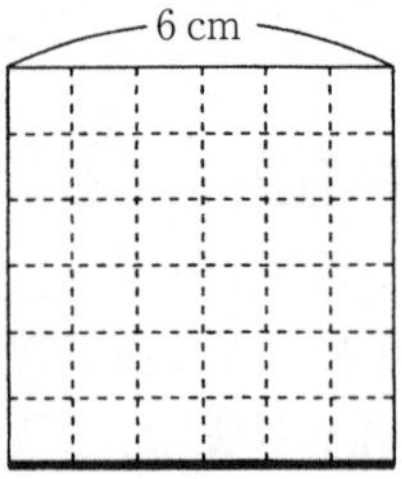

高さ2cm

(イ)　立体Qのうち，面EFGHから2cmの高さにある平面と面EFGHとではさまれた部分の立体の体積を求めなさい。

(ウ)　立体Qの体積を求めなさい。

【理　科】〈第１日目〉（60分）〈満点：100点〉

1　太陽のまわりには，私たちの住む地球をふくめて８つの大きな天体が存在し，惑星《わくせい》と呼ばれます。惑星は太陽に近いものから順に，水星，金星，地球，火星，木星，土星，天王星，海王星と名付けられています。おおまかには，これらの惑星は太陽を中心にして，同一平面上を同じ方向に，それぞれ異なる一定の速さで円をえがいてまわっていると考えることができ，この動きを公転といいます。また，惑星が太陽のまわりを一周して元の位置に戻ってくるまでの時間を公転周期といい，地球の公転周期は１年です。公転周期は，太陽に近い惑星ほど短く，太陽から遠い惑星ほど長くなっています。太陽に最も近い水星の公転周期は0.24年で，太陽から最も遠い海王星の公転周期は165年にもなります。

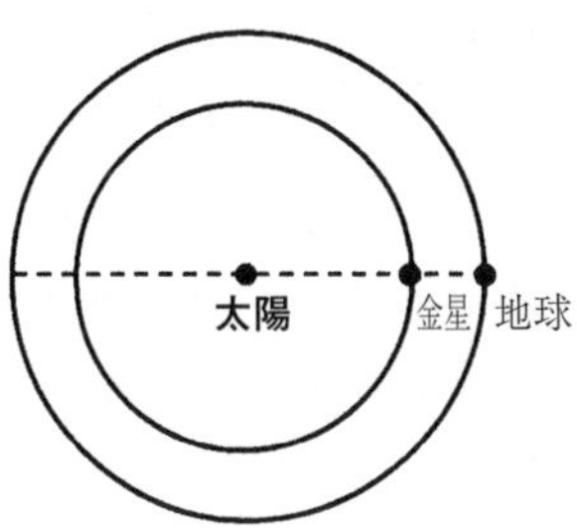

図１

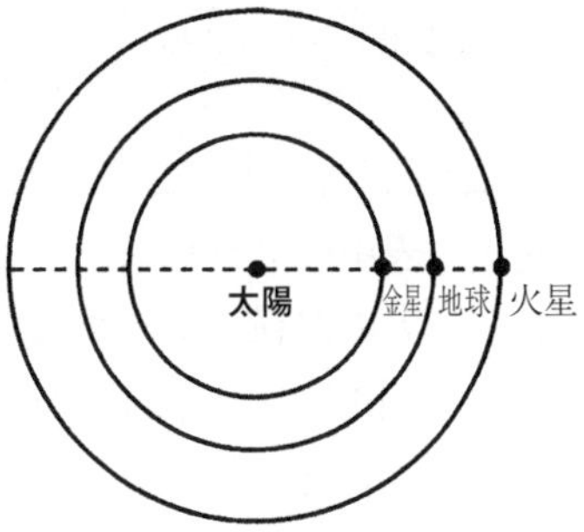

図２

問１　次の５つの惑星**ア**～**オ**のうち，地球で真夜中に観測することが**できない**ものをすべて選び記号で答えなさい。

ア　水星　　**イ**　金星　　**ウ**　火星　　**エ**　木星　　**オ**　土星

問２　図１の２つの円は，金星と地球の公転の道筋です。図１のように**太陽**－金星－地球の順で一直線に並んだときから，次に**太陽**－金星－地球の順で一直線に並ぶまでに，1.6年かかります。金星の公転周期は何日ですか。１年を365日とし，小数第一位を四捨五入して整数で答えなさい。

問３　地球と火星について，**太陽**－地球－火星の順で一直線に並んだときから，次に**太陽**－地球－火星の順で一直線に並ぶまでに，2.2年かかります。また，図２のように**太陽**－金星－地球－火星の順で一直線に並んだときから，次に**太陽**－金星－地球－火星の順で一直線に並ぶまでに，17.6年かかります。この17.6年の間で，太陽と地球と惑星が一直線に並ぶとき，次の**ア**～**ウ**のうち起こりうる並び方をすべて選び記号で答えなさい。

ア　金星－**太陽**－地球－火星　　**イ**　地球－**太陽**－金星－火星

ウ　火星－**太陽**－金星－地球

問４　次の文中の{　}の中からあてはまるものをそれぞれ選び記号で答えなさい。

『太陽と地球と惑星が一直線に並んでから再び一直線に並ぶまでの時間は，①{**ア**　太陽　**イ**　地球}に近い惑星ほど②{**ア**　長く　　**イ**　短く}なり，①から遠い惑星ほどその逆になる。また，地球以外の７つの惑星のうちでは，太陽③{**ア**　に近い　　**イ**　から遠い}惑星ほど，その時間は１年に近くなる。』

2　水酸化ナトリウム水溶《よう》液を蒸発皿に入れて二酸化炭素を十分に溶《と》かした後，水を完全に蒸発させると，水酸化ナトリウムとは別の白い固体が残ります。

いま，ある濃《こ》さの塩酸100mLを入れた蒸発皿に，水酸化ナトリウム水溶液を加えました。さらに，この水溶液に二酸化炭素を十分に溶かした後，水を完全に蒸発させると，白い固体が残りました。加える水酸化ナトリウム水溶液の体積をいろいろ変えたところ，残った白い固体の重さは下の表のようになりました。

水酸化ナトリウム水溶液の体積〔mL〕	5	10	15	20	25	30	35	40	45	50	55	60
白い固体の重さ〔g〕	0.117	0.234	0.351	(ア)	0.585	0.691	(イ)	0.903	1.009	1.115	1.221	(ウ)

問１　表中の(ア)～(ウ)にあてはまる値を小数第三位まで答えなさい。

問２　表の関係をグラフの点線---で表しました。グラフの横軸《よこじく》は水酸化ナトリウム水溶液の体積〔mL〕，縦軸《たてじく》は白い固体の重さ〔g〕を表します。加える水酸化ナトリウム水溶液を濃くしたときと，うすくしたときのグラフはどうなりますか。おおよその形として最も適するものを，それぞれ次の**ア**～**カ**から選び記号で答えなさい。

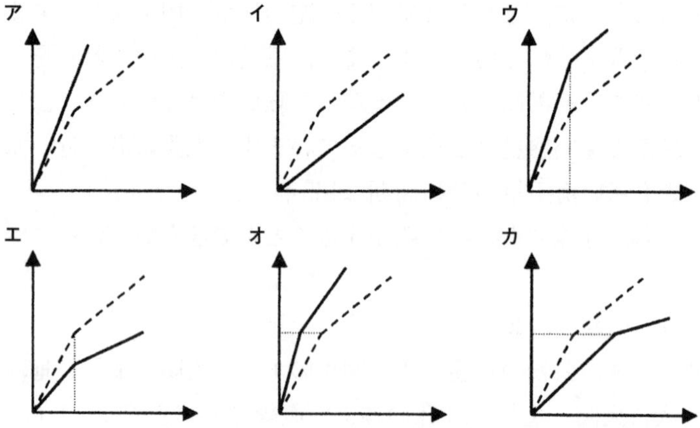

問３　次に，初めに使ったのと同じ水酸化ナトリウム水溶液25mLを入れた蒸発皿に，初めに使ったのと同じ塩酸を加えました。さらに，この水溶液に二酸化炭素を十分に溶かした後，水を完全に蒸発させると，白い固体が残りました。加える塩酸の体積をいろいろ変えたとき，塩酸の体積と，できた白い固体の重さの関係を表したグラフはどうなりますか。おおよその形として最も適するものを，次の**ア**～**カ**から選び記号で答えなさい。ただし，グラフの横軸は塩酸の体積〔mL〕，縦軸は白い固体の重さ〔g〕を表します。また，選んだグラフの空らん□にあてはまる数値を小数第三位まで答えなさい。

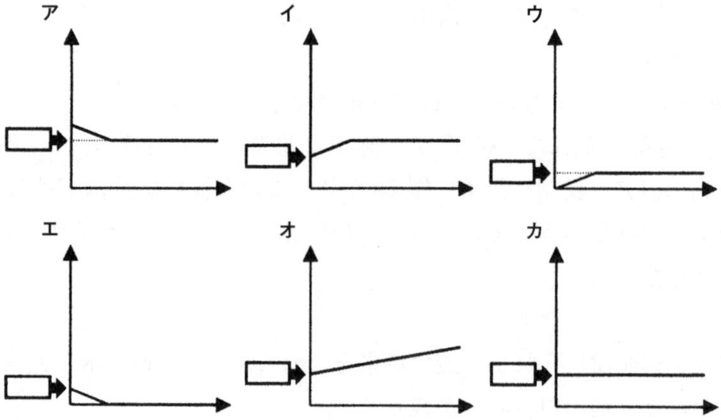

3　ヒトの卵と精子が受精すると，受精卵は1週間ほどで着床《ちゃくしょう》します。おなかの中の子ども(以下「たい児」とする)は母親の子宮の中で育ちますが，子宮の中には[①]が満たされており，たい児は外部からのしょうげきなどから守られています。子宮のかべにある[②]と，たい児は[③]でつながっており，母親はこれを通してたい児へ必要なものをあたえ，いらなくなったものを回収します。

ヒトのたい児は，途中までは子宮の中で回転できますが，成長して出産が近づき，少しずつ[①]が減って子宮の中がたい児にとってせまくなってくると，多くの場合，頭を④{**ア**　上　**イ**　下}に向けた状態で出産に備えます。そして，受精から⑤{**ア**　22　**イ**　30　**ウ**　38　**エ**　46}週ほどで誕生します。個人差はあるものの，日本人の新生児の平均身長は約⑥{**ア**　10　**イ**　30　**ウ**　50}cm，平均体重は約⑦{**ア**　1　**イ**　3　**ウ**　5　**エ**　7}kgとされています。

ヒトの血液が肺へ運ばれると，血液中に気体Ａ(以下「Ａ」とする)が取りこまれ，同時に，血液中に含まれていた気体Ｂ(以下「Ｂ」とする)が吐《は》き出されます。これを[⑧]といいます。このとき，血液中に存在するヘモグロビンという物質がＡを受け取ります。母親の体内のうち，肺では血液中のＡの濃《こ》さは最も高く，Ｂの濃さは最も低くなっています。肺でＡを受け取った血液は母親の体内をめぐり，Ａの濃さが低くＢの濃さが高くなっている「体の各部分」にたどり着きます。そこで血液中のヘモグロビンは運んできたＡの大部分を手放して「体の各部分」へあたえ，Ｂは血液中に回収されます。母親の血液の一部は[②]へ届き，ここでたい児の血液中のヘモグロビンへＡが受け渡され，同時にたい児の血液からＢが回収されます。新生児は，産声を発すると同時に，肺での[⑧]を開始します。

問1　上の文中の[　]にあてはまる語句を答え，また，{　}の中からあてはまるものを選び記号で答えなさい。

問2　気体Ａおよび気体Ｂの名前をそれぞれ答えなさい。

問3　たい児は，産まれる2か月ほど前から，[⑧]の“練習”をしています。どのように“練習”するでしょうか。「たい児は子宮の中で過ごしている」ことから考えて15字以内で答えなさい。

問4　たい児の血液中のヘモグロビンは，母親の血液中のヘモグロビンとは性質が異なっています。下の文中の[⑨]にあてはまる語句を4字以内で，[⑩]にあてはまる語句を6字以内で，それぞれ答えなさい。なお，[②]におけるＡの濃さ，Ｂの濃さは，母親の「体の各部分」と同じ条件とします。

『母親の血液中のヘモグロビンに比べて，たい児の血液中のヘモグロビンは，Ａの濃さが低くＢの濃さが高いときでも，よりＡと[⑨]やすいという性質をもっている。このことによって，[②]を通してたい児はＡを効率よく[　⑩　]ことができる。』

4　1個の電球に電池を直列につなぎ，電池の個数をいろいろ変えた場合，電池の個数と，流れる電流の関係は，右のグラフのようになります。このとき，電球が「1秒間あたりに消費するエネルギー」は，グラフの「横軸《よこじく》の値と縦軸《たてじく》の値の積」で表されることが知られています。たとえば，図1のように1個の電球に10個の電池を直列につないだとき，1.9Aの電流が流れます。このとき，この1個の電球が「1秒間あたりに消費するエネルギー」の値をEとします。Eの値はグラフの点線(**- - - -**)で囲まれた長方形の面積で表されます。

この問題では，電球，電池はすべて同じものとします。なお，答は分数で表してもかまいません。

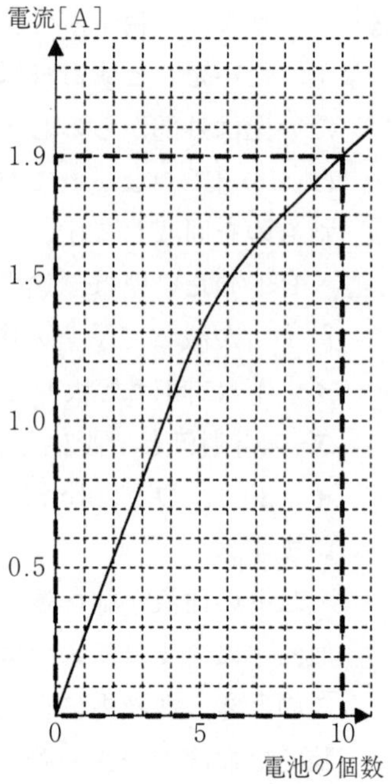

問1　1個の電球に3個の電池を直列につないだとき，何Aの電流が流れますか。

問2　図2の回路で，2個の電球が1秒間あたりに消費するエネルギーの合計はEの何倍ですか。

問3　図3の回路で，2個の電球が1秒間あたりに消費するエネルギーの合計はEの何倍ですか。

問4　図4の回路で，電球が明るく光る順に，不等号「＞」を用いて「**あ**＞**い**＞**う**」のように左から並べなさい。ただし，同じ明るさの場合は等号「＝」を用いること。

問5　図4の回路で，3個の電球が1秒間あたりに消費するエネルギーの合計はEの何倍ですか。

問6　図5の回路で，問4と同様に，電球が明るく光る順に左から並べなさい。

問7　図5の回路で，3個の電球が1秒間あたりに消費するエネルギーの合計はEの何倍ですか。

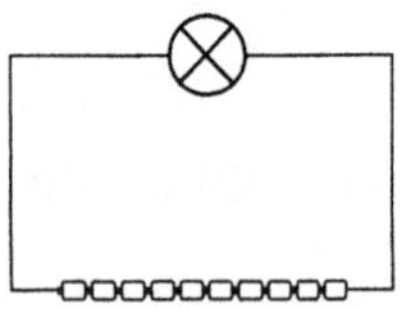
図1

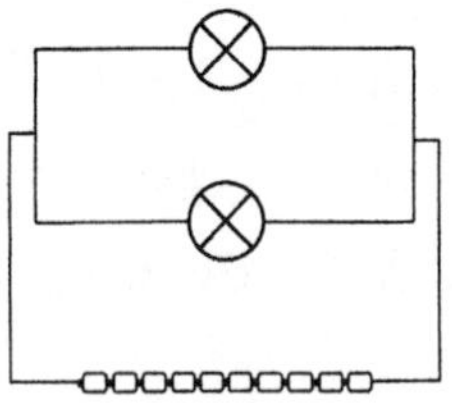
図2

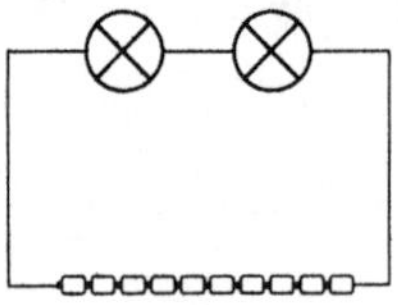
図3

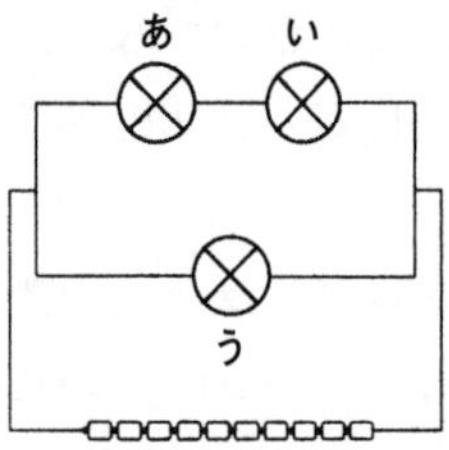

図4

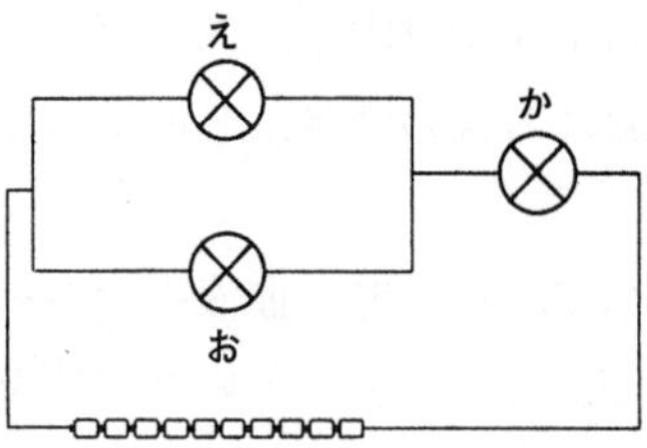

図5

5　［A］　次の**ア**～**カ**の6種類の水溶《よう》液は，すべてとうめいで色がついていません。この6種類の水溶液について以下の問いに答えなさい。

ア　食塩水　　**イ**　炭酸水　　**ウ**　重そう水

エ　うすいアンモニア水　　**オ**　うすい塩酸　　**カ**　うすい水酸化ナトリウム水溶液

問1　ものが水に溶《と》けたといえるには，水溶液がとうめいであることのほかに2つの要件をみたす必要があります。この２つの要件をそれぞれ15字以内で答えなさい。

問２　つんとしたにおいがする水溶液を，**ア**～**カ**からすべて選び記号で答えなさい。

問３　青色のリトマス紙を赤色に変化させる水溶液を，**ア**～**カ**からすべて選び記号で答えなさい。

問４　ピペットを用いて重そう水１mL を蒸発皿に取り，加熱して水を蒸発させると白い固体が残りました。この実験を行うとき，ピペットの使い方や加熱の方法で**正しくない**ものを，次の**キ**～**サ**からすべて選び記号で答えなさい。

キ　水溶液を吸い上げるとき，ピペットの先を水溶液に深く入れる。

ク　水溶液を吸い上げるとき，ゴム球をおした指を急激にゆるめ，水溶液をすばやく吸い上げる。

ケ　水溶液を吸い上げたあと，水溶液がこぼれないようピペットを逆さまにする。

コ　蒸発皿に入れた水溶液は，弱火で加熱する。

サ　液体が完全になくなるまで加熱を続ける。

［B］　重そう水を万能試験紙で調べると，青色になりました。ところが重そう水を加熱して，蒸発皿に残った白い固体を再び水に溶かした水溶液を万能試験紙で調べると，こい青色になりました。これは加熱により重そうが別の物質に変化したからです。重そう水は，重そうの粉を水に溶かしたものです。そこで水に溶かす前の重そうの粉 8.4g を蒸発皿に入れて十分に加熱しました。加熱後に残った白い固体の重さをはかると 5.3g になっていました。これは加熱により，重そうの粉から水と二酸化炭素が失われたからです。このとき，減った重さの29%が水で，71%が二酸化炭素でした。

問５　重そうの粉 8.4g を加熱したとき，失われた二酸化炭素は何 g ですか。小数第二位を四捨五入して小数第一位まで答えなさい。

問６　ある量の重そうの粉を十分加熱したとき，失われた水が 0.15g であったとすると，もとの重そうの粉は何 g でしたか。小数第二位を四捨五入して小数第一位まで答えなさい。

問７　ある量の重そうの粉を加熱したとき，途中で加熱をやめると，重さが20%減っていました。もとの重そうの粉のうち何%が水と二酸化炭素を失いましたか。小数第一位を四捨五入して整数で答えなさい。

6　［A］　ある日，太郎くんは知り合いの金属加工業の人から金属製のコーン(円錐《えんすい》形)をもらいました。コーンは側面だけがあり，中身と底面はありません。好きなように加工してあげるよ，と言われたので実験してみました。面の厚みは一定とします。

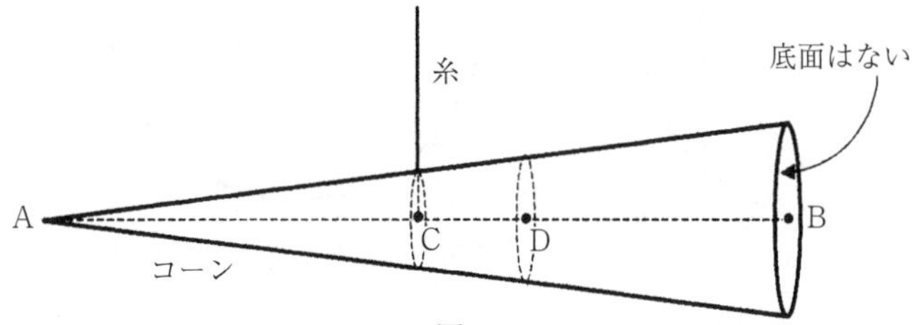

図１

問１　図１のように，コーンの中心軸《じく》 AB のちょうど真ん中の点Cのところに糸をつけてつり下げるとどうなるでしょうか。正しいものを次の**ア**，**イ**から選び記号で答えなさい。

ア　Aが下がる。　　**イ**　Bが下がる。

問２　次に，コーンの真ん中よりもBに近い点Dのところに糸をつけてつり下げると，AB が水平になってつり合いました。点Dの位置を測ってみると長さの比は AD：DB＝2：1 になっていました。糸をはずし，コーンをDのところで(ABに垂直な平面で)切断してもらってA側とB側の2個に分けました。

(1)　それらの重さをはかるとどうなっているでしょうか。正しいものを次の**ア**～**ウ**から選び記号で答えなさい。

ア　A側のほうが重い。　　**イ**　B側のほうが重い。　　**ウ**　重さは等しい。

(2)　A側の重さとB側の重さの比を，整数比で答えなさい。

［B］　またある日，太郎くんはその人から，図2のような直径48cm重さ480gの金属製の球殻《きゅうかく》(中がからっぽの球のこと)をもらいました。好きなように加工してあげるよ，と言われたので，球の中心Cを通る平面で切断して(A側とB側の)2個の半球殻に分けてもらって，実験をしてみました。面の厚みは一定とします。

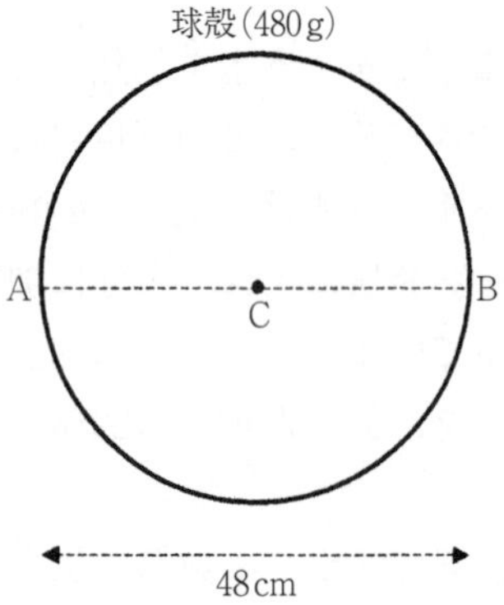

図2

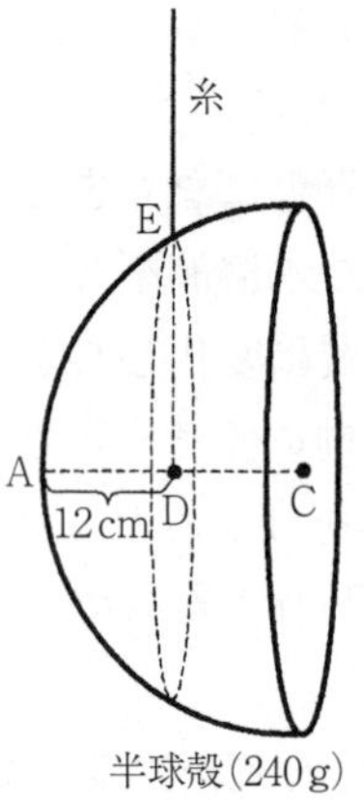

図3

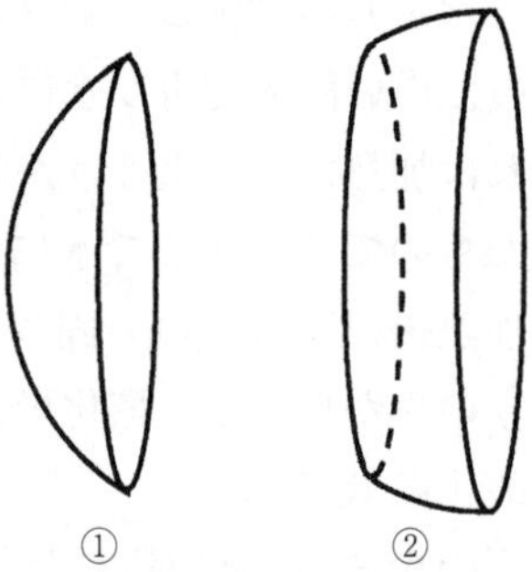

図4

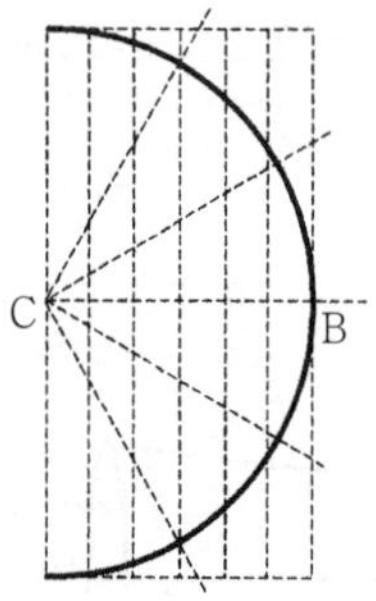

図5

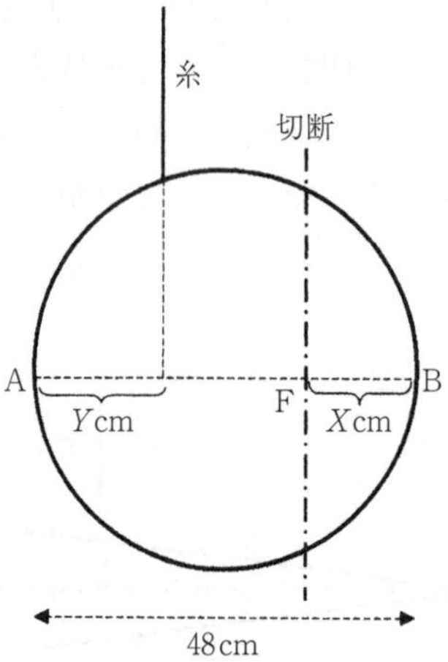

図6

図3のように，A側の半球殻に糸をつけてつり下げてみたところ，「中心軸AC上でAから12cmの点Dにおける，ACに垂直な直線」が球面と交わる点Eに糸をつけたとき，中心軸ACがちょうど水平になってつり合うことを太郎くんは発見しました。糸をはずして，点Dを通りACに垂直な平面で半球殻を切断してもらい，図4の①と②の2個に分けて，それぞれの重さをはかりました。するとどちらも120gだったので，太郎くんはおどろきました。太郎くんは考えて，あることを思いつき，それを確かめるために，その人にたのんで，残ったB側の

球殻(図5)を3個に切断してもらいました。その3個の重さをはかると，太郎くんの予想通り，どれも80gでした。

問3　どのように切断してもらったと思いますか。解答らんの図に，切断面を表す2本の直線をかきなさい。

問4　新たに球殻を用意し，図6のように，直径ABのBからXcmの点Fを通り，ABに垂直な平面で球殻を切断し，B側を捨てます。残ったA側に糸をつけて，AFが水平になるようにつり合わせるためには，糸をつける位置を，Aから何cmのところにすればよいでしょうか(図のYcmをいくらにすればよいか)。Yを，Xを用いた式で表しなさい(式の書き方はいろいろあるのでどのように書いてもよい)。

三　次の詩を読んで、後の問いに答えなさい。

駅伝　　村田好章《むらたよしあき》

歩いていると
自転車に乗った大学生のむすこが
うしろからやってきて
知らぬ顔で追《お》い越《こ》して行った
1ペダルの踏《ふ》み込《こ》みがぎこちない

わたしも
おとなになっても
父と外で出会うと
目を合わさず息をつめ
すれちがっていた
2氷で火傷《やけど》したような
おかしな痛痒《かゆ》みで
片ほおをヒリヒリさせながら

学校を出て
会社につとめ
結婚《けっこん》し　こどもが生まれ
3見送る時期をむかえ
4見送られる時期をひかえ
5夕陽《ゆうひ》のせいなのだろうか
輝《かがや》いてみえるむすこの背中で
6わたしにだけみえる
タスキがゆれている

（『朝の線香花火《せんこうはなび》』による）

問一　――線部1「ペダルの踏み込みがぎこちない」とありますが、それはなぜですか。理由として最も適当なものを次のア～オから選び、記号で答えなさい。
ア　体が大きくなり自転車がこぎにくくなったから。
イ　氷に長くふれていて片ほおがかゆくなったから。
ウ　自分の父親と顔を合わすまいとしているから。
エ　正面の夕陽がまぶしいために前が見えにくいから。
オ　「わたし」をよけようとハンドルを切ったから。

問二　――線部2「氷で火傷したような～ヒリヒリさせながら」とありますが、それはどのような気持ちですか。自分で考えて答えなさい。

問三　――線部3「見送る」、――線部4「見送られる」とありますが、それぞれどういうことを言っているのですか、答えなさい。

問四　――線部5「夕陽のせいなのだろうか」とありますが、他にはどのような理由が考えられますか、答えなさい。

問五　――線部6「わたしにだけみえる／タスキがゆれている」とはどういうことを言っているのですか、説明しなさい。

がんばったんだなあといまさらのように感動が湧《わ》いてきた。

彼女《かのじょ》にとって、それは夏休みの自由研究か何かだったかもしれない。だから時間を割いたとしても彼女自身にとってはさほどの負担ではなかったかもしれない。しかし、その「作品」をいま、私は図書室から「蔵書」として借りて読んでいるのだ。彼女は「蔵書」を作ったのである。小さな図書委員としては、そのことにぐっと胸を突《つ》かれた。

点字はたしかに間違っている。でも、私はあの図書室のために、蔵書を作ったことがない。やっぱり、すごいことだ。だから、そのご褒《ほう》美《び》として、彼女は「小学六年」と表紙に大書したのだろう。ほんの少しの「よくやったでしょ」印に。そう思ったら、最初の反発がすっと消えていった。私と同じくらいの「お友だち」が、私たちの文字をこんなにたくさん書いてくれた。それも、私の大好きな『ああ無情』に感動し、その本のある箇所《かしょ》を点訳に選んだのだ。突然《とつぜん》、この見知らぬ「お友だち」と、ジャン・バルジャンの不屈《ふくつ》の精神とユゴーの博愛精神を通してつながったような気がした。そして、8一度も会ったことのない「お友だち」が、一人の「新しいお友だち」になったようで、心が温かくなった。

残念ながら、この不思議なサイズの本が図書室に届いたのは、この一冊が最初で最後だった。ゆみ子さん(?)は、あれからどうしたのだろう。どんな本と出会ったのだろう。そして、点字のことはおぼえているだろうか。いまもときどき、そんなことを思ったりする。

(三宮《さんのみや》麻《ま》由《ゆ》子《こ》『空が香る』による)

＊注　墨字―点字に対して、インクなどで印刷したり書いたりした文字のこと。

『ああ無情』―フランスの作家ユゴーの書いた小説。ジャン・バルジャンを主人公とする。

問一　――線部1「墨字が読めない不便と引き替えの幸い」という表現から、筆者が、目が見えないという自分の状況《じょうきょう》をどのように受け止めていると考えられますか、答えなさい。

問二　――線部2「秋は読書に適した季節というのは本当だ」ということを、筆者が、目が見える人よりも強く思うのはなぜですか。理由を答えなさい。

問三　――線部3「本を読む手」とありますが、この言葉はどのような動作を表していますか、答えなさい。

問四　――線部4「手打ちの温かみ」とありますが、これはどういうものですか、答えなさい。

問五　――線部5とありますが、「クラスメートに本を貸し出すとき」に「なんとなくよそよそしい感じ」がするのはなぜだと思われますか。図書委員の立場を考えながら、理由を答えなさい。

問六　――線部6「目を細めて見ているといった風情だった」とありますが、このときの筆者の気持ちを答えなさい。

問七　――線部7「子供に点字を打ってもらったというコンプレックス」とありますが、これと同じ内容の言葉を本文中から四十字以上五十字以内で探し、始めと終わりの五字をそれぞれぬき出して答えなさい。

問八　――線部8「一度も会ったことのない～『新しいお友だち』になったよう」とはどういうことですか、答えなさい。

てちょっと背伸《せの》びした本を借りてみることもあった。

委員の仕事のなかで一番楽しかったのは、下級生に本を貸し出すことだった。まだ点字一文字がやっと収まるぐらいと思われる小さな手をした下級生たちが、一所懸命《いっしょけんめい》本を選んでもってくる。それを点検し、お通い帳に記入して「はい、来週の木曜日までに返してね。」とか「いい本を見つけたね。楽しんでね。」などと言いながら手渡《てわた》してあげるときは、なんとも言えず嬉しかった。自分も楽しく読んだ本を彼《かれ》らが借りていくときは、努めて中身を教えないように自制したものである。小さな手で彼らが私の記入した点字をたどって確認《かくにん》し「どうもありがとうございました。」と言って帳面を閉じ、重そうに本をもっていく様子はたまらなく嬉しい。そんなときの私はきっと、大人語でいえば6目を細めて見ているといった風情《ふぜい》だったに違いない。

（中略）

あるとき、不思議なサイズの本が届いた。点字紙の普通《ふつう》サイズ（B5判より一回り大きい）を半分に切った「半分紙」サイズで、普通の厚さ（一〇〇ページぐらい）の一・五倍もあろうかという大変な厚みだった。文字は両面打ちのタイプライターでびっしり打たれている。小さいサイズの紙に両面打ちしたものだから、本はパンパンに膨《ふく》れていた。半分サイズのうえ、分冊にしなかったため厚くなったのかもしれない。開いたとたんに壊《こわ》れてしまいそうで、触れるのも恐《こわ》かった。手打ちした点字紙は、左端《ひだりはし》を一センチほど折って糊代《のりしろ》にし、折り目を次のページの左端に合わせて貼りつける形で製本する。点字紙が市販《しはん》のB5サイズより一回り大きいのは、この糊代を取るためだと聞いたことがある。点字板と呼ばれる筆記具で書くと、糊代を自然に折る形になるが、タイプライターでは折り目がつかないので、書きあがってから折ることになる。すると微妙《びみょう》なずれが出て、製本はなかなか綺麗《きれい》にいかない。この謎《なぞ》の本は、そのずれをほとんど直さずに背表紙で閉じられてしまったため、開くと本が左右にガクッとずれる。乱暴に開くとそのままバリッと破れてしまいそうだった。それでも中身を確かめようと開いてみると、半分紙なので一ページに十行ぐらいしか書けないところへ、一行をページ数を打つ行として取ってしまっている。厚みのわりに書いてある文字数がかなり目減りしてしまっていた。

いったい何の本だろう？　表紙を開くと、タイプライターで紙を細かくずらして作った四角い枠《わく》のなかに、綺麗な点字で「『ああ無情』より」と書かれていた。その下には「小学六年生、〇〇ゆみ子点訳」と書いてあった。もちろん、下の名前もうろ覚えだし、名字は忘れてしまった。ただ「小学六年」の一言が強烈《きょうれつ》に印象に残った。私とほぼ同年齢《どうねんれい》の子が、私たちのために点字を打ってくれたのかという感動とともに、私は同い年の子にボランティアをしてもらわなければ本も読めないのかという、やや情けない気持ちが同時にやってきた。

『ああ無情』はすでに少年少女版を読んでいたので、この小さな分厚い本に書かれている「一部抜粋《ばっすい》」をあらためて読むまでもなかったが、普段《ふだん》点字で勉強していない小学六年の子がどんな点字を書いているのか興味があったので、早速《さっそく》借りてみた。

実はこの本に、あの「テナルデー」の文字があったのである。最初は7子供に点字を打ってもらったというコンプレックスからちょっとした反発めいた気持ちがあって、なあんだ、「小学六年」なんて威張《いば》っていても、「ディ」の字が書けないんじゃないか、やっぱり子供ね！　などと子供なのに思ったりしていた。だが、不意に自分が夏休みの作文や読書感想文を点字で書いている様子が思い出され、同じように勉強している子がこれだけの点字を打つには、どのくらいの時間を割《さ》いたのだろうと思ったとき、急に胸が痛くなった。さらに、自分の作文を製本する大変さを思い出すと、たとえ壊れそうな製本でも、これだけの厚みの本を同年齢の子供が一人で製本したのかと思うと、に合わせて何冊もの教科書を持ち、そのほかに読む本も持つのは体の小さかった私にはかなりの負担だったと思うが、読みたいという気持ちがそれに勝っていたらしい。そういえば、友だちの母上が私を電車で見かけたとき、「顔は見えなかったけど3本を読む手が見えたから麻由ちゃんだと思った。」と言ったこともあった。

点字と聞いて駅の券売機やエレベーターのボタンの脇《わき》に張ってある文字を思《おも》い浮《う》かべる方も多いだろう。しかし本当の点字は、もちろんたいてい、紙に書いてある。街で見かけるバリアフリー使用の点字は鉄片《てっぺん》やテープに書いてあるので、むしろ特殊《とくしゅ》なものである。

紙に書いた点字は、紙質や季節、その日の湿気《しっけ》や読む人の手の状態によってさまざまに変化する。寒い日にかじかんだ手で点字を読むといつもより薄《うす》く感じるし、梅雨時《つゆどき》に読むとどことなく紙が湿《しめ》っていて、自分の手の湿りと重なって指の滑《すべ》りがとても悪くなる。この季節、点字は年間で最悪の手触りになる。もちろん、指の滑りも最悪だ。

ところが、一転秋になると、点字はスベスベと指によく馴染《なじ》むようになる。空気が乾燥《かんそう》してきて紙が乾《かわ》き、手も汗《あせ》をかかなくなるからだろう。読書のときに指がよく滑ると、快調に読み進むことができる。子供心に、私はその感触が気に入っていたので、読書の秋というのは本当だと思ったのである。

私がそろそろ読書らしい読書ができるようになったころ、点字の本は教科書や図書館の印刷本以外、ほとんどすべてがボランティアの方による手打ちだった。点字用の定規に挟んで紙の裏から点筆《てんぴつ》と呼ばれる針で一点一点穴を開ける打ち方と、点字タイプライターで打つ方法があった。タイプライターの種類によって、本は紙の表だけに打つ「片面打ち」だったり、行間を利用して裏からも打つ「両面打ち」だったりで、そのころの本の点字はいろいろだった。だがタイプライターのほうが楽にたくさん打てたので、点訳を本格的に手がける人たちはタイプライターを使うことが多くなっていた。

盲学校《もうがっこう》の図書室にある本も、そんな手打ちの本ばかりだった。だから、たとえば＊『ああ無情』に出てくるテナルディエという名前が「オテナルデー」と書かれていたり、同じ本のなかで大ストーブが「オオストーブ」だったり「ダイストーブ」だったりと表記がバラバラなこともあったが、それはむしろ、私たちのために間違《まちが》えながらも手打ちしてくれたボランティアさんの手の温《ぬく》もりとして、私には嬉《うれ》しく思えた。そんな間違いは、正確だが手打ちの温かみのない大量生産の点字本よりも、ずっと素敵《すてき》だった。もし私が「本が好きな子」だったとしたら、その半分は、本の内容より4手打ちの温かみへの思いだったかもしれない。

小学校高学年のとき、図書委員をしたことがある。その年は、昼休みには委員の仕事で毎日図書室にいた。毎日の仕事は単純で、借りにくる人の「お通い帳」に貸し出す本の書名と貸し出し日を記入し、返ってきた本を書棚《しょだな》に戻《もど》すだけである。週に一度の委員会活動のときには、背表紙から剥《は》がれてしまった点字の書名ラベルを作り直して貼《は》ったり、新しい本を図書カードに書き加えてラベルを貼ったりした。作業中や貸し出し時間のおしゃべりは楽しかったが、仕事はいたって地味で、最初のころはちっとも面白くなかった。何しろ本当は放送委員会に入りたかったのに、くじ引きで負けて図書委員になってしまったのだから楽しいわけがないのである。

しかしいざやってみると、図書委員の仕事はなかなか奥深《おくぶか》くて、外から見ているだけではわからない面白さがあった。5クラスメートに本を貸し出すときは、なんとなくよそよそしい感じがしてちょっと不思議な気持ちになった。上級生に貸し出すときは、大きい人たちがどんな本を読んでいるのか興味津々《きょうみしんしん》だった。そしてときには、真似《まね》をし火の用途《ようと》は多様です。料理だけでなく、寒さをしのいだり、夜闇《やみ》を照らしたりと多くの使い方ができます。火を手にした瞬間《しゅんかん》、人類の生活が一変したことでしょう。現在では火は、厳《おごそ》かな聖火、装飾《そうしょく》用の蝋燭《ろうそく》、花火、弾薬《だんやく》など、さらに多彩《たさい》な目的で活用されています。ヒトは食材のみならず、5火さえも「調理」する生物なのです。

（池谷裕二《いけがやゆうじ》『脳はすこぶる快楽主義』による）

＊注　咀嚼―食物を細かくなるまでよくかむこと。
　　　合目的性―ある目的にかなった性質のこと。

問一　――線部A～Iのカタカナを漢字に改めなさい。

問二　――線部1とありますが、筆者が調理のことを「曲芸」と言うのはなぜですか。理由を答えなさい。

問三　――線部2「調理は珍妙な習慣」とありますが、筆者がそのように考えるのはなぜですか。理由を答えなさい。

問四　――線部3「重要な利点」とは、どのような「利点」ですか。問題文中から十字程度でぬき出して答えなさい。

問五　――線部4「身体に有益なものをおいしいと感じる」とありますが、これはなぜですか。理由を答えなさい。

問六　問題文中の□にはどのような言葉があてはまりますか。自分で考えて答えなさい。

問七　――線部5「火さえも『調理』する」とありますが、これはどういうことですか、説明しなさい。

二　**次の文章を読んで、後の問いに答えなさい。**

著名な脳科学者が、電子書籍《しょせき》を画面で読むよりも、紙の書物を手に取って読むほうが脳に刺激《しげき》があってよいと書いていた。本の重み、ページをめくる感覚、紙の手触《てざわ》りなど、手に直接受ける刺激が脳によいのだそうだ。言われれば感覚的に納得《なっとく》できる気がする。そして、手に何かを感じることが脳刺激になるのだとすれば、点字使用者の私は、本を手にもつだけでなく絶えず文字に触《ふ》れているわけだから、かなり自然にたくさんの脳刺激を受ける機会にめぐまれていることになる。1＊墨字《すみじ》が読めない不便と引《ひ》き替《か》えの幸いとでも受け取っておくのがよいのだろう。

私はいわゆる文学少女ではなかったし、自分が読書好きだとも思っていなかった。特に子供のころは、点字や音読の形で読める本自体が限られていたうえ、一文字ずつの表音文字を指でたどって読む点字での読書は、相当な速読能力があっても漢字で意味をとらえながら一度に複数の行に目を走らせるようなわけにはいかない。だから、もちろん本を読まないほうではないとしても、読んでいる人にはとうていかなわないと自覚していた。ただ、ある日母が知人から「麻由《まゆ》ちゃんはいつも本を読んでいるわね。」と言われ、「そうね、必ず枕元《まくらもと》に何冊か本をおいているし、乗り物のなかでもいつも何か読んでいるのよ。何だか面白《おもしろ》いらしくて。」と話しているのを小耳に挟《はさ》んだので、大人から見てもそこそこの読書好きではあったのかもしれない。

2秋は読書に適した季節というのは本当だと、私は小学生のころから思っていた。子供にとって、秋は運動会や学園祭などいろいろ忙《いそが》しい季節だ。けれども、秋は紙の手触りが年間で最もよい季節だと思う。だから本に触《さわ》るのも気持ちがよく、静かな夜長の読書も進むのだろう。普通《ふつう》は秋は静かで気候がよいので読書に適しているといわれているが、私にはそれと同時に、紙に触れる手の感触《かんしょく》がひときわ心地《ここち》よいことも、読書の快感をいや増しているような気がするのである。

もちろん、当時はそんなことを自覚してなどいなかったが、なるほど母の言う通り、夜はいつも本とともに眠《ねむ》ったし、電車のなかで読む本も持ち歩いていた。点字の教科書は電話帳ほどもあるので、時間割

〈第二日目〉〈七〇分〉〈満点：一二〇点〉

◎ 解答に字数制限のある場合、句読点などの記号も字数に数えます。

一　次の文章を読んで、後の問いに答えなさい。

調理は逆算の美学です。完成後の料理のイメージがまずあり、そこから逆算して用意周到《よういしゅうとう》な計画を立てて、徐々《じょじょ》に完成品へと近づけてゆきます。最高の「食《た》べ頃《ごろ》」でAテイキョウしようと思ったら、さらに慎重《しんちょう》な手順を踏《ふ》まなくては、ベストタイミングで完成させることはできません。

白飯と味噌汁《みそしる》に焼き魚や煮物《にもの》という最もシンプルな食事でさえ、一食作るだけでも途方《とほう》もない数の手順が、同時並行《へいこう》で手際《てぎわ》よく進められます。上手な人ほど、料理の完成と同時に、調理具の洗浄《せんじょう》まで完了《かんりょう》しているものです。調理とは、こうしたBフクザツきわまりない作業を、ほぼ反射的に行う1曲芸です。

どうしてヒトはそこまで苦労して調理をするのでしょうか。調理する動物はヒトだけです。自然界には新鮮《しんせん》な生肉や生野菜が溢《あふ》れ、そうした自然食材から栄養を得られることは、野生界を生《い》き抜《ぬ》く多数の動物たちが証明しています。こう考えると2調理は珍妙《ちんみょう》な習慣です。

この習慣には、食卓《しょくたく》を彩《いろど》る料理を眺《なが》めていただけでは見逃《みのが》されてしまう3重要な利点が潜《ひそ》んでいます。ハーバード大学のロサティ博士らは、チンパンジーに生のポテトと茹《ゆ》でたポテトを差し出し、どちらを選ぶかを観察しました。すると選んだポテトの89％は茹でたポテトでした。おそらくおいしいからでしょう。

「おいしさ」とは、舌の味覚器でアミノ酸や糖をCカンチすることです。アミノ酸や糖は栄養素です。生の食材に火を通すと、タンパク質や炭水化物が加熱分解され、こうした小さな分子に変化します。これが消化の助けとなり、Dイチョウからの吸収率が高まります。つまり火を通すと利用可能な栄養量が増えるのです。野生のチンパンジーは生の食材しか手に入りませんから、消化が悪く起床《きしょう》している時間帯の半分ほどを＊咀嚼《そしゃく》にEツイやさなくてはなりません。

要するに、「栄養満点」であるという化学信号は、舌では「おいしさ」という味覚信号として脳に届けられるという＊合目的性があるわけです。動物たちが「おいしいものを好む」のは、生物学的な利点から、そうデザインされているのです。つまり、「おいしいから好き」なのではなく、むしろ逆で、「4身体に有益なものをおいしいと感じる」というわけです。

これを推《お》し進《すす》めたのが「調理」です。ジョージ・ワシントン大学のルーカス博士は「ヒトは加熱された料理を食するのに適した口腔《こうこう》や消化器系を発達させている」と指摘《してき》しています。現代人は火を通すだけでは飽《あ》き足《た》らず、調理の腕《うで》を上げ、手の込《こ》んだ皿や菓子《かし》を作るようになりました。

さて先のロサティ博士は、チンパンジーにオーブンのような簡単な調理器を与《あた》えたところ、すぐに調理器でポテトを加熱して食べることを覚えました。わざわざ遠方から生のポテトを運び、加熱して食べるチンパンジーもいました。

調理には、①食材と料理のFインガ関係を理解する能力、②目前の食材を食べずに我慢《がまん》する自制心、など高度な認知《にんち》機能が必要です。チンパンジーがここまで料理への理解力と嗜好《しこう》をGソナえているのであれば、あと必要なのは、［　　　　］だけです。

ギリシャ神話ではプロメテウスがヒトに火をHデンジュしたことになってはいますが、実際のヒトがいつ火を手に入れたかは正確にはわかっていません。南アフリカの発掘《はっくつ》調査では、100万年前のIチソウから炭化した植物や焦《こ》げた骨が見つかっています。つまり現生人類ホモ・サピエンスが出現する前から、古代人類たちは火を使っていたようです。

4 ヒーローとして大切なのは、弱きを助け強きを□ことだ。

5 もうやめようとの思いが脳裏《のうり》を□たび、打ち消してきた。

四

次の1～3の各組にある□には、ひらがなが一つ入ります。他と違《ちが》うひらがなが入るものを、それぞれ一つ選び、記号で答えなさい。

1 ア い□わる（意地悪）　イ そこ□から（底力）
ウ ち□む（縮む）　エ はな□（鼻血）
オ ま□か（間近）

2 ア うわ□み（上積み）　イ き□く（築く）
ウ て□くり（手作り）　エ ふみ□き（文月）
オ りくつ□き（陸続き）

3 ア うすご□り（薄氷）　イ お□さま（王様）
ウ すど□り（素通り）　エ と□あさ（遠浅）
オ みやこお□じ（都大路）

五

二字の熟語の中には、「消火」（火を消す）、「発熱」（熱を発する）のような組み立てのものがあります。「消火」「発熱」と同じ組み立ての熟語を次のア～コからすべて選び、記号で答えなさい。

ア 運送　イ 恩師　ウ 解放　エ 学者　オ 兄弟
カ 集金　キ 洗顔　ク 全力　ケ 走行　コ 読書

六

次の1～3の各文には、パソコンで間違《まちが》って変換《へんかん》された言葉が一つずつふくまれています。間違っている言葉をさがし、正しく書き改めて答えなさい。

1 新たに指名された総理大臣の初心表明演説が支持できるものか、クラスメイトと授業中に議論した。

2 不足の事態に備えて多めに人手を確保していたことが、災害を乗り切ることのできた理由だ。

3 初夏の低温や初秋の害虫の異状な発生が要因となって、昨年は西日本で米の生産量が落ち込んだ。

七

次の1～8の言葉のたとえとして用いることができる言葉を後のア～クから選び、記号で答えなさい。ただし、同じものはくり返して使えません。

1 お世辞　2 群衆　3 静けさ　4 疲れ
5 突然《とつぜん》　6 変化　7 理解　8 労働

ア 芋《いも》を洗うよう　イ 手に取るよう
ウ 猫《ねこ》の目のよう　エ 歯が浮《う》くよう
オ 馬車馬のよう　カ 降ってわいたよう
キ 水を打ったよう　ク 綿のよう

八

次の漢字しりとりを、〔条件〕に合わせて完成させなさい。

地[A]―[A][B]―[B][C]―[C]学―学年―年[D]―[D][E]―[E]店
―店[F]―[F][G]―[G]配―配給―給[H]―[H][I]―[I]歩

〔条件1〕 同じ漢字を二回以上用いてはいけません。
〔条件2〕 A～Iの字はすべて四画です。
〔条件3〕 A～Iのそれぞれの字は二回とも同じ読み方です。
〔条件4〕 A～Iの読み方は、次から選びなさい。同じものはくり返して使えません。
〔カ、ギュウ、ク、シ、シュウ、シン、スイ、ナイ、ブン〕
〔条件5〕 示されている字の読み方は、一回目と二回目とが同じ場合も異なっている場合もあります（学・年・店・配・給）。

単純明快な主張で人々に二分法を押《お》し付ける。というか、二分法であっさり決着をつけたいという人々の本来の欲望に、すっかり乗っかっているのだろう。

　極端《きょくたん》な意見は昔からあった。それを、ある意味で爽快《そうかい》だと思う風潮も昔からあった。しかし、そういうふうに感情に任せてしまうのはよくないという歯止めが、社会のどこかに確かに存在した。ネットは、そんな歯止めをなくし、なくてもいいのだと思わせている。

（長谷川眞理子《はせがわまりこ》『モノ申す人類学』による）

問一　問題文に二つずつある［X］・［Y］に入る適当な言葉を答えなさい。

問二　――線部「人は、商品に関する～うれしいということもない」とありますが、それはなぜですか。理由を答えなさい。

問三　〰〰線部a「カテゴリー」とありますが、これは「範囲《はんい》」という意味で、「リー」で終わる外来語です。「リー」で終わる次の1～5の外来語の意味を漢字の熟語で表現するとどうなりますか。後のア～キから最も適当なものを選び、記号で答えなさい。

1　ストーリー　2　エントリー　3　リカバリー
4　セオリー　5　ミステリー

ア　回復　イ　決定　ウ　参加登録　エ　神秘
オ　出入口　カ　物語　キ　理論

問四　〰〰線部b「腹をくくりたくなる」とありますが、次の1～5の意味になる言葉を「腹」を用いて答えなさい。

1　相手にかくさずに本心を打ち明けることのたとえ。
2　失敗や不始末などの責任を取って辞任することのたとえ。
3　大事のためには、小さな犠牲《ぎせい》を払《はら》うのもやむを得ないというたとえ。
4　他人の心中をそれとなしにうかがうことのたとえ。
5　見たことや聞いたことなどを自分だけの秘密にしておくことのたとえ。

問五　〰〰線部c「専横」の「横」と同じ意味で「横」が用いられている言葉を、次のア～カからすべて選び、記号で答えなさい。

ア　横行　イ　横断　ウ　横転
エ　横暴　オ　横領　カ　縦横

二

次の1～7は、動物を季語としてふくむ俳句を春から冬、新年の順に並べたものです。それぞれの［　］に当てはまる動物を後のア～コから選び、記号で答えなさい。ただし、同じものはくり返して使えません。

1　直線のあつまりて街［　］来る　津川絵理子　（春）
2　［　］のすっかり浮《う》いてから泳ぐ　高田正子　（夏）
3　線香《せんこう》のけむりのような［　］かな　金子敦　（夏）
4　ぴいと啼《な》く尻声悲《しりごえかな》し夜の［　］　松尾芭蕉　（秋）
5　丘《おか》の上に雲と遊びて［　］肥《こ》ゆる　森田峠　（秋）
6　［　］や大きくなりし夜の山　三橋敏雄　（冬）
7　木屑《きくず》より出て［　］の髭《ひげ》うごく　福田甲子雄　（新年）

ア　伊勢海老《いせえび》　イ　牛　ウ　馬　エ　亀《かめ》の子《こ》
オ　水母《くらげ》　カ　鹿《しか》　キ　雀《すずめ》　ク　燕《つばめ》
ケ　泥鰌《どじょう》　コ　むささび

三

次の1～5の［　］に入る動作を表す言葉を、ひらがな三字でそれぞれ答えなさい。

1　暗がりから聞こえるうなり声に、身の毛も［　］思いがした。
2　血気に［　］若者たちが、感情にまかせて起こした事件だ。
3　ゲームをしすぎると、勉強に支障を［　］だろう。

二〇二一年度
灘中学校

【国語】〈第一日目〉（四〇分）〈満点：八〇点〉

◎ 解答に字数制限のある場合、句読点などの記号も字数に数えます。

一 **次の文章を読んで、後の問いに答えなさい。**

天気予報で「今日の降水確率は三〇パーセントです。」とあったら、傘《かさ》を持って出かけますか？　二〇パーセントだったら？　七〇パーセントだったら？　降水確率がどうであれ、傘を「　X　」か「　Y　」か、行動の選択肢《せんたくし》は二つしかない。傘を三〇パーセントだけ持っていくことはできないのである。

人間は二分法が好きだ。「陰《いん》と陽」「男と女」「右派と左派」「上と下」「敵と味方」「我らと彼《かれ》ら」などなど、どの文化にも二分法はあふれている。現実には、たいていの物事はもっと複雑で、そんなにきれいに分かれるものでもない。しかし、人間が最終的な意思決定をするときには、多くの事柄《ことがら》が、傘を「　X　」か「　Y　」かのように二者択一《にしゃたくいつ》となる。そうすると、人間にとって、そもそもいろいろなものを二つのaカテゴリーに分ける方が、心地《ここち》よいのではないだろうか？

たいていの物事を、三つに分けたり四つに分けたりするのが当たり前、という文化はないのではないか？　「ない」と自信をもって言えるわけではないのだが、非常に少ないと思う。

ところで、商品を買うとき、たとえ自動車などの高価なものであっても、その商品の機能その他に関する情報が、たくさんあればあるほど適切な判断ができるかというと、そうではない。また、人は、商品に関する情報がうんとたくさんあればあるほどうれしいということもない。

情報が少なすぎると困るのだが、あり過ぎると、それも嫌《きら》う。これも、どうせ「買う」か「買わない」か、行動の選択肢は二つしかないのだから、適当なところでb腹をくくりたくなるのだろう。

選挙でも、結局はこの候補に「投票する」か「投票しない」か、選択肢はふたつである。しかし、支持・不支持がよほど明快でない限り、人は、普通《ふつう》は迷うだろう。そして、候補者の意見その他の情報が多くあればあるほど、決めがたいと思ったり、あちらの候補が四〇点、こちらの候補が六〇点ぐらいに感じたりして迷うに違《ちが》いない。

こうして見てくると、人間は、情報がたくさんあると二者択一の判断をしにくくなる。そして、そんな状況《じょうきょう》に陥《おちい》るのは不快で、簡単に二者択一で判断したいという欲求がある、と言えそうだ。

学問の営みは、いろいろな問題とその状況に疑問を差《さ》し挟《はさ》み、対象をよくよく調べることで、二分法で単純な解釈《かいしゃく》はできないということを示し続けてきたのだと思う。人種という単純なカテゴリーは存在しない、男と女、と明確に分けられるものでもない、意見の相違《そうい》を「敵と味方」と単純に分けてしまうと本質を見失うなどなど。

このような学問の成果を本当に取り入れるためには、立ち止まってじっくり考えなければならない。ところが、商品の説明があまり多すぎると嫌われるように、人間は、あまり多くの説明をされることは嫌いなのだ。とすると、じっくり考えて学問の成果を取り入れるのは、人間にとって、はなから心地よい作業ではないのだろう。

しかし、そこをなんとかというか、いやでもじっくり考えねばならないという「良識」があった。少なくとも少し前までは。これを大きく壊《こわ》したのがネットだろう。ネットの世界は、飛《と》び交《か》う文章も短いし、同じ考えを表明する仲間たちだけで意見を増幅《ぞうふく》し合うので、二分法と二者択一がc専横する。ネットの世界では、長々とした説明は不人気、

2021年度

灘 中 学 校　▶解説と解答

算　数　＜第１日目＞（60分）＜満点：100点＞

解　答

$\boxed{1}$ 11　$\boxed{2}$ 280　$\boxed{3}$ ①　35　②　18　$\boxed{4}$ 5　$\boxed{5}$ 24　$\boxed{6}$ ①　48
②　12　$\boxed{7}$ 903　$\boxed{8}$ $20\frac{1}{28}$　$\boxed{9}$ $1\frac{1}{10}$　$\boxed{10}$ 3.5　$\boxed{11}$ $57\frac{1}{3}$　$\boxed{12}$ 153

解　説

$\boxed{1}$ 逆算

$(12+19\times11)\times\left(\frac{1}{13}+\frac{2}{17}\right)=(12+209)\times\left(\frac{17}{221}+\frac{26}{221}\right)=221\times\frac{43}{221}=43$より，$9\frac{32}{221}\div\left(1\frac{1}{17}-\frac{\square}{13}\right)=43$，$1\frac{1}{17}-\frac{\square}{13}=9\frac{32}{221}\div43=\frac{2021}{221}\times\frac{1}{43}=\frac{47}{221}$，$\frac{\square}{13}=1\frac{1}{17}-\frac{47}{221}=\frac{18}{17}-\frac{47}{221}=\frac{234}{221}-\frac{47}{221}=\frac{187}{221}=\frac{11}{13}$
よって，$\square=11$

$\boxed{2}$ 消去算

はじめのＡの水の体積を$\boxed{1}$とすると，はじめのＢの水の体積は$\boxed{1.5}$となり，はじめのＣの水の体積は，$600-\boxed{1}-\boxed{1.5}=600-\boxed{2.5}$(mL)と表すことができる。また，ＡからＢに40mL移すと，Ｂの水の体積は，$\boxed{1.5}+40$(mL)になり，Ｃの水の体積の1.4倍は，$(600-\boxed{2.5})\times1.4=840-\boxed{3.5}$(mL)だから，$\boxed{1.5}+40=840-\boxed{3.5}$となる。よって，$\boxed{1.5}+\boxed{3.5}=\boxed{5}$が，$840-40=800$(mL)にあたるので，$\boxed{1}=800\div5=160$(mL)とわかり，はじめのＢの水の体積は，$160\times1.5=240$(mL)，水を移したあとのＢの水の体積は，$240+40=280$(mL)と求められる。

$\boxed{3}$ 場合の数

千　百　十　一
○○／　　／○○／ ○ …2021
○ ／○○／○○／　　…1220

右の図のように，一から千までの４つの位に５個の玉を置くことで，４桁《けた》の整数を表すことにする。このとき，千の位には少なくとも１個は玉を置く必要があるから，これを先に置くと残りは４個になる。この４個の玉と３個の「／」の並べ方を考えると，$4+3=7$(個)から３個を選ぶ組み合わせの数と同じになり，$\frac{7\times6\times5}{3\times2\times1}=35$(通り)ある。よって，各位の数の和が５である４桁の整数は全部で35個(…①)とわかる。次に，千の位が１の場合は，一から百までの３つの位に４個の玉を置けばよい。そこで，４個の玉と２個の「／」の並べ方を考えると，$4+2=6$(個)から２個を選ぶ組み合わせの数と同じになり，$\frac{6\times5}{2\times1}=15$(通り)ある。したがって，千の位が１である４桁の整数は15個あり，千の位が２である整数は小さい順に，2003，2012，2021，…となるから，2021は小さい方から，$15+3=18$(番目)(…②)である。

$\boxed{4}$ 速さと比

点Ｐと点Ｒがはじめて出会うまでに２点が動く長さの和は，正方形の辺３つ分にあたる。また，点Ｑと点Ｒがはじめて出会うまでに２点が動く長さの和は，正方形の辺２つ分にあたる。つまり，これらの比は３：２である。また，点Ｐと点Ｒがはじめて出会うまでの時間と，点Ｑと点Ｒがはじめて出会うまでの時間の比は2：1である。さらに，点Pと点Qの速さの比は1：3だから，点Pの速さを1，点Qの速さを3，点Rの速さを□とすると，(1＋□)：(3＋□)＝$\frac{3}{2}$：$\frac{2}{1}$＝3：4とわかる。ここで，A：B＝C：Dのとき，A×D＝B×Cとなるので，(1＋□)×4＝(3＋□)×3，4＋□×4＝9＋□×3，□×4－□×3＝9－4，□×1＝5より，□＝5÷1＝5と求められる。よって，点Rの速さは点Pの速さの，5÷1＝5(倍)である。

5 整数の性質

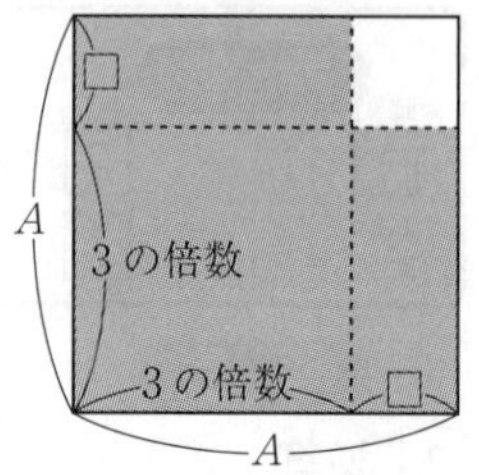

15＝3×5より，15で割ると1余る数は，3で割っても5で割っても1余る数である。はじめに，A×Aを5で割ると1余ることから，A×Aの一の位は1または6と決まる。すると，考えられるAの一の位は{1，4，6，9}となる。そこで，Aの一の位が1の場合，考えられるAの値は{11，21，31，41，51，61，71，81，91}の9個ある。このうち，＿の3個は3の倍数なので，A×Aの値も3の倍数になり，3で割ると1余るという条件に合わない。また，ほかの6個は3で割ると1または2余る数である。Aが3で割ると1余る数のとき，A×Aの値は右上の図で□を1にした場合の全体の面積にあたる。この図で，かげをつけた部分の面積は3の倍数なので，A×Aを3で割ったときの余りは，1×1＝1を3で割ったときの余りと等しくなり，1とわかる。同様に，Aが3で割ると2余る数のとき，A×Aの値は□を2にした場合の全体の面積にあたる。よって，A×Aを3で割ったときの余りは，2×2＝4を3で割ったときの余りと等しくなるので，やはり1になる。したがって，Aの一の位が1の場合，条件に合う数は6個あることがわかる。Aの一の位が4，6，9の場合も同様だから，全部で，6×4＝24(個)と求められる。

6 約束記号，素数の性質

	1	2	2×2	2×2×2	…
1	1	2	4	8	…
3	3	6	12	24	…

B＝6のとき，2×B＝2×6＝12になる。ここで，6と12を素数の積で表すと，6＝2×3，12＝2×2×3となるから，6と12の約数は{1，2，3}の3種類の数の積で表すことができる(3は1個であることに注意する)。そこで，右上の表のように，もっとも上の段ともっとも左の列の数の積で約数を表すと，かげの部分が6の約数，太線部分が12の約数になる。このとき，12の約数ではあるが6の約数ではない数は4と12になり，$\frac{[2\times B]}{[B]}$はこの2個の数の積と一致《いっち》するから，$\frac{[2\times B]}{[B]}$＝4×12＝48(…①)と求められる。次に，4×12＝(2×2)×(2×2×3)であり，192＝(2×2×2)×(2×2×2×3)となるから，Cの約数も上の表で表せると予想できる。すると，C＝12のとき，2×C＝2×12＝24であり，$\frac{[2\times C]}{[C]}$＝8×24＝192となるから，整数Cは12(…②)とわかる。

7 整数の性質

$ABCD$は最小で4321である。また，999×7＝6993より，最大で6543とわかる。そこで，千の位が4，5，6の条件に合う整数について，7で割ったときの余りを調べる。ここで，1000÷7＝142余り6，100÷7＝14余り2，10÷7＝1余り3より，1000，100，10を7で割った余りはそれぞれ{6，2，3}とわかる。このことを利用すると，4321を7で割った余りは，6×4＋2×3＋3×2＋1＝37を7で割った余りと等しく，2になることがわかる。次に，5432は4321の各位の数字を1ずつ大きくしたものだから，37＋(6＋2＋3＋1)＝49を7で割った余りと等しくなることがわかる。さらに，5431は5432の一の位を1小さくしたものなので，49－1＝48を7で割った余りと等しくなる。同様にして調べると下の図1のようになるから，7で割り切れる整数は，5432, 6531，6321の3個あることがわかる。それぞれを7で割ると，5432÷7＝776，6531÷7＝933, 6321÷7＝903となり，どの2つの位の数も異なるのは903だけである。よって，Xは903となる。

図1

4321	6×4＋2×3＋3×2＋1＝37	→2
5432	37＋(6＋2＋3＋1)＝49	→0
5431	49－1＝48	→6
5421	48－3＝45	→3
5321	45－2＝43	→1
6543	49＋(6＋2＋3＋1)＝61	→5
6542	61－1＝60	→4
6541	60－1＝59	→3
6532	60－3＝57	→1
6531	57－1＝56	→0
6521	56－3＝53	→4
6432	57－2＝55	→6
6431	55－1＝54	→5
6421	54－3＝51	→2
6321	51－2＝49	→0

図2

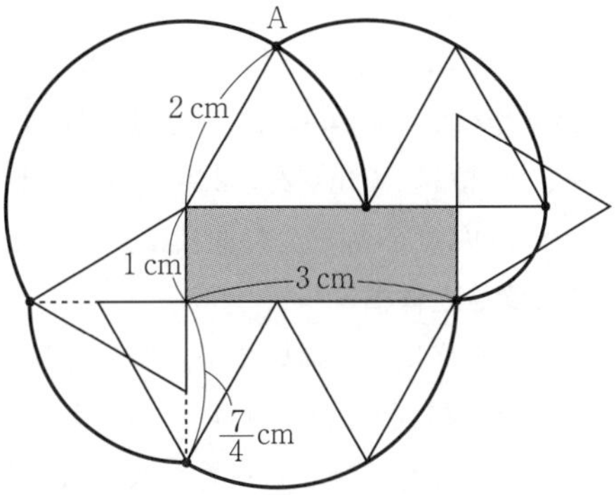

8 平面図形―図形の移動，長さ

はじめに，1辺の長さが2cmの正三角形の高さを□cmとすると，$2\times\square\div 2=1\frac{3}{4}$(cm^2)より，$\square=\frac{7}{4}$cmと求められる。次に，頂点Aが動くのは上の図2の太線部分である。はじめから順に，半径が2cmで中心角が，180－60＝120(度)のおうぎ形の弧《こ》，半径が1cmで中心角が90度のおうぎ形の弧，半径が2cmで中心角が120度のおうぎ形の弧，半径が$\frac{7}{4}$cmで中心角が90度のおうぎ形の弧，半径が2cmで中心角が，360－(60＋90)＝210(度)のおうぎ形の弧だから，これらの長さの合計は，$\left(2\times\frac{120}{360}+1\times\frac{90}{360}+2\times\frac{120}{360}+\frac{7}{4}\times\frac{90}{360}+2\times\frac{210}{360}\right)\times 2\times 3\frac{1}{7}=\left(\frac{2}{3}+\frac{1}{4}+\frac{2}{3}+\frac{7}{16}+\frac{7}{6}\right)\times 2\times\frac{22}{7}=\frac{51}{16}\times\frac{44}{7}=\frac{561}{28}=20\frac{1}{28}$(cm)と求められる。

9 平面図形―辺の比と面積の比

下の図1で，三角形ABFの面積は，$80\times\frac{1}{1+3}=20$(cm^2)だから，三角形DBFの面積は，20－10＝10(cm^2)となり，AD：DB＝10：10＝1：1とわかる。また，三角形FBCの面積は，80－20＝60(cm^2)なので，三角形FBEの面積は，60－35＝25(cm^2)となり，BE：EC＝25：35＝5：7と求められる。よって，三角形BEDの面積は三角形ABCの面積の，$\frac{1}{1+1}\times\frac{5}{5+7}=\frac{5}{24}$(倍)だから，80

図1

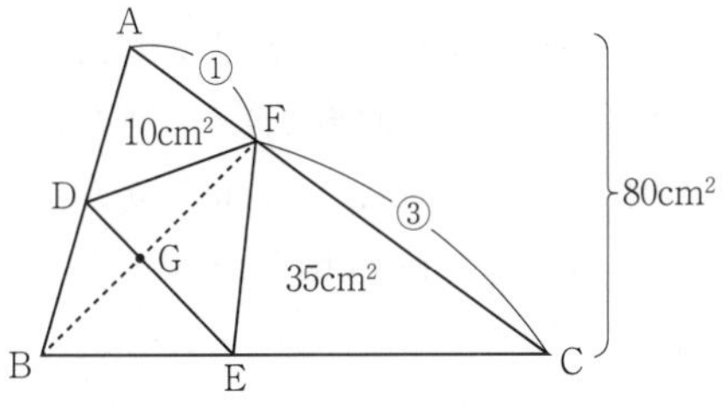

図2

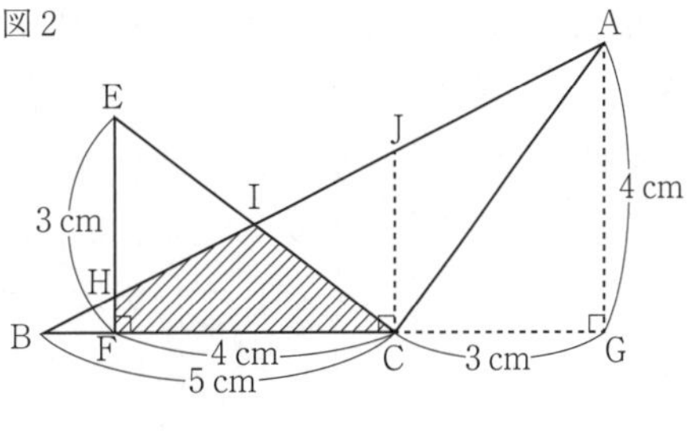

$\times\frac{5}{24}=\frac{50}{3}$(cm^2)とわかる。すると，三角形FDEの面積は，$80-\left(10+35+\frac{50}{3}\right)=\frac{55}{3}$(cm^2)になるので，BG：GF$=\frac{50}{3}:\frac{55}{3}=10:11$と求められる。したがって，GFの長さはBGの長さの，$11\div10=\frac{11}{10}=1\frac{1}{10}$(倍)である。

10 平面図形―相似，面積

上の図２で，斜線《しゃせん》部分の面積は，三角形EFCの面積から三角形EHIの面積をひいて求めることができる。はじめに，ＣからGAに平行な直線CJを引くと，３つの三角形ABG，JBC，HBFは相似になる。このとき，BG：AG＝（５＋３）：４＝２：１だから，JC＝$5\times\frac{1}{2}=2.5$(cm)，HF＝$(5-4)\times\frac{1}{2}=0.5$(cm)と求められる。すると，EH＝３－0.5＝2.5(cm)となるので，三角形EHIと三角形CJIは合同とわかる。よって，三角形EHIは，底辺(EH)が2.5cmであり，高さが，４÷２＝２(cm)だから，面積は，2.5×２÷２＝2.5(cm^2)となる。さらに，三角形EFCの面積は，４×３÷２＝６(cm^2)なので，斜線部分の面積は，６－2.5＝3.5(cm^2)と求められる。

11 水の深さと体積

どの面を底にして置いても，空気の部分と水の部分の体積の比は変わらないから，空気の部分と水の部分の高さの比も変わらない。よって，下の図１で，ア：イ＝ウ：エとなるので，どの面を底にして置いても，側面のうち，水にぬれない部分と水にぬれる部分の面積の比は等しくなる。つまり，底の面は完全に水にぬれるが，側面は一定の割合で水にぬれるから，水にぬれる部分の面積が最も大きくなるのは，面積が最も大きい24cm^{2}の面を底にして置く場合とわかる。このとき，側面の３つの面の面積の和は，16＋18＋20＝54(cm^2)であり，そのうち水にぬれる部分の面積の和は，60－24＝36(cm^2)なので，側面のうち水にぬれる部分の割合は，$\frac{36}{54}=\frac{2}{3}$とわかる。次に，水にぬれる部分の面積が最も小さくなるのは，面積が最も小さい16cm^{2}の面を底にして置く場合である。このとき，側面の３つの面の面積の和は，18＋20＋24＝62(cm^2)なので，そのうち水にぬれる部分の面積の和は，$62\times\frac{2}{3}=41\frac{1}{3}$(cm^2)と求められる。これに底の部分の面積を加えると，水にぬれる部分の面積は全部で，$41\frac{1}{3}+16=57\frac{1}{3}$(cm^2)とわかる。

図１

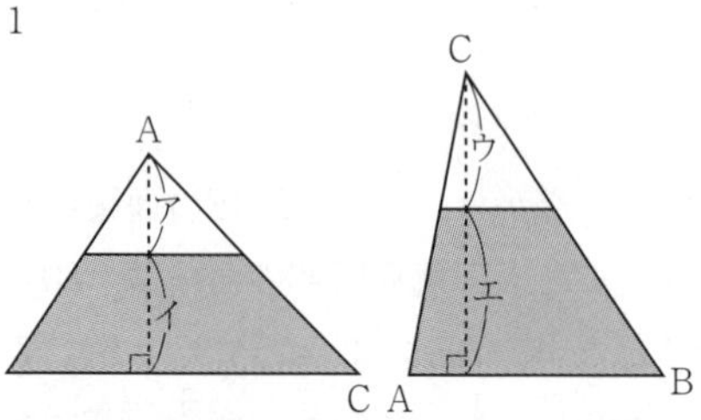

図２

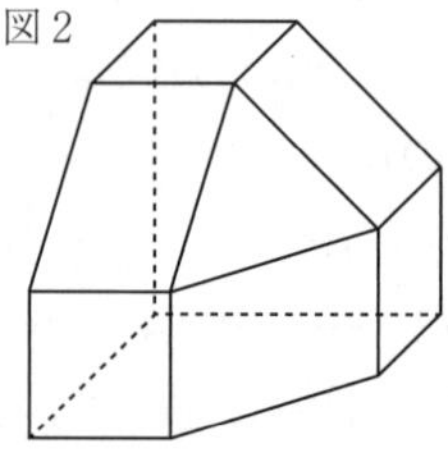

図３

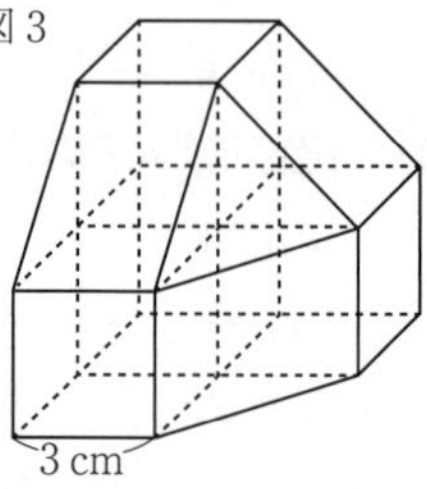

12 立体図形―展開図，体積

正方形から直角二等辺三角形を切り取った形の五角形が３枚あることに注目して展開図を組み立てると，上の図２のようになる。この立体を上の図３のように区切ると，１辺の長さが３cmの立方体４個，その立方体を半分にした形の三角柱３個，その三角柱と底面積と高さが等しい三角すい１個に分かれることがわかる。よって，この立体の体積は，１辺の長さが３cmの立方体の体積の，$1\times4+\frac{1}{2}\times3+\frac{1}{2}\times\frac{1}{3}\times1=\frac{17}{3}$(個分)だから，$3\times3\times3\times\frac{17}{3}=153$(cm^3)と求められる。

算 数 ＜第２日目＞（60分）＜満点：100点＞

解 答

1 (1) 75g以上100g以下 (2) (ア) Ｐから15回，Ｑから４回 (イ) Ｐは18回，Ｑは８回，Ａ液の濃度は$61\frac{5}{7}$％ **2** (1) 37個 (2) 175個 (3) 781個 **3** (1) CH…0.8cm，DK…$1\frac{1}{3}$cm (2) $\frac{2}{19}$倍 (3) $\frac{77}{190}$倍 **4** (1) 解説の図３を参照のこと。 (2) ８通り (3) 96通り (4) ２通り (5) 94通り **5** (1) 112cm^3 (2) (ア) 解説の図②を参照のこと。 (イ) $1\frac{1}{3}$cm^3 (ウ) 23cm^3

解 説

1 濃《のう》度《ど》，割合と比

(1) （Ｘの重さ）＝（Ａの重さ）×（濃度）と表すことができる。また，水を加えてもＸの重さは変わらないから，水を加えるとＡの重さと濃度は反比例する。よって，水を加えて濃度が60％になったとき，加える前と加えた後の濃度の比は，96：60＝８：５なので，加える前と加えた後のＡの重さの比は，$\frac{1}{8}:\frac{1}{5}=5:8$とわかり，水を加える前のＡの重さは，$120\times\frac{5}{8}=75$(g)と求められる。同様に，水を加えて濃度が80％になったとき，濃度の比は，96：80＝６：５だから，Ａの重さの比は，$\frac{1}{6}:\frac{1}{5}=5:6$となり，水を加える前のＡの重さは，$120\times\frac{5}{6}=100$(g)とわかる。したがって，Ａの濃度を60％以上80％以下にするには，はじめに用意するＡの重さを75g以上100g以下にすればよい。

(2) (ア) Ｐから入れた回数を□回，Ｑから入れた回数を△回として図に表すと，右の図１のようになる。図１で，$a:b=72:(96-72)=3:1$なので，$(10\times\triangle):(8\times\square)=\frac{1}{3}:\frac{1}{1}=1:3$となり，$\triangle:\square=\frac{1}{10}:\frac{3}{8}=4:15$とわかる。ここで，Ｐに入っているＡの重さは144g，Ｑに入っている水の重さは150gだから，□は，144÷８＝18(回)以下，△は，150÷10＝15(回)以下である。したがって，あてはまる回数は，Ｐから15回，Ｑから４回となる。

図１

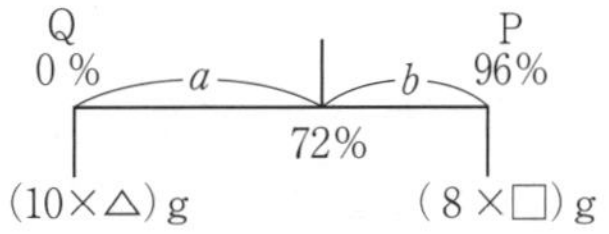

図２

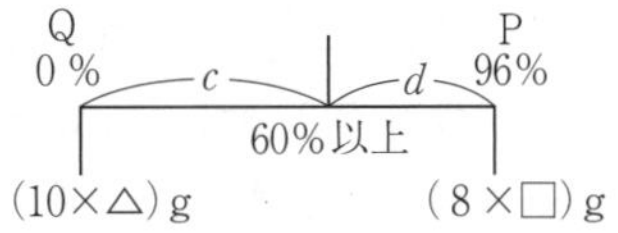

(イ) (ア)と同様にして図に表すと，右上の図２のようになる。Ｒの濃度が60％の場合，$c:d=60:(96-60)=5:3$なので，$(10\times\triangle):(8\times\square)=\frac{1}{5}:\frac{1}{3}=3:5$となり，$\triangle:\square=\frac{3}{10}:\frac{5}{8}=12:25$とわかる。ここで，Ｒの濃度を増やすのにともなって，cの割合が大きくなりdの割合が小さくなるから，それにともなって，□の割合が大きくなり△の割合が小さくなる。つまり，□は△の$\frac{25}{12}$以上$\left(\triangle は \square の\frac{12}{25}以下\right)$になることがわかる。また，□は18回以下，△は15回以下なので，□＝18とすると，△は，$18\times\frac{12}{25}=8\frac{16}{25}$(回)以下になる。一方，△＝15とすると，□は，$15\times\frac{25}{12}=31\frac{1}{4}$(回)以上になるから，できるだけ多く作るには，Ｐから18回，Ｑから８回入れればよい。このとき，Ｐから，８×18＝144(g)，Ｑから，10×８＝80(g)入れることになるので，Ｘの重さは，144×0.96＝138.24(g)，Ａの重さは，144＋80＝224(g)となり，濃度は，$138.24\div224=\frac{108}{175}$，$\frac{108}{175}\times100=61\frac{5}{7}$(％)と求められる。

2 整数の性質，図形と規則

(1) (偶数《ぐうすう》)＋(偶数)＝(偶数)，(奇数《きすう》)＋(奇数)＝(偶数)，(偶数)＋(奇数)＝(奇数)となることを利用する。また，偶数を○，奇数を×として図に表すと，下の図１のようになる(上の記号と左の記号が同じ場合は○になり，上の記号と左の記号が異なる場合は×になる)。図１で，太線で囲んだ縦４マス横４マスの正方形に注目すると，右下の正方形だけが異なり，それ以外の３つの正方形は同じ記号になることがわかる。ここで，右下の正方形をＡ，それ以外の正方形をＢとすると，Ａには，４×４＝16(個)，Ｂには７個の○があるから，偶数の個数は全部で，16＋７×３＝37(個)と求められる。

図１

×	×	×	×	×	×	×	×
×	○	×	○	×	○	×	○
×	×	○	○	×	×	○	○
×	○	○	○	×	○	○	○
×	×	×	×	○	○	○	○
×	○	×	○	○	○	○	○
×	×	○	○	○	○	○	○
×	○	○	○	○	○	○	○

図２

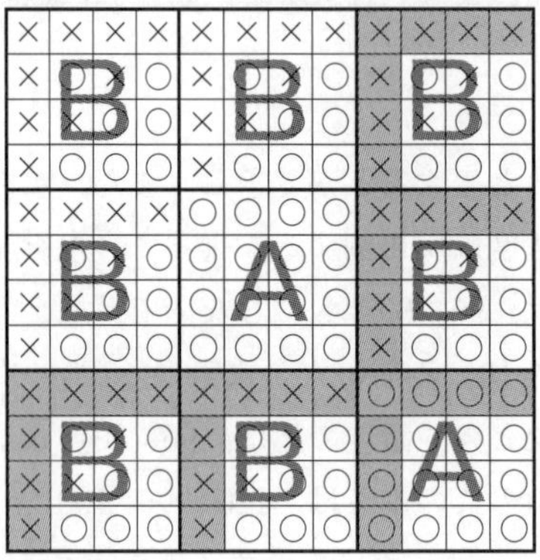

図３

B	B	B	B
B	A	B	A
B	B	A	A
B	A	A	A

図４

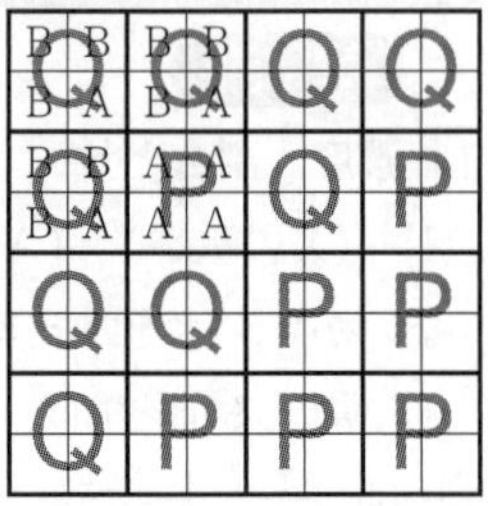

(2) 縦12マス横12マスの場合を調べると，上の図２のようになる(かげをつけた部分だけを調べれば，Ａ，Ｂのどちらかの正方形と同じになることがわかる)。よって，すべてＡ，Ｂのどちらかの正方形になり，上と左がどちらもＢの場合はＡになり，一方がＡでもう一方がＢの場合はＢになることがわかる。また，上と左がどちらもＡの場合はＡになるので，縦16マス横16マスの場合は上の図３のようになる。図３にはＡが７個，Ｂが９個あるから，偶数の個数は全部で，16×７＋７×９＝175(個)と求められる。

(3) 図３で，太線で囲んだ縦２マス横２マスの正方形に注目すると，右下の正方形だけが異なり，それ以外の３つの正方形は同じ記号になることがわかる。ここで，右下の正方形をＰ，それ以外の正方形をＱとすると，Ｐの上端《じょうたん》と左端はすべて○になり，Ｑの上端と左端はすべて×になるので，図１から図３を作ったときと同様に考えることができる。すると，縦32マス横32マスの場合は上の図４のようになり，Ｐには，16×４＝64(個)，Ｑには，16×１＋７×３＝37(個)の○があるから，図４の偶数の個数は全部で，64×７＋37×９＝781(個)と求められる。

3 平面図形―相似，辺の比と面積の比

(1) 下の図１のように，FAとCBを延長して交わる点をＬとすると，三角形ALBは正三角形になる。また，三角形LHFと三角形CHGは相似であり，相似比は，LF：CG＝(２＋２)：１＝４：１だから，LH：HC＝４：１とわかる。よって，CHの長さは，$(2+2)\times\frac{1}{4+1}=0.8$(cm)と求められる。同様に，AFとDEを延長して交わる点をＭとすると，三角形AJMと三角形KJDは相似になる。このとき，相似比は，MJ：DJ＝(２＋１)：１＝３：１なので，AM：DK＝３：１となり，DKの長さは，$(2+2)\times\frac{1}{3}=\frac{4}{3}=1\frac{1}{3}$(cm)とわかる。

図1

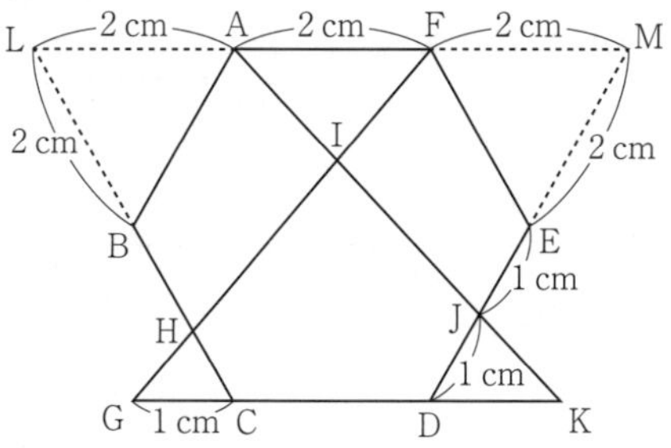

図2

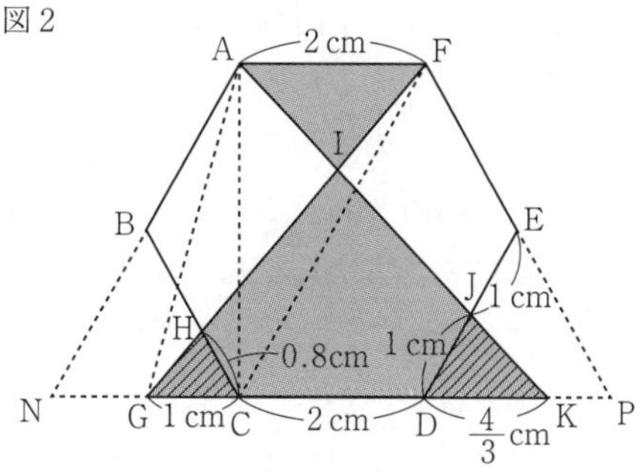

⑵　上の図2で，三角形AIFと三角形KIGは相似であり，相似比は，AF：KG＝2：$\left(1+2+\frac{4}{3}\right)$＝6：13だから，FI：IG＝6：13となる。よって，三角形AIFと三角形AGIの面積の比も6：13とわかる。また，正六角形の面積を1とすると，三角形ACFの面積は$\frac{1}{3}$となる。さらに，三角形ACFと三角形AGFの面積は等しいので，三角形AGFの面積も$\frac{1}{3}$となり，三角形AIFの面積は，$\frac{1}{3}\times\frac{6}{6+13}=\frac{2}{19}$と求められる。したがって，三角形AIFの面積は正六角形の面積の，$\frac{2}{19}\div1=\frac{2}{19}$(倍)である。

⑶　図2の三角形KIGの面積から斜線《しゃせん》部分の面積をひいて求める。三角形AIFと三角形KIGの面積の比は，(6×6)：(13×13)＝36：169だから，三角形KIGの面積は，$\frac{2}{19}\times\frac{169}{36}=\frac{169}{342}$となる。また，ABとCGを延長して交わる点をN，FEとDKを延長して交わる点をPとすると，正三角形CBNの面積は$\frac{1}{6}$であり，CH：CB＝0.8：2＝2：5なので，三角形CHGの面積は，$\frac{1}{6}\times\frac{1}{2}\times\frac{2}{5}=\frac{1}{30}$とわかる。同様に，三角形DPEの面積も$\frac{1}{6}$であり，DK：DP＝$\frac{4}{3}$：2＝2：3だから，三角形KJDの面積は，$\frac{1}{6}\times\frac{2}{3}\times\frac{1}{2}=\frac{1}{18}$と求められる。よって，五角形CDJIHの面積は，$\frac{169}{342}-\left(\frac{1}{30}+\frac{1}{18}\right)=\frac{77}{190}$なので，五角形CDJIHの面積は正六角形の面積の，$\frac{77}{190}\div1=\frac{77}{190}$(倍)である。

4　条件の整理

⑴　右の図1で，ア～カには{123，132，213，231，312，321}のいずれかが1つずつ入る。アの123に(A)，(B)，(C)，(D)を行うとそれぞれ{231，312，213，132}になるから，321だけは作ることができない。よって，アとつながっていないカに入る数字は321とわかる。次に，ウの312に(A)，(B)，(C)，(D)を行うとそれぞれ{123，231，132，321}になるので，213だけは作ることができない。したがって，ウとつながっていないエに入る数字は213と決まる。すると，イに入る数字は残りの132とわかる。

図1

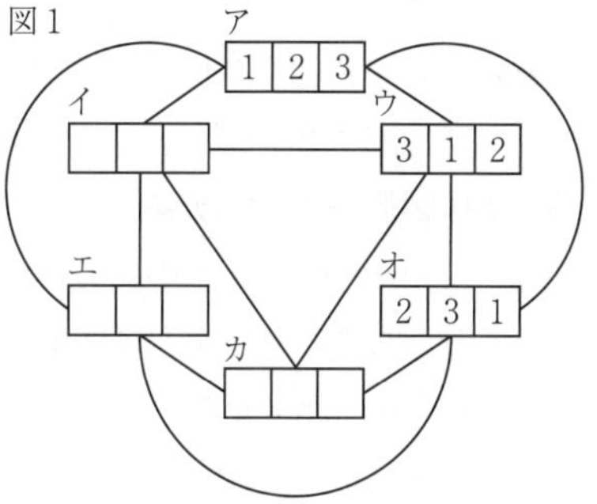

⑵　1回目にイに移動する場合は，ア→イ→ウ→ア，ア→イ→エ→アの2通りあり，1回目にエに移動する場合は，ア→エ→イ→ア，ア→エ→オ→アの2通りある。また，この図形は線対称《せんたいしょう》な形をしているから，1回目にウ，オに移動する場合も2通りずつあることがわかる。よって，全部で2×4＝8(通り)と求められる。

⑶　アを除いたイ～カへの移動の方法について考える。1回目にイ，ウ，エ，オに移動する方法は

どれも1通りあり，1回目にカに移動する方法はない。また，2回目にイに移動するためには，1回目にウ，エ，カのいずれかにいればよいので，2回目にイに移動する方法は，1＋1＋0＝2（通り）とわかる。同様に考えると，2回目にウ，エ，オに移動する方法もそれぞれ2通りになる。さらに，2回目にカに移動するためには，1回目にイ，ウ，エ，オのいずれかにいればよいから，2回目にカに移動する方法は，1＋1＋1＋1＝4（通り）と求められる。同様に考えると，4回目までの移動の方法は右上の図2のようになる。5回目に初めてアに戻《もど》るためには，4回目にイ，ウ，エ，オのいずれかにいればよいので，5回目に初めてアに戻る方法は，24＋24＋24＋24＝96（通り）とわかる。

図2

回	1	2	3	4
（ウ，エ，カ→）イ	1	2	8	24
（イ，オ，カ→）ウ	1	2	8	24
（イ，オ，カ→）エ	1	2	8	24
（ウ，エ，カ→）オ	1	2	8	24
（イ，ウ，エ，オ→）カ	0	4	8	32

(4)　イ，エ，カに数字を入れると右の図3のようになる。図3で，アからイ，イからアに移動するにはどちらも(D)を行えばよく，アからエ，エからアに移動するにはどちらも(C)を行えばよいことになる。つまり，アとイをつなぐ線は(D)を，アとエをつなぐ線は(C)を表すことになる。同様に考えると，イとウをつなぐ線は(C)，ウとカをつなぐ線は(D)，オとカをつなぐ線は(C)，エとオをつなぐ線は(D)を表すことがわかる。また，アからウに移動するには(B)を行えばよく，ウからアに移動するには(A)を行えばよいから，アとウをつなぐ線は(A)または(B)を表すことになる。同様に考えると，アとオ，ウとオ，イとカ，イとエ，エとカをつなぐ線も(A)または(B)を表すことになる。すると，5回目にはじめてアに戻る方法のうち，(A)または(B)を表す線だけを移動する方法は，ア→ウ→オ→ウ→オ→ア，ア→オ→ウ→オ→ウ→アの2通りだけとわかる。

図3

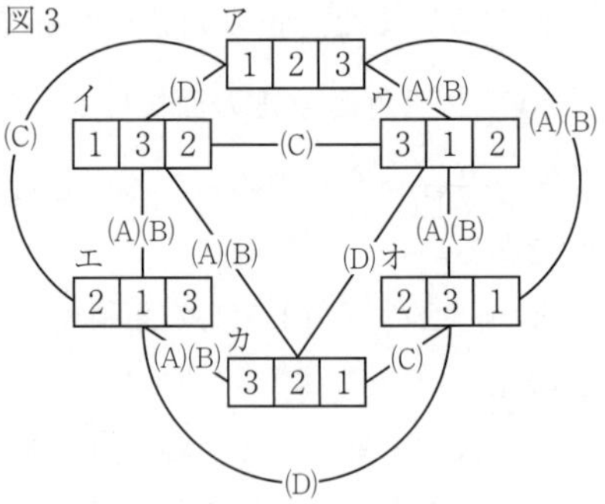

(5)　5回で初めてAに戻るとき，(C)，(D)を表す線だけを移動してアに戻ることはできない。また，(A)または(B)を表す線を移動する回数は必ず奇数回（1回，3回，5回）になる。よって，(A)または(B)を表す線を移動する回数の合計が1回または3回になるのは，(3)の答えから(4)の答えをひいたものであり，96－2＝94（通り）と求められる。

5　立体図形―体積，分割

(1)　右の図①で，もとの立方体の体積は，6×6×6＝216(cm^3)である。また，はじめにくりぬいた大きな直方体の体積は，4×4×6＝96(cm^3)であり，次にくりぬいた2つの小さな直方体の体積はどちらも，2×2×1＝4(cm^3)だから，立体Pの体積は，216－(96＋4×2)＝112(cm^3)とわかる。

図①

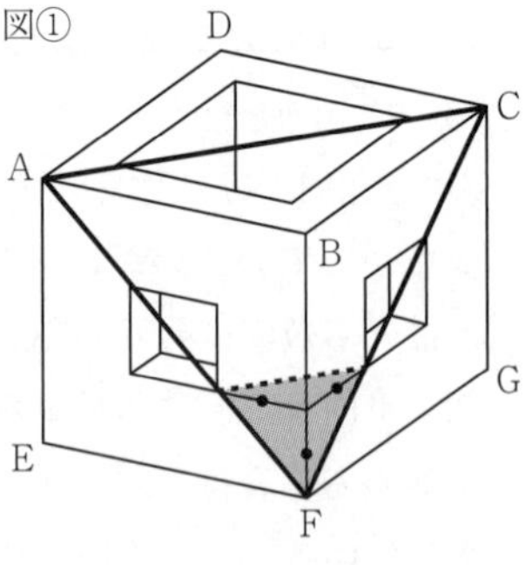

(2)　(ア)　切り口は図①の三角形AFCになる。また，下の図②で，立体Pはかげをつけた部分にある（4cmと3cmの部分に注意）。この図に，それぞれの高さにおける面AFCの切り口の線を書き入れると太点線のようになるから，かげをつけた部分のうち，太点線の右下側の部分が立体Qになる。よって，それぞれの高さにおける切り口は斜線部分になる。　(イ)　図①のかげをつけた三角すいの体積を求めればよい。●印をつけた部分の長さはすべて2cmなので，この三角すいの体積

図②

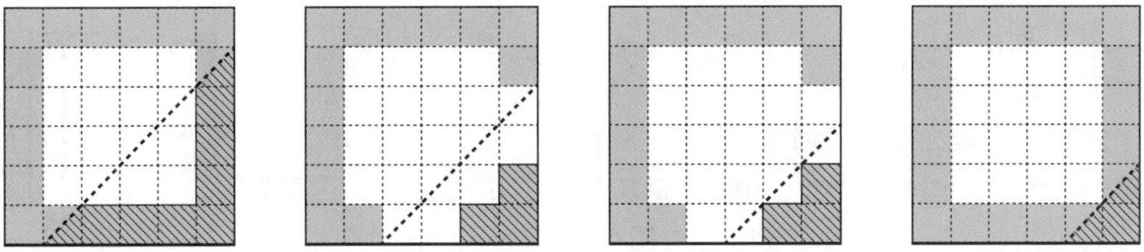

高さ5cm　高さ4cm　高さ3cm　高さ2cm

は，$2\times2\div2\times2\times\frac{1}{3}=\frac{4}{3}=1\frac{1}{3}$$(\text{cm}^3)$である。　(ウ)　立方体の上の面から1cmずつ段に分けて考える。さらに，上から1段目から4段目まで，それぞれの段を1辺1cmの立方体に分けて求める。各段の上の面の切り口の線を太実線で，下の面の切り口の線を太点線で表すと，下の図③のようになる(各段の立体Pの位置に注意)。また，1辺1cmの立方体の切断のされ方は下の図④のⅠ，Ⅱの2通りあり，各段のⅠとⅡの立体の個数はそれぞれ下の図⑤のようになる。さらに，Ⅰの立体の体積は，$1\times1\div2\times1\times\frac{1}{3}=\frac{1}{6}$$(\text{cm}^3)$，Ⅱの立体の体積は，$1-\frac{1}{6}=\frac{5}{6}$$(\text{cm}^3)$だから，1段目から4段目までの体積の合計は，$\frac{1}{6}\times4+\frac{5}{6}\times6+1\times16=21\frac{2}{3}$$(\text{cm}^3)$となる。これに(イ)で求めた体積を加えると，立体Qの体積は，$21\frac{2}{3}+1\frac{1}{3}=23$$(\text{cm}^3)$と求められる。

図③

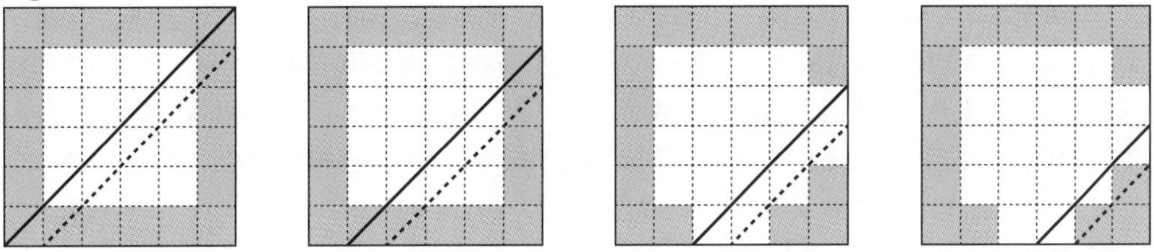

1段目　2段目　3段目　4段目

図④

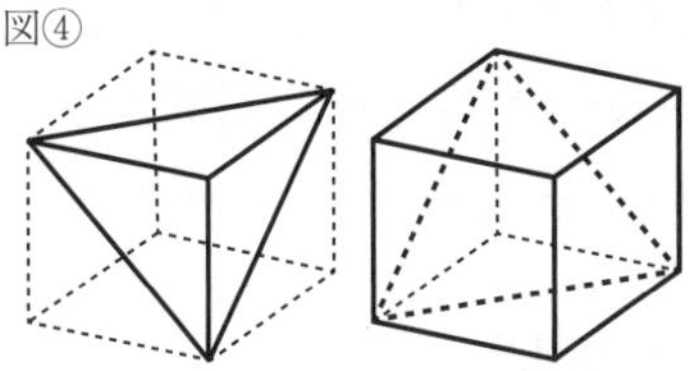

Ⅰ　Ⅱ

図⑤

	1段目	2段目	3段目	4段目	合計
Ⅰの立体	2個	2個	0個	0個	4個
Ⅱの立体	2個	2個	0個	2個	6個
切断されない立方体	7個	5個	3個	1個	16個

理科　<第1日目>（60分）<満点：100点>

解答

1 **問1**　ア，イ　**問2**　225日　**問3**　ア　**問4**　①　イ　②　ア　③　イ

2 **問1**　(ア)　0.468　(イ)　0.797　(ウ)　1.327　**問2**　**濃くしたとき**…オ　**うすくしたとき**…カ　**問3**　**グラフ**…イ　**数値**…0.530g　**3** **問1**　①　羊水　②　たいばん　③　へそのお　④　イ　⑤　ウ　⑥　ウ　⑦　イ　⑧　呼吸　**問2**　**A**　酸素　**B**　二酸化炭素　**問3**　(例)　羊水を肺の中に出し入れする。　**問4**　⑨　(例)　結びつき

⑩ （例） 取り入れる　**4** **問1** 0.8A　**問2** 2倍　**問3** $\frac{13}{19}$倍　**問4** う＞あ＝い　**問5** $1\frac{13}{19}\left(\frac{32}{19}\right)$倍　**問6** か＞え＝お　**問7** $\frac{16}{19}$倍　**5** **問1** （例） （溶けたものが）一様に散らばっていること。／（溶けたものが）時間がたっても出てこないこと。　**問2** エ，オ　**問3** イ，オ　**問4** ク，ケ，サ　**問5** 2.2g　**問6** 1.4g　**問7** 54％　**6** **問1** イ　**問2** ⑴ イ ⑵ 4：5　**問3** 右の図　**問4** （例） $Y=\frac{1}{2}\times(48-X)$

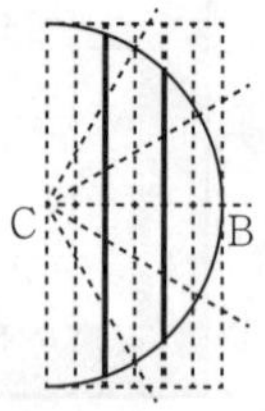

解説

1 太陽系の惑星《わくせい》についての問題

問1 地球の内側を公転している水星と金星は，地球に対して太陽とは反対側に位置することはないため，真夜中には観測することができない。

問2 地球の公転周期は1年で，金星の公転周期は1年より短い。よって，太陽―金星―地球の順で一直線に並んでから，次にこの順で並ぶ1.6年の間に，地球は1.6周公転していて，金星は2.6周公転している。公転周期の比は，（地球）：（金星）＝$\frac{1}{1.6}$：$\frac{1}{2.6}$＝13：8となる。よって，金星の公転周期は，$365\times\frac{8}{13}$＝224.6…より，225日となる。

問3 太陽―金星―地球の順で一直線に並んでから，次にこの順で並ぶのに1.6年かかるので，金星―太陽―地球の順に並ぶのは，1.6÷2＝0.8（年後）である。以降，0.8年ごとに太陽，金星，地球は一直線に並ぶ。同様に火星は，太陽―地球―火星の順で一直線に並んでから，次にこの順に並ぶのに2.2年かかるので，太陽，地球，金星は，2.2÷2＝1.1（年）ごとに一直線に並ぶ。よって，太陽，金星，地球，火星は，0.8と1.1の最小公倍数である8.8年ごとに一直線に並ぶ。図2の状態になってから，8.8年後には，金星―太陽―地球―火星の順で一直線上に並び，17.6年後には，太陽―金星―地球―火星の順で一直線上に並ぶ。

問4 地球に近い惑星ほど，1日あたりに公転する角度が地球の角度と近い値になるので，太陽と地球と惑星が一直線に並んでから再び一直線に並ぶまでの時間は長くなる。また，太陽から遠い惑星ほど，1日あたりに公転する角度が小さくなり，地球との差が大きくなるので，一直線上に並ぶまでの時間は1年に近くなる。

2 水酸化ナトリウム水溶液《すいようえき》と塩酸や二酸化炭素との中和についての問題

問1 加えた水酸化ナトリウム水溶液の体積が25mLまでは塩酸と水酸化ナトリウム水溶液が中和して食塩ができていて，このとき中和する水酸化ナトリウム水溶液5mLに対し食塩が0.117gずつ生じている。その増え方は水酸化ナトリウム水溶液の体積が25mLになるときまで一定であり，この間では水酸化ナトリウム水溶液はすべて中和してなくなっているので，二酸化炭素を溶《と》かしても食塩以外に水分を蒸発させたときに固体として出てくるような物質はできない。水酸化ナトリウム水溶液の体積が25mLをこえると，水酸化ナトリウム水溶液が5mL増えるごとに，生じる白い固体が0.106gずつ増えている。これは，25mLをこえた体積分の水酸化ナトリウム水溶液が溶かした二酸化炭素と中和して，炭酸ナトリウムという白色の固体が生じるからである。よって，㋐は，0.351＋0.117＝0.468（g），㋑は，0.691＋0.106＝0.797（g），㋒は，1.221＋0.106＝1.327（g）である。

問2 **濃《こ》くしたとき**…100mLの塩酸を完全に中和するのに必要な水酸化ナトリウム水溶液の体積は小さくなるが，完全に中和したときに生じる食塩の重さは変わらない。よって，オのグラフが適する。　**うすくしたとき**…濃くしたときとは逆で，完全に中和したときにできる食塩の重さは変わらないが，このときの水酸化ナトリウム水溶液の体積が大きくなるので，グラフは点線のグラフよりも右へずれ，傾《かたむ》きは小さくなる。よって，カのグラフが適する。

問３　塩酸を100mL加えたときには水酸化ナトリウム水溶液25mLはすべて中和し，食塩が0.585ｇできる。また，完全に中和した後は，水酸化ナトリウム水溶液がなくなっているので，二酸化炭素を溶かしても白い固体の重さは増えず，残る白い固体の重さは0.585ｇのまま変化しない。また，問１で述べたように，５mLの水酸化ナトリウム水溶液に二酸化炭素を十分に溶かしたとき，0.106ｇの白い固体が残っている。したがって，加える塩酸が０mLのとき，水酸化ナトリウム水溶液25mLに二酸化炭素を十分に溶かすと，$0.106\times\frac{25}{5}=0.530$（ｇ）の白い固体（炭酸ナトリウム）が残る。よって，グラフはイのような形になる。

３　ヒトの誕生と血液のはたらきについての問題

問１　①　たい児が入っている子宮の中は，羊水という液体で満たされている。羊水は，たい児を外部からのしょうげきから守るなどの役割をしている。　②，③　たい児は，へそのおで子宮のかべにできているたいばんとつながっていて，母親から酸素と栄養分を受け取り，不要物を母親へ渡《わた》している。　④　たい児は多くの場合，生まれるときに頭から出てくるように，子宮の中で頭を下に向ける。　⑤～⑦　ヒトの新生児は受精から約38週たつと誕生する。新生児の平均身長は約50cm，平均体重は約３kgである。　⑧　肺では，血液中に酸素を取りこみ，血液から二酸化炭素を排出《はいしゅつ》している。このはたらきを呼吸という。

問２　気体Ａは肺で血液中に取りこまれているので酸素，気体Ｂは血液中へ排出されているので二酸化炭素である。

問３　たい児は，羊水を肺の中へ入れたり出したりして呼吸の練習をしている。このころはまだ，酸素をたいばんから血液中に直接受け取っている。空気を肺に出し入れすることで肺呼吸を始めるのは，誕生直後に産声《うぶごえ》をあげたときである。

問４　母親の血液中のヘモグロビンは，酸素の多いところでは酸素と結びつき，酸素の少ないところでは酸素を放す性質をもっている。これによって，体の各部に酸素を運ぶことができる。しかし，たい児の血液中のヘモグロビンは酸素の濃度が低く二酸化炭素の濃度が高い場合も，酸素と結びつきやすいという性質をもっている。そのため，たい児は，酸素が少なく二酸化炭素が多い，母親のたいばんを流れる血液からでも，効率よく酸素を取り入れることができる。

４　電球のつなぎ方と消費エネルギーについての問題

問１　グラフの横軸《じく》の値が３のときの縦軸の値を読み取る。電池の個数が３個の場合，電流は0.8Ａである。

問２　図２では，２個の電球が並列につながれているので，それぞれの電球には10個の電池を直列につないだときと同じ大きさの電流が流れ，１個の電球が１秒間あたりに消費するエネルギーはEと等しくなる。よって，２個の電球は合わせてEの２倍のエネルギーを１秒間に消費する。

問３　図３のように２個の直列につながれた電球に，10個の電池を直列につないだ場合，１個の電球にそれぞれ５個の電池を直列につないだ状態と同じになる。グラフより，１個の電球に５個の電池を直列につないだ場合，1.3Ａの電流が流れる。よって，このとき１個の電球が１秒間あたりに消費するエネルギーは，$5\times1.3=6.5$であり，２個の電球では，$6.5\times2=13$のエネルギーが消費される。ここで，$E=10\times1.9=19$より，１秒間あたりに消費するエネルギーはEの，$13\div19=\frac{13}{19}$(倍)である。

問４　電球「う」と，直列つなぎの電球「あ」と電球「い」は並列につながっていて，それぞれに10個直列の電池のはたらきがはたらくので，電球「あ」と電球「い」には電球「う」よりも小さな電流が流れる。直列につないだ電球「あ」と電球「い」には同じ大きさの電流が流れるので，電球「う」が最も明るく，電球「あ」と電球「い」は同じ明るさになる。

問５　問４のとき，電球「あ」と電球「い」が１秒間あたりに消費するエネルギーの大きさは，問３より，合わせてEの$\frac{13}{19}$倍であり，電球「う」が１秒間あたりに消費するエネルギーの大きさは図１と同じEである。よって，３個の電球が１秒間あたりに消費するエネルギーの合計は，Eの，$\frac{13}{19}+1=1\frac{13}{19}=\frac{32}{19}$(倍)となる。

問６　並列つなぎの電球「え」と電球「お」には同じ大きさの電流が流れ，その電流の和に等しい大きさの電流が電球「か」を流れる。したがって，電球「か」が最も明るく，電球「え」と電球「お」は同じ明るさになる。

問７　図５では，並列つなぎの電球「え」と電球「お」に同じ大きさの電流が流れるので，それぞれを流れる電流の大きさを①とすると，電球「か」に流れる電流の大きさは②となる。ここで，流れる電流の大きさが１：２になっていて，その電流にそれぞれ対応する電池の個数の合計が10個になるような組み合わせをグラフから探す。すると，３個の電池を直列につないだとき，電球に0.8Aの電流が流れ，７個の電池を直列につないだとき，電球に1.6Aの電流が流れることがわかる。よって，電球「え」と電球「お」は，それぞれ３個の電池を直列につないだ状態と同じになり，それぞれ0.8Aの電流が流れ，電球「か」は７個の電池が直列につながれている状態と同じになり，1.6Aの電流が流れる。このとき１秒間に消費するエネルギーは，電球「え」と電球「お」ではそれぞれ，$3\times0.8=2.4$，電球「か」では，$7\times1.6=11.2$なので，合計で，$2.4\times2+11.2=16$となり，これはEの，$16\div19=\frac{16}{19}$(倍)である。

5　水溶液の性質，実験器具の使い方についての問題

問１　水溶液はとうめいで(色がついていてもよい)，溶けたものが水溶液中に一様に散らばっていて，同一容器内ではどの部分も濃さは同じである。時間がたっても温度や水の量が変わらなければ，溶けているものは出てこない。また，溶けているものはろ過をしても取り出すことができない。

問２　アンモニア水は刺激臭《しげきしゅう》をもつ気体のアンモニア，塩酸は同じく刺激臭をもつ気体の塩化水素の水溶液であり，つんとしたにおいがする。

問３　青色のリトマス紙は，酸性の水溶液に反応して赤色に変わる。６種類の水溶液の中で酸性の水溶液は炭酸水と塩酸である。

問４　ピペットを使うときは，指でゴム球をおしてからピペットの先を水溶液に深く入れ，ゴム球をおした指をゆっくりとゆるめて水溶液を吸い上げる。このとき，ゴム球をいためないように，ゴム球と水溶液がふれないように注意する。次に，取った水溶液を加熱して水を蒸発させるとき，弱火で加熱し，液体が完全になくなる少し前に加熱を止め，余熱で水を蒸発させるようにする。液体がなくなるまで加熱をした場合，出てきた物質がはねて飛び散ったり，こげついたりすることがあり危険である。

問5　重そうの粉8.4 gを加熱したときに減った重さは，$8.4-5.3=3.1$(g)であり，このうちの71%が二酸化炭素なので，その重さは，$3.1\times\frac{71}{100}=2.201$より，2.2 gになる。

問6　8.4 gの重そうの粉を十分に加熱すると，$3.1\times\frac{29}{100}=0.899$(g)の水が失われる。よって，失われた水の重さが0.15 gのとき，もとの重そうの重さは，$8.4\times\frac{0.15}{0.899}=1.40\cdots$より，1.4 gである。

問7　重そうの粉8.4 gを十分加熱したときに減った重さは3.1 gなので，重そうの粉の20%の重さが減ったときに，水と二酸化炭素を失った重そうの粉はもとの重そうのうち，$20\times\frac{8.4}{3.1}=54.1\cdots$より，54%にあたる。

6　てこのつり合いについての問題

問1　図1のコーンは中身と底面がなく，面の厚さが一定なので，重さは面積に比例する。中心軸ABの真ん中のC点を通り軸ABに垂直な平面で左右に分けると，右半分の表面積の方が大きく，重さも重い。よって，Bが下がる。

問2　AD：DB＝2：1なので，コーンをDの位置でABに垂直な平面で切断してできる2つの部分のA側とB側の側面積の比は，右の図より，ア：イ＝(2×2)：(3×3－2×2)＝4：5となる。よって，A側とB側の重さの比も，4：5になる。したがって，B側の方が重いことがわかる。

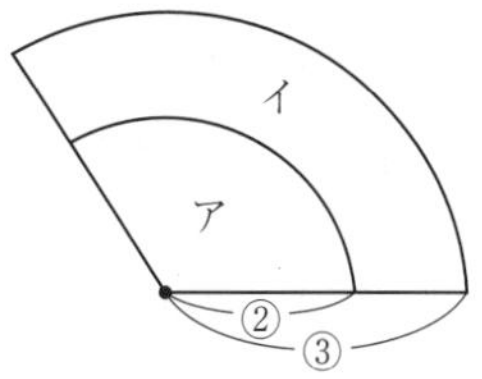

問3　半球殻《きゅうかく》を中心軸に垂直な平面で切断したとき，切断したあとのそれぞれの重さは，図5にかかれている中心軸を通る直線の長さに比例すると考えられる。したがって，48÷2÷3＝8(cm)より，Cから8 cm，16cmの点を通る平面で切断してもらったと考えられる。

問4　問3に述べたように，切断したあとの球殻の重さは，中心軸を通る直線の長さに比例すると考えられるので，その重心は，残った球殻の中心軸AFの真ん中であると考えられる。よって，AF＝$48-X$なので，糸をつける位置は，$Y=\frac{1}{2}\times(48-X)$と表すことができる。

国語　＜第1日目＞（40分）＜満点：80点＞

解答

一　**問1**　X　持っていく　Y　持っていかない　**問2**　(例)　情報がたくさんあると二者択一の判断をしにくくなるから。　**問3**　1　カ　2　ウ　3　ア　4　キ　5　エ　**問4**　1　腹を割る　2　腹を切る　3　背に腹は代えられぬ　4　腹を探る　5　腹に納める　**問5**　ア，エ，オ　二　1　ク　2　エ　3　オ　4　カ　5　ウ　6　コ　7　ア　三　1　よだつ　2　はやる　3　きたす　4　くじく　5　よぎる　四　1　ア　2　イ　3　イ　五　カ，キ，コ　六　(誤，正の順で)　1　初心，所信　2　不足，不測　3　異状，異常　七　1　エ　2　ア　3　キ　4　ク　5　カ　6　ウ　7　イ　8　オ　八　A　区　B　分　C　化　D　収　E　支　F　内　G　心　H　水　I　牛

解　説

一　**出典は長谷川眞理子《はせがわまりこ》の『モノ申す人類学』による。**人間には二分法や二者択一《たくいつ》で判断したいという欲求があるということを指摘《してき》したうえで，本来は二分法で単純な解釈《かいしゃく》はできないということを「学問の営み」や「良識」によって示し続けてきたが，ネットの世界では二者択一が専横し，そのような歯止めがなくなりつつあることを嘆《なげ》いている。

問1　**X，Y**　二つ目の段落で，「人間は二分法が好きだ」と述べられていることをおさえる。つまり，「今日の降水確率は三〇パーセント」だと知った人々は，傘《かさ》を「持っていく」か「持っていかない」かの「二者択一」で考えるはずなのである。

問2　直後で，人間は「情報が少なすぎると困るのだが，あり過ぎると，それも嫌《きら》う」と述べられていることに注目する。問1でみたように，「行動の選択肢《し》」を「二者択一」にまで絞《しぼ》りこむことを好む人間にとって，多すぎる情報は商品を「買う」か「買わない」かの判断を鈍《にぶ》らせる要因となるというのだから，これをもとに「情報が多過ぎることで，二者択一の判断がしにくくなるため」のようにまとめる。

問3　**1**「ストーリー」は，物語や話の筋。　**2**「エントリー」は，競技会やコンテストなどに参加の申しこみをすること。　**3**「リカバリー」は，もとの状態に回復・復旧させること。　**4**「セオリー」は，理論や学説。　**5**「ミステリー」は，神秘的であること。

問4　**1**“かくさずに本当の気持ちや考えを伝える”という意味を持つ言葉は，「腹を割る」。**2**“責任を取って役職などを辞任する”という意味の言葉は，「腹を切る」。　**3**　さしせまった大切なことのためには，ほかの小さなことを犠牲《ぎせい》にするのもしかたがないという状況《じょうきょう》を表すのは，「背に腹は代えられぬ」。　**4**“相手が心で何を考えているのかをそれとなく知ろうとする”という意味を表す言葉は，「腹を探《さぐ》る」。　**5**“知ったことを自分の心の内に秘めておく”という意味の言葉は「腹に納める」。

問5「専横」は，好き勝手なふるまいや態度。ここでの「横」は，“正しくない”“道理に合わない”という意味で使われている。よって，悪事がしきりに行われることをいう「横行」，わがままや乱暴をはたらくことをいう「横暴」，他人あるいは公共のものを不法に自分のものにすることをいう「横領」が選べる。

二　**俳句の知識**

1「燕《つばめ》来る」は，春の季語。燕のまっすぐに飛ぶようすを「直線」と表現している。　**2**「亀《かめ》の子」は，夏の季語。「浮《う》いて」や「泳ぐ」といった語から水にかかわる動物であることが推測できる。　**3**「水母《くらげ》」は，夏の季語。海中をふわふわと泳ぐようすが，「線香《せんこう》のけむり」にたとえられている。　**4**「鹿《しか》」は，秋の季語。“静かな秋の夜更《よふ》け，闇《やみ》の彼方《かなた》で牝《めす》を呼ぶ牡鹿《おしか》の，ピイーと長く引いて鳴く声がいかにも悲しげで，あわれ深いことよ”という意味の句である。　**5**“秋の空気は澄《す》んでいて気持ちがよく，馬が肥《こ》えるような収穫《しゅうかく》の季節でもある”という意味の句である。　**6**「むささび」は，冬の季語。むささびは夜行性なので，「夜の山」という情景とも合う。　**7**「伊勢海老《いせえび》」は，新年の季語。正月のおかざりやおせち料理に使われる。

三　**慣用句の完成**

1「身の毛もよだつ」は，“おそろしさのためにぞくぞくとして，体の毛が逆立つような感じになる”という意味。　**2**「血気にはやる」は，“勇《いさ》み立っておさえがきかなくなる”という意味。

3 「支障をきたす」は，“ものごとのさまたげになる”という意味。　**4** 「弱きを助け強きをくじく」は，“弱い者に対して味方する一方で，力を持つ者には立ち向かう”という意味。　**5** 「脳裏をよぎる」は，“ある考えなどが頭の中に思い浮かぶ”という意味。

四 かなづかいの知識

1 「じ」と「ぢ」の使い分け。アは「いじわる」，イは「そこぢから」，ウは「ちぢむ」，エは「はなぢ」，オは「まぢか」。「地」は濁点《だくてん》がない場合は「ち」であるが，濁点がつくと「じ」となるところが誤りやすい。　**2** 「づ」と「ず」の使い分け。アは「うわづみ」，イは「きずく」，ウは「てづくり」，エは「ふみづき」，オは「りくつづき」。　**3** 「お」と「う」の使い分け。アは「うすごおり」，イは「おうさま」，ウは「すどおり」，エは「とおあさ」，オは「みやこおおじ」。

五 熟語の組み立て

「消火」や「発熱」は，上の漢字が動作を表し，下の漢字がその動作の対象や目的を表す組み立て。よって，カの「集金」，キの「洗顔」，コの「読書」が同じ。なお，アの「運送」，ウの「解放」，ケの「走行」は，似た意味の漢字を重ねた組み立て。イの「恩師」，エの「学者」，クの「全力」は，上の漢字が下の漢字を修飾《しゅうしょく》する組み立て。オの「兄弟」は，反対の意味を重ねた組み立て。

六 同音異義語の判別

1 「所信」は，自分が信じていることがら。「所信表明演説」は，内閣総理大臣《だいじん》が自らの政権として取り組む重要課題や政権の運営方針などについての考え方を明らかにするために行う演説のこと。　**2** 「不測」は，予測ができないこと。　**3** 「異常」は，ふつうとは違《ちが》っていること。対義語は「正常」。「異状」は通常ではないようす，状態。

七 慣用句の知識

1 「歯が浮くよう」は，うわついていて不快になるような言葉のたとえとして用いる。　**2** 「芋《いも》を洗うよう」は，せまいところに多くの人が集まり混雑しているようす。　**3** 「水を打ったよう」は，その場の人たちが一斉に静まり返るさま。　**4** 「綿のよう」は，体から力がぬけ，ぐったりとして，立っていられないほど疲《つか》れている状態。　**5** 「降ってわいたよう」は，思いがけず突然《とつぜん》に起こるようすを表す。　**6** 「猫《ねこ》の目のよう」は，非常に変化しやすいさま。　**7** 「手に取るよう」は，はっきりとわかることができるようす。　**8** 「馬車馬のよう」は，わき目もふらずに懸命《けんめい》に働くさま。

八 熟語のしりとり

A～I 〔条件２〕〔条件４〕より，示された読み方で「四画」の漢字を推測すると，「化(火)」「牛」「区(公)」「支(止，氏)」「収」「心」「水」「内」「分(文)」があげられる。これをもとに，複数の候補がある漢字や〔条件１〕〔条件３〕〔条件５〕に注意しつつ，空らんをふくむ熟語のうち片方が明らかになっているところ，確定できるものから順にあてはめていくとよい。たとえば，空らんＡの「(地)区」，空らんＩの「牛(歩)」などは考えやすい。このように考えていくと，しりとりは「(地)区」―「区分」―「分化」―「化(学)」―「(学年)」―「(年)収」―「収支」―「支(店)」―「(店)内」―「内心」―「心(配)」―「(配給)」―「(給)水」―「水牛」―「牛(歩)」となる。

国語 <第2日目>(70分)<満点:120点>

解答

一 **問1** A～I 下記を参照のこと。 **問2** (例) 途方もない数の手順を，同時並行で手際よく進めなければならないから。 **問3** (例) 自然界には新鮮な生肉や生野菜が溢れ，それを食べることだけで生き抜くことができるのに，わざわざ調理をするから。 **問4** 利用可能な栄養量が増える **問5** (例) ヒトをふくむ動物たちは，「栄養満点」という化学信号を「おいしさ」として舌で受け取った後，その味覚信号を脳に届けるよう，生物学的な利点から合目的的にデザインされているから。 **問6** (例) 加熱するための火を制御する知恵 **問7** (例) 火を単純に利用するだけでなく，多彩な目的をイメージし，さまざまな用途で活用しているということ。 二 **問1** (例) 目が見えないことで不便なこともあるが，反面よいこともあると前向きに受け止めている。 **問2** (例) 秋は紙に触れる手の感触がひときわ心地よいから。 **問3** (例) 一文字ずつ点字を指でたどっていく動作。 **問4** (例) 目が見えない人が読める本を増やそうと，苦労しながらも，懸命に点字を打ってくれるボランティアの人々の心の温かさ。 **問5** (例) どんな本を読むかで，そのクラスメートのことを色々と想像してしまうが，表面上はあくまで事務的に，誰に対しても同じ扱いをする図書委員として接しなければならないから。 **問6** (例) 下級生が懸命に本を選び借りていくようすに自分を重ね，これから読書の喜びを知るであろう彼らをほほえましく思っている。 **問7** 私は同い年～ない気持ち **問8** (例) 懸命に点字を打ってくれただけでなく，自分が大好きな『ああ無情』を選んでくれたことに思い至ったことで，より深く親近感がわく存在になったということ。
三 **問1** ウ **問2** (例) 無視して悪いと思いながらも，父と外で接することを照れくさく思う気持ち。 **問3** 3 (例) 親の死をみとること。 4 (例) 自分の死を見届けてもらうこと。 **問4** (例) 若いむすこの将来に期待しているという理由。 **問5** (例) 父から自分へ，自分からむすこへと世代を超えて命が受け継がれていくということ。

●漢字の書き取り

一 **問1** A 提供 B 複雑 C 感知 D 胃腸 E 費 F 因果 G 備 H 伝授 I 地層

解説

一 **出典は池谷裕二《いけがやゆうじ》の『脳はすこぶる快楽主義』による。**ヒトが調理を行う意味や目的を明らかにしながら，調理がヒトの脳の高度な能力によって可能になっていることを説明している。

問1 A 利用してもらうためにものを差し出すこと。 B ものごとがこみいっていること。 C 刺激《しげき》などを感じ取ること。 D 消化器官である胃と腸。 E 音読みは「ヒ」で，「費用」などの熟語がある。 F 原因と結果。 G 音読みは「ビ」で，「備品」などの熟語がある。 H 伝え授《さず》けること。 I 土や岩のかけらなどが長い間に積み重なってできた層。

問2 「曲芸」は，ふつうの人にはできないような，身軽さや熟練を必要とする芸をいう。前の部分で筆者は，「途方《とほう》もない数の手順」を「同時並行で手際《てぎわ》よく進め」，しかも「ほぼ反射的に行う」のが「調理」だと述べている。つまり，「複雑きわまりない作業」でありながら軽々とやってのけている調理人のようすを，筆者は「曲芸」にたとえているのである。

問3　「珍妙《ちんみょう》」とは，変わっていておかしいようす。直前で，「自然界には新鮮《しんせん》な生肉や生野菜が溢《あふ》れ，そうした自然食材から栄養を得られることは，野生界を生き抜《ぬ》く多数の動物たちが証明して」いると述べられている。自然食材をそのまま食べているだけで生きていけるはずなのに，ヒトがわざわざ苦労して調理をすることを，筆者は「珍妙な習慣」だと言っているのである。

問4　直後の段落で，筆者は「生の食材に火を通すと，タンパク質や炭水化物が加熱分解」され，「アミノ酸や糖《とう》」になると述べている。つまり，「火を通すと利用可能な栄養量が増える」ことが「調理」における「重要な利点」なのだといえる。

問5　食材にふくまれるタンパク質や炭水化物は，熱によりアミノ酸や糖に分解されることで胃腸から吸収される。つまり，「火を通すと利用可能な栄養量が増える」ことになるが，都合のよいことに，ヒトをふくむ動物たちの「舌」は，アミノ酸や糖などの栄養を「おいしさ」という味覚信号ととらえ，その後で脳に送るように，「生物学的な利点」から，そう「デザイン」されている。だから，我々は「有益なものをおいしいと感じる」のである。このような身体のしくみによって，ヒトをふくむ動物たちは効率よく栄養を摂取《せっしゅ》し，生命の維持《いじ》をはかってきたものと想像できる。

問6　続く部分で，大昔から「火」を使用していたヒトについて説明されている。「調理」に対し，チンパンジーが「食材と料理の因果関係を理解する能力」や「目前の食材を食べずに我慢《がまん》する自制心」を備えているとすれば，「あと必要」なのは，「火」を使いこなす「知恵《ちえ》」や「能力」だけだといえる。

問7　はじめ，火は「料理」のほか「寒さをしのいだり，夜闇を照らしたり」することなどに用いられていたが，やがて「厳かな聖火，装飾《そうしょく》用の蝋燭《ろうそく》，花火，弾薬など，さらに多彩《たさい》な目的で活用」されるようになった。このように，原始的な利用だけでなく多様な用途《ようと》で利用するようになったことを，筆者は「火さえも『調理』する」と表現している。

二　**出典は三宮麻由子《さんのみやまゆこ》の『空が香《かお》る』による**。点字本での読書にまつわる体験や読書に対する思いがつづられている。

問1　「一文字ずつの表音文字を指でたどって読む点字での読書」は，墨字《すみじ》で印刷された本の読書に比べると「不便」だが，「著名な脳科学者」が言うように「手に直接受ける刺激が脳によい」のであれば，「点字使用者の私は，本を手にもつだけでなく絶えず文字に触《ふ》れているわけだから，かなり自然にたくさんの脳刺激を受ける機会にめぐまれている」と考えれば「幸い」だといえる。目が見えないために生じる「不便」を嘆《なげ》くのではなく，目が見えないことで何かよいこともあると，前向きに受け止めているのである。

問2　普通《ふつう》は「静かで気候がよい」ことから，秋は読書に適した季節とされるが，点字で本を読む筆者にとっては「紙に触れる手の感触《かんしょく》がひときわ心地」よく感じられるため，目が見える人よりも余計にそう感じるのだと述べられている。つまり，「空気が乾燥《かんそう》してきて紙が乾《かわ》き，手も汗《あせ》をかかなくなる」ことで点字が「スベスベと指によく馴染《なじ》むように」なり，「快調に読み進むことができる」から，筆者にとっては，秋が読書に適した季節だといえるのである。

問3　二つ前の段落に，点字での読書は「一文字ずつの表音文字を指でたどって読む」と書かれている。この動作が「本を読む手」にあたるので，「手の指で点字に直接触れて読書するという動作」のように書く。

問4　筆者が「読書らしい読書ができるようになったころ，点字の本は教科書や図書館の印刷本以外，ほとんどすべてがボランティアの方による手打ち」だったとある。手打ちであったがゆえ，盲《もう》学校の図書室にあった本には「間違《まちが》い」や「表記」のばらつきがあったが，むしろそこからは自分たちのために苦労してくれたであろうボランティアさんたちの心の温かみが感じられ，「嬉《うれ》しく思えた」と筆者は語っている。よって，「手打ちの温かみ」とは「表記のばらつきなどに感じられる，目の見えない自分たちのために，間違いながらも手打ちしてくれたボランティアさんたちの思いやりの心」だと想像できる。

問5　相手が借りる本を知ることのできる図書委員は，クラスメートの読書の傾向《けいこう》や趣味，極端《きょくたん》にいえば，借り手の内面をのぞくことのできる立場だといえる。しかし，あくまで機械的に事務処理をする図書委員として接しなければならない筆者は，立場を意識するあまり，かえって「なんとなくよそよそし」くなってしまったのだろうと想像できる。

問6　「目を細める」は，うれしくてたまらず，顔中に笑《え》みを浮かべるようすを表す。下級生に本を貸し出すことを「一番」の楽しみにしていた筆者は，「一所懸命《けんめい》本を選んで」持ってきた下級生たちに，「『いい本を見つけたね。楽しんでね。』などと言いながら手渡《わた》してあげるときは，なんとも言えず嬉しかった」と語っている。筆者は，下級生に同じころの自分を重ね，これから先，読書の楽しみを知っていくであろう彼《かれ》らにほほえましさを感じているのである。

問7　「コンプレックス」は，劣等《れっとう》感のこと。「『ああ無情』より」と書かれた本の下にあった「小学六年生，○○ゆみ子点訳」の字を読んだ筆者は，感動とともに「私は同い年の子にボランティアをしてもらわなければ本も読めないのかという，やや情けない気持ち」を抱《いだ》いている。これが，彼《かの》女《じょ》に感じた筆者の「コンプレックス」にあたる。

問8　筆者は『ああ無情』を点訳してくれた「小学六年生」の彼女に対して，最初のうちこそ反発心めいたものを感じていたが，点字を打つ時間や，製本の大変さを思い出したとき，それほどの苦労をしてまで自分たちの図書室のために「蔵書」をつくってくれたことに「やっぱり，すごいことだ」と感動している。その時点で彼女を「お友だち」だと感じていたが，それだけでなく，自分の「大好きな『ああ無情』に感動し，その本のある箇所《かしょ》を点訳に選んだ」ことに思い至った筆者は，「突然《とつぜん》，この見知らぬ『お友だち』と，ジャン・バルジャンの不屈《ふくつ》の精神とユゴーの博愛精神を通してつながったような気が」している。同じ本に感動し，その感動を共有したように思えたために，さらに親近感がわき「新しいお友だち」と表現しているのである。

三　**出典は村田《むらた》好章《よしあき》の『朝の線香《せんこう》花火―村田好章詩集』所収の詩「駅伝」による。**親から子へと世代をこえて受け継《つ》がれていく命の流れを「駅伝」にたとえて表現している。

問1　作者である「わたし」は「おとなになっても／父と外で出会うと／目を合わさず息をつめ／すれちがっていた」ことに注目する。自分に気づいていながら自転車で追い越《こ》していった「むすこ」もまた，父と会ったときの自分と同様の気持ちでいるのだろうと作者は考えているのだから，このときの「むすこ」は，父である作者を意識するあまり，「ペダルの踏《ふ》み込《こ》みがぎこちな」くなったものとわかる。

問2　問１でみたように，作者も「むすこ」と同様，父と外で会うことへの気まずさから，父を無視するような態度をとっていたことが描《えが》かれている。父を無視することに対して申し訳なさを感じながらも，外で親しくしているのを誰《だれ》かに見られるのが照れくさいのだから，「いさかいもないのに気まずいような，父に対して抱く，理屈に合わない矛盾《むじゅん》した気持ち」のようにまとめる。

問3　３，４　第二連で，自分も「むすこ」と同じような時期があったことを語った後，作者は第三連で自身の人生を振り返っている。自分が年をとるにつれて父も同じだけ年をとり，やがて「見送る時期」，つまり父の死をみとる時期を迎《むか》えたのだと言っている。そして今度は，「むすこ」の成長とともに作者も年をとり，いつかは「むすこ」に死を見届けられる時期がやってくるのだろうと語っている。

問4　直後に「むすこの背中」が「輝《かがや》いて」見えたと書かれている。問３で検討したように，「見送られる時期をひかえ」た作者とは違い，「むすこ」はこれから先，「学校を出て／会社につとめ／結婚《けっこん》し　こどもが生まれ」るだろう。つまり，「むすこ」に待っている明るい未来を想像した作者の目には，その「背中」が「輝いて」いるように映ったのだから，「むすこの将来に期待できるから」のように書くとよい。

問5　「タスキ」は駅伝で走者が，次の走者に受け渡《わた》していくものである。「むすこ」の背中で「タスキがゆれている」というのは，作者から受け渡された「タスキ」であり，それは同時に「父」から作者へと受け渡されたものでもある。「父」から作者へ，作者から「むすこ」へと世代をこえて命が受け継がれていくことを，「駅伝」にたとえて表現している。

Dr.福井の
入試に勝つ！ 脳とからだのウルトラ科学

睡眠時間や休み時間も勉強!?

みんなは寝不足になっていないかな？　もしそうなら大変だ。睡眠時間が少ないと，体にも悪いし，脳にも悪い。なぜなら，眠っている間に，脳は海馬《かいば》という部分に記憶をくっつけているんだから。つまり，自分が眠っている間も頭は勉強しているわけだ。それに，成長ホルモン（体内に出される背をのばす薬みたいなもの）も眠っている間に出されている。昔から言われている「寝る子は育つ」は，医学的にも正しいことなんだ。

寝不足だと，勉強の成果も上がらないし，体も大きくなりにくく，いいことがない。だから，睡眠時間はちゃんと確保するように心がけよう。ただし，だからといって寝すぎるのもダメ。アメリカの学者タウブによると，10時間以上も眠ると，逆に能力や集中力がダウンしたという研究報告があるんだ。

睡眠時間と同じくらい大切なのが，休み時間だ。適度に休憩するのが勉強をはかどらせるコツといえる。何時間もぶっ続けで勉強するよりも，50分勉強して10分休むことをくり返すようにしたほうがよい。休み時間は，散歩や体操などをして体を動かそう。かたまった体をほぐして，つかれた脳を休ませるためだ。マンガを読んだりテレビを見たりするのは，頭を休めたことにならないから要注意！

頭の疲れに関連して，勉強の順序にもふれておこう。算数の応用問題や理科の計算問題，国語の読解問題などを勉強するときには，脳のおもに前頭葉という部分を使う。それに対して，国語の知識問題（漢字や語句など）や社会などの勉強では，おもに海馬《かいば》という部分を使う。したがって，それらを交互に勉強すると，１日中勉強しても疲れにくい。

Dr.福井（福井《ふくい》一成《かずしげ》）…医学博士。開成中・高から東大・文Ⅱに入学後，再受験して翌年東大・理Ⅲに合格。同大医学部卒。さまざまな勉強法や脳科学に関する著書多数。

Memo

Memo

2020年度　灘　中　学　校

〔電　話〕 (078) 411－7 2 3 4
〔所在地〕 〒658-0082　神戸市東灘区魚崎北町８－５－１
〔交　通〕 JR「住吉駅」より徒歩10分，
阪神本線「魚崎駅」より徒歩10分

【算　数】〈**第１日目**〉（60分）〈満点：100点〉

次の問題の□にあてはまる数または漢字を解答欄《らん》に書き入れなさい。

［注意］・問題にかいてある図は必ずしも正しくはありません。

・角すい，円すいの体積は，(底面積)×(高さ)×$\frac{1}{3}$　で求められます。

1　$\left(\square - \frac{19}{2020}\right) \div 0.00125 = 32 + \frac{48}{101}$

2　太郎君は1000円を持ちコンビニへ商品Ａを買いに行きました。コンビニの店内には飲食可能な場所があります。太郎君ははじめ，Ａを５個買って店内で食べようと思っていましたが，店員に「持ち帰るなら消費税は８％だけど，店内で食べるなら消費税は10％だから４個しか買えないよ」と言われました。そこで，太郎君は４個だけ店内で食べ，１個を持ち帰ることにして，全部で５個買うことができました。Ａの消費税抜《ぬ》きの値段は１個につき□円です。ただし，この値段には，１円未満の端数《はすう》はありません。また，消費税は，持ち帰る商品の合計金額の８％と，店内で食べる商品の合計金額の10％の合計から，１円未満を切り捨てた金額とします。

3　右の図のように，４地点Ａ，Ｂ，Ｃ，Ｄを結ぶ直線の道路があります。ＢとＣは84m，ＣとＤは1260m離《はな》れています。

最初，太郎さんはＡ，次郎さんはＣにいます。２人がＢに向かって同時に歩き始めると，同時にＢに到着《とうちゃく》します。また，最初の状態から２人がＤに向かって同時に歩き始めると，同時にＤに到着します。このとき，ＡとＢは□m離れています。ただし，Ｂに向かうときと，Ｄに向かうときとで太郎さんの歩く速さは同じです。また，次郎さんも，Ｂに向かうときと，Ｄに向かうときとで歩く速さは同じです。

4　ある工場では，毎日休みなく製品を作っています。一日あたりに作る製品の個数は，月曜日から金曜日までが同じで，土曜日は金曜日より少なく，日曜日は土曜日と同じです。ある年，この工場で６月に作った製品は372個，９月に作った製品は366個でした。この年の，６月１日は［①］曜日で，７月に作った製品は［②］個でした。

5 右のように数を並べたものがあります。各段の両端《りょうたん》の数は1で，2段目以降の両端以外の数は，その数の左上にある数と右上にある数の和になっています。

1　1	…1段目
1　2　1	…2段目
1　3　3　1	…3段目
1　4　6　4　1	…4段目
1　5　10　10　5　1	…5段目
………………………	

この100段目について，その一部(左から2つ，右から6つの数)をかくと，

1　100　……　75287520　3921225　161700　4950　100　1

です。また，

$11 \times 11 = 121$，$11 \times 11 \times 11 = 1331$，$11 \times 11 \times 11 \times 11 = 14641$，

$11 \times 11 \times 11 \times 11 \times 11 = 161051$

です。以上のことを参考にすると，100個の11をかけた数

$$\underbrace{11 \times 11 \times \cdots\cdots \times 11 \times 11}_{100個}$$

の下6桁《けた》は［　　　］です。

例えば，123456789の下6桁は456789です。

6 右の図のように，正方形の板に点Aを中心とする円がかいてあり，その円に沿《そ》って，0から9の目盛《めもり》が等間隔《とうかんかく》で刻まれています。また，この円と同じ半径の円盤《えんばん》が点Aの位置を中心にして回転できるように板の上に置いてあり，この円盤には，0から8の目盛が等間隔で刻まれています。

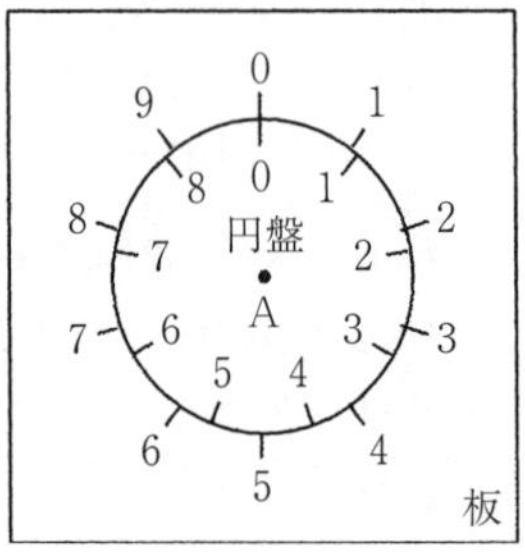

はじめは，0の目盛どうしがぴったりと合わさっていて，円盤は1時間かけて，時計の針の回る向きと反対の向きに一定の速さで1回転します。板の7の目盛と円盤の8の目盛がぴったりと合わさるのは，円盤が回転を始めてから［①　分　秒］後で，それから，さらに40分40秒後には，板の［②　　］の目盛と，円盤の［③　　］の目盛がぴったりと合わさっています。

7 右の図で，四角形ABCDは平行四辺形です。

(BGの長さ)：(DGの長さ)＝5：7

のとき，EFの長さは［　　　］cmです。

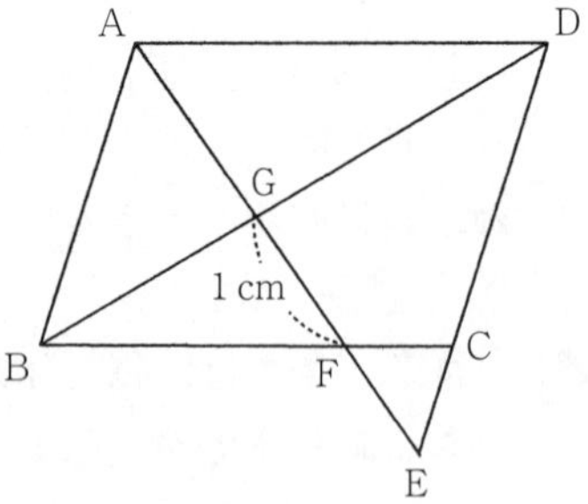

8　下の図のように，三角形ABCに6個の正方形がぴったりと入っています。三角形ABCの面積は ① cm^2，6個の正方形の面積の和は ② cm^2 です。

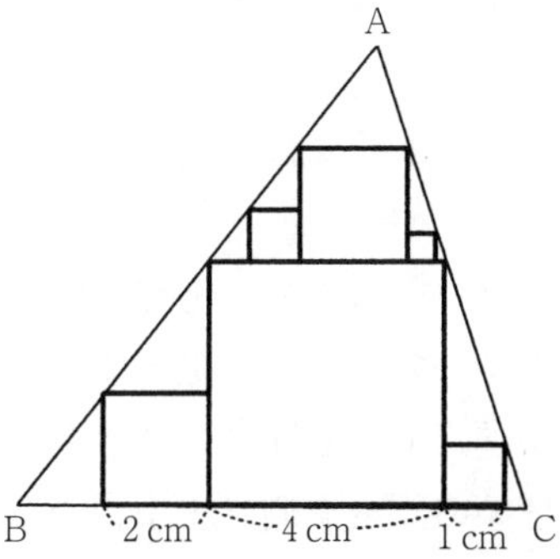

9　下の図において，AB，CEの長さはどちらも8 cmで，印○をつけた角の大きさは等しいです。このとき，四角形ACDEの面積は三角形ABCの面積の □ 倍です。

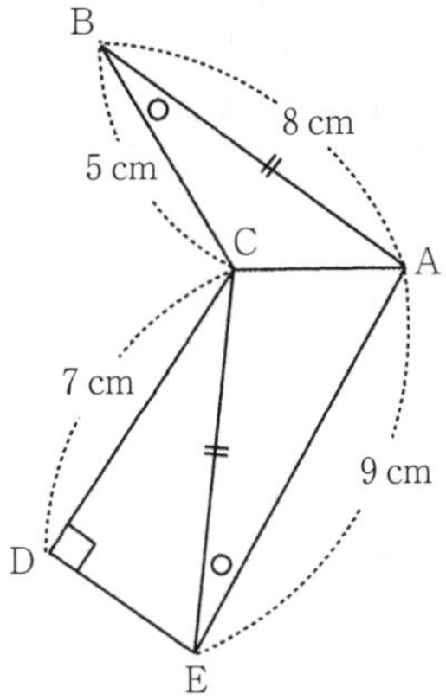

10　右の図のような台形ABCDの板があります。この板を辺CDの周りに1回転させたとき，この板の通過する部分の体積は □ cm^3 です。

ただし，円周率は$3\frac{1}{7}$とします。また，板の厚さは考えません。

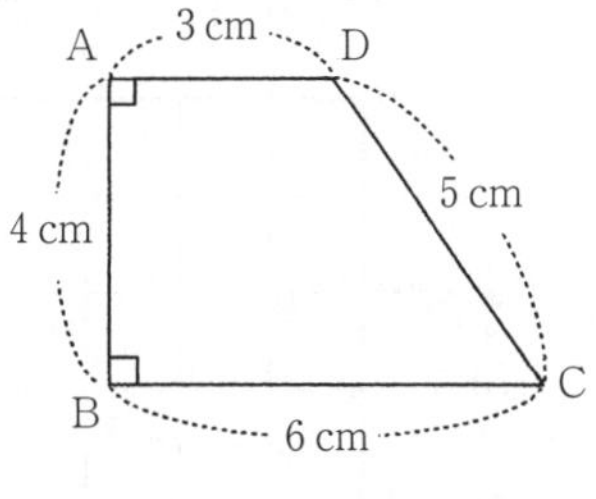

11　展開図が右の図のような立体の体積は，すべての面が1辺の長さが1 cmの正三角形からなる三角すいの体積の □ 倍です。

ただし，印●をつけた角の大きさはすべて60°です。

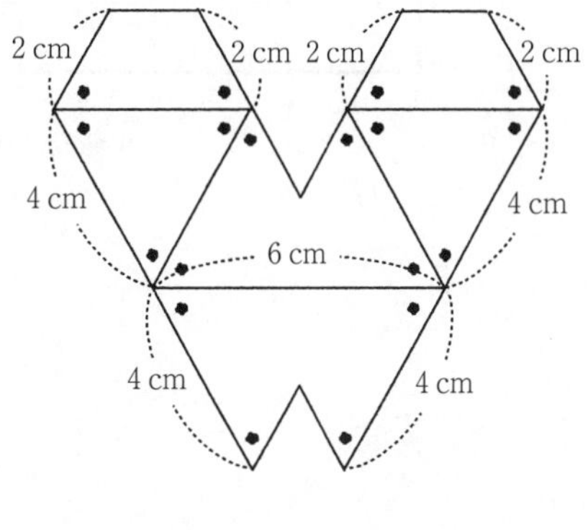

〈第2日目〉　(60分)　〈満点：100点〉

［注意］　・**3**，**4**，**5**(1)，(2)は答え以外に文章や式，図なども書きなさい。それ以外の問いは，答えのみ記入しなさい。

・問題にかいてある図は必ずしも正しくはありません。

・角すいの体積は，(底面積)×(高さ)×$\frac{1}{3}$　で求められます。

1　1周600mの円形の散歩コースがあります。AさんとBさんはコース上のS地点を同時に同じ向きに進みはじめ，Aさんは毎分50mの速さで歩き，Bさんは一定の速さで走ります。Aさんが1周してS地点に戻《もど》った時点で2人は止まります。2人が進んでいる間，S地点とAさんの距離《きょり》，S地点とBさんの距離，AさんとBさんの距離の3種類の距離を測ります。ただし，これらの距離は散歩コースに沿って，短い方(等しいときはその等しい距離)が計測されます。そして，これら3種類の距離のうち最も短いものを「最短距離」と呼ぶことにします。例えば，S地点とAさん，Bさんの位置が，下の図1，図2，図3，図4のとき，3種類の距離と「最短距離」は右の表のようになります。

図	図1	図2	図3	図4
S地点とAさん	40m	60m	60m	60m
S地点とBさん	100m	100m	60m	0m
AさんとBさん	60m	40m	120m	60m
「最短距離」	40m	40m	60m	0m

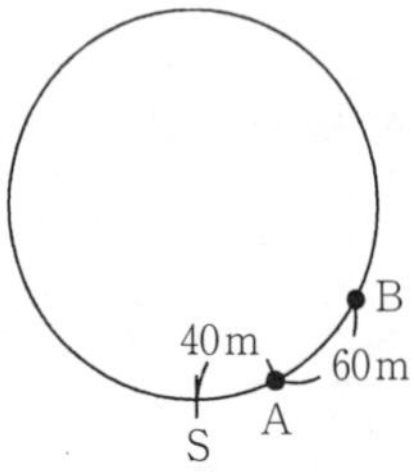

図1

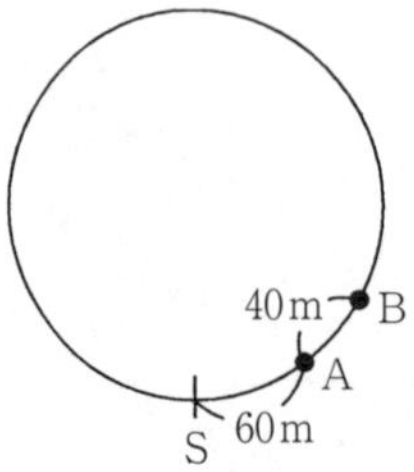

図2

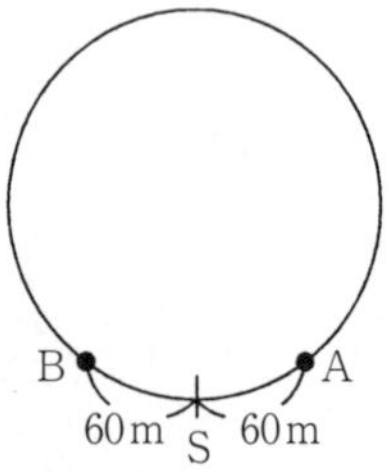

図3

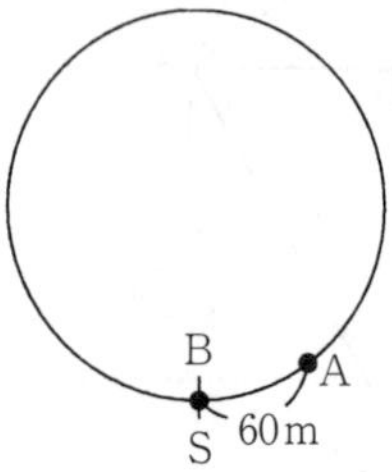

図4

(1)　Bさんが毎分100mで走る場合，出発後の時間(分)と「最短距離」(m)の関係を表すグラフを，下の方眼に実線でかき入れなさい。

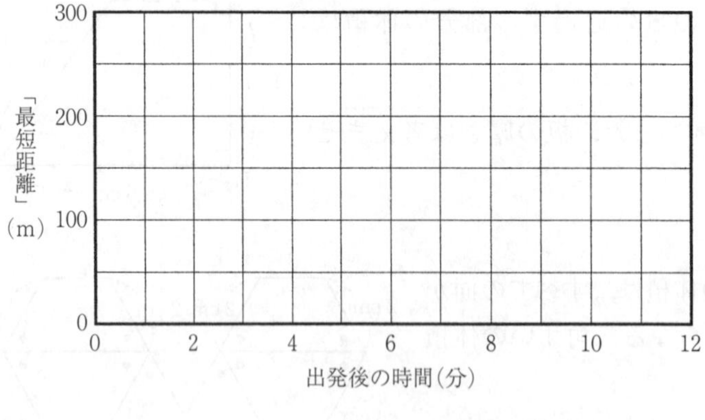

(2)　Bさんが毎分150mで走る場合，出発後の時間(分)と「最短距離」(m)の関係を表すグラフとして正しいものを，次の4つから1つ選び，選んだグラフの右上のグラフ番号を囲った破線をなぞりなさい。さらに，選んだグラフの空欄《らん》に適切な数を書き入れなさい。

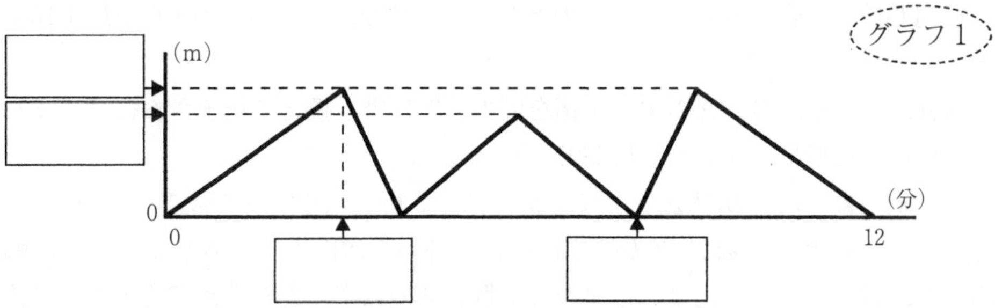

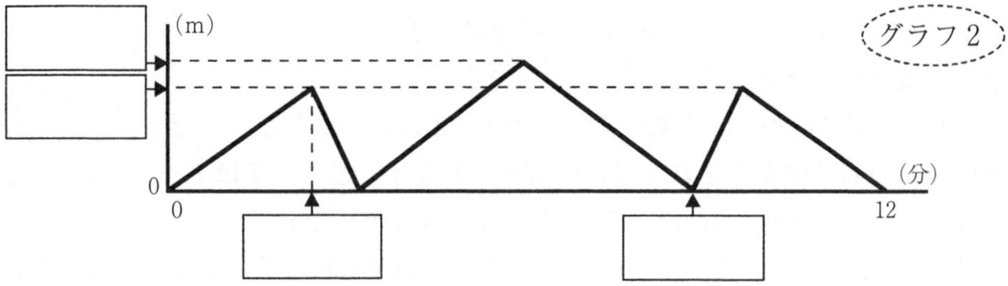

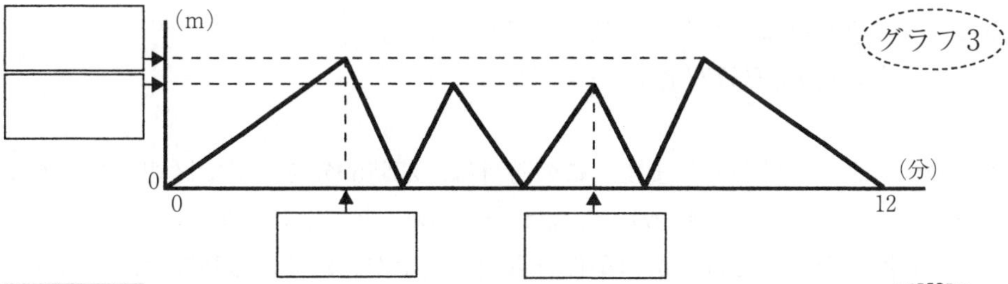

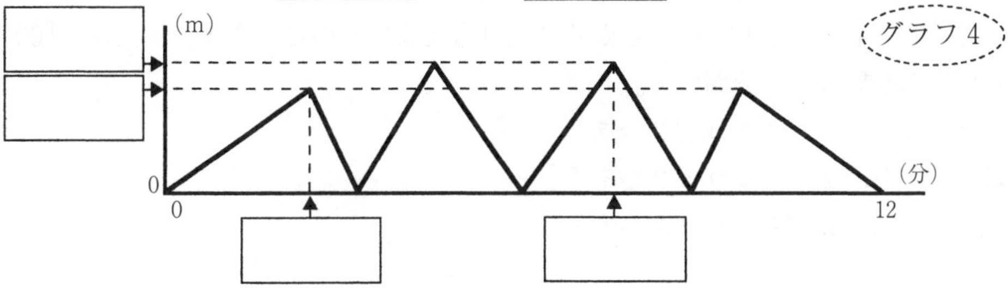

2　この問題では，01234，00123なども5桁《けた》の数，012345，001234なども6桁の数とします。また，整数xが整数yで割り切れるとき，xをyで割った余りは0であるとします。

(1)　太郎さんは5桁の数$ABCDE$を紙に書いて次郎さんに渡《わた》しました。ただし，A，B，C，D，Eの中に同じ数字が含《ふく》まれてもよいものとします。また，Eは$A+B+C+D$を10で割った余りです。

次郎さんはA，B，C，D，Eの中の1個を別の数字に書き換《か》えて花子さんに渡しました。花子さんが受け取った紙に書かれた数は28973でした。

(ア)　太郎さんが紙に書いた$ABCDE$として考えられる5桁の数をすべて書きなさい。

(イ)　太郎さんははじめと同じ数$ABCDE$を再び紙に書いて次郎さんに渡しました。次郎さんはA，B，C，D，Eのうち先ほどと異なる1個を別の数字に書き換えて花子さんに渡しました。花子さんが受け取った紙に書かれた数は21673でした。

太郎さんが紙に書いた$ABCDE$は□です。

(2)　太郎さんは6桁の数$PQRSTU$を紙に書いて次郎さんに渡しました。ただし，P，Q，R，S，T，Uの中に同じ数字が含まれてもよいものとします。また，Tは$P+Q+R+S$を10で割った余りで，Uは$P+Q\times3+R\times7+S\times9$を10で割った余りです。

次郎さんはP，Q，R，S，T，Uの中の1個を別の数字に書き換えて花子さんに渡しました。花子さんが受け取った紙に書かれた数は735631でした。

太郎さんが紙に書いた$PQRSTU$は□です。

3　24時間表示のデジタル時計があります。この時計は，23時59分を，：で区切られた4つの数字の並び「23：59」で表示し，「23：59」の次は「00：00」と表示します。

この時計を24時間動かしたとき，次の条件を満たす表示がされている時間は，あわせて何分間ですか。ただし，表示が変わるのにかかる時間は考えないものとします。例えば，「00：00」が表示されている時間は，1分間です。

(1)　4つの数字のうち，2がちょうど3つある。

(2)　4つの数字のうち，2がちょうど2つある。

(3)　4つの数字のうち，2がちょうど1つある。

4　平面上に，1辺の長さが6cmの正三角形ABCと，半径が6cmの円の形をした輪があります。輪ははじめ右の図のように置かれていて，輪の中心は点Bと重なっています。

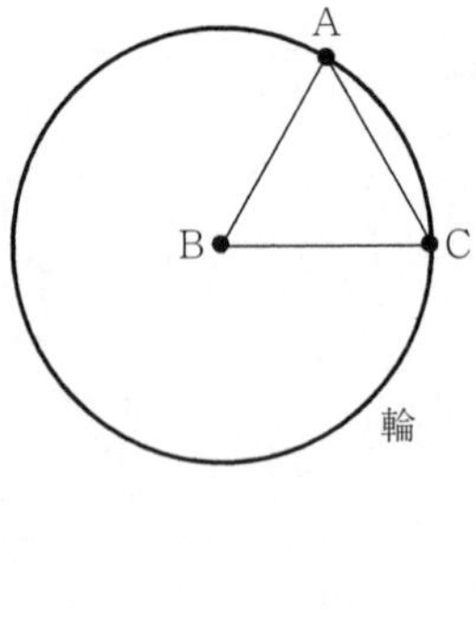

次のように輪を平面上で移動させるとき，輪が通過する部分の面積をそれぞれ求めなさい。ただし，輪の太さは考えないものとします。また，円周率を3.14とし，三角形ABCの面積を15.59cm^{2}とします。

(1)　輪の中心が，辺BC上をBからCまで動く。

(2)　輪の中心が，辺AB上をBからAまで動いたのち，辺AC上をAからCまで動く。

5　右の図は，１辺の長さが６cm の立方体 ABCD-EFGH です。P は辺 AB の真ん中の点，Q は辺 FG の真ん中の点，R は辺 GH の真ん中の点です。この立方体を３点 P，Q，R を通る平面で切ったとき，この平面は辺 AD の真ん中の点 S を通ります。

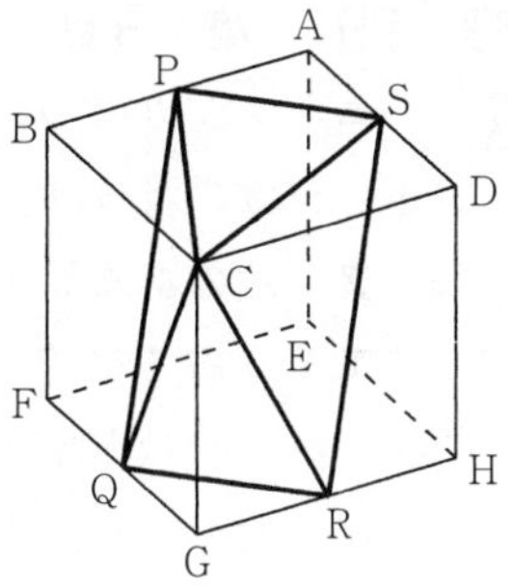

(1)　四角すい C-PQRS の体積を求めなさい。

(2)　３点A，B，G を通る平面で四角すい C-PQRS を２つの立体に分けたとき，点Q を含む方の立体の体積を求めなさい。

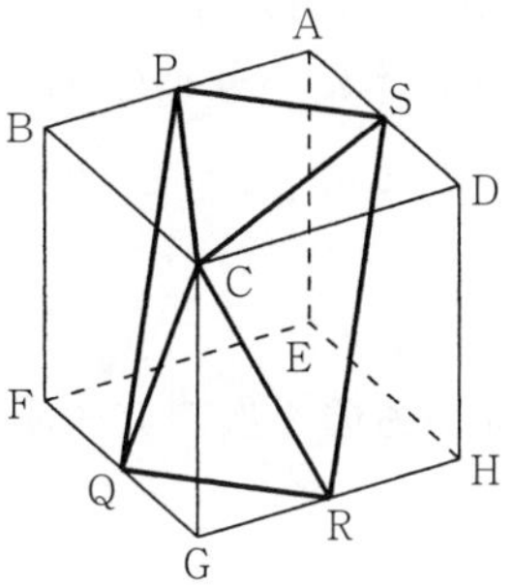

(3)　３点B，D，F を通る平面で四角すい C-PQRS を２つの立体に分けたとき，その切り口の面積は，四角形 BFHD の面積の［　　　］倍で，点Q を含む方の立体の体積は［　　　］cm^3 です。

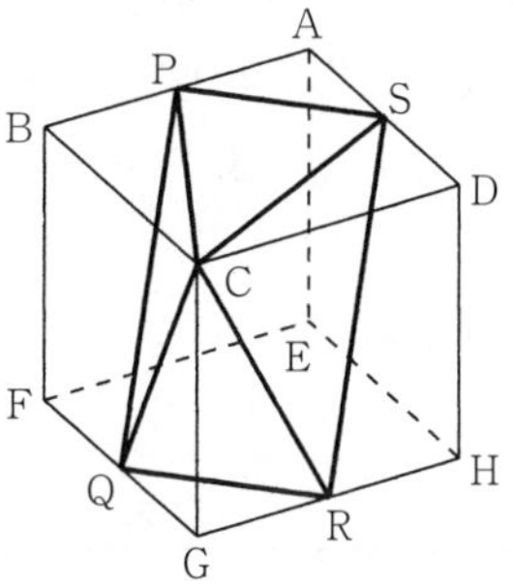

【理　科】〈第1日目〉（60分）〈満点：100点〉

1　ニホンジカについての以下の問いに答えなさい。

問1　シカの特徴《とくちょう》としてあてはまるものを次の**ア**～**カ**からすべて選び，記号で答えなさい。

ア　殻《から》のある卵《たまご》を産む。　**イ**　恒温《こうおん》動物である。　**ウ**　背骨を持つ。

エ　うろこを持つ。　**オ**　羽毛を持つ。　**カ**　肺を持つ。

問2　シカの数が増えたときに起こることとして，**あてはまらないもの**を次の**ア**～**エ**から一つ選び，記号で答えなさい。

ア　森林の下草をシカが食べることで，そこに生息する昆《こん》虫，土中の小動物が減少する。

イ　森林の下草をシカが食べることで，土があらわになるので水が樹木にいきわたり，土地の保水力が高くなる。

ウ　シカにより食べられる樹皮が多くなる。

エ　シカにより食べられる農作物が多くなる。

問3　日本全国でニホンジカの数が増えている原因として，**適切でないもの**を次の**ア**～**オ**から一つ選び，記号で答えなさい。

ア　天敵であるニホンオオカミが絶滅《ぜつめつ》した。

イ　林業に関《かか》わる人が減り，ニホンジカが追いはらわれないことで，シカの生息する場所が広がった。

ウ　ニホンジカの狩猟《しゅりょう》をおこなう人が高齢《れい》化し，捕獲《ほかく》される頭数が減った。

エ　年平均気温が上昇したことで冬の積雪量が減少し，1歳《さい》未満のシカの生存率が低下した。

オ　ある地域においてシカの捕獲除去をしようとしても，他の地域に流出し再度流入する。

問4　ある地域のニホンジカの生息数を推測するための手法として，最も有効なものを次の**ア**～**エ**から一つ選び，記号で答えなさい。

ア　食害の跡《あと》から推測する。　**イ**　落ちた角の数から推測する。

ウ　落ちていたフンから推測する。　**エ**　死体の数から推測する。

右の表は，「さく」で囲ったある地域の「2019年夏」におけるシカの「性別と年齢別生息数」，シカが1年後に生き残っている割合（生存率），および次世代を1年後までに産む割合（生殖《せいしょく》率）を示しています。例えば2019年夏に2歳以上のメス1400頭のうち，その70％が翌年の春に1頭を産み，また2歳以上のメス1400頭のうち，秋から冬にかけてその10％が死ぬことになります。

性別	オス		メス		
年齢	生息数	生存率	生息数	生存率	生殖率
0歳	200	50％	200	50％	0％
1歳	200	60％	200	60％	30％
2歳以上	1400	90％	1400	90％	70％
2019年　夏　の総生息数　3600					

問5　次の文中の（　）には適する数値を入れ，{　}からは適語を選び記号で答えなさい。

2020年に産まれるシカは（ ① ）頭，2020年夏の総生息数は（ ② ）頭と予想される。このままでは地域への影響がさけられないので，捕獲除去して総生息数を減らすことになった。最も効果的なのは③{**ア**　0歳　**イ**　1歳　**ウ**　2歳以上}の④{**エ**　オス　**オ**　メス}を除去することだが，実際には特定の年齢や性別のシカを捕獲することはできず，まんべんなく捕獲除去するしかなかった。

2020年夏も2019年夏と同じ総生息数にするには，2019年の秋の初めに（ ⑤ ）頭捕獲除去すればよいことになる。

2　二酸化炭素が水に溶《と》けたものが炭酸水です。そこで，二酸化炭素が水にどれだけ溶けるかを調べる実験をおこないました。実験には，やわらかくて形が変わりやすい容積500mLのペットボトルを用いました。

実験1　ペットボトルに，20℃の水200mLと20℃の二酸化炭素300mLを入れ，温度を20℃に保ってよくふり混ぜ，二酸化炭素を溶けるだけ溶かした。その結果ペットボトルがへこみ，溶けずに残っている二酸化炭素の体積は114mLであった。

実験2　ペットボトルに，30℃の水200mLと30℃の二酸化炭素300mLを入れ，温度を30℃に保ってよくふり混ぜ，二酸化炭素を溶けるだけ溶かした。その結果ペットボトルがへこみ，溶けずに残っている二酸化炭素の体積は152mLであった。

実験3　20℃の二酸化炭素120mLを温めて30℃にすると，体積が124mLになった。

水に二酸化炭素が溶けても水の体積は変化せず，また，20℃の水を30℃に温めても水の体積は変化しないものとして，以下の問いに答えなさい。答えが整数にならない場合は小数第一位を四捨五入して答えなさい。なお気体の体積は，温度以外の条件はすべて同じにして，はかりました。

問1　次の**ア**～**オ**の水溶《よう》液のうち，気体が水に溶けてできている水溶液はどれですか。適するものをすべて選び，記号で答えなさい。

ア　ホウ酸の水溶液　　**イ**　アンモニア水

ウ　石灰水　　**エ**　塩酸

オ　水酸化ナトリウムの水溶液

問2　20℃の水100mLと20℃の二酸化炭素400mLをペットボトルに入れ，温度を20℃に保ってよくふり混ぜ，二酸化炭素を溶けるだけ溶かしました。ペットボトルがへこんだとき，溶けずに残っている二酸化炭素の体積は何mLですか。

問3　20℃の水と20℃の二酸化炭素の体積の合計が500mLとなるようにして，ペットボトルに入れ，20℃に保ってよくふり混ぜ，二酸化炭素を溶けるだけ溶かしました。ペットボトルがへこんだとき，溶けずに残っている二酸化炭素の体積がゼロとなるのは，水を少なくとも何mL以上入れたときですか。

問4　ペットボトルに，20℃の水200mLと20℃の二酸化炭素300mLを入れ，温度を20℃に保ってよくふり混ぜ，二酸化炭素を溶けるだけ溶かしたのち，全体を温めて30℃とすると，溶けずに残っている二酸化炭素の体積は30℃で何mLになりますか。

問5　実験1をおこなった後のペットボトルから，溶けずに残っている二酸化炭素を，ペットボトルをさらにへこませてすべて追い出し，その後ペットボトルを温めて30℃に保つと，溶けていた二酸化炭素の一部が出てきます。その体積は30℃で何mLですか。

3　地球から見ると，月と太陽の大きさはほとんど同じに見えます。地球の直径は月の直径の4倍であり，中心角が小さいおうぎ形の弧《こ》の長さと弦《げん》の長さは等しいものとし(図1)，円周率は3.14として，以下の問いに答えなさい。

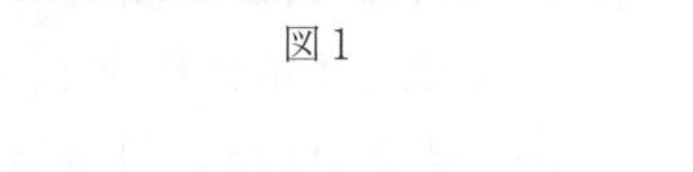

図1

問1　地球の中心から太陽を見たとすると，図2のように太陽の大きさ(角度)は0.5度に見えます。地球の中心から太陽の中心までの距離は，太陽の大きさ(直径)の何倍になりますか。小数第一位を四捨五入して答えなさい。

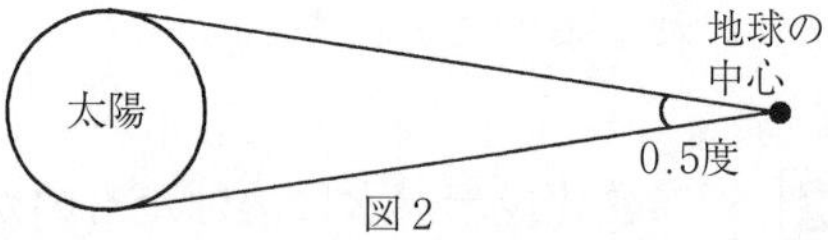

図2

問2　地球の中心から月を見たとすると，月の大きさ(角度)も0.5度に見えます。地球の中心から月の中心までの距離は，地球の大きさ(直径)の何倍になりますか。小数第一位を四捨五入して答えなさい。

問3　地球の中心から月の中心までの距離は38万 km，地球の中心から太陽の中心までの距離は1億5000万 km です。太陽の大きさ(直径)は月の大きさ(直径)の何倍になりますか。小数第一位を四捨五入して答えなさい。

問4　地球の赤道上の地点で満月が頭の真上に見えたとき，北極点や南極点ではこの月の中心を見ることができません。では，北半球でこの月の中心が見える範囲《はんい》は，北緯《ほくい》何度までですか。図3を参考にして答えなさい。

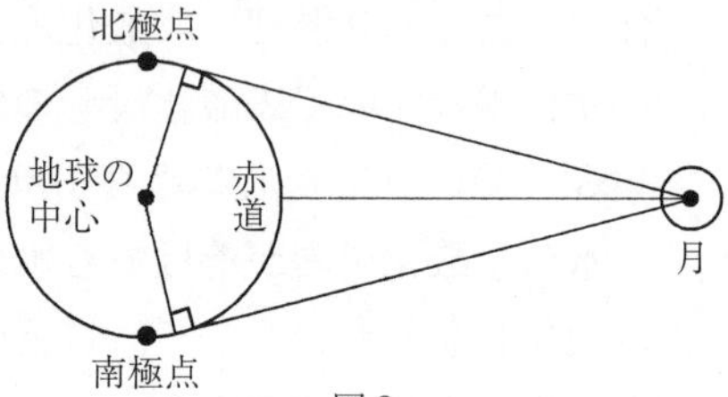

図3

4　図1のように，バットをてことして使った実験をしました。バットの左はしに重さ5 kgのおもりAをつるし，ある点Oにひもをとりつけて手で持ちバットを支えます。点Oよりも右の点Pに重さ6 kgのおもりBをつるすとつりあいました(図1)。この状態からAはそのままで，支える点をOから10cm右の点O′にずらすとともに，Bをつるす点をPから20cm右の点P′にずらすと，やはりつりあいました(図2)。

ここで「つりあう」というのはバットが水平に静止することを意味します。またバットは十分長く，バットを支える点やBをつるす点がバットのはしから外れることは考えないものとします。ひもの重さは考えないものとし，バットの重さは，バットと同じ重さのおもりを，バットの軸《じく》上のある決まった点G(重心)につけたものとして計算します。以下の問いに答えなさい。

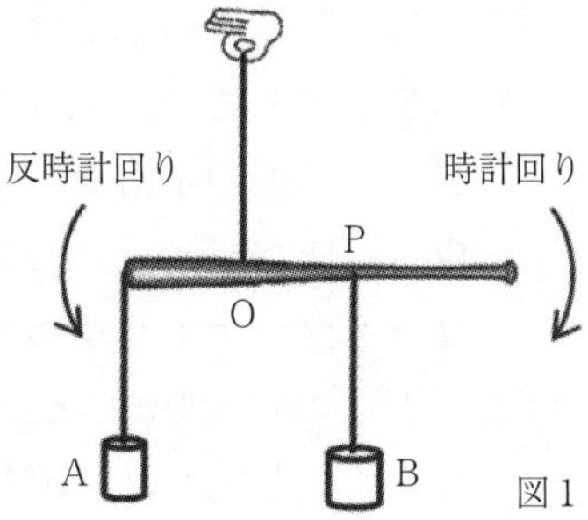

図1

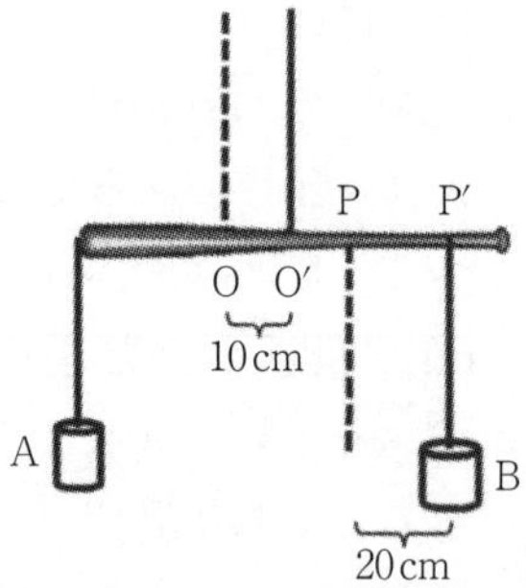

図2

なお，支点のまわりにおもりがてこを回転させる働きは，「支点からおもりをつるす点までの長さ」×「おもりの重さ」という値で決まります。この値を「回転させる働き」とよぶことにします(その値の単位は〔cm×kg〕)。

問1　次の文の□には適する数値を入れ，{　}からは適語を選び記号で答えなさい。

おもりA，Bそれぞれについて，ずらす前の支点Oのまわりに回転させる働きの値に比べて，ずらした後の支点O′のまわりに回転させる働きの値がいくらちがうかを考える。

おもりAはバットを①{**ア**　時計回り　　**イ**　反時計回り}に回転させようとしていて，支点をずらす前に比べて，ずらした後の回転させる働きの値が［　②　］〔cm×kg〕だけ大きい。

おもりBはバットを③{**ア**　時計回り　　**イ**　反時計回り}に回転させようとしていて，支点をずらす前に比べて，ずらした後の回転させる働きの値が[　④　]〔cm×kg〕だけ大きい。

以上のことから，AとBとによる回転させる働きは，支点をずらした後はずらす前に比べて，差し引き⑤{**ア**　時計回り　**イ**　反時計回り}に[　⑥　]〔cm×kg〕だけ大きくなる。

仮に点Gが点Oよりも左にあるとすると，支点をOからO′にずらしたとき，支点からGまでの長さが10cm長くなってつりあうことから，バットの重さは[　⑦　]〔kg〕であることがわかる。

問2　仮にGがO′よりも右にあるとして，支点をOからO′に10cmずらしたとき，Bをつるす点をどこにずらすとつりあうかを考えます。次の**ア**～**エ**のうち，正しいものを一つ選び記号で答えなさい。

ア　どこにずらしてもつりあわない。

イ　Pから右に20cmずらすとつりあう。

ウ　Pから左に20cmずらすとつりあう。

エ　書かれていることだけからは，Bをつるす点をどこにずらすとつりあうかは決まらない。

問3　Gの位置がどこにあるかを考えます。次の**ア**～**エ**のうち，正しいものを一つ選び記号で答えなさい。

ア　バットの真ん中の点に決まる。

イ　Oとちょうど同じ点に決まる。

ウ　O′とちょうど同じ点に決まる。

エ　書かれていることだけからは，Gの位置は決まらない。

問4　支点をOからずらす長さx〔cm〕をいろいろ変えたとき，それぞれBをつるす点もPからy〔cm〕ずらすとつりあいました。xとyの関係として，次の**ア**～**エ**のうち，正しいものを一つ選び記号で答えなさい。

ア　yにxを足すといつも30になる。

イ　yからxを引くといつも10になる。

ウ　yにxをかけるといつも200になる。

エ　yをxで割るといつも2になる。

問5　5kgのおもりAは左はしにつるしたまま，支点をOにもどし，Bを重さ3kgのおもりにとりかえて，ある点Qにつるすとつりあいました。その状態から支点をOから「ある長さ」だけずらすとともに，おもりBをつるす点を，Qから「ある長さ」の何倍の長さだけずらすとつりあいますか。

5　水や水溶《よう》液の体積を正確にはかりたいとき，ビーカーではなくメスシリンダーを使います。円周率を3.14として以下の問いに答えなさい。

問1　メスシリンダーに入っている水溶液の液面のようす，およびその読み取り方について，次の**ア**～**オ**から正しいものをすべて選び，記号で答えなさい。

ア　液面は真ん中がふくらんでいる。

イ　液面は真ん中がへこんでいる。

ウ　メスシリンダー内の水溶液の液面は，必ず真横から読まなければならない。

エ　液面の一番高いところの値を読み取る。

オ　液面の一番低いところの値を読み取る。

問２　100mL メスシリンダーの液を入れる部分が，直径４cm の円柱形になっているとします。いま水溶液25mL をはかりとりたいときに，本来の「25mL」の目盛りよりも高さで0.5mm だけ液を余分に入れてしまったとすると，その液の量の差(誤差)は何 mL になりますか。

問３　100mL ビーカーの液を入れる部分が，直径８cm の円柱形になっているとします。ある体積を表す目盛りよりも高さで0.5mm だけ液を余分に入れてしまったとすると，その液の量の差は何 mL になりますか。

問２と問３の結果を比べると，液体の体積をはかるには，ビーカーよりもメスシリンダーのほうが適切であることがわかります。

問４　いま，ここに10mL メスシリンダーと100mL メスシリンダー(概《がい》形は図１。ただし，目盛りは省略)があります。ある水溶液の10mL をはかりとりたいとき，次の方法１と方法２が考えられます。

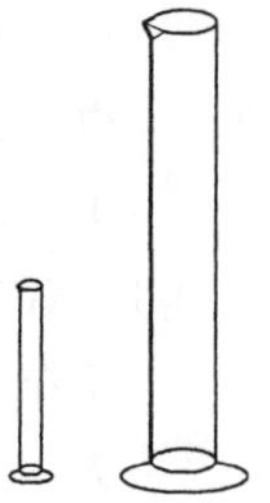
図１

方法１　10mL メスシリンダーを使って水溶液10mL をはかりとる。

方法２　100mL メスシリンダーを使って水溶液10mL をはかりとる。

次の**ア**～**ウ**のうち最も適切だと思うものを記号で一つ選び，それを選んだ理由を解答らんにおさまるように２行以内で記しなさい。

ア　方法１が，方法２に比べてより正確に10mL をはかれる。

イ　方法２が，方法１に比べてより正確に10mL をはかれる。

ウ　方法１でも方法２でも，同じように正確に10mL をはかれる。

デジタル式のはかりには，それぞれ「最小表示」という値が定められています。これは，はかりが見分けることのできる最小の重さ，という意味で，たとえば物体Aの重さを，最小表示が0.1g のはかりではかると「27.3g」のように表示されますが，これは物体Aの重さが27.25g 以上27.35g 未満であることを意味します。このはかりで重さをはかったとき，表示された値と実際の重さの値との間には，最大で0.05g の誤差を生じることがわかります。

問５　最小表示が0.1g で，200g まではかれるはかりがあります。いまこのはかりを使って食塩や水の重さをはかり，できるだけ正確に濃《こ》さ10%の食塩水をつくるために，次の方法３と方法４を考えました。

方法３　食塩５g と水45g をはかりとって食塩水をつくる。

方法４　食塩10g と水90g をはかりとって食塩水をつくる。

次の文の□にはあてはまる数値を入れ，{　}からは最も適切だと思うものを一つ選び記号で答えなさい。

はかりではかるときの誤差を考えると，方法３でつくった食塩水の濃さは，[　①　]%より大きく，[　②　]%より小さい。同じように考えると，方法４でつくった食塩水の濃さは，[　③　]%より大きく，[　④　]%より小さい。

このことから，⑤{**ア**　方法３のほうがより正確に　**イ**　方法４のほうがより正確に　**ウ**　方法３と方法４では同じように正確に}濃さ10%の食塩水をつくれることがわかる。

6 図1のように，長さ30cmの硬《かた》くて細い筒《つつ》の両端《はし》をA，Bとします。筒に長さ90cmの糸を通し，糸の両端をそれぞれC，Dとします。筒の両端には糸を筒に固定するためのクリップがついています。糸がクリップで固定されていないときは，糸は筒の中を摩擦《まさつ》なく自由に動けるものとします(糸が筒の口で折れ曲がっていてもひっかかることなく)。

図1

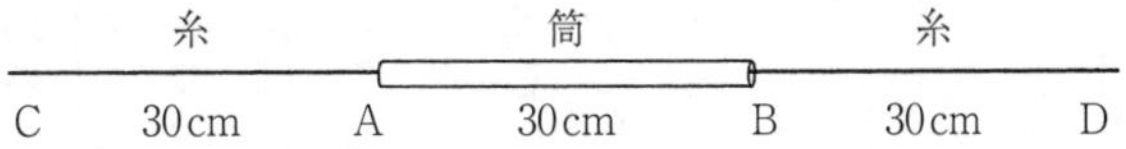

筒の両側に30cmずつ糸を出してクリップで糸を固定し，筒の中央の外側に小さなおもりをとりつけました。筒と糸の重さはおもりの重さに比べて無視するものとします。

糸の端CとDを距離《きょり》30cmあけて天井《てんじょう》につないだ場合を①とし，また，CとDを距離60cmあけて天井につないだ場合を②とします。それぞれについて実験してみると，図2，図3のようにつりあって静止しました。この状態で筒を持っていろいろ動かしてみましたが，おもりの高さをこれより低くすることはできないことがわかりました。

図2(①の場合)

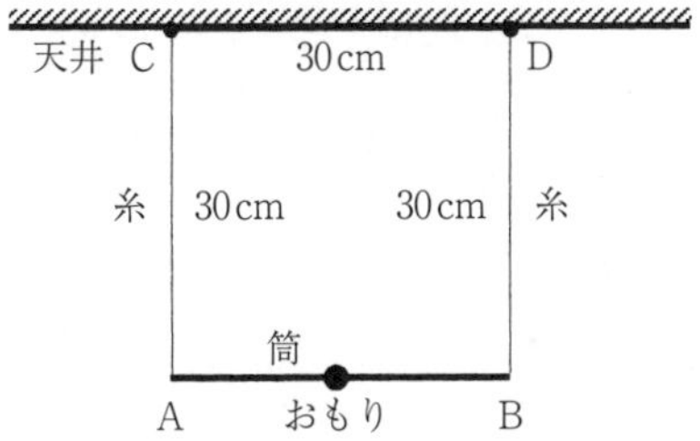

図3(②の場合)

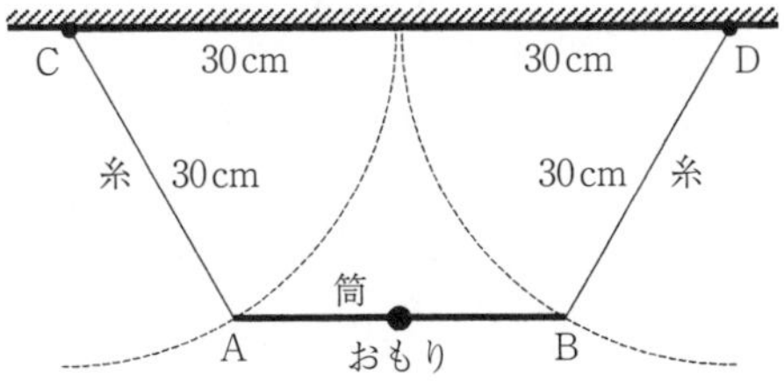

問1　おもりをとりつける位置を筒の中央からAの端に移して実験すると，①，②のそれぞれの場合で，つり下げられた筒はどのように静止するでしょうか。解答らんの図に記入しなさい。(ただし図2や図3のように筒と糸を線で描《か》き，おもりを黒丸で描くこと。文字や記号は不要。コンパスや定規を用いてもよい。以下同じ。)

問2　問1の解答らんの①の状態から，クリップをはずして糸が筒の中を自由に動けるようにしました。筒はどうなるでしょうか。また，問1の解答らんの②の状態からではどうなるでしょうか。それぞれ次の**ア**～**エ**から適するものを一つずつ選び，記号で答えなさい。

ア　筒はそのまま動かない。

イ　Aの端が下がりBの端が上がる。

ウ　Aの端が上がりBの端が下がる。

エ　Aの端もBの端も下がる。

再び筒の両側に30cmずつ糸を出してクリップで糸を固定します。糸の端CとDを天井の同じ一点につないだ場合を考えます。

問3　おもりをとりつける位置を筒のAの端から10cmの位置にすると，筒はどのように静止するでしょうか。解答らんの図に記入しなさい。

問4　問3の解答らんの状態で，クリップをはずして糸が筒の中を自由に動けるようにしました。筒はどのように静止するでしょうか。解答らんの図に記入しなさい。

三　次の詩を読んで、下の問いに答えなさい。

台風　池井《いけい》昌樹《まさき》

すぎたようだな
たいふうも
1…………
そのようですね
2ひくいこえ
ちちははがかたらっている
あけがたちかく
ふとんのなかで
それをだまってきいている
3おさないぼくはきえてしまったし
4ちちはとっくにいってしまったし
しせつのははともながくあわない
つまはとなりでまだねむっていて
このこえをきくもうだれもいない
そうだった
すぎてしまった
5なにもかも
すぎてしまった
…………
6そのようですね
なごりのかぜが

問一　‖線部「すぎたようだな／たいふうも」を「ちち」が言った言葉だとすると、──線部1「…………」はどのような様子を表していると考えられますか、答えなさい。

問二　──線部2「ひくいこえ／ちちははがかたらっている」とありますが、なぜ「ひくいこえ」なのですか。理由を答えなさい。

問三　──線部3「おさないぼくはきえてしまったし」、4「ちちはとっくにいってしまったし」とありますが、それぞれどのようなことですか、答えなさい。

問四　──線部5「なにもかも／すぎてしまった」とありますが、ここで「ぼく」が感じている気持ちとして、最も適当なものを次のア～オから選び、記号で答えなさい。

ア　幼いころ、両親の会話に入れてもらえなかった悔《くや》しさ。
イ　台風が来たのに大きな災害にはならなかったうれしさ。
ウ　楽しかった妻との生活を、急に失ってしまったつらさ。
エ　父母とともに過ごした時間がもう戻《もど》ってこない寂《さび》しさ。
オ　母親を早くに亡《な》くし、ひとりになってしまった悲しさ。

問五　──線部6「そのようですね／なごりのかぜが」がどのような場面を表しているのか、さまざまな読み方ができますが、あなたはどのように考えますか。自分で想像して答えなさい。

いたくせに。

なんだかんだ言っても、ここがいちばんよいはずだ、そのはずなんだと自分に言いきかせ、わずかながらの優越感《ゆうえつかん》をかき集めるようにして。

そう、優越感――。6プライドというより優越感だ。

他人との比較《ひかく》でのみ得られる、この感情。

十二歳《さい》の春、塾《じゅく》の仲間たちがぼくに向けた、羨望《せんぼう》のまなざし。

多くの中から、自分が選《えら》び抜《ぬ》かれたという甘美《かんび》な気持ち。

蒼洋《そうよう》中学をクビになっても、あのときの気持ちはまだ胸の奥底《おくそこ》にへばりついたままだ。捨てたほうが楽だとわかっているのに、捨てられない。自分はやはり人より優《すぐ》れている、恵《めぐ》まれていると思っていたい、この厄介《やっかい》な感情。

ぼくも、母さんも。そして父さんも、おばあちゃんも。

7自分の中のこの気持ちを、どこかでつっかえ棒にして生きているのかもしれない。

ぼくらは幸せなのだろうか。それとも、哀《あわ》れなのだろうか。

（安田夏菜《やすだかな》『むこう岸』による）

問一　――線部1とありますが、「ホッと」したのはなぜですか。理由を答えなさい。

問二　――線部2「いかにも不安げなまなざしになり」とありますが、「母さん」は実際はどんなことを不安に思っていたのですか。二つ答えなさい。

問三　――線部3「絶句した」とありますが、それはなぜですか。理由を説明した文として、最も適当なものを次のア～オから選び、記号で答えなさい。

ア　母さんのことが大好きなのに、ほかの人に好意を寄せているとかんちがいされたから。

イ　佐野さんが苦労していることについて、母さんは何とも思っていないようだったから。

ウ　社会の調べ学習で、生活保護の制度について調査を進めていたことを否定されたから。

エ　受験勉強とは全く無関係で無駄なことに、うつつをぬかしているように思われたから。

オ　「ぼく」が佐野さんに対して、特別な好意を持っているのではないかと疑われたから。

問四　――線部4「あぜんとした」とありますが、それはなぜですか。次の説明文の A ・ B に入れるのに適当な言葉を答えなさい。ただし、 A は問題文中から二十字以内でぬき出して答えなさい。また、 B は問題文中の言葉を使って十五字以内で答えなさい。

[A]と思っていた母が、[B]ことに気付いたから。

問五　――線部5「……ぼくも、人のことは言えない」のはなぜですか。理由を答えなさい。

問六　――線部6「プライドというより優越感だ」とはどのようなことですか、答えなさい。

問七　――線部7とありますが、「自分の中のこの気持ちを、どこかでつっかえ棒に」するとはどのようなことを言っているのですか、答えなさい。

だよ。」

それは、いいことだわ。そう、母さんは言ってくれると思っていた。

なのに母さんは黙りこんだ。

2いかにも不安げなまなざしになり、探《さぐ》るようにこちらを見つめている。

「……クラスメイトの、女子？」

「うん。病気のお母さんに代わって、毎日、妹の保育園の送《おく》り迎《むか》えまでしてるんだ。」

「和真はその子と……。」

「おつきあいをしているの？」

言いにくそうにしていたが、思い切ったように聞いていた。

3絶句した。母さんの口から、そのような言葉が出ようとは思いもしなかった。

「まさか！　そんなんじゃないよ！　ありえない。」

「そ、そうよね。あー、びっくりした。生活保護んちの女の子と、おつきあいしているのかと思ったわ。」

その口調、その安堵《あんど》の顔に、心にビシャッと汚物《おぶつ》をぶちまけられたような気持ちになった。

「それ、なに？」

できるだけ冷静な声を出そうとする。けれども、悲しみとも怒《いか》りともつかないものがこみあげてきて、胸が苦しくなった。

「なにがびっくりなの？　女の子とおつきあいってとこ？　それとも、その子んちが、生活保護ってとこ？」

「どっちもよ。どっちも驚《おどろ》くわよ！」

母さんは、たった今、お化《ば》け屋敷《やしき》から出てきた人のような声をあげた。

「ガールフレンド作るには時期が悪すぎるし。それにお母さん、生活保護家庭の人って、あんまりいいイメージないもの。そりゃあいろんな人がいるから、ひとくくりにはできないけどね。やっぱりうちとは、ちょっと違《ちが》う世界の人だと思うじゃない。」

4あぜんとした。まさか母さんの口から、こんな言葉を聞こうとは。父さんからは軽《かろ》んじられ、おばあちゃんからは見くだされてきた母さん。

その母さんなら、弱いものの側に立って、味方になろうとするはずだと思っていたのに。

「……うちとは、ちょっと違う世界の人って、どういう意味？」

ぼくは聞きかえした。

「見くだしているんだ。そういう人たちのこと。」

「そんなことない！」

母さんは、あわてたように言葉をつくろってきた。

「むしろ気の毒だと思うし、なんとかならないかと思ってるわよ。ただ、うちの家はあんまり、そういう人とおつきあいがないからびっくりして……。」

「もういいよ！」

叫《さけ》んで母さんから目をそらす。両親に対して、こんなに失望する日が来ようとは。

呼吸を整え、波立つ気持ちをどうにか抑《おさ》えつける。

「5……ぼくも、人のことは言えない。」

そうだ。少し前までのぼくも、母さんと同じだったんじゃないのか？

「生活レベルが低い人」の世界に、嫌悪《けんお》や恐怖《きょうふ》すら抱いていた。

そういう世界とは、一生関わりを持たずに生きていくものだと思っていた。

今の生活が、決して楽しくもうれしくもなく、居場所すらなくしてますが、それによってどのような効果が期待できると、筆者は考えていますか、答えなさい。

問七　――線部5「本の最も凄いところ」とはどのようなところですか、答えなさい。

二　**有名私立中学校を成績不振《ふしん》で退学した「ぼく」は、公立中学校に転校後、クラスの女子で生活保護（経済的に困っている家庭に最低限の生活を保障する制度）を受けている「佐野《さの》さん」と交流を持ち、社会の仕組みに関心を抱《いだ》き始《はじ》めた。ある日パソコンで調べ物をしていたところ、父から勉強しろとしかられ、反論するとぶたれた上にパソコンを取り上げられる。それに続く次の文章を読んで、後の問いに答えなさい。**

　しばらくして、母さんだけが部屋にもどってきた。そうっと部屋のドアを閉めると、ぼくに濡《ぬ》れタオルを差し出す。

「ほっぺた赤くなってる。これで冷やしなさい。」

「……ありがとう。」

　頬《ほお》に押《お》しあてると、ひんやりと心地《ここち》よい。

「ふふっ。」

　母さんは、いきなり楽しげに笑った。

「なに？」

「よく、言ってくれたなーと思って。」

「え？」

「お母さんも、同じこと言われてるもん。養われてる立場のくせにとかね……。」

　母さんの瞳《ひとみ》に一瞬《いっしゅん》、憎《にく》しみの色がよぎった気がした。ギョッとして黙《だま》っていると、サッと表情を変える。

「だから和真《かずま》がさっき言ってくれて、胸がスウッとした！」

　少女のような笑顔《えがお》にもどったので、1ホッとする。ささくれだっていた心が柔《やわ》らかくなる心地がする。母さんはやはり、ぼくの母さんだと思った。

「受験勉強以外は時間の無駄《むだ》だって、父さんは本気で思ってるのかな。」

「本気だと思うわよ。自分の学歴にすっごい自信持ってるもの。でも、考え方古すぎよね。」

　肩《かた》をすくめると、パソコンがなくなったぼくの机の上を見る。

「さっき怒鳴《どな》られたよね、なにを調べてたの？」

「……生活保護のことを。」

「へーえ。」

　母さんは、感心した、という顔になった。

「そういうことに興味持ってるんだ。和真は昔から、社会の調べ学習、大好きだったものね。」

「受験には、あんまり役立たないけどね。」

「いいじゃない。なにかを知りたいっていう気持ちは、大切だと思うな。興味があることは、どんどん調べたらいいと思う。でも、どうして生活保護に興味を持ったの？」

「友だちが……。」

　知らず知らずに、言葉がするっと滑《すべ》り出《で》た。

　そして、佐野さんのことを「友だち」と言ってしまったと思い、友だちなのか？　と考え、なんだか照れくさいような、うれしいような気持ちになってドギマギとした。冷やした頬の代わりに、耳たぶのへんが熱くなる。

「クラスの女子なんだけど……、生活保護を受けているんだ。話を聞くと、制度にいろいろ理不尽《りふじん》なことが多くって。それで調べているんなってしまう。日常になれば、刺激は薄《うす》くなる。薄くなったと、おそらく自覚できるだろう。「ああ、なんか面白《おもしろ》いことがないかな」と欠伸《あくび》をしたくなる気持ちこそが、誰《だれ》にでもCソナわっている人間の□の発動といえるだろう。

連想のきっかけとなる刺激は、日常から離れたインプットの量と質に依存《いぞん》している。そして、その種のインプットとして最もDコウリツが良いのが、おそらく読書だ、と僕《ぼく》は考えているのだ。

読書以外にももちろんある。僕の場合は、自然の観察や、手を使った工作なども、ほとんど同じくらい刺激がある。これは個人差があるだろう。電車に乗って、Eシャソウの流れる風景を眺《なが》めているときも、いろいろ思いつくが、目で見ている数々のもの、街や村、Fカンバン、人々、構造物、地形なども刺激になるようだ。

しかし、誰にでも共通して効果があるのは、やはり読書だと思う。それは、そこにあるものが、人間の個人の頭から出てきた言葉であり、その集合は、人間のGエイチの結晶《けっしょう》だからである。本には、日常から距離を取る機能がある。本を開き、活字を読み始めるだけで、一《いっ》瞬《しゅん》にして遠くまで行ける感覚がある。時間を遡《さかのぼ》ることもHヨウイだし、自分以外の人物の視点でものを見ることもできる。経験したことのない感情も知ることができるし、人の思考の流れをたどることだってできる。

難しい本を読むと、意味がわからないことがある。文章としては読めるし、一つ一つの単語は知っているものなのに、その論理展開についていけない。何を言っているのか、と文章を読み直すことがあるだろう。

4「わからない」ということを体験できるのも、本の特徴《とくちょう》である。たとえば、小さい子供は相対性理論の本を読んでもわからないはずである。しかし、落胆《らくたん》することはない。「わからない」ということがわかったのだ。それだけでも読んだ価値がある。自分にはわからないことがこの世界にある、と知ることができた。知っていてもわからないことがある、ということを理解したのである。もしこれがなければ、勉強しようとも思わないだろう。なんとかわかりたい、近づきたいと感じるとすれば、Iキチョウな動機を得られたといえる。

アインシュタインに普通《ふつう》の子供は会えない。もちろん、彼《かれ》はもういない。もしいたとしても、わざわざ遠いところへ訪ねてきて、子供と会って話をしたりはしないだろう。それが、本であれば、誰でも彼の書いたものを読めるのである。ここが、5本の最も凄《すご》いところだ。なんというのか、奇跡《きせき》に近いような機会だと思う。

わからないけれど凄そう、という感想を抱《いだ》くことはないだろうか。わからないのに、凄いことがわかるのである。こういった人間の感覚は実に素晴《すば》らしい。これからAIが一般的になり、人類の頭脳に近いものが育ってくると思うけれど、人間が感じる「凄さ」を機械が理解できるまでにどれほど時間がかかるのか、と想像してしまう。

（森《もり》　博嗣《ひろし》『読書の価値』による）

問一　――線部A～Iのカタカナを漢字に改めなさい。

問二　――線部1「頭の中に～一つとなる」とありますが、「頭の中に入った知識」が必要なのはなぜですか。理由を答えなさい。

問三　――線部2「この段階」とはどのような段階ですか。解答らんに合わせて三十五字以内で答えなさい。

問四　――線部3「連想のきっかけになる刺激」とは、どのような性質を持つものだと筆者は考えていますか。問題文中の言葉を使って答えなさい。

問五　□に入れるのに適当な言葉を、問題文中から三字でぬき出して答えなさい。

問六　――線部4「『わからない』ということを体験できる」とあり

〈第二日目〉（七〇分）〈満点：一二〇点〉

◎解答に字数制限のある場合、句読点などの記号も字数に数えます。

一　次の文章を読んで、後の問いに答えなさい。

一般《いっぱん》に、アイデアが豊かな人というのは、なにごとにも興味を示す、好奇心旺盛《こうきしんおうせい》な人であることが多い。これは、日頃《ひごろ》からインプットに積極的だということだ。ただ、だからといって、本を沢山《たくさん》読んでいればAカンタンで新しい発想が湧《わ》いてくるのか、というとどうもそれほどではない。おそらく、それくらいのことは、ある程度長く人生を歩んできた人ならご存じだろう。

いずれにしても、いつでも検索《けんさく》できるのだからと頭の中に入れずにいる人は、このような発想をしない。やはり、自分の知識、あるいはその知識から自身が構築した理屈《りくつ》、といったものがあって、初めて生まれてくるものだ。そういう意味では、頭の中に入れてやることは意味がある。テストに出るからとか、知識を人に語れるからとか、そういった理由以上に、1頭の中に入った知識は、重要な人間の能力の一つとなるのである。

また、発想というのは、連想から生まれることが多い。これは、直接的な関連ではなく、なんとなく似ているものなどから引き出される。現在受けた刺激《しげき》に対して、「なにか似たようなものがあったな」といった具合にリンクが引き出される。人間の頭脳には、これがかなり頻繁《ひんぱん》にあるのではないか、と僕《ぼく》は感じている。

「これと同じことがどこかであったな」と思いつく、いわゆるデジャヴも同じである。思いついたときには、言葉になっていない。なっていないから、「なんとなく……」と思いつく。思いついたとわかるのに、何を思いついたのか、なかなか引き出せない。それは、視覚的な情景だったり、もっと別の感覚（たとえば嗅覚《きゅうかく》）であったりする。ただ似ているというだけで、「そうそう、あのときと同じ」で終わってしまうこともある。むしろその方が多い。あるいは、考えても考えても、どうしても思い出せないこと、つまり、思いつきを逃《のが》してしまうこともある。夢を思い出せないみたいに、たしかに一度は自分の頭に浮《う》かび上がったのに、煙《けむり》のように消えてしまうのだ。

しかし、ときには「もしかしたら、あれが使えるのではないか」となったり、「これは、あれとなにか関係があるのでは」となったりして、そこから考えていった結果、新しいアイデアにたどり着けることがある。思いついただけでは、ただのアイデアであり、使いものになるかどうかは、実際に試《ため》してみたり、もう少し調べてみたり、あるいは正しいかどうか計算してみたりしないとわからない。それらの確認《かくにん》が、自分ではできないこともある。使えるかどうかも、やはり知識がないと判断できない。でも、2この段階では、他者に協力を求めることも、コンピュータを利用することもできる。

さて、このような3連想のきっかけになる刺激とは、どんなものだろうか。それはさまざまで、そもそも刺激だと感じない些細《ささい》なものかもしれない。実際、そういったものに敏感《びんかん》か鈍感《どんかん》かで、連想がBキドウするか、そのまま見逃《みのが》すかが決まっているようにも考えられる。

日頃、人間はそんなに多くを経験するわけではない。自分の生活や仕事の範囲《はんい》であれば、毎日はさほど変化はない。ときどき、旅行をすると刺激的なインプットがあるように感じるのは、それらが日常のものとは違《ちが》っているから、いわば自分から遠く離《はな》れた情報だからである。距離的《きょりてき》に遠く離れるという意味ではない。知識的、興味的に遠いということである。

現代は、旅行に行かなくても、TVやネットを通して、世界中の情報にアクセスできるので、日常から離れた刺激は、選《よ》り取《ど》りみどりである。ところが、たとえば、TVであれば、毎日、毎週、同じ番組を見て、ぼんやりと時間を過ごすようになって、結局はそれが日常に

[五]　次の1～6の俳句の（　）に入る言葉として、最も適当なものをそれぞれ後のア～クから選び、記号で答えなさい。ただし、同じものを二度使ってはいけません。

1　今落ちし（　）温《ぬく》みのあるごとく　有沢文枝
2　（　）や踏《ふ》まれながらに咲《さ》きつづき　菅井たみよ
3　（　）に子の早起きは二日ほど　千才治子
4　あらがわず流れず風の（　）の穂《ほ》　濱田のぶ子
5　掃《は》き寄《よ》せる凍《い》てて散りたる（　）を　細見綾子
6　（　）の渦《うず》を出《い》でざる玉あられ　角川春樹

ア　朝顔　イ　梅　ウ　山茶花《さざんか》　エ　薄《すすき》
オ　蒲公英《たんぽぽ》　カ　椿《つばき》　キ　野菊《のぎく》　ク　葉ぼたん

[六]　慣用句の中には、共通する漢字を持つものがあります。それを使って(例)のように慣用句を並べた文章を作り、ひらがなの部分は「○」に置きかえました。同様に作った文章の[A]～[F]に入る漢字を答えなさい。ただし、漢字の読みは一回目と二回目で同じとします。

(例)　ここから試合会場は「[A]○[B]○先」だ。今日こそはライバルの「[B]○[C]○」てやりたい。彼の実力は「[C]○[D]○○」だが、ぼくだって負けてはいない。

〔答え〕　A　目　B　鼻　C　折　D　紙

(慣用句は「目と鼻の先」「鼻を折る」「折り紙つき」。)

とっさに「[A]食○○[B]」でやりすごしたが、本当は「[B]○○[C]○出○」思いだった。友だちが「[C]○○○○○○煙《けむり》○[D]○○」と追及《ついきゅう》してくるのをかわすために、「[D]○板○[E]」でたらめをまくしたてたけれど、うそつきだと思われていないかな。今日のことは「[E]○[F]○」てくれるといいんだけど。

[七]　次の(1)～(3)の漢字しりとりを、〔条件〕に合わせて完成させなさい。

(1)　☆　効果がなく、じれったいこと。
絶[1]―[1][A]―[A][B]―[B][2]―[2]差

(2)　☆　いくら意見を言ってやっても聞き入れず、ききめがないこと。
過[1]―[1][A]―[A][B]―[B][2]―[2]体

(3)　☆　身のためになる忠告は聞きづらいものである。
改[1]―[1][A]―[A][B]―[B][2]―[2]位

〔条件1〕　漢字の読みはすべて音読みで、一回目・二回目とも読み方はまったく同じです。

〔条件2〕　[A][B]は、☆で意味を説明したことわざに使われる熟語です。

〔条件3〕　[A]の読み方は、〔カ・ニ・ネン・ハイ・リョウ〕から選びなさい。

(例)　☆　幸運は人の力ではどうにもならないから、あせらずに時機を待つしかない。
晩[1]―[1][A]―[A][B]―[B][2]―[2]知

〔答え〕　1　成　A　果　B　報　2　告

(ことわざは「果報は寝《ね》て待て」。条件に合う熟語は「果報」。)

十字以内で答えなさい。

問三　――線部2「迷ったときにまず〜ということです」とありますが、それはなぜですか。理由を答えなさい。

問四　〰〰線部X「ダイエット」のように「〜ット」という形で終わる外来語で、次の1〜5の意味になるものを、解答らんに合わせてそれぞれ答えなさい。

1　市場　2　影絵《かげえ》　3　作法
4　秘密　5　不利な点

問五　〰〰線部Y「正しい」のような、「〜しい」という形の言葉はたくさんあります。次の1〜6の各文の――線部は、いずれもそのような言葉です。〇〇〇にそれぞれひらがな三字を入れて、意味の通る文にしなさい。

1　同じ試食品を五つも食べるとは何とあ〇〇〇しい。
2　彼《かれ》の書くカタカナの「ソ」と「ン」はま〇〇〇しい。
3　彼は落ちぶれてみ〇〇〇しい格好をしていた。
4　骨折した彼が歩いている姿はい〇〇〇しかった。
5　この建築のデザインは、古都にはに〇〇〇しくない。
6　東京オリンピックがは〇〇〇しく開幕した。

問六　〰〰線部Z「〇〇に照らして」のような、「〜に…て」という形の言葉はたくさんあります。次の1〜5の各文の□に適当な言葉をそれぞれひらがな三字以内で入れ、意味の通る文にしなさい。

1　遊ぶことに□て、約束を忘れてしまった。
2　折に□てアドバイスした効果が、試合で出てきた。
3　彼の今日の失敗は私に□て許してやってほしい。
4　これは昔の領主が金に□て造った宮殿《きゅうでん》だ。
5　悪口を言われたことを根に□て、仕返しした。

二

次の1〜3の各組から、意味する内容が大きく異なることわざをそれぞれ一つ選び、記号で答えなさい。

1　ア　猫《ねこ》に小判　イ　馬子《まご》にも衣装《いしょう》　ウ　豚《ぶた》に真珠《しんじゅ》
　　エ　牛に経文《きょうもん》　オ　犬に論語
2　ア　弘法《こうぼう》にも筆の誤り　イ　河童《かっぱ》の川流れ　ウ　犬の遠吠《とおぼ》え
　　エ　猿《さる》も木から落ちる　オ　麒麟《きりん》のつまずき
3　ア　釈迦《しゃか》に説法　イ　河童に水練　ウ　孔子《こうし》に学問
　　エ　猿に木登り　オ　鬼《おに》に金棒

三

次の1〜6の漢字について、（　）内に示された画を黒くぬりつぶしなさい。

1　因（四画目）
2　己（二画目）
3　医（二画目）
4　誕（十四画目）
5　卵（三画目）
6　級（八画目）

四

次の1〜6の各文について、――線部の敬語の使い方が正しければ解答らんに〇を記入し、まちがっていれば正しい表現を答えなさい。

1　私は先生の姿を初めてご覧になりました。
2　私は先生の家にいらっしゃいました。
3　先生は「こんにちは」とおっしゃいました。
4　先生は私に本をさしあげました。
5　私は先生の家で夕食をめしあがりました。
6　先生が教室においでになりました。

二〇二〇年度 灘中学校

【国　語】〈第一日目〉（四〇分）〈満点：八〇点〉

◎　解答に字数制限のある場合、句読点などの記号も字数に数えます。

一　**次の文章を読んで、後の問いに答えなさい。**

私たちは毎日のように選択《せんたく》を迫《せま》られます。仕事に打《う》ち込《こ》むべきか、それとも余暇《よか》を楽しむべきか。おいしいものを食べようか、それともXダイエットを心がけようか。そして、「どちらが正しいのだろう」と思案するわけですが、そう簡単に結論は出ず、そうなるとこんな疑問が湧《わ》くこともあります。「そもそも『正しい』って何なんだ？」。その答えを得るには、「正しい」という言葉の語源を知ることが助けになります。

「Y正しい」の「しい」は、「おいしい」「やさしい」といった多くの語に共通することからわかるように、＊形容詞を作るための台座のようなもの。意味を担《にな》うのはその前の「ただ」です。そして「ただ」だけを見つめていると、「ただ一人」「この品はただ」といった例文が浮《う》かびますね。すなわち「唯一《ゆいいつ》」あるいは「　A　」という意味の「ただ」。一見、関係ない言葉のようですが、実は「ただしい」の「ただ」の源は、この二つと同じなのです。

「ただ」という語のもともとの意味は、「そっくりそのままで、ほかの要素が入り込まない」ことです。確かに「ただ一人」とは「人が一人いて、ほかの人は入り込まない」状態ですね。いっぽう「　A　」という意味にもなった理由については、店員と客のこんなやりとりを想像してください。店員が「この品をどうぞ」と差し出し、客は「おいくら？」。すると店員は「これをお渡《わた》しすることにお金という要素は入り込みません」という思いを表すために言うのです。「ただ受け取ってください」。そんな「ただ」の使い方から、「　A　」という意味の名詞「ただ」が生まれました。

「正しい」も、同じ「ただ」から生まれた言葉。だから、もともとの意味は「そっくりそのままで、ほかの要素が入りこまない」ことです。

私たちが人の行動や発言などを評価するときには、必ずその土台に何らかの基準があります。伝統的には、経験則、学問の書、宗教の教え、村のおきてといった「規範《きはん》」と見比べます。その結果「そっくりそのままで、ほかのものが入り込んでいない」と思ったときに使う言葉、それが「正しい」なのです。だから本当は「規範であるZ〇〇に照らして正しい」と言うべきなのですが、近代以前の日本は、住人のほぼすべてが同じ規範に従う、いわゆる「村社会」が多数を占《し》めていたので、この部分を省略しても問題がなかったのでしょう。

しかし、現代の日本は状況《じょうきょう》が異なります。私たちの心は多様な価値観の間で揺《ゆ》れていて、絶対と言える規範はありません。なのに、1近代以前の発想が心を支配しているのか、あるいは学校時代に一つの正解を持つ問題ばかりを解いてきたせいか、「よく考えれば正しい答えが見つかるはず」と思ってしまいがちです。

それはゴールを決めずにゴールに向かって走るようなもの。2迷ったときにまず考えるべきは、自分は何を規範とするか、ということです。そのうえで、その規範に照らして何が「正しい」かを思案する。それが、「正しい」の語源が授《さず》けてくれる思考法の王道です。

（高橋《たかはし》こうじ『日本の言葉の由来を愛《いと》おしむ』による）

＊注　形容詞―主に状態や性質を表す、「〜い」という形で終わる言葉。

問一　三か所の　A　に入れるのに適当な漢字二字の言葉を、自分で考えて答えなさい。

問二　――線部1「近代以前の発想」とはどのような発想ですか。二

2020年度
灘 中 学 校 ▶解説と解答

算 数 ＜第１日目＞（60分）＜満点：100点＞

解 答

1 $\frac{1}{20}$　2 182　3 96　4 ① 木 ② 374　5 446001　6 ① 11分20秒 ② 8 ③ 6　7 0.96　8 ① $32\frac{2}{3}$ ② $24\frac{6}{7}$　9 3.2　10 $211\frac{1}{5}$　11 120

解 説

1 逆算

$0.00125 = 0.125 \times \frac{1}{100} = \frac{1}{8} \times \frac{1}{100} = \frac{1}{800}$，$32 + \frac{48}{101} = 32\frac{48}{101} = \frac{3280}{101}$より，$\left(\square - \frac{19}{2020}\right) \div \frac{1}{800} = \frac{3280}{101}$，$\square - \frac{19}{2020} = \frac{3280}{101} \times \frac{1}{800} = \frac{41}{1010}$　よって，$\square = \frac{41}{1010} + \frac{19}{2020} = \frac{82}{2020} + \frac{19}{2020} = \frac{101}{2020} = \frac{1}{20}$

2 割合と比

商品Ａの消費税抜《ぬ》きの１個の値段を１とすると，４個を店内で食べ(消費税率は10％)，１個を持ち帰る(消費税率は８％)場合の支払《しはら》い額は，(１＋0.1)×４＋(１＋0.08)×１＝5.48になる。これが1001円未満だから，１にあたる金額は，1001÷5.48＝182.6…(円)未満，つまり182円以下とわかる。また，５個を店内で食べる場合の支払い額は，(１＋0.1)×５＝5.5であり，これが1001円以上なので，１にあたる金額は，1001÷5.5＝182(円)以上とわかる。よって，１にあたる金額(消費税抜きの１個の値段)は182円と求められる。

3 速さと比

２人の進行のようすを図に表すと，右の図の㋐，㋑のようになる。㋐と㋑で太郎さんと次郎さんが進んだ時間はそれぞれ同じであり，㋐と㋑で次郎さんが進んだ道のりの比は，84：1260＝１：15だから，㋐と㋑で太郎さんが進んだ道のりの比も１：15になる。この差が，84＋1260＝1344(m)なので，１にあたる道のり(AB間の道のり)は，1344÷(15－１)＝96(m)と求められる。

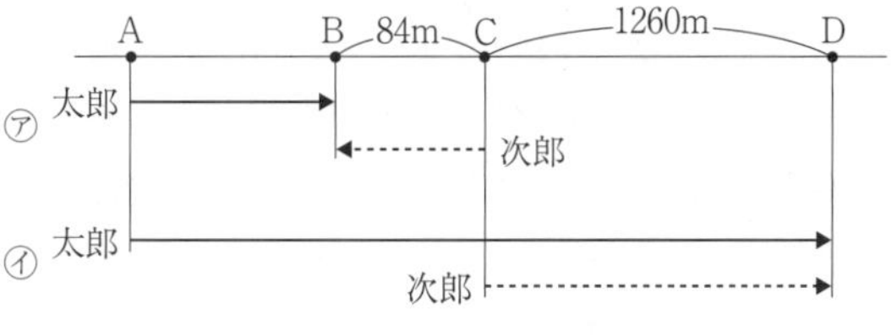

4 周期算，条件の整理

はじめに，６月１日から９月１日までの日数は，30＋31＋31＋１＝93(日)であり，これは，93÷７＝13余り２より，13週間と２日になる。よって，９月１日の曜日は６月１日の曜日よりも後ろに１つずれることになる。また，６月と９月の日数はどちらも30日だから，30÷７＝４

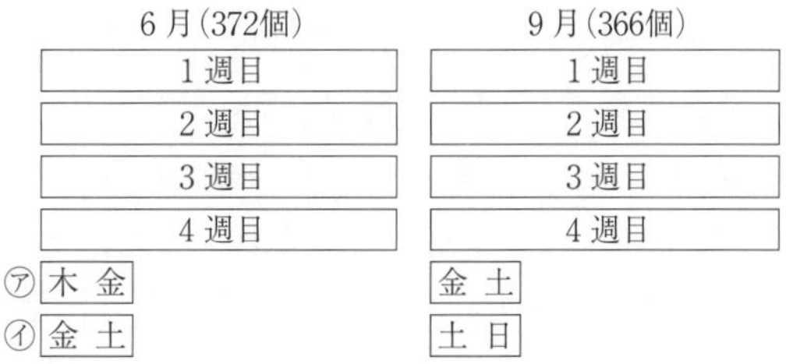

余り2より，どちらも4週間と2日とわかる。さらに，作った個数は9月の方が，372－366＝6(個)少ないので，余りの2日の曜日は9月の方が土日を1日だけ多く含《ふく》むことになり，上の図の㋐と㋑の場合が考えられる。このとき，どちらの場合も土日の差は1日だけだから，土日と平日の一日あたりの差は6個と決まる。次に，㋐の場合，6月の30日の中に土日が，2×4＝8(日)含まれるので，土日も平日と同じ個数だけ作ったとすると，30日の合計は，372＋6×8＝420(個)となる。このとき，平日の一日あたりの個数は，420÷30＝14(個)となり，条件に合う。一方，㋑の場合，6月の30日の中に土日が，8＋1＝9(日)含まれるから，土日も平日と同じ個数だけ作ったとすると，30日の合計は，372＋6×9＝426(個)となる。このとき，平日の一日あたりの個数は，426÷30＝14.2(個)となり，条件に合わない。つまり正しいのは㋐の場合なので，6月1日は木曜日(…①)である。すると，6月30日は金曜日だから，7月1日は土曜日になる。また，7月は4週間と3日であり，余りの3日の曜日は{土，日，月}なので，7月には土日が，8＋2＝10(日)含まれることになる。したがって，土日も平日と同じ個数だけ作ったとすると，14×31＝434(個)になるから，土日の分を減らすと，7月に実際に作った個数は，434－6×10＝374(個)(…②)と求められる。

5 整数の性質，計算のくふう

図1

　　1　4　6　4　1…4段目
×　　　　　　1　1
　　1　4　6　4　1
1　4　6　4　1
1　5　10　10　5　1…5段目
　　　↓
1　6　1　0　5　1
(11を5個かけた数)

図2

　　1　5　10　10　5　1…5段目
×　　　　　　　　1　1
　　1　5　10　10　5　1
1　5　10　10　5　1
1　6　15　20　15　6　1…6段目
　　　↓
1　7　7　1　5　6　1
(11を6個かけた数)

11を{1個，2個，3個，4個}かけた数である{11，121，1331，14641}が，それぞれ1段目～4段目の並び方と一致《いっち》している。また，4段目の並び方に11をかける計算を，くり上がりのない筆算の形で表すと，右上の図1のようになる。このときの積は5段目の並び方と一致し，これをくり上がりのある形に直すことにより，11を5個かけた積を求めることができる。同様に，5段目の並び方に11をかける計算をくり上がりのない筆算の形で表すと，右上の図2のようになる。このときの積は6段目の並び方と一致し，これをくり上がりのある形に直すことにより，11を6個かけた積を求めることができる。さらに，図2について，くり上がりのある形に直す部分は左上の図3のように表すことができる。同様に，100段目の並び方について，くり上がりのある形に直す部分を図に表すと右上の図4のようになるから，11を100個かけた積の下6桁《けた》は446001とわかる。

図3

1						
	6					
	1	5				
		2	0			
			1	5		
					6	
						1
1	7	7	1	5	6	1

図4

7	5	2	8	7	5	2	0					
		3	9	2	1	2	2	5				
				1	6	1	7	0	0			
							4	9	5	0		
									1	0	0	
												1
						…	4	4	6	0	0	1

6 時計算，整数の性質

図1

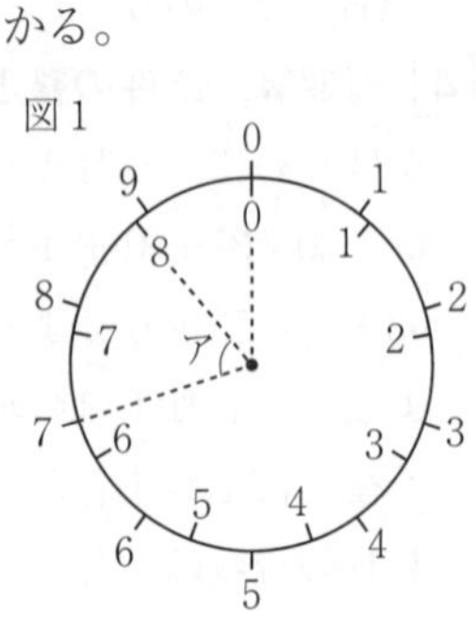

板に刻まれている目盛の間隔《かんかく》は，360÷10＝36(度)であり，円盤《えんばん》に刻まれている目盛の間隔は，360÷9＝40(度)である。よって，初めの「板の7」と「円盤の8」の間の角(右の図1のアの角)の大きさは，36×3－40×1＝68(度)とわかる。また，円盤は毎分，360÷60＝6(度)の割合で回転するから，「板の7」と「円盤の8」が重なるのは，68÷6＝$11\frac{1}{3}$(分後)と求められる。これは，60×$\frac{1}{3}$＝20(秒)より，11分20秒

図2

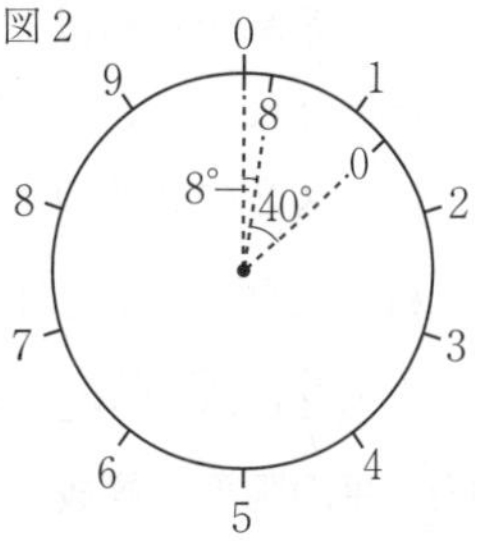

後(…①)となる。次に，①の40分40秒後は，11分20秒＋40分40秒＝52分後なので，円盤は，6×52＝312(度)回転する。これは時計回りに，360−312＝48(度)回転するのと同じことだから，右の図2のように，「円盤の0」は時計回りに48度回転した位置にいて，「円盤の8」は時計回りに，48−40＝8(度)回転した位置にいる。よって，「板の0」から時計回りに角度を見ると，板に刻まれた目盛までの角度は，36×□(度)と表すことができ，円盤に刻まれた目盛までの角度は，8＋40×△(度)と表すことができる(ただし，□は9以下，△は8以下の整数)。これが等しくなればよいので，36×□＝8＋40×△となるような(□，△)の値を求めればよい。そこで，等号の両側を4で割って簡単にすると，9×□＝2＋10×△となるから，(□，△)＝(8，7)と求められる。したがって，このとき合わさっている目盛は，板では1からかぞえて8個目なので8(…②)，円盤では0からかぞえて7個目だから6(…③)となる。

7 平面図形—相似

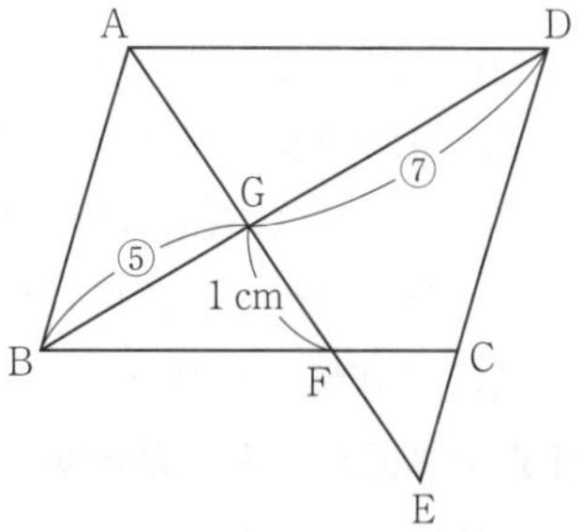

右の図で，三角形AGDと三角形FGBは相似であり，相似比は，GD：GB＝7：5だから，AG：GF＝7：5となり，AG＝$1\times\frac{7}{5}$＝1.4(cm)とわかる。また，AD：BFも7：5なので，AD：FC＝7：(7−5)＝7：2となる。次に，三角形AEDと三角形FECも相似であり，相似比は，AD：FC＝7：2だから，AF：FE＝(7−2)：2＝5：2とわかる。よって，EF＝$(1.4+1)\times\frac{2}{5}$＝0.96(cm)と求められる。

8 平面図形—相似，面積

下の図1で，かげをつけた三角形と斜線《しゃせん》をつけた三角形はそれぞれ相似である。また，アの長さは，4−2＝2(cm)だから，かげをつけた三角形は直角二等辺三角形とわかる。同様に，イの長さは，4−1＝3(cm)なので，斜線をつけた三角形の直角をはさむ2辺の比は1：3とわかる。よって，ウの長さは2cm，エの長さは，$1\times\frac{1}{3}=\frac{1}{3}$(cm)だから，BCの長さは，$2+2+4+1+\frac{1}{3}=\frac{28}{3}$(cm)と求められる。さらに，三角形ABCと三角形ADEは相似であり，相似比は，BC：DE＝$\frac{28}{3}$：4＝7：3なので，FG：AG＝(7−3)：7＝4：7となる。したがって，AGの長さは，$4\times\frac{7}{4}$＝7(cm)だから，三角形ABCの面積は，$\frac{28}{3}\times7\div2=\frac{98}{3}=32\frac{2}{3}$($cm^2$)(…①)と求められる。次に，下の図2の三角形ABCと図3の三角形ADEは相似なので，その中に入っている3個の正方

図1

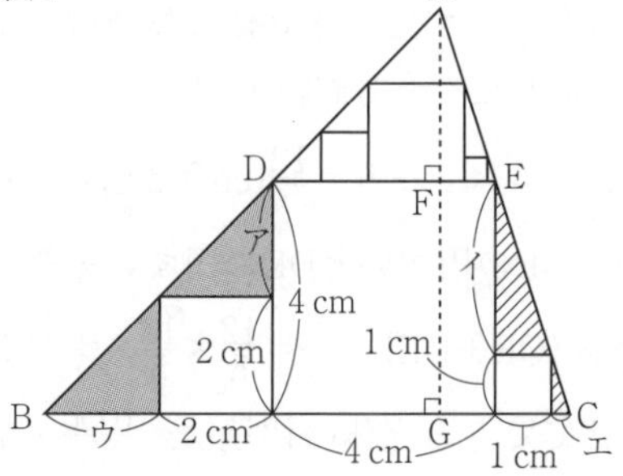

図2

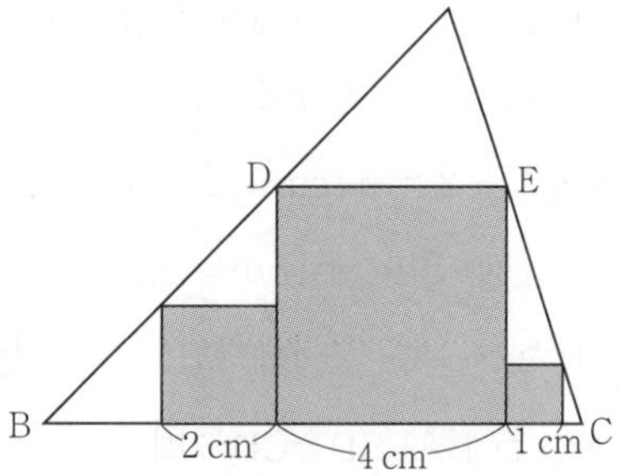

図3

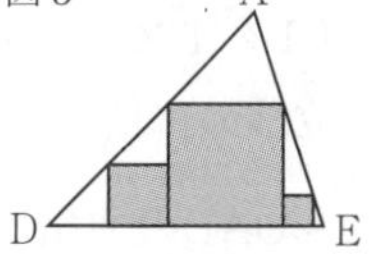

形もそれぞれ相似になる。このとき，相似比はどれも７：３だから，図２と図３の正方形の面積の比はどれも，（７×７）：（３×３）＝49：９となる。よって，図２と図３の６個の正方形の面積の和は，図２の３個の正方形の面積の和の，$\frac{49+9}{49}=\frac{58}{49}$(倍)とわかる。また，図２の３個の正方形の面積の和は，２×２＋４×４＋１×１＝21(cm^2)なので，６個の正方形の面積の和は，$21\times\frac{58}{49}=\frac{174}{7}$ $=24\frac{6}{7}$(cm^2)(…②)となる。

9 平面図形―構成

右の図１のように，EA上に，EF＝５cmとなる点Ｆをとると，三角形ABCと三角形CEFは合同になる。また，CAとCFの長さは等しくなるので，三角形CFAは二等辺三角形になる。よって，ＣからAFと直角に交わる直線CGを引くと，三角形ACGと三角形FCGは合同になるから，AGとFGの長さは，（９－５）÷２＝２(cm)とわかる。すると，CDとEGの長さは等しくなるので，三角形CDEと三角形EGCは合同になる。したがって，それぞれの三角形の面積の比は右上の図２のように表すことができるから，四角形ACDEの面積は三角形ABCの面積の，（７＋５＋２＋２）÷５＝3.2(倍)と求められる。

図１

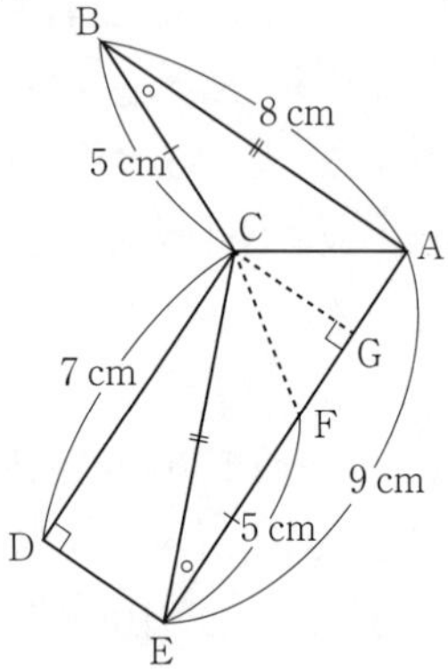

図２

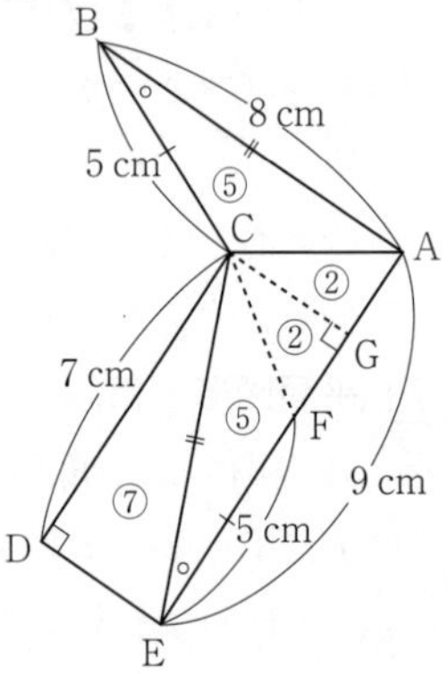

10 立体図形―図形の移動，体積，相似

BAとCDを延長して交わる点をＯとすると，台形ABCDをCDの周りに１回転させてできる立体は，右の図１のように，三角形OBCをOCの周りに１回転させてできる立体(…ア)から，三角形OADをODの周りに１回転させてできる立体(…イ)を取り除いたものになる。右の図２で，三角形OADと三角形OBCは相似であり，相似比は，AD：BC＝３：６＝１：２だから，OA：AB＝OD：DC＝１：（２－１）＝１：１となり，OA＝４cm，OD＝５cmとわかる。また，アの立体とイの立体も相似になり，体積の比は，（２×２×２）：（１×１×１）＝８：１なので，台形ABCDをCDの周りに１回転させてできる立体の体積は，イの立体の体積の，$\frac{8-1}{1}=7$(倍)とわかる。次に，ＡからODと直角に交わる直線AEを引くと，三角形OADの面積は，３×４÷２＝６(cm^2)だから，AEの長さは，$6\times2\div5=\frac{12}{5}$(cm)と求められる。よって，イの立体は，底面の円の半径が$\frac{12}{5}$cmであり，高さがOEの円すいとDEの円すいを組み合わせたものになる。したがって，その体積は，$\frac{12}{5}\times\frac{12}{5}\times3\frac{1}{7}\times(\mathrm{OE}+\mathrm{DE})\times\frac{1}{3}=\frac{12}{5}\times\frac{12}{5}\times\frac{22}{7}\times5\times\frac{1}{3}=\frac{1056}{35}$(cm^3)なので，台形ABCDをCDの周りに１回転させてできる立体の体積は，$\frac{1056}{35}\times7=$

図１

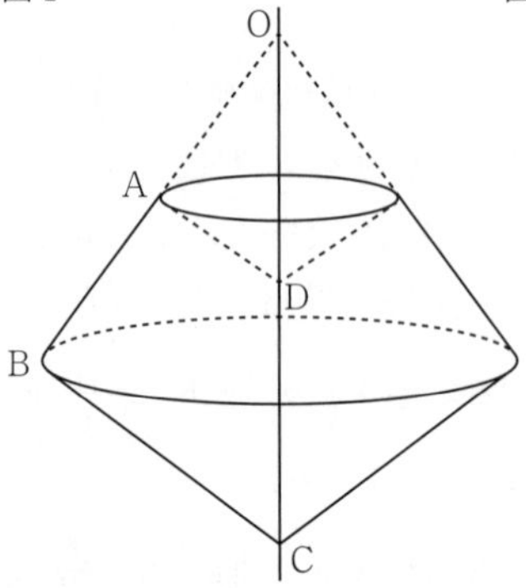

図２

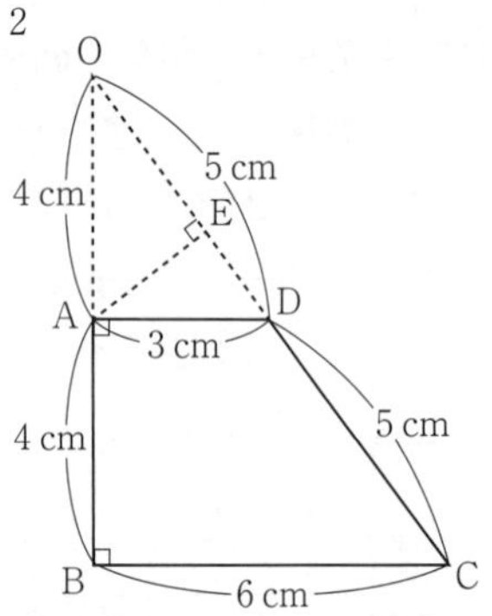

$\frac{1056}{5}=211\frac{1}{5}$(cm^3)とわかる。

11 立体図形―展開図，体積，相似

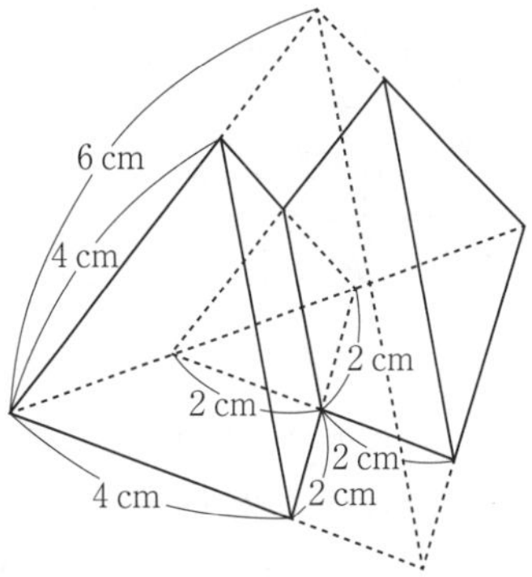

すべての面が合同な正三角形からなる三角すいを正四面体という。また，問題文中の展開図には，1辺の長さが4cmと6cmの正三角形やその一部があるから，展開図を組み立ててできる立体は，1辺の長さが6cmの正四面体の一部であり，右の図のように，1辺の長さが4cmの正四面体を2つ組み合わせたものとわかる。ここで，1辺の長さが1cmの正四面体の体積を1とすると，1辺の長さが4cmの正四面体の体積は，1×4×4×4＝64となる。また，重なりの部分は1辺の長さが2cmの正四面体なので，体積は，1×2×2×2＝8とわかる。よって，この立体の体積は，64×2－8＝120だから，1辺の長さが1cmの正四面体の体積の，120÷1＝120(倍)である。

算　数　<第2日目>（60分）<満点：100点>

解　答

1 (1) 解説の図Ⅱを参照のこと。　(2) 解説の図Ⅴを参照のこと。　2 (1) (ア) 98973，25973，28673，28943，28976　(イ) 28673　(2) 755631　3 (1) 19分間　(2) 133分間　(3) 477分間　4 (1) 140.86cm^2　(2) 209.72cm^2　5 (1) 54cm^3　(2) 9cm^3　(3) $\frac{5}{24}$倍，42cm^3

解　説

1 旅人算

図Ⅰ

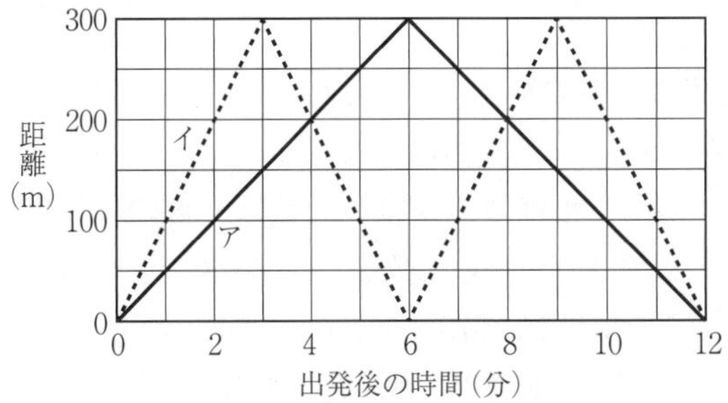

図Ⅱ

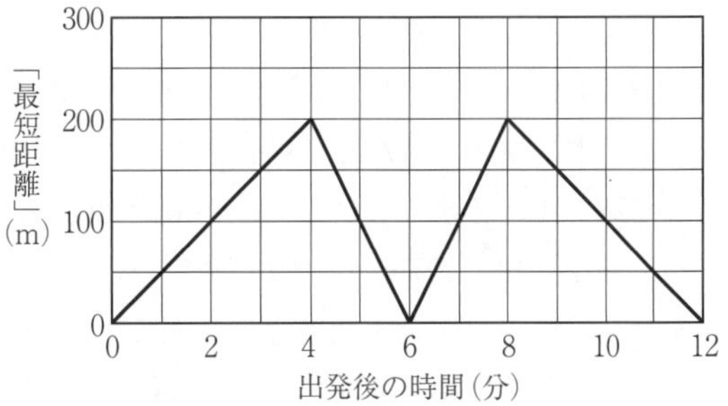

(1) Aさんが300m歩くのにかかる時間は，300÷50＝6(分)だから，「S地点とAさんの距離《きょり》」を表すグラフは上の図Ⅰの実線アのようになる。また，Bさんが300m歩くのにかかる時間は，300÷100＝3(分)なので，「S地点とBさんの距離」を表すグラフは破線イのようになる。さらに，AさんとBさんの速さの差は毎分，100－50＝50(m)だから，「AさんとBさんの距離」を表すグラフもアのようになる。すると「最短距離」は，0～4分後はア，4～8分後はイ，8～12分後はアとなるので，上の図Ⅱのようになる。

図Ⅲ

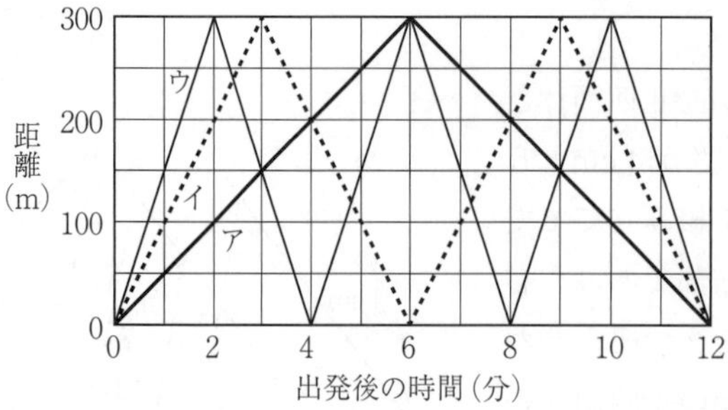

図Ⅳ

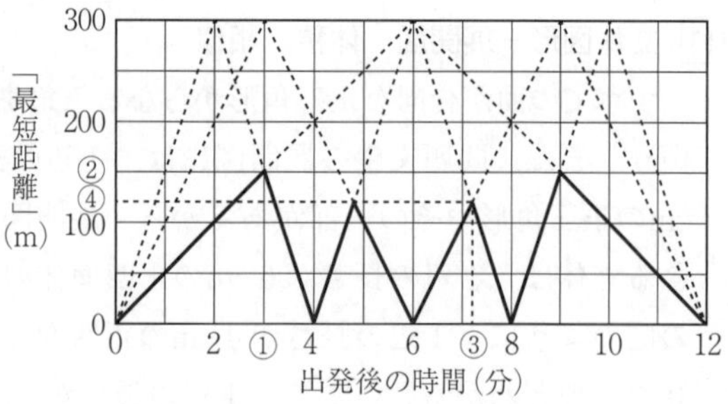

⑵　「S地点とAさんの距離」を表すグラフは図Ⅰと変わらない。また，Bさんが300m歩くのにかかる時間は，300÷150＝2（分）なので，「S地点とBさんの距離」を表すグラフは上の図Ⅲの実線ウのようになる。さらに，AさんとBさんの速さの差は毎分，150－50＝100（m）だから，「AさんとBさんの距離」を表すグラフは図Ⅰの破線イと同じになる。すると，「最短距離」は上の図Ⅳの太線部分になるので，正しいのはグラフ3とわかる。よって，図Ⅳの①にあてはまる数は3，②にあてはまる数は150となる。次に，③の時間はイとウが交わる時間だから，300÷（100＋150）＝1.2（分）より，③にあてはまる数は，6＋1.2＝7.2，④にあてはまる数は，100×1.2＝120と求められる。したがって，右の図Ⅴのようになる。

図Ⅴ

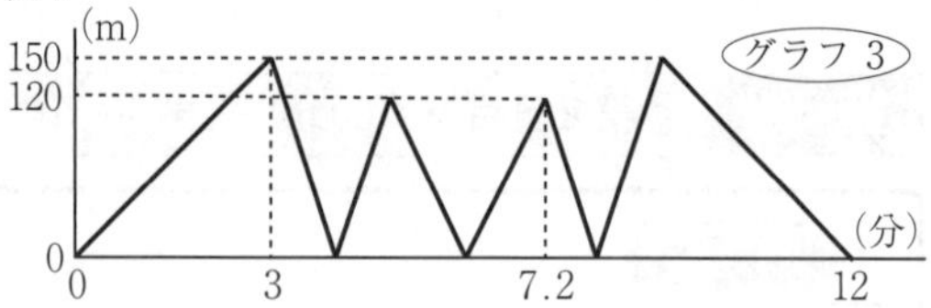

2 調べ

⑴　㋐　花子さんが受け取った数は28973だから，次郎さんが書き換《か》えた数字がAだとすると，書き換える前の数は右の図1の①のようになる。このとき，□＋8＋9＋7＝□＋24を10で割った余りが3なので，□＝33－24＝9より，太郎さんが書いた数は98973となる。同様に考えると，書き換えた数がB～Dの場合はそれぞれ②～④のようになる。また，書き換えた数がEの場合，⑤のように，2＋8＋9＋7＝26を10で割った余りが□になるから，26÷10＝2余り6より，□＝6とわかる。よって，太郎さんが書いた数は，98973，25973，28673，28943，28976のいずれかである。　㋑　太郎さんが書いた数が①の98973の場合，次郎さんは9以外の数字を1個書き換えたことになる。その結果が21673になることはないので，太郎さんが書いた数は98973ではない。同様に考えると，太郎さんが書いた数は③の28673とわかる。

図1

	$ABCDE$	$A+B+C+D$
①	□8973	→□＋8＋9＋7＝□＋24→□＝9→98973
②	2□973	→2＋□＋9＋7＝□＋18→□＝5→25973
③	28□73	→2＋8＋□＋7＝□＋17→□＝6→28673
④	289□3	→2＋8＋9＋□＝□＋19→□＝4→28943
⑤	2897□	→2＋8＋9＋7＝26　→□＝6→28976

⑵　花子さんが受け取った数は735631だから，次郎さんが書き換えた数字がPだとすると，書き換える前の数は下の図2の⑥のようになる。このとき，□＋3＋5＋6＝□＋14を10で割った余りが3なので，□＝23－14＝9とわかる。さらに，9＋3×3＋5×7＋6×9＝107を10で割った余りは7になるが，これはUの値と一致《いっち》しないから，正しくない。同様に考えると，書き換えた数がQ～Tの場合はそれぞれ⑦～⑩のようになる。また，書き換えた数がUの場合，⑪のように，7＋3＋5＋6＝21を10で割った余りが1になるが，これはTの値と一致しないので，正しくない。よ

って，正しいのは⑦の場合であり，太郎さんが書いた数は755631とわかる。

図2

$PQRSTU$　$P+Q+R+S$　　　　　　　$P+Q\times3+R\times7+S\times9$
⑥　□３５６３１→□＋３＋５＋６＝□＋14→□＝９→９＋３×３＋５×７＋６×９＝107（U＝７×）
⑦　７□５６３１→７＋□＋５＋６＝□＋18→□＝５→７＋５×３＋５×７＋６×９＝111（U＝１○）
⑧　７３□６３１→７＋３＋□＋６＝□＋16→□＝７→７＋３×３＋７×７＋６×９＝119（U＝９×）
⑨　７３５□３１→７＋３＋５＋□＝□＋15→□＝８→７＋３×３＋５×７＋８×９＝123（U＝３×）
⑩　７３５６□１→７＋３＋５＋６＝21　→□＝１→７＋３×３＋５×７＋６×９＝105（U＝５×）
⑪　７３５６３□→７＋３＋５＋６＝21（T＝１×）

3 場合の数

⑴　下の図１の４つの場合がある。①の場合，アには{0，1}の２通りの数字が考えられる。同様に，②の場合，イには{0，1，3}の３通り，③の場合，ウには{0，1，3，4，5}の５通りの数字が考えられる。また，④の場合，エには０～９のうち２を除いた９通りの数字が考えられるから，全部で，２＋３＋５＋９＝19(分間)となる。

⑵　下の図２の６つの場合がある。どの場合も，アには{0，1}の２通り，ウには{0，1，3，4，5}の５通り，エには２以外の９通りの数字が考えられる。ただし，イに入る数字は，⑤の場合は２以外の９通りであるが，⑦と⑨の場合は{0，1，3}の３通りであることに注意すると，それぞれ図２のようになる。よって，全部で，18＋10＋15＋18＋27＋45＝133(分間)と求められる。

⑶　下の図３の４つの場合がある。⑵と同様に，どの場合も，アには２通り，ウには５通り，エには９通りの数字が考えられる。また，イには，⑪と⑫の場合は９通り，⑭の場合は３通り考えられるので，それぞれ図３のようになる。よって，全部で，90＋162＋90＋135＝477(分間)とわかる。

図１
①［ア］［2］：［2］［2］→0，1
②［2］［イ］：［2］［2］→0，1，3
③［2］［2］：［ウ］［2］→0，1，3，4，5
④［2］［2］：［2］［エ］→２以外

図２
⑤［ア］［イ］：［2］［2］→２×９＝18(通り)
⑥［ア］［2］：［ウ］［2］→２×５＝10(通り)
⑦［2］［イ］：［ウ］［2］→３×５＝15(通り)
⑧［ア］［2］：［2］［エ］→２×９＝18(通り)
⑨［2］［イ］：［2］［エ］→３×９＝27(通り)
⑩［2］［2］：［ウ］［エ］→５×９＝45(通り)

図３
⑪［ア］［イ］：［ウ］［2］→２×９×５＝90(通り)
⑫［ア］［イ］：［2］［エ］→２×９×９＝162(通り)
⑬［ア］［2］：［ウ］［エ］→２×５×９＝90(通り)
⑭［2］［イ］：［ウ］［エ］→３×５×９＝135(通り)

4 平面図形―図形の移動，面積

⑴　輪が通過するのは，右の図１のかげをつけた部分である。図１で，図形全体は，半径６cmの半円２個(円１個)と，たての長さが，６×２＝12(cm)，横の長さが６cmの長方形を合わせたものだから，面積は，６×６×3.14＋12×６＝185.04(cm²)となる。このうち輪が通過しないのは，斜線《しゃせん》部分４個と１辺６cmの正三角形２個を合わせたものである。ここで，おうぎ形ＣＡＢの面積は，６×６×3.14×$\frac{60}{360}$＝６×3.14＝18.84(cm²)なので，斜線部分１個の面積は，18.84－15.59＝3.25(cm²)と求められる。よって，輪が通過しない部分の面積は，3.25×４＋15.59×２＝44.18(cm²)だから，輪が通過する部分の面積は，185.04－44.18＝140.86(cm²)となる。

図１
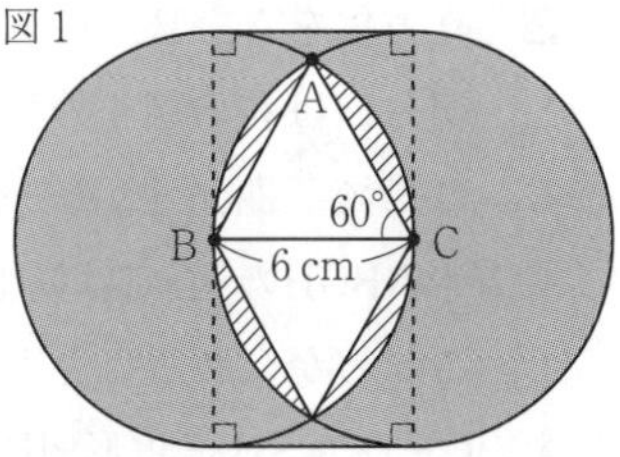

⑵　輪が通過するのは，下の図２のかげをつけた部分である。図２で，かげをつけた部分と斜線部

分を合わせると，半径6 cmのおうぎ形ア，イ，ウと，1辺6 cmの正方形2個と，1辺6 cmの正三角形1個を合わせたものになる。ここで，おうぎ形アとイの中心角はどちらも，360－(90＋60＋60)＝150(度)であり，おうぎ形ウの中心角は，360－(90＋90＋60)＝120(度)なので，中心角の合計は，150×2＋120＝420(度)となる。よって，おうぎ形の面積の合計は，$6 \times 6 \times 3.14 \times \frac{420}{360}$＝42×3.14＝131.88(cm^2)だから，かげをつけた部分と斜線部分の面積の合計は，131.88＋6×6×2＋15.59＝219.47(cm^2)と求められる。このうち斜線部分の面積は，3.25×3＝9.75(cm^2)なので，輪が通過する部分の面積は，219.47－9.75＝209.72(cm^2)とわかる。

図2
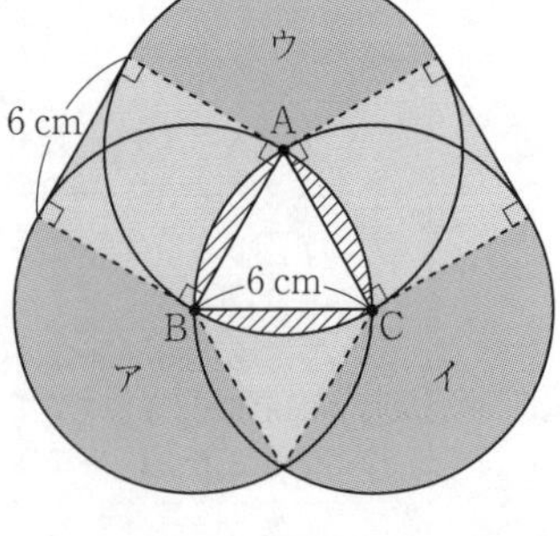

5 立体図形―分割，体積

(1) 立方体をP，Q，Rを通る平面で切ると，立方体は下の図1の正六角形PTQRUSで合同な2つの立体に分かれるから，Cを含《ふく》む方の立体の体積は，6×6×6÷2＝108(cm^3)となる(T，Uは辺の真ん中の点)。また，Cを含む方の立体から3個の三角すいC－BTP，C－GRQ，C－DSUを取り除くと，六角すいC－PTQRUSができる。ここで，取り除く三角すい1個の体積は，3×3÷2×6÷3＝9(cm^3)なので，六角すいC－PTQRUSの体積は，108－9×3＝81(cm^3)とわかる。次に，図1の六角すいC－PTQRUSと下の図2の四角すいC－PQRSは，高さが共通な角すいである。また，下の図3から，底面積の比は，6：4＝3：2とわかるから，体積の比も3：2となり，四角すいC－PQRSの体積は，$81 \times \frac{2}{3}$＝54(cm^3)と求められる。

図1
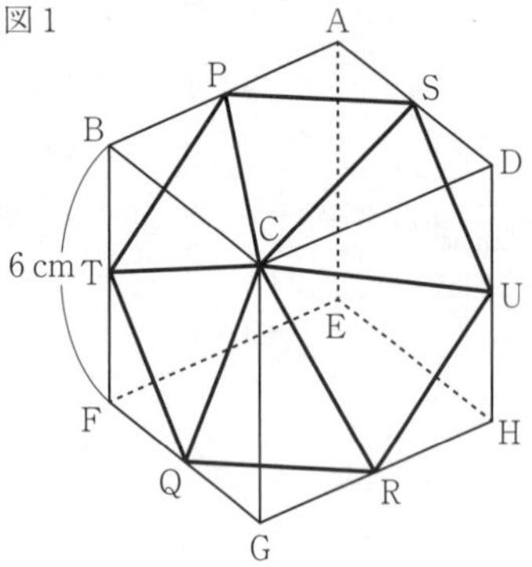

図2
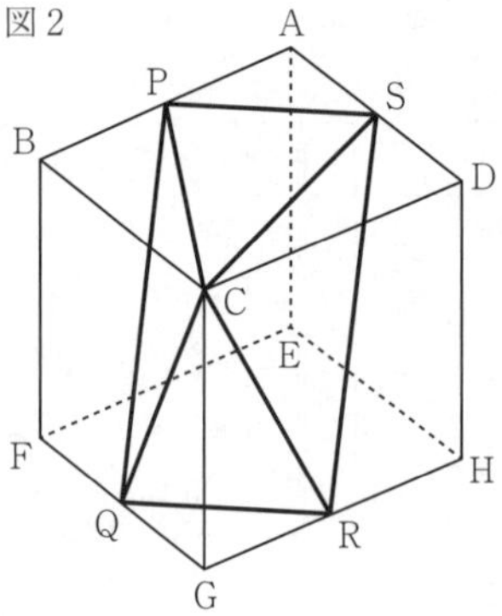

図3
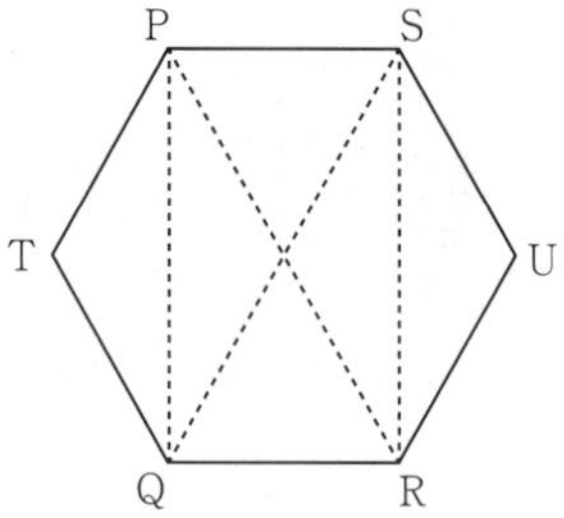

(2) 立方体をA，B，Gを通る平面で切ると，切り口は右の図4の長方形ABGHになる。ここで，四角すいC－PQRSの辺CQと長方形ABGHの辺BGは同じ面上にあるので，これらが交わる点をIとすると，四角すいC－PQRSは三角形PIRで2つの立体に分かれることがわかる。つまり，Qを含む方の立体は三角すいI－PQRになる。次に，右の図5で，三角形BICと三角形GIQは相似であり，相似比は2：1だから，CI：IQ＝2：1となる。よって，四角すいC－PQRSと三角す

図4
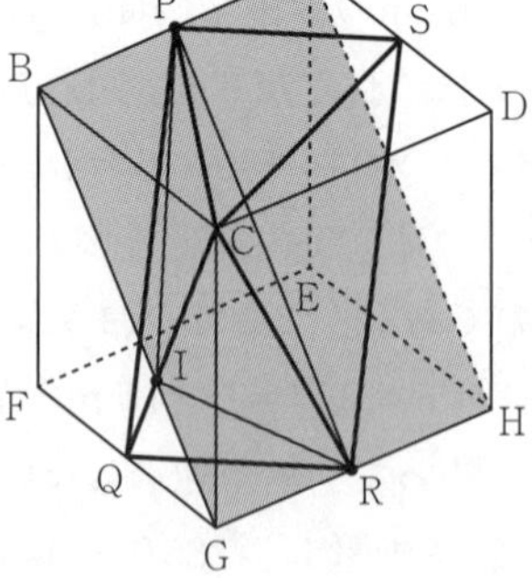

図5
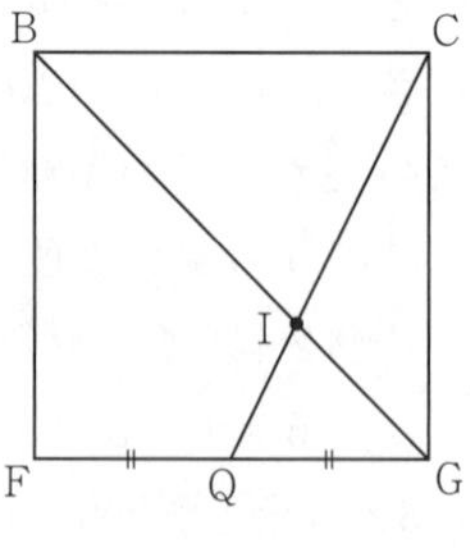

いI－PQRを比べると，底面積の比(長方形PQRSと三角形PQRの面積の比)が2：1であり，高さの比が，CQ：IQ＝(2＋1)：1＝3：1なので，体積の比は，(2×3)：(1×1)＝6：1とわかる。したがって，Qを含む方の立体の体積は，$54\times\frac{1}{6}=9$ (cm^3)である。

(3) 立方体をB，D，Fを通る平面で切ると，切り口は右の図6の長方形BFHDになる。図6のように，CP，CSと長方形BFHDの辺BDが交わる点をそれぞれJ，Kとし，PQ，SRと長方形BFHDが交わる点をそれぞれL，Mとすると，四角すいC－PQRSの切り口は台形JLMKになる。次に，図6を真上から見ると右の図7のようになる。図7で，三角形BJPと三角形DJCは相似であり，相似比は1：2だから，BDの長さを1とすると，BJの長さは，$1\times\frac{1}{1+2}=\frac{1}{3}$となる。同様に，DKの長さも$\frac{1}{3}$なので，JKの長さは，$1-\frac{1}{3}\times2=\frac{1}{3}$と求められる。また，LMの長さはPSの長さと等しいから，BDの長さの$\frac{1}{2}$であり，$1\times\frac{1}{2}=\frac{1}{2}$とわかる。よって，図6の長方形BFHDと台形JLMKを比べると，(上底＋下底)の比は，$(1+1):\left(\frac{1}{3}+\frac{1}{2}\right)=12:5$となる。さらに，LはPQの真ん中の点なので，高さの比は2：1となり，面積の比は，$(12\times2):(5\times1)=24:5$と求められる。つまり，切り口の四角形JLMKの面積は四角形BFHDの面積の$\frac{5}{24}$倍である。続いて，右の図8のように，Qを含む方の立体を，2つの四角すいC－JLMKとC－LQRMに分けて体積を求める。正方形ABCDの対角線の長さを$\square$cmとすると，四角形BFHDの面積は$(6\times\square)$cm^{2}だから，四角形JLMKの面積は，$6\times\square\times\frac{5}{24}=\frac{5}{4}\times\square$(cm^2)となる。また，四角形JLMKは四角形BFHD上にあるので，四角すいC－JLMKの高さはCAの長さの半分にあたり，$\frac{\square}{2}$cmとわかる。よって，四角すいC－JLMKの体積は，$\frac{5}{4}\times\square\times\frac{\square}{2}\times\frac{1}{3}=\frac{5}{24}\times\square\times\square$(cm^3)と表すことができる。ここで，$\square\times\square\div2=6\times6=36$(cm^2)より，$\square\times\square=36\times2=72$(cm^2)となるから，四角すいC－JLMKの体積は，$\frac{5}{24}\times\square\times\square=\frac{5}{24}\times72=15$(cm^3)と求められる。さらに，四角すいC－LQRMの体積は四角すいC－PQRSの半分なので，$54\div2=27$(cm^3)である。したがって，Qを含む方の立体の体積は，$15+27=42$(cm^3)とわかる。

図6

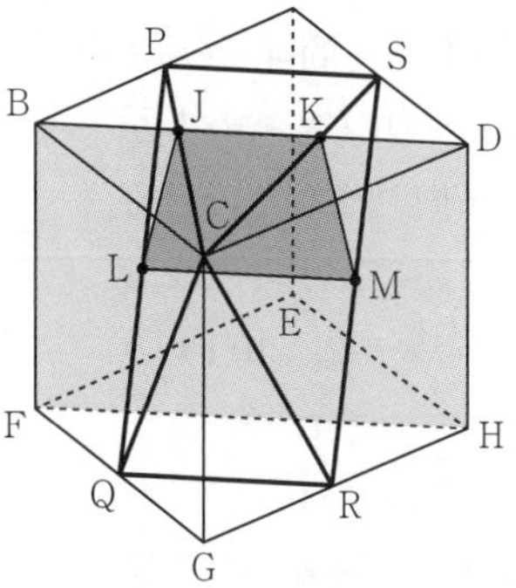

図7

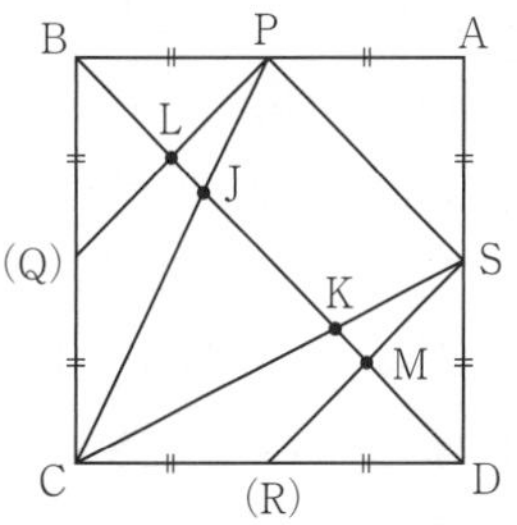

図8

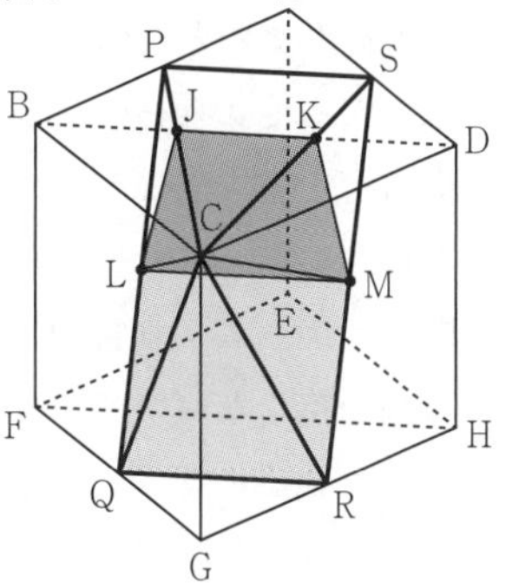

理 科 ＜第1日目＞(60分)＜満点：100点＞

解 答

1 問1 イ，ウ，カ　問2 イ　問3 エ　問4 ウ　問5 ① 1040　② 4000　③ ウ　④ オ　⑤ 360　2 問1 イ，エ　問2 307mL　問3 259mL

問4　162mL　**問5**　44mL　**3**　**問1**　115倍　**問2**　29倍　**問3**　395倍　**問4**　89度　**4**　**問1**　①　イ　②　50　③　ア　④　60　⑤　ア　⑥　10　⑦　1　**問2**　イ　**問3**　エ　**問4**　エ　**問5**　3倍　**5**　**問1**　イ，ウ，オ　**問2**　0.628mL　**問3**　2.512mL　**問4**　ア／**理由**…(例)　10mLのメスシリンダーの方が底面の円の直径が小さく，同じ高さだけ目もりからずれたときの体積の誤差が小さくなるから。　**問5**　①　9.9%　②　10.1%　③　9.95%　④　10.05%　⑤　イ

6　**問1**　右上の図Ⅰ　**問2**　①　イ　②　イ　**問3**　右の図Ⅱ　**問4**　右の図Ⅲ

図Ⅰ①

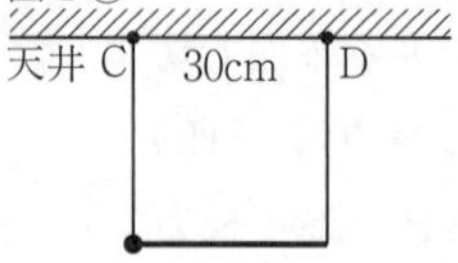

図Ⅰ②

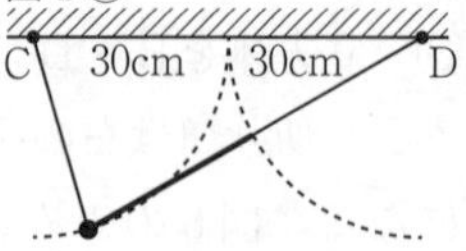

図Ⅱ

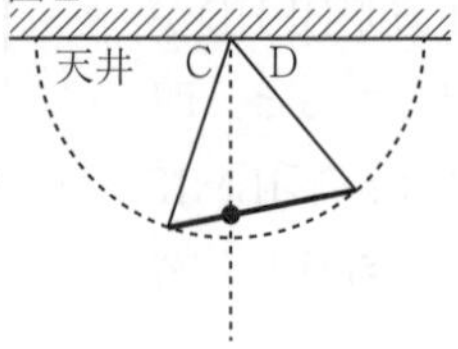

図Ⅲ

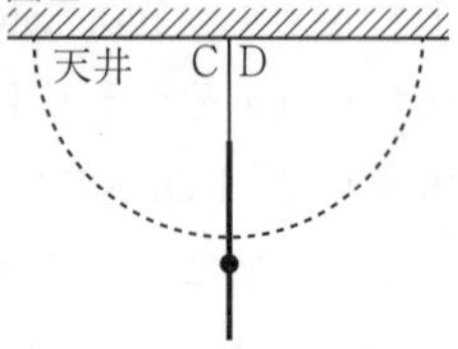

解　説

1　ニホンジカの個体数変化についての問題

問1　シカは背骨を持つセキツイ動物のうちの哺乳《ほにゅう》類とよばれるなかまである。体温がまわりの温度に関係なくほぼ一定に保たれる恒温《こうおん》動物で，子は親と似た姿で生まれ，肺呼吸をおこなう。また，体表は毛でおおわれており，うろこや羽毛は持たない。

問2　植物が生育している土地では，地中に広がる植物の根が保持する土に水がしみこんだり，降った雨が葉などを伝わって時間をかけて土地に吸収されたりするので，土地の保水力が高くなる。したがって，森林の下草が減ると，土地の保水力は低くなるので，イがあてはまらない。

問3　1歳《さい》未満のシカの生存率が低下すれば，個体数はしだいに減少するはずなので，エが適切でない。

問4　ア，エ　食害の量や死体の数は，山の中のエサの量によって影響《えいきょう》を受ける。　イ　メスは角を持たないので，メスの数を数えられない。また，角は毎年生えかわるが，落ちた角は山の中に長く残るので，いつ落ちたものなのかを判断しづらい。　ウ　一定地域内に排出《はいしゅつ》されたシカのフンは，分解者の活動や水などによってなくなるが，つねに新しいフンが排出されるため，その地域に生息しているシカの頭数が一定であれば，ある時点でのフンの数は一定になる。そのため，フンの数を数えることにより，その地域のシカの生息数を推測することができる。

問5　①　2020年に産まれるシカは，1歳のメスと2歳以上のメスが1頭ずつ産むので，200×0.3＋1400×0.7＝1040(頭)と予想される。　②　2020年夏の総生息数は，2019年夏以降も生存したシカと①の合計の，(200＋200)×0.5＋(200＋200)×0.6＋(1400＋1400)×0.9＋1040＝4000(頭)と予想される。　③，④　生存率と生殖《せいしょく》率がどちらも高い2歳以上のメスを捕獲《ほかく》除去すれば，最も効果的に総生息数を減らすことができる。　⑤　この地域では，1年経つと総生息数が，4000÷3600＝$\frac{10}{9}$(倍)になる。よって，2020年夏も2019年夏と同じ総生息数にするには，2019年の秋の初めに，3600÷$\frac{10}{9}$＝3240(頭)にするために，3600－3240＝360(頭)捕獲除去すればよい。

2　温度と二酸化炭素の溶解《ようかい》についての問題

問１　アには固体のホウ酸，イには気体のアンモニア，ウには固体の水酸化カルシウム，エには気体の塩化水素，オには固体の水酸化ナトリウムが溶《と》けている。

問２　実験１より，20℃のとき，水200mLに二酸化炭素は，300－114＝186(mL)まで溶けるので，水100mLに二酸化炭素は，$186\times\frac{100}{200}=93$(mL)まで溶ける。したがって，400－93＝307(mL)が溶け残る。

問３　問２より，20℃のとき，水と二酸化炭素を100：93の体積比でペットボトルに入れたときに溶け残りがなくなるので，$500\times\frac{100}{100+93}=259.0\cdots$より，水を少なくとも259mL以上入れたときとわかる。

問４　実験３より，20℃のときに300mLある二酸化炭素を30℃にすると，$300\times\frac{124}{120}=310$(mL)になる。また，実験２より，30℃のとき，水200mLに二酸化炭素は，300－152＝148(mL)まで溶ける。よって，310－148＝162(mL)が溶け残る。

問５　実験１で水に溶けた二酸化炭素186mLは，30℃では，$186\times\frac{124}{120}=192.2$(mL)になる。したがって，192.2－148＝44.2より，44mLが溶けきれないで出てくる。

３　太陽や月の大きさと地球からの距離《きょり》についての問題

問１　図２で，太陽の直径を１，地球の中心から太陽の中心までの距離を□とすると，$\square\times2\times3.14\times\frac{0.5}{360}=1$が成り立ち，１×360÷3.14＝114.6…より，□＝115となる。

問２　月の直径を$\boxed{1}$とすると，地球の中心から月の中心までの距離は，問１と同様にして$\boxed{115}$となる。また，地球の直径は，$\boxed{1}\times4=\boxed{4}$である。よって，$\boxed{115}\div\boxed{4}=28.75$より，地球の中心から月の中心までの距離は，地球の直径の29倍とわかる。

問３　地球から見たときの太陽と月の大きさ(角度)はどちらも0.5度で等しいので，右の図のように表すことができ，１億5000万÷38万＝15000÷38＝394.7…より，太陽の直径は月の直径の395倍と求められる。

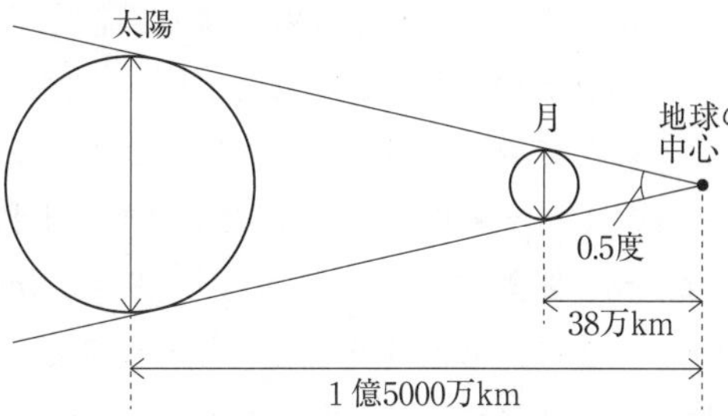

問４　図３で，地球の中心をＡ，月の中心をＢ，Ｂから地球に引いた接線(円に接する直線)が北半球と接する点をＣとすると，$\boxed{115}\times2\times3.14\times\frac{角ABC}{360}=\boxed{4}\div2$が成り立ち，$\boxed{2}\times360\div\boxed{230}\div3.14=0.9\cdots$より，角ABCは１度となる。したがって，角BACは，180－(１＋90)＝89(度)なので，北半球でこの月の中心が見える範囲《はんい》は北緯89度までとわかる。

４　てこのつりあいについての問題

問１　①　支点Ｏ(Ｏ′)の左側にあるおもりＡは，バットを反時計回りに回転させようとしている。②　支点をＯからＯ′にずらすと，おもりＡによる回転させる働きは，10×５＝50(cm×kg)だけ大きくなる。　③　支点Ｏの右側にあるおもりＢは，バットを時計回りに回転させようとしている。　④　支点をＯからＯ′にずらし，おもりＢをつるす点をＰからＰ′にずらすと，おもりＢによる回転させる働きは，(20－10)×６＝60(cm×kg)だけ大きくなる。　⑤，⑥　おもりＡとＢによる回転させる働きは，支点をずらした後はずらす前に比べて，差し引き時計回りに，60－50＝10(cm×kg)だけ大きくなる。　⑦　点Ｇが点Ｏよりも左にある場合，支点をＯからＯ′にずらしてもつりあいが保たれることから，バットの重さによる回転させる働きは，支点をずらした後はずらす前に比べて，反時計回りに10(cm×kg)だけ大きくなる。よって，バットの重さは，10÷10＝1(kg)である。

問2　点Gが点O′よりも右にある場合，支点をOからO′にずらすと，支点をずらした後はずらす前に比べて，おもりAによる回転させる働きは反時計回りに50(cm×kg)だけ大きくなり，バットの重さによる時計回りに回転させる働きは，10×1＝10(cm×kg)だけ小さくなる。このようにしてもつりあいが保たれることから，おもりBによる回転させる働きは時計回りに，50＋10＝60(cm×kg)だけ大きくすればよいので，O′P′はOPよりも，60÷6＝10(cm)だけ長くなる。したがって，おもりBをPから右に，10＋10＝20(cm)ずらすとつりあう。

問3　問1，問2より，点Gが点Oよりも左にある場合でも，点Gが点O′よりも右にある場合でも，図2の状態でつりあう。次に，点Gが点Oから右に△cm(ただし，△は0以上10以下)の位置にある場合，つまり，点Gが点Oと点O′の間にある場合について考える。支点をOからO′にずらすと，支点をずらした後はずらす前に比べて，おもりAによる回転させる働きは反時計回りに50(cm×kg)だけ大きくなる。また，バットの重さによる回転させる働きは，時計回りに，△×1＝△(cm×kg)から，反時計回りに，(10−△)×1＝10−△(cm×kg)になるので，支点をずらした後はずらす前に比べて，差し引き反時計回りに，△＋10−△＝10(cm×kg)だけ大きくなる。このようにしてもつりあいが保たれることから，問2と同様に，おもりBをPから右に20cmずらすとつりあう。問1，問2とあわせると，図2のつりあいは点Gの位置に関係なく成り立つので，点Gの位置は書かれていることだけからは決まらない。

問4　点Gが点Oよりも左にある場合，支点をOから右に$x$cmずらすと，支点をずらした後はずらす前に比べて，おもりAによる回転させる働きは反時計回りに，x×5(cm×kg)だけ大きくなり，バットの重さによる反時計回りに回転させる働きは，x×1(cm×kg)だけ大きくなる。このようにしてもつりあいが保たれることから，おもりBによる回転させる働きは時計回りに，x×5＋x×1＝x×6(cm×kg)だけ大きくすればよいので，支点からおもりBをつるす点までの距離は，元の距離よりも，(x×6)÷6＝x(cm)だけ長くなる。よって，おもりBをPから右に，x＋x＝2×x(cm)ずらすとつりあうので，y＝2×xが成り立ち，エがあてはまる。

問5　問4について，おもりBを3kgのおもりにかえて考えればよい。支点をOから右に「ある長さ」($x$cm)だけずらすと，支点から3kgのおもりをつるす点までの距離は，元の距離よりも，(x×6)÷3＝2×x(cm)だけ長くなる。したがって，3kgのおもりをQから右に，x＋2×x＝3×x(cm)だけ，つまり，「ある長さ」の3倍の長さだけずらすとつりあう。

5 メスシリンダーの使い方と誤差についての問題

問1　メスシリンダーに入っている水や水溶液の液面は，中央部が最もへこんでいる。目盛りを読むときは，液面のへこんだ部分と目の高さをあわせ(つまり真横から)，最小目盛りの10分の1の量まで目分量で読み取る。

問2　このメスシリンダーの液を入れる部分の底面の半径は，4÷2＝2(cm)なので，誤差は，2×2×3.14×0.05＝0.628(cm^3)＝0.628(mL)である。

問3　このビーカーの液を入れる部分の底面の半径は，8÷2＝4(cm)なので，誤差は，4×4×3.14×0.05＝2.512(cm^3)＝2.512(mL)である。

問4　問2，問3より，目盛りの読みが同じだけずれたとき，直径の大きい100mLビーカーよりも直径の小さい10mLメスシリンダーのほうが，実際の体積の誤差は小さいことがわかる。よって，方法１のほうが方法２よりもより正確に10mLをはかりとれる。

問５　①，②　方法３の場合，食塩の実際の重さは4.95ｇ以上5.05ｇ未満，水の実際の重さは44.95ｇ以上45.05ｇ未満である。したがって，方法３でつくった食塩水の濃《こ》さは，4.95÷(4.95＋45.05)×100＝9.9(％)より大きく，5.05÷(5.05＋44.95)×100＝10.1(％)より小さい。　③，④　方法４の場合，食塩の実際の重さは9.95ｇ以上10.05ｇ未満，水の実際の重さは89.95ｇ以上90.05ｇ未満である。よって，方法４でつくった食塩水の濃さは，9.95÷(9.95＋90.05)×100＝9.95(％)より大きく，10.05÷(10.05＋89.95)×100＝10.05(％)より小さい。　⑤　①～④より，方法４のほうがより正確に濃さ10％の食塩水をつくれることがわかる。

6　糸につながれた筒《つつ》のつりあいについての問題

問１　①　ＣとＤの距離と筒の長さが同じ30cmであり，筒の両端《りょうはし》が固定されているので，重さを無視できる棒の左端(端Ａ)におもりをつるして棒を水平に支えている状態と同じになる。　②　おもりは最も低い位置まで下がる。Ｄにつながれた糸は，Ａのおもりを筒とともにＤの方向にまっすぐに引くので，Ａ，Ｂ，Ｄは一直線上に並んで，AD＝30＋30＝60(cm)となり，Ｃとおもり，Ｄが二等辺三角形をつくった状態で静止する。

問２　①　問１の解答らんの①の状態から，クリップをはずし，糸が筒の中を自由に動けるようにすると，右の図アのように，Ａの端のおもりは問１のときよりさらに下がり，CD間のちょうど真ん中の位置の真下にきて，AC(AD)の長さが，90÷２＝45(cm)となった状態で静止する。このとき，Ｂの端は天井から30cm下の位置から上がっている。　②　問１の解答らんの②の状態から，クリップをはずし，糸が筒の中を自由に動けるようにすると，右の図イのように，Ａの端は下がり，Ｂの端は上がる。

図ア

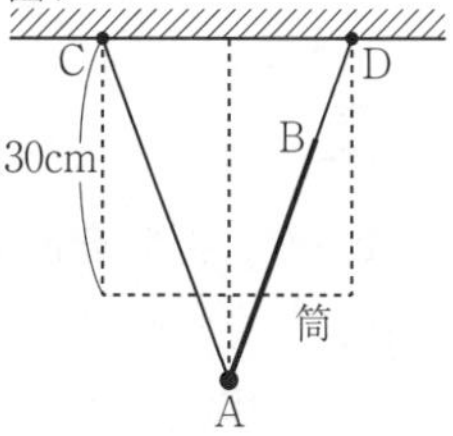

図イ

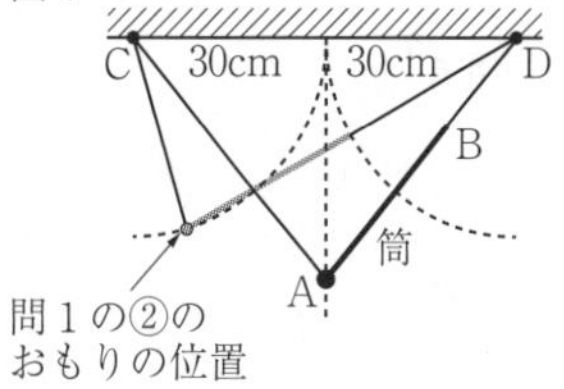

問３　おもりがＣとＤの真下にくる状態で静止する。

問４　ＣとＤの真下に，Ｂの端，おもり，Ａの端がこの順に並んだ状態で静止する。

国　語　＜第１日目＞（40分）＜満点：80点＞

解　答

一　**問１**　無料　**問２**　(例)　同じ規範に照らして正しさを判断する発想。　**問３**　(例)　多様な価値観が生じている現代では，どの価値観を選択して規範とするか自分で決める必要があるから。　**問４**　**１**　マーケ(ット)　**２**　シルエ(ット)　**３**　エチケ(ット)　**４**　シークレ(ット)　**５**　デメリ(ット)　**問５**　**１**　(あ)つかま(しい)　**２**　(ま)ぎらわ(しい)　**３**　(み)すぼら(しい)　**４**　(い)たいた(しかっ(た))　**５**　(に)つかわ(しく)　**６**　(は)なばな(しく)　**問６**　**１**　かまけ(て)　**２**　ふれ(て)　**３**　めんじ(て)　**４**　あかし(て)　**５**　もっ(て)　二　**１**　イ　**２**　ウ　**３**　オ　三　下記を参照のこと。

四 1 拝見し　2 うかがい(参り)　3 ○　4 ください(くださり)　5 いただき　6 ○　五 1 カ　2 オ　3 ア　4 エ　5 ウ　6 ク　六 A 何　B 顔　C 火　D 立　E 水　F 流　七 ⑴ 1 無　A 二　B 階　2 段　⑵ 1 信　A 念　B 仏　2 具　⑶ 1 善　A 良　B 薬　2 学

三 1 因　2 己　3 医　4 誕　5 卯　6 級

解　説

一 **出典は高橋《たかはし》こうじの『日本の言葉の由来を愛《いと》おしむ―語源が伝える日本人の心』による。**「正しい」という言葉の語源を紹介《しょうかい》している。

問1　「この品はただ」とは，店員と客との間に「お金という要素は入り込《こ》」まないことを意味しているのだから，「無料」があてはまる。

問2　「近代以前の日本」において多数を占《し》めていた「村社会」では，住人はそこで定められた「絶対」的な「規範《きはん》」にもとづいて「正しさ」を判断していたため，「一つの正解」が見つかっていたと述べられている。つまり，「近代以前の発想」とは，同じ規範に照らして正しさを判断するという考えだとわかる。

問3　問２でみたように，「近代以前の日本」は住人のほぼ全員が同じ「規範」にしたがう「村社会」が大部分を占めていたので，その「社会」が定める「規範」に照らして判断すれば，「正しい答え」を見つけることができた。しかし，「多様な価値観」が認められる現代の日本では，「絶対と言える規範」などは存在しないため，自分自身でどの「価値観」を「規範」とするかを決める必要が生じるのだと筆者は述べている。

問4　1 「マーケット」は，商品を売る場のこと。　2 「シルエット」は，“影絵《かげえ》”“輪郭《りんかく》”という意味。　3 「エチケット」は，礼儀《れいぎ》作法のこと。　4 「シークレット」は，“秘密”“機密”という意味。　5 「デメリット」は，“不利な点”“不都合”という意味。対義語は“利点”を意味する「メリット」。

問5　1 「あつかましい」は，恥知《はじし》らずなこと。図々しいようす。　2 「まぎらわしい」は，よく似ていてまちがえやすいこと。　3 「みすぼらしい」は，身なりなどが粗末《そまつ》で，外見が貧弱であるさま。　4 「いたいたしい」は，見ていられないほどかわいそうなようす。　5 「につかわしい」は，態度や身なりなどがその場面にふさわしいこと。　6 「はなばなしい」は，はなやかで見事なようす。

問6　1 「かまける」は，そのことだけに気をとられていて，ほかのことにはかまわないこと。　2 「折にふれる」は，“機会があるたびに”という意味。　3 「めんじる」は，ここでは“ほかの人の顔を立てるために許す”という意味。　4 「金にあかして」は，“ふつうでは考えられないようなお金を使って”という意味。　5 「根にもつ」は，いつまでもうらみを忘れないでいるようす。

二 **ことわざの知識**

1 「猫《ねこ》に小判」「豚《ぶた》に真珠《しんじゅ》」「牛に経文《きょうもん》」「犬に論語」は，“どんなに価値のあるものでも，その価値がわからないものにとっては無価値である”という意味。「馬子《まご》にも衣装」は，“ふだんは粗末な身なりをしている者でも，ちゃんとした衣服を着せればそれなりに立派に見える”という意味。 **2** 「弘法《こうぼう》にも筆の誤り」「河童《かっぱ》の川流れ」「猿《さる》も木から落ちる」「麒麟《きりん》のつまずき」は，“その道の名人でも，時に失敗することがある”という意味。「犬の遠吠《とおぼ》え」は，おくびょう者が見せかけだけ強がったり，かげでこそこそと悪口を言ったりすること。 **3** 「釈迦《しゃか》に説法」「河童に水練」「孔子《こうし》に学問」「猿に木登り」は，その道の専門家にものを教えようとすることのおろかさを表す。「鬼《おに》に金棒」は，“強い者がさらに強くなる”という意味。

三 漢字の筆順

1 「口」の途《と》中《ちゅう》までを二画で書いた後，「大」の横棒を三画目，左はらいを四画目に書く。「因」の総画数は六画。 **2** 「己」の総画数は三画であることに注意する。 **3** 「匚」の横棒を書いた後，「矢」の左はらいが二画目になる。「医」の総画数は七画。 **4** 「誕」の総画数は十五画。「廴」の部分は三画で書くことに注意する。 **5** 「卵」の総画数は七画である。 **6** 「糸」を六画，「及」は三画で書くことに気をつける。

四 敬語の知識

1 「先生」の姿を「見る」のは「私」なので，尊敬語である「ご覧になる」を用いるのは誤り。謙譲《けんじょう》語の「拝見する」を用いるのがよい。 **2** 「先生の家」に「行く」のは「私」なので，尊敬語である「いらっしゃる」を用いるのは誤り。謙譲語の「うかがう」「参る」を用いた表現に直す。 **3** 「おっしゃる」は「言う」の尊敬語。動作の主体は「先生」なので，「おっしゃいました」は正しい使い方である。 **4** 「くれる」のは「先生」なので，「与《あた》える」の謙譲語である「さしあげる」を用いるのは誤り。「くれる」の尊敬語の「くださる」を用いるのがよい。 **5** 「食べる」のは「私」なので，尊敬語である「めしあがる」を用いるのは誤り。謙譲語の「いただく」を用いた表現に直す。 **6** 「おいでになる」は「来る」の尊敬語。動作の主体は「先生」なので正しい使い方である。

五 俳句の知識

1 「椿《つばき》」は春先に咲《さ》く花で，春の季語になる。花びらごとに散るのではなく，花一つが丸ごと落ちるのが特徴《とくちょう》。「今落ちし」という表現に，この特徴が結びつく。 **2** 「蒲公英《たんぽぽ》」は，春に多く咲く花で，春の季語にあたる。道ばたや野原などに自生する花であるために，「踏《ふ》まれながらに」という表現と結びつく。 **3** 「朝顔」は，秋のおとずれを告《つ》げる花として，秋の季語となっている。朝早くに開花することから，「早起きは」という表現に結びつく。 **4** 「薄《すすき》」は，秋の七草の一つで，秋の季語である。秋が深まるにつれて，山野などで白い花穂《かすい》を風になびかせるのが特徴的な植物。これは，「あらがわず流れず風の」という表現に結びつけられる。 **5** 「山茶花《さざんか》」は，冬に花を咲かせるのが特徴。冬の季語にあたる。「凍《い》てて散りたる」という表現に結びつく。 **6** 「葉ぼたん」は，葉が渦《うず》を巻くような形になっていることが特徴で，冬の季語。この形状が，「渦」という表現に対応している。

六 慣用句の知識

A～F 「何食わぬ顔」は，本当はわかっていながら何も知らないかのようによそおった顔つきをするようす。「顔から火が出る」は，はずかしくて，顔が真っ赤《か》になるさま。「火のないところに煙《けむり》は立たぬ」は，“うわさになったり疑《うたが》われたりするのは，それなりの原因があるからだ”という意味。「立て板に水」は，よどむことなくすらすらと話すようす。「水に流す」は，過去のもめごとなどをなかったことにしてとがめないこと。

七 熟語のしりとり

〔条件１〕～〔条件３〕にしたがって考える。まずは「☆」で示されたことわざの意味に着目し，空らんＡと空らんＢにどのような漢字があてはまるのかを考えると解きやすい。　(1) “効果がなく，じれったいこと”を意味することわざは「二階から目薬」なので，〔条件２〕と〔条件３〕より空らんＡには「二」，空らんＢには「階」が入るものとわかる。そこから，空らん１には「無」が，空らん２には「段」があてはまると判断できる。　(2) “いくら意見を言ってやっても聞き入れず，ききめがないこと”を意味することわざは「馬の耳に念仏」である。(1)と同様に考えると，空らんＡには「念」，空らんＢには「仏」が入ると見当がつく。そこから，「過信」―「信念」，「仏具」―「具体」が導き出せる。　(3) “身のためになる忠告は聞きづらいものである”という意味のことわざは「良薬は口に苦し」なので，空らんＡには「良」，空らんＢには「薬」があてはまる。それをもとに，「改善」―「善良」，「薬学」―「学位」とするのがよい。

国語 ＜第２日目＞（70分）＜満点：120点＞

解答

一 **問１** 下記を参照のこと。　**問２** （例） 新しい発想は知識やそこから構築した理屈があって生まれるものだから。　**問３** （例） たどり着いた新しいアイデアが使えるかどうかを確認しなければならない(段階。)　**問４** （例） 自分や日常から遠く離れた刺激であるという性質。　**問５** 好奇心　**問６** （例） 自分の知らないことをなんとかわかりたいと考えるようになり，それが「勉強」の動機につながるという効果。　**問７** （例） 距離や時間や自分の視点などをこえて，人間の英知にふれられる点。　**二** **問１** （例） 母さんの瞳によぎった憎しみの色が消えて，いつもの笑顔にもどったから。　**問２** （例） 受験勉強をしなければならない時期にガールフレンドを作ったのではないかということ。／生活保護家庭の女の子と和真がつきあっているのではないかということ。　**問３** オ　**問４** Ａ 弱い者の側に立って，味方になろうとする　Ｂ （例） 生活保護の人を見くだしている　**問５** （例） 少し前までは，自分も「生活レベルが低い人」の世界に，嫌悪や恐怖すら抱いていたし，一生関わりを持たずに生きていくものだと思っていたから。　**問６** （例） 自分の気持ちを今支えているのは自尊心ではなく，人より優れている，恵まれているという思いこみだということ。　**問７** （例） 優越感を心の支えにすることで，自分は幸せだと思って生きているということ。　**三** **問１** （例） 台風が去った気配を母が耳をすませて感じ取ろうとしているようす。　**問２** （例） おさないぼくを起こさないため。　**問３** ３ （例） ぼくが大人になったということ。　４ （例） 父が亡くなってしまったということ。　**問４** エ　**問５** （例） 母をみとった後に母を思い出す場面で，別れをおしむかのように読む。

●漢字の書き取り

一 問１ Ａ 簡単　Ｂ 起動　Ｃ 備(わって)　Ｄ 効率　Ｅ 車窓

F　看板　G　英知　H　容易　I　貴重

解説

一　出典は森博嗣《もりひろし》の『読書の価値』による。新しい発想を生み出すためには，日常から離《はな》れたさまざまな知識をインプットしておくことが必要であり，その種のインプットとして最も効率的なのは読書であると述べている。

問1　A　こみ入っておらず，取りあつかいが手軽であるようす。　B　機械などが動き出すこと。　C　音読みは「ビ」で，「備品」などの熟語がある。　D　仕事や作業にかけた手間や時間と，はかどりぐあいを比べたときの割合。　E　電車や自動車などの窓。　F　店の名前や商品の広告などを通行人の目にとまるようにかかげたもの。　G　すぐれた知恵《ちえ》。　H　たやすいようす。　I　ひじょうに大切なようす。

問2　「重要な人間の能力」とは，ここでは「新しい発想」を生み出す能力を指す。「新しい発想」とは，「自分の知識，あるいはその知識から自身が構築した理屈《りくつ》，といったものがあって，初めて生まれてくるもの」であり，「いつでも検索《けんさく》できるのだから」と「知識」を「頭の中に入れずにいる人」は，「新しい発想」を生み出すことなどできないと筆者は述べている。だから，「頭の中に入った知識」が必要なのだといえる。

問3　同じ段落の前の部分から読み取る。「この段階」とは，「新しいアイデアにたどり着」いたものの，それが使えるかどうか，実際に試してみたり，調べてみたり，正しいかどうか計算してみたりして確認《かくにん》しなければわからない段階のことを言っている。

問4　「連想のきっかけになる刺激《しげき》」について，筆者は「自分から遠く離《はな》れた情報」ほど強い刺激があると述べている。それは，「距離《きょり》的に遠く離れるという意味」ではなく，「知識的，興味的に遠い」，「日常から離れた」刺激であり，そういった性質を持つ「刺激」を質と量に注意してインプットしていくことが「連想のきっかけになる」と筆者は考えている。

問5　現代は，TVなどによって「日常から離れた刺激」を得られるが，「毎日，毎週，同じ番組を見て」いると，「ぼんやりと時間を過ごすようになって，結局はそれが日常になってしまう」。そのように，日常化したものに対して刺激が薄《うす》くなったと自覚した人々は，「ああ，なんか面白《おもしろ》いことがないかな」と思い，新しいものを探し出そうとするというのだから，「好奇《こうき》心」があてはまる。なお，「好奇心」は，めずらしいことや新しいことを進んで知ろうとする気持ち。

問6　「『わからない』ということを体験」することによって，「自分にはわからないことがこの世界にある，と知ること」ができると述べたうえで，「もしこれがなければ，勉強しようとも思わないだろう」と筆者は述べている。「自分にはわからないこと」を「なんとかわかりたい，近づきたいと感じる」ことが「勉強」することに対しての「貴重な動機」になるというのである。

問7　本を読むことで，時間を遡《さかのぼ》ったり自分以外の人物の視点でものを見たりと，「一瞬《いっしゅん》にして遠くまで行ける」ような感覚を得られると筆者が述べていることに注目する。たとえば，「相対性理論の本」を読めばアインシュタインの思考の流れを知ることができるように，距離も時間も視点もこえて「人間の英知」にふれることができるところが，「本の最も凄《すご》いところ」だといえる。

二　出典は安田夏菜《やすだかな》の『むこう岸』による。「ぼく」（和真《かずま》）は，生活保護受給者に対する母親の態度にショックを受けると同時に，自分も人との比較《ひかく》で生きていたことを感じる。

問１　「父さん」に反論したことでぶたれた「ぼく」を見て，「母さん」も同様に「養われてる立場のくせに」といったひどい言葉を投げかけられたと話し，一瞬《いっしゅん》，憎《にく》しみの表情を浮《う》かべたことに注目する。その表情に「ギョッと」したものの，すぐにいつもの「少女のような笑顔《えがお》」にもどったので，「ぼく」は「ホッと」したのである。

問２　「生活保護を受けている」「クラスの女子」のために調べものをしていたという「ぼく」の話を聞いた「母さん」が，「ガールフレンド作るには時期が悪すぎるし。それにお母さん，生活保護家庭の人って，あんまりいいイメージないもの」と言ったことに着目する。受験勉強をしている時期に，「女の子」と「おつきあい」をしているというだけでなく，よりによって「生活保護を受けている」家の子かと考え，不安になったのだろうと想像できる。

問３　「佐野さん」に対し，「ぼく」は「友だちなのか？　と考え，なんだか照れくさいような，うれしいような気持ちになってドギマギとした」とあることに着目する。ほのかな好意を抱《いだ》いていたかもしれないが，「ぼく」にとって「佐野さん」は，まだ「友だち」ともはっきり言いきれないような存在である。ところが，「母さん」から「おつきあいをしているの？」と，思ってもいなかったようなことをたずねられ，「ぼく」はびっくりして言葉が出なかったのだから，オがふさわしい。

問４　前後から，「ぼく」の「母さん」に対する思いを読み取る。　**A**　「父さんからは軽《かろ》んじられ，おばあちゃんからは見くだされてきた」「母さん」ならば，当然「弱いものの側に立って，味方になろうとするはずだ」と「ぼく」は思っていたのである。　**B**　味方になってくれるはずだと思っていた「母さん」が，「生活保護家庭の人って，あんまりいいイメージないもの」だとか，「うちとは，ちょっと違《ちが》う世界の人だ」といった，見くだすような発言をしたことに「ぼく」は「あぜんと」している。

問５　「人のことは言えない」は，ここでは「ぼく」も「母さん」のことを非難できる立場にはないということ。「少し前まで」は「ぼく」も「『生活レベルが低い人』の世界に，嫌悪《けんお》や恐怖《きょうふ》すら抱いて」いたし，「そういう世界とは，一生関わりを持たずに生きていくものだと思っていた」。つまり，「生活保護」の人たちに対する，見くだしたような考えが「母さんと同じだった」ため，「ぼく」は「人のことは言えない」のだと話している。

問６　「プライド」は，他者とは関係なく自分が自分に対して抱いているほこり，つまり自尊心のことをいう。一方，「優越《ゆうえつ》感」は，「他人との比較《ひかく》でのみ得られる」ものであり，自分は「人より優《すぐ》れている，恵《めぐ》まれている」という思いである。「ぼく」は，「今の生活が，決して楽しくもうれしくもなく，居場所すらなくしていたくせに」，「ここがいちばんよいはずだ，そのはずなんだと自分に言いきかせ」て暮らしているが，そんな自分自身を支えているのは自尊心ではなく，今となっては実質をともなわず「捨てたほうが楽」なのに，自分は「人より優れている，恵まれている」と思いこむことだったというのである。

問７　「自分の中のこの気持ち」とは，「自分はやはり人より優れている，恵まれていると思っていたい」という優越感にあたる。つまり，「ぼく」も，母さんも。そして父さんも，おばあちゃんも」，優越感を支えに「幸せ」だと思いながら生きているのではないかということを言っている。

[三]　**出典は池井昌樹《いけいまさき》の詩「台風」による。**台風がすぎ去ったことを両親が話していたことを思い出しながら，今は，その日々が二度と返ってこないことを寂《さび》しく感じている。

問１　「ちち」も「はは」もふとんの中に入り，台風の気配を感じ取っていることをおさえる。「すぎたようだな／たいふうも」という「ちち」の言葉を聞いた「はは」は，風の音に耳をすまし，ようすを確認しているものと想像できる。

問2　「おさないぼく」は，「ちちはは」と同じ部屋で寝《ね》ていたものと推測できる。「あけがたちかく」で，まだねむっているであろう「ぼく」を起こさないように，両親は「ひくいこえ」で話していたのである。

問3　大人になった「ぼく」が，おさなかった日々を回想しているということをおさえる。　**3**　「おさないぼくはきえてしまった」とは，「ぼく」が大人になったことを表している。　**4**　大人になった「ぼく」が，「ちちはとっくにいってしまった」と言っているので，「ちち」はずっと以前に亡《な》くなってしまったものとわかる。

問4　大人になった「ぼく」は，おそらく台風をきっかけに，おさないころに聞いた両親の会話を思い出しているものと想像できる。しかし，「なにもかも／すぎてしまった」今では，両親といっしょにすごした日々はもう戻《もど》ってこないので，寂しさを感じているのである。よって，エが正しい。

問5　「そのようですね」は，はじめの部分にあるように，おさないころに聞いた「はは」の言葉である。一方，「なごりのかぜが」は，昔「はは」が言った言葉とも，今，大人になった「ぼく」が風の音を聞いてつぶやいたものだともとらえることができる。前者のように受け取るならば，今，「ぼく」が寂しさを感じながら，おさない日々に聞いた母の言葉を思い出している場面が思い浮かぶ。このときには，「ぼく」が自分自身をなぐさめるような読み方ができる。後者のように受け取るならば，「なにもかも／すぎてしまった」に着目し，すでに年老《お》いて施設《しせつ》に入っている「はは」さえも失った後の場面と大胆《だいたん》に解釈《かいしゃく》することができる。その場合，「はは」との別れをおしむような読み方ができる。なお，「なごりのかぜ」の「なごり」(名残)は，物事がすぎ去った後に，まだ残っている影響《えいきょう》のこと。または，別れをおしむこと。

Dr.福井の
入試に勝つ！脳とからだのウルトラ科学

復習のタイミングに秘密あり！

算数の公式や漢字，歴史の年号や星座の名前……。勉強は覚えることだらけだが，脳は一発ですべてを記憶することができないので，一度がんばって覚えても，しばらく放っておくとすっかり忘れてしまう。したがって，覚えたことをしっかり頭の中に焼きつけるには，ときどき復習をしなければならない。

ここで問題なのは，復習をするタイミング。これは早すぎても遅すぎてもダメだ。たとえば，ほとんど忘れてしまってから復習しても，最初に勉強したときと同じくらい時間がかかってしまう。これはとっても時間のムダだ。かといって，よく覚えている時期に復習しても何の意味もない。

そもそも復習とは，忘れそうになっていることを見直し，記憶の定着をはかる作業であるから，忘れかかったころに復習するのがベストだ。そうすれば，復習にかかる時間が一番少なくてすむし，記憶の続く時間も最長になる。

では，どのタイミングがよいか？　さまざまな研究・発表を総合して考えると，1回目の復習は最初に覚えてから1週間後，2回目の復習は1か月後，3回目の復習は3か月後――これが医学的に正しい復習時期だ。復習をくり返すたびに知識が海馬《かいば》(脳の，知識をためる倉庫みたいな部分)にだんだん強くくっついていくので，復習する間かくものびていく。

この計画どおりに勉強するには，テキストに初めて勉強した日付と，その1週間後・1か月後・3か月後の日付を書いておくとよい。あるいは，復習用のスケジュール帳をつくってもよいだろう。もちろん，計画を立てたら，それをきちんと実行することが大切だ。

ちなみに，記憶量と時間の関係を初めて発表したのがドイツのエビングハウスという学者で，「エビングハウスの忘却《ぼうきゃく》曲線」として知られている。

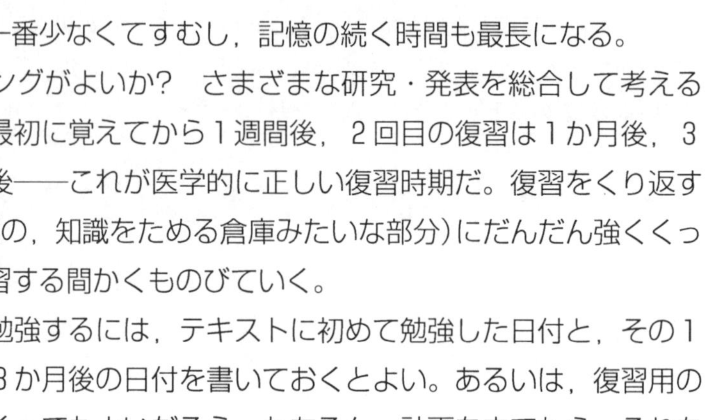

Dr.福井(福井《ふくい》一成《かずしげ》)…医学博士。開成中・高から東大・文Ⅱに入学後，再受験して翌年東大・理Ⅲに合格。同大医学部卒。さまざまな勉強法や脳科学に関する著書多数。

Memo

Memo

2019年度　灘　中　学　校

〔電　話〕 (078) 411－7 2 3 4
〔所在地〕 〒658-0082　神戸市東灘区魚崎北町 8－5－1
〔交　通〕 JR「住吉駅」より徒歩10分,
阪神本線「魚崎駅」より徒歩10分

【算　数】〈第 1 日目〉 (60分) 〈満点：100点〉

次の問題の $\boxed{}$ にあてはまる数を解答欄《らん》に書き入れなさい。

［注意］ ・問題にかいてある図は必ずしも正しくはありません。

・円周率は3.14とします。

・角すいの体積は，(底面積)×(高さ)×$\frac{1}{3}$　で求められます。

1　$\left(17-\boxed{}\times77\right)\times\dfrac{2019}{5}=31+\dfrac{3}{5}-\dfrac{7}{13}$

2　$\dfrac{\boxed{\text{ア}}}{\boxed{\text{イ}}}\times\dfrac{\boxed{\text{ウ}}}{\boxed{\text{エ}}}=\dfrac{1}{\boxed{\text{オ}}}$ の $\boxed{\text{ア}}$ ～ $\boxed{\text{オ}}$ に 2，3，4，5，6，7，8，9 の数から 1 つずつあてはめて式を完成させました。ただし，同じ数を 2 回以上使うことはできません。また，$\dfrac{\boxed{\text{ア}}}{\boxed{\text{イ}}}$ と $\dfrac{\boxed{\text{ウ}}}{\boxed{\text{エ}}}$ は仮分数でもよく，これ以上約分できない分数です。このとき，$\boxed{\text{オ}}$ にあてはまる数は $\boxed{}$ です。

3　A，B，C，D，E，F，G，Hはどの 2 つも異なる 2 から 9 までの数字です。3 桁《けた》の整数 ABC と DEF を足すと 4 桁の整数 $10GH$ になり，この足し算でくり上がりは百の位から千の位にだけあるとき，GとHの和は $\boxed{①}$ です。さらにこのとき，AがDより大きいとすると，ABC として考えられる 3 桁の整数は全部で $\boxed{②}$ 個あります。

4　$A=377\times377\times377\times377\times377\times377$ とするとき，Aの約数の中で14で割ると 1 余るものは，1 を含《ふく》めて全部で $\boxed{①}$ 個あります。また，Aの約数の中で15で割ると 1 余るものは，1 を含めて全部で $\boxed{②}$ 個あります。

5　ある品物を仕入れ，利益を見込《みこ》んで 1 個400円で売りました。しかし，いくつか売れ残ったため，売値を半額の200円にして残りをすべて売りました。その結果，売上高は26000円，利益は11600円になりました。品物 1 個の仕入れ値は 1 円未満の端数《はすう》はありません。また，400円で売れた品物の個数は仕入れた品物の個数全体の 6 割より多く，7 割より少ないことがわかっています。このとき，品物 1 個の仕入れ値は $\boxed{①}$ 円で，400円で売れた品物の個数は $\boxed{②}$ 個です。

6　89の倍数と113の倍数を，

89，113，178，226，……

のように小さいものから順に並べるとき，50番目の数は［　　　］です。

7　A地点とB地点を結ぶ道を，太郎君はAからBへ，次郎君はBからAへ向かって，それぞれ一定の速さで同時に走り始めました。2人の間の距離《きょり》は3分間に1kmの割合で縮まりました。途《と》中，2人はC地点で出会うとすぐに折り返し，速さをそれぞれ時速1kmだけおとして，来た道を戻《もど》りました。2人はそれぞれA，Bに到着《とうちゃく》してすぐに折り返し，Cよりも130mだけAに近いD地点で再び出会いました。Dで出会った2人はまたすぐに折り返し，速さをさらにそれぞれ時速1kmだけおとして，来た道を戻りました。そして，2人はそれぞれA，Bに到着してすぐに折り返し，Dよりも［　　　］mだけAに近いE地点で出会いました。

8　下の図のような点Oを中心とする円について，斜線《しゃせん》部分の面積の和は［　　　］cm^2 です。

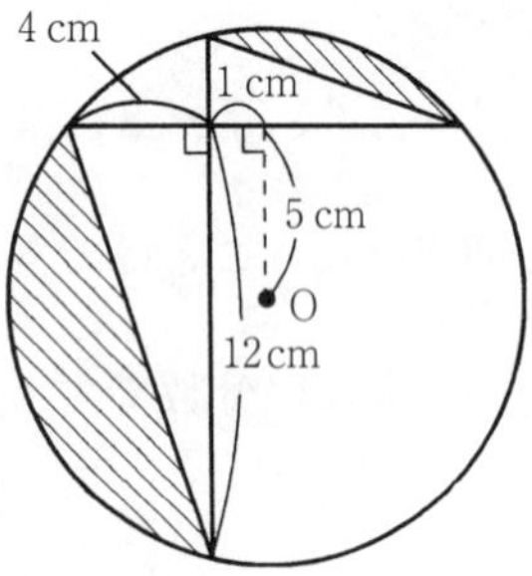

9　下の図で，三角形ABCは正三角形で，面積は1 cm^2 です。PBの長さがPAの長さの2倍のとき，三角形CAPの面積は［　　　］cm^2 です。

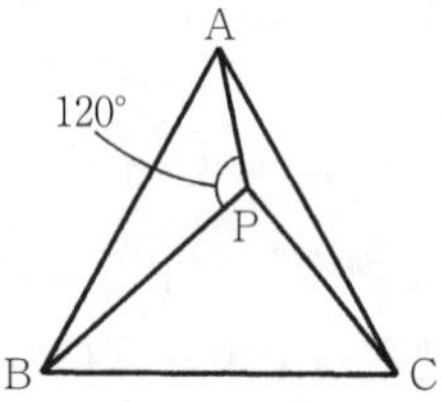

10　表面が青色で塗《ぬ》られている正四面体を，底面に平行な2枚の平面で高さを3等分するように切り，残りの3つの面についても同様に切ります。このとき，もとの正四面体はいくつかの正四面体といくつかの正八面体に分かれます。2つの面に色が塗られている立体は全部で［①　　］個あり，3つの面に色が塗られている立体は全部で［②　　］個あります。

ただし，正四面体とは，右の図1のような，どの面も合同な正三角形でできている三角すいです。また，正八面体とは，右の図2のような，どの面も合同な正三角形でできている，8つの面をもつ立体です。

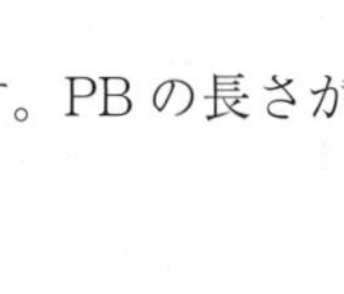
図1

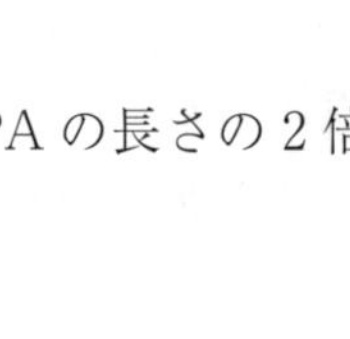
図2

11　展開図が右の図のような立体の体積は［　　　］cm^3 です。ただし，実線で囲まれた三角形は３つの大きな直角二等辺三角形，３つの正三角形，３つの小さな直角二等辺三角形です。また，３本の破線は小さな直角二等辺三角形の２本の辺の真ん中を結ぶ直線です。折り方は，直角の印以外の実線が山折りで破線が谷折りです。

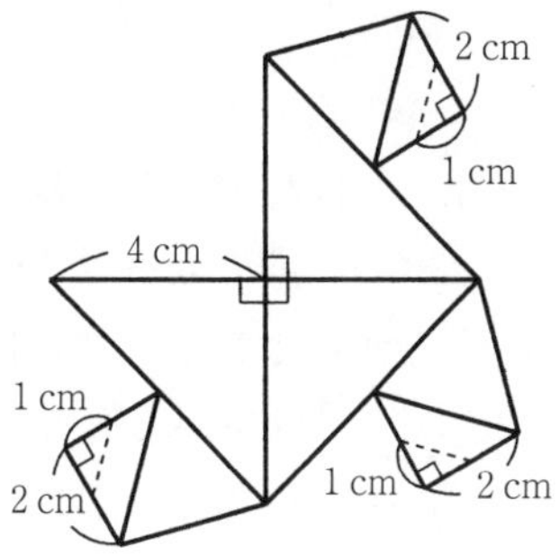

12　下の図の六角すいは，底面が正六角形でOはその中心です。頂点Pと点QはどちらもOの真上にあり，PQの長さはQOの長さの２倍です。３点A，B，Qを通る平面でこの六角すいを切り２つの立体に分けるとき，頂点Pを含む方の立体の体積はもとの六角すいの体積の［　　　］倍です。

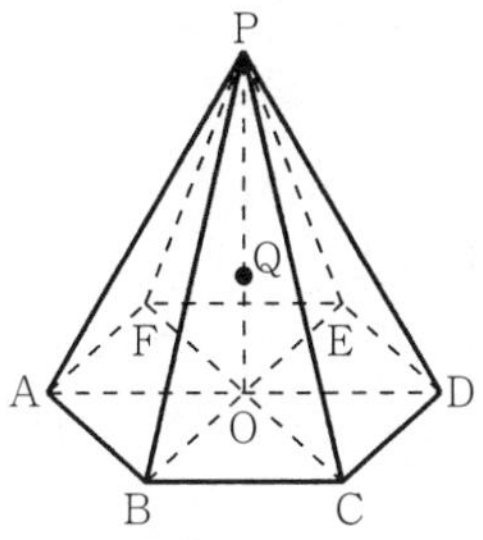

〈**第２日目**〉（60分）〈満点：100点〉

［注意］　・**2**，**3**(1)，(2)，(3)(ア)，**4**(1)，**5**(1)は答えのみ記入しなさい。それ以外の問いは，答え以外に文章や式，図なども書きなさい。

・角すいの体積は，(底面積)×(高さ)×$\frac{1}{3}$　で求められます。

1　４桁《けた》の整数Aは百の位の数字が０です。Aの十の位の数字と一の位の数字を入れ替《か》えて４桁の整数Bを作ります。4018と4081のようにAもBも７の倍数となるようなAは全部で何個ありますか。次の［ヒント］を参考にして答えなさい。ただし，4018と4081の２個も含《ふく》め，AとBが等しい場合も含めます。

［ヒント］　4081－4018＝63＝9×7＝9×(8－1)
4082－4028＝54＝9×6＝9×(8－2)
1000＝7×143－1

2　１から52までの数が書かれたカードが，左から数が小さい順に次のように並んでいます。

［1］［2］［3］［4］…［51］［52］

これらのカードを次の手順で並べ替えます。

２の倍数が書かれたカードを左にあるものから順にすべて取り出し，取り出した順に左から並べます。その並びの右側に，取り出していないカードを順番を変えずにすべて並べます。このとき次のページの(A)のような並びになりました。

(A)　2　4　6　…　52　1　3　5　…　51

(A)の状態のカードについて，3の倍数が書かれたカードを左にあるものから順にすべて取り出して同様の手順で並べ替えました。そのときの状態を(B)とします。

(B)の状態のカードについて，

(1)　左から1番目，2番目，3番目にあるカードに書かれた数を答えなさい。

(2)　1 は左から何番目にありますか。

(B)の状態のカードについて，4の倍数が書かれたカードを左にあるものから順にすべて取り出して同様の手順で並べ替え，次に5の倍数が書かれたカードを左にあるものから順にすべて取り出して同様の手順で並べ替え，さらに6の倍数が書かれたカードを左にあるものから順にすべて取り出して同様の手順で並べ替え，最後に7の倍数が書かれたカードを左にあるものから順にすべて取り出して同様の手順で並べ替えました。

(3)　左から1番目，2番目，3番目にあるカードに書かれた数を答えなさい。

(4)　31 は左から何番目にありますか。

(5)　左から31番目にあるカードに書かれた数を答えなさい。

3　右の図のように，板①と板②が垂直に置かれています。板①と板②のつなぎ目の直線をXYとします。板①にかかれた正方形ABCDは一辺の長さが10cmです。また，直線ADと直線XYは平行で，ABとXYが交わる点をEとすると，AEの長さは10cmです。BFは長さが10cmで，板①に垂直であり，点Fに電球が置かれています。電球の大きさは考えないものとします。

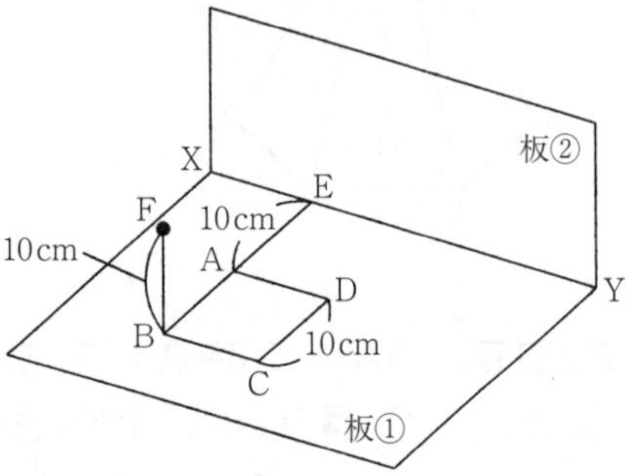

(1)　下の図1のように，一辺の長さが10cmの正方形の板を，板②と平行に，1つの辺がADと重なるように置きます。板①と板②にできるこの正方形の板の影の面積の和は ______ cm^2 です。ただし，板は光を通さず，板の厚さは考えないものとします。

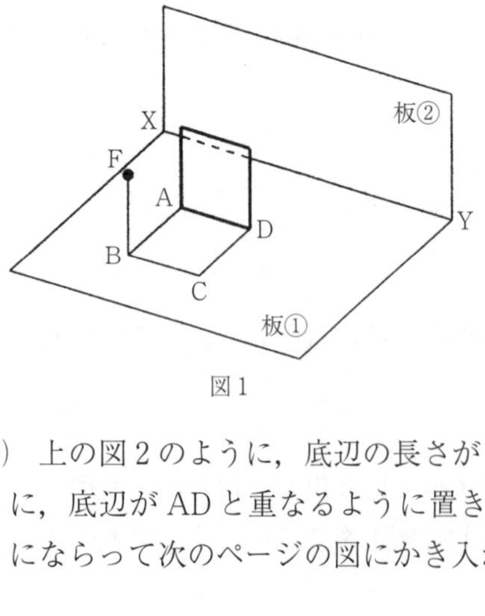

図1

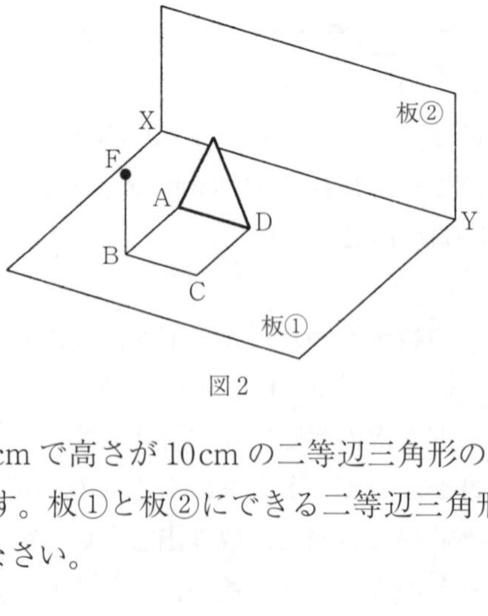

図2

(2)　上の図2のように，底辺の長さが10cmで高さが10cmの二等辺三角形の板を，板②と平行に，底辺がADと重なるように置きます。板①と板②にできる二等辺三角形の板の影を，例 にならって次のページの図にかき入れなさい。

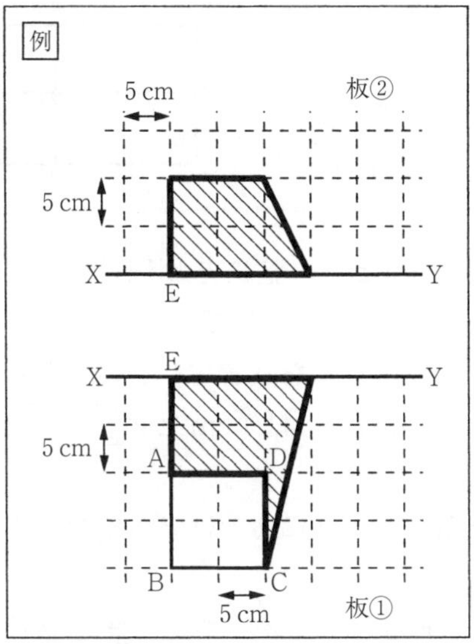

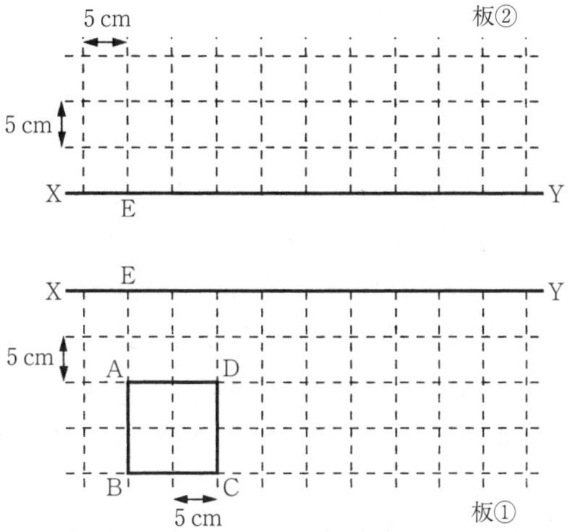

(3)　下の図3のように，一辺の長さが10cmの正方形を底面とし，高さが10cmである四角すいの石像を，底面が正方形ABCDと重なるように置きます。この四角すいのA，B，C，D以外の頂点をOとすると，OA，OB，OC，ODの長さはすべて等しくなっています。この四角すいの石像の影が板①と板②にできます。

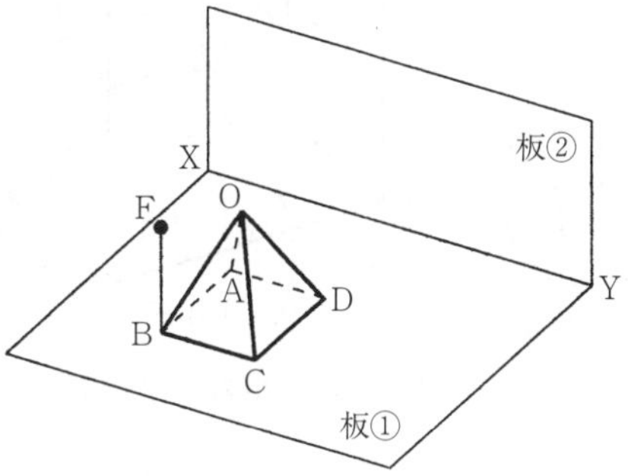

図3

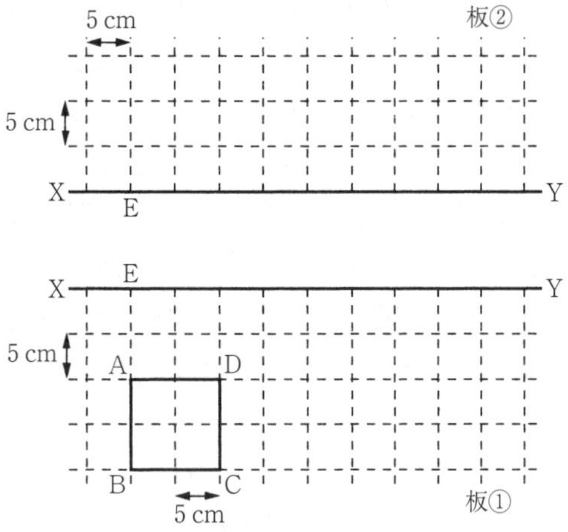

(ア)　板①と板②にできる四角すいの石像の影を，(2)の 例 にならって上の右の図にかき入れなさい。

(イ)　板①と板②にできる四角すいの石像の影の面積の和を求めなさい。ただし，正方形ABCDは含めません。

4　どの辺の長さも，3cmのように整数に単位cmをつけて表される長方形を「整長方形」ということにします。ただし，正方形は整長方形に含めないことにします。

(1)　整長方形の周の長さが a cm，面積が a cm² であるとき，a にあてはまる整数は次の 説明文 のようにして求めることができます。空欄《らん》①，②，③に入る適当な数を答えなさい。ただし，同じ番号の空欄には同じ数が入ります。

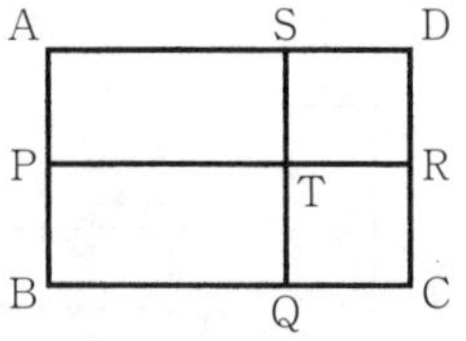

説明文　右の図のように，整長方形ABCDがあり，周の長さは a cm，面積は a cm^2 であるとします。

辺AB上に点P，辺BC上に点Q，辺CD上に点R，辺DA上に点Sを，直線PRと直線BCが平行で，直線SQと直線DCが平行になるようにとります。

BPの長さとSDの長さがどちらも［①　　］cmであるとき，整長方形PBCRの面積と整長方形SQCDの面積の和は a cm^2 になります。このとき，直線PRと直線SQが交わる点をTとすると，整長方形APTSの面積は［②　　］cm^2 になります。このことから，整長方形APTSの直角をはさむ2辺の長さとして考えられるのは1cmと［②　　］cmとなるため，a にあてはまる整数は［③　　］です。

(2)　整長方形の周の長さが a cm，面積が $(a\times2)$ cm^2 であるとき，a にあてはまる整数をすべて求めなさい。

(3)　整長方形の周の長さが a cm，面積が $(a\times2+8)$ cm^2 であるとき，a にあてはまる整数をすべて求めなさい。

5　一辺の長さが4cmで中身がつまった2つの立方体A，Bがあります。立方体Cは一辺の長さが12cmで，はじめ，図のように立方体Aの上面は立方体Cの上面の㋐に，立方体Bの上面は立方体Cの上面の㋒に重なっています。立方体Aは回転することなく一定方向に進み，下面が立方体Cの下面の㋑に到着《とうちゃく》しました。そののち，立方体Bは回転することなく一定方向に進み，下面が立方体Cの下面の㋓に到着しました。このとき，立方体Aが通過した部分をX，立方体Bが通過した部分をYとして，XとYが重なった部分をZとします。

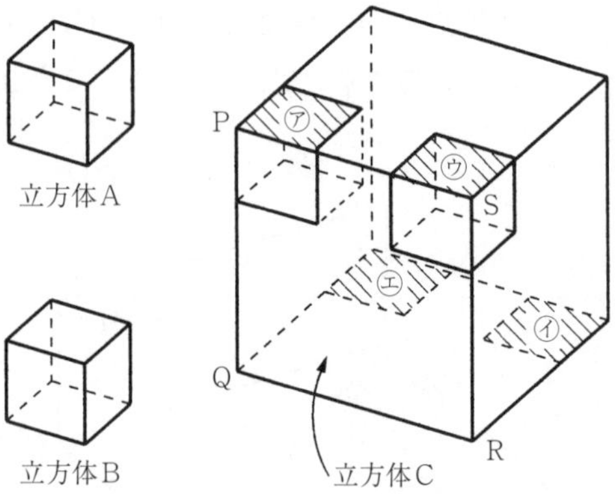

(1)　右の図は，立方体Cの下面から9cmの高さにある平面でZを切ったときの真上から見た切り口をかき入れたものです。その平面と面PQRSの交わりを太線で表しています。立方体Cの下面から8cm，7cm，6cmの高さにある平面でZを切ったときの真上から見た切り口を，右の図にならってそれぞれかき入れなさい。

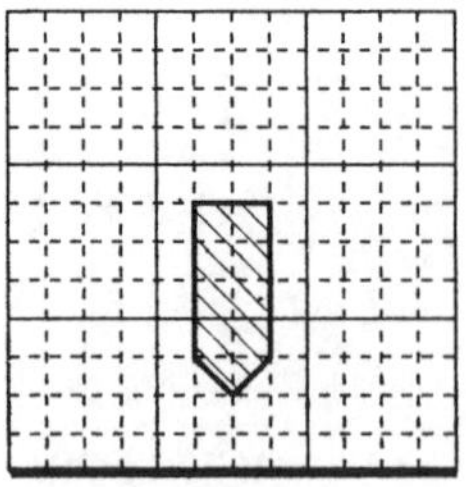
高さ9cm

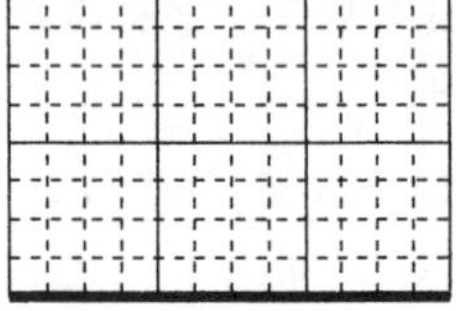
高さ8cm

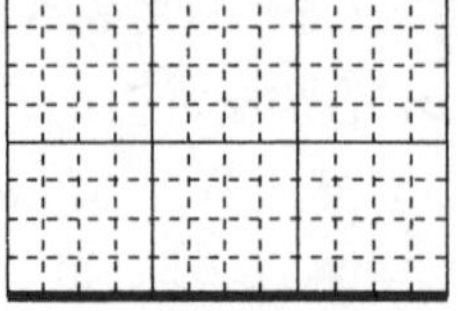
高さ7cm

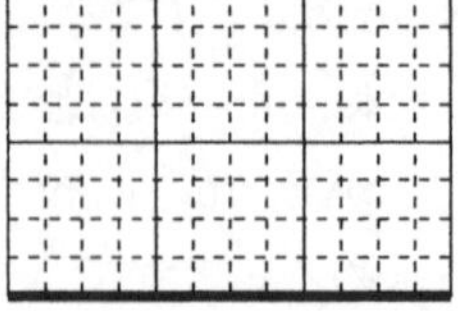
高さ6cm

(2)　Zのうち，立方体Cの下面から8cmの高さにある平面と10cmの高さにある平面ではさまれた部分の体積を求めなさい。

(3)　Ｚのうち，立方体Ｃの下面から 6 cm の高さにある平面と 8 cm の高さにある平面ではさまれた部分の体積を求めなさい。

【理　科】〈第１日目〉（60分）〈満点：100点〉

1　自然界では，食う側も食われる側も，ともに工夫して生きています。

問１　次の文章を参考に，食う食われるの関係を示した『　』内の[1]，[2]にあてはまる**すべての**動物を下の**ア**～**オ**からそれぞれ選び，記号で答えなさい。

本州中部地方の山地に見られるオコジョはイタチの仲間で，体長20cm～30cm程度の肉食動物であり，小型の動物をエサにします。自分より少しぐらい大きい獲物《えもの》であれば飛びついてたおし，エサとすることもあります。その一方で，オコジョは，自分よりも圧倒《とう》的に大型で狂暴《きょうぼう》な肉食動物には食べられてしまいます。

食う食われるの関係　『植物⇒[1]⇒オコジョ⇒[2]』

ア　タカ　　**イ**　ネズミ　　**ウ**　キツネ

エ　ウサギ　　**オ**　ウマ

問２　次の文章中の①～③の{　}内にあてはまるものをそれぞれ選び，語句で答えなさい。

オコジョ

ナナフシ(模式図)

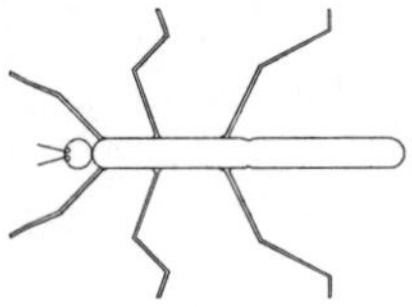

オコジョは，夏と冬とで体色(毛皮の色)を変えることができます。雪が積もる冬には，体色を①{緑　白　茶　桃《もも》}色に変え，土が露出《ろしゅつ》する夏には，体色を②{緑　白　茶　桃}色に変えます。これにより，周囲の景色・色調にとけこみ，見つかりにくくしています。また，ナナフシという昆虫《こんちゅう》は色だけでなく，木々の③{枝　葉　実　根}に似た形をしており，周囲と同化します。

問３　トラはどこにいるときに，一番姿をかくしやすいでしょうか。次の文章を参考に，下の**ア**～**オ**から１つ選び，記号で答えなさい。

トラは一見すると黄色と黒色のしま模様が目立ちますが，場所によっては，光の当たりぐあいや色調で周囲にまぎれこめます。そのためトラは，獲物に気づかれないうちに接近し，つかまえることができます。

ア　砂浜　　**イ**　草原

ウ　雪の平原　　**エ**　森林の中

オ　岩場

問４　動物の中には，群れを作って生活するものもいます。ある草食動物の群れについて，最適な群れの大きさを考えます。

草食動物がおそわれる危険性が高いのは，エサを食べたり水を飲んだりするときです。そのため，周囲を警かいしながら食べたり飲んだりする必要があります。群れで過ごせば，群れの中のだれかが警かいしている間に，ほかのメンバーは安心して食べられるので，メンバーが多いほど，１匹《ぴき》が警かいしなくてはならない時間は少なくてすみます。一方群れが大きくなると，共通のエサなどをめぐって，メンバーどうしでエサをうばい合う競争の時間が増えます。

以上のことから，「１匹が[A]に費やす時間と群れのメンバーの数」の関係を示したグラフA，および「１匹が[B]に費やす時間と群れのメンバーの数」の関係を示したグラフBは，それぞれ次ページの図のようになります。

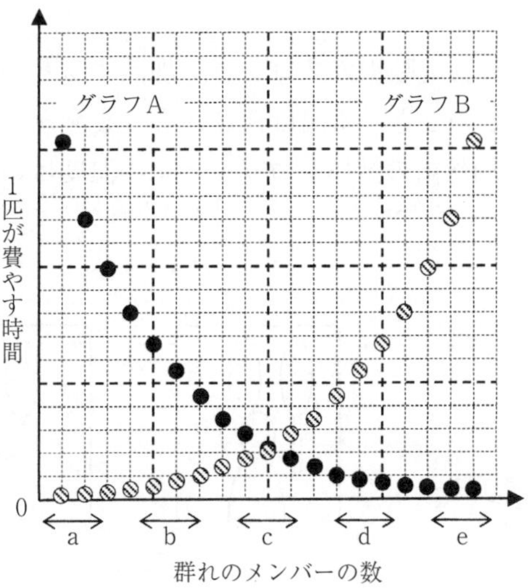

(1) A , B にあてはまるものを，それぞれ問4の文中の語句をぬき出して3字以内で答えなさい。

(2) 上図のa～eのうち，費やす時間が最適となる群れのメンバーの数の範囲《はんい》はどれですか。記号で答えなさい。

2 金属製の大きなコップに水を入れ，実験用ガスコンロを用いて加熱し，水温の変化を調べました。右の表はその実験結果です。なお，ガスコンロは1台で，〔実験1〕と〔実験2〕では水の量だけを変えて，同じコップを用いて同じ時間加熱しました。加熱により水の量は変化せず，ガスコンロで加熱するときは常に同じ大きさの炎《ほのお》に保ちました。

	水の量(g)	加熱前の水温(℃)	加熱後の水温(℃)
〔実験1〕	200	20	43
〔実験2〕	400	20	33

この実験の間，金属製コップの温度は常に水温と同じでした。

さらに，〔実験1〕と〔実験2〕を続けて行った後，ガスコンロのガスボンベの重さを測定すると，〔実験1〕の開始前に比べて2.0g軽くなっていました。このガスボンベの容器には，可燃性ガス「ブタン」と書いてありました。そこでブタンの燃焼をくわしく調べると，ブタン1.0gが燃焼すると，二酸化炭素3.0gと水1.6gだけが生じることがわかりました。

問1　実験後のガスボンベに手で触《ふ》れると，実験前とは温度が異なっていました。その理由を説明した次の文章中①～④の{　}内にあてはまるものをそれぞれ選び，記号で答えなさい。

ガスボンベ内では，ブタンはほとんどが①{**ア**　固体　**イ**　液体　**ウ**　気体}の状態で存在する。ガスコンロのつまみをひねると，ブタンは②{**ア**　固体　**イ**　液体　**ウ**　気体}となりボンベから出てくる。このとき，熱を③{**ア**　発生　**イ**　吸収}するので，ガスボンベの温度は実験前に比べて④{**ア**　高く　**イ**　低く}なる。

問2　実験に用いた金属製コップを温めるのは，何gの水を温めるのに相当しますか。

問3　〔実験1〕で用いた金属製コップに水600gを入れ，〔実験1〕と同じ時間だけ実験用ガスコンロで加熱すると，水温は何℃になりますか。小数第一位を四捨五入して整数で答えなさい。なお，加熱前の金属製コップと水の温度はいずれも20℃でした。

問4　〔実験1〕と〔実験2〕を続けて行ったとき，ブタンの燃焼につかわれた空気中の酸素は合計で何gですか。

問5　〔実験1〕で用いた金属製コップに水180gを入れ実験用ガスコンロで加熱すると，ブタンの燃焼により二酸化炭素が1.2g生じました。このとき，水温は何℃になりますか。小数第一位を四捨五入して整数で答えなさい。なお，加熱前の金属製コップと水の温度はいずれも20℃でした。

3　普通の写真は平面的ですが，立体的に見える「立体写真」というものがあります。2台のカメラを左右に並べ，同時に撮影《さつえい》すると，立体写真を作ることができます。左のカメラの写真を左目で，右のカメラの写真を右目で見ると，近くにあった物は近くに，遠くにあった物は遠くにあるように見えます。これを「立体視《し》する」と言います。(図1，図2)

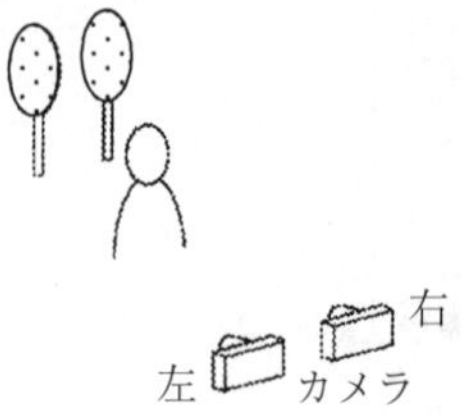

図1

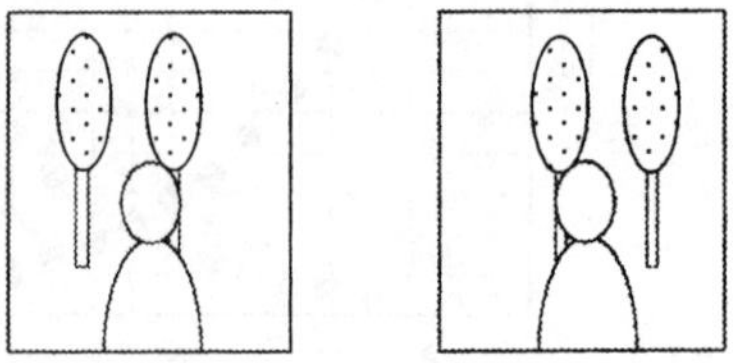
図2

問1　上記の方法で作った立体写真が図3のようになりました。3つの図形を近くにあるものから順に並べたものを次の**ア**～**カ**から選び，記号で答えなさい。

ア　○□△　　**イ**　○△□
ウ　□○△　　**エ**　□△○
オ　△○□　　**カ**　△□○

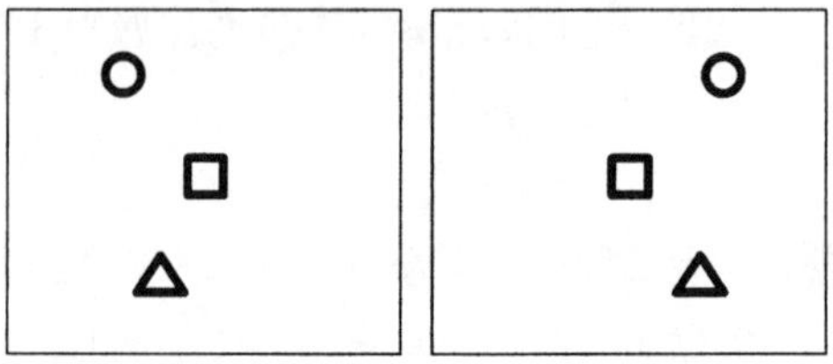
左目で見る写真　　右目で見る写真
図3

問2　地球儀《ぎ》の立体写真を作りました。しかし2枚の写真を置くときに左右をまちがえて置いてしまいました。それを立体視するとどのような形が見えるでしょう。次の**ア**～**エ**から選び，記号で答えなさい。

ア　真ん中がふくらんだ形
イ　真ん中がへこんだ形
ウ　左右では真ん中がへこみ，上下では真ん中がふくらんだ形
エ　左右では真ん中がふくらみ，上下では真ん中がへこんだ形

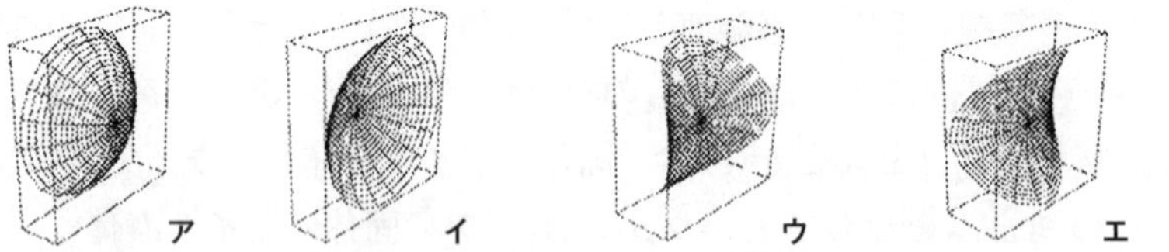

問3　写す対象が動かない(変化しない)ものであれば，1台のカメラでも立体写真が作れます。例えば図1の左の位置で1コマ目を撮影し，少し右に移動してから2コマ目を撮影します。1コマ目の写真を左目で，2コマ目の写真を右目で見ると立体視できます。飛行機から真下方向を撮影する航空写真は，この方法で地形の立体写真を作ります。(図4)

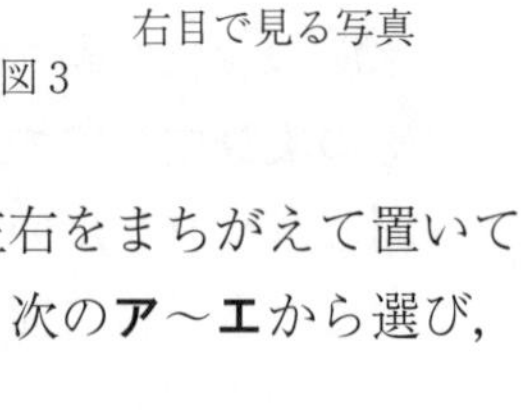
図4

この立体写真では，道路を走る自動車はおかしな見え方をします。いま飛行機の飛行方向

と同じ方向に，飛行機よりもおそい速度で，自動車が水平な道路を走っているとします。でき上がった立体写真では，この自動車はどのように見えるでしょう。次の**ア**～**ウ**から選び，記号で答えなさい。

ア　空中にうかんでいるように見える

イ　地面より下にあるように見える

ウ　消える

問４　走る電車の窓から真横の景色を続けて２回撮影しても立体写真が作れます。１コマ目の写真を左目で，２コマ目の写真を右目で見て正しい立体写真に見える（遠くの物は遠くに，近くの物は近くに見える）のは，左右どちら側の窓から撮影したときでしょう。次の**ア**～**ウ**から選び，記号で答えなさい。

ア　電車の進行方向に向かって左側

イ　電車の進行方向に向かって右側

ウ　どちら側でも正しく見える

問５　夜に月を見ながら歩いていると，月がついてくるように見えます。このように見える理由の説明として最も適当なものを次の**ア**～**エ**から選び，記号で答えなさい。

ア　月はとても遠くにあり，人が歩いて移動してもほとんど同じ方向に同じ大きさで見えているから。

イ　月が南の空にあるときは東から西へ動くので，西へ向かって歩いていると月がついてくることになるから。

ウ　月は球形をしているが，非常に遠くにあるので，左目で見た姿と右目で見た姿が同じだから。

エ　夕方に見える月は，毎日その形が大きくなっていくように見えるから。

4　水に溶《と》ける物質Ａ，Ｂ，Ｃを用意しました。それぞれ水100ｇに溶ける最大量（ｇ）と温度との関係は次の表のようになっています。以下の問いに答えなさい。ただし割り切れない数値の場合は，小数第二位を四捨五入して，小数第一位まで答えなさい。

温度（℃）	0	10	20	30	40	60	80
水100ｇに溶けるＡの最大量（ｇ）	29.0	31.0	34.0	37.0	41.0	46.0	51.0
水100ｇに溶けるＢの最大量（ｇ）	13.5	22.0	31.5	45.5	64.0	109.0	169.0
水100ｇに溶けるＣの最大量（ｇ）	37.6	37.7	37.8	38.0	38.5	39.0	40.0

問１　60℃のＡのほう和水溶《よう》液の濃《のう》度は何％になりますか。ただし，Ａのほう和水溶液とは，これ以上Ａが溶けない状態の水溶液のことを言います。

問２　60℃のＡのほう和水溶液が100ｇあります。この水溶液の温度を上げて水を蒸発させました。その後，20℃まで冷やすとＡの結晶《けっしょう》が17ｇ出てきました。何ｇの水を蒸発させましたか。

問３　60℃の水200ｇに，57ｇのＡ，57ｇのＢ，57ｇのＣを一緒《いっしょ》に溶かしました。その水溶液から，Ａ，Ｂ，Ｃの結晶の一部をそれぞれ別々に取り出す方法を考えました。次のページの文章中の（　）にあてはまる物質を記号Ａ，Ｂ，Ｃで答えなさい。また，［　］にあてはまる数値を答えなさい。ただし，物質Ａ，Ｂ，Ｃは一緒に溶けていても，それぞれが溶ける量は他の物質の影響《えいきょう》を受けないものとします。

まず，この水溶液を10℃まで冷やすと，（ ① ）の結晶だけが[②]g出てきたので，これを取り出しました。

次にそのまま温度を上げて水を[③]g蒸発させた後，40℃まで冷やすと（ ④ ）の結晶だけが3.1g出てきたので，これを取り出しました。

最後に，水を[⑤]g加えて30℃まで冷やすと，（ ⑥ ）の結晶だけが1.5g出てきたので，これを取り出しました。

このようにして，A，B，Cの結晶の一部をそれぞれ別々に取り出すことができました。

5 非常に数の多いものの総数を調べる方法について，次の[1]～[3]の場合を考えます。

[1] 限られた場所にはえている，ある植物の種子《しゅし》の総数を調べる場合。

・1本の植物あたりの花の数を調べ，Aとする。

・1個の花あたりの種子の数を調べ，Bとする。

・その場所にはえている植物の本数をCとする。

[2] 限られた場所にはえている植物や，その場所に住んでいるほとんど動かない動物の総数を調べる場合。

・その場所の面積を調べ，Aとする。

・その場所の内側に小さな区画を設け，その面積を調べ，Bとする。

・その区画に存在する個体の数を調べ，Cとする。

[3] 限られた場所に住んでいる，動き回る動物の総数を調べる場合。

・その動物の一部をつかまえて数を調べ，Aとする。それらに印をつけて元の場所に放す。

・その後同じように，その種類の動物をもう一度つかまえ，数を調べ，Bとする。

・もう一度つかまえた動物の中で，印のついている動物の数を調べ，Cとする。

問1 [1]～[3]について，それぞれA，B，Cを用いて総数を求める計算式を次の**ア**～**キ**からそれぞれ選び，記号で答えなさい。

ア $A \times B \times C$　**イ** $(A \times B) \div C$　**ウ** $(B \times C) \div A$　**エ** $(A \times C) \div B$

オ $A \div (B \times C)$　**カ** $B \div (A \times C)$　**キ** $C \div (A \times B)$

問2 [1]～[3]のそれぞれの場合に，**あてはまらない生物**を**ア**～**オ**から1つずつ選び，記号で答えなさい。

[1] **ア** ホウセンカ　**イ** チューリップ　**ウ** アサガオ

エ アブラナ　**オ** エンドウ

[2] **ア** マツ　**イ** スギ　**ウ** アサリ

エ ヒトデ　**オ** イソギンチャク

[3] **ア** ノネズミ　**イ** フナ　**ウ** イナゴ

エ ダンゴムシ　**オ** テントウムシの幼虫

問3 N君はお母さんが作った「焼きたらこおにぎり」を見つけて，ひとふさの焼きたらこの卵の総数が知りたくなりました。幸いなことに「台所用のはかり」と，お母さんがつかわなかったひとふさの焼きたらこ，お弁当につかわなかった「焼きたらこおにぎり」1個が台所にありました。卵の総数を調べるのは，[1]～[3]のどの場合に近いですか。1つ選び，番号で答えなさい。

問4　［3］の下線部「もう一度つかまえ」る際の条件として**適切でないもの**を次の**ア**～**ケ**から**2つ**選び，記号で答えなさい。

ア　二度目は一年後の同じ日にする。

イ　二度目までにある動物が次世代を作らない。

ウ　二度目までにある動物が寿命《じゅみょう》を迎《むか》えない。

エ　二度目は，一度目の動物がじゅうぶん散らばるまで時間を待つ。

オ　二度目は，一度目と同じような天候の日を選ぶ。

カ　つかまえる時間帯を固定する。

キ　つかまえる場所を同じにする。

ク　その場所に外から同じ種類の動物が入ってくる。

ケ　その場所から外へ同じ種類の動物が出て行かない。

6　図1のような細長い箱があります。中は仕切りで等間《かん》隔《かく》の9個の部屋に区切られており，各部屋にすきまなく入る重さ30gの一様なおもりを計9個まで入れられます。箱にはふたがあります。フックが各部屋の真ん中の位置につけられており，ふたを閉めてフックでつるすことができます。箱は体積が120cm³で，重さは無視できるものとします。またフックの体積も無視できるものとします。

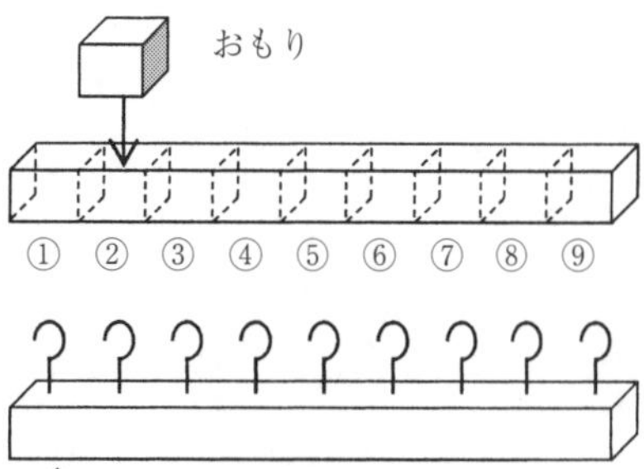

↑ふたをした状態　図1

まず，箱におもりが9個入った状態で，図2のように水の中に箱を沈《しず》め，⑤の部屋のフックをばねはかりでつるしたところ，箱は傾《かたむ》かずに水平に保つことができました。このとき，ばねはかりは150gをさしました。

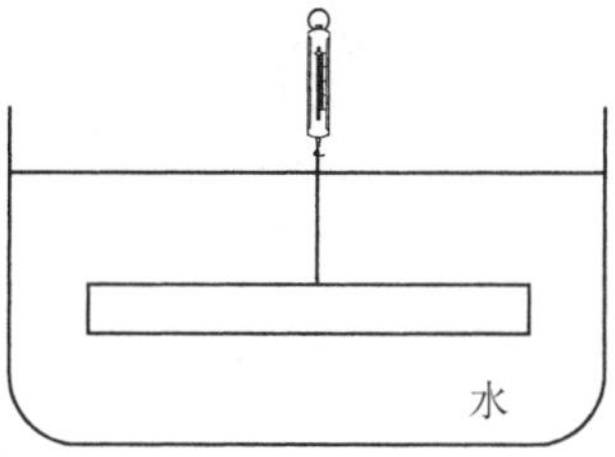

図2

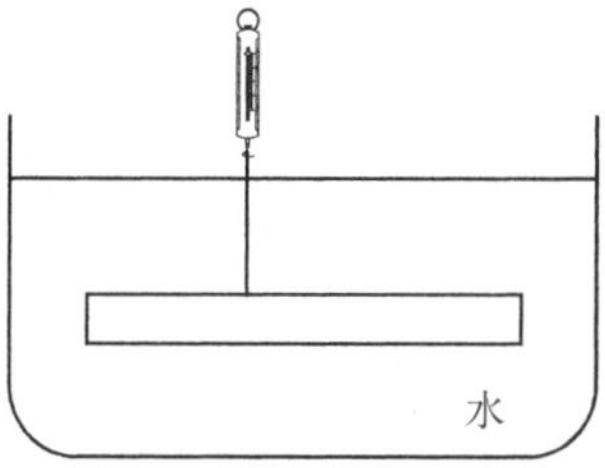

図3

次に①～⑧の部屋におもりを1個ずつ入れて，水の中に箱を沈めました。図3のように，④の部屋のフックをばねはかりでつるしたところ，箱は傾かずに水平に保つことができました。このとき，ばねはかりは120gをさしました。ただし，おもりの入っていない部屋には，水は入らないものとします(以下同じ)。

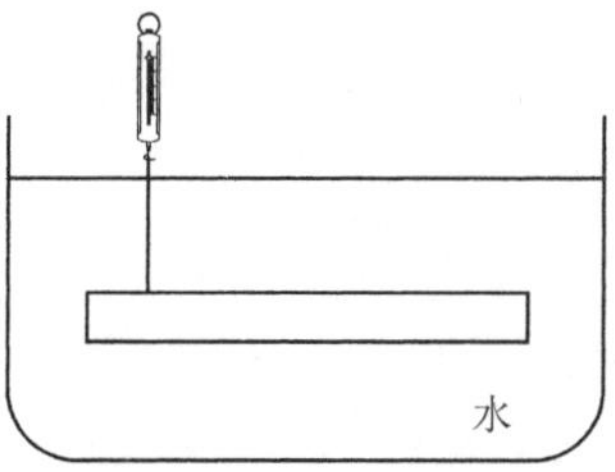

図4

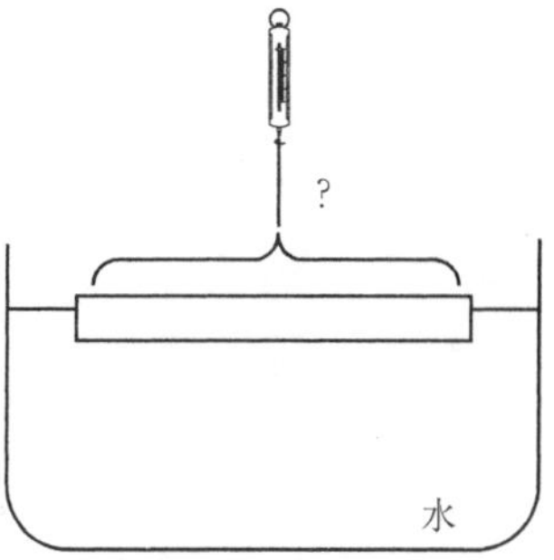

図5

問1　①～⑨のうちどこか6つの部屋におもりを1つずつ入れて，水の中に箱を沈め，図4のように②の部屋のフックをばねはかりでつるしたところ，箱は傾かずに水平に保つことができました。

⑴　このときのばねはかりの読みはいくらですか。

⑵　このときのおもりを入れた6つの部屋の組み合わせは，いくつか考えられます。そのうちの**2つ**を解答らんに書きなさい。ただし，おもりを入れた部屋に○を，入れなかった部屋に×を書くこと。

問2　問1の状態から，ばねはかりでつるすフックを他の部屋のフックにかえ，問1と同じ力で引っ張ったところ，箱は①の側が下がり傾きはじめました。そこでばねはかりで箱を引き上げていき，図5のように箱の体積のうち4分の1を水面から上に出した状態にしたところ，箱は傾かずに水平に保つことができました。

⑴　このときのばねはかりの読みはいくらですか。

⑵　このとき，ばねはかりでつるしたのはどの部屋のフックですか。①～⑨から選び，番号で答えなさい。

大地の中の
ちいさな芽がわたしをみつめかえした

芽はどれもこれも　にかよっていて
かわいらしかったが
一週間むきあっていると
すぐに2正体がばれた
これはハコベラ
あれはアカザ

わたしももうすぐ
正体をあらわす
3動物の仔《こ》でも
ニンゲンのかたちは　かくしようもなく

地面は
ぐんぐん萌《も》えて
みどりの草でいっぱいになった
あるきつくせないほど　展《ひろ》がった

草にねて
みあげると　昼のさき
太陽のかげには　たくさんの星があるようだった
みわたしきれないほどの
4＊パッチワークをちりばめた大地
5刺繍でいっぱいの空
そのあいだで　ゆっくり流れる　流される
ちっぽけな　わたし

＊注　パッチワーク―小さな布をぬい合わせて、大きな布を作る手芸。

問一　――線部1「地面と親しい背丈だった」とはどのようなことですか、答えなさい。

問二　――線部2「正体がばれた」とはどういうことですか、答えなさい。

問三　――線部3とありますが、ここで「わたし」を「動物の仔」と表現したのはなぜですか。理由を答えなさい。

問四　――線部4「パッチワークをちりばめた大地」とは「大地」のどのような様子を表していますか、答えなさい。

問五　――線部5とありますが、「空」が「刺繍でいっぱい」に思えたのはなぜですか。理由を答えなさい。

問六　この詩について説明したものとして、最も適当なものをア～オから一つ選び、記号で答えなさい。

ア　風にふかれて雲の上で散歩することを、頭の中で思いえがいている。

イ　草原にねころんで夜空をながめながら、未来の自分に期待している。

ウ　植物の名前を当てるゲームをしながら、自然への関心を高めている。

エ　春の大地から芽生えたあらたな生命と、わが子の成長を願っている。

オ　みずみずしい目で自然を見つめていた、昔の自分を思い出している。

の話題に立て続けに接して、今の日本が抱《かか》える問題点の某《なにがし》かのキーワードにぶつかったような気がした。確かに最近は、4口先がひん曲がるような味覚の果物には滅多《めった》にお目にかかれない。みかんも、苺も、りんごも、私たちは甘いのが美味《おい》しいという感覚に慣れ切ってしまったようだ。

果物だけではない。私たちの日常生活や身の回りにも「甘い」味覚に通じるようなものが満ちあふれている。ふわふわ、もちもち、ジューシー、とろける……等々。人気を博すのはどれも、「甘く」「やさしい」「柔らかい」ものばかりだ。

明治生まれの祖母に幼いころ教えられたことを思い出す。さつまいもは別名「[A]里」と言うのだと言われた。それは、「栗《くり》より甘い」からだと。「栗([B]里)より([C]里)甘い」ということで、[B]と[C]を足した「[A]里」になったのだ……祖母はそう言った。

栗の甘さ、あけびやグミの甘さ、ツツジやサルビアの花の芯《しん》を吸って、ささやかな蜜《みつ》を口中で味わったこと。かすかな甘みを目を閉じて味わうような刹那《せつな》を、私たち日本人は忘れてしまった。酸味のなかのほんのりとした甘味を味わう、あるいは、甘みを際《きわ》だたせるために、西瓜《すいか》に塩を振り、お汁粉《しるこ》に塩を忍《しの》ばせる……というような、甘みを引き立たせるために対極の味覚が不可欠という感覚が、なくなってしまったのかもしれない。

いや、それだけではない。味覚や触覚《しょっかく》だけでなく、私たちは、聞こえの良い、夢のような話に過度に傾《かたむ》いてやしないだろうか。

甘いものだけを受け入れ、それこそが幸せで、万人《ばんにん》の幸福だという幻想《げんそう》の中にいると、酸っぱいもの、ざらついたもの、辛《から》いものは、ことごとく遠ざけたくなる。しかし、当然のことながら、甘いものだけの中にいたら、その甘さも感じられなくなってしまうのだ。対極のものがあってこそ、甘さの価値が際だつ。辛さ、苦さ、酸っぱさ、ごわごわ、冷たさ……。そういうものを遠ざけ、排除《はいじょ》する不幸は、両者によってもたらされる調和とバランスという、程よい味わいを手放すことなのだと思う。

どうして日本は、こんなにも5平衡《へいこう》感覚を失ってしまったのか。その平衡感覚こそ、日本の至宝だったのに……。

(神津《こうづ》カンナ『冷蔵庫が壊《こわ》れた日』による)

問一　——線部1「さながら『利きみかん会』の場になった」とありますが、どのような会になったということですか、答えなさい。

問二　——線部2「最近は、苺スプーンをほとんど目にしなくなった」とありますが、これはなぜですか。分かりやすく答えなさい。

問三　——線部3「私の父は～買ってきては作り」とありますが、父が買ってくるりんごはどのようなものですか、答えなさい。

問四　——線部4「口先がひん曲がるような味覚の果物」とはどのような味の果物ですか、答えなさい。

問五　本文中の[A]～[C]に入る数字をそれぞれ漢字で答えなさい。

問六　——線部5とありますが、「味覚」に関して、「平衡感覚を失ってしまった」とはどのようなことを言っていますか、答えなさい。

問七　〰〰線部「今の日本が抱える問題点」とありますが、筆者はどのような問題点があると考えていますか、答えなさい。

三　次の詩を読んで、後の問いに答えなさい。

パッチワークと刺繍《ししゅう》

岡島弘子《おかじまひろこ》

1地面と親しい背丈《せたけ》だったころ
しゃがんで　みつめると

ア　自分は厳しく批判されたが、自分を批判する人たちも、地域の人のやさしさに触れたならその考えも変わるかもしれないということ。

イ　自分は自分の責任で生きていかなくてはならないが、困ったときには、周囲の人たちが手助けしてくれる場合もあるのだということ。

ウ　自分は自分の力で生きていく必要があるので、どのような問題がおこっても、他人の力を借りることがあってはならないということ。

エ　自分は自分一人だけで生きていかなくてはならないものではなく、地域の中で、地域の人々に助けられて生きているのだということ。

オ　自分は人に批判される生活を送っているが、地域の人たちの中には批判する人だけでなく、評価してくれる人もいるのだということ。

二　次の文章を読んで、後の問いに答えなさい。

先日、講演の仕事で愛媛《えひめ》県の八幡浜《やわたはま》市を訪《おとず》れた。佐田岬《さだみさき》半島の付根にあるこの街は、四国随一《ずいいち》の魚市場を持ち、また日本有数のみかんの産地で、温州《うんしゅう》みかんの銘柄《めいがら》産地としても有名である。

講演会の後で行なわれた地元の方々との茶話会《さわかい》では、参加者にさまざまな種類のみかんが振《ふ》る舞《ま》われ、利《き》き酒会《ざけかい》ならぬ、1さながら「利きみかん会」の場になった。

みかんと言えば私など、ただ「みかん」という認識《にんしき》しかなかったが、甘夏《あまなつ》、ぽんかん、いよかん、でこぽんをはじめ、温州みかん、きよみ、はるみ、せとか、はやか……と、まあ今や多種多様。大きさや色合いは様々だが、共通しているのは、どのみかんもとにかく驚《おどろ》くほど甘いということだった。甘みの追求こそが品種改良なのだと思い知らされた。

それから何日も経《た》たぬうち、たまたまテレビで苺《いちご》スプーンを話題にした番組を見た。そういえば2最近は、苺スプーンをほとんど目にしなくなったと気づく。ひと昔前は、苺にはミルクや砂糖、あるいは練乳をかけ、潰《つぶ》して食べたものだ。酸《す》っぱい苺が潰されて柔《やわ》らかく程《ほど》よい甘さになって口のなかに広がった感触《かんしょく》を懐《なつ》かしく思い出す。

苺スプーンは文字通り、苺を潰すために便利なようにスプーンの丸い部分を平らに工夫《くふう》したアイデア商品。金属洋食器の生産で圧倒的《あっとうてき》なシェアを誇《ほこ》る新潟県《にいがたけん》、燕市《つばめし》の金属会社の方が今から五十年前に考案したと番組では紹介《しょうかい》していた。しかし、その苺スプーンの生産量もかつての四万本から七百本にまで減ってしまったという。その理由は驚くほど明快だ。苺が甘くなったから……なのだ。

今や苺は丸ごと食べることが当たり前、主流になった。かつてのように潰して食べる味わい方はすっかり影《かげ》を潜《ひそ》めてしまった。ミルクや砂糖をかけて食べる酸っぱい苺はどこかへ行ってしまったのだ。

そういえば、と思い当たる。3私の父は昔から焼きりんごを作るのが得意で、時折自分でりんごを買ってきては作り、出来立てを自慢《じまん》げに食卓《しょくたく》に並べ、家族に振る舞っていた。しかし、最近はあまり焼きりんごにお目にかからない。

聞いてみたら、父は言った。

「近頃《ちかごろ》のりんごは甘すぎて焼きりんごの旨《うま》みが出ない。」

確かに最近は、国光《こっこう》、紅玉《こうぎょく》などの酸っぱいりんごはどの店先にもほとんど置かれていない。これは聞いた話だが、日本の高級りんごをヨーロッパで売り出そうとしたが、甘すぎて支持を得られなかったという。

まあとにかく、みかん、苺、りんご、と最近の果物の甘みについて

「手放す」ことは、貧しく不便なのか。これでわからなくなった。

電子レンジは蒸《む》し器《き》でＯＫ。ご飯も鍋《なべ》でなんとか炊《た》ける。＊アフロは自然乾燥《かんそう》。洗濯も風呂《ふろ》で日々手洗いすればよい。むしろ湯を使うので驚きの白さだ。

実は私、「家電の子」である。父は家電会社のDエイギョウマン。狭《せま》い我が家にも最新式家電はいち早くEドウニュウされ、友達がカラーテレビを見に来て誇《ほこ》らしかった。電子レンジのFテンジ会では熱いおしぼりに感動した。4手に入れる幸せをかみしめて育った。
だが手放したあとにも5幸せがあった。ご飯をふっくら炊く手順、Gコウカ的なつけ置き洗いの方法を探《さぐ》る日々は、自分の中に眠《ねむ》っていた力が生き生きと動き出す刺激《しげき》に満ちている。これって、行《い》き詰《づ》まりがちな人生を救う＊イノベーションではないか。

考えてみれば、便利なものを手に入れるとは、自ら考え工夫《くふう》する機会を失うことでもある。得ることも失うことも結局は同じなのだ。なのに「あったら便利」に執着《しゅうちゃく》し、「ないと不安」とおびえていた。生きるとは、これほど自由で身軽なものか。それが今の正直な思いである。

ところで、冷蔵庫のない暮らしは今も続行中。買った物はその日に食べる覚悟《かくご》さえ決めれば、案外どうということはない。問題は、たくさん作らないとおいしくない煮物《にもの》。Hコウブツなのでこれは痛い。昔の人はどうしていたのかと、時代劇を見てピンと来た。お裾分《すそわ》けだ。子どもの頃《ころ》、おかずを作り過ぎたと隣《となり》の人が総菜を持ってきた。あれは冷蔵庫がないころの名残《なごり》であろう。6プラグで接続されていなかった時代、人はつながりとやりくりで支え合ったのだ。

確かに、節電生活は世の情けなしには成り立たぬ。スーパーは我が家のかわりに冷蔵庫で食材を保存してくれている。暑さ寒さが厳しい日はカフェへ。銭湯へ行くのも習慣になった。近所全体が私の家なのだ。気づけばカフェ店主と世間話を楽しみ、銭湯ではIジョウレンのおばあちゃんに「若い人は肌《はだ》がきれいねえ。」と言われて喜んでいる。世の中は案外親切に満ちている。7プラグを抜いて初めて気づいたことである。

（稲垣《いながき》えみ子《こ》『アフロ記者が記者として書いてきたこと。退職したからこそ書けたこと。』による）

＊注　汚部屋―汚い部屋のことをいうくだけた表現。
アフロ―アフロヘアー。パーマで細かく縮らせて丸くふくらませた髪型《かみがた》。
イノベーション―技術革新。

問一　――線部A～Iのカタカナを漢字に改めなさい。

問二　――線部1「浅はかであった」とありますが、どのような点をそう思ったのですか、答えなさい。

問三　――線部2とありますが、「さんざんな書かれよう」であった理由を筆者はどのように考えていますか。解答らんに合わせて答えなさい。

問四　――線部3「こんな地点まで来た」とはどういうことですか。分かりやすく説明しなさい。

問五　――線部4「手に入れる幸せ」とは、どのような「幸せ」ですか、答えなさい。

問六　――線部5「幸せ」とは、どのような「幸せ」ですか、答えなさい。

問七　――線部6「プラグで接続されていなかった時代」とはどういう時代ですか、答えなさい。

問八　――線部7「プラグを抜いて初めて気づいたこと」とはどのようなことですか。最も適当なものを次のア～オから選び、記号で答えなさい。

4　中学に入学し、思いを［　　］にして学習にいそしむ。

六　**次の漢字しりとりを、〔条件〕に合わせて完成させなさい。**

A　快[1]—[1]動—動議—議[2]—[2]意—意気—気[3]—[3]肉
B　保[1]—[1]心—心痛—痛[2]—[2]食—食[3]—[3]分
C　目[1]—[1]画—画集—集[2]—[2]着—着[3]—[3]地

〔条件1〕　漢字の読みはすべて音読みで、かなで二字です。
〔条件2〕　一つの字の読み方は二回ともまったく同じです。
〔条件3〕　各組の[1]～[3]の漢字の読みの一字目は、すべて同じ行(たとえばカ行ならカキクケコ)の別の読み方です。
〔条件4〕　各組の[1]～[3]の漢字の読みの二字目は、すべて同じで、「く」「つ」「ん」のいずれかです。

(例)　相[1]—[1]知—知[2]—[2]解—解[3]—[3]止
〔答え〕　1　関(かん)　2　見(けん)　3　禁(きん)

〈第二日目〉　(七〇分)　〈満点：一二〇点〉

◎　解答に字数制限のある場合、句読点などの記号も字数に数えます。

一　**次の文章は、二〇一一年に発生した東日本大震災《ひがしにほんだいしんさい》による福島第一原子力発電所事故以後、電気の利用を極力おさえた生活を始めた元新聞記者が書いたものです。よく読んで、後の問いに答えなさい。**

節電のため冷蔵庫のプラグを抜《ぬ》いた体験を書いたところ、テレビに出ませんかというお話を頂いた。大好きな高野山《こうやさん》からの中継《ちゅうけい》と聞き、釣《つ》られてノコノコでかけた私が1浅はかであった。

想像をはるかに超《こ》える反響《はんきょう》。中でも予想外の反発にたじろぐ。「お前は電車に乗らないのか。」「電気なしでは工場も動かぬ。」「高齢者《こうれいしゃ》にも節電を強《し》いるのか。」

週刊誌からも取材がきた。尋問《じんもん》のごとく数時間で答えよと迫《せま》る某誌《ぼうし》の質問状にも全力で答えたつもりだが、バカ、偉《えら》そう、2さんざんな書かれようである。

いやはやテレビに出る人をAソンケイします。皆《みな》さん心が強い！　私一回で折れました。

それにしても、節電生活を伝えることが批判の的となることに驚《おどろ》く。血が上った頭を冷やし、そのわけを考えた。

もしや「恐《おそ》れ」ではないか。電気の否定は豊かさの否定につながる。貧しさのBキョウヨウ。そう受け取られたのではないか。

改めて、我《わ》が家《や》で使わなくなった家電製品を振《ふ》り返《かえ》ってみた。炊飯《すいはん》器《き》、電子レンジ、冷蔵庫、ドライヤー、掃除機《そうじき》、洗濯機《せんたくき》……社会人になり一人暮らしを始めたとき「これがなくては暮らせない」と、引《ひ》っ越《こ》し当日に買いそろえたものばかりだ。

私とて、一つとして手放す気はなかった。それがなぜ3こんな地点まで来たのか。

Cテンキは掃除機との別離《べつり》だったと思う。大震災前のことだが、エコ生活を始めた友人が「掃除機を捨てた。ほうきで十分。」と言う。ウソでしょと思ったがまあ試《ため》してみることに。すると何ということか。私、まさかの掃除大好き人間になったのである。

元々掃除は苦手。母に「きれいにしなさい。」と何度叱《しか》られても面《めん》倒《どう》で、＊汚部屋《おへや》から卒業できぬまま中年になった。それが今や、美しい江戸箒《えどほうき》でシャッシャと床《ゆか》をはくのが毎朝の心落ち着く習慣である。軽い。すぐ出せる。音がきれい。で、部屋もきれい。すばらしい。私は掃除が嫌《きら》いだったのではなく、重くコードがからまり騒音《そうおん》をたてる掃除機が苦手だったのだと気づく。

2　自分のしたことを自分でほめること

3　人をだますために計画から実行まで自分ですること

4　思いのままにすること

問六　問題文中の会話文の内容を参考に、═線部の言葉をこのままの形ですべて使って、五十字以上百字以内で作文をしなさい。ただし、「夏休み」は最初に、「三びき」は最後に用いるようにすること。他の言葉の順序は入れかえても構いません。また、同じ言葉を何度用いても構いません。

二

次の1～3の各組の俳句を、春から季節の順に並べ、記号で答えなさい。

1
ア　風《かざ》さきを花びらはしる田打《たうち》かな　山上樹実雄
イ　大根をどこかに干《ほ》せりどの家も　右城暮石
ウ　天窓も隠《かく》さむばかり今年藁《ことしわら》　寺島ただし
エ　日の照れば帽子《ぼうし》いただき草むしり　小沢青柚子

2
ア　遠方の雲に暑を置き青さんま　飯田龍太
イ　浮鮎《うきあゆ》をつかみ分けばや水の色　椎本才麿
ウ　初鰤《はつぶり》やほのかに白き大江山《おおえやま》　季友
エ　俎板《まないた》に鱗《うろこ》ちりしく桜鯛《さくらだい》　正岡子規

3
ア　立去《たちさ》ればまだ日は高し藤《ふじ》の花《はな》　大島蓼太
イ　水洟《みずばな》やどこも真赤な実南天　波多野爽波
ウ　夕空や切先《きっさき》のぞく軒菖蒲《のきしょうぶ》　草間時彦
エ　欄干《らんかん》にのぼるや菊《きく》の影法師《かげぼうし》　森川許六

三

次の1・2の――線部の言葉と同じ使い方のものを、それぞれ後のア～オからすべて選び、記号で答えなさい。

1　試合に勝つために熱心に練習している。
ア　雨が降ることをいのるために祭りをおこなう。
イ　宿題を忘れたために注意された。
ウ　準備がおくれているために延期となった。
エ　つかれをいやすために温泉へ行った。
オ　雪が積もっているために通行止めとなった。

2　市場が閉まると目に入るのはシャッターばかりになった。
ア　かれはいつも不満ばかり言っている。
イ　ゲームばかりしていてはいけない。
ウ　先ほど目的地に着いたばかりだ。
エ　なみだを流さんばかりに喜んだ。
オ　六月に入って雨ばかり降っている。

四

次の1～5の各組の□に同じ漢字一字を入れると、三つの言葉ができ上がります。□に入れるのに適当な漢字をそれぞれ答えなさい。

1　時□　交□　千□紙
2　大□　□乳　□知識
3　年□　屋□　□すべり
4　夕□　平□　□用品
5　今□　王□　□飯前

五

次の1～4の文の□に入る言葉をそれぞれ答えなさい。ただし、すべて「あ」で始まるひらがな三字で、「あ」以外の二字もア段(あ、か、さ、た…)です。

1　かれは見るからに不満を□にした顔つきをしていた。
2　不注意から、□大事故になってしまうところだった。
3　父は有能で、いろんな企業から引く手□だったそうだ。

「セミって、どうやって捕るの?」　「網《あみ》で。」

「むずかしい?」　「アブラゼミは簡単だけど、ミンミンゼミはむずかしい。」

「どうして。」　「ミンミンゼミは高いところにとまっているから。」

「柄《え》の長い網なら捕れるの?」　「長い網でもミンミンゼミはうまく捕れない。」

「どうして。」　「用心ぶかくて、網を近づけるとすぐ逃《に》げちゃうから。」

「アブラゼミは?」　「ちょっとバカだからあまり逃げない。」

「おもしろいね。」　「アブラゼミはたくさん捕れる。」

「この夏休みに何匹《なんびき》捕った?」　「一〇〇ぴき以上。」

「ミンミンゼミは?」　「三びき。」

そこで、私は小学生の私に単語を書き取らせる。すると、小学生だった私はこう書くかもしれない。

《夏休み　セミとり　ミンミンゼミ　アブラゼミ　用心ぶかい　ちょっとバカ　一〇〇ぴき　三びき》

ここまでくれば、もう作文の半分くらいは書けたも同然だ。

もし、こうした経験を何回か繰り返せば、質問者がいなくても同じことができるようになるかもしれない。c自問自答ができるようになるのだ。しかし、とにかく大事なのは、ぼんやりとしていることを単語という形で眼に見えるものにするということである。その単語を簡単なセンテンスという形でさらに明瞭《めいりょう》に視覚化する。視覚化されたセンテンスは、さらに新たな言葉、新たなセンテンスを呼び寄せてくれることになるだろう。

（沢木耕太郎《さわきこうたろう》『銀河を渡《わた》る　全エッセイ』による）

＊注　センテンス―文のこと。

問一　――線部1「鉛筆を持つ手が動かなかった」とありますが、これはなぜですか。理由を説明した部分を問題文中から三十五字以内でぬき出し、始めと終わりの五字で答えなさい。

問二　――線部2「ひとつの方法」とありますが、これはどんな方法ですか。解答らんに合わせて、問題文中から十五字でぬき出して答えなさい。

問三　〰〰線部a「プロダクション」とありますが、次の1～5の外来語を漢字の熟語で表現するとどうなりますか。後のア～オから最も適当なものを選び、記号で答えなさい。

1　プログラム　2　プロジェクト　3　プロセス
4　プロフィール　5　プロポーズ

ア　過程　イ　企画　ウ　求婚《きゅうこん》
エ　人物紹介《しょうかい》　オ　番組表

問四　〰〰線部b「口をついて出てくる」とありますが、次の1～4は「口」を用いた慣用句です。これについて、後のⅠ・Ⅱの問いに答えなさい。

1　口□を合わせる　2　口□に乗せられる
3　口□を切る　4　口に□を立てる

Ⅰ　1～4の□にあてはまる漢字一字をそれぞれ答えなさい。

Ⅱ　1～4の意味として最も適当なものを、それぞれ次のア～エから選び、記号で答えなさい。

ア　うまい話でだまされる
イ　最初に発言する
ウ　世間の悪口やうわさを防ぐ
エ　ほかの人と話の筋道を合わせる

問五　〰〰線部c「自問自答」とありますが、次の1～4の意味をもつ、「自□自□」という形の四字熟語を答えなさい。

1　必要な物資をみずからの生産だけでまかなうこと

二〇一九年度　灘中学校

【国　語】〈第一日目〉（四〇分）〈満点：八〇点〉

◎　解答に字数制限のある場合、句読点などの記号も字数に数えます。

一　**次の文章を読んで、後の問いに答えなさい。**

子供の頃《ころ》、私は作文が苦手だった。

学校で原稿《げんこう》用紙を配られ、さあこれから「夏休みの思い出」についての作文を書きなさいなどと言われると憂鬱《ゆううつ》になった。原稿用紙を前にした私は、まるで白い広野に向かって立ちすくんでいるときのような恐怖感《きょうふかん》を覚え、1鉛筆《えんぴつ》を持つ手が動かなかった。

そんな私がいまは職業的なライターとして日常的に文章を書きつづけている。それには、文章の書き方において、2ひとつの方法を身につけることができたことが大きかったように思える。

私は、これまで、ノンフィクションと言われるものを多く書いてきた。しかし、私は、新聞社や出版社に勤めたこともなく、編集aプロダクションのようなものにも属したことがない。だから、誰《だれ》かに文章の書き方を教わったりしたことがない。すべてひとりで書き方を工夫《くふう》してきたのだ。そして、どうにか身につけることのできたその書き方とは、ひとことで言ってしまえば「できるだけ眼《め》に見えるようにする」ということだった。頭の中にあるものを視覚化する。いや、実際には、頭の中にあると思っているだけで、視覚化するまでは本当の意味では頭の中にも存在していない場合が多い。眼に見えるものにしたとき、初めて存在していたということが確認《かくにん》できるだけなのだ。

なぜ書けないのか。それは最初からきちんとした文章を書かなくてはならないという脅迫感《きょうはくかん》があるからだ。それをまず取り除いてしまう。そのために私が見出《みい》だした具体的な方法は「単語から文章へ」というものだった。

頭の中のもやもやしているものを、まず暗号のように簡単な単語で記してみる。それはとても簡単なことだった。次に、その単語を並べて短い文章にしてみる。これもそう難しいことではない。たとえば、《子供の頃　作文　苦手》とあったら、《子供の頃、作文が苦手だった》とするだけなのだ。それを繰《く》り返すうちに、いくつかの＊センテンスが生まれる。

そのようにして生まれた文章に、何度か眼を通していると、そのセンテンスに何か付け加えたいことが出てきたり、センテンスとセンテンスの間に入ってくるべき文章が浮《う》かんできたりする。

しかし、重要なのは「書こうと思うこと」が浮かんでこないという場合である。

私はライターになったばかりの頃、主に仕事をしていたある雑誌の編集部に行っては、その日に取材したことを逐一《ちくいち》話したものだった。その編集部の人たちは聞き上手で、「それで？」とか、「それが？」とか合いの手を入れながら聞いてくれる。そこで熱中して話しているうちに、自分にとって面白《おもしろ》いことと他人にとって面白いことが少しずつわかってくるということが続いた。

もし作文で何を書いたらいいかわからない子供がいたら、とにかく話を聞いてあげることだ。どんなに話し下手な子でも、話しているうちにはいくつかの単語がb口をついて出てくるだろう。話のあとで、その単語を書き取らせるのだ。基本的にはそれだけで作文は書けると思う。

いまの私なら、「夏休みの思い出」という題の作文をうまく書けないでいる小学生の私にこんなふうに話を聞いてあげるかもしれない。

「夏休みは何をしていたの？」　「毎日セミを捕《と》ってた。」

2019年度
灘 中 学 校　▶解説と解答

算 数　＜第１日目＞（60分）＜満点：100点＞

解 答

[1] $\frac{20}{91}$　[2] 6　[3] ① 17　② 16　[4] ① 28　② 8　[5] ① 180　② 50　[6] 2492　[7] 32.5　[8] 38.5　[9] $\frac{1}{7}$　[10] ① 6　② 8　[11] $9\frac{2}{3}$　[12] $\frac{13}{36}$

解 説

[1] 逆算

$31+\frac{3}{5}-\frac{7}{13}=31+\frac{39}{65}-\frac{35}{65}=31\frac{4}{65}$より，$(17-□\times77)\times\frac{2019}{5}=31\frac{4}{65}$，$17-□\times77=31\frac{4}{65}\div\frac{2019}{5}=\frac{2019}{65}\times\frac{5}{2019}=\frac{1}{13}$，$□\times77=17-\frac{1}{13}=\frac{221}{13}-\frac{1}{13}=\frac{220}{13}$　よって，$□=\frac{220}{13}\div77=\frac{220}{13}\times\frac{1}{77}=\frac{20}{91}$

[2] 素数の性質

$\frac{ア}{イ}\times\frac{ウ}{エ}=\frac{1}{オ}$より，ア×ウ×オ＝イ×エとなる。また，２～９を素数の積で表すと，それぞれ右のようになる。この中には，２が７個，３が４個，５が１個，７が１個あるから，＿＿の式の等号の左右に，２と３を同じ個数ずつ分ければよい。たとえば，等号の右側を，(２×２×２)×(３×３)＝８×９＝72とすると，等号の左側は，３×４×６＝72となる。これを約分できない分数の形に変形すると，$\frac{3}{8}\times\frac{4}{9}=\frac{1}{6}$になるので，オに当てはまる数は６である。なお，$\frac{3}{4}\times\frac{2}{9}=\frac{1}{6}$のような場合も考えられるが，オに当てはまる数は同じ６になる。

2	3	4	5	6	7	8	9
↓	↓	↓	↓	↓	↓	↓	↓
2，	3，	2×2，	5，	2×3，	7，	2×2×2，	3×3

[3] 条件の整理，場合の数

右の(あ)～(う)の場合が考えられる。(あ)の場合，残っている数字は{3，4，5，6，7，9}だから，条件に合わない。また，(い)の場合，たとえば，$C+F=2+6=8$，$B+E=4+5=9$とすればよく，このときGとHの和は，９＋８＝17になる。また，(う)の場合，たとえば，$C+F=2+7=9$，$B+E=3+5=8$とすればよく，このときGとHの和は，８＋９＝17になる。よって，GとHの和は17(…①)と求められる。次に，どちらの場合も，CとF，BとEをそれぞれ入れかえることができ，さらに，{CとF}と{BとE}を入れかえることもできるので，２×２×２＝８(通り)の足し算が考えられる。したがって，ABCとして考えられる整数は全部で，８×２＝16(個)(…②)ある。

(あ)	(い)	(う)
$8BC$	$7BC$	$6BC$
$+\ 2EF$	$+\ 3EF$	$+\ 4EF$
$10GH$	$10GH$	$10GH$

[4] 整数の性質

はじめに，14で割るとa余る整数は，14×□＋a，14で割るとb余る整数は，14×△＋bと表すことができる(ただし，□と△は整数)。すると，この２つの整数の積を14で割った余りは，下の図

1の長方形の面積を14で割った余りと等しくなる。図1のうち，ア，イ，ウの面積は14の倍数だから，図1の長方形の面積を14で割った余りは，エの面積($a \times b$)を14で割った余りと等しくなることがわかる。次に，377を素数の積で表すと，377＝13×29となるから，Nをn個かけた数をN^nと表すことにすると，$A = 13^6 \times 29^6$となる。よって，Aの約数は，13を0～6個と29を0～6個かけ合わせた数だから，下の図2の太線で囲んだ，(6＋1)×(6＋1)＝49(個)ある。上の考え方を利用して，それぞれの約数を14で割った余りを求めると図2のようになるので，14で割ると1余るものは全部で，7×4＝28(個)(…①)あることがわかる。同様に考えて，それぞれの約数を15で割った余りを求めると，下の図3のようになる。したがって，15で割ると1余るものは，4×2＝8(個)(…②)ある。

図1

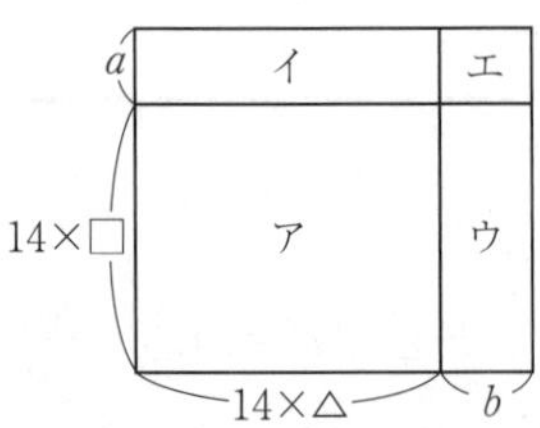

図2

	1	29	29^2	29^3	29^4	29^5	29^6
1	1	1	1	1	1	1	1
13	13	13	13	13	13	13	13
13^2	1	1	1	1	1	1	1
13^3	13	13	13	13	13	13	13
13^4	1	1	1	1	1	1	1
13^5	13	13	13	13	13	13	13
13^6	1	1	1	1	1	1	1

図3

	1	29	29^2	29^3	29^4	29^5	29^6
1	1	14	1	14	1	14	1
13	13	2	13	2	13	2	13
13^2	4	11	4	11	4	11	4
13^3	7	8	7	8	7	8	7
13^4	1	14	1	14	1	14	1
13^5	13	2	13	2	13	2	13
13^6	4	11	4	11	4	11	4

5 売買損益，つるかめ算

仕入れた個数を1とすると，売上高は，400×0.6＋200×(1－0.6)＝320より多く，400×0.7＋200×(1－0.7)＝340より少なくなるから，26000÷340＝76.4…，26000÷320＝81.25より，仕入れた個数は77個以上81個以下とわかる。また，売上高が26000円，利益が11600円なので，仕入れ値の合計は，26000－11600＝14400(円)である。77以上81以下の整数で14400の約数になっている数は80だけだから，仕入れた個数は80個であり，品物1個の仕入れ値は，14400÷80＝180(円)(…①)とわかる。また，売上高についてまとめると右の図のようになる。80個すべて200円で売れたと仮定して，実際の売上高との差を考えると，400円で売れた品物の個数は，(26000－200×80)÷(400－200)＝50(個)(…②)と求められる。

400円 } 合わせて
200円 } 80個で26000円

6 比の性質

89と113の比はおよそ，90：120＝3：4だから，ある数までに含《ふく》まれる89の倍数と113の倍数の個数の比はおよそ，$\frac{1}{3}:\frac{1}{4}$＝4：3である。よって，89の倍数と113の倍数を小さいものから順に50個並べたとき，89の倍数はおよそ，$50 \times \frac{4}{4+3}$＝28.5…(個)あることがわかる。89の倍数で小さい方から28番目の数は，89×28＝2492，113の倍数で小さい方から，50－28＝22(番目)の数は，113×22＝2486なので，その前後を調べると右の図のようになる(○は89の倍数の番号，●は113の倍数の番号を表す)。したがって，小さい方から50番目の数は2492である。

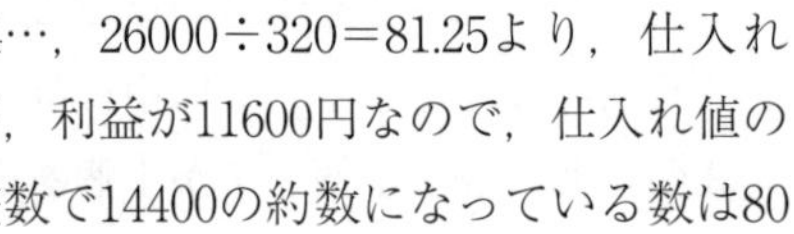

7 速さと比

太郎君の方が次郎君よりも速いとすると，次郎君の速さに対する太郎君の速さの割合は，減速後の方が大きくなる。ところが，2人の進行のようすは下の図1のようになり(PはABの真ん中の地点)，次郎君の速さに対する太郎君の速さの割合は，減速後の方が小さくなってしまう。そこで，太郎君よりも次郎君の方が速いことがわかる。次に，走り始めてからC地点で出会うまでを1回目，C地点で出会ってからD地点で出会うまでを2回目，D地点で出会ってからE地点で出会うまでを3回目とすると，1回目は2人の間の距離《きょり》が3分間に1km(60分間に20km)の割合で縮まったから，2人の速さの和は時速20kmとわかる。すると，2回目の2人の速さの和は時速，20−1×2＝18(km)，3回目の2人の速さの和は時速，18−1×2＝16(km)となる。さらに，1回目，2回目，3回目に2人が走った道のりの和の比は1：2：2なので，それぞれにかかった時間の比は，$\frac{1}{20}$：$\frac{2}{18}$：$\frac{2}{16}$＝18：40：45となる。また，太郎君と次郎君は速さを時速1kmずつおとしたので，2人の速さの差はつねに一定である。よって，2人が1回目，2回目，3回目に走った道のりの差の比も18：40：45となる。そこで，2人が1回目に走った道のりの差を⑱とすると，これはPC間の距離の2倍にあたるから，PC間の距離は，⑱÷2＝⑨となる。さらに，DE間の距離をxmとすると，下の図2のように表すことができる。図2で，2人が2回目に走った道のりの差は，PC間とPD間の距離の和の2倍にあたるので，(⑨＋⑨＋130)×2＝㊱＋260(m)となる。これが㊵だから，㊱＋260＝㊵より，①＝260÷(40−36)＝65(m)と求められ，PD間の距離は，65×9＋130＝715(m)とわかる。また，2人が3回目に走った道のりの差は，PD間とPE間の距離の和の2倍にあたるので，(715＋715＋x)×2＝2860＋x×2(m)となる。これが㊺，つまり，65×45＝2925(m)だから，2860＋x×2＝2925より，x＝(2925−2860)÷2＝32.5(m)と求められる。

図1

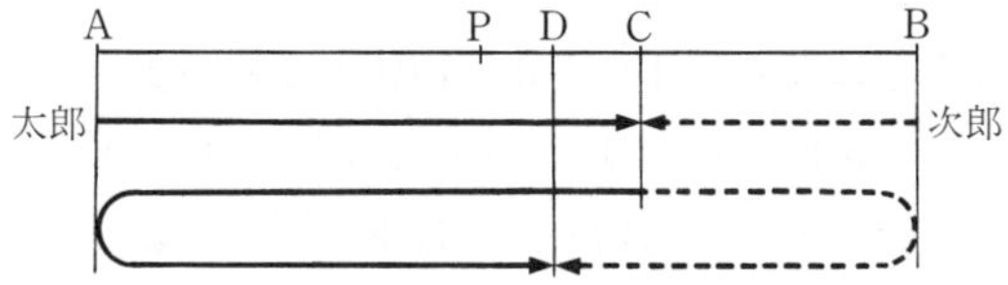

図2

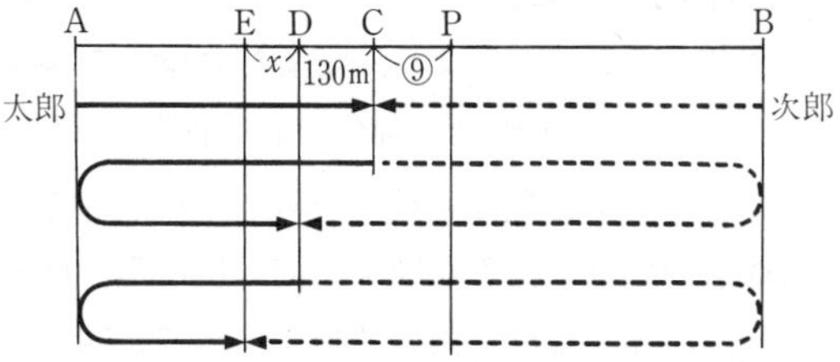

8 平面図形―面積

右の図1で，三角形OFAは直角二等辺三角形であり，三角形OFAと三角形OFCは合同になるから，FCの長さは5cmとわかる。また，図1のように，Oから右に1cm離《はな》れたところにDBと平行な直線をとり，Oから下に5cm離れたところにACと平行な直線をとると，右の図2のようにア～エの部分に分けることができる。すると，図1の斜線《しゃせん》部分とかげをつけた部分の面積の和は，ア2個とイ1個とウ1個の面積の和なので，円の面積からエの面積をひいたものを2で割って求められる。図1で，OFを1辺とする正方形の面積は，5×5＝25(cm²)だから，円の半径を□cmとすると，□×□÷2＝

図1

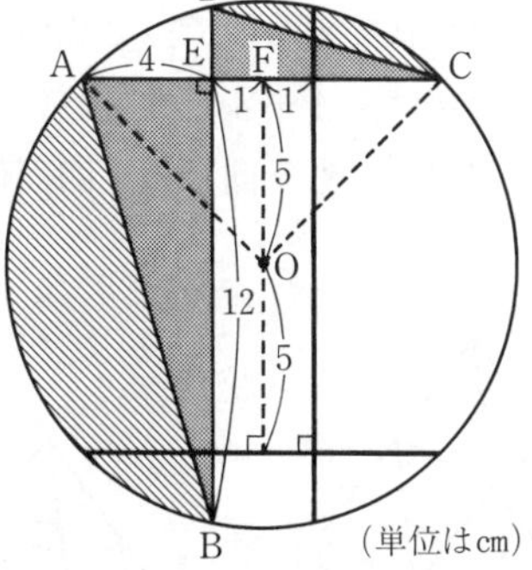

(単位はcm)

図2

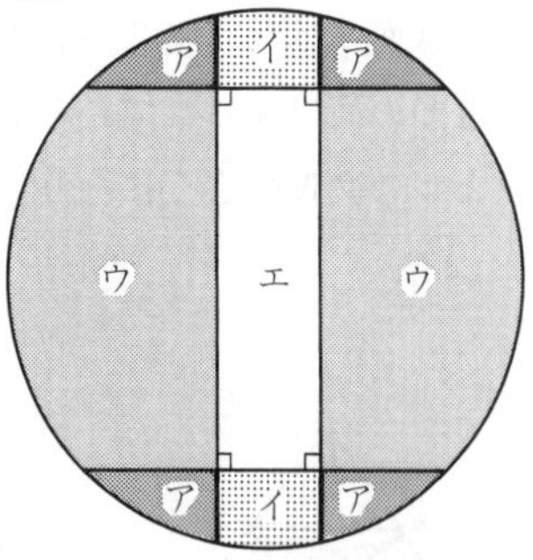

25(cm^2)，□×□＝25×２＝50(cm^2)より，円の面積は，□×□×3.14＝50×3.14＝157(cm^2)となる。また，エの長方形の面積は，（５＋５）×（１＋１）＝20(cm^2)なので，斜線部分とかげをつけた部分の面積の和は，(157－20)÷２＝68.5(cm^2)とわかる。さらに，三角形ABEの面積は，４×12÷２＝24(cm^2)であり，図１のDE(図２の太線部分)の長さは，12－(５＋５)＝２(cm)だから，三角形DECの面積は，(１＋５)×２÷２＝６(cm^2)になる。したがって，斜線部分の面積の和は，68.5－(24＋６)＝38.5(cm^2)と求められる。

9　平面図形―構成，面積

図１

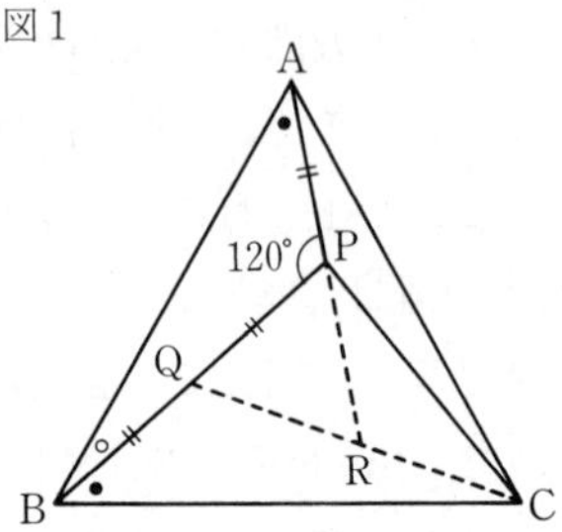

図２

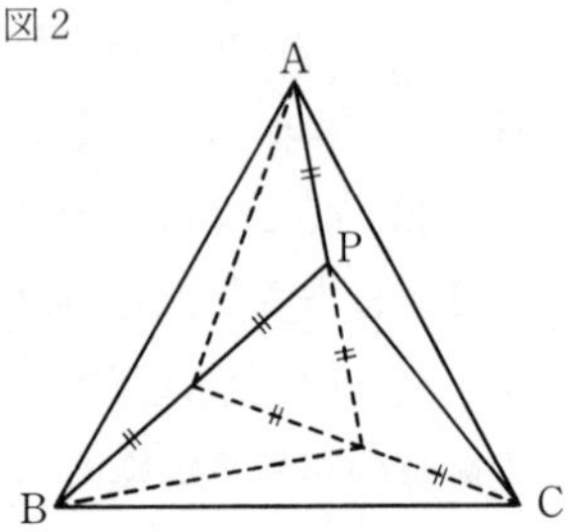

右の図１のように，PBの真ん中に点Qをとり，CとQを結ぶ。また，APを延長した直線とCQが交わる点をRとする。次に，角PABの大きさを●，角PBAの大きさを○とすると，●と○の大きさの和は，180－120＝60(度)だから，角QBCの大きさは●になる。すると，三角形PABと三角形QBCは，PA＝QB，AB＝BC，角PAB＝角QBCより，合同とわかる。よって，角RPQと角PQRの大きさはどちらも60度なので，三角形PQRは正三角形になる。したがって，三角形ABCは，右上の図２のように面積が等しい７個の三角形に分けることができるから，三角形CAPの面積は，$1\times\frac{1}{7}=\frac{1}{7}$(cm^2)である。

10　立体図形―構成

高さを２等分するように切る場合は下の図Ⅰのようになり，４個の正四面体と１個の正八面体に分かれる(かげをつけた部分が正八面体)。このとき，正四面体は３つの面に色が塗《ぬ》られ，正八面体は４つの面に色が塗られている。また，高さを３等分するように切る場合は下の図Ⅱのようになり，太線部分だけを見ると図Ⅰと同じになる。ほかの部分も同様だから，下の図Ⅲのかげをつけた部分に正八面体が現れ，白い部分はすべて正四面体になることがわかる。このとき，正四面体のうち３つの面が塗られているのは，Ａ，Ｂ，Ｃ，Ｄの４つの頂点を含《ふく》む４個であり，２つの面が塗られているのは，●印をつけた正四面体ABCDの辺の中央の６個である(辺BDの中央にもある)。また，正八面体はすべて３つの面が塗られているので，２つの面に塗られている立体の数は６個(…①)，３つの面に塗られている立体の数は，４＋４＝８(個)(…②)と求められる。なお，段ごとに分けると下の図Ⅳのようになり，斜線部分にも下向きの正四面体があるが，これには色が塗られていない。

図Ⅰ

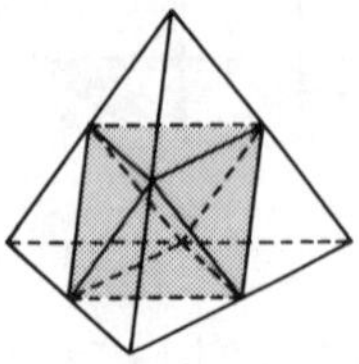

図Ⅱ

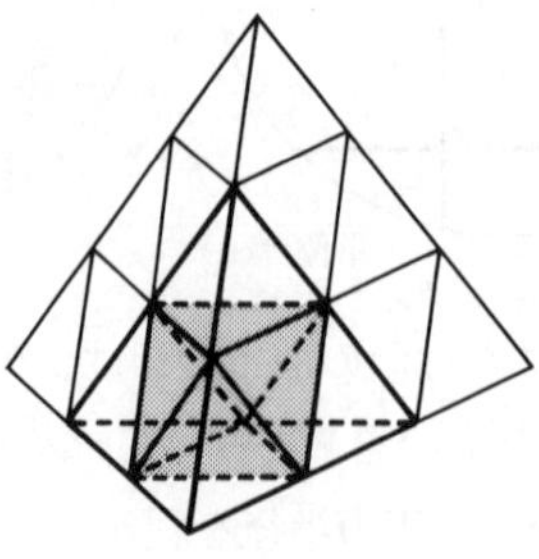

図Ⅲ

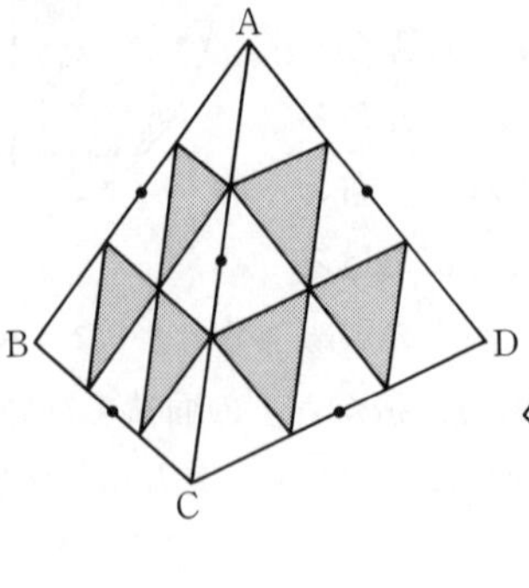

図Ⅳ

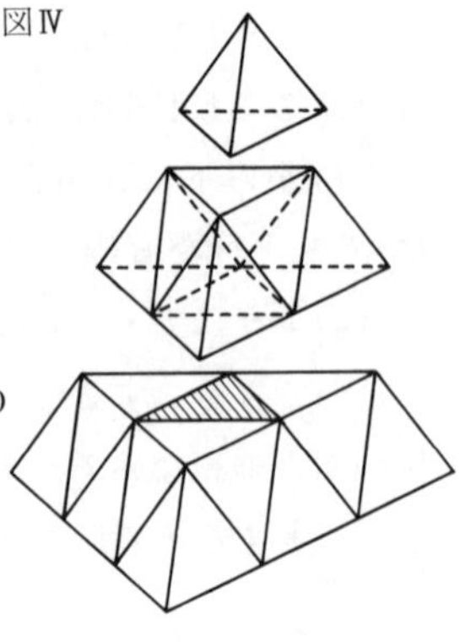

11 立体図形─展開図，体積

下の図１で，かげをつけた面だけを組み立てると，下の図２のように，三角すいA－OBCの面ABCに穴があいた形の立体ができる。次に，穴の部分に３つの三角形PED，PEF，PDFをつなげると，穴の内側に三角すいP－DEFができる。さらに，QR，RS，SQを折り目として３つの三角形PQR，PRS，PSQを手前に折り返すと，下の図３のように，三角すいP－QRSが手前に出てくる。ここで，図２の三角すいO－ABC，P－DEFと，図３の三角すいP－QRSは相似であり，相似比は，OA：PD：PQ＝４：２：１だから，体積の比は，(４×４×４)：(２×２×２)：(１×１×１)＝64：８：１となる。この比を用いると，図３の立体の体積は，64－８＋１×２＝58になる。また，比の１にあたる体積は，$1\times1\times\frac{1}{2}\times1\times\frac{1}{3}=\frac{1}{6}$(cm^3)なので，図３の立体の体積は，$\frac{1}{6}\times58=9\frac{2}{3}$(cm^3)と求められる。

図１

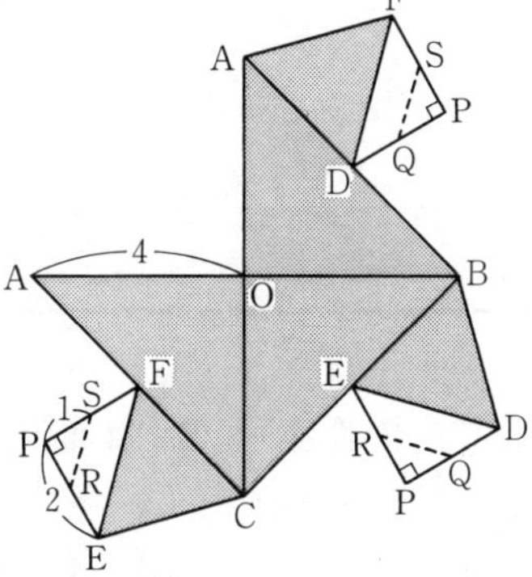

図２

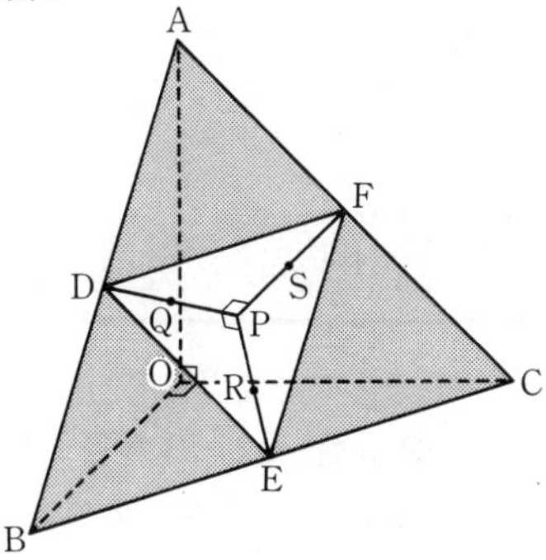

図３

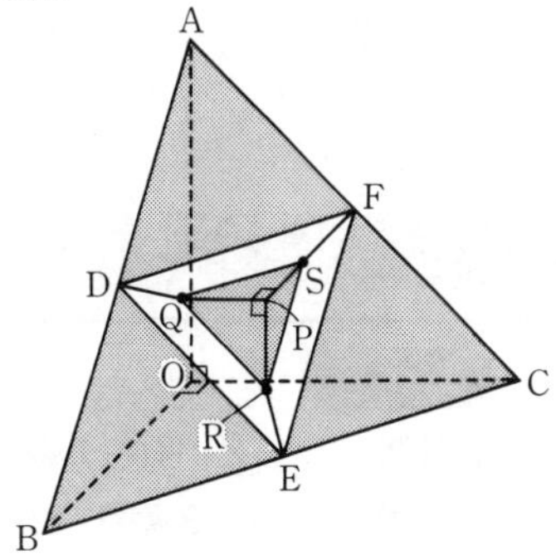

12 立体図形─分割，体積

切り口は右の図１の太線で囲んだ六角形ABGHIJになる(GJとCFは平行だから，PG：GC＝PQ：QO＝２：１となる)。図１のように，ABの真ん中の点をK，DEの真ん中の点をLとすると，P，K，Lを通る平面は右の図２のようになる(KQを延長した直線がPLと交わる点がM)。図２で，三角形QKOと三角形QLOの面積を１とすると，三角形QPKの面積は２になるので，三角形QKLと三角形QPKの面積は等しくなり，PM：ML＝１：１とわかる。よって，図１で，PH：HD＝PI：IE＝１：１となる。次に，図１の六角すいは，下の図３～図６の４種類の三角すいに分けることができる(三角形OBCと三角形OFA，三角形OCDと三角形OEFを底面とする三角すいは，それぞれ同じ種類になる)。また，下の図７で，かげをつけた三角すいの体積は全体の三角すいの体積の，$\frac{ア}{ア+イ}\times\frac{ウ}{ウ+エ}\times\frac{オ}{オ+カ}$(倍)になるから，図３～図６で全体の三角すいの体積を１とすると，かげをつけた三角すいの体積は，図３が，$1\times\frac{2}{2+1}=\frac{2}{3}$，図４が，$1\times\frac{2}{2+1}\times\frac{2}{2+1}=\frac{4}{9}$，図５が，

図１

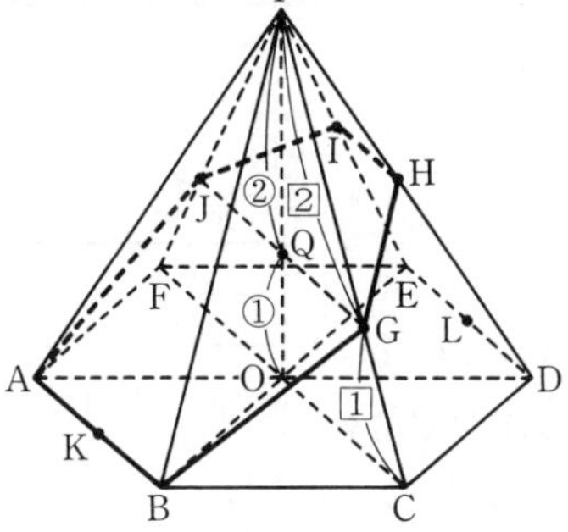

図２

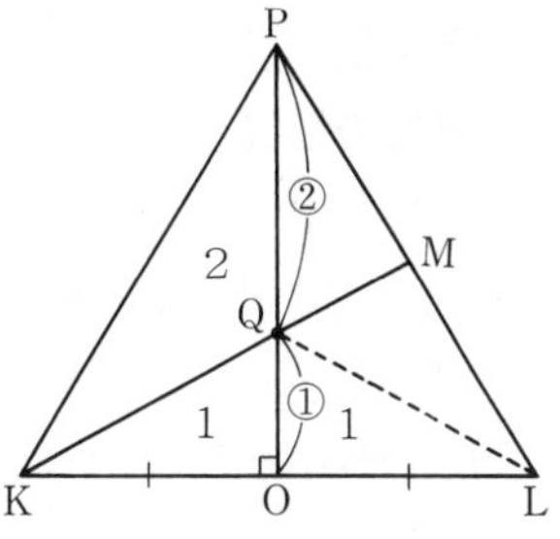

$1\times\frac{2}{2+1}\times\frac{2}{2+1}\times\frac{1}{1+1}=\frac{2}{9}$，図6が，$1\times\frac{2}{2+1}\times\frac{1}{1+1}\times\frac{1}{1+1}=\frac{1}{6}$と求められる。したがって，頂点Pを含む立体の体積は，$\frac{2}{3}+\frac{4}{9}\times2+\frac{2}{9}\times2+\frac{1}{6}=\frac{13}{6}$となるので，もとの六角すいの体積の，$\frac{13}{6}\div(1\times6)=\frac{13}{36}$(倍)とわかる。

図3

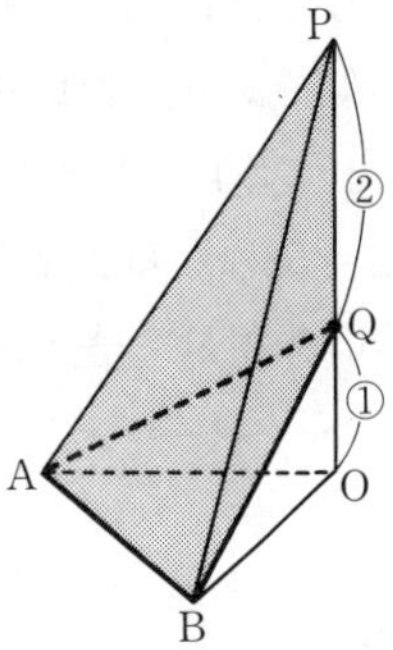

図4

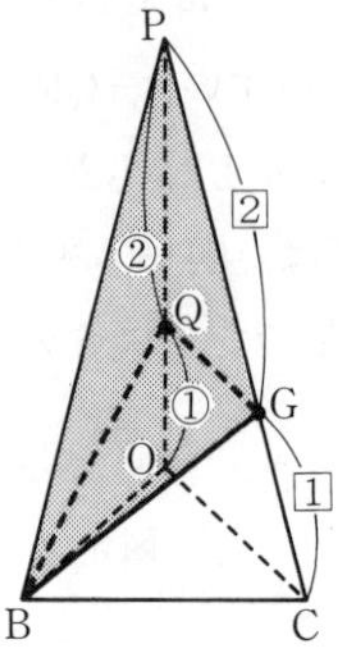

図5

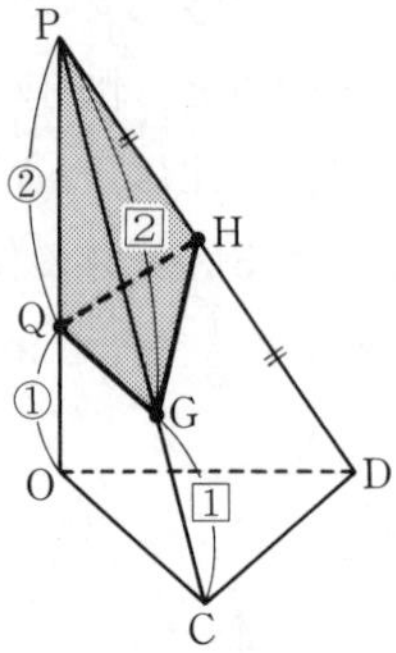

図6

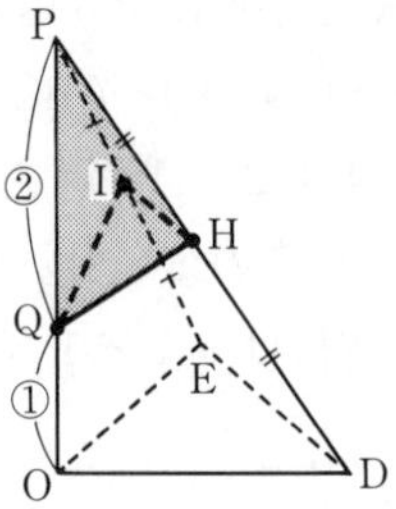

図7

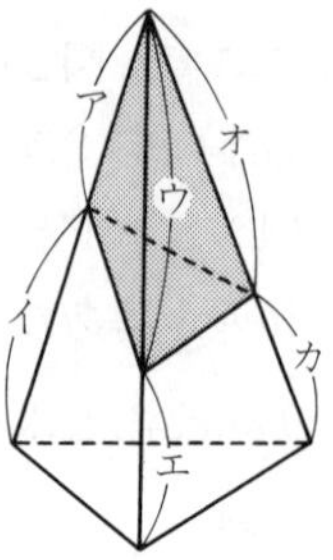

算　数　<第2日目>(60分)<満点：100点>

解　答

[1] 21個　[2] (1) **1番目**…6，**2番目**…12，**3番目**…18　(2) 36番目　(3) **1番目**…42，**2番目**…35，**3番目**…28　(4) 48番目　(5) 27　[3] (1) 350cm²　(2) 解説の図3を参照のこと。　(3) (ア) 解説の図6を参照のこと。　(イ) 350cm²　[4] (1) ① 2　② 4　③ 18　(2) 36，50　(3) 36，38，44，66　[5] (1) 解説の図3～図5を参照のこと。　(2) $18\frac{2}{3}$cm³　(3) 56cm³

解　説

[1] 整数の性質

問題文中の1つめと2つめのヒントから，AとBが7の倍数のとき，$(B-A)$も7の倍数になる。整数Aの千の位の数字をP，十の位の数字をQ，一の位の数字をR(ただし，$Q\leqq R$)とすると，$B-A=(1000\times P+10\times R+Q)-(1000\times P+10\times Q+R)=9\times R-9\times Q=9\times(R-Q)$となることがわかる。よって，$(B-A)$が7の倍数になるためには，$(R-Q)$が7で割り切れればよいから，考えられる$R$と$Q$の組は上の図の太線で囲んだ部分になる。さらに，3つめのヒントから，$A=1000\times P+10\times Q+R=(7\times143-1)\times P+10\times Q+R=\underline{7\times143\times P}\underline{\underline{-P+10\times Q+R}}$となる。ここで，＿は7の倍数なので，$A$が7の倍数になるためには，＝が7で割り切れればよい。そこで，太線で囲んだRとQの組について$(10\times Q+R)$の値を求め，そこからPを引いた数が7で割り切れるようにすると，考えられるPは図のようになる(0から7を引いた数は7で割り切れると考える)。また，$(R-Q)$の値が7の場合は，RとQを入れかえることもできるので，

$R-Q$	0										7		
R	0	1	2	3	4	5	6	7	8	9	9	8	7
Q	0	1	2	3	4	5	6	7	8	9	2	1	0
$10\times Q+R$	0	11	22	33	44	55	66	77	88	99	29	18	7
P	7	4	1 8	5	2 9	6	3	7	4	1 8	1 8	4	7

条件に合うAは，{7000，4011，1022，8022，5033，2044，9044，6055，3066，7077，4088，1099，8099，1029，1092，8029，8092，4018，4081，7007，7070}の21個ある。

2 条件の整理

(1) (A)の状態では左半分に偶数《ぐうすう》(2の倍数)が，右半分に奇数《きすう》がそれぞれ小さい順に並んでいる。また，(B)の状態では，左から順に，「偶数のうち3の倍数」→「奇数のうち3の倍数」→「偶数の残り」→「奇数の残り」の順に並んでいる。つまり，右の図1のウ→イ→ア→エの順に並んでいる。ここで，ウに入る数は2と3の公倍数，つまり6の倍数なので，左から1番目は6，2番目は12，3番目は18である。

図1

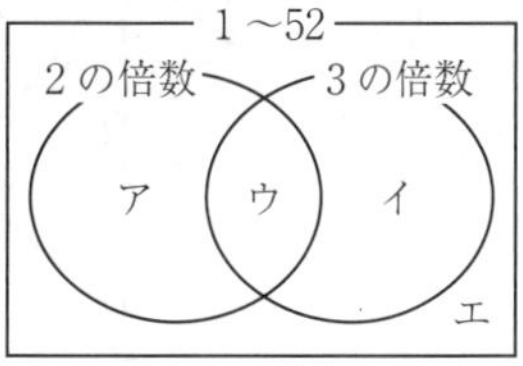

(2) 1はエの中で最も小さい数である。52÷2＝26，52÷3＝17余り1，52÷6＝8余り4より，1から52までに，2の倍数は26個，3の倍数は17個，6の倍数は8個あるので，ア，イ，ウに入る数は全部で，26＋17－8＝35(個)ある。よって，1は左から，35＋1＝36(番目)とわかる。

(3) 最後に7の倍数がすべて左に移動するから，7の倍数の動きだけを調べると右の図2のようになる。よって，左から1番目は42，2番目は35，3番目は28とわかる。

図2

7，**14**，21，**28**，35，**42**，49
2の倍数 ⬇
14，28，**42**，7，**21**，35，49
3の倍数 ⬇
42，21，14，**28**，7，35，49
4の倍数 ⬇
28，42，21，14，7，**35**，49
5の倍数 ⬇
35，28，**42**，21，14，7，49
6の倍数 ⬇
42，35，28，21，14，7，49
7の倍数 ⬇
42，35，28，21，14，7，49

(4) 31は素数なので，一度も左に移ることはない。これと同じように，一度も左に移ることがないカードは7より大きい素数と1だから，1，11，13，17，19，23，29，31，37，41，43，47の12枚ある。この12枚がこの順番で右端《みぎはし》に並んでいて，31の右側には4枚のカードがあるので，31は左から，52－4＝48(番目)と求められる。

(5) 左から31番目は右からかぞえると，52－31＋1＝22(番目)になる。右の図3のように，右端には上の＿の12枚が並んでいる。また，

図3

6枚	6枚	12枚
3，9，27，33，39，51	2，22，26，34，38，46	1，11，…，43，47

そのとなりには，「2の倍数のうち3，4，5，6，7の倍数ではない数」が並んでいて，これは図3のような6枚である。さらに，そのとなりには，「3の倍数のうち2，4，5，6，7の倍数ではない数」が並んでいて，これは図3のような6枚である。よって，22－(12＋6)＝4より，右から22番目は色をつけたグループの右から4番目とわかるので，27である。

3 立体図形―構成，面積

(1) 下の図1のように，置いた正方形をAGHDとする。板②を延長すると，正方形AGHDの影《かげ》は正方形ⒶⒼⒽⒹのようになる。このとき，辺GAの影ⒼⒶが直線XYと交わる点がEである。また，辺HDの影ⒽⒹが直線XYと交わる点をIとすると，板①にできる影は台形ADIE，板②にできる影は長方形ⒼⒽIEとなる。ここで，三角形FHGと三角形FⒽⒼ，三角形FAGと三角形FⒶⒼはそれぞれ直角二等辺三角形だから，ⒽⒼとⒼⒶの長さはどちらも，10＋10＝20(cm)である。よって，台形ADIEの面積は，(10＋20)×10÷2＝150(cm^2)，長方形ⒼⒽIEの面積は，10×20＝200(cm^2)なので，これらの和は，150＋200＝350(cm^2)と求められる。

(2) 図1のGHの真ん中の点をJとすると，三角形JDAの影は下の図2の三角形ⒿⒹⒶになる。こ

図1

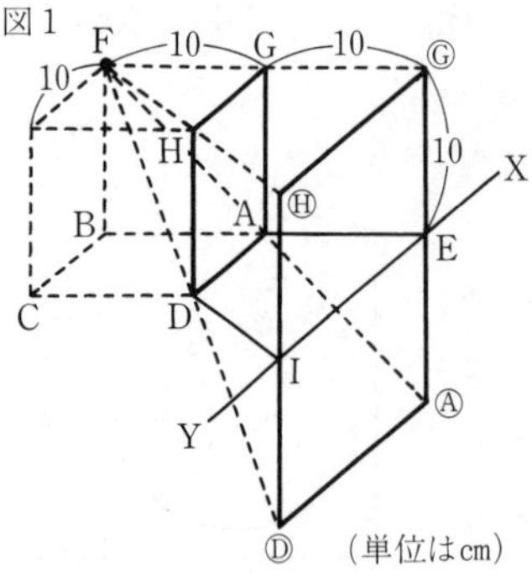

図2

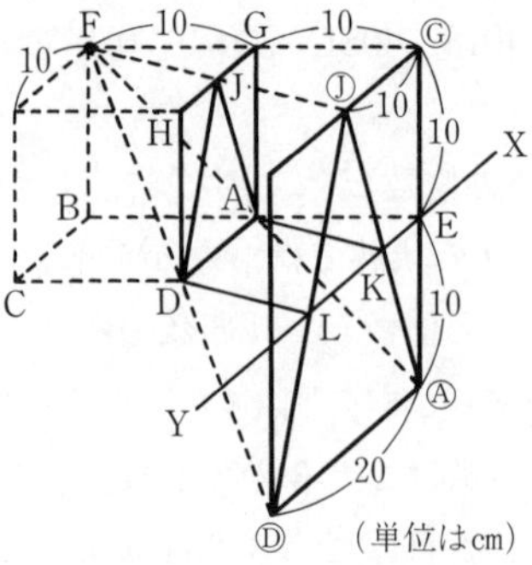

図3

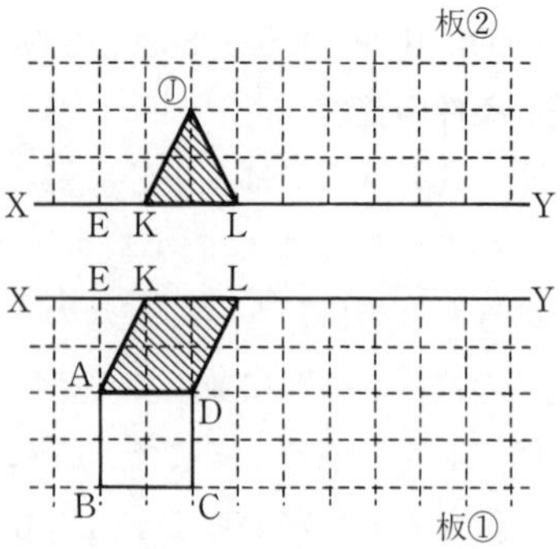

のとき，辺JAの影ⒿⒶが直線XYと交わる点をK，辺JDの影ⒿⒹが直線XYと交わる点をLとすると，板①にできる影は平行四辺形ADLK，板②にできる影は三角形ⒿLKとなる。ここで，EKの長さはGJの長さと等しく，$10\div2=5$(cm)だから，影は上の図3のようになる。

⑶ ㈠ はじめに，三角形ODAが作る影について考える。下の図4のように，辺OAの影ⓄⒶが直線XYと交わる点をMとする(Ⓞは図1のⒽと一致《いっち》する)。また，辺ODの影ⓄⒹが直線XYと交わる点は，図1の点Iと一致する。よって，板①と板②にできる三角形ODAの影は，平行四辺形ADIMと三角形ⓄIMなので，下の図5のようになる。図5で，三角形OADと三角形OCDはDOを軸《じく》として線対称《せんたいしょう》の位置にあるから，三角形OCDが作る影は三角形OADが作る影と線対称になることがわかる。したがって，四角すいO－ABCDの影は下の図6のようになる。 ㈡ 板①にできる面積は，$10\times10\div2+20\times20\div2=250$(cm^2)，板②にできる面積は，$20\times10\div2=100$(cm^2)なので，これらの和は，$250+100=350$(cm^2)となる。

図4

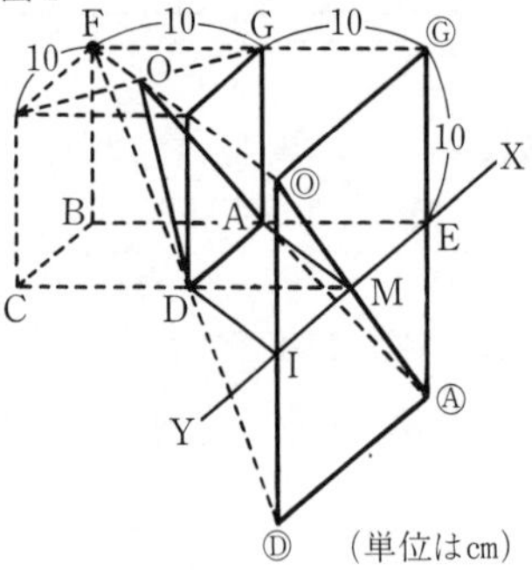

図5

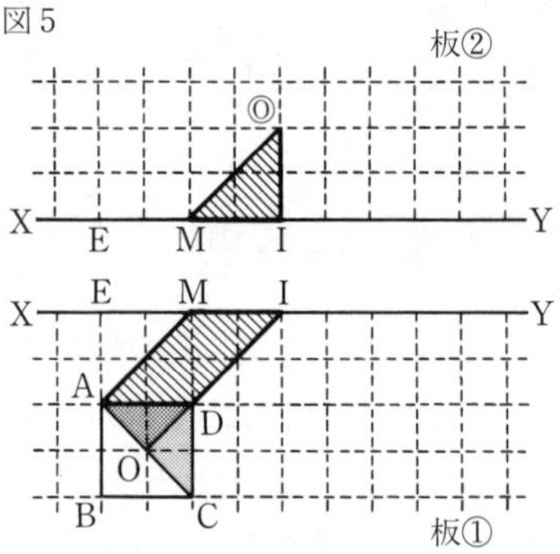

図6

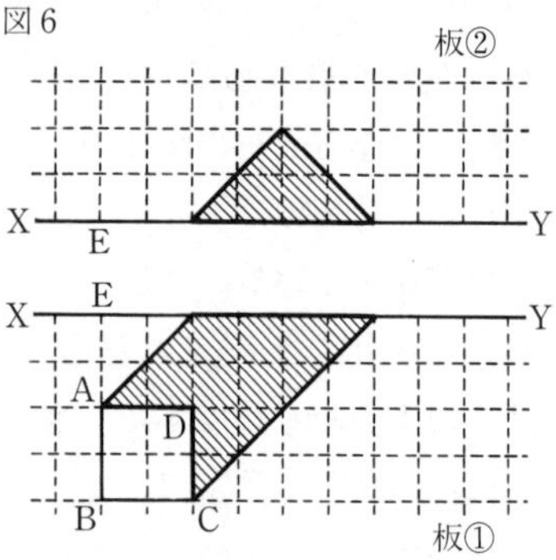

4 条件の整理

⑴ 右の図1のように，長方形ABCDのたての長さを$x$cm，横の長さを$y$cmとすると，周の長さが$a$cm，面積が$a$cm^{2}だから，$x+y=\frac{1}{2}\times a$，$x\times y=a$という関係がある。また，BP(SD)の長さを□cmとすると，長方形PBCRと長方形SQCDの面積の和は，$\square\times y+\square\times x=\square\times(y+x)=\square\times\frac{1}{2}\times a$と表

図1

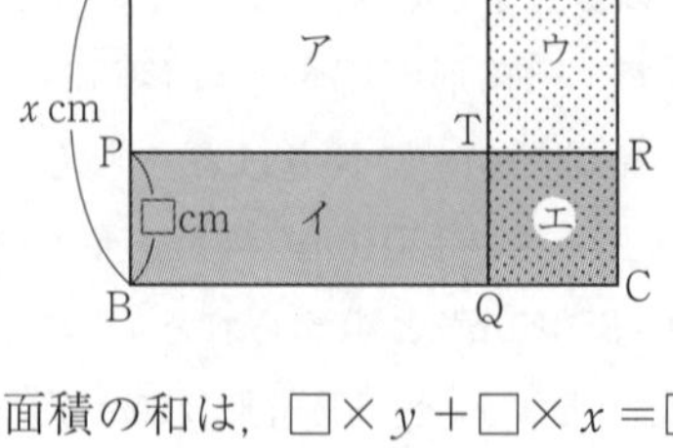

図2

Ⅰ
ア＋イ＋ウ＋エ＝a
(イ＋エ)＋(ウ＋エ)＝a

Ⅱ
ア＋イ＋ウ＋エ＝$a\times2$
(イ＋エ)＋(ウ＋エ)＝$a\times2$

Ⅲ
ア＋イ＋ウ＋エ＝$a\times2+8$
(イ＋エ)＋(ウ＋エ)＝$a\times2$

すことができる。これがaと等しくなるので，$\square\times\frac{1}{2}\times a=a$，$\square\times\frac{1}{2}=1$より，$\square=1\div\frac{1}{2}=2$(cm)とわかる。次に，図１のように長方形ABCDをア～エの部分に分けると，ア～エの面積の間には上の図２のⅠのような関係がある。よって，ア＋イ＋ウ＋エ＝イ＋エ＋ウ＋エより，ア＝エとなるから，長方形APTSの面積は，$2\times2=4$(cm^2)と求められる。このことから，長方形APTSの直角をはさむ２辺の長さとして考えられるのは｛1 cmと4 cm｝となるため，aに当てはまる整数(長方形ABCDの面積)は，$(1+2)\times(4+2)=18$(cm^2)とわかる。

(2)　条件を図２のⅡのように変えて，(1)と同様のことを考える。周の長さはⅠと同じなので，長方形PBCRと長方形SQCDの面積の和は，$\square\times\frac{1}{2}\times a$と表すことができ，これが$(a\times2)$と等しくなるから，$\square\times\frac{1}{2}\times a=a\times2$，$\square\times\frac{1}{2}=2$より，$\square=2\div\frac{1}{2}=4$(cm)とわかる。また，Ⅰと同様に，ア＝エとなるので，長方形APTSの面積は，$4\times4=16$(cm^2)である。このことから，長方形APTSの直角をはさむ２辺の長さとして考えられる組み合わせは｛1 cmと16cm｝，｛2 cmと8 cm｝となる。よって，長方形ABCDの周の長さに注目すると，aに当てはまる整数は，$\{(1+4)+(16+4)\}\times2=50$(cm)，$\{(2+4)+(8+4)\}\times2=36$(cm)と求められる。

(3)　図２のⅢのように，Ⅱの状態から長方形ABCDの面積だけを変えて考える。このとき，長方形ABCDの周の長さと，長方形PBCRと長方形SQCDの面積の和はⅡと同じだから，$\square=4$ cmとなる。また，イ＋ウ＋エ＝(イ＋エ)＋(ウ＋エ)－エ＝$a\times2-4\times4=a\times2-16$(cm^2)なので，長方形APTSの面積は，$(a\times2+8)-(a\times2-16)=a\times2+8-a\times2+16=24$(cm^2)とわかる。このことから，長方形APTSの直角をはさむ２辺の長さとして考えられる組み合わせは｛1 cmと24cm｝，｛2 cmと12cm｝，｛3 cmと8 cm｝，｛4 cmと6 cm｝となる。よって，長方形ABCDの周の長さに注目すると，aに当てはまる整数は，$\{(1+4)+(24+4)\}\times2=66$(cm)，$\{(2+4)+(12+4)\}\times2=44$(cm)，$\{(3+4)+(8+4)\}\times2=38$(cm)，$\{(4+4)+(6+4)\}\times2=36$(cm)と求められる。

5　立体図形─図形の移動，体積

(1)　はじめに，右の図１のように，立方体Ａが正面から見て右下45度の方向に向かって進む場合を考える。このとき，立方体が通過した部分を下面から高さ11cm(上面から1 cm)にある平面で切ると，アのような長方形になる。また，下面から高さ8 cm(上面から4 cm)にある平面で切ると，イのような長方形になる。同様にして切断面の高さを2 cmずつ下げていくと，ウ，エのように変化する(イ，ウ，エはすべて合同であり，これが最大になる)。実際には，

図１

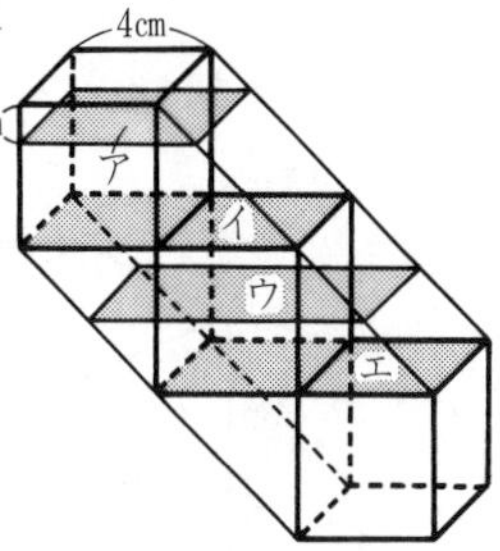

真上から見て右上45度の方向に向かって進むので，下面から高さ9 cm(上面から3 cm)にある平面でＸを切ると，下の図２の濃《こ》い色をつけた六角形になる。また，立方体Ａと立方体Ｂは真上から見たときに線対称な進み方をするので，同じ高さでＹを切ると，うすい色をつけた六角形になる。よって，Ｚを切ったときの切り口は斜線《しゃせん》をつけた五角形になることがわかる。同様に考えると，下面から8 cm，7 cm，6 cmの高さにある平面で切ると，それぞれ下の図３～図５のようになる。

(2)　下面から10cmの高さにある平面で切ると下の図６のようになるから，Ｚを切ったときの切り口は長さ4 cmの直線になる。よって，下面から8 cmの高さにある平面と10cmの高さにある平面

ではさまれた立体は，下の図７のようになる。これは，三角すいD－EFGと立体DGE－HIJを組み合わせた形の立体である。三角形EFGは直角二等辺三角形なので，面積は，$4\times(4\div2)\div2=4$(cm^2)となり，三角すいD－EFGの体積は，$4\times2\times\frac{1}{3}=\frac{8}{3}$(cm^3)とわかる。また，立体DGE－HIJは下の図８の矢印のように移動すると三角柱になるから，体積は，$4\times2\div2\times4=16$(cm^3)と求められる。よって，図７の立体の体積は，$\frac{8}{3}+16=18\frac{2}{3}$(cm^3)である。

図２

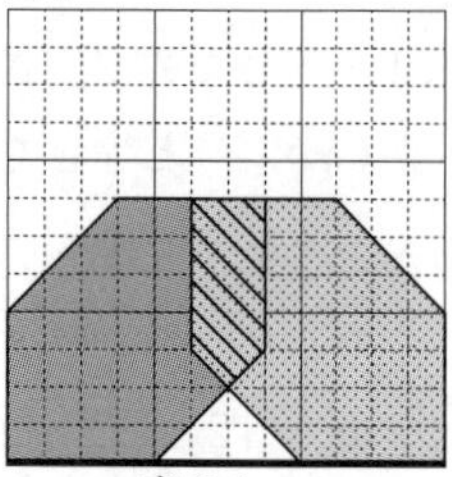

高さ９cm

図３

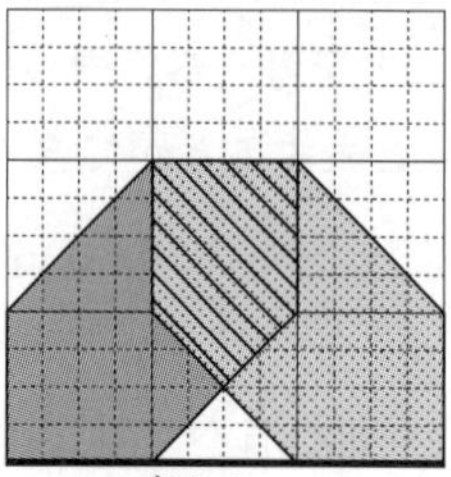

高さ８cm

図４

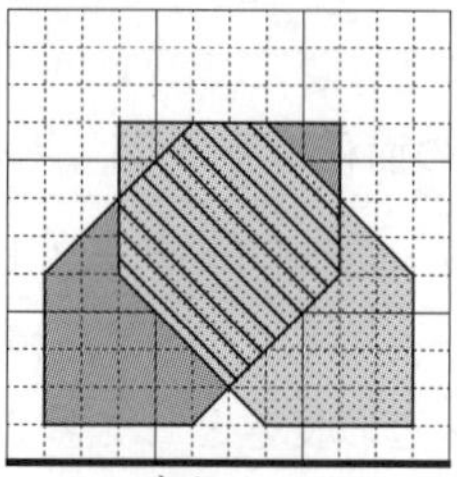

高さ７cm

図５

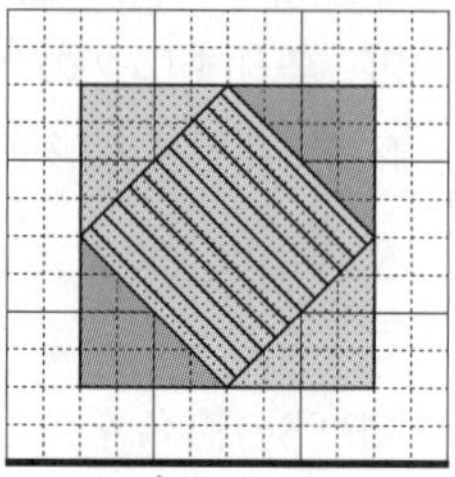

高さ６cm

図６

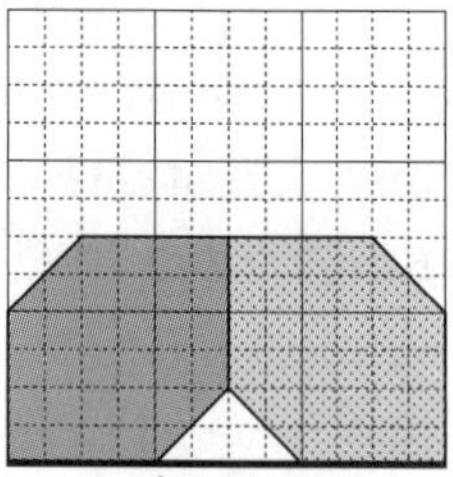

高さ10cm

図７

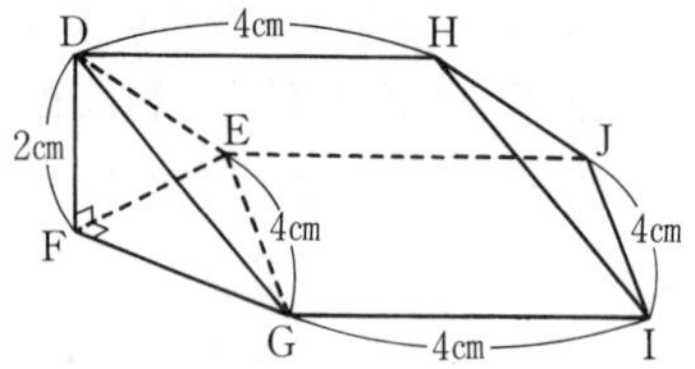

図８

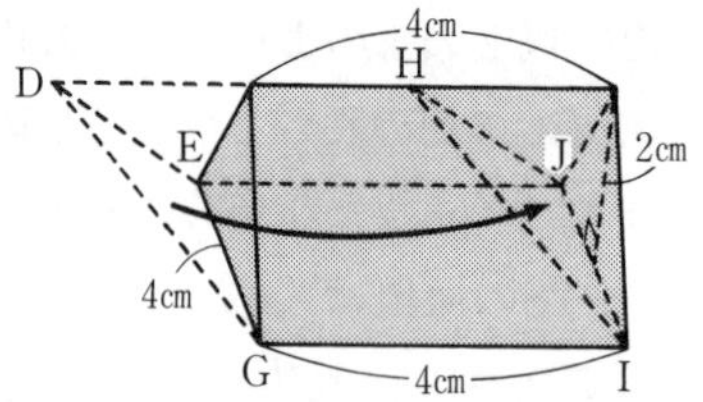

(3)　下面から６cmの高さにある平面と下面から８cmの高さにある平面ではさまれた立体は，下の図９のようになる(四角形KLMNは対角線の長さが８cmの正方形)。これは，下の図10のような直方体から，合同な３つの三角すいを取り除いたものと考えることができる。正方形KLMNの面積は，$8\times8\div2=32$(cm^2)なので，直方体の体積は，$32\times2=64$(cm^3)となる。また，取り除いた三角すいは図７の三角すいD－EFGと合同だから，１個の体積は$\frac{8}{3}$cm^{3}である。よって，図９の立体の体積は，$64-\frac{8}{3}\times3=56$(cm^3)と求められる。

図９

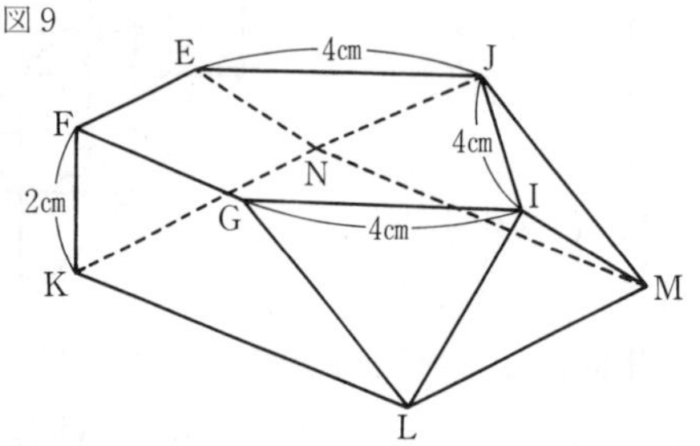

図10

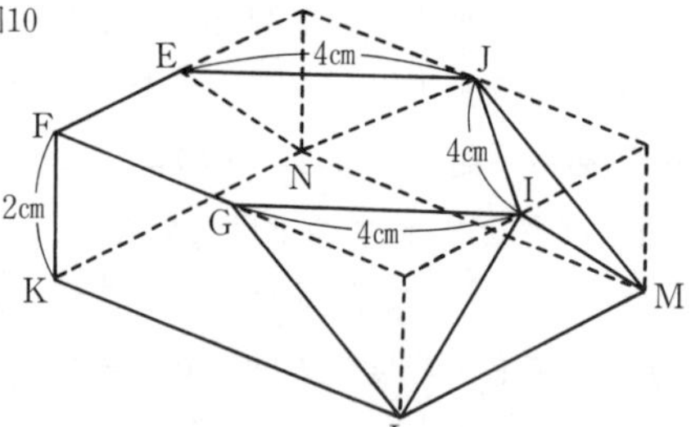

理　科　＜第１日目＞（60分）＜満点：100点＞

解　答

[1]　**問１**　**１**　イ，エ　**２**　ア，ウ　**問２**　①　白　②　茶　③　枝　**問３**　エ

問4 (1) **A** 警かい **B** 競争 (2) c **2** **問1** ① イ ② ウ ③ イ
④ イ **問2** 60g **問3** 29℃ **問4** 7.2g **問5** 30℃ **3** **問1** エ
問2 イ **問3** イ **問4** ア **問5** ア **4** **問1** 31.5% **問2** 25.8g
問3 ① B ② 13 ③ 60 ④ C ⑤ 10 ⑥ A **5** **問1** **[1]** ア
[2] エ **[3]** イ **問2** **[1]** イ **[2]** エ **[3]** オ **問3** [2] **問4**
ア，ク **6** **問1** (1) 60g (2) 解説の図iiを参照のこと。 **問2** (1) 90g (2)
③

解説

1 食物連鎖《れんさ》についての問題

問1 オコジョのエサとなる大きさの小型の動物として，ネズミとウサギが選べる。オコジョよりも圧倒《あっとう》的に大型で凶暴《きょうぼう》な肉食動物には，タカとキツネがあてはまる。ウマはオコジョよりはるかに大型の動物であるが，草食動物である。

問2 体色を周囲の景色や色調に溶《と》けこませて見つかりにくくするしくみを保護色という。オコジョは，雪が積もる冬には白色の体毛，土が露出《ろしゅつ》する夏には背中側が茶色っぽい色の体毛におおわれる。また，ナナフシは，体色が木の枝の色などに似ているだけでなく，見た目の姿も木の枝によく似ている。

問3 一般にトラは森林にすんでいる。トラのたてじまの模様は，木の幹や枝，その影《かげ》などと模様が似ていて，森林の中では周囲に溶けこみ，姿が見えにくくなる。

問4 (1) グラフAは，群れのメンバーの数が多くなると1匹が費やす時間が少なくなっているので，1匹が警かいに費やす時間を表している。また，グラフBは，群れのメンバーの数が多くなると1匹が費やす時間が多くなっていることから，1匹が競争に費やす時間を示している。 (2) グラフAとグラフBの1匹が費やす時間の和が最も小さくなっているcの範囲《はんい》が適する。

2 熱と水の温度変化についての問題

問1 ガスボンベの中には燃料となる物質が液体の状態で入れられていて，ボンベを取りつけてガスコンロのつまみをひねると，液体が気体に変化してボンベから出てきて燃える。物質が液体から気体に状態が変化するときにはまわりから熱をうばう(吸収する)ため，ブタンがボンベから出るとき，ガスボンベの温度は下がる。

問2 実験1と実験2では，同じコップを使い同じ大きさの炎《ほのお》で同じ時間加熱しているので，水を入れたコップにあたえられた熱の量が同じである。上昇《じょうしょう》した温度の比は，(43−20)：(33−20)＝23：13になっている。あたえられた熱の量が等しいとき，水の量(重さ)と上昇した温度は反比例するため，実験に用いたコップを温めるのは□gの水を温めるのに相当しているとすると，(200＋□)：(400＋□)＝⑬：㉓の関係が成り立ち，23−13＝⑩は，400−200＝200(g)とわかる。□は，13−10＝③にあたるので，$200\times\frac{3}{10}=60$(g)と求められる。

問3 問2より，実験1では，200＋60＝260(g)の水の温度を23℃上昇させていることに相当する。600gの水をコップに入れて実験1と同じだけ加熱するとき，$23\div\frac{600+60}{260}=9.0\cdots$より，水温は9℃だけ上昇して，20＋9＝29(℃)になる。

問4 ブタンが燃焼するときなどのように，物質が変化して別の物質が生じる場合，変化の前の物質の重さの和は，変化した後に生じた物質の重さの和に等しい。実験１と実験２を続けて行った後，ガスボンベの重さが2.0ｇ軽くなっていたので，２つの実験で使われたブタンの重さの合計が2.0ｇである。2.0ｇのブタンが燃焼すると，二酸化炭素が，3.0×2.0＝6.0(ｇ)，水が，1.6×2.0＝3.2(ｇ)生じるので，2.0ｇのブタンの燃焼に使われた酸素は，6.0＋3.2－2.0＝7.2(ｇ)である。

問５　実験１では，2.0÷２＝1.0(ｇ)のブタンを燃焼している。二酸化炭素が1.2ｇ生じたとき，燃焼したブタンは，$1.0\times\frac{1.2}{3.0}=0.4$(ｇ)なので，180ｇの水とコップに加えられた熱の量は実験１のときの，0.4÷1.0＝0.4(倍)である。したがって，上昇温度は，$23\div\frac{180+60}{260}\times0.4=9.9\cdots$より，10℃となり，水温は，20＋10＝30(℃)になる。

3　立体写真についての問題

問１　ここでの立体視は，左目で左の写真，右目で右の写真を見る平行法とよばれるもので，２つの写真を写真の奥《おく》で像を合わせるように見る。このとき，２つの写真は，図２のように遠くにあるものほど基準となるものからの左右へのずれが大きくなる。図３も同じように見ると，３つの図形のうち，□が最も手前にあり，○が最も遠くにあると考えられる。

問２　地球儀《ちきゅうぎ》を見ると，中心部がふくらんで近くに見え，ふち(外側)の部分がへこんで遠くに見える。２枚の写真を左右反対に置くと，ふくらんで見える部分が外側になり，へこんで見える部分が中心側に見えることになり，真ん中がへこんだ形に見える。

問３　飛行機と同じ方向に飛行機よりもおそい速度で走る自動車は，１コマ目と２コマ目の写真での左右へのずれが，地上の基準点に対して木や家よりも大きくなる。そのため，地上の基準点よりも遠く，つまり地面より下にあるように見えることになる。

問４　１コマ目の写真を左目，２コマ目の写真を右目で見るので，図１で，左のカメラが１コマ目，右のカメラが２コマ目となる電車の進行方向と窓の向きを考える。すると，電車の進行方向に向かって左側の窓から撮影《さつえい》すればよいとわかる。

問５　とても遠くにある月などは，観察者が移動しても見える方向があまり変化しない。このため，月を見ながら歩いていると，遠くにある月はいつまでも同じ方向に見えるので，歩く自分についてきているように感じる。

4　ものの溶け方についての問題

問１　Ａは60℃では水100ｇに46.0ｇまで溶けるので，濃度《のうど》は，46.0÷(100＋46.0)×100＝31.50…より，31.5％になる。

問２　60℃のＡのほう和水溶液《すいようえき》100ｇにはＡが，$100\times\frac{46.0}{100+46.0}=\frac{2300}{73}$(ｇ)溶けていて，水が，$100-\frac{2300}{73}=\frac{5000}{73}$(ｇ)ふくまれている。水を一部蒸発させて20℃まで冷やしたとき，溶けているＡの重さは，$\frac{2300}{73}-17=\frac{1059}{73}$(ｇ)で，このときの水溶液は20℃におけるＡのほう和水溶液であるから，ふくまれている水の重さは，$100\div34.0\times\frac{1059}{73}=\frac{105900}{34\times73}$(ｇ)と求められる。よって，蒸発させた水の重さは，$\frac{5000}{73}-\frac{105900}{34\times73}=\frac{64100}{34\times73}=25.82\cdots$より，25.8ｇである。

問３　①，②　10℃の水200ｇに，Ａは，$31.0\times\frac{200}{100}=62.0$(ｇ)，Ｂは，$22.0\times\frac{200}{100}=44.0$(ｇ)，Ｃは，$37.7\times\frac{200}{100}=75.4$(ｇ)まで溶けるので，Ｂの結晶《けっしょう》だけが，57－44.0＝13(ｇ)出てくる。　③，④　40℃では同じ重さの水に対しＣが最も溶ける量が少ないので，出てきた3.1ｇの結晶はＣである。

このとき，Ｃは，57−3.1＝53.9(ｇ)が，$100\times\frac{53.9}{38.5}=140$(ｇ)の水に溶けていることになる。よって，蒸発させた水の重さは，200−140＝60(ｇ)である。　⑤，⑥　30℃では同じ重さの水に対しＢやＣはＡよりも溶けやすいので，ここで出てきた1.5ｇの結晶はＡだけである。したがって，溶け残っているＡの重さは，57−1.5＝55.5(ｇ)だから，このときこれを溶かしている水の重さは，$100\times\frac{55.5}{37.0}=150$(ｇ)と求められ，最後に加えた水の重さは，150−140＝10(ｇ)とわかる。

5　数を調べる方法についての問題

問1　［1］　1本の植物あたりの種子の数は，$A\times B$で求められる。限られた場所にはえている植物の種子の数は，さらにその場所にはえている植物の本数のCをかけて，$A\times B\times C$で表すことができる。　［2］　Bの面積あたりの個体数の割合が，Aの面積全体にもあてはまると考える。すると，Aの面積に存在する個体の総数は，(総数)：$A=C:B$の関係より，$(A\times C)\div B$で求められる。　［3］　印のついた動物が均等に散らばれば，再度その動物をつかまえた中に印のついた動物がふくまれる割合は，最初に印をつけた個体が全体の中にふくまれる割合に等しくなると考えられる。したがって，その場所全体に存在する対象の動物の総数は，(総数)：$A=B:C$の関係より，$(A\times B)\div C$で表すことができる。

問2　［1］　チューリップはおもに球根でふえるため，種子の個数は調べにくい。　［2］　ヒトデはほとんど動かないという条件にあてはまらない。　［3］　調査する期間の長さによっては，テントウムシの幼虫は成虫になってしまうことや，テントウムシの幼虫は一般に比較《ひかく》的決まった植物の上にいて，その植物に集まる他の小さい虫を食べるので，印をつけたものが均等に散らばりにくいことなどから，テントウムシの幼虫の個体数を調べるのにこの方法は適さない。

問3　ひとふさの焼きたらこの重さをA，おにぎりから取り出した焼きたらこの重さをB，そのたらこにふくまれる卵の数をCとすると，ひとふさの焼きたらこの中の総数は，$(A\times C)\div B$で求められるので，［2］の場合に近い。

問4　［3］の方法では，調査期間内に対象の動物が新しく生まれたり死んだりしないこと，他の場所に出ていったり他の場所から入りこんだりしないことなどの条件が満たされなければならない。したがって，1度目と2度目の間が1年と長期になるアの場合や，外から対象の動物が入ってくるクの場合では，この方法は適さない。

6　てこのつり合いと浮力《ふりょく》についての問題

問1　(1)　9個のおもりを入れた箱全体の重心(全体の重さが1つの点に集まったと考えられる点)は⑤の部屋のフックの位置にある。この箱全体を水中に沈《しず》めたとき，箱全体が水から受ける浮力は，上向きに，30×9−150＝120(ｇ)で，図2のようにつり合ったことから箱の真ん中，つまり⑤の部屋のフックの位置にはたらいている。この浮力の大きさは，体積120cm^{3}の箱が押《お》しのけた水の重さに等しい。①～⑨のうち6つの部屋におもりを入れた場合は，30×6＝180(ｇ)の重さをばねはかりと浮力で支えるため，ばねはかりが示す値は，180−120＝60(ｇ)である。　(2)　下の図ｉのように，ばねはかりと浮力が箱を上向きに支えている。箱の重心からばねはかりと浮力のはたらく位置までの水平距離《きょり》の比は，力の比の逆比になるため，箱の重心は④の部屋のフックの位置とわかる。箱の重心がこの位置になるおもりの入れ方は，おもりを入れた部屋を○，おもりを入れなかった部屋を×で表すと，下の図ⅱのような場合が考えられる。

問2　(1)　図5のとき，箱が押しのけている水の体積は，$120\times\left(1-\frac{1}{4}\right)=90$(cm^3)となるので，

箱にはたらく浮力は上向きに90ｇとなる。よって，ばねはかりが示す値は，180－90＝90(ｇ)である。　(2)　箱の重心や浮力のはたらく位置は図ⅰと変わらないため，下の図ⅲのように，箱に力がはたらいていると考えられる。ばねはかりと浮力が上向きに支える力がどちらも90ｇであるため，ばねはかりと浮力がそれぞれはたらく位置までの箱の重心からの水平距離は同じ長さとなる。よって，ばねはかりは③の部屋のフックにつるしたとわかる。

図ⅰ

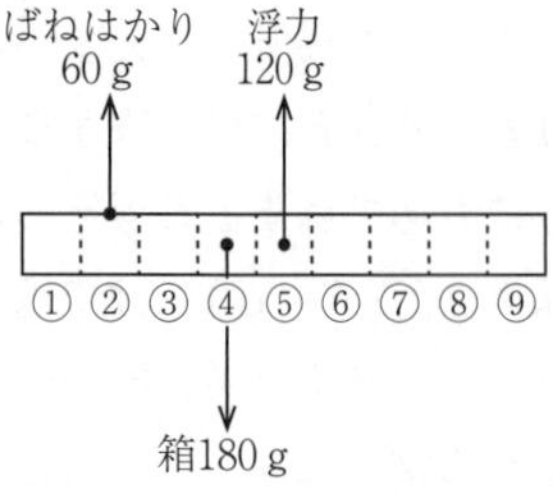

図ⅱ

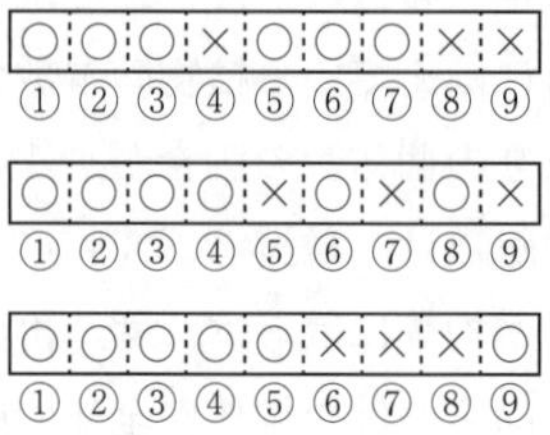

図ⅲ

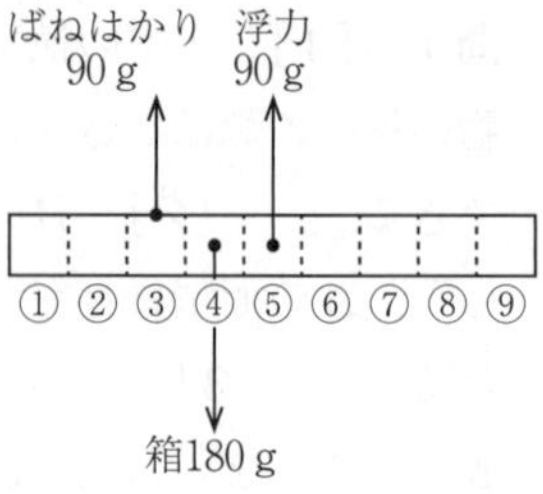

国語　＜第１日目＞（40分）＜満点：80点＞

解答

一　**問１**　最初からき～があるから(あるからだ)　**問２**　(書こうとするものを，)できるだけ眼に見えるようにする(方法)　**問３**　**１**　オ　**２**　イ　**３**　ア　**４**　エ　**５**　ウ　**問４**　Ⅰ　**１**　裏　**２**　車　**３**　火　**４**　戸　Ⅱ　**１**　エ　**２**　ア　**３**　イ　**４**　ウ　**問５**　**１**　(自)給(自)足　**２**　(自)画(自)賛　**３**　(自)作(自)演　**４**　(自)由(自)在　**問６**　(例)　夏休みは，毎日セミとりをしました。アブラゼミはちょっとバカであまり逃げないので一〇〇ぴき以上とれました。でも，ミンミンゼミは用心ぶかいし，網を近づけるとすぐ逃げるので三びきしかとれませんでした。　二　**１**　ア→エ→ウ→イ　**２**　エ→イ→ア→ウ　**３**　ア→ウ→エ→イ　三　**１**　ア，エ　**２**　ア，イ，オ　四　**１**　代　**２**　豆　**３**　上　**４**　日　**５**　朝　五　**１**　(あ)らわ　**２**　(あ)わや　**３**　(あ)また　**４**　(あ)らた　六　**Ａ**　**１**　活　**２**　決　**３**　骨　**Ｂ**　**１**　安　**２**　飲　**３**　塩　**Ｃ**　**１**　録　**２**　落　**３**　陸

解説

一　**出典は沢《さわ》木《き》耕《こう》太《た》郎《ろう》の『銀河を渡《わた》る　全エッセイ』による。**職業的なライターの立場から文章の書き方について語っている。

問１　「鉛筆《えんぴつ》を持つ手が動かなかった」というのは，子供のころの筆者が，「夏休みの思い出」についての作文を書けなかったということを指している。三つ後の段落で，「なぜ書けない」かは，「最初からきちんとした文章を書かなくてはならないという脅迫《きょうはく》感があるから」だと理由が述べられている。

問２　筆者がいま，職業的なライターとして文章を書くことができるようになったのは，頭のなかにあるものを「できるだけ眼《め》に見えるようにする」という「方法」を身につけたためだと，直後の段落で説明されている。

問3　**1**「プログラム」は，“放送番組”“行事の進行予定”“コンピュータに送る指令”などを表す。　**2**「プロジェクト」は，“事業計画”“研究”などを指す。　**3**「プロセス」は，“過程”“手順”などを表す。　**4**「プロフィール」は，“簡単な人物紹介《しょうかい》”という意味。　**5**「プロポーズ」は，結婚《けっこん》を申しこむこと。

問4　Ⅰ，Ⅱ　**1**「口裏を合わせる」は，話のつじつまを合わせるようにおたがいに相談しておくこと。　**2**「口車に乗せられる」は，おだてられてうまくだまされるようす。　**3**「口火を切る」は，話のきっかけをつくること。　**4**「口に戸を立てる」は，人のうわさをしないようにするさま。

問5　**1**「自給自足」は，生活に必要な食べ物などを自分でつくること。　**2**「自画自賛」は，自分のしたことを自分でほめること。　**3**「自作自演」は，ありもしないできごとをでっちあげて，被害《ひがい》者のふりをしたり，自分をよく見せたりするようす。　**4**「自由自在」は，何にもさまたげられないで，思いのままにするさま。

問6　前の部分に書かれた対話のなかで，「アブラゼミ」について「ちょっとバカだからあまり逃《に》げない」ことや，「一〇〇ぴき以上」とったと言っていること，「ミンミンゼミ」については，「用心ぶかくて，網《あみ》を近づけるとすぐ逃げちゃうから」「三びき」しかとれなかったと小学生の「私」が言っていることを結びつけておくと，対比の形になるので簡潔に書きやすい。

二　俳句の季語

1　ア「田打《たうち》」が春の季語。「田打」は，春先に田んぼの土を耕して，田植えの準備をすること。「花びらはしる」は，散った桜の花びらが風にまうようす。　イ「大根」が冬の季語。「大根」は，冬に収穫《しゅうかく》される野菜で，気温が低く乾燥《かんそう》した冬のうちに，干し大根にされることが多い。　ウ「今年藁《ことしわら》」が秋の季語。「今年藁」は，今年の秋に収穫した稲の藁のこと。藁は，稲のくきを干したものである。　エ「草むしり」が夏の季語。「草むしり」は，夏に勢いよく成長した雑草をぬくこと。照りつける日差しの中で，帽子《ぼうし》をかぶりながら作業をしている情景からも夏の句とわかる。　**2**　ア「さんま」が秋の季語。「さんま」は，秋を代表する魚である。「暑を置き」から，秋の季語である「残暑」を連想することもできる。　イ「鮎《あゆ》」が夏の季語。鮎は，初夏に川を上り，秋に産卵のために川を下る。　ウ「鰤《ぶり》」が冬の季語。「ほのかに白き大江山」から，うっすらと雪をかぶっている冬山が目にうかぶ。　エ「桜鯛《さくらだい》」が春の季語。「桜鯛」は，春に産卵のために沿岸にやってくる鯛のこと。「桜」から連想できるように，春の季語である。　**3**　ア「藤の花」が春の季語。藤棚《ふじだな》にブドウのふさのような花を咲《さ》かせる。　イ「水洟《みずばな》」が冬の季語にあたる。　ウ「菖蒲《しょうぶ》」が夏の季語。「菖蒲」は，夏に紫《むらさき》の花をつける。現在は「こどもの日」にあたる，五月五日の端午《たんご》の節句に菖蒲湯に入る習慣がある。　エ「菊《きく》」が秋の季語である。

三　文法の知識

1「目的」の意味で用いられているので，アとエが選べる。なお，イ，ウ，オは，「原因」の意味を表す。　**2**「限定」の意味を表しているので，ア，イ，オが正しい。なお，ウは「〜した直後」という，動作などが直後に終わった意味を表す用法である。エは「今にもそうなりそうだ」というようすを表す用法である。

四　語句の完成

1「代」を入れると，上から順に「時代」「交代」「千代紙」という言葉ができる。　**2**「豆」

を入れると，上から順に「大豆」「豆乳」「豆知識」という言葉ができる。「豆知識」は，ちょっとした雑学的な知識のこと。　**3**　「上」を入れると，上から順に「年上」「屋上」「上すべり」という言葉ができる。「上すべり」は，軽はずみな物事をしたり行ったりするようす。　**4**　「日」を入れると，上から順に「夕日」「平日」「日用品」という言葉ができる。　**5**　「朝」を入れると，上から順に「今朝」「王朝」「朝飯前」という言葉ができる。

五　言葉の知識

1　「あらわ」は，かくすことなくむき出しになっているようす。　**2**　「あわや」は，“危なく”“今にも”という意味。　**3**　「あまた」は，たくさんあるようす。　**4**　「あらた」は，新しいさま。

六　漢字のしりとり

A　空らん１で，「快活―活動」さえわかれば，条件３と条件４より，残りは「キツ」「クツ」「ケツ」「コツ」のいずれかになる。すべてのパターンをあてはめ，順に一つずつ試してみるとよい。

B　Ａと同様，「保安―安心」さえ見つかれば，後は「イン」「ウン」「エン」「オン」に決まるので，空らん３にあてはまる漢字から考えると，「食塩―塩分」だとわかる。そこまでできれば，「痛飲」を知らなくても，「飲食」から推測できる。　**C**　空らん３にあてはまる漢字から考えると，「着陸―陸地」と「着任―任地」が候補となるが，「任(ニン)」を入れてもほかの空らんにあてはまる漢字がない。「陸(リク)」を入れると，「ラク」「ルク」「レク」「ロク」になるが，「ルク」「レク」という読みの字が存在しないため，自然と「ラク」か「ロク」のいずれかになるとわかる。そのようにしぼっていくと見当がつけられる。なお，条件４は音読みの漢字の大部分が「う」「く」「つ」「ん」で終わることをふまえた指示である。二字熟語のしりとりでは，このいずれかの音を試して考えるのが基本であることを覚えておくとよい。

国　語　＜第２日目＞（70分）＜満点：120点＞

解　答

一　**問１**　下記を参照のこと。　**問２**　（例）　反響や反発の大きさを想像することもなく，安易にテレビに出演したこと。　**問３**　（例）　電気の否定は豊かさの否定であり，貧しさの強要であると受け取られた(からだと考えている。)　**問４**　（例）　あたり前に身近にあった家電を次々と手放し，ついには冷蔵庫まで手放すほど，家電なしの生活になったこと。　**問５**　（例）　あったら便利な家電をいち早く家に導入したことで得られた幸せ。　**問６**　（例）　自ら考え工夫して生活する，自由で身軽に生きていくことの幸せ。　**問７**　（例）　家電が身近になく，人がつながりとやりくりで支え合って生きていた時代。　**問８**　エ　二　**問１**　（例）　多種多様なみかんを食べ比べ，その違いを楽しむ会になった。　**問２**　（例）　苺が甘くなり，酸っぱい苺にミルクや砂糖，練乳をかけ，潰して食べる機会が少なくなったから。　**問３**　（例）　焼きりんごの旨みが出るような酸っぱいりんご。　**問４**　（例）　苦さや酸っぱさを感じさせる果物。　**問５**　**A**　十三　**B**　九　**C**　四　**問６**　（例）　甘さばかりを追求し，本来は甘みを引き立たせるために対極の味覚が不可欠だという感覚を失ったということ。　**問７**

(例)　日常生活の中で平衡感覚を失った人々が，聞こえの良い，夢のような話ばかりにとらわれ，苦しさやつらさを感じさせるものを排除し，幸福の価値を本当には理解できなくなっている点。

三　**問1**　(例)　まだ幼く背が低かったということ。　**問2**　(例)　芽が生長し，それぞれの植物の見分けがついたこと。　**問3**　(例)　まだ幼く，自然に身近な存在だから。　**問4**　(例)　さまざまな種類の草や花によって大地がおおわれているようす。　**問5**　(例)　糸で結びつけたような，さまざまな星座を思い描けるほどたくさんの星があるから。　**問6**　オ

●漢字の書き取り

一　問1　A　尊敬　B　強要　C　転機　D　営業　E　導入　F　展示　G　効果　H　好物　I　常連

解説

一　**出典は稲垣《いながき》えみ子の『アフロ記者が記者として書いてきたこと。退職したからこそ書けたこと。』による。**2011年に発生した福島第一原子力発電所事故以来，家電の使用をひかえた生活を送っている筆者が，節電生活で体験したことや考えたことについて語っている。

問1　A　相手の人格をたっとび，敬う気持ちをもつこと。　B　無理やり相手にやらせようとすること。　C　変化するきっかけ。　D　利益を得る目的で，事業を営むこと。　E　外部から引き入れること。　F　「展示会」は，自社の商品などを多くの人に知ってもらうためのもよおし。　G　「効果的」は，効き目や良い結果があらわれるようす。　H　好きな飲み物や食べ物。　I　いつもいっしょに活動する人。ここでは，ある店を日常的に利用している人たち。

問2　前後から読み取る。「大好きな高野山からの中継《ちゅうけい》」と聞いて「ノコノコ」とテレビに出演し，節電生活を語った筆者のもとに「想像をはるかに超《こ》える反響《はんきょう》」や「予想外の反発」が届いてしまったために，安易にテレビ出演を引き受けたことを，「浅はか」だったと思っているのである。

問3　「節電生活を伝え」た筆者が，「バカ，偉《えら》そう」などと反発されたことを「さんざん」だったと言っている。続く部分で，「そのわけ」について筆者は，「もしや『恐《おそ》れ』ではないか。電気の否定は豊かさの否定につながる。貧しさの強要。そう受け取られたのではないか」と考えている。

問4　社会人になり，「一人暮らし」を始めたころの筆者の身の回りには，「これがなくては暮らせない」と思い，「一つとして手放す気はなかった」家電があふれていた。しかし，「掃除機《そうじき》」を手放したことを転機として，最終的には冷蔵庫も使わないほど家電なしの生活をするようになったとある。筆者は，このような今の状態のことを指して「こんな地点まで来た」と語っているのである。

問5　前の部分から読み取る。もともと「家電の子」であった筆者は，「我が家」に「最新式家電」が「いち早く導入され，友達がカラーテレビを見に来て誇《ほこ》らしかった」し，「電子レンジの展示会では熱いおしぼりに感動した」と書かれている。つまり，筆者はそれらを「手に入れる」ことで，自分の身の周りが「あったら便利」な家電で満たされることに「幸せ」を感じていたものと考えられる。

問6　家電を「手放したあと」の「幸せ」について考える。少しあとで，筆者は「便利なものを手に入れるとは，自ら考え工夫《くふう》する機会を失うことでもある」と述べているが，逆に言えば，便利な家電を手放すことは，「自分の中に眠《ねむ》っていた力」を引き出し，「自ら考え工夫」する生活を得ると

いうことになる。そういう生活によって，「生きる」ことの「自由」さと「身軽」さを感じられたため，筆者は「幸せ」なのだと言っている。

問7　前後に注目する。「プラグで接続されていなかった」，つまり家電が普及《ふきゅう》していなかったころの生活について，筆者は「お裾《すそ》分け」をあげ，「人はつながりとやりくりで支え合ったのだ」と語っている。

問8　筆者は震災《しんさい》後の節電生活を振《ふ》り返って，「節電生活は世の情けなしには成り立た」ないし，「世の中は案外親切に満ちている」と語っている。人が「つながりとやりくりで支え合っ」て生きていたころの暮らしの豊かさや楽しさを，節電生活を始めたことで思い出したというのだから，エがふさわしい。

二　出典は神津《こうづ》カンナの『冷蔵庫が壊《こわ》れた日』による。甘《あま》い果物ばかりがもてはやされる昨今の風潮を紹介《しょうかい》し，そのことに疑問を投げかけている。

問1　「利《き》き酒会」は，さまざまな種類の酒を飲み比べて，味のちがいを楽しむ会のこと。「茶話《さわ》会」が「利き酒会」ならぬ「利きみかん会」になったというのだから，参加者は，振る舞《ま》われた「さまざまな種類のみかん」を食べ比べ，それぞれの味のちがいを楽しむ会になったのだといえる。

問2　続く部分から読み取る。かつて苺は「酸《す》っぱい」ものだったので，「苺スプーン」で潰《つぶ》して「ミルクや砂糖，あるいは練乳」をかけて甘さを楽しんでいたが，今では苺自体がとても甘くなったため，「苺スプーン」の必要性がなくなり，姿を消すことになったのだと筆者は述べている。

問3　続く部分に注目する。昔から得意としていた焼きりんごを父が最近あまり作らなくなったのは，「近頃《ちかごろ》のりんごは甘すぎて焼きりんごの旨《うま》みが出ない」からだと語っている。つまり，焼きりんごを作るために父が「時折自分で」買ってきていたのは，「国光《こっこう》，紅玉《こうぎょく》などの酸っぱいりんご」だと考えられる。

問4　直後に「みかんも，苺も～甘いのが美味《おい》しいという感覚に慣れ切ってしまったようだ」とあることから，「口先がひん曲がるような味覚」とは，「甘さ」と対極にあるような味覚だと判断できる。よって，本文の最後のほうにある「辛《から》さ，苦さ，酸っぱさ」のいずれかだと考えられるが，このうち「果物」と関連づけられるようなものを選んでまとめるとよい。

問5　Ａ～Ｃ　「くり」と「より」の音を「九里」と「四里」にかけた言葉遊びである。よって，空らんＢには「九」，空らんＣには「四」，空らんＡには「九」と「四」を足した「十三」が入るとわかる。「里」は距離《きょり》を表す単位。

問6　直前にあるとおり，「味覚」に関して「平衡《へいこう》感覚を失」うとは，「甘さ」と，その対極にある「辛さ，苦さ，酸っぱさ」などによってもたらされる「調和とバランスという，程よい味わいを手放す」ことを指す。つまり，人々は「甘みを引き立たせるために対極の味覚が不可欠という感覚」を失ってしまったというのである。

問7　筆者は果物の話題をふまえ，「私たちの日常生活や身の回りにも『甘い』味覚に通じるようなものが満ちあふれている」と述べている。つまり，「甘いものだけを受け入れ」，対極にある「辛さ，苦さ，酸っぱさ」などを「遠ざけ」ようとするのと同様に，「平衡感覚を失」った人々は苦しく辛《つら》い現実から目をそむけ，「聞こえの良い，夢のような話に過度に傾《かたむ》いて」いるというのである。そのことを，筆者は「今の日本が抱《かか》える問題点」だと指摘《してき》している。

三　出典は岡島弘子《おかじまひろこ》の詩「パッチワークと刺繍《ししゅう》」による。「わたし」が，まだ「動物の仔《こ》」で，自然を身近に感じていたころの幼い自分を回想している。

問1　「背丈《せたけ》」が「地面と親しい」とは，地面が身近であったこと，つまり，背が低かったということを意味している。

問2　大地から芽生えた「ちいさな芽」は，「どれもこれも　にかよって」いたために，まだそれがどんな植物なのか「正体」がわからなかった。しかし，「一週間」という時間の経過のなかで，それぞれの芽は生長し，「ハコベラ」や「アカザ」のように見分けられるようになったというのである。

問3　「動物の仔」が，「ニンゲン」と対比された存在であることをおさえる。幼かった子どものころは，草の芽も，大地も空も，すべて自分に身近な存在だった。つまり，幼かった「わたし」は，「動物の仔」と同様，自然の一員だったというのである。

問4　「パッチワーク」が，「小さな布をぬい合わせて，大きな布を作る」ものであることに着目する。ここでの「大きな布」は，「大地」を意味し，それがさまざまな色合いや種類の草や花によっておおいつくされているようすを「パッチワーク」になぞらえているものと推測できる。

問5　「刺繍」は，針と糸を用いて，布に図案や模様を飾《かざ》っていく手芸。「たくさんの星」と「刺繍」という比喩《ひゆ》で連想されるのは，星と星とを結びつけることでさまざまな図案を描《えが》き出す星座の存在である。つまり，「わたし」のなかで，たくさんの星座を思い描けるほど多くの星があったということを，「刺繍でいっぱいの空」と言い表しているものと想像できる。

問6　今の「わたし」は「ニンゲン」であり，幼いころのように自然を身近なもの，自分と同等のものとはなかなか感じられなくなっている。そんな「わたし」が，みずみずしい目で草花や大地や空と接していた幼いころを回想しているのだから，オが選べる。

Dr.福井の 入試に勝つ！ 脳とからだのウルトラ科学

寝る直前の30分が勝負！

みんなは，寝る前の30分間をどうやって過ごしているかな？　おそらく，その日の勉強が終わって，くつろいでいることだろう。たとえばテレビを見たりゲームをしたり――。ところが，脳の働きから見ると，それは効率的な勉強方法ではないんだ！

実は，キミたちが眠っている間に，脳は強力な接着剤を使って海馬《かいば》(脳の，知識をためる倉庫みたいな部分)に知識をくっつけているんだ。忘れないようにするためにね。もちろん，昼間に覚えたことも少しくっつけるが，やはり夜――それも“寝る前”に覚えたことを海馬にたくさんくっつける。寝ている間は外からの情報が入ってこないので，それだけ覚えたことが定着しやすい。

もうわかるね。寝る前の30分間は，とにかく勉強しまくること！　そうすれば，効率よく覚えられて，知識量がグーンと増えるってわけ。

では，その30分間に何を勉強すべきか？　気をつけたいのは，初めて取り組む問題はダメだし，予習もダメ。そんなことをしても，たった30分間ではたいした量は覚えられない。

寝る前の30分間は，とにかく「復習」だ。ベストなのは，少し忘れかかったところを復習すること。たとえば，前日の勉強でなかなか解けなかった問題や，１週間前に勉強したところとかね。一度勉強したところだから，短い時間で多くのことをスムーズに覚えられる。そして，30分間の勉強が終わったら，さっさとふとんに入ろう！

ちなみに，寝る前に覚えると忘れにくいことを初めて発表したのは，アメリカのジェンキンスとダレンバッハという２人の学者だ。

Dr.福井(福《ふく》井《い》一成《かずしげ》)…医学博士。開成中・高から東大・文Ⅱに入学後，再受験して翌年東大・理Ⅲに合格。同大医学部卒。さまざまな勉強法や脳科学に関する著書多数。

Memo

Memo

2018年度　灘　中　学　校

〔電　話〕(078) 411―7 2 3 4
〔所在地〕〒658-0082　神戸市東灘区魚崎北町８―５―１
〔交　通〕JR「住吉駅」より徒歩10分,
阪神本線「魚崎駅」より徒歩10分

【算　数】〈第１日目〉（60分）〈満点：100点〉

次の問題の□にあてはまる数を解答欄《らん》に書き入れなさい。

［注意］・問題にかいてある図は必ずしも正しくはありません。

・角すいの体積は,（底面積）×（高さ）×$\frac{1}{3}$　で求められます。

1　$\frac{3}{10}+\frac{2}{35}+\frac{4}{77}+\frac{2}{143}=30\div\left(76-\square\div1\frac{4}{7}\right)$

2　りんごが ① 個，オレンジが ② 個あります。りんご２個とオレンジ３個のセットで箱づめすると，オレンジはちょうど使い切りますがりんごは８個余ります。りんご３個とオレンジ４個のセットで箱づめすると，りんごはちょうど使い切りますがオレンジは８個余ります。

3　４個の整数 a，b，c，d があり，b は a より１大きく，c は b より１大きく，d は c より１大きいです。$a\times b+b\times c+c\times d+d\times a$ を計算すると2400になるとき，a は□です。

4　３を８個かけてできる数３×３×３×３×３×３×３×３，すなわち6561の約数のうち，４で割ると１余るものは，１を含《ふく》めて全部で ① 個あります。

また，30を８個かけてできる数30×30×30×30×30×30×30×30の約数のうち，４で割ると１余るものは，１を含めて全部で ② 個あります。

5　右の図のように，縦250cm，横300cmの長方形があり，各辺の真ん中の点をそれぞれA，D，B，Cとします。また，直線ABと直線CDは点Eで交わります。

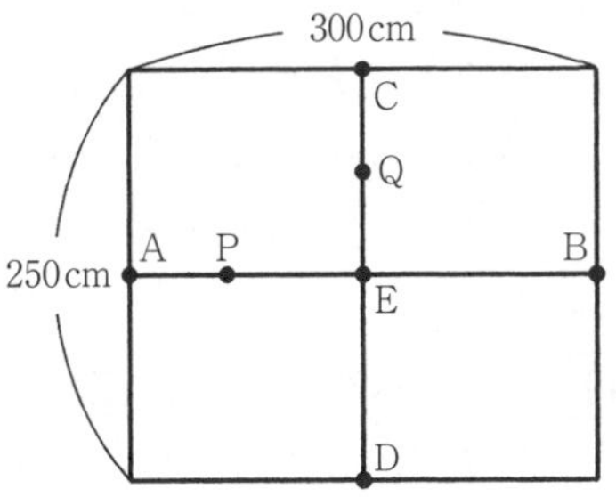

点Pは直線AB上にあり，AとBの間を繰《く》り返し往復します。はじめ，PはAを出発して秒速120cmで進み，BまたはAで折り返すごとに速さが0.5倍になります。また，点QはCを出発して一定の速さで直線CD上を進み，Dに着くとそこで止まります。

PとQが同時に出発したところ，ある時刻に同時にEを通りました。このようなQの速さの中で２番目に速いものは秒速 ① cm，６番目に速いものは秒速 ② cmです。

6　4桁《けた》の整数aと2桁の整数xがあります。aとxをかけると119868になります。また，aの十の位の数と一の位の数をどちらも0に置きかえてできる4桁の整数とxをかけると117600になります。このような整数a，xのうち，aが最も大きいものは，
a=［①　　］，x=［②　　］です。

7　右の図で，四角形ABCDは長方形で，辺ABの真ん中の点がMです。また，2本の直線CE，MEは垂直です。
このとき，角㋐の大きさは［　　　］度です。

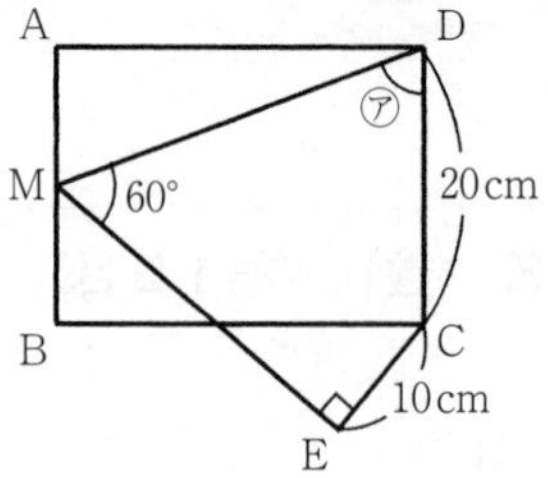

8　右の図で，円周を12等分した点をA，B，…，Lとします。これら12個の点から異なる3点を選んで三角形をつくるとき，どの辺の長さも円の半径より大きくなるような三角形は全部で［　　　］個あります。ただし，合同な三角形でも，頂点が異なるときには異なる三角形として数えます。

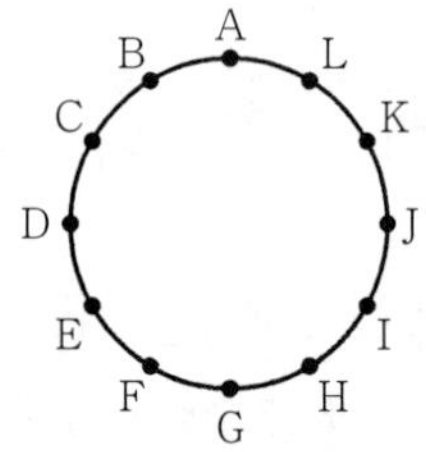

9　光が鏡で反射するときには，図1のように角㋐と角㋑の大きさが等しくなります。
図2は，3枚の鏡AB，BC，CAで，何回も反射しながら同じ経路を繰り返し進む光の様子を表しています。このとき，角㋒の大きさは［　　　］度です。

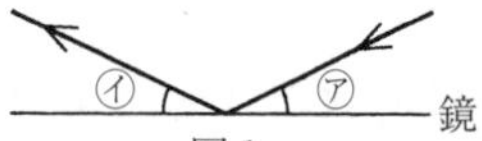

図1

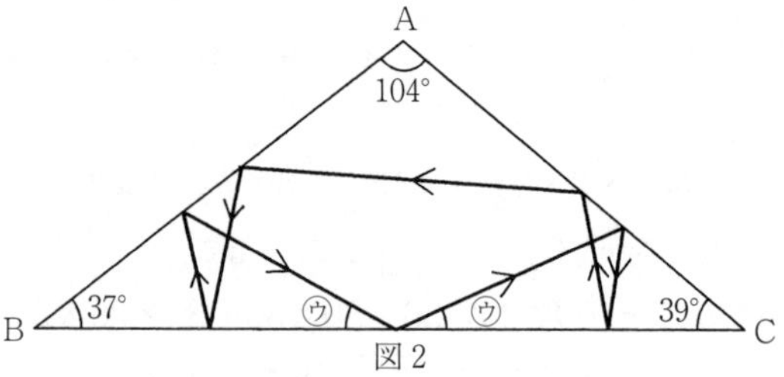

図2

10　右の図のように，正六角形ABCDEFの内側に点Pをとり，6つの頂点とPをそれぞれ直線で結びます。三角形ABP，CDP，EFPの面積がそれぞれ3cm²，5cm²，8cm²であるとき，三角形BCPの面積は［　　　］cm²です。

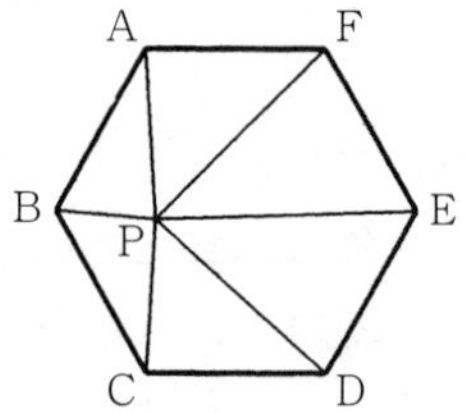

11　右の図のように，直方体ABCD-EFGHと3点P，Q，Rがあります。3点B，D，Hを通る平面を㋐，3点P，Q，Rを通る平面を㋑，3点A，B，Hを通る平面を㋒とします。
この直方体を平面㋐と㋑で切って，4つの立体に分けるとき，頂点Eを含む立体の体積は［①　　］cm³です。
また，この直方体を平面㋐と㋑と㋒で切って，8つの立体に分けるとき，頂点Eを含む立体の体積は［②　　］cm³です。

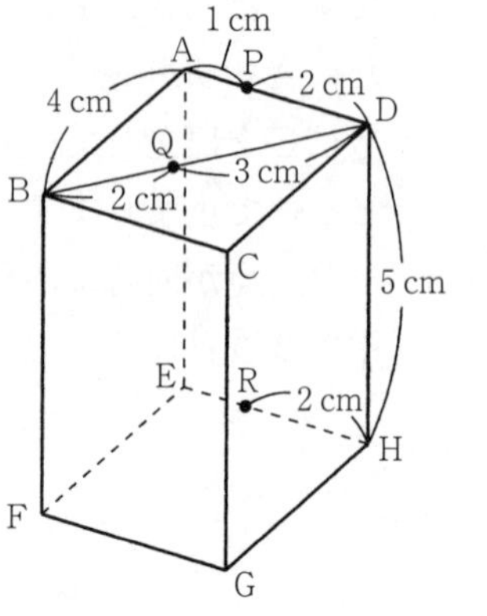

〈**第2日目**〉（60分）〈満点：100点〉

［注意］・**1**(4)，**2**(2)，(3)(イ)，**3**(4)，(5)は答え以外に文章や式，図なども書きなさい。それ以外の問いは，答えのみ記入しなさい。

・円周率は3.14とします。

1 図のような形をしたタイルがそれぞれ何枚かあります。これらを裏返さずに，壁《かべ》に固定された枠《わく》の中にすき間なくぴったりはりつけます。

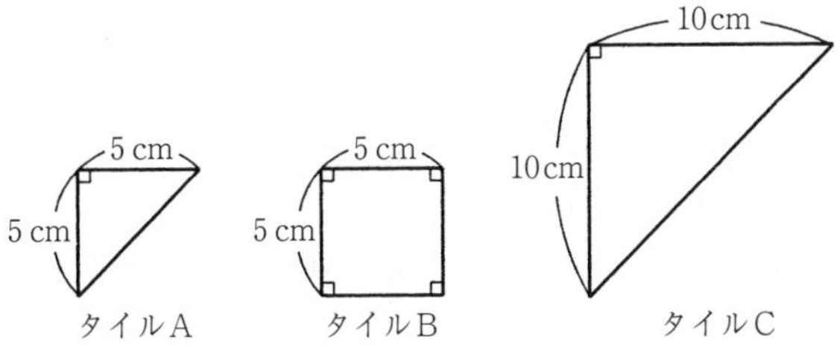

(1) 縦5 cm，横10cmの長方形の枠の中に，4枚のタイルAをはりつける方法は全部で［　　　］通りあります。

(2) 1辺の長さが10cmの正方形の枠の中に，4枚のタイルAと2枚のタイルBをはりつける方法は全部で［　　　］通りあります。

(3) 縦10cm，横15cmの長方形の枠の中に，2枚のタイルBと2枚のタイルCをはりつける方法は全部で［　　　］通りあり，4枚のタイルAと2枚のタイルCをはりつける方法は全部で［　　　］通りあります。

(4) 縦10cm，横20cmの長方形の枠の中に，4枚のタイルAと2枚のタイルBと2枚のタイルCをはりつけます。このとき，2枚のタイルCの置き方は全部で何通りありますか。

2 図1は1辺の長さが8 cmの立方体です。

(1) 点Pが面AEFB上にあり，点Qが面DHGC上にあるとき，P，Qを直線で結びその真ん中の点をMとすると，Mは4点I，J，K，Lを通る平面上にあります。

(ア) 点Pが点Aの位置にあり，点Qが辺HG上を動くとき，点Mが動くことのできる部分を，例にならって下の図にかき入れなさい。

(イ) 点Pが辺AE上を動き，点Qが辺HG上を動くとき，点Mが動くことのできる部分を，例にならって下の図にかき入れなさい。

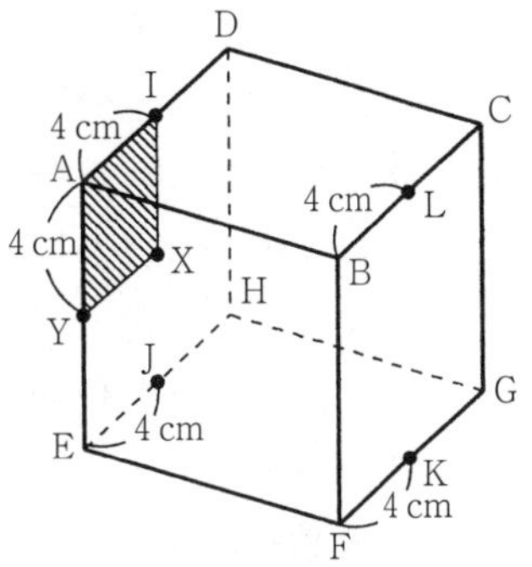

図1

例

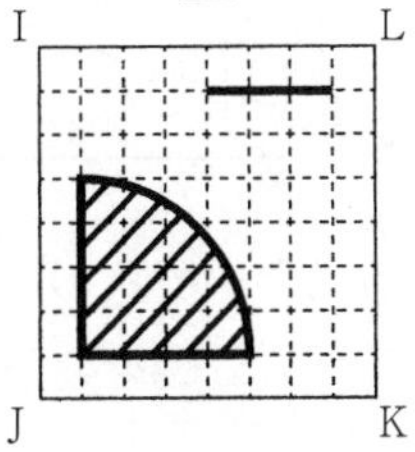

(1)(ア)の図

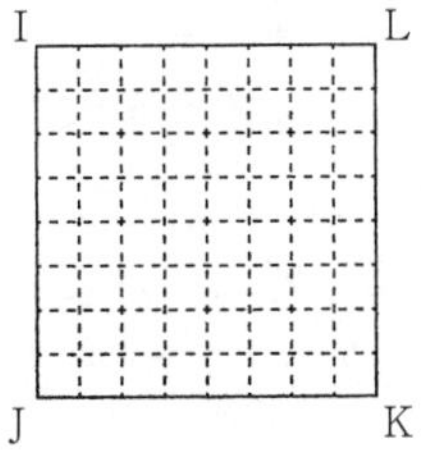

(1)(イ)の図

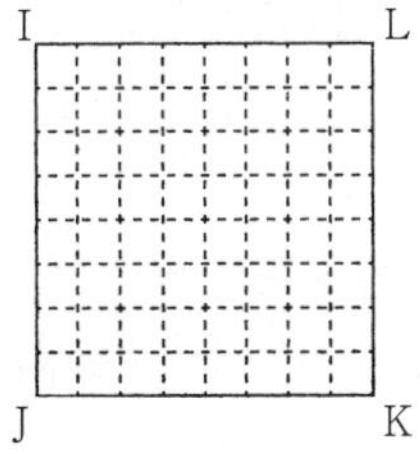

(2)の図

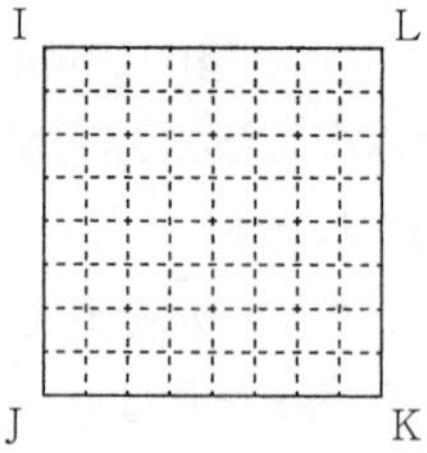

(3)(ア)の図

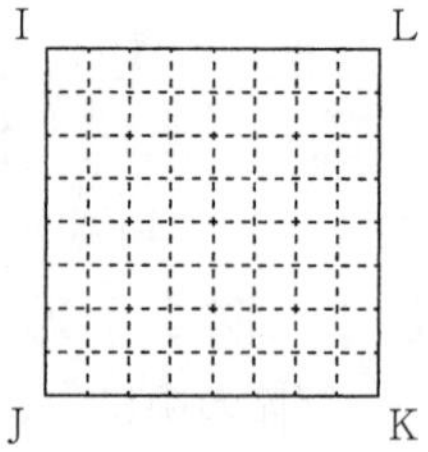

(2)　点Pは面AEFB上で点Eからちょうど8 cm離《はな》れたところを動き，点Qは面DHGC上で点Gからちょうど8 cm離れたところを動きます。このとき，PQの真ん中の点Mが動くことのできる部分を，(1)の 例 にならって右の図にかき入れなさい。そしてその面積を求めなさい。

(3)　点Qは面DHGC上で点Gからちょうど8 cm離れたところを動きます。

(ア)　点Pが図1の斜線《しゃせん》部分の正方形AYXIの辺AY上を動くとき，PQの真ん中の点Mが動くことのできる部分を，(1)の 例 にならって右上の図にかき入れなさい。

(イ)　点Pが図1の斜線部分の正方形AYXI上を動くとき，PQの真ん中の点Mが動くことのできる部分の体積を求めなさい。

3　どの位の数も0でない整数すべてを

1，2，11，3，12，21，111，4，13，22，31，112，……

のように一列に並べます。この並びは次の㋐，㋑の規則によって作られます。

㋐　各位の数の和が小さい整数を先に並べます。ただし，1桁《けた》の整数はその数そのものを「各位の数の和」とします。

㋑　各位の数の和が同じものの中では，小さい整数から順に並べます。

また，この並びの中で，各位の数の和が1，2，3，……である整数が並んでいる部分を，それぞれ第1部分列，第2部分列，第3部分列，……ということにします。第1部分列は1，第2部分列は2，11，第3部分列は3，12，21，111です。

(1)　第1部分列には1桁の数が1個あり，第2部分列には1桁の数と2桁の数が1個ずつあります。このように，各部分列に並んでいる数を桁の数で分類し，それぞれ何個ずつあるかを調べると右の表のようになります。太線で囲まれた空欄《らん》にあてはまる数を書きこみなさい。

		桁の数					
		1	2	3	4	5	6
各位の数の和	1	1					
	2	1	1				
	3	1	2	1			
	4	1	3				
	5						
	6						

(2)　(1)の表を調べた翔太《しょうた》君は「第2部分列から第6部分列までは，各部分列に並んでいる数の個数は，その前の部分列に並んでいる数の個数の2倍になっています。第7部分列についてはどうなりますか？」と先生に質問しました。すると先生は「このメモを見て考えてごらん。」と言って翔太君に右のようなメモを渡《わた》しました。

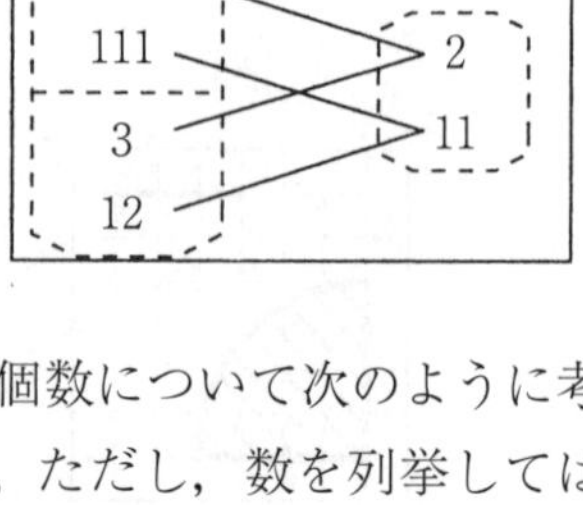

翔太君は先生のメモをもとにして，第7部分列に並んでいる数の個数について次のように考えました。空欄「理由①」「理由②」に入る文を1行で書きなさい。ただし，数を列挙してはいけません。

第７部分列に並んでいる数を，一の位が１であるか２以上であるかで分けて考えます。

第７部分列に並んでいる数のうち，一の位が１である数は，　理由①　から，その個数は第６部分列に並んでいる数の個数と同じです。

第７部分列に並んでいる数のうち，一の位が２以上である数は，　理由②　から，その個数は第６部分列に並んでいる数の個数と同じです。

だから，第７部分列に並んでいる数の個数も，第６部分列に並んでいる数の個数の２倍になります。

(3)　翔太君は，メモの意味を理解できたことを先生に報告に行きました。そして「第８部分列，第９部分列，第10部分列に並んでいる数の個数も，同じように２倍，２倍をくり返して求められそうですね。」と翔太君が言ったところ，先生は次のように説明しました。空欄③にあてはまる数を答え，空欄「理由④」に入る文を１行で書きなさい。

「翔太君，確かに第８，第９部分列に並んでいる数の個数はそれで正しく求められます。しかし，第10部分列に並んでいる数の個数は，第９部分列に並んでいる数の個数の２倍より　③　個だけ少なくなります。その理由は，　理由④　からです。」

(4)　全体の数の並びの中で，111は左から７番目にあります。10桁の数1111111111は左から何番目にありますか。

(5)　全体の数の並びの中で，左から2018番目にある数は何ですか。

4　１辺の長さが５cmの立方体のブロックが２種類あります。一方は光を通す透明《とうめい》なブロックで，もう一方は光を通さない黒いブロックです。また，図１は，光を通す６枚の正方形の板で囲まれた，１辺の長さが15cmの立方体の箱です。面ABCDの板だけふたになっています。

ふたを外して箱の中に２種類のブロックを合わせて27個入れるとき，それぞれのブロックが箱の中のどの位置にあるかを表す記号を次のように定めます。まず，１つの頂点がEにあるブロックの位置を１－１－１という記号で表します。次に，１－１－１を基準にして，EからFに向かう方向にx個目，EからHに向かう方向にy個目，EからAに向かう方向にz個目にあるブロックの位置を$x-y-z$という記号で表します。例えば，３－２－１の位置は図２の通りです。

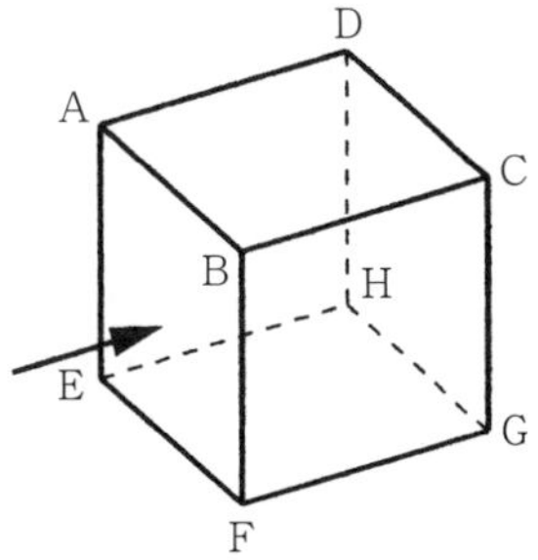

図１

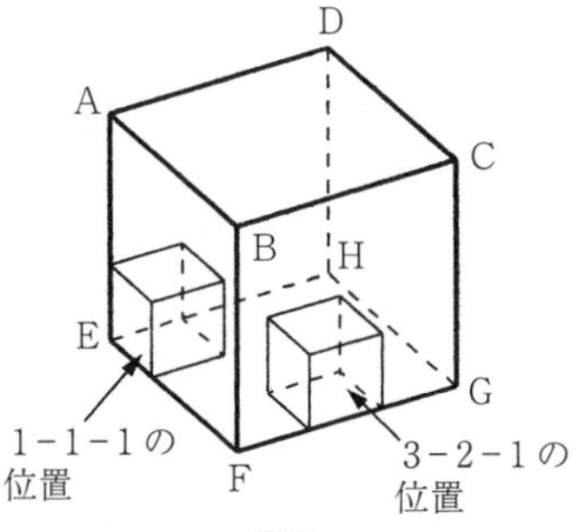

図２

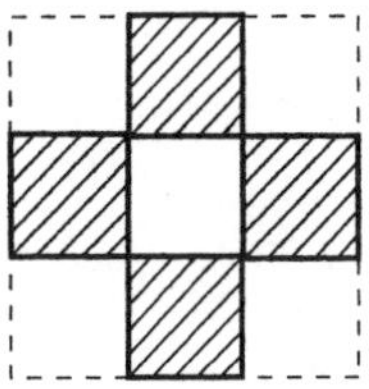
図３

(1)　ふたを外して箱の中に２種類のブロックを合わせて27個入れたのち，ふたを閉じ，面EFGHが床《ゆか》に触《ふ》れるように箱を水平な床の上に置くと，図１のADに平行な矢印の方向から見ても真上から見ても，図３のように見えました。黒く見える部分を斜線で表しています。

(ア)　黒いブロックが必ず入っている位置を表す記号をすべて，解答欄に記入しなさい。ただし，１つの解答欄には１つの位置を表す記号を記入しなさい。また，解答欄をすべて使うとは限りません。

⑴ ㈠で答えた位置以外に，黒いブロックが入っている可能性がある位置を表す記号をすべて答えなさい。ただし，１つの解答欄には１つの位置を表す記号を記入しなさい。また，解答欄をすべて使うとは限りません。

㈦ 箱の中にある黒いブロックの個数は最大で□個，最小で□個です。

㈡ 箱の中の黒いブロックの配置として可能なものは全部で□通りあります。

⑵ 図４のように，箱の頂点Ｄにひもをつけてつるし，箱を床から離します。このとき，光を真上から当てたときに床にできる影《かげ》を考えます。

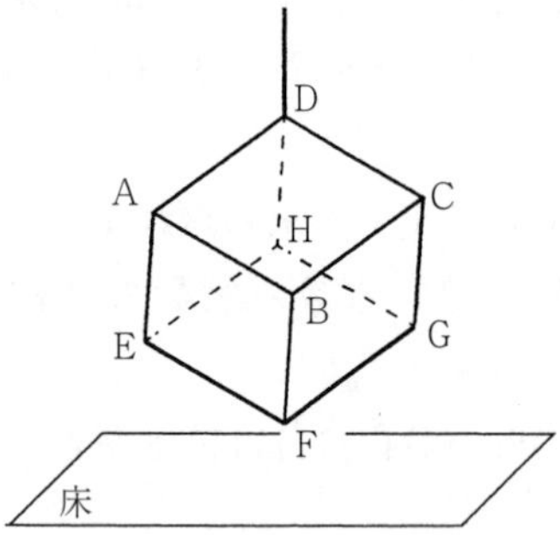

図４

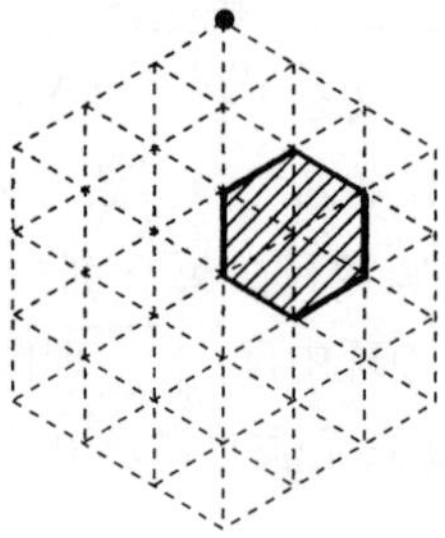

図５

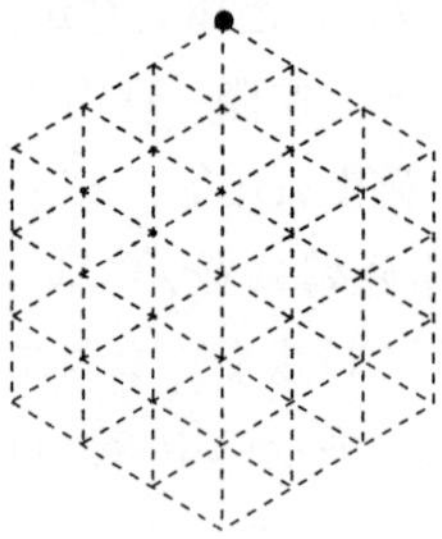

図６

㈠ 図２の１−１−１，３−２−１の２つの位置に黒いブロックを入れ，その他の位置に透明なブロックを入れます。床にできる影のうち，３−２−１の位置にある黒いブロックの影は図５の斜線部分のような正六角形になります。１−１−１の位置にある黒いブロックの影を図５にかき入れなさい。ただし，影のふちを太くなぞり，内側を斜線で示しなさい。

⑴ 箱を水平な床の上に置くと，ADに平行な矢印の方向から見ても真上から見ても，図３のように見えるようにブロックを箱に入れる場合を再び考えます。その中で箱の中にある黒いブロックの個数が最大の場合について，床にできる影を㈠と同じように図６にかき入れなさい。

【理　科】〈**第１日目**〉(60分)〈満点：100点〉

1　以下の問いに答えなさい。

問１　モンシロチョウとアゲハの一生について，次の(1)～(3)に答えなさい。

(1)　アゲハの卵の大きさを，次の**ア**～**オ**から選びなさい。

ア　0.2mm　　**イ**　1mm　　**ウ**　3mm

エ　5mm　　**オ**　1cm

(2)　モンシロチョウが卵からかえったとき，最初に食べるものは何ですか。

(3)　モンシロチョウの幼虫は，さなぎになるまでに，何回皮をぬぎますか。

問２　モンシロチョウは主に植物Ａの葉に，アゲハは主に植物Ｂの葉に，それぞれ卵を産みつけます。植物Ａと植物Ｂを次の**ア**～**キ**からそれぞれ選びなさい。

ア　スミレ　　**イ**　ヘチマ　　**ウ**　ミカン

エ　リンゴ　　**オ**　キャベツ　　**カ**　アサガオ

キ　レンゲソウ

問３　昆《こん》虫と植物の関係について，次の(1)，(2)に答えなさい。

(1)　昆虫や動物に食べられないようにするために，バラやサボテンがそなえている構造を答えなさい。

(2)　植物Ｂは，アゲハの成虫が訪れることによってどんな利益を得ていますか。簡潔に答えなさい。

問４　ある地域に「アゲハ」，「昆虫Ｘ」，「昆虫Ｙ」，「(問２の)植物Ｂ」，「植物Ｃ」が生息しており，アゲハと昆虫Ｘと昆虫Ｙはこの地域を動かないものとします。

昆虫Ｘと昆虫Ｙは消化不良を起こさない限りは好き嫌《きら》いなく，生息している植物(の一定量)を食べて生活するものとします。しかし植物Ｂの葉が作る物質Ｆは，昆虫Ｘと昆虫Ｙに対して，消化不良を起こすなど不利益になります。これに対して，アゲハは幼虫のときこの物質Ｆを無毒化することができ，植物Ｂのみ(の一定量)を食べて成長し，卵を産みつけるときまで，植物Ｂを独占《どくせん》します。しかし，アゲハは植物Ｃを食べません。

あるとき以降，昆虫Ｘが，植物Ｂの物質Ｆを食べても消化不良を起こすことがなくなったとします。次の(1)，(2)に答えなさい。

(1)　下線部のような昆虫Ｘの変化により，アゲハと昆虫Ｘと昆虫Ｙの生活は，それまでの生活と比べて，どのように変わりますか。それぞれについて，良くなる場合は**ア**，悪くなる場合は**イ**，変わらない場合は**ウ**と答えなさい。なお生活の良し悪しは，エサの量や種類，生活する空間の広さなどによって決まるものとします。ただし，アゲハと昆虫Ｘと昆虫Ｙとの間に競争や食う食われるの関係はありません。また，それぞれが食べる総量は変わることはありません。

(2)　植物Ｂと植物Ｃのそれぞれについて，下線部の変化からの影響《えいきょう》を受けて，食われる量が減る場合は**ア**，食われる量が増える場合は**イ**，食われる量に変化のない場合には**ウ**と答えなさい。

2　水平でなめらかな板の上に小球Ｐを置きます。小球Ｐには何本かの糸をつけることができます。板にあけた小さな穴を通して糸を下にたらし，それぞれの糸におもりをつるします。小球Ｐと板の間に摩擦《まさつ》はなく，糸と穴の間にも摩擦はないものとします。小球Ｐの大きさと重さは無視し，糸の重さも無視します。

図１のように，小球Ｐに４本の糸をつけて，正方形の頂点Ａ，Ｂ，Ｃ，Ｄの位置に穴をあけて糸を通し，それぞれの糸に10ｇのおもりをつるすと，小球は正方形の真ん中で静止しました。それ以外の場所では静止させることができませんでした。

次に，図２のように，小球Ｐに３本の糸をつけて，正三角形の頂点Ａ，Ｂ，Ｃの位置に穴をあけて糸を通し，それぞれの糸に10ｇのおもりをつるすと，小球は正三角形の真ん中で静止しました(糸は120°ずつの角をなす)。それ以外の場所では静止させることができませんでした。

また，図３のように，小球Ｐに２本の糸をつけて，２つの穴ＡとＢに糸を通し，それぞれの糸に10ｇのおもりをつるすと，小球はＡとＢを結ぶ直線上のどの場所でも静止させることができました。

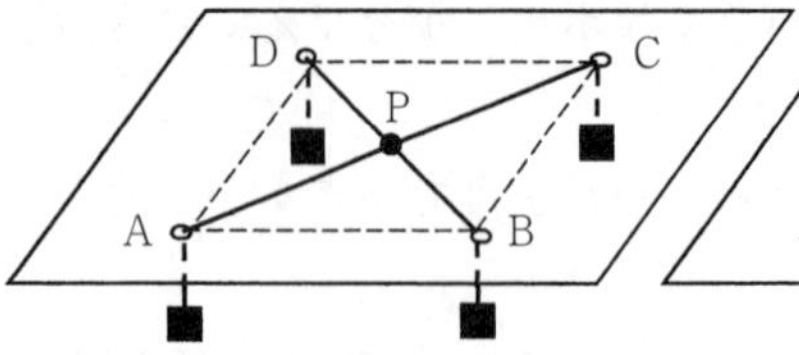

図１

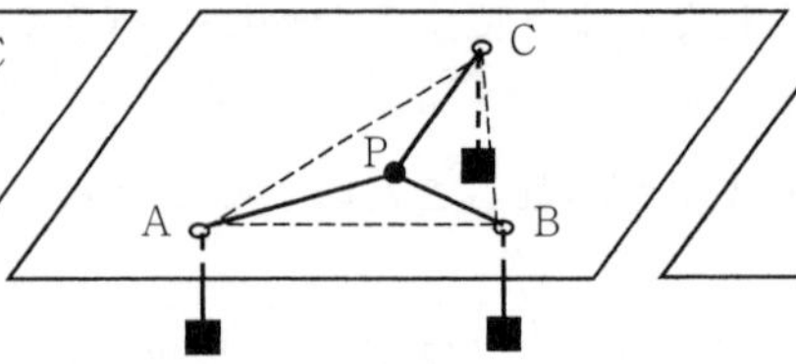

図２

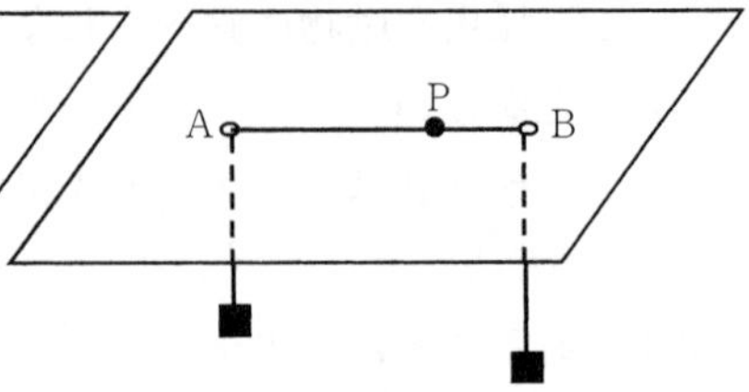

図３

問１　図１で，穴Ｃの位置を右上方向(直線ACの延長方向)のC′に移すと(図１′)，小球Ｐを静止させることができる場所はどうなるでしょうか。次の**ア**～**ウ**から適するものを選びなさい。

ア　右上方向に移動する。

イ　左下方向に移動する。

ウ　もとのままである。

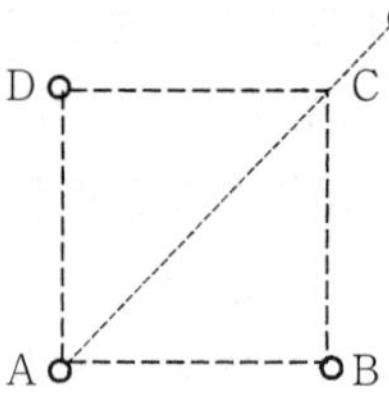

図１′

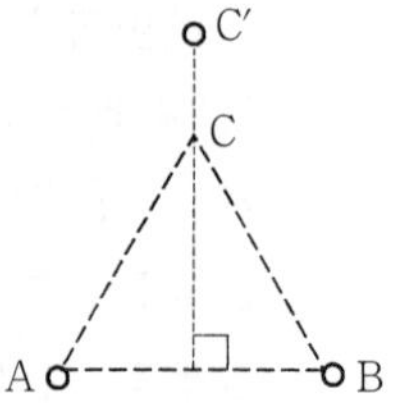

図２′

問２　図２で，穴Ｃの位置を上方向のC′に移すと(図２′)，小球Ｐを静止させることができる場所はどうなるでしょうか。次の**ア**～**ウ**から適するものを選びなさい。

ア　上方向に移動する。　　**イ**　下方向に移動する。

ウ　もとのままである。

問３　図２で，穴Ｃの位置を右方向のC′に移すと，小球Ｐを静止させることができる場所は図４のようになりました。そのとき糸APBのなす角は120°でした。糸BPC′のなす角xの値はどうなっているでしょうか。次の**ア**～**ウ**から適するものを選びなさい。

ア　xは120°より大きい。

イ　xは120°である。

ウ　xは120°より小さい。

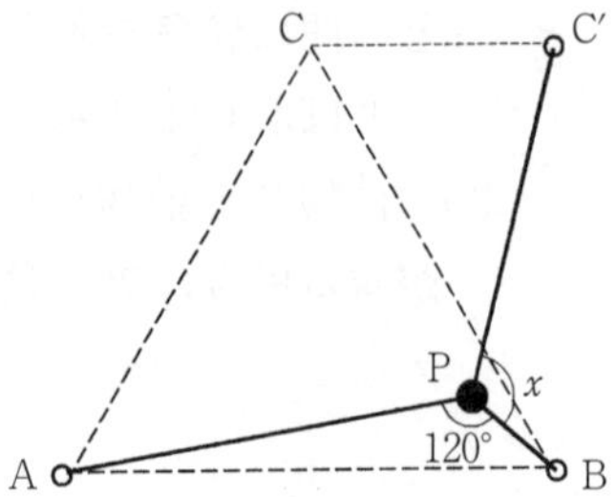

図４

問4　解答らんの図5～7(A，B，C，Dは正方形の頂点の位置)を見て，下のそれぞれの場合に，小球Pを静止させることができる場所を解答らんの図に示しなさい。ただし，小球を黒丸で，糸を線でかき，Pのまわりで糸のなす角度がわかるときは角度をすべて記入しなさい。

図5で，小球Pに3本の糸をつけて，穴A，B，Cに糸を通し，それぞれ10gのおもりをつるす場合。

図6で，小球Pに4本の糸をつけて，穴A，B，C，Eに糸を通し，それぞれ10gのおもりをつるす場合。

図7で，小球Pに4本の糸をつけて，穴A，B，C，Dに糸を通し，A，B，Cにはそれぞれ10gのおもりを，Dには20gのおもりをつるす場合。

3　水そう[1]～[3]をつないで，海→[1]→[2]→[3]→海の順に海水を流す「魚の養殖《しょく》場」をつくり，この中で次のA～Eの生物を育てることにします。

A	植物プランクトン	栄養素Xと光を吸収して成長します。
B	海そう	栄養素Xと海水に溶《と》けた動物の排《はい》せつ物，および光を吸収して成長します。
C	ゴカイ	植物プランクトンや砂に混じる栄養をエサとして急速に成長し数を増やします。
D	アサリ	植物プランクトンや動物の排せつ物をエサとします。
E	魚	ゴカイをエサとします。

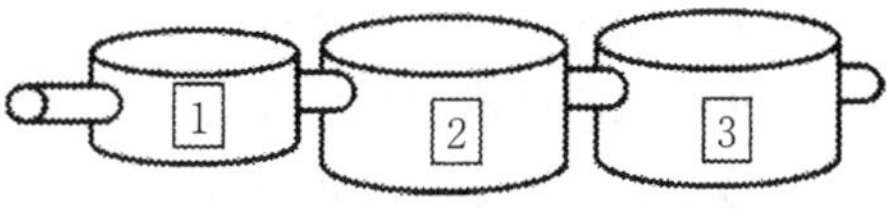

海水には水そう[1]の段階で「光合成をおこなう生物にとっての栄養素X」が溶けていますが，海水を水そう[3]から海に戻《もど》す際には，育てる生物のはたらきを利用して浄化《じょうか》してから戻します。また魚を大きくするだけではなく，他の生物も全滅《めつ》することなく数が安定するようにします。

ただしA～Eを育てるのに必要な光，水温，水流，水そうの大きさや深さ，水そうの底の環《かん》境《きょう》などは適切に管理されるものとします。まず水そう[1]には植物プランクトンを入れ増殖させますが，植物プランクトンの元の量は水そう[1]に留まり，増えた分だけが移動します。また水そう[1]～[3]の間はパイプでつないでいますが，植物プランクトン以外の生物は移動できません。

問1　生物B～Eをどの水そうで飼育するのが適当かを考えるため，以下の文章の(ア)～(エ)にあてはまる生物をA～Eから，〔オ〕と〔カ〕にあてはまる水そうの番号を[1]～[3]から選びなさい。ただし同じものを二度選んでもよいものとします。

・水そう[1]に(　ア　)や(　イ　)を入れると，十分に増える前に植物プランクトンがすべて食べられてしまう可能性があります。

・水そう[2]に(　ウ　)と(　エ　)を一緒《いっしょ》に入れると，植物プランクトンの取り合いになります。

・ゴカイを〔　オ　〕の水そうに入れると排せつ物を浄化する水そうがなくなることになります。

・海そうを〔　カ　〕の水そうに入れると栄養素Xを植物プランクトンとうばい合うことになります。

・食う食われるの関係からゴカイと一緒に入れるべき生物が決まります。

問2　問1の結果をふまえて，ゴカイを入れた水そうに，海そうを入れて増殖させたとすると，海そうを増殖させなかった場合と比べてゴカイの数はどのようになりますか。魚との食う食われるの関係を考えたうえで，次の**ア**～**ウ**から適するものを選びなさい。

ア　増えた後に安定する。　　**イ**　減った後に安定する。

ウ　変化なく安定する。

問3　以上のことから考えて，生物B～Eが入るべき水そうの番号を[1]～[3]から1つずつ選んで答えなさい。ただし実際の養殖場では，他の要素も考える必要があるため，この限りではありません。

4　太陽が東から昇《のぼ》り西に沈《しず》むのは，地球が西から東へ回転しているからです。地球のこの動きを自転と呼びます。しかし西から昇る太陽を見ることは可能です。例えば地球の自転より速く西へ向かって移動すれば，太陽が西から昇ってくるのを見られます。

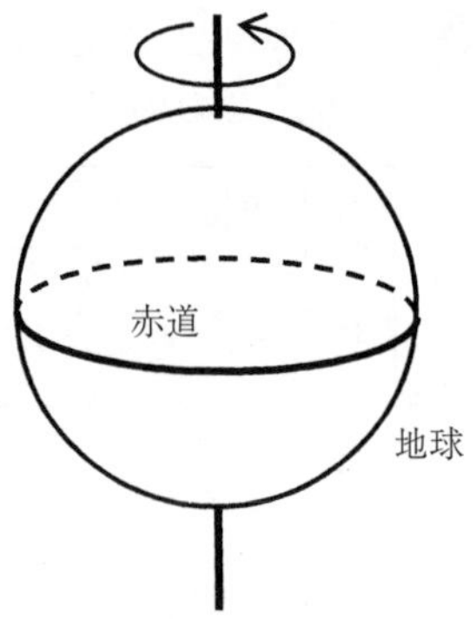

問1　地球を一周の長さが40000kmの球として，地球の赤道上を西へ，時速何kmより速く移動すれば，西から昇る太陽が見られますか。小数第1位を四捨五入して整数で答えなさい。

問2　時速800kmで飛ぶ飛行機で赤道上を西へ飛べば，飛行機の中から太陽の動きはどのように見えますか。下の**ア**～**ウ**と**エ**～**カ**からそれぞれ1つずつ適するものを選びなさい。

ア　太陽は東から昇る。

イ　太陽は西から昇る。

ウ　太陽の高さは変わらない。

エ　昼間の長さは通常のおよそ半分になる。

オ　昼間の長さは通常のおよそ2倍になる。

カ　昼間の長さは通常と変わらない。

地球が丸いため，東の土地ほど日の出が早く見られます。しかし日本(離《り》島をのぞく)でお正月の初日の出が最も早く見られる場所は，最も東の場所ではなく富士山山頂です。これも地球が丸いため，山の高いところほど太陽の光が早く当たるからです。このことを利用すると，高い場所から低い場所へ急速に降りることにより日の出が二回見られることになります。

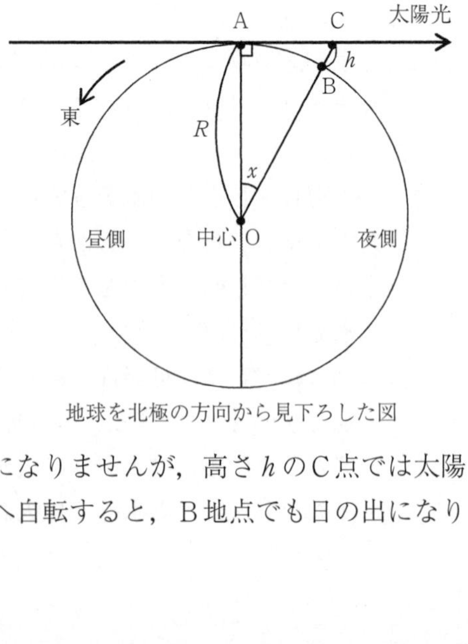

地球を北極の方向から見下ろした図

右の図で，A地点は太陽の光が当たりちょうど日の出を迎《むか》えています。場所は赤道上とし，時期は春分か秋分の日とします。西側のB地点ではまだ日の出になりませんが，高さhのC点では太陽の光が来ています。この状態から地球が角度xだけ東へ自転すると，B地点でも日の出になります。

問３　C点の高さhを10m（＝0.01km），地球の半径Rを6400kmとします。ACの距離《きょり》はおよそ何kmですか。次の**ア**～**カ**から最も適するものを選びなさい。ただし右下に示した三辺の長さがa，b，cの直角三角形では，$a\times a+b\times b=c\times c$の関係がなりたちます。

ア　1.1km
イ　2.2km
ウ　11km
エ　22km
オ　110km
カ　220km

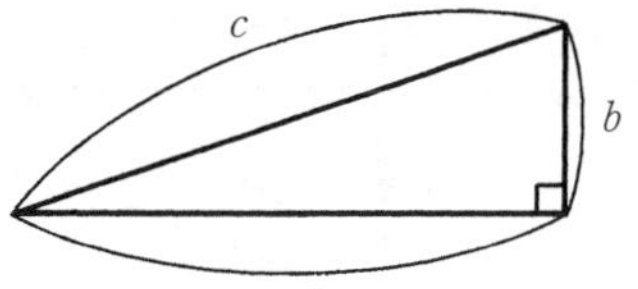

$a\times a+b\times b=c\times c$

問４　C点に太陽の光が当たってから，B地点に太陽の光が当たるまで，何秒かかりますか。小数第１位を四捨五入し，整数で答えなさい。ただし地球の半径Rに対してhが十分に小さいので，ACの長さはABの長さと同じとみなしてかまいません。この時間内にCからBへ10m降りれば，Cで日の出を見た人が二回目の日の出の瞬《しゅん》間を見られます。これとは逆に，日没《ぼつ》直後に高いところに登って行くと，西から昇る太陽を短時間でも見ることができます。

5　図のような筒《つつ》の中にある気体を閉じこめて，ピストンにのせるおもりの数や筒内の温度を変え，気体の体積を調べました。下の表１は一定温度でおもりの数を変えて実験した結果を，表２はおもりをのせずに温度を変えて実験した結果を，それぞれ表したものです。

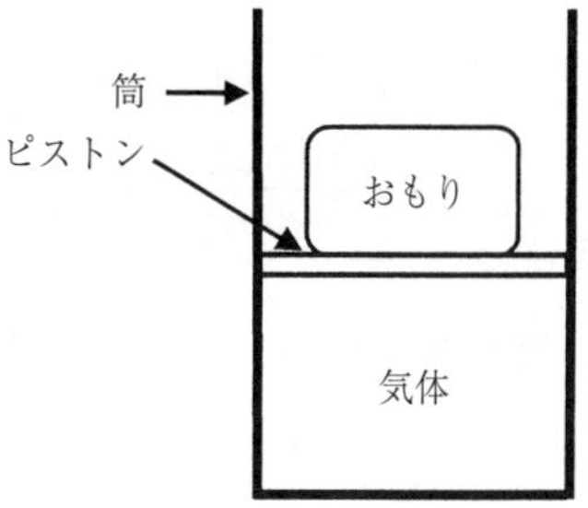

おもりの数[個]	0	1	2	3	4	5
体積[L]	1.00	0.50	0.33	0.25	0.20	0.17

表１

温度[℃]	0	10	20	30	40	50
体積[L]	0.91	0.94	0.97	1.00	1.03	1.06

表２

以下の問いに答えなさい。ただし，数値は小数第２位まで答えなさい。

問１　表１において，おもりの数が９個のとき，体積は何Lですか。

問２　表２において，100℃のときの体積は何Lですか。

問３　⑴　表１について，130℃で実験したとき，どのようなグラフになりますか。おおよその形として，最も適当なグラフを下の**ア**～**ク**から選びなさい。ただし，点線は表１の結果を表したもので，横軸《じく》がおもりの数[個]，縦軸が体積[L]を表しています。また，130℃で，おもりの数が４個のとき，体積は何Lになりますか。

⑵　表２について，おもりを１個のせて実験したとき，どのようなグラフになりますか。おおよその形として，最も適当なグラフを下の**ア**～**ク**から選びなさい。ただし，点線は表２の結果を表したもので，横軸が温度[℃]，縦軸が体積[L]を表しています。また，おもりを１個のせ，温度を50℃にしたとき，体積は何Lになりますか。

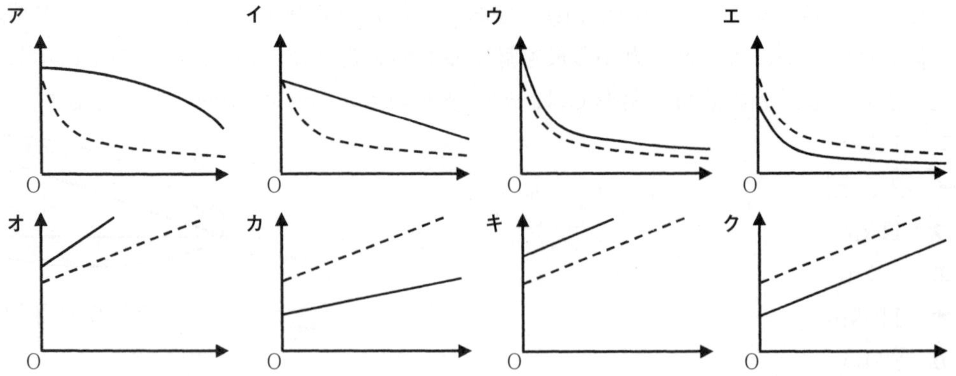

6　「混合物X」と「混合物Y」は，いずれもアルミニウムの粉末と金属Zの粉末がそれぞれある割合で混ざったものです。これらと塩酸(A液)，水酸化ナトリウム水溶液《すいようえき》(B液)を用意して，以下の実験を行いました。ただしmgは1000分の1グラムを表す単位です。

実験1　100mgの「混合物X」にA液を10mLずつ加えていき，発生する気体(水素)の体積と，溶《と》け残った金属の重さを調べたところ，次のような結果が得られました。

加えたA液の体積[mL]	0	10	20	30	40	50	60	70	80	90
発生した気体の体積[mL]	0	16	32	48	64	80	96	112	112	112
溶け残った金属の重さ[mg]	100	84	68	52	36	24	12	0	0	0

実験2　100mgの「混合物Y」にA液を10mLずつ加えていき，発生する気体(水素)の体積と，溶け残った金属の重さを調べたところ，次のような結果が得られました。

加えたA液の体積[mL]	0	10	20	30	40	50	60	70	80	90
発生した気体の体積[mL]	0	16	32	48	64	80	96	112	120	120
溶け残った金属の重さ[mg]	100	84	68	54	42	30	18	6	0	0

実験3　アルミニウムと金属Zを別々に試験管にとり，それぞれにB液を十分に加えたところ，アルミニウムはすべて溶けて水素が発生しましたが，金属Zはまったく溶けませんでした。

実験4　100mgの「混合物X」にA液を50mL加え，気体が発生しなくなったのちに溶け残った金属を別の試験管に取り出し，そこにB液を十分に加えたところ，溶け残っていた金属はすべて溶けて，水素32mLが発生しました。

問1　100mgの「混合物Y」に，A液を少しずつ加えていったとすると，新たに水素が発生しなくなるのは，A液を何mL加えた後ですか。

問2　これらの実験について，次の**ア**～**ウ**のうち一つが成り立つことが知られています。それはどれですか。最も適切なものを選びなさい。

ア　アルミニウムとZが両方存在する状態でA液を加えていくと，アルミニウムとZはもとの重さの比と同じ割合で溶ける。

イ　アルミニウムとZが両方存在する状態でA液を加えていくと，アルミニウムは溶けずに，Zが溶ける。

ウ　アルミニウムとZが両方存在する状態でA液を加えていくと，Zは溶けずに，アルミニウムが溶ける。

問３　「混合物Ｘ」に含《ふく》まれる，アルミニウムとＺの重さの比を，最も簡単な整数の比で表しなさい。

問４　同じ重さのアルミニウムとＺに，それぞれＡ液を十分に加えたときに発生する水素の体積の比を，最も簡単な整数の比で表しなさい。

問５　１グラムのアルミニウムにＡ液を十分に加えたときに発生する水素の体積と，１グラムのアルミニウムにＢ液を十分に加えたときに発生する水素の体積の比を，最も簡単な整数の比で表しなさい。

問６　「混合物Ｙ」に含まれる，アルミニウムとＺの重さの比を，最も簡単な整数の比で表しなさい。

正月飾《かざ》りと共に焼かれた三日箸
その炎《ほのお》の中を
ねがいごとが天に定住するように
立ち昇っていく

いま
わたしが作る三日箸
祖父の手さばきを真似《まね》ながら
心入れを呼び覚ましながら
正月迎えをするマンションの部屋

6チャイムが鳴る
来訪者は祖父にちがいない

問一　——線部1とありますが、「正月さまを迎えに行く」とは何をすることですか。説明した次の文の［A］～［D］に入れるのに適当な言葉を、それぞれ詩の中からぬき出して答えなさい。ただし、「正月さま」という言葉を用いてはいけません。

［A］へ出かけ、［B］の材料となる［C］を［D］てくる。

問二　——線部2「どんなかたちで正月さまが姿をみせるのか／祖父の手元をみつめていた」とありますが、このときの「わたし」の気持ちを説明したものとして、最も適当なものを次のア～オから選び、記号で答えなさい。

ア　正月を祝うためにまつる神様がどんな姿をしているのか初めて見るので、祖父の手さばきに興味をひかれている。
イ　正月を祝うためにまつる神様は本当はいないのだとあきらめつつも、いると信じている祖父をはげまそうとしている。
ウ　正月を祝うためにまつる神様を現実の世界に呼び寄せるときに祖父が失敗しないか、はらはらしている。
エ　正月を祝うためにまつる神様を思わせるものが、祖父の手によってできあがっていくのを心待ちにしている。
オ　正月を祝うためにまつる神様をあてにせず、新年は祖父と心を新たに生きていこうと決意している。

問三　——線部3「香り立つ箸」とありますが、この「箸」が「香り立つ」のはなぜですか。理由を答えなさい。

問四　——線部4「三日のあいだに／一年分のねがいを染み込ませる」とありますが、これはどうすることですか、答えなさい。

問五　——線部5「小正月」とありますが、これは日本の大部分で、一月の中ごろに行われる行事です。何のために、何をする行事だと思われますか。この連の内容を参考にして答えなさい。

問六　——線部6「チャイムが鳴る／来訪者は祖父にちがいない」とありますが、現実には「祖父」はすでに亡くなっていると思われます。では、「わたし」が「来訪者は祖父にちがいない」と思ったのはなぜですか。理由を答えなさい。

はどういうことですか、答えなさい。

問五　——線部4「命のざわめきに満ちていた」とはどういうことを表していますか。分かりやすく答えなさい。

問六　——線部5「やあ人間ぞ。早う早う」とありますが、言葉をおぎなって、これを分かりやすく言いかえなさい。

問七　——線部6「遠慮させていただいた」とありますが、それはなぜですか。理由を答えなさい。

問八　——線部7「白い穂が～聞こえるばかりだった」とありますが、この表現は、筆者のどのような思いを表していると考えられますか。最も適当なものを次のア～オから選び、記号で答えなさい。

ア　沖縄の静かで美しい景色を見て、悲惨《ひさん》な戦争の傷跡《きずあと》から復興をとげた、沖縄の人たちの無言の努力に対して思いをはせている。

イ　沖縄の美しい自然の輝《かがや》きを見て、人間だけでなく自然も破壊《はかい》してしまう戦争が二度と起こらないようにと心の中で祈《いの》っている。

ウ　沖縄の雄大な自然が遠くまで広がる様子を見て、戦争を含《ふく》めた人間の営みの小ささに気づき、自分の生き方を問い直している。

エ　沖縄の美しく静かな風景の下に埋《う》もれている、戦争で亡くなった、何も語らない、たくさんの人たちの姿を思い起こしている。

オ　沖縄を訪《おとず》れると戦時中のいろいろな記憶《きおく》がよみがえるが、美しく静かな光景を前にすると、現実とは思えず、とまどっている。

三　**次の詩を読んで、後の問いに答えなさい。**

三日箸《みっかばし》　　壺阪輝代《つぼさかてるよ》

1正月さまを迎《むか》えに行くぞ
祖父の恒例《こうれい》の声を待っている
大晦日《おおみそか》

ちかくの山から持ち帰ったのは
樫《かし》の木の新しい枝
2どんなかたちで正月さまが姿をみせるのか
祖父の手元をみつめていた

白い木肌《きはだ》が現れ
家族の数だけ作られていく箸《はし》
おとなは長く
こどもは短く
そして箸は
名前を記した箸袋《はしぶくろ》に納められていく

元日の朝
雑煮《ぞうに》より早く昇《のぼ》ってくる初日《はつひ》
3香《かお》り立つ箸で掬《すく》う新しい年
4三日のあいだに
一年分のねがいを染《し》み込《こ》ませる

5小正月

共に暮らすうち、母は「魂《たましい》の深《ふか》か人」とまで兄のことを褒《ほ》めそやすようになるのである。

貧しい百姓《ひゃくしょう》暮らしのこと、米の供出の割り当てを守ると、あとにはいくらも残らない。3飢饉《ききん》も戦時の食糧難《しょくりょうなん》も、救ってくれるのは目の前に広がる不知火海《しらぬいかい》であった。天草《あまくさ》の島で育ったらしい兄は、＊ビナ(貝)の捕《と》り方《かた》をよく知っていて、わたしを誘《さそ》うと、しょうけ(ざる)を抱《かか》え磯《いそ》に下りていくのである。

渚《なぎさ》は4命のざわめきに満ちていた。アサリ、ハマグリ、鬼《おに》の爪《つめ》……。ぞろんこぞろんこ、ひしめいて、近づこうものなら本当に、こけつまろびつ逃《に》げていく。「5やあ人間ぞ。早《はよ》う早う。」呼《よ》び交《か》わし、岩肌《いわはだ》にぺったり吸い付いた舌先を、はがしてはまた吸い付いての急ぎ足。最後は水の中に、とぷん。湖のような水面に、さざ波が立つばかりである。

なかには逃《に》げ遅《おく》れて、岩陰《いわかげ》にひっそり息を殺しているものもいる。兄はそのビナを器用にひっくり返してゆく。ふとその手を休めて、「思いがけず、妹のおったなあ。」とaはにかむのである。

間もなく、兄は召集《しょうしゅう》された。わたしたちのもとにやって来たのも、遠からず兵隊にゆくことが分かっていたからだろう。部隊は北支《ほくし》(中国北部)のあと、沖縄に送られた。当時、＊代用教員の錬成所《れんせいじょ》に通っていたわたしは、きょうこそ兄からの手紙が来るかと心待ちにしていたが、舞《ま》い込《こ》んだのは「沖縄玉砕《ぎょくさい》」の一報であった。

時を置いて届いた公報には、沖縄本島南部で戦死とあったそうだ。たしかな場所はいまも分からない。

戦後、ものを書くようになったわたしは取材で沖縄を何度か訪《おとず》れた。兄のことを知った地元の方が「南部の戦跡《せんせき》をまわってみますか。」と言ってくださったこともあるが、ありがたく思いながら6遠慮《えんりょ》させていただいた。

戦死した兄は、ただお国を守ろうと願って沖縄に赴《おもむ》いたに違《ちが》いない。それでも、島さながら戦場となり、県民の四人に一人が亡《な》くなったという沖縄の受苦を思うと、ご厚意《こうい》に甘《あま》えるわけにはいかなかった。南部にあるひめゆりの塔《とう》だけを訪れ、手を合わせた。

b道すがら、広いサトウキビ畑に出た。7白い穂《ほ》が波のように耀《かがよ》い、葉擦《はず》れのざわめきが聞こえるばかりだった。

(石牟礼道子《いしむれみちこ》の文章による)

＊注　ビナ―九州地方の方言で、小さな巻き貝のこと。
代用教員の錬成所―小学校の臨時教員の養成所。

問一　〰〰線部a「はにかむ」、〰〰線部b「道すがら」の意味として、最も適当なものをア～オから選び、それぞれ記号で答えなさい。

a「はにかむ」

ア　あいそ笑いをする　　イ　困った顔をする
ウ　すこしおどろく　　エ　にが笑いをする
オ　恥ずかしそうにする

b「道すがら」

ア　道からそれると　　イ　道に沿っていると
ウ　道の途中で　　エ　道の向こうに
オ　道草を食っていると

問二　――線部1とありますが、筆者はどうして「黒糖に目がない」のですか。理由を答えなさい。

問三　――線部2「一緒に住むことになった」とありますが、どうして父は兄とともに住むことにしたのですか。理由を答えなさい。

問四　――線部3「飢饉も戦時の食糧難も、～不知火海であった」と麗《れい》」でもない。ただ、一つひとつは色を変えることができないけれど、集まるとcolorfulというわけだ。4こういうのが好きである。

5よく透明《とうめい》を目指す人がいるけれど、わたしにはつまらない。政治や宗教や価値観をひた隠《かく》しにして、だれとでもつき合えるマルチ人間を目指すのは、どうもわたしには無理である。

だからといって、自分と同じ色でないと我慢《がまん》がならないという人ともつき合えない。勝手に別の色に染められたのではかなわない。

だれかがヨーグルトに塩を入れたら、「ふーん」と思って、それからちょっと味見をさせてもらう。気に入ったら自分のヨーグルトにも塩を入れるし、そうでなければ別の好きなものを入れる。これがわたしの異文化とのつき合い方である。

6ついでだが、東京のうどんの汁《しる》をどうのこうのいうのもやめてほしい。

（黒田龍之助《くろだりゅうのすけ》『その他の外国語　エトセトラ』による）

＊注　くにふぇ―英語の〝knife〟というつづり字を表現している。

問一　――線部A～Iのカタカナを漢字に改めなさい。

問二　――線部1「こんなふうに感じる人～外国語に向いていないのではないか」と筆者が言うのはなぜですか。理由を答えなさい。

問三　――線部2「まあ、そう極端にならないで」とありますが、極端になるとはどういうことをさしていますか、答えなさい。

問四　――線部3「『ふーん』と思う」とは、どうすることですか。解答らんに合わせて問題文中から十字でぬき出して答えなさい。

問五　――線部4「こういうのが好きである」とありますが、「こういうの」とはどういうことですか、答えなさい。

問六　――線部5「よく透明を目指す人がいるけれど」とありますが、「透明」とはどのような態度のことですか、答えなさい。

問七　――線部6「ついでだが、東京のうどんの汁をどうのこうのいうのもやめてほしい」について、次の問いに答えなさい。

A　「東京のうどんの汁をどうのこうのいう」人に対して、筆者はどのように言いたいと考えられますか。問題文中から五十字以内でぬき出し、その初めの五字を答えなさい。

B　この例を最後に「ついで」に挙げているのには、どのような意図がありますか。自分で考えて答えなさい。

二　**次の文章を読んで、後の問いに答えなさい。**

我ながら、これほど1黒糖に目がないのはどうしたことだろう。沖《おき》縄《なわ》から海を越《こ》えて運ばれるうち、角のとれた小さなかけら。その褐《かっ》色《しょく》の肌理《きめ》に奥深《おくぶか》い甘《あま》みと滋味《じみ》が詰《つ》まって、飽《あ》きることがない。

主治医の先生から「三度の食事が優先、間食は控《ひか》えめに。」とクギを刺《さ》されている身である。小指の先ほどのかけらを一日二つまでと決めたが、これがなかなか守れない。先日も、あと一つだけと口に運んだところを、見舞《みま》いに来た古い友人に見つかった。

「また間食してから。」と咎《とが》められ、「黒糖はわたしの信仰《しんこう》です。」と思わず口走っていた。友人はふき出している。たいそうな言葉が出て来たものだが、なかば本心でもある。突然《とつぜん》現れたかと思うまに、沖縄で戦死した兄を思う数少ないよすがなのである。

「実はな、お前には兄《あん》しゃまのおっとぞ。」

父が言い出したのは、終戦の前年であった。前妻との間に息子《むすこ》がいたのである。ほどなく、父に似て線の細い青年が水俣《みなまた》のわが家にひょっこりやって来て、2一緒《いっしょ》に住むことになった。息子どころか、前妻の存在も知らされていなかった母は、十日ばかり寝込《ねこ》んだのではなかったか。

しかし、兄は癇性《かんしょう》の父に似ず、穏《おだ》やかで心根《こころね》の優《やさ》しい人だった。

い」ことの連続である。発音するには舌を巻けとか、鼻から息を抜《ぬ》けとかいう。綴《つづ》り字だってたとえば「＊くにふぇ」と書いてナイフ。そのうえ語尾《ごび》になんかつけたり、順番をひっくり返したりする。まともじゃない。

この「まともじゃない」というBハッソウは、自分はまともで、その価値観に合わないものはおかしいと考えるところから生まれる。でも、外国語を学ぶのだったら、日本語の常識から外れるような世界に踏《ふ》み出《だ》していかなきゃ。そのときにそれまでの価値観に合致《がっち》しないことをヘンだと思うのだったら、新しい概念《がいねん》を受け入れるのは難しいだろう。

だからといって、その新しい概念を礼讃《らいさん》することはない。英語はいつでも主語があってCリッパだな。思えば日本語はあいまいだった。いままでわたしは間違《まちが》っていた。反省します。そういわれてもDコマる。

2まあ、そう極端《きょくたん》にならないで。

もちろん、ヨーグルトに塩がイヤなのはどうしようもない。そのように感じること自体はべつに問題ではない。なにを思おうが感じようが、それは人の勝手である。だとしたら、たとえばヨーグルトに塩を入れるのだって勝手ではないか。食べたくないものを無理に食えといわれたら、それは抵抗《ていこう》して当然だろう。でもね、だれも食べろとはいっていない。それどころかこの件についてコメントしてくれともいっていない。

それなのに、なにかをいいたくなってしまう人がいる。自分の経験にないこと、自分の趣味《しゅみ》に合わないことがおこなわれていることを知ると、まるで自分がEヒテイされたかのように感じるのだろうか。

さらに、たとえば「ねえねえ、ヨーグルトに塩を入れるなんておかしいですよねえ。同じ日本人としてFユルせませんよねえ。」などと、少なくともわたしにGドウチョウを求めないでください。わたしはヨーグルトになにを入れたっていいと思っているのだから。それに、「日本人として」というのが、とても苦手なのだから。

日本人だから米を食べろ、日本人だから日本語を話せ。そういうのが嫌《きら》いである。人にはいろんな生き方がある。どこかの国に生まれたからといって、それに従わなければならない時代ではない。

日本人は長年にわたって米を食べてきた。それはいい。だからといっていま全員が米を食べるべきだということにはならない。それに長年にわたる伝統を重んじるのであれば、ヨーグルトに塩を入れるという伝統もHソンチョウしていいはず。

新しいことに出合うと、わたしは差し当たり3「ふーん」と思うことにしている。この「ふーん」の伸《の》ばし方《かた》やイントネーションが微妙《びみょう》である。バカにしているのでは決してない。また「フン！」といって怒《おこ》っているのでもない。ただ、世の中にはずいぶんいろんなことがあるなあ、ということで、「ふーん」なのである。

まずはIヒハンも礼讃もしない。ただ静かに受け止める。そのように心がけている。

ほかの人の生き方やよその国の習慣は、ずいぶんと異なる。中には受け入れ難《がた》いものもある。しかしそれに口を出してはいけない。ただ黙《だま》って見守る。それ以上のことをするべきではないし、期待もされていないのだ。

落ち着いてみると、違《ちが》うのって面白《おもしろ》いなあと思えるようになる。みんなが同じだったらつまらない。わたしが外国語を学ぶのは、違うものを面白いと感じるからである。

いろいろと違うものが集まると、colorful《カラフル》になる。このcolorfulって、日本語でなんていえばいいのだろう。「多彩《たさい》」とも違うし、「華《か》

4　犬の子やかくれんぼする［　　］　小林一茶

5　放たれて犬風となり［　　］　高橋笛美

6　［　　］犬沈没《ちんぼつ》し躍《おど》り出《い》づ　川端茅舎

ア　門《かど》の松　イ　寒鴉《かんがらす》　ウ　芒原《すすきはら》

エ　初詣《はつもうで》　オ　虫の声　カ　雪の原

六　**「遅《おく》れを取る」のように、「～を取る」という表現には、さまざまなものがあります。次の1～6の各文の［　］に入れるのに最も適当な言葉を、後のア～カから選び、記号で答えなさい。ただし、同じものはくり返して使えません。**

1　サッカーの試合で［　　］を取って、格下の相手に負けてしまった。

2　私は英語の実力ではかれに［　　］を取ることはない。

3　母親の［　　］を取って、臨時のおこづかいをせしめた。

4　かれの音楽の才能はかなりすばらしいもので、やがてこの世界で［　　］を取るだろう。

5　わずかな言いまちがいなのに、［　　］を取られて、ついいらいらしてしまった。

6　医者になったわが子に［　　］を取ってもらうなんて、親としてこの上ない喜びだ。

ア　あげ足　イ　きげん　ウ　天下

エ　ひけ　オ　不覚　カ　脈

七　**後の〔条件〕にしたがって、次の1～3の漢字しりとりを完成させなさい。**

1　発[A]―[A][X]―[X][Y]―[Y][B]―[B]地

2　完[A]―[A][X]―[X][Y]―[Y][B]―[B]育

3　正[A]―[A][X]―[X][Y]―[Y][B]―[B]節

〔条件1〕　A・Bは二回とも音読みです。読み方は変わってもかまいません。

〔条件2〕　Xの一回目、Yの二回目は音読みです。

〔条件3〕　[X][Y]は、「昨日」（きのう）、「時計」（とけい）のように、熟語としての特別な読み方をする場合のある組み合わせです。

〔条件4〕　Xは次の五字から選びなさい。

下　果　眼　清　今

〔条件5〕　[X][Y]の熟語としての特別な読み方の最初の一字は、「へ・く・け・し・め」のうちのいずれかです。

〔例〕　乗[A]―[A][X]―[X][Y]―[Y][B]―[B]術

〔答え〕　A「降」　X「下」　Y「手」　B「芸」

（「下手」の特別な読み方は「へた」）

〈第二日目〉（七〇分）〈満点：一二〇点〉

◎　解答に字数制限のある場合、句読点などの記号も字数に数えます。

一　**次の文章を読んで、後の問いに答えなさい。**

たとえば、中東やバルカン半島の一部A チイキでは、ヨーグルトを食べるときに砂糖ではなく塩を加えるという。中にはニンニクなどを入れるところもあるそうだ。

これを聞いてどう思うだろうか?

「げー、塩なんか入れるの！　そのうえニンニク！　うー、気持ち悪い。そんなのおかしいよ。ヨーグルトは砂糖やジャムを入れるものでしょ。信じられない！」

1 こんなふうに感じる人、さらにはこれを声に出していってしまう人は、外国語に向いていないのではないか。

外国語を学ぶということは、日本語の常識から見れば「信じられな

二　**次の1～4の言葉を用いた文として、正しいものをそれぞれ後のア～オから一つ選び、記号で答えなさい。**

1　足が出る
ア　算数や理科は得意だが、国語にはなかなか足が出ない。
イ　学校に慣れ、勉強も足が出てきたと先生にほめられた。
ウ　一年生部員の中で、A君の実力はひとつ足が出ている。
エ　朝早くから畑に出て、足が出る働きぶりに感心した。
オ　みんなが予定より多く食べたので、旅行代は足が出た。

2　口をつぐむ
ア　みごとな演技に、審査員《しんさいん》は口をつぐんで絶賛した。
イ　前もって口をつぐんでいたので話は早くまとまった。
ウ　五年前の事件について、関係者は口をつぐんだ。
エ　うっかり口をつぐんで、秘密を打ち明けてしまった。
オ　目上の人と話すときは、口をつぐむのが礼儀《れいぎ》だ。

3　手をこまぬく
ア　たまの休みには、しっかり手をこまぬくことも必要だ。
イ　友達が困っていても、手をこまぬいているだけだった。
ウ　この料理は、さりげなく手をこまぬいて作ってある。
エ　手をこまぬくことを覚えると、何事も上達しない。
オ　そこに気がつくとは、さすが手をこまぬいているね。

4　目が高い
ア　つい目が高くなって、にせ物をつかまされてしまった。
イ　そんな目が高い言い方をすると、友達にきらわれるよ。
ウ　かれは目が高い性格で、他人の失敗を絶対見逃《みのが》さない。
エ　そのバイオリンを選ぶとは、君はなかなか目が高いね。
オ　いい物だと思ったが、値段を聞いて目が高くなった。

三　**次の1～4の意味を表す三字熟語を、後の〔語群〕から三字を選び、組み合わせて答えなさい。ただし、同じ漢字はくり返して使えません。**

1　顔の表情をいろいろに変えること。
2　美しい顔だちの男性。
3　この世とは思えないほどすばらしい場所。
4　季節の感じをよく表しているものごと。

〔語群〕　詩　二　相　地　天　枚
　　　　百　風　物　別　目　面

四　**次の1～4の言葉に近い意味を持つ四字熟語を、後に示す〔四字熟語の一部〕から選び、それを完成させて答えなさい。ただし、同じものはくり返して使えません。**

1　大風呂敷《おおぶろしき》を広げる
2　口をすっぱくする
3　しり馬に乗る
4　風前のともしび

〔四字熟語の一部〕
再□再□　　針□棒□　　絶□絶□
馬□東□　　付□雷□　　油□大□

五　**次の1～6の俳句の□に入れるのに最も適当なものを後のア～カから選び、記号で答えなさい。ただし、同じものはくり返して使えません。**

1　愛犬のお守りも受け□　　若島登美子
2　犬連れし夜道の中の□　　山田露結
3　犬の留守狙《ねら》いて小屋へ□　　斉藤友栄

通理解をもとうと。哲学《てつがく》の世界ではこれはスローガンですらある。ソクラテスが唱えた無知の知がそれだ。
彼《かれ》はいった。知ったかぶりをするより、知らないといったほうが賢《かしこ》くなれると。現にソクラテスは哲学の父として、賢者《けんじゃ》の象徴《しょうちょう》になっている。二千数百年の歴史を誇《ほこ》るこの偉大《いだい》な学問、哲学は、恥をかくことで生まれたのだ。

（小川仁志《おがわひとし》『小川仁志の〈哲学思考〉実験室』による）

問一　――線部1「恥は新しいことを知るための代金のようなものだ」とはどういうことですか。解答らんに合わせて、問題文中から十二字でぬき出して答えなさい。

問二　――線部2「いったいどうすれば、気にせず恥がかけるのか?」とありますが、筆者はこれに対してどのような提案をしていますか。説明した次の文の［Ⅰ］・［Ⅱ］に入れるのに適当な言葉を、問題文中からそれぞれ十字以内でぬき出して答えなさい。
「人生を［　Ⅰ　］であると考えて、［　Ⅱ　］。」という提案。

問三　［1］・［2］に入る言葉の組み合わせとして、最も適当なものを次のア～カから選び、記号で答えなさい。
ア　1　感情的　2　習慣的
イ　1　感情的　2　積極的
ウ　1　感情的　2　功利的
エ　1　体験的　2　習慣的
オ　1　体験的　2　積極的
カ　1　体験的　2　功利的

問四　――線部3「名誉の負傷」とありますが、恥をかくことがなぜ「名誉」なことなのですか。理由を説明した次の文の［　］に入れるのに適当な言葉を、問題文中の言葉を用いて、十字以内で答えなさい。
恥をかくことは、［　　］を得たことを意味するから。

問五　〈X〉・〈Y〉に入ることわざを答えなさい。

問六　〰〰線部a「無責任」とありますが、次のア～キのうち、頭に「無」をつけられるものをすべて選び、記号で答えなさい。
ア　開発　イ　自由　ウ　造作　エ　使用
オ　気力　カ　公開　キ　完成

問七　〰〰線部b「肩身の狭い」とありますが、次の1～3の意味になる言葉を「肩」を用いて答えなさい。
1　重い責任や負担から解放されて楽になる。
2　がっかりして力がぬける。
3　好意をもってひいきする。

問八　〰〰線部c「プラス」とありますが、これは「ス」で終わる外来語です。次の1～6の文の（　）に入れるのに最も適当な「ス」で終わる外来語を、後のA～Fから選び、記号で答えなさい。
1　自然の豊かな公園は、都会の人々の心に安らぎをあたえる（　）だといえるだろう。
2　いくら高い服でも、選ぶ人の（　）が悪いと、あまりいいものには見えない。
3　平日昼間と比べると、（　）街の休日は、ほとんど人通りがない。
4　報道された情報の（　）は明らかにされていない。
5　気楽に参加した討論会だが、予想外に（　）な内容でおどろいた。
6　（　）の効いた皮肉は会話の中で有意義な役割を果たす。
A　オアシス　B　オフィス　C　シリアス
D　スパイス　E　センス　F　ソース

二〇一八年度　灘中学校

【国　語】〈第一日目〉（四〇分）〈満点：八〇点〉

◎ 解答に字数制限のある場合、句読点などの記号も字数に数えます。

一　次の文章を読んで、後の問いに答えなさい。

自分だけ気づいていないときがある。服を裏表逆に着ていた。チャックが開いていた。鼻毛が出ていた。歯に青のりがついていた……。実際どれも経験したことがある。後で気づいたときや、人から指摘《してき》されたとき、もう顔が真っ赤になってしまう。穴があったら入りたくなる。

そんなことなら、いっそ知らないほうがいいのだろうか？〈　X　〉という。裸《はだか》の王様も、「王様は裸だ」といわれるまでは満足だった。人生にはそんなことがたくさんあるのだ。知らずに過ごせば幸せだったことが。

でも、そんなわけにはいかないのだ。それなら赤ちゃんのまま生きたほうがいいということになる。赤ちゃんは何も知らないのだから。あの無邪気《むじゃき》な笑顔《えがお》はそこから来ている。ただ、それでは人生は面白《おもしろ》くない。人生は知るから楽しいのだ。

自分の無知を知ったとき、一瞬《いっしゅん》は恥《は》ずかしくて死にそうになるが、それはあくまで一瞬であって、すぐ平気になる。それ以上に、自分が新しいことを知ったことに価値があるのだ。1恥《はじ》は新しいことを知るための代金のようなものだ。授業料といったほうがいいかも。

どんどん恥をかいて、知を増やしていくべきだ。無知であることこそ恥ずかしいことなのだから。とはいえ、なかなか恥はかきたくないものだ。いくら効用があるといっても、みんな抵抗《ていこう》があるだろう。

2いったいどうすれば、気にせず恥がかけるのか？　そこで参考になるのがこの諺《ことわざ》。〈　Y　〉。普段なら恥ずかしくてできないことも、旅先ならできてしまう、やってしまうという意味だ。これはいい意味にも悪い意味にも使われる。悪い意味だと、旅だと思ってa無責任なことをするなという文脈で使われる。ここではいい意味にとらえたい。つまり、旅先なら誰《だれ》も自分のことを知らないのだから、恥をかいても大丈夫《だいじょうぶ》、大胆《だいたん》に振《ふ》る舞《ま》えということだ。

これを応用して人生全体を旅ととらえればいいのだ。考えてみれば、人生は長い旅のようなものだ。出逢《であ》いもあれば別れもある。そうとらえれば、長い人生、別にここで恥をかいたところで、一生b肩身《かたみ》の狭《せま》い思いをするということもないだろう。

そもそも、恥をかいて覚えたことは絶対忘れないものだ。みんなの前で間違《まちが》えたとか、ずっと間違ったまま使ってたとか。恥とは、体に空いた穴のようなもので、そこを埋《う》めても形が残るのだ。だから忘れない。古傷と共に、そのときのことを覚えているのと同じなのだ。そのことを［ 1 ］に知っているので、僕《ぼく》は［ 2 ］に恥をかくことにしている。3名誉《めいよ》の負傷をするのだ。知のために。そしてその古傷を勲章《くんしょう》にする。

世の中には、人に恥をかかせちゃいけないという風潮がある。恥が悪のようにとらえられているからだ。とすると、恥をかく機会が減ってしまう。これはもったいないことだ。大事なのは、恥をかかせないことではなくて、恥をかくことが過剰《かじょう》に人の尊厳を傷つける結果にならないようにすることではないだろうか。

恥をかかされないために、学校や職場に来なくなったり、もっと悪い結果を生むこともある。それは問題だ。せっかく恥のおかげで知を得られるのに、副作用のほうが大きすぎるからだ。だからこそなおさらいいたいのだ。恥をかくことは知のためにcプラスになるという共

2018年度

灘 中 学 校　▶解説と解答

算 数　＜第１日目＞（60分）＜満点：100点＞

解 答

$\boxed{1}$ 8　$\boxed{2}$ ① 120　② 168　$\boxed{3}$ 23　$\boxed{4}$ ① 5　② 45　$\boxed{5}$ ① 25　② $1\frac{3}{47}$　$\boxed{6}$ ① 4281　② 28　$\boxed{7}$ 70　$\boxed{8}$ 40　$\boxed{9}$ 28　$\boxed{10}$ $2\frac{2}{3}$　$\boxed{11}$ ① 18　② $14\frac{14}{15}$

解 説

$\boxed{1}$ 計算のくふう

下の㋐～㋒の性質を利用すると，$\frac{3}{10}+\frac{2}{35}+\frac{4}{77}+\frac{2}{143}=\frac{3}{2\times5}+\frac{2}{5\times7}+\frac{4}{7\times11}+\frac{2}{11\times13}=\frac{1}{2}-\frac{1}{5}+\frac{1}{5}-\frac{1}{7}+\frac{1}{7}-\frac{1}{11}+\frac{1}{11}-\frac{1}{13}=\frac{1}{2}-\frac{1}{13}=\frac{13}{26}-\frac{2}{26}=\frac{11}{26}$となるから，あたえられた式は，$\frac{11}{26}=30\div\left(76-\square\div1\frac{4}{7}\right)$と表すことができる。よって，$76-\square\div1\frac{4}{7}=30\div\frac{11}{26}=30\times\frac{26}{11}=\frac{780}{11}$，$\square\div1\frac{4}{7}=76-\frac{780}{11}=\frac{836}{11}-\frac{780}{11}=\frac{56}{11}$，$\square=\frac{56}{11}\times1\frac{4}{7}=\frac{56}{11}\times\frac{11}{7}=8$と求められる。

㋐ $\frac{1}{N}-\frac{1}{N+2}=\frac{N+2}{N\times(N+2)}-\frac{N}{N\times(N+2)}=\frac{2}{N\times(N+2)}$ ➡ $\frac{2}{N\times(N+2)}=\frac{1}{N}-\frac{1}{N+2}$

㋑ $\frac{1}{N}-\frac{1}{N+3}=\frac{N+3}{N\times(N+3)}-\frac{N}{N\times(N+3)}=\frac{3}{N\times(N+3)}$ ➡ $\frac{3}{N\times(N+3)}=\frac{1}{N}-\frac{1}{N+3}$

㋒ $\frac{1}{N}-\frac{1}{N+4}=\frac{N+4}{N\times(N+4)}-\frac{N}{N\times(N+4)}=\frac{4}{N\times(N+4)}$ ➡ $\frac{4}{N\times(N+4)}=\frac{1}{N}-\frac{1}{N+4}$

$\boxed{2}$ 比の性質

	りんご	オレンジ	合計
㋐	②＋8	③	⑤＋8
㋑	$\boxed{3}$	$\boxed{4}$＋8	$\boxed{7}$＋8

「りんご２個とオレンジ３個」のセットで箱づめにしたときの箱の個数を①とすると，りんごとオレンジの個数，その合計は右の表の㋐のように表すことができる。同様に，「りんご３個とオレンジ４個」のセットで箱づめにしたときの箱の個数を$\boxed{1}$とすると，㋑のようになる。どちらの場合もりんごとオレンジの合計は等しいから，⑤＋８＝$\boxed{7}$＋８より，⑤＝$\boxed{7}$となり，①：$\boxed{1}$＝$\frac{1}{5}$：$\frac{1}{7}$＝７：５とわかる。そこで，①＝◇7，$\boxed{1}$＝◇5とすると，㋐の場合のりんごの個数は，◇7×２＋８＝◇14＋８，㋑の場合のりんごの個数は，◇5×３＝◇15と表すことができる。これが等しいので，◇14＋８＝◇15より，◇15－◇14＝８，◇1＝８とわかる。よって，りんごの個数は，８×15＝120(個)，オレンジの個数は，③＝◇7×３＝◇21＝８×21＝168(個)である。

$\boxed{3}$ 計算のくふう，素数の性質，和差算

$a\times b+b\times c+c\times d+d\times a=b\times(a+c)+d\times(c+a)=(a+c)\times(b+d)$となる。また，右の図のように，$a$，$b$，$c$，$d$は連続する整数だから，$(a+c)$と$(b+d)$の差は，１＋１＝２である。さらに，2400を素数の積で表すと，2400＝２×２×２×２×２×３×５×５となるので，$a+c$＝２×２×２×２×３＝48，b

a　b　c　d
＋1　＋1　＋1

＋d＝2×5×5＝50とすればよいことがわかる。よって，aとcの差も2だから，a＝(48－2)÷2＝23と求められる。

4 整数の性質

① 3を8個かけてできる数の約数は，3を0個～8個かけた数である(0個かけた場合は1である)。3が0個(つまり1)の場合は，4で割ると1余る。また，4で割ると1余る数は，4×□＋1(□は整数)と表すことができるから，これに3をかけた数は，(4×□＋1)×3＝12×□＋3となる。ここで，＿の部分は4で割り切れるので，これを4で割ったときの余りは，3となる(つまり，3が1個の場合は，4で割ると3余る)。さらに，4で割ると3余る数は，4×□＋3(□は整数)と表すことができるから，これに3をかけた数は，(4×□＋3)×3＝12×□＋9となる。同様に，＿の部分は4で割り切れるので，これを4で割ったときの余りは，9÷4＝2余り1より，1となる(つまり，3が2個の場合は，4で割ると1余る)。これがくり返されるから，4で割ったときの余りは{1，3}のくり返しとなる。よって，4で割ると1余るのは，3が{0個，2個，4個，6個，8個}の場合の5個ある。　② 次に，30＝2×3×5より，30を8個かけてできる数の約数は，2を0個～8個，3を0個～8個，5を0個～8個かけた数になる。ここで，2を1個以上かけた数は偶数《ぐうすう》になるので，4で割って1余ることはない。また，5は4で割ると1余るから，4×□＋1(□は整数)と表すことができる。これに5をかけた数は，(4×□＋1)×5＝20×□＋5となり，やはり4で割ると1余ることがわかる。つまり，5は何個かけても，4で割ると1余る数になる。よって，3を0個～8個かけた数と5を0個～8個かけた数の組み合わせだけを考えると，4で割った余りの組み合わせは，(I)「余り1と余り1」，(II)「余り3と余り1」の場合が考えられる。(I)の場合を図に表すと，右の図1のようになる。図1で，ア，イ，ウの部分の面積は4の倍数なので，(I)の場合の余りは，エの面積の1になる。同様に，(II)の場合を図に表すと右の図2のようになり，余りはエの面積の3になる。したがって，4で割ると1余る数になる組み合わせは(I)の場合であり，3の個数の選び方が①で求めた5通り，5の個数の選び方が0個～8個の9通りあるから，全部で，5×9＝45(個)と求められる。

図1

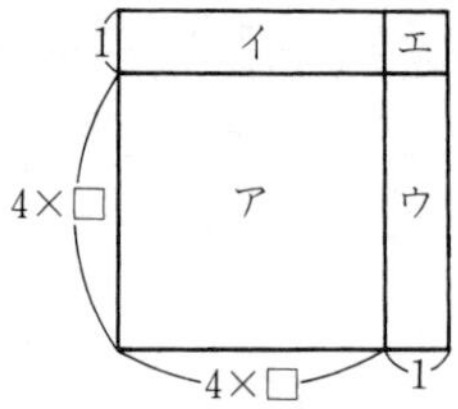

図2

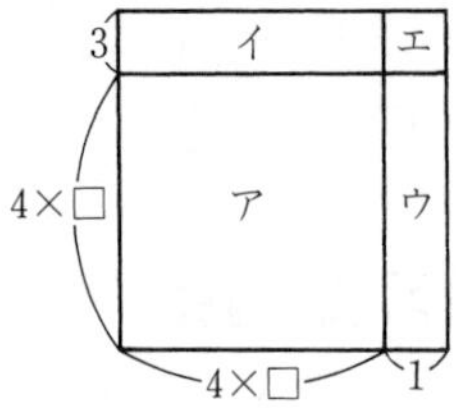

5 図形上の点の移動，速さ

AE(BE)の長さは，300÷2＝150(cm)だから，Pが1回目にAE間とEB間にかかる時間はそれぞれ，150÷120＝1.25(秒)である。また，速さが0.5倍になると，同じ距離《きょり》を進むのにかかる時間は2倍になるので，Pが2回目にAE間とEB間にかかる時間はそれぞれ，1.25×2＝2.5(秒)となる。これがくり返されるから，PがAE間とEB間にかかる時間は右上の図のようになる。Qの速さが2番目に速いのは，Pが2回目にEを通るときにQがEを通る場合である。つまり，Qが，1.25×2＋2.5＝5(秒)で，250÷2＝125(cm)進む場合だから，そのときの速さは秒速，125÷5＝25(cm)とわかる。また，Qの速さが6番目に速いのは，Pが6回目にEを通るときにQがEを通る場合である。つまり，Qが，(1.25＋2.5＋5＋10＋20)×2＋40

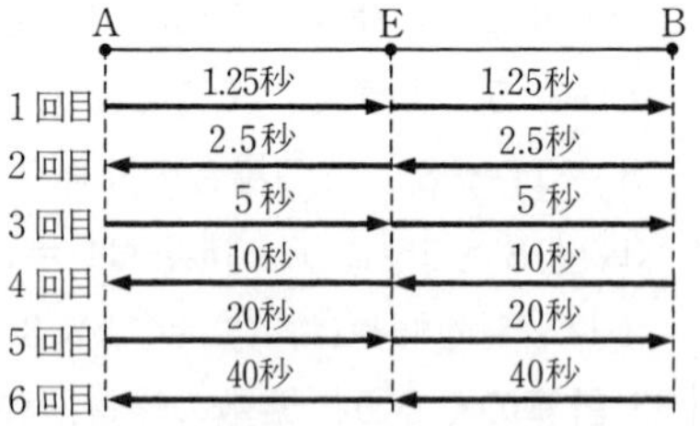

＝117.5(秒)で125cm進む場合なので，そのときの速さは秒速，125÷117.5＝$\frac{50}{47}$＝$1\frac{3}{47}$(cm)と求められる。

6 整数の性質

図1

㋐ ABCD×XY＝119868
㋑ AB00×XY＝117600
㋒ AB×XY＝1176

図2

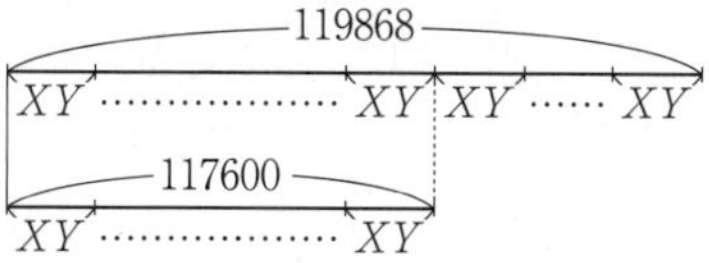

図3

2	1176	2268
2	588	1134
3	294	567
7	98	189
	14	27

4桁《けた》の整数aをABCD，2桁の整数xをXYとして式に表すと，上の図1の㋐，㋑のようになり，㋑の式の等号の両側を100で割ると，㋒のようになる。また，XYはすべての式に共通しているから，XYは{119868，117600，1176}の公約数である。さらに，上の図2から，XYは，119868－117600＝2268の約数であることがわかる。よって，XYは1176と2268の公約数になるので，上の図3の計算から，2×2×3×7＝84の約数となる。次に，㋐と㋑の差は，ABCD×XY－AB00×XY＝(ABCD－AB00)×XY＝CD×XYと表すことができる。この値が2268だから，2268÷100＝22.68より，XYは23以上になる(XYが22以下だと，CDが3桁になってしまう)。したがって，a(ABCD)が最大になるとき，x(XY)は最小になるので，条件に合うxは，84の約数のうち，23以上で最小の数の28だから，a＝119868÷28＝4281と求められる。

7 平面図形―角度

図1

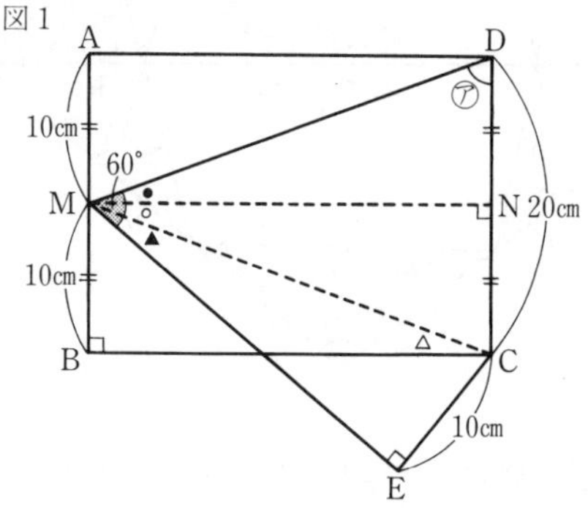

図2

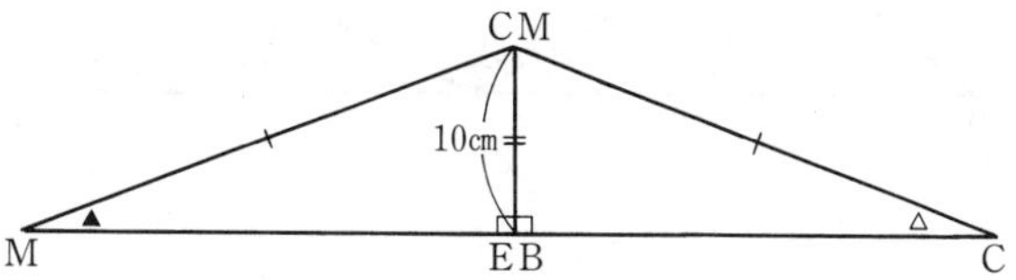

上の図1のように，辺CDの真ん中の点をNとすると，三角形MNDと三角形MNCは合同だから，●と○の角の大きさは等しい。また，MNとBCは平行なので，○と△の大きさも等しい。さらに，三角形MBCと三角形CEMは合同だから，△と▲の大きさも等しい。よって，●，○，▲の大きさは全て等しく，その和が60度なので，1つ分の大きさは，60÷3＝20(度)となり，角DMCの大きさは，20×2＝40(度)と求められる。したがって，三角形MCDは二等辺三角形だから，角㋐の大きさは，(180－40)÷2＝70(度)とわかる。

〔注意〕 三角形MBCと三角形CEMを上の図2のように並べると，全体が二等辺三角形になる。よって，三角形MBCと三角形CEMは合同であることがわかる。

8 場合の数

たとえば，下の図1のような三角形を(2，3，7)の三角形と呼ぶことにすると，「2」にあた

図1（2，3，7）

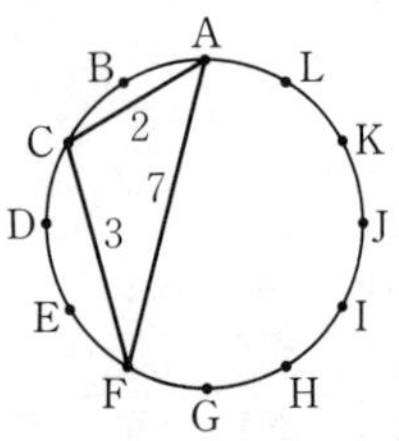

図2（3，3，6）

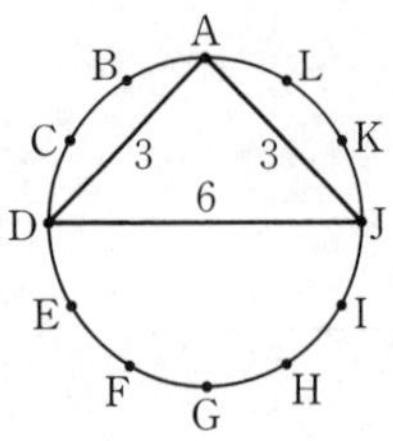

図3（3，4，5）

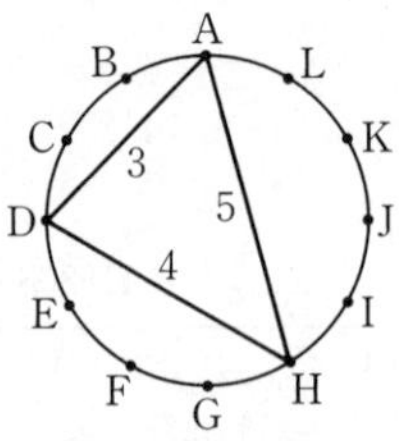

図4（3，4，5）

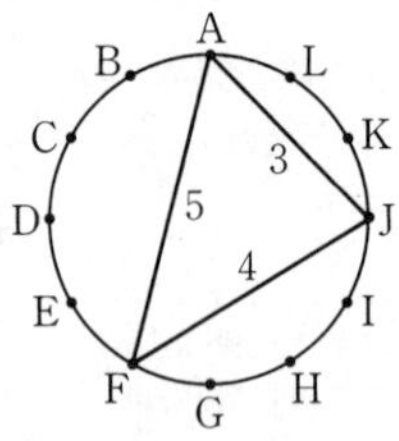

図5（4，4，4）

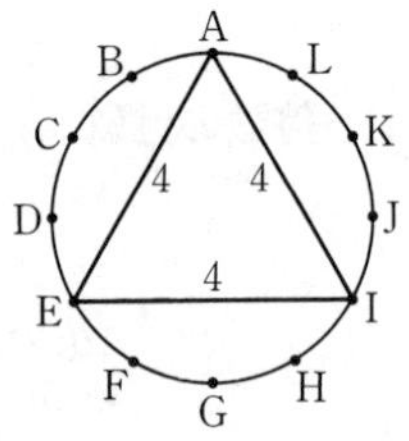

る辺の長さが円の半径と等しくなるから，どの辺の長さも円の半径よりも大きくするには，全ての辺の長さを「3」以上にする必要がある。よって，回転して重なるものは同じ三角形とすると，考えられるのは上の図2～図5の4通りある。図2の場合，点Aにあたる点の選び方が12通りあり，それが決まれば三角形が1個ずつできるので，全部で12個の三角形ができる。図3，図4の場合も同様である。また，図5の場合は，三角形AEI，三角形BFJ，三角形CGK，三角形DHLの4個できるから，全部で，12×3＋4＝40(個)と求められる。

9 平面図形─角度

図①

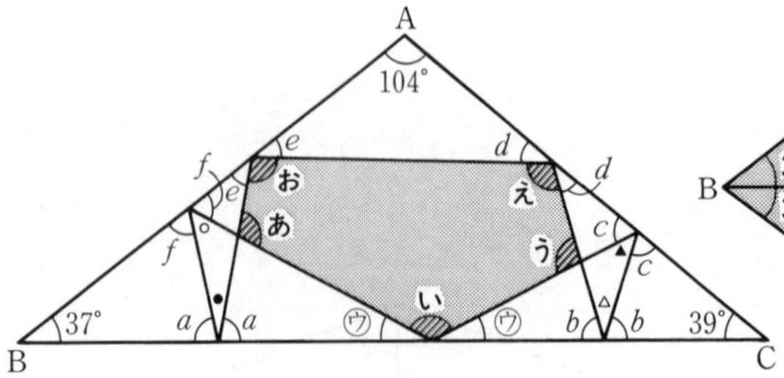

図②

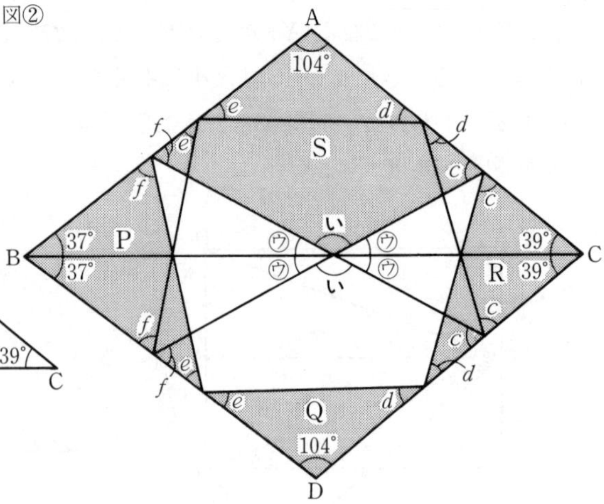

上の図①で，a～fの大きさはそれぞれ等しい。$a+f$＝180－37＝143(度)だから，その2倍は，143×2＝286(度)となり，○＋●＝180×2－286＝74(度)，**あ**＝180－74＝106(度)とわかる。同様に，$b+c$＝180－39＝141(度)なので，その2倍は，141×2＝282(度)となり，△＋▲＝180×2－282＝78(度)，**う**＝180－78＝102(度)と求められる。また，$d+e$＝180－104＝76(度)だから，その2倍は，76×2＝152(度)となり，**え**＋**お**＝180×2－152＝208(度)となる。次に，かげをつけた五角形の内角の和は，180×(5－2)＝540(度)なので，**い**＝540－(106＋102＋208)＝124(度)とわかる。よって，㋒＝(180－124)÷2＝28(度)である。

〔ほかの解き方〕 上の図②のように，三角形ABCと線対称の位置にある三角形DBCをつくる。三角形Pに注目すると，$e+f$＝180－37×2＝106(度)となる。また，三角形Qに注目すると，$d+e$＝180－104＝76(度)，三角形Rに注目すると，$c+d$＝180－39×2＝102(度)とわかる。ここで，$(e+f)+(c+d)-(d+e)=f+c$より，$f+c$＝106＋102－76＝132(度)になる。よって，四角形Sに注目すると，**い**＝360－(104＋132)＝124(度)と求められるから，㋒＝(180－

124)÷２＝28(度)となる。

10 平面図形―辺の比と面積の比，相似

右の図のように，正六角形の辺AB，CD，EFをそれぞれ延長して，正三角形QRSをつくる。このとき，３つの三角形PAB，PQA，PBRの面積は等しくなる。同様に，３つの三角形PCD，PRC，PDSの面積，３つの三角形PEF，PSE，PFQの面積もそれぞれ等しくなる。よって，三角形QRSの面積は，(３＋５＋８)×３＝48(cm^2)とわかる。また，三角形QRSと三角形BRCは相似であり，相似比は３：１だから，面積の比は，

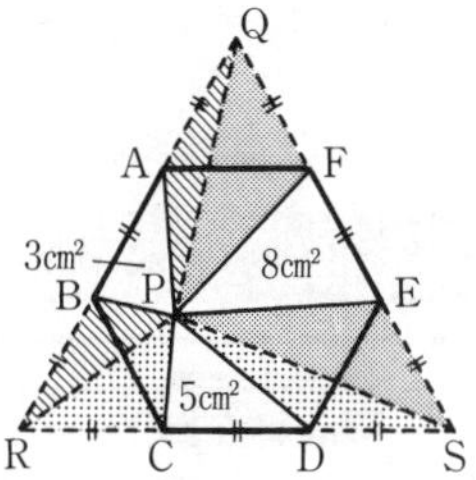

(３×３)：(１×１)＝９：１となり，三角形BRCの面積は，$48\times\frac{1}{9}=\frac{16}{3}$(cm^2)と求められる。さらに，三角形PBRの面積は３cm^2，三角形PRCの面積は５cm^{2}なので，三角形BCPの面積は，$3+5-\frac{16}{3}=\frac{8}{3}=2\frac{2}{3}$(cm^2)とわかる。

11 立体図形―分割，体積，相似

図１

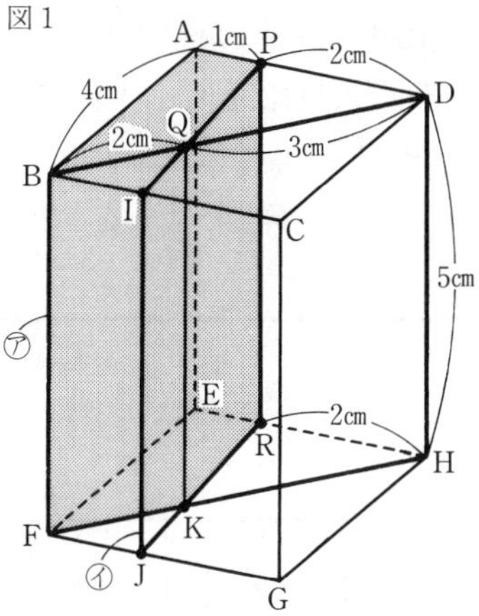

図２

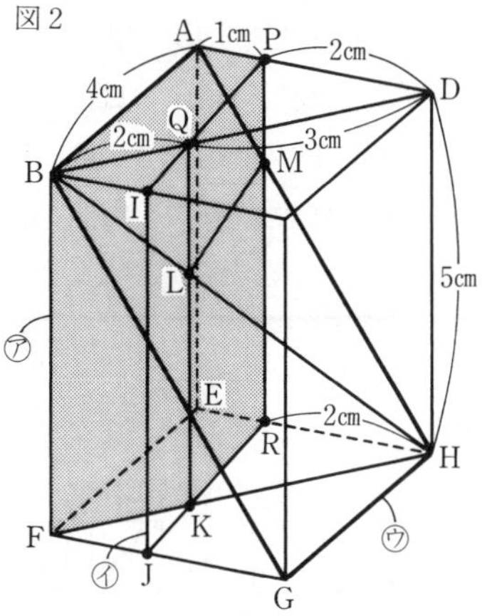

図３

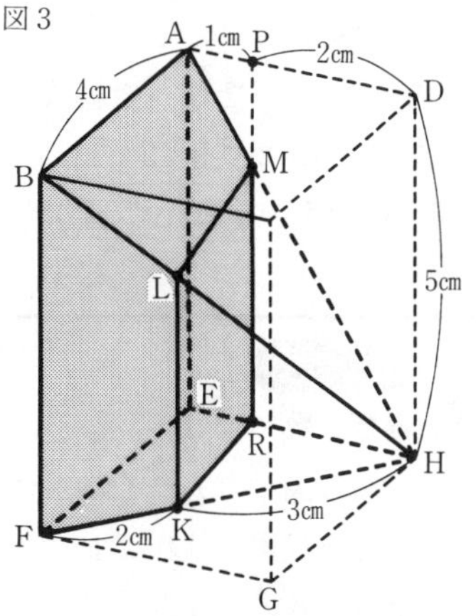

① 上の図１で，平面㋐は四角形BDHF，平面㋑は四角形PIJRであり，この２つの平面は直線QKで交わる。よって，頂点Ｅを含《ふく》む立体は四角柱ABQP－EFKRとなる。図１で，三角形DPQの面積は三角形DABの面積の，$\frac{2}{2+1}\times\frac{3}{3+2}=\frac{2}{5}$(倍)となる。また，三角形DABの面積は，(１＋２)×４÷２＝６(cm^2)だから，三角形DPQの面積は，$6\times\frac{2}{5}=\frac{12}{5}$(cm^2)と求められる。したがって，四角形ABQPの面積は，$6-\frac{12}{5}=\frac{18}{5}$(cm^2)なので，四角柱ABQP－EFKRの体積は，$\frac{18}{5}\times5=18$(cm^3)とわかる。　② 上の図２で，平面㋒は四角形ABGHである。面㋒と面㋐は直線BHで交わるから，面㋒と四角柱ABQP－EFKRの辺QKは点Ｌで交わる。また，面㋒と四角柱ABQP－EFKRの辺PRは点Ｍで交わるので，面㋒と四角柱ABQP－EFKRが交わる面は四角形ABLMとなる。よって，頂点Ｅを含む立体は，上の図３のように，四角すいH－ABFEから四角すいH－MLKRを切り取った形の立体である。ここで，四角すいH－MLKRの体積は，三角形HRKを底面とし，｛H，MR，LK｝の長さの平均を高さとする立体の体積と等しくなる(Hの長さは０cmと考える)。三角形AMPと三角形HMRの相似から，MR＝$5\times\frac{2}{1+2}=\frac{10}{3}$(cm)，三角形BFHと三角形LKHの相似から，LK＝$5\times\frac{3}{2+3}=3$(cm)とわかるから，平均の高さは，$\left(0+\frac{10}{3}+3\right)\div3=\frac{19}{9}$(cm)となる。また，

三角形HRKの面積は図2の三角形DPQの面積と等しく$\frac{12}{5}$cm^{2}なので，四角すいH－MLKRの体積は，$\frac{12}{5}\times\frac{19}{9}=\frac{76}{15}$(cm^3)と求められる。さらに，四角すいH－ABFEの体積は，$5\times4\times(1+2)\div3=20$(cm^3)だから，頂点Eを含む立体の体積は，$20-\frac{76}{15}=\frac{224}{15}=14\frac{14}{15}$(cm^3)となる。

算数 ＜第2日目＞（60分）＜満点：100点＞

解答

1 (1) 4通り　(2) 24通り　(3) **2枚のタイルBと2枚のタイルC**…4通り，**4枚のタイルAと2枚のタイルC**…18通り　(4) 26通り　**2** (1) (ア) 解説の図②を参照のこと。(イ) 解説の図④を参照のこと。　(2) 解説の図⑨を参照のこと。／**面積**…32cm^2　(3) (ア) 解説の図⑬を参照のこと。　(イ) 16cm^3　**3** (1) 解説の図2を参照のこと。　(2) **理由①** （例） 第6部分列の数の右側に1を書き加えることによってできる　**理由②** （例） 第6部分列の数に1を足すことによってできる　(3) ③ 1　**理由④** （例） 9に1を足すと10となり，0を使った整数になってしまう　(4) 1022番目　(5) 121111211　**4** (1) (ア) 1－2－2，3－2－2　(イ) 2－3－1，2－1－1，2－3－3，2－1－3　(ウ) 最大で6個，最小で4個　(エ) 7通り　(2) (ア) 解説の図③を参照のこと。　(イ) 解説の図⑩を参照のこと。

解説

1 **場合の数**

(1) 右の図1のア，イの2か所にAを2枚ずつはればよい。このとき，Aのはり方は右の図2のように2通りずつあるから，全部で，$2\times2=4$(通り)となる。

図1

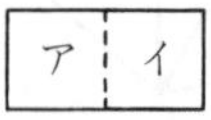

図2

図4

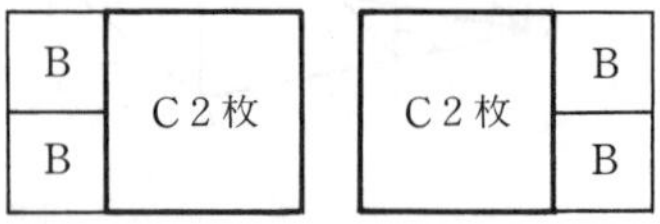

図3

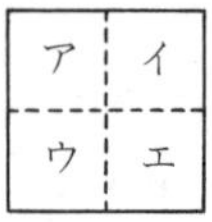

図3－例

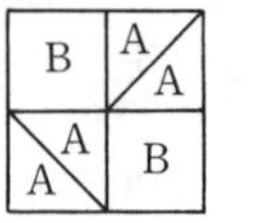

図5

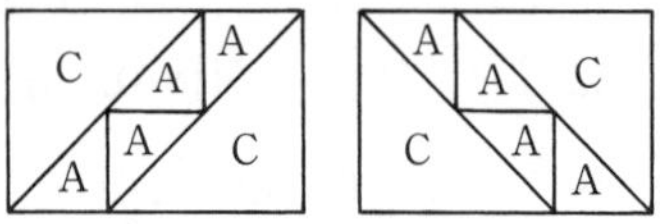

(2) まず，右の図3のア～エの4か所から2枚のBをはる2か所を選ぶと，$\frac{4\times3}{2\times1}=6$(通り)ある。次に，残りの2か所にそれぞれAを2枚ずつはるが，どちらもAのはり方が2通りずつあるので，全部で，$6\times2\times2=24$(通り)となる(左上の図3－例を参照)。

(3) 2枚のBと2枚のCをはるとき，C2枚を組み合わせて正方形をつくることになるから，上の図4の2つの場合がある。このとき，どちらもCのはり方が2通りずつあるので，全部で，$2\times2=4$(通り)となる。次に，4枚のAと2枚のCをはるとき，図4のBの部分をA2枚にはり変えることになる。このとき，どのBについても2通りのはり変え方があるから，$4\times2\times2=16$(通り)できる。この他に，右上の図5のように，C2枚が離《はな》れている場合があるので，全部で，$16+2=18$(通り)と求められる。

図６

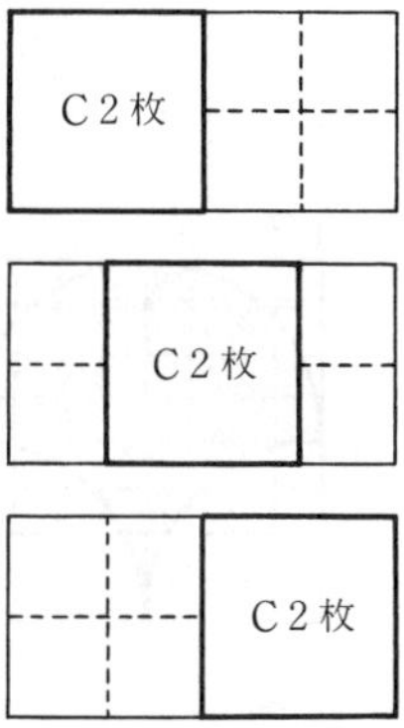

図７

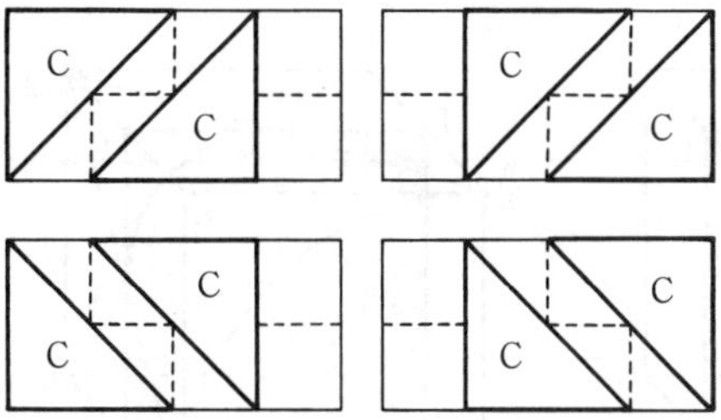

図８

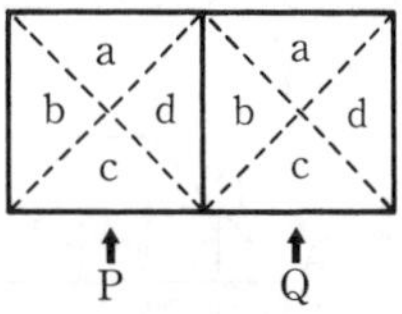

図８－例

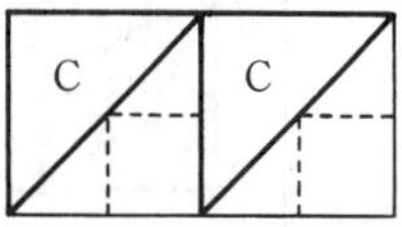

⑷　Ｃ２枚を組み合わせて正方形をつくるときは，上の図６の３つの場合がある。どの場合もＣのはり方が２通りずつあるから，２×３＝６(通り)となる。また，Ｃ２枚を５cm離してはるときは，上の図７のように４通りある。これ以外の場合は，上の図８のＰの中に１枚とＱの中に１枚はることになる。たとえば，Ｐの中の｛ab｝とＱの中の｛ab｝にはる場合は上の図８－例のようになる。Ｐ，Ｑの中にはる位置の選び方は｛ab，bc，cd，da｝の４通りあるので，図８の場合は全部で，４×４＝16(通り)とわかる。どの場合も２枚のＢをはることができるから，全部で，６＋４＋16＝26(通り)と求められる。

２　立体図形―図形上の点の移動，面積，体積

図①

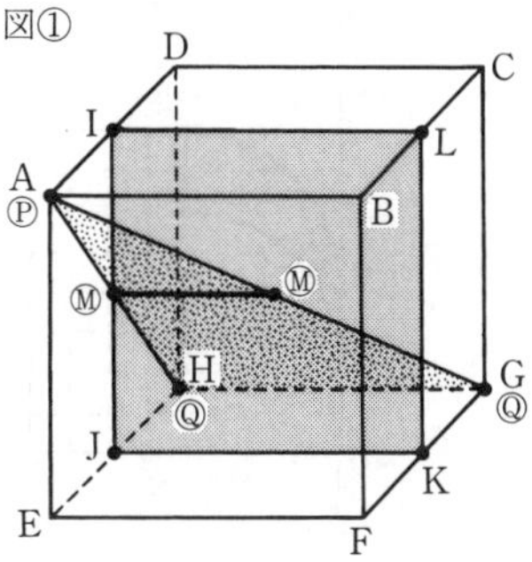

図②

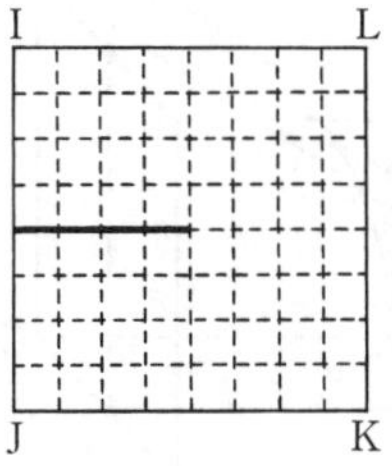

図③

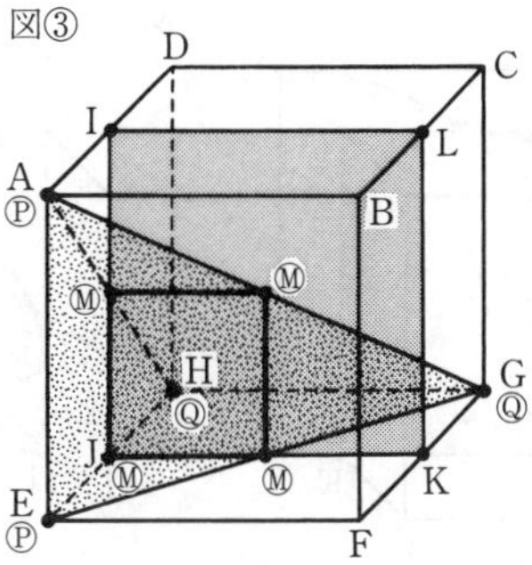

図④

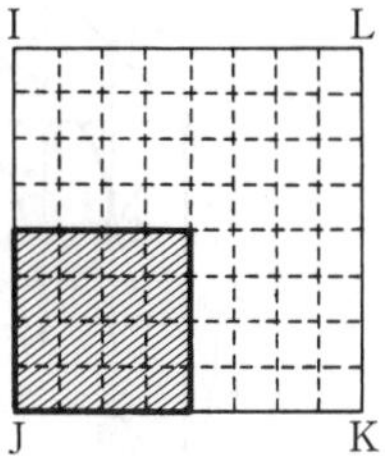

⑴　㋐　点Ｐが Ａの位置にあり，点Ｑが辺HG上を動くとき，直線PQが動くことができるのは上の図①の三角形AHGの内側である。また，点Ｍが動くことができるのはこの三角形AHGと面IJKLが交わる部分だから，図①の太線のような直線となる。よって，点Ｍが動くことのできる部分は上の図②のようになる。　㋑　点Ｐが辺AE上を動き，点Ｑが辺HG上を動くとき，直線PQが動くことができるのは上の図③の三角すいＡ－EHGの内側である。また，点Ｍが動くことができるのはこの三角すいと面IJKLが交わる部分なので，図③の太線の正方形の内側となる。よって，点Ｍが動くことのできる部分は上の図④のようになる。

⑵　点Ｐが動くことができるのは四分円EAFの弧《こ》の上であり，点Ｑが動くことができるのは四分円GHCの弧の上である。下の図⑤のように，点ＱをＨの位置に固定して点ＰをＡからＦまで動かすと，点Ｍは図⑤の太線のように動く。また，下の図⑥のように，点ＱをＣの位置に固定して点ＰをＡからＦまで動かすと，点Ｍは図⑥の太線のように動く。同様に，点ＰをＡ，Ｆの位置に固定して点ＱをＨからＣまで動かすと，点Ｍは下の図⑦，図⑧の太線のように動く。よって，点Ｍが動く

ことのできる部分は下の図⑨のようになる。さらに，この図形は下の図⑩のように変形しても面積は変わらないから，面積は，$4 \times 8 = 32(\text{cm}^2)$と求められる。

図⑤

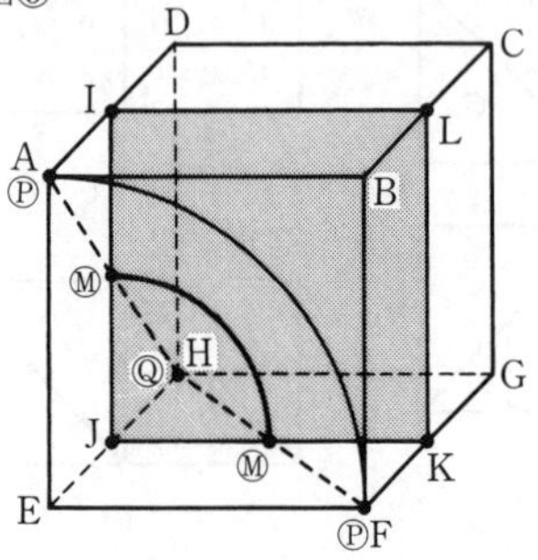

図⑥

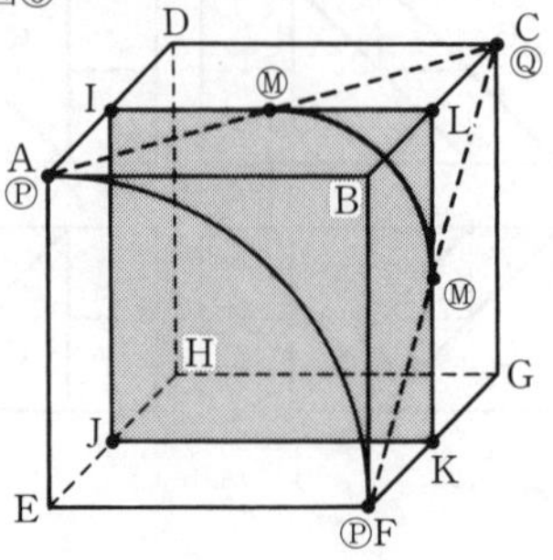

図⑨

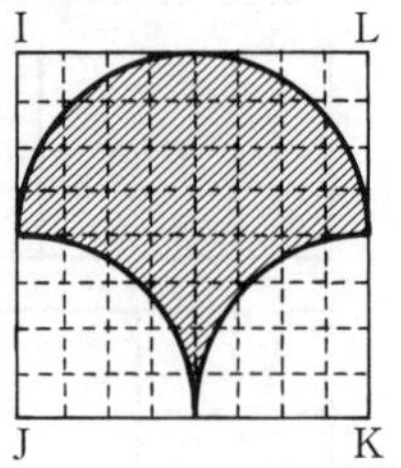

図⑦

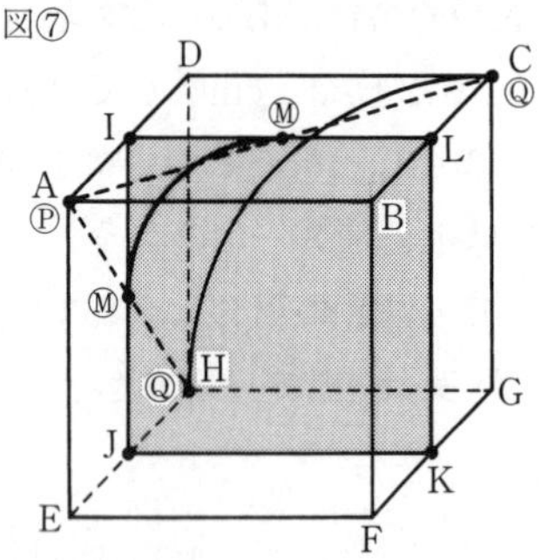

図⑧

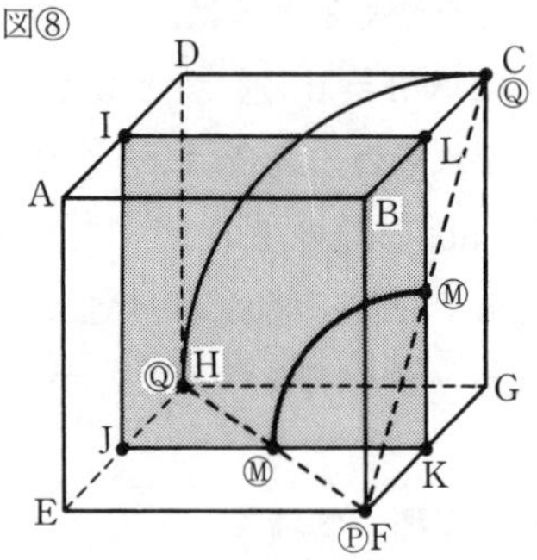

図⑩

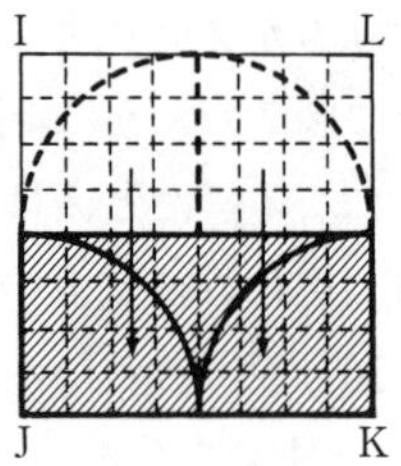

図⑪

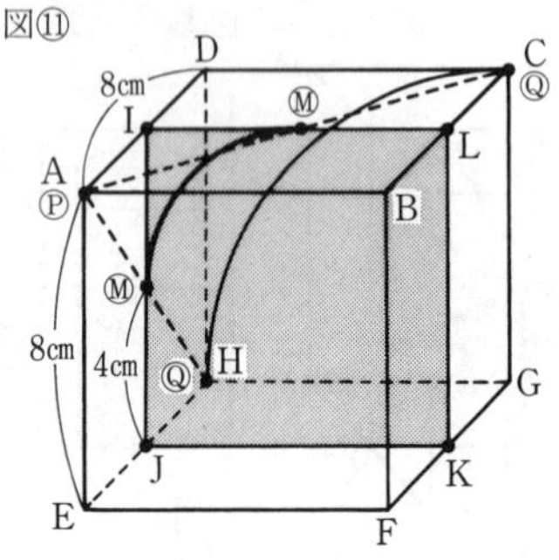

図⑫

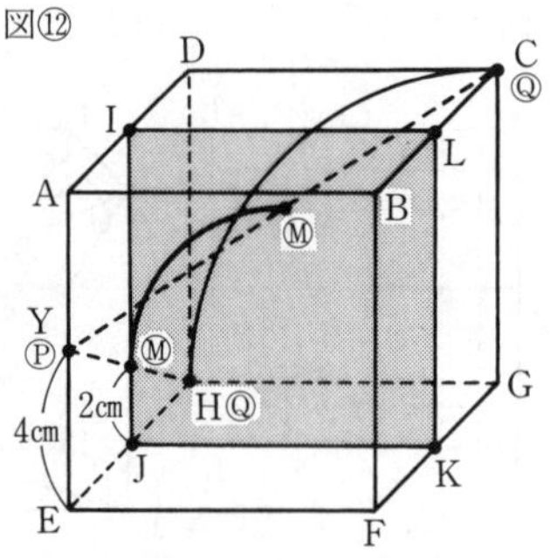

図⑬

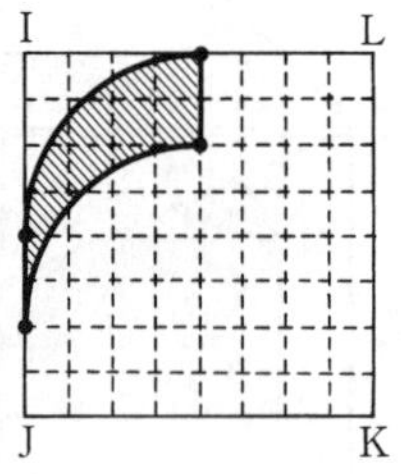

(3)　(ア)　上の図⑪のように，点PをAの位置に固定して点QをHからCまで動かすと，点Mは太線のように動く(これは図⑦と同じである)。また，上の図⑫のように，点PをYの位置に固定して点QをHからCまで動かすと，点Mは太線のように動く。これは図⑪の太線を辺AEに平行に2cm移動したものなので，点Mが動くことのできる部分は上の図⑬のようになる。

図⑭

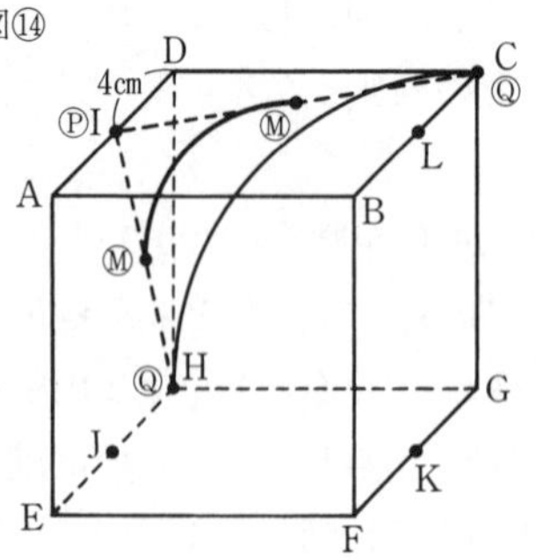

図⑮

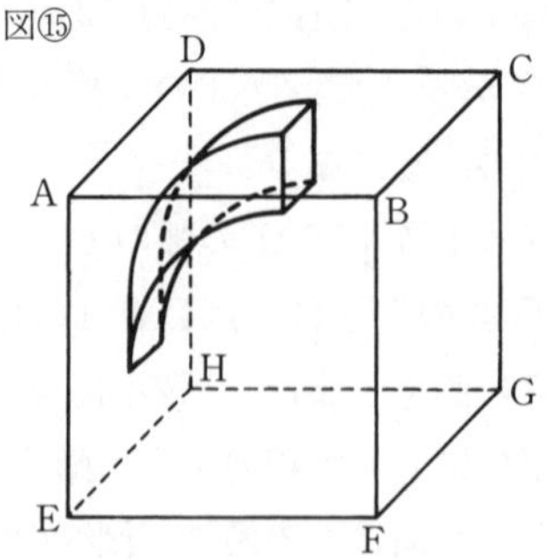

図⑯

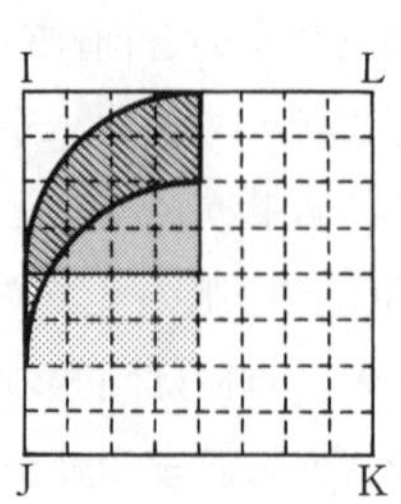

(イ) 上の図⑭のように，点ＰをＩの位置に固定して点ＱをＨからＣまで動かすと，点Ｍは太線のように動く。これは図⑪の太線を辺ＡＤに平行に２cm移動したものである。よって，点Ｍが動くことのできる部分は，上の図⑮のような立体になる。これは，図⑬を底面とする高さが２cmの柱体である。また，図⑬の面積は，上の図⑯のように，(半径４cmの四分円の面積)＋(縦２cm横４cmの長方形の面積)－(半径４cmの四分円の面積)＝(縦２cm横４cmの長方形の面積)で求めることができるので，$2\times4=8$ (cm^2)となる。したがって，点Ｍが動くことのできる部分の体積は，$8\times2=16$ (cm^3)とわかる。

3 場合の数，調べ

図１

	1桁	2桁	3桁	4桁	5桁	6桁
第５部分列	5 **1**	1-4，2-3 **2　2**	1-1-3，1-2-2 **3　3**	1-1-1-2 **4**	1-1-1-1-1 **1**	
第６部分列	6 **1**	1-5，2-4，3-3 **2　2　1**	1-1-4，1-2-3，2-2-2 **3　6　1**	1-1-1-3，1-1-2-2 **4　6**	1-1-1-1-2 **5**	1-1-1-1-1-1 **1**

(1) 第４部分列の続きは{4，13，22，31，112，121，211，1111}となるから，３桁の数は３個，４桁の数は１個である。また，第５部分列と第６部分列について，桁ごとに数字の組み合わせを調べると，上の図１のようになる。さらに，これらを並べてできる整数の個数はそれぞれ太字のようになるので，右の図２のように表せる。

図２

各位の数の和 ＼ 桁の数	1	2	3	4	5	6
1	1					
2	1	1				
3	1	2	1			
4	1	3	3	1		
5	1	4	6	4	1	
6	1	5	10	10	5	1

(2) 第２部分列には{2，11}の２個の整数がある。右下の図３のように，第２部分列の数の右側に１を書き加えることによって，第３部分列の数が１個ずつできる(このとき，第３部分列の一の位は１になる)。また，第２部分列の数に１を足すことによって，第３部分列の数が１個ずつできる(このとき，第３部分列の一の位は２以上になる)。これは，第６部分列から第７部分列をつくる場合も同じなので，第７部分列に並んでいる数のうち，一の位が１である数は，第６部分列の数の右側に１を書き加えることによってできる(…理由①)から，その個数は第６部分列に並んでいる数の個数と同じになる。また，第７部分列に並んでいる数のうち，一の位が２以上である数は，第６部分列の数に１を足すことによってできる(…理由②)から，その個数は第６部分列に並んでいる数の個数と同じになる。この２通りの方法で，第７部分列の数をすべてつくることができるので，第７部分列に並んでいる数の個数も，第６部分列に並んでいる数の個数の２倍になる。

図３

第２部分列		第３部分列
2	⟶	2 1
1 1	⟶	1 1 1
2	⟶	3
1 1	⟶	1 2

(3) 第８部分列までに使われている数字はすべて８以下であるが，第９部分列には９が使われている。これに１を足すと，$9+1=10$となり，条件に合わない整数になる。これ以外の整数はすべて(2)と同様の方法でつくることができるから，第10部分列に並んでいる数の個数は，第９部分列に並んでいる数の個数の２倍より１個(…③)だけ少なくなる。その理由は，９に１を足すと10となり，０を使った整数になってしまう(…理由④)からである。

(4) 1111111111は第10部分列の最後の数なので，第１部分列から第10部分列までに並んでいる数の個数の合計を求めればよい。第９部分列までは次々と２倍になるが，第10部分列だけは２倍よりも

１個少なくなることに注意すると，１＋２＋４＋８＋16＋32＋64＋128＋256＋(512－１)＝1022(番目)とわかる。

⑸　第10部分列には，512－１＝511(個)の数があり，このうち一の位に９が使われているのは19だけなので，第11部分列に並んでいる数の個数は，511×２－１＝1021(個)とわかる。よって，第11部分列までに並んでいる数の個数の合計は，1022＋1021＝2043(個)だから，左から2018番目の数は，第11部分列の中で大きい方からかぞえて，2043－2018＋１＝26(番目)の数である。第11部分列の数を大きい方から順に調べると右の図４のようになるから，大きい方からかぞえて26番目の数は121111211とわかる。

図４

11桁　11111111111 } １個

10桁
2111111111
1211111111
……………
1111111112
} 10個

９桁　311111111 } １個

221111111
212111111
…………
211111112
} ８個

131111111 } １個

122111111
121211111
121121111
121112111
121111211
} ５個

４　立体図形―構成

⑴　㋐　右の図①のように，段ごとに真上から見て考える。問題文中の図３で，斜線《しゃせん》が引かれていない部分には黒いブロックは入っていないから，黒いブロックが入っている可能性がない位置に×印をつけると，図①のようになる。ここで，ADに平行な方向から見たときに斜線部分が黒く見えるためには，ａとｂの一方または両方，ｅとｆの一方または両方に黒いブロックが入っている必要があり，ｃとｄには必ず黒いブロックが入っている必要がある。また，真上から見たときに斜線部分が黒く見えるためには，ａとｅの一方または両方，ｂとｆの一方または両方に黒いブロックが入っている必要があり，ｃとｄには必ず黒いブロックが入っている必要がある。よって，黒いブロックが必ず入っている位置は，ｃ(１-２-２)とｄ(３-２-２)になる。　㋑　㋐以外に黒いブロックが入っている可能性があるのは，ａ(２-３-１)，ｂ(２-１-１)，ｅ(２-３-３)，ｆ(２-１-３)である。　㋒　最大は，ｃとｄの他に，ａ，ｂ，ｅ，ｆにすべて入っている場合であり，２＋４＝６(個)である。また，最小は，たとえばａとｆだけに入っている場合であり，２＋２＝４(個)となる。　㊀　ａ，ｂ，ｅ，ｆの中で入っている可能性がある組は，(ａ，ｆ)，(ｂ，ｅ)，(ａ，ｂ，ｅ)，(ａ，ｂ，ｆ)，(ａ，ｅ，ｆ)，(ｂ，ｅ，ｆ)，(ａ，ｂ，ｅ，ｆ)の７通りある。よって，黒いブロックの配置として可能なものは全部で７通りとわかる。

図①

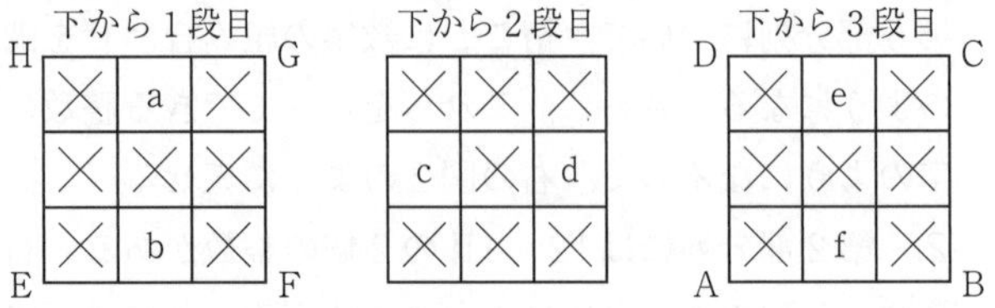

⑵　㋐　頂点Ｄにひもをつけて真上から見ると，右の図②の太線部分に囲まれた正六角形が見える。よって，下から１段目の底面EFGHは右の図③のかげをつけた部分に対応する。また，３-２-１の位置にあるブロック

図②

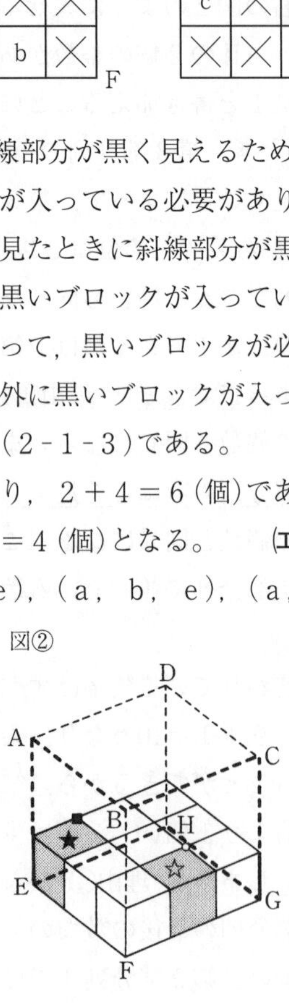

図③

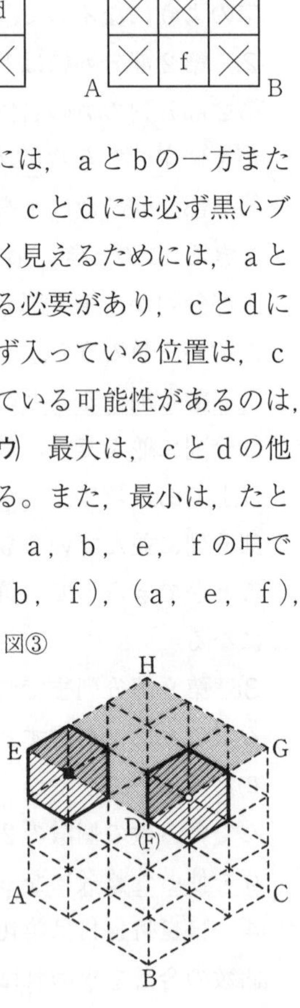

（☆）の頂点のうち，立方体の箱の頂点Ｄと同じ位置関係にあるのは○印をつけた頂点であり，この部分を真上から見ると正六角形に見える（これが問題文中であたえられた斜線部分である）。図②で，☆のブロックの○印から１－１－１の位置にあるブロック（★）の■印まで移動するには，GFの方向に５cm，FEの方向に10cm移動すればよいので，図③では■印の位置となり，影《かげ》は図③のようになる。　(イ)　個数が最大なのは，図①のａ～ｆに黒いブロックを入れる場合である。下から１段目は下の図④のようになるので，(ア)と同様に考えると，下の図⑤のようになることがわかる。また，下から２段目は下の図⑥のようになる。ｄのブロックの頂点■は，☆のブロックの頂点○をFBの方向に５cm移動したものなので，下の図⑦のようになる。さらに，図⑥のｃのブロックの頂点▲は，頂点■をBAの方向に10cm移動したものだから，図⑦のようになる。次に，下から３段目は下の図⑧のようになる。これは図⑤の下から１段目の頂点■と頂点▲をそれぞれEAの方向に10cm移動したものなので，下の図⑨のようになる。よって，図⑤，図⑦，図⑨を合わせると，床にできる影は下の図⑩のようになることがわかる。

図④

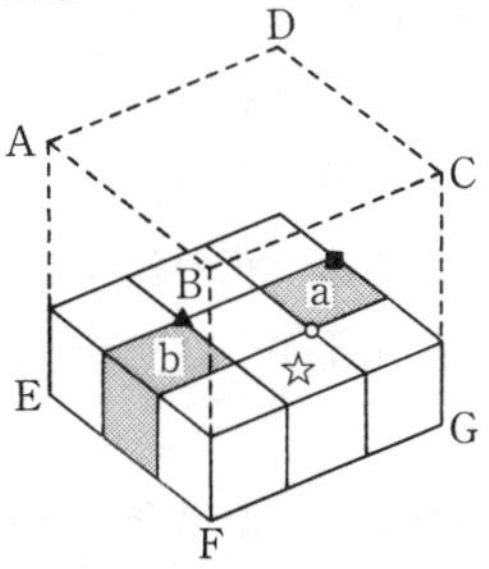

図⑤

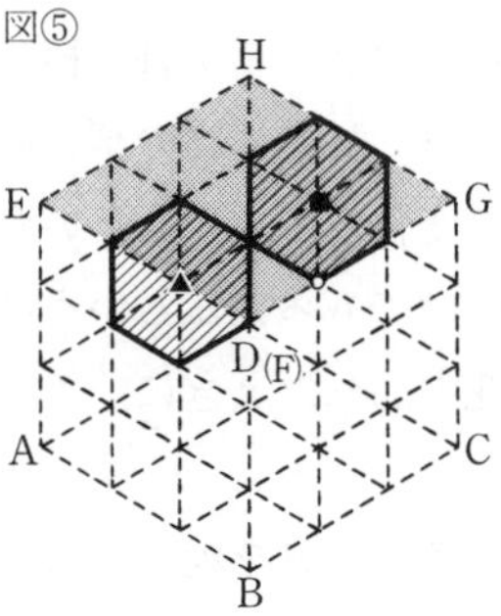

図⑥

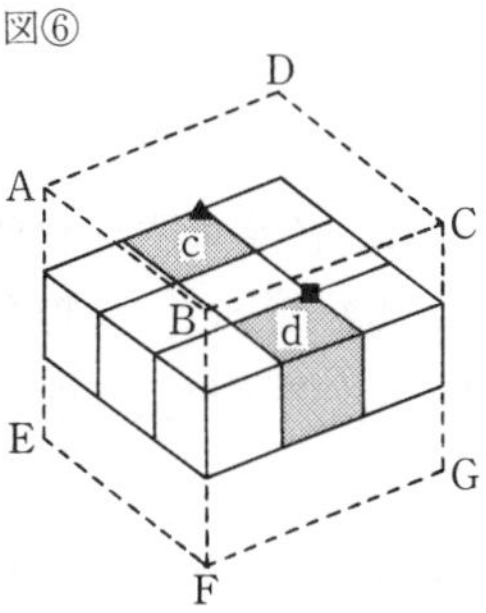

図⑦

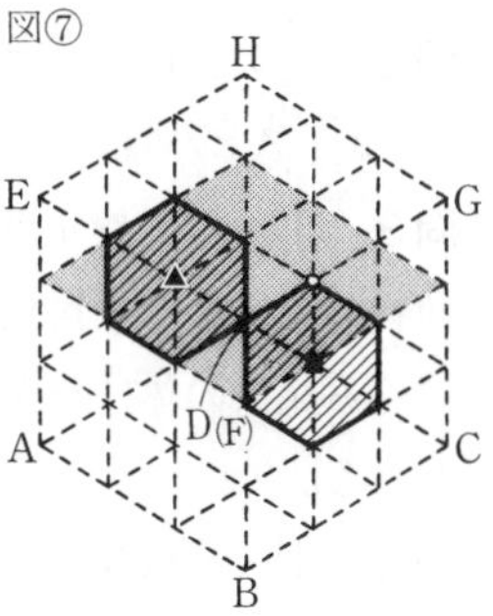

図⑧

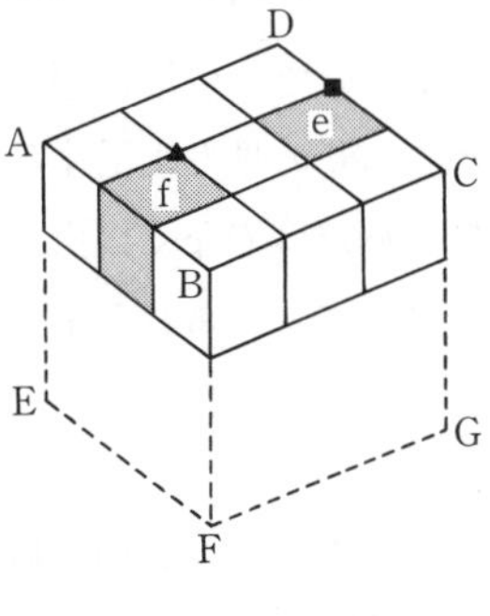

図⑨

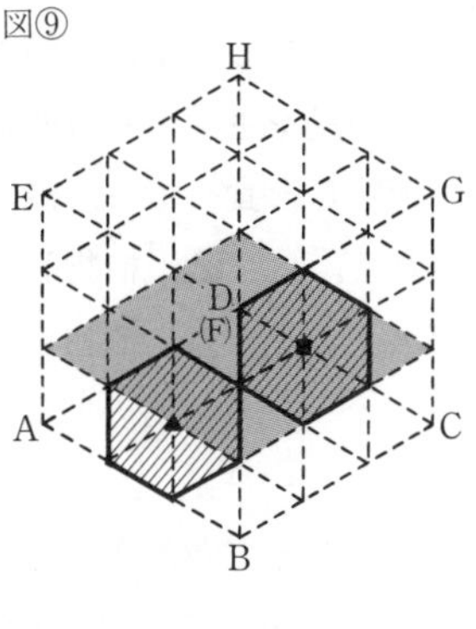

図⑩

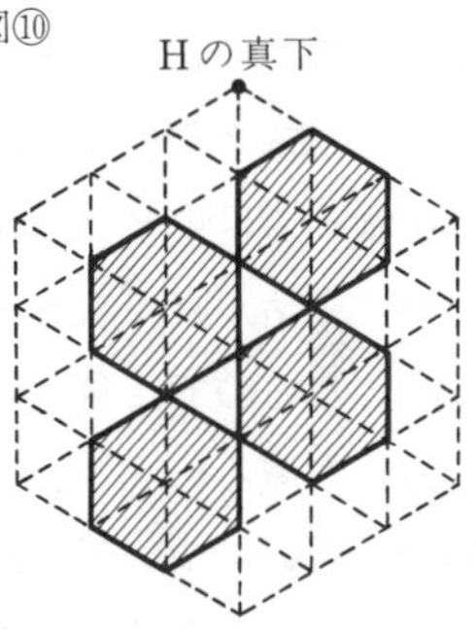

理　科　＜第１日目＞（60分）＜満点：100点＞

解　答

[1] **問１**　(1)　イ　　(2)　卵のから　　(3)　５回　　**問２**　**Ａ**　オ　　**Ｂ**　ウ　　**問３**　(1)　とげ　　(2)　（例）　受粉を助けてもらう。　　**問４**　(1)　**アゲハ**…イ　　**昆虫Ｘ**…ア　　**昆虫Ｙ**…ア　　(2)　**植物Ｂ**…イ　　**植物Ｃ**…ア　　[2] **問１**　ウ　　**問２**　ウ　　**問３**　イ　　**問４**　**図５**…解説の図①を参照のこと。　　**図６**…解説の図②を参照のこと。　　**図７**…解説の図③を

参照のこと。　[3] 問１　ア　C　イ　D　ウ　C　エ　D　オ　[3]　カ　[1]
問２　ア　問３　B　[2]　C　[2]　D　[3]　E　[2]　[4] 問１　時速1667km
問２　ア，オ　問３　ウ　問４　24秒　[5] 問１　0.10Ｌ　問２　1.21Ｌ　問３
(1)　ウ，0.26Ｌ　(2)　カ，0.53Ｌ　[6] 問１　75mL　問２　イ　問３　9：16　問４　4：3　問５　1：1　問６　3：2

解説

[1] 昆虫《こんちゅう》の育ち方と生物のつながりについての問題

問１　(1)　アゲハの卵は球形で，直径が１mmほどである。　(2)　モンシロチョウの卵は高さ１mmほどのとっくり型で，そのからの上部をやぶって幼虫がふ化する。ふ化直後の幼虫は，はじめに自分が出てきた卵のからを食べる。　(3)　モンシロチョウの幼虫は，ふ化直後の１令幼虫から５令幼虫になるまでに４回，５令幼虫からさなぎになるときに１回の，合計５回だっ皮(皮をぬぐこと)をする。

問２　モンシロチョウは，アブラナやキャベツなどのアブラナ科の植物の葉に卵を産みつけ，アゲハ(ナミアゲハ)は，ミカンやサンショウなどのミカン科の植物の葉に卵を産みつける。

問３　(1)　バラやサボテンは，くきの表皮や葉が変化してできたといわれるとげをもつ。　(2)　植物の花にとって昆虫が訪れることは，受粉を助けてもらえるという利益がある。花のみつを吸いにくる昆虫の体に花粉がつき，その昆虫が別の花を訪れたときに，めしべに花粉がついて受粉が行われる。

問４　(1)　昆虫Ｘは，植物Ｂの物質Ｆを食べても消化不良を起こすことがなくなった場合，それまで植物Ｃのみをエサとしていたが，植物Ｂと植物Ｃをエサとするようになる。よって，昆虫Ｘはエサとする植物の種類が増えて，生活が良くなる。また，植物Ｂを独占《どくせん》していたアゲハは，植物Ｂを昆虫Ｘも食べるようになることでエサの量や生活する空間が減少するので，生活が悪くなる。植物Ｃだけを食べる昆虫Ｙは，昆虫Ｘが植物Ｃを食べる量が減ることでエサの量や生活する空間が増加するため，生活が良くなると考えられる。　(2)　植物Ｂは，アゲハだけでなく昆虫Ｘにも食べられるようになるので，食われる量が増える。一方，植物Ｃは，昆虫Ｘに食べられる量が減るため，食われる量が減る。

[2] 力のつり合いについての問題

問１　図３より，小球Ｐを引く力の大きさと方向が変わらなければ，小球Ｐと穴の位置との距離《きょり》はつり合いに関係しないことがわかる。したがって，図１の穴Ｃの位置を直線ACの延長方向のC′に移しても，小球Ｐにはたらく力のつり合いには変化がなく，小球Ｐの位置はもとのままである。

問２　問１で考えたように，図２の穴Ｃの位置を直線PCの延長方向のC′に移しても，小球Ｐの位置はもとのままとなる。

問３　図２で，小球Ｐを糸で正三角形の３つの頂点の方向に同じ大きさの力で引くと，糸がたがいに120度の角をなしてつり合い，小球Ｐが静止している。図４の場合も，糸APB，糸BPC′(角x)，糸C′PAのなす角はそれぞれ120度になっており，糸PA，糸PC′，糸PB上に小球Ｐから同じ距離の点を取り，直線で結ぶと正三角形になる。

問４　**図５**…糸の方向が３方向で，糸が小球Ｐを引く力の大きさはすべて同じなので，図２と同様に糸がたがいに120度の角をなしてつり合う。よって，下の図①のように，正方形ABCDの対角線BD上のＢ寄りの位置で，糸PA，糸PB，糸PCがたがいに120度をなすように小球Ｐが静止する。

図６…つるしたおもりの重さはすべて同じである。このことから，図３のように，穴Ａと穴Ｃにつるしたおもりのつり合いより小球Ｐは直線AC上で静止し，穴Ｂと穴Ｅにつるしたおもりのつり合いより小球Ｐは直線BE上の位置で静止すると考えられる。したがって，下の図②のように，直線ACと直線BEの交点で小球Ｐは静止する。　**図７**…穴Ｄと穴Ｂにつるしたおもりのつり合いを考えると，穴Ｄにつるしたおもりが穴Ｂにつるしたおもりよりも，20－10＝10(ｇ)重いので，このつり合いは穴Ｂにはおもりをつるさず，穴Ｄに10ｇのおもりをつるした状態と置きかえることができる。すると，図５と同じように，３つの穴で同じ重さのおもりをつるしたと考えられ，下の図③のように，小球Ｐは正方形ABCDの対角線BD上のＤ寄りの位置で，糸PA，糸PC，糸PDがたがいに120度の角をなすようにして静止する。

図①

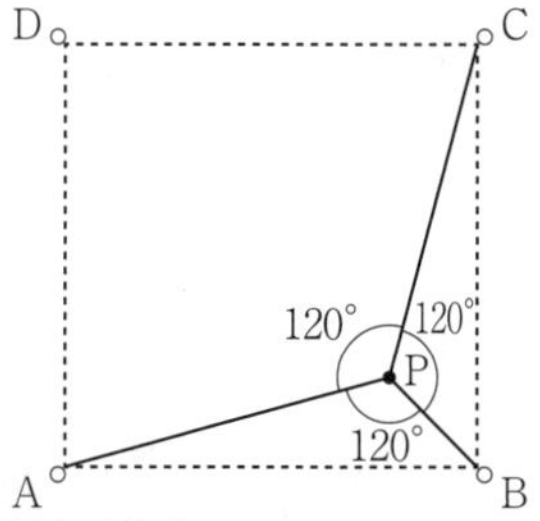

図②

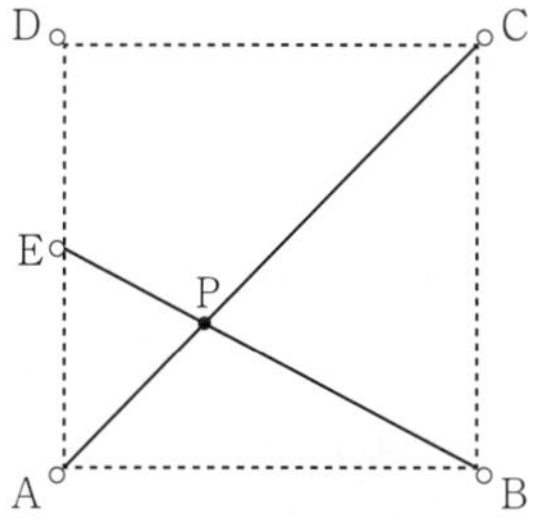

図③

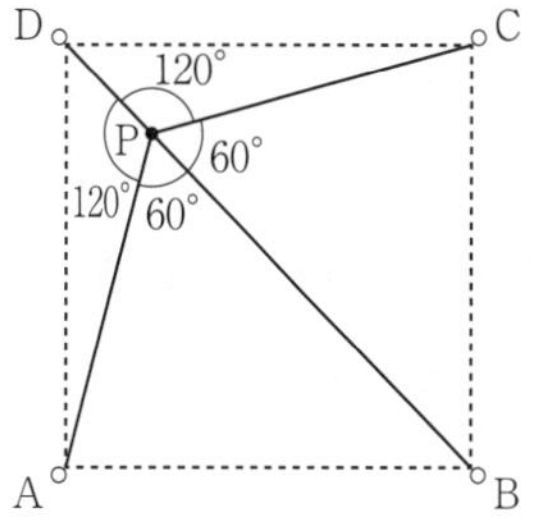

[3] 魚の養殖場《ようしょくじょう》のしくみと生物のつながりについての問題

問１　**ア，イ**　水そう[1]には植物プランクトンを入れ増殖させるので，植物プランクトンをエサとするゴカイやアサリを入れると，植物プランクトンが十分に増える前にすべて食べられてしまう可能性がある。　**ウ，エ**　植物プランクトンは増えた分だけが水そう[1]から水そう[2]へ移動するので，植物プランクトンをエサとするゴカイとアサリを水そう[2]に入れると，植物プランクトンを取り合うことになる。　**オ**　海水を水そう[3]から海に戻《もど》すときには，育てる生物のはたらきを利用して浄《じょう》化《か》してから戻すと述べられている。ゴカイは動物の排《はい》せつ物を積極的にエサにしないので，水そう[3]に入れると，少なくともゴカイの排せつ物が浄化されなくなってしまう。　**カ**　栄養素Ｘを取り入れるのは，植物プランクトンと海そうなので，植物プランクトンを入れる水そう[1]に海そうを一緒《いっしょ》に入れると，栄養素Ｘをうばい合うことになる。

問２　問１より，ゴカイを水そう[1]や水そう[3]に入れるのは適さないため，ゴカイを入れたのは水そう[2]である。また，魚はゴカイをエサとするので，ゴカイと同じ水そう[2]に入れる。ゴカイと魚を入れた水そう[2]に海そうを入れない場合，食う食われるの関係を考えると，ゴカイは魚に食べられて数が減っていき，食べつくされるおそれもある。この水そう[2]に海そうを入れて増殖させると，水そうの底の方にいるゴカイは海そうにより魚から見つかりにくくなるため，ゴカイの数は増えやすくなり，ある程度増えた後に安定すると考えられる。

問３　問２で述べたように，ゴカイと魚，海そうを入れるのは水そう[2]である。問１のア，イで述べたように，アサリは水そう[1]には入れることができず，ゴカイと同じ水そう[2]にも入れられないため，水そう[3]に入れる。このように水そうに生物を入れると，栄養素Ｘや植物プランクトン，ゴカイや魚の排せつ物は，水そう[2]の海そうに吸収されたり水そう[3]のアサリに食べられたりして海水が浄化され，水そう③から浄化された海水を海に戻すことができる。

4 地球の動きと日の出の観測についての問題

問１　地球は西から東に自転しているが，この地球の自転の速さより速く東から西向きに移動すれば，太陽が西から昇《のぼ》るのを見ることができる。赤道上での自転の速さは，40000÷24＝1666.6…より，時速1667kmなので，これより速く移動すればよい。

問２　時速800kmは問１で求めた速さよりもおそいので，地上と同じく太陽が東から昇るのを見ることになる。また，時速800kmは問１で求めた速さの約半分の速さであり，地球が１回自転したとき，飛行機はまだ地球のまわりを約半周しかしていないので，１日の長さが地上の約２倍になり，昼間の長さも約２倍となる。

問３　直角三角形の３辺の長さの関係より，（OAの長さ）×（OAの長さ）＋（ACの長さ）×（ACの長さ）＝（OCの長さ）×（OCの長さ）が成り立つ。OAの長さは6400km，OCの長さは，6400＋0.01＝6400.01（km）なので，｛（ACの長さ）×（ACの長さ）｝は，6400.01×6400.01－6400×6400＝128.0001となる。ア～カのうち，｛（ACの長さ）×（ACの長さ）｝の値がこれに最も近くなるものとして，11×11＝121より，ウが選べる。

〔参考〕　6400.01×6400.01－6400×6400＝128.0001を計算するときには，右の図のように考えて，斜線部分の面積を，6400×（6400.01－6400）×２＋0.01×0.01＝6400×0.01×２＋0.0001＝128.0001と求めることもできる。

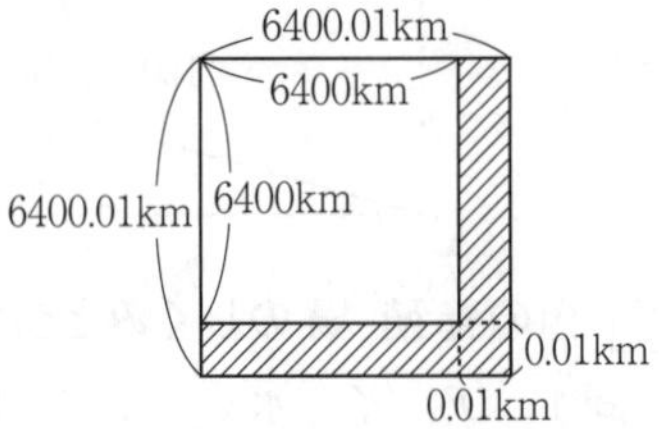

問４　ABの長さは問３で求めたACの長さと同じ11kmとする。この距離を地球が回る時間は，24時間が（24×60×60）秒間であることから，$24\times60\times60\times\frac{11}{40000}$＝23.76より，24秒である。したがって，Ｃで日の出を見た直後に24秒で10m下のＢに降りれば，もう一度日の出を見ることができることになる。

5 圧力や温度と気体の体積についての問題

問１　表１で，おもりが０個から１個になると，気体の体積が，0.50÷1.00＝$\frac{1}{2}$（倍），おもりが０個から３個になると，気体の体積が，0.25÷1.00＝$\frac{1}{4}$（倍）になっていて，｛（おもりの数）＋１｝と気体の体積は反比例している。したがって，おもりの数が９個のとき，気体の体積は０個のときの$\frac{1}{10}$倍の，$1.00\times\frac{1}{10}$＝0.10（L）である。

問２　表２では，温度が10℃上がるごとに，気体の体積は0.03Lずつ増えている。よって，温度を50℃のときから50℃上げて100℃にすると，気体の体積は，$1.06+0.03\times\frac{50}{10}$＝1.21（L）となる。

問３　⑴　表１と表２を比べると，表１はおもりをのせていないときの気体の体積が1.00Lなので，表２より30℃で実験したものとわかる。問２と同様に考えて，おもりをのせずに130℃の温度にした場合，気体の体積は，$1.06+0.03\times\frac{130-50}{10}$＝1.30（L）であり，おもりをのせていったときは表１と同様に，｛（おもりの数）＋１｝と気体の体積は反比例する。このことから，表１について130℃で実験したときのグラフとして，気体の体積が表１のときより大きく，おもりの数が増えるにつれて曲線をえがきながら減っているウが選べる。また，130℃でおもりの数が４個のときの気体の体積は，$1.30\times\frac{1}{4+1}=0.26$(Ｌ)となる。　(2)　表２についておもりを１個のせて実験すると，表１より温度が30℃のときの気体の体積は0.50Ｌとなり，おもりをのせないときの，$0.50\div1.00=\frac{1}{2}$(倍)となる。気体の体積が$\frac{1}{2}$倍になれば，温度が10℃上がるときの体積の増加分も$\frac{1}{2}$倍になると考えられるので，グラフは温度が０℃のときにおいて気体の体積が表２のときより小さく，気体の体積の増加のしかたも表２のときより小さくなっているカのようになる。また，50℃でおもりを１個のせたときの気体の体積は，$1.06\times\frac{1}{2}=0.53$(Ｌ)である。

6　金属と水溶液《すいようえき》，気体の発生についての問題

問１　実験２の表で，加えたＡ液の体積が30～70mLのときには，Ａ液の体積を10mL増やすごとに気体(水素)が16mLずつ増えているが，Ａ液を70mLから80mLに10mL増やしたときには，水素はあらたに８mLしか増えていない。したがって，このとき増やした10mLのＡ液のうち，$10\times\frac{8}{16}=5$(mL)だけが反応して水素を発生させ，金属がすべて溶《と》けていることになる。このことから，混合物ＹにＡ液を加えていくとき，Ａ液を，70＋５＝75(mL)加えたところで水素の発生が止まる。

問２　アが正しいとすると，Ａ液を10mLずつ加えていくとき，溶け残った金属の重さはつねに一定の割合で減少していくはずである。しかし，実験１でも実験２でも，途《と》中《ちゅう》で溶け残った金属の重さの減少のしかたが変化しているので，アは誤りである。また，実験３よりＢ液には金属Ｚは溶けずアルミニウムは溶けることから，実験４で100mgの混合物ＸにＡ液を50mL加えたときには，金属Ｚがすべて溶けてアルミニウムが残っていたとわかり，ウも誤りとなる。したがって，イが選べる。

問３　実験１で，加えたＡ液の体積が40mLまではＡ液10mLごとに金属が16mgずつ溶けていて，Ａ液の体積が40mLをこえて70mLまでは，Ａ液10mLごとに金属が12ｇずつ溶けている。問２より，はじめに溶けたのは金属Ｚであり，その重さが，100－36＝64(mg)，その後溶けたのはアルミニウムで，その重さが36mgである。よって，混合物Ｘ中のアルミニウムと金属Ｚの重さの比は，36：64＝９：16とわかる。

問４　実験１の表より，Ａ液に金属Ｚが64mg溶けると水素が64mL発生し，アルミニウム36mgが溶けると水素が，112－64＝48(mL)発生している。よって，同じ重さの金属がＡ液と反応して発生する水素の体積の比は，(アルミニウムの場合)：(金属Ｚの場合)＝$\frac{48}{36}:\frac{64}{64}=4:3$となる。

問５　問４で述べたように，Ａ液に36mgのアルミニウムがすべて溶けると，水素が48mL発生している。また，実験４で混合物ＸにＡ液を50mL加えたときに残る金属は，実験１より24mgのアルミニウムなので，実験４より24mgのアルミニウムがＢ液にすべて溶けると，水素が32mL発生する。したがって，１ｇのアルミニウムがＡ液とＢ液にそれぞれすべて溶けたときに発生する水素の体積の比は，$\frac{48}{36}:\frac{32}{24}=1:1$である。

問６　実験２で，加えたＡ液の体積が20mLまでは，Ａ液を10mLずつ加えると金属Ｚが16mgずつ減少している。そして，加えたＡ液の体積を20mLから30mLに10mLだけ増やしたときには，68－54＝14(mg)減少する。このとき，Ａ液10mLに金属Ｚとアルミニウムが合わせて14mg溶け，48－32＝16(mL)の水素が発生している。実験１の表より，金属Ｚが，64mg溶けると気体が64mL発生し，アルミニウムが，36mg溶けると水素が48mL発生しているので，この14mg中に含《ふく》まれる金属

Ｚの重さは，$\left(\frac{48}{36}\times14-16\right)\div\left(\frac{48}{36}-\frac{64}{64}\right)=8$(mg)と求められる。したがって，混合物Ｙ中に含まれる金属Ｚの重さは，(100－68)＋８＝40(mg)，アルミニウムの重さは，100－40＝60(mg)とわかり，その重さの比は，(アルミニウム)：(金属Ｚ)＝60：40＝３：２となる。

国　語　＜第１日目＞（40分）＜満点：80点＞

解　答

一 **問１**　恥のおかげで知を得られる(こと)　**問２**　Ⅰ　長い旅のようなもの　Ⅱ　大胆に振る舞え　**問３**　オ　**問４**　(例)　絶対忘れない知　**問５**　**Ｘ**　知らぬが仏　**Ｙ**　旅の恥はかき捨て　**問６**　ウ，オ　**問７**　**１**　肩の荷が下りる　**２**　肩を落とす　**３**　肩を持つ(肩を入れる)　**問８**　**１**　Ａ　**２**　Ｅ　**３**　Ｂ　**４**　Ｆ　**５**　Ｃ　**６**　Ｄ

二 **１**　オ　**２**　ウ　**３**　イ　**４**　エ　**三** **１**　百面相　**２**　二枚目　**３**　別天地　**４**　風物詩　**四** **１**　針小棒大　**２**　再三再四　**３**　付和雷同　**４**　絶体絶命

五 **１**　エ　**２**　オ　**３**　イ　**４**　ア　**５**　ウ　**６**　カ　**六** **１**　オ　**２**　エ　**３**　イ　**４**　ウ　**５**　ア　**６**　カ　**七** (Ａ，Ｘ・Ｙ，Ｂの順で)　**１**　着，眼鏡，台　**２**　成(結)，果物，体　**３**　当，今朝，礼

解　説

一 **出典は小川仁志《おがわひとし》の『小川仁志の〈哲学《てつがく》思考〉実験室』による。**賢《かしこ》くなるためには，恥《はじ》をかくことをおそれないことが重要だと述べている。

問１　恥をかいたことよりも，「自分が新しいことを知ったことに価値がある」と筆者が述べていることに注目する。「恥をかくこと」は，「知を得られる」代わりとして払《はら》う「代金」や「授業料」のようなものだというのだから，最後から二番目の段落にある「恥のおかげで知を得られる」がぬき出せる。

問２　Ⅰ，Ⅱ　続く部分で，筆者は「旅の恥はかき捨て」という諺《ことわざ》が「参考になる」としたうえで，「人生は長い旅のようなもの」だから，別にその場で「恥をかいても大丈夫《だいじょうぶ》，大胆《だいたん》に振《ふ》る舞《ま》え」と述べている。つまり，人生を旅のように考えれば，「気にせず恥がかける」ようになり，どんどん新しい「知」を身につけることができるというのである。

問３　本文の最初の段落で，筆者がさまざまな恥を「実際どれも経験したことがある」と述べていることをおさえる。これまで筆者はさまざまな恥をかいてきたが，そこから「恥をかいて覚えたことは絶対忘れない」ということを「体験的」に知っていたので，「積極的」に恥をかくことにしているのだとわかる。よって，オが選べる。

問４　「名誉《めいよ》の負傷」とは，名誉となるような価値あることを成しとげるかわりに，負傷を追うこと。ここでは，「知のために」「恥をかく」ことを指している。問３で見たように，筆者は「恥をかいて覚えたことは絶対忘れない」ことを体験的に知っているので，「知」を得るためにはあえて「負傷」，つまり，「恥をかく」こともいとわないというのである。

問５　**Ｘ**　すぐ後に「知らずに過ごせば幸せだった」とあることに注目すると，「知らぬが仏」が入るとわかる。「知らぬが仏」は，“知ってしまえば腹を立てることもあるが，知らなければおだや

かな気持ちでいられる”という意味のことわざ。　**Y**　直後に「普段《ふだん》なら恥ずかしくてできないことも，旅先ならできてしまう，やってしまうという意味だ」とあることに着目する。この意味を持つことわざは，「旅の恥はかき捨て」になる。

問6　ウの「無造作」は，技巧《ぎこう》をこらすことなく簡単にものごとを行うこと。オの「無気力」は，やる気を失ってしまうこと。なお，ほかの熟語に否定の意味を持つ接頭語を加えると，アは「未開発」，イは「不自由」，エは「未使用」，「不使用」，カは「非公開」，「未公開」，キは「未完成」となる。

問7　**1**「肩《かた》の荷が下りる」は，責任や負担がなくなって楽になること。　**2**「肩を落とす」は，気落ちしてうなだれること。　**3**「肩を持つ」は，その人に味方をして支持したりかばったりすること。「肩を入れる」は“その人に味方をして積極的に助力や後援《こうえん》をする”という意味。

問8　よく見聞きする外来語については，日本語の意味をあわせて覚えておくようにするとよい。**1**「オアシス」は，いこいの場。一息つけるところ。　**2**「センス」は，物事の微妙《びみょう》な部分を感じ取ることのできる心の動き。　**3**「オフィス」は，事務所。　**4**「ソース」は，情報などの出どころ。みなもと。　**5**「シリアス」は，深刻であるようす。　**6**「スパイス」は，ここでは機知に富んだ刺激《しげき》のこと。

二　慣用句の知識

1「足が出る」は，出費が予算をオーバーすること。　**2**「口をつぐむ」は，口を閉ざして話さないようす。　**3**「手をこまぬく」は，何もせずただ見ているさま。　**4**「目が高い」は，鑑賞《かんしょう》力にすぐれ，もののよしあしを見分ける力があること。

三　三字熟語の知識

1「百面相」は，顔の表情をさまざまに変えてみせること。　**2**「二枚目」は，美男子のこと。**3**「別天地」は，理想の土地。似た意味の言葉に，「桃源郷《とうげんきょう》」「別世界」がある。　**4**「風物詩」は，その季節らしさをよく表したもの。

四　四字熟語の完成

1「大風呂敷《ぶろしき》を広げる」は，できもしない大きなことを言うこと。近い意味を持つ四字熟語は，“取るに足りないことを大げさに話す”という意味の「針小棒大」。　**2**「口をすっぱくする」は，何度もくり返し同じことを言うこと。近い意味を持つ四字熟語は，“何度もくり返して”という意味の「再三再四」。　**3**「しり馬に乗る」は，よく考えもせずに他人の意見に同調して行動することを言うので，“自分の意見を持たず，他人の意見に軽々しく同調する”という意味の「付和雷同」と近い意味を持つ。　**4**「風前のともしび」は，存亡の危機がせまっていることなので，“追いつめられてどうすることもできない”という意味の「絶体絶命」と近い意味を持つ。

五　俳句の知識

1「お守り」と「初詣《はつもうで》」が結びつく。愛犬をつれて初詣に行き，一年の無病息災を祈《いの》ったものと思われる。　**2**　暗い夜道を犬と散歩しながら，五感でとらえられるのは「虫の声」になる。**3**　番犬の留守《るす》を狙《ねら》って犬小屋のえさをあさりにやって来るのは，かしこい「鴉《からす》」である。**4**　門松のまわりで小さな犬の子が遊んでいるようすを描写《びょうしゃ》した，おだやかな正月の一句である。**5**「風」と「芒《すすき》」が結びつく。放たれた犬が一陣《いちじん》の風になったかのように芒原の中を走っているようすが思いうかぶ。　**6**　深い雪の中に足だけでなく犬の体全体が沈《しず》みこみ，勢いよくはねあがるようにして出てくる躍動《やくどう》感を表現していると考えられるので,「雪の原」があてはまる。

六 慣用句の完成

1 「不覚を取る」は,油断をして思わぬ失敗をするさま。　**2** 「ひけを取る」は,相手に対しておとっていること。　**3** 「きげんを取る」は,相手が気に入るようにふるまうようす。　**4** 「天下を取る」は,その分野で一番の存在になること。　**5** 「あげ足を取る」は,言葉じりをとらえてからかったり,ちょっとした失敗を見のがさずに責めたりするようす。　**6** 「脈を取る」は,脈はくを見て診察《しんさつ》すること。

七 漢字のしりとり

〔条件3〕～〔条件5〕より,X・Yの「特別な読み方」の熟語を決めてしまうと考えやすい。「へ」から始まる熟語は「下手」,「部屋」。「く」から始まる熟語は「果物《くだもの》」。「け」から始まる熟語は「今朝」「景色」である。「し」から始まる熟語には「竹刀」「老舗《しにせ》」「白髪《しらが》」などが考えられる。「め」から始まるものには「眼鏡」がある。　**1**　上から順に,「発着」「着眼」「眼鏡」「鏡台」「台地」となる。　**2**　上から順に,「完成(結)」「成(結)果」「果物」「物体」「体育」になる。　**3**　上から順に,「正当」「当今」「今朝」「朝礼」「礼節」とする。なお,「当今」は“このごろ”“最近”という意味。

国語 ＜第2日目＞ (70分) ＜満点：120点＞

解答

一 **問1**　下記を参照のこと。　**問2**　(例)　日本語の常識に合致しないことをヘンだと思う人は,外国語という新しい概念を受け入れるのは難しいから。　**問3**　(例)　外国語のよい面ばかりを礼讃して,日本語のあいまいさなどを過度に批判すること。　**問4**　ただ静かに受け止める(こと)　**問5**　(例)　一つひとつ違うものが色を変えることなく集まることで価値観が多様な世界が生まれること。　**問6**　(例)　政治や宗教や価値観をひた隠しにすることで,だれとでもつきあえるようにふるまう態度。　**問7**　**A**　だれも食べ(でもね,だ)　**B**　(例)　筆者が実際に体験した身近な食習慣に対する価値観の押しつけを紹介することで,読者の共感を呼び,筆者の考えを理解してもらいたいという意図。　**二** **問1**　**a**　オ　**b**　ウ　**問2**　(例)　褐色の肌理に奥深い甘みと滋味が詰まって,飽きることがないだけでなく,沖縄で戦死した兄を思う数少ないよすがだから。　**問3**　(例)　遠からず兵隊にゆく兄と,少しでも親子としての生活を共にしたかったから。　**問4**　(例)　不知火海の海の幸を食べ,戦時の食糧難でも生きのびたということ。　**問5**　(例)　生き物が豊かに生息しているということ。　**問6**　(例)　やあ人間がやってきたぞ。早く逃げないとつかまって食べられてしまうぞ。　**問7**　(例)　沖縄に戦災をもたらした軍隊の一員であった兄の死をいたむのは,島さながら戦場となった沖縄の受苦を思うと申しわけなかったから。　**問8**　エ　**三** **問1**　**A**　ちかくの山　**B**　三日箸　**C**　樫の木の新しい枝　**D**　持ち帰っ　**問2**　エ　**問3**　(例)　新しい樫の木の枝からつくったばかりだから。　**問4**　(例)　正月の三日間,今年一年が幸せなものになるように,さまざまな願いを込めながら,箸を使用するということ。　**問5**　(例)

健康や家内安全など，この一年の願い事の実現を祈り，正月飾りなどを燃やす行事。　**問6**　（例）　祖父亡きあとも，祖父が三日箸に込めた思いは，脈々と自分にも受け継がれているから。

●漢字の書き取り

一　**問1**　**A**　地域　**B**　発想　**C**　立派　**D**　困(る)　**E**　否定　**F**　許(せ)　**G**　同調　**H**　尊重　**I**　批判

解説

一　**出典は黒田《くろだ》龍之介《りゅうのすけ》の『その他の外国語　エトセトラ』による。**自分の価値観を押《お》しつけたり，同調を求めたりする態度を批判している。

問1　**A**　一定の区切られた範囲《はんい》の土地。　**B**　新たな考えや思いつきを得ること。　**C**　堂々としていて，みごとであるようす。　**D**　音読みは「コン」で，「困難」などの熟語がある。　**E**　打ち消すこと。　**F**　音読みは「キョ」で，「許可」などの熟語がある。　**G**　他人の態度や意見などに合わせること。　**H**　価値あるものとして重んじること。　**I**　ものごとのよしあしを判断して，それに対しての評価や意見を述べること。

問2　「こんなふうに感じる人」とは，ヨーグルトに「塩」や「ニンニク」を入れることに対して「信じられない！」と感じてしまう，つまり，「自分はまともで，その価値観に合わないものはおかしいと考える」人のことを指す。しかし，外国語の学習は「日本語の常識から外れるような世界に踏《ふ》み出」さなければならないので，「それまでの価値観に合致《がっち》しないことをヘンだと思」ってしまう人にとっては「新しい概念《がいねん》を受け入れるのは難しい」だろうと思われる。だから，そういう人は「外国語に向いていない」というのである。

問3　「極端《きょくたん》」は，考え方などが非常にかたよっていること。「新しい概念」に対して，「それまでの価値観に合致しないことをヘン」だと拒絶《きょぜつ》してしまう態度がある一方で，「新しい概念」，つまり外国語のことを礼讃《らいさん》し，「日本語はあいまい」だとして，「わたしは間違《まちが》っていた。反省します」と過度に同調する態度も「極端」だといっている。本文の後のほうで，筆者が「新しい概念」に出合ったときに，「まずは批判も礼讃もしない。ただ静かに受け止める」と述べていることにも着目する。

問4　続く部分に，筆者は「バカにしている」のでも，「怒《おこ》っている」わけでもなく，「世の中にはずいぶんいろんなことがあるなあ」ということで，「ふーん」と思っていることが書かれている。つまり，筆者は「新しい概念」に出合ったとき，まずは「批判も礼讃も」せず，「ただ静かに受け止める」態度を取っていることが読み取れる。

問5　直前の部分で，筆者は「いろいろと違うものが集まると，colorful《カラフル》になる」，「一つひとつは色を変えることができないけれど，集まるとcolorful」になると述べている。ここでの「違うもの」とは，「ほかの人の生き方やよその国の習慣」など，いわば「価値観」といえるものであり，さまざまな価値観が集まれば，多様な価値観を認め合う豊かな社会になるのではないかというのである。

問6　「透明《とうめい》」は，色を持たないということ。筆者は「色」をさまざまな「価値観」にたとえているので，「透明」になるとは，直後で述べられているように「政治や宗教や価値観をひた隠《かく》しにして，だれとでもつき合えるマルチ人間を目指す」という態度を取ることだと考えられる。問5で見たように，筆者はさまざまな価値観がそのままの形で集まることを好ましく思っているので，「透明を目指す人」を「つまらな」く，「どうもわたしには無理」だといっている。

問7　**A**　「東京のうどんの汁《しる》をどうのこうのいう」とは，東京のうどんの汁が“黒くてしょっぱい”などと批判されることを想定しており，「ヨーグルトを食べるときに砂糖ではなく塩を加える」ことに対して「ヘン」だと感じ，それを批判するようなことが日本でも身近にあることを述べているものと考えられる。筆者は，「ヨーグルトに塩を入れる」ことや，「東京のうどんの汁」の味について「イヤ」だと思うのは「人の勝手」だし，「食べたくないものを無理に食えといわれたら，それは抵抗《ていこう》して当然だろう」と述べている。そのうえで，「でもね，だれも食べろとはいっていない。それどころかこの件についてコメントしてくれともいっていない」と伝えたいのである。つまり，どちらも「人の勝手」であり，「ただ静かに受け止め」てほしいといいたいのだろうと推測できる。

B　「ついでだが」は，これまでに述べたことに関連して，あわせて伝えておきたい内容があるときに用いられる言葉。「ヨーグルトに塩を入れる」というのは，日本人にはあまりなじみのないことであるが，「東京のうどんの汁」に対する考え方は，私たちに身近な話題である。そうした身近な食文化に対しても，価値観の押しつけがなされていることを示し読者に共感してもらうとともに，異文化に対して「まずは批判も礼讃も」せず，「ただ静かに受け止める」という「異文化とのつき合い方」の基本的な態度を理解してもらおうと意図しているものと思われる。

二　**出典は石牟礼道子《いしむれみちこ》の文章による**。黒糖にまつわる思い出をつづっている。

問1　**a**　「はにかむ」は，恥《は》ずかしそうな表情をすること。　**b**　「道すがら」は，“道を歩きながら”“歩いている道の途中《とちゅう》で”という意味。

問2　「目がない」とは，とても好むようす。直後にあるように，「褐色《かっしょく》の肌理《きめ》に奥深《おくぶか》い甘《あま》みと滋《じ》味《み》が詰《つ》まって，飽《あ》きることがない」ので，筆者は「黒糖に目がない」のだとわかる。また，「黒糖はわたしの信仰《しんこう》です」と語っているように，黒糖は沖縄で戦死した兄を思うよすがとなっているので，筆者にとって特別な意味を持っているのだと読み取れる。なお，「よすが」は，頼《たよ》りとなるもの，手がかりとなるもののこと。

問3　後のほうに，兄が「わたしたちのもとにやって来たのも，遠からず兵隊にゆくことが分かっていたからだろう」と書かれていることに注目する。兄は，父と「前妻」との間の子であり，「わたし」の母は「息子《むすこ》どころか，前妻の存在も知らされていなかった」とあることから，父と兄はずっと離《はな》れて暮らしていたことが読み取れる。そのような兄を父が呼び寄せて「一緒《いっしょ》に住むこと」にしたのは，戦争に召集《しょうしゅう》され，永遠の別れとなってしまうかもしれない息子と，最後くらいは親子として暮らしたいという父の思いがあったからだと想像できる。

問4　「不知火海《しらぬいかい》」が「飢饉《ききん》」や「戦時の食糧《しょくりょう》難」から人々を救ったというのは，不知火海で捕《と》れる貝や魚が，その土地で暮らす人たちの貴重な食糧となったということである。

問5　「ざわめき」は，あちこちからにぎやかな声や音が聞こえること。「命のざわめき」は，アサリやハマグリなど，たくさんの生き物たちが暮らしていたということを表している。問4で見たように，「不知火海」は生命の気配に満ちた豊かな海だったのである。

問6　「やあ人間ぞ。早う早う」という言葉は，アサリやハマグリ，鬼《おに》の爪《つめ》など，磯《いそ》に生息する生き物たちの視点から発せられた言葉である。磯に生息する生き物たちを捕って食糧にしようとする人間に対し，「こけつまろびつ逃《に》げていく」というのだから，生き物たちは，「早く逃げないとつかまって食べられてしまうぞ」などと呼び交《か》わしているものと想像できる。

問7　兵士として召集された筆者の兄は，「ただお国を守ろうと願って」沖縄に赴《おもむ》いたに違いないが，現実にはこの戦争によって，沖縄は「島さながら戦場となり，県民の四人に一人」が亡くなっている。厳しい見方をすれば，兵士の兄は戦争の当事者である。「それでも」という言葉からは，戦争で兵士として戦った兄を亡くしたことはとても悲しいが，戦争に巻きこまれた沖縄の人たちの苦しみと比べたら，個人的な追悼《ついとう》の思いを優先させてはいけないと筆者が考えていることが読み取れる。

問8　兄と一緒に貝を捕っていた「不知火海」の「命のざわめき」とは対照的に，サトウキビ畑の葉擦《はず》れのざわめきはどこまでも静かである。筆者はこの広く静かな景色をながめながら，沖縄のどこかで戦死した兄のみならず，サトウキビ畑の下で眠《ねむ》っている多くの犠牲《ぎせい》者たちに思いをはせているものと考えられるので，エがふさわしい。

三　**出典は壺阪輝代《つぼさかてるよ》の詩「三日箸《みっかばし》」による。**子どものころ，祖父が三日箸をつくることが正月を迎《むか》える恒例《こうれい》の行事であったことを，なつかしく思い出している。

問1　**A～D**　「正月さまを迎えに行く」とは，お正月に用いる縁起《えんぎ》物の三日箸をつくる材料を取りに行くことを指している。祖父が「ちかくの山」へ出かけ，「持ち帰っ」た「樫《かし》の木の新しい枝」を削《けず》って，家族の数だけ「三日箸」をつくり，「名前を記した箸袋《はしぶくろ》に納め」るようすがえがかれている。

問2　祖父が箸を削り出す手元を見つめながら，「正月さまが姿をみせる」のを「わたし」は心待ちにしていたのだろうと考えられる。そのときに抱《いだ》いた思いが好意的なものであったからこそ，「いま」，「わたし」は三日箸をつくっているのである。

問3　「香《かお》り立つ」は，いい香りがするようす。「三日箸」は「樫の木の新しい枝」からつくられたばかりの新品の箸なので，とてもいい香りがするというのである。樫の木のすがすがしい匂《にお》いが，新年の雰囲気《ふんいき》とうまく調和した表現になっている。

問4　三日箸は，祝い事に用いられる箸の一種。元旦《がんたん》から三日の間，おせちやお雑煮《ぞうに》を食べるのにこの箸を使い続け，「一年分のねがいを染《し》み込《こ》ませる」というのである。

問5　「一年分のねがいを染み込ませ」た三日箸が「正月飾《かざ》りと共に焼かれ」，その「ねがいごとが天に定住するように」立ち昇《のぼ》っていったとある。つまり，「小正月」は正月飾りなどを燃やして，天に願いごとをとどける行事だと推測できる。一般《いっぱん》的にも，一月十五日を中心とする「小正月」には，門松やしめなわなどの正月飾りや書初めなどを焼くことで無病息災や五穀豊穣《ごこくほうじょう》などを祈願《きがん》する，「どんど焼き」や「左義長」と呼ばれる行事が行われている。

問6　直前の連で，「祖父の手さばきを真似《まね》ながら」「心入れを呼び覚ましながら」とあるので，「わたし」は「いま」，祖父が三日箸に込めたものを思い出しながら，祖父をまねてつくっていることがわかる。つまり，三日箸の恒例行事は，祖父の思いとともに「わたし」へと受け継《つ》がれているのである。

Dr.福井の 入試に勝つ！ 脳とからだのウルトラ科学

勉強が楽しいと，記憶力も成績もアップする！

みんなは勉強が好き？　それとも嫌い？――たぶん「好きだ」と答える人はあまりいないだろうね。「好きじゃないけど，やらなければいけないから，いちおう勉強してます」という人が多いんじゃないかな。

だけど，これじゃダメなんだ。ウソでもいいから「勉強は楽しい」と思いながらやった方がいい。なぜなら，そう考えることによって記憶力がアップするのだから。

脳の中にはいろいろな種類のホルモンが出されているが，どのホルモンが出されるかによって脳の働きや気持ちが変わってしまうんだ。たとえば，楽しいことをやっているときは，ベーターエンドルフィンという物質が出され，記憶力がアップする。逆に，イヤだと思っているときには，ノルアドレナリンという物質が出され，記憶力がダウンしてしまう。

要するに，イヤイヤ勉強するよりも，楽しんで勉強したほうが，より多くの知識を身につけることができて，結果，成績も上がるというわけだ。そうすれば，さらに勉強が楽しくなっていって，もっと成績も上がっていくようになる。

でも，そうは言うものの，「勉強が楽しい」と思うのは難しいかもしれない。楽しいと思える部分は人それぞれだから，一筋縄に言うことはできないけど，たとえば，楽しいと思える教科・単元をつくることから始めてみてはどうだろう。初めは覚えることも多くて苦しいときもあると思うが，テストで成果が少しでも現れたら，楽しいと思えるきっかけになる。また，「勉強は楽しい」と思いこむのも一策。勉強が楽しくて仕方ない自分をイメージするだけでもちがうはずだ。

Dr.福井（福《ふく》井《い》一成《かずしげ》）…医学博士。開成中・高から東大・文Ⅱに入学後，再受験して翌年東大・理Ⅲに合格。同大医学部卒。さまざまな勉強法や脳科学に関する著書多数。

平成29年度　灘　中　学　校

〔電　話〕(078) 411－7 2 3 4
〔所在地〕〒658-0082　神戸市東灘区魚崎北町 8－5－1
〔交　通〕JR「住吉駅」より徒歩10分,
阪神本線「魚崎駅」より徒歩10分

【算　数】〈第１日目〉（60分）〈満点：100点〉

次の問題の□にあてはまる数または漢字を解答欄《らん》に書き入れなさい。

［注意］・問題にかいてある図は必ずしも正しくはありません。
・円周率は3.14とします。
・角すいの体積は，(底面積)×(高さ)×$\frac{1}{3}$　で求められます。

1　$\left(\frac{20}{17}+\square\right)\times\frac{1}{9}=1+2\div\left(\frac{1}{4}+\frac{3}{5}\right)$

2　あるクラスの生徒40人に鉛《えん》筆を配ることにしました。男子に５本ずつ，女子に３本ずつ配ると６本余ることが分かりました。そこで，新たに20本を追加して，男子に４本ずつ，女子に５本ずつ配ると，過不足はありませんでした。はじめに用意していた鉛筆は全部で□本です。

3　次のように，ある規則にしたがって数が並んでいます。

1，2，1，3，$1\frac{1}{2}$，1，4，2，$1\frac{1}{3}$，1，5，$2\frac{1}{2}$，$1\frac{2}{3}$，$1\frac{1}{4}$，1，6，3，2，$1\frac{1}{2}$，$1\frac{1}{5}$，1，7，$3\frac{1}{2}$，$2\frac{1}{3}$，…

このとき，はじめから100番目の数は①□です。また，はじめから②□番目に３回目の$2\frac{1}{3}$が現れます。

4　容器Ａに濃《のう》度が□％の砂糖水600ｇが入っており，そのうち150ｇを空《から》の容器Ｂに移しました。その後，65ｇの砂糖を２つに分けて，一方を容器Ａに，もう一方を容器Ｂに入れてよくかき混ぜたところ，すべての砂糖が溶《と》け，容器Ａの砂糖水の濃度は20％に，容器Ｂの砂糖水の濃度は10％になりました。

5　一定の速さで流れる川でボートをこぎます。静水でボートが進む速さは一定です。

ある地点Ａでボールを川の下流に流すと同時に上流に向かってボートをこぎ始めました。そして，地点Ａから上流に300ｍのところでボートを川岸につなぎとめて10分間休んだのち，下流に向かってこぎました。すると，地点Ａから下流に1030ｍのところでボールに追いつきました。下流に向かってこいだ時間は，上流に向かってこいだ時間より４分長くかかりました。このとき，静水でボートが進む速さは川の流れの速さの①□倍で，川の流れの速さは毎分②□ｍです。

6　3桁《けた》の整数 ABC を $\frac{3}{4}$ 倍すると3桁の整数 BCA になり，さらに BCA を $\frac{3}{4}$ 倍すると3桁の整数 CAB になります。このような3桁の整数 ABC は全部で2つあり，［①　　］と［②　　］です。ただし，①，②の順序は問いません。

7　右の表はある月のカレンダーです。この月の㋐～㋔の各週から1日ずつ，すべて異なる曜日の5日を選んでそれぞれ丸で囲みます。丸で囲んだ5つの数の和が81になるのは，［①　　］曜日と［②　　］曜日の2つの曜日を除いた5つの曜日から5日を選ぶときです。ただし，①，②の順序は問いません。そして，丸で囲んだ5つの数の和が81になる選び方は全部で［③　　］通りあります。

	日	月	火	水	木	金	土
㋐		1	2	3	4	5	6
㋑	7	8	9	10	11	12	13
㋒	14	15	16	17	18	19	20
㋓	21	22	23	24	25	26	27
㋔	28	29	30	31			

8　右の図のような，同じ大きさの正方形からなるマス目があり，12個の正方形には対角線が引かれています。

図の正方形の辺や対角線をたどって，最短距離《きょり》でAからBまで移動する経路の選び方は全部で［①　　］通りあります。また，最短距離でAからCまで移動する経路の選び方は全部で［②　　］通りあります。

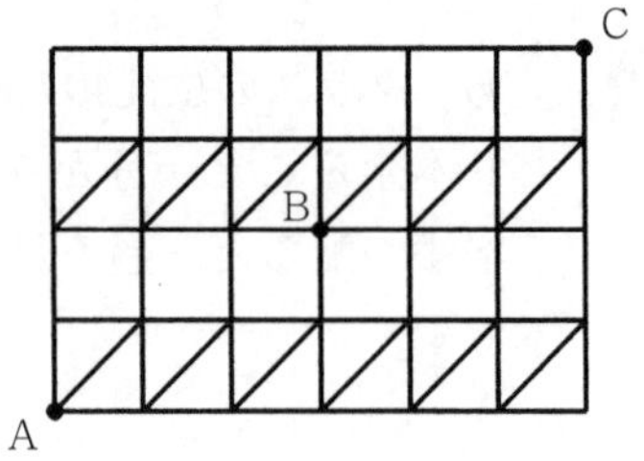

9　右の図で，

(ACの長さ)：(ADの長さ)=1：1

(ABの長さ)：(BEの長さ)=1：2

(BCの長さ)：(CFの長さ)=1：3

です。このとき，三角形ADGの面積は，三角形ABCの面積の［　　］倍です。

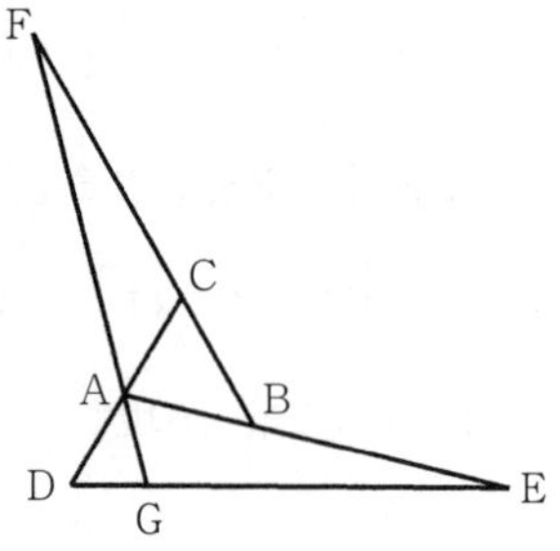

10　下の図のような，辺の長さがすべて10cmの四角すいO-ABCDがあります。辺OA，OB，OC上に点P，Q，Rを

(OPの長さ)=(ORの長さ)=［　　］cm，(OQの長さ)=6cm

となるようにとると，3点P，Q，Rを通る平面上に点Dがあります。

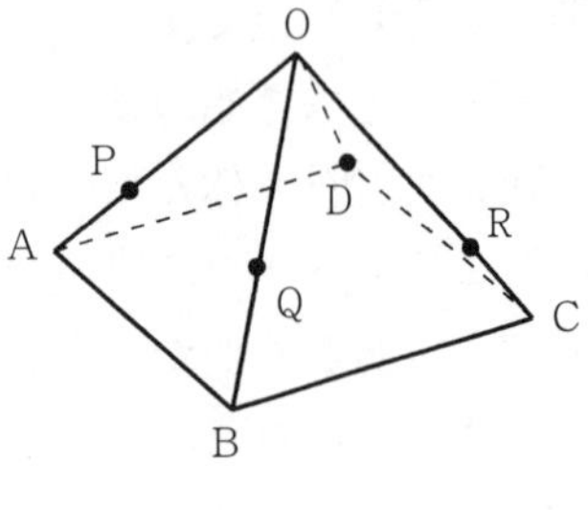

11　展開図が下の図のような立体の体積は□cm³ です。ただし，4つの四角形の面はすべて合同な台形です。また，三角形の面のうち，2つは直角二等辺三角形，残り2つは正三角形です。

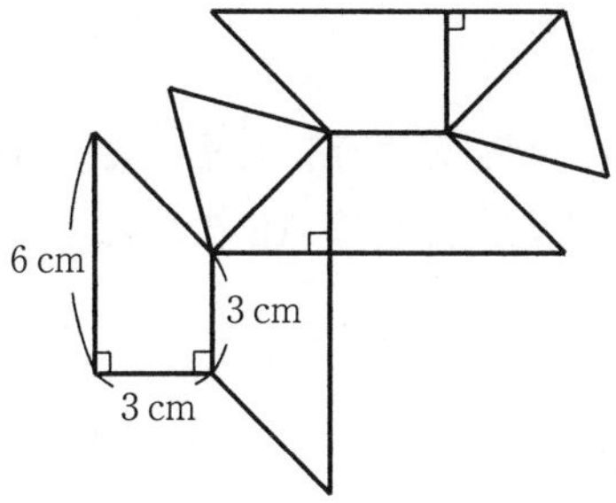

12　平面上に辺 AB の長さが 6 cm の直角二等辺三角形 ABC の板があり，半径が 6 cm の円の形をした輪をはじめ右の図1の位置に置きます。この輪が，下の①，②，③の順に動き，図1の位置にもどるまでの間に通過する部分の面積は□cm² です。ただし，板は動かず，輪の太さは考えないものとします。また，回転の向きは時計の針が回る向きです。

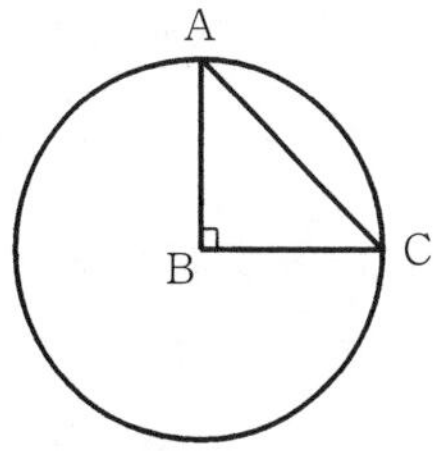

図1

①　点Cの周りに 60° 回る。
②　点Bの周りに 30° 回る。
③　点Aの周りに 60° 回る。

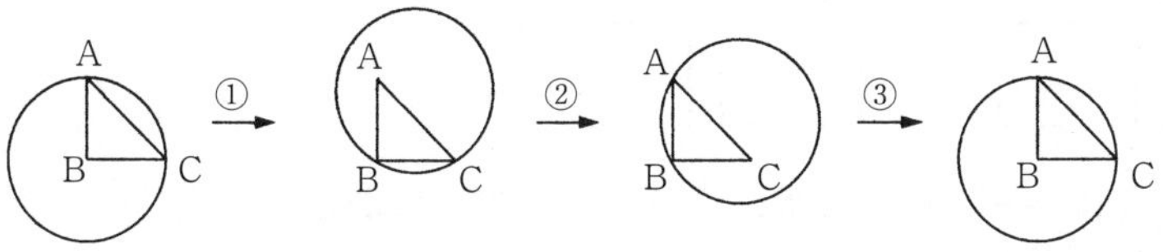

図1　　図2　　図3　　図1

なお，下の図4は，図1，図2，図3の位置にある輪を重ね合わせてかいたものです。

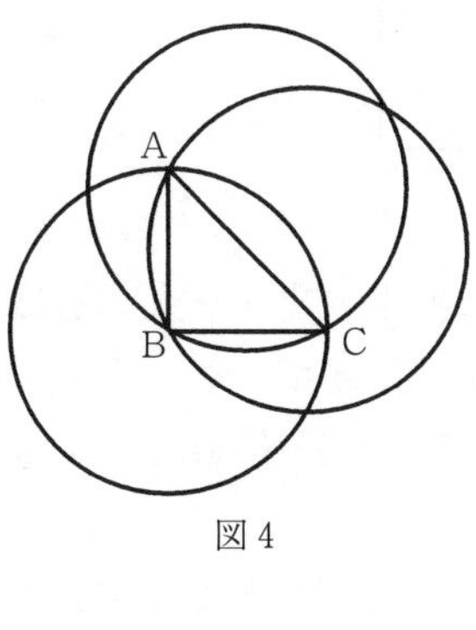

図4

〈**第2日目**〉（60分）〈満点：100点〉

［注意］・**1**，**5**(1)は答えのみ記入しなさい。それ以外は，答え以外に文章や式，図なども書きなさい。
・問題にかいてある図は必ずしも正しくはありません。
・角すいの体積は　(底面積)×(高さ)×$\frac{1}{3}$　で求められます。

1　図1のような長方形の細長い紙を3つの折り目で折り込《こ》み，図2のようにしました。5個の点A，B，C，D，Eを頂点とする五角形は正五角形です。また，点FはAEの真ん中の点です。

（この面の左端《はし》が黒くぬられており，
裏面はぬられていない）

図1

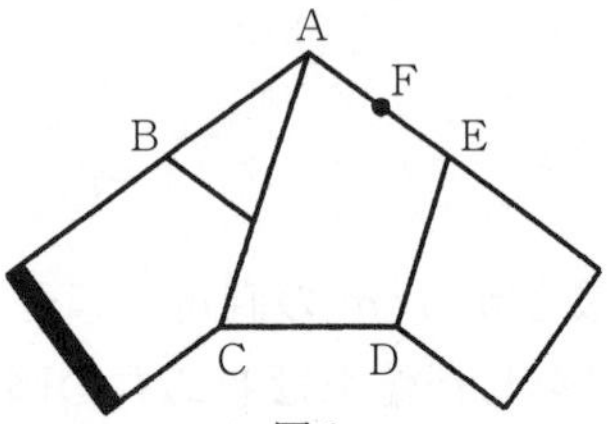

図2

(1)　紙を折り込むと，下の図のすべての黒点は図2の点A，B，C，D，Eのどれかの位置に来ます。9か所の空欄《らん》にA，B，C，D，Eのうち当てはまるものを記入しなさい。

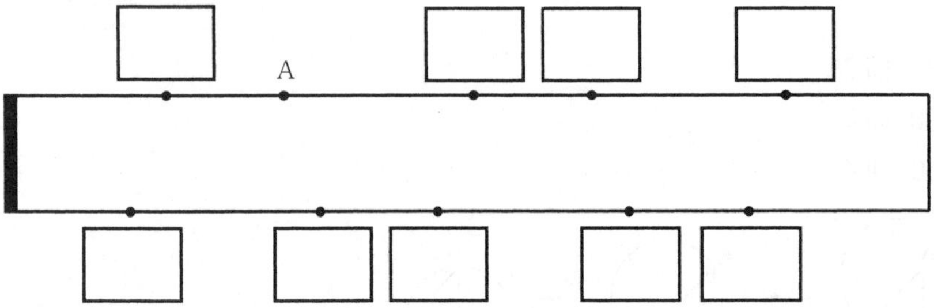

(2)　図2の紙を直線CFに沿ってはさみで切るとき，切り口を下の図にかき込みなさい。なお，下の図の黒点は(1)の図と同じ位置にあります。

2　太郎君と次郎君はP地点を同時に出発し，855m離《はな》れたQ地点に向かいます。太郎君ははじめ分速240mで走ったのち，分速60mで歩き，そして分速120mでジョギングします。次郎君ははじめ分速120mでジョギングしたのち，分速240mで走り，そして分速60mで歩きます。二人はこのことを2日間繰《く》り返しました。

(1)　1日目，太郎君が走った時間，歩いた時間，ジョギングした時間，次郎君がジョギングした時間，走った時間，歩いた時間はすべて同じでした。次郎君は走っている間にR地点で太郎君を追い越《こ》し，2人同時にQ地点に着きました。P地点とR地点の間の距離《きょり》は何mですか。

(2)　2日目，太郎君と次郎君の歩いた時間は同じで，太郎君と次郎君のジョギングした時間は同じで，さらに太郎君と次郎君の走った時間は同じでした。P地点を出発して3分後，走っている次郎君はＳ地点で太郎君を追い越しました。そして出発して７分30秒後に同時にＱ地点に着きました。Ｐ地点とＳ地点の間の距離は何ｍですか。

3　辺ABの長さが8 cm，辺ADの長さが6 cm，辺AEの長さが5 cmである直方体ABCD-EFGHがあります。点Ｐは辺AB上に，点Ｑは辺BF上にあり，APの長さは2 cmで，BQの長さは3 cmです。３点Ｇ，Ｐ，Ｑを通る平面Sとこの平面による直方体の切り口Kを考えます。

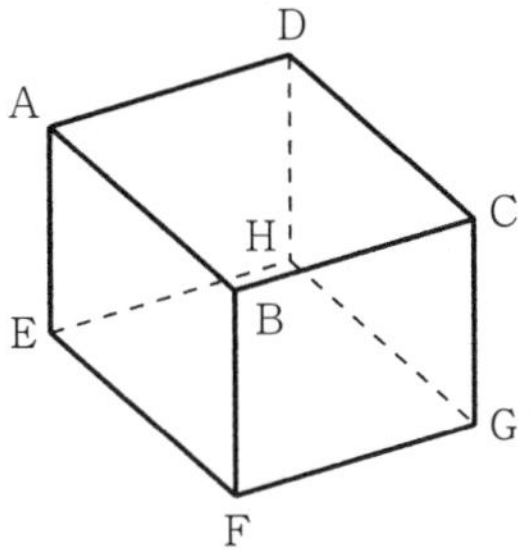

⑴　直方体を平面Sで２つの立体に切り分けたとき，点Ｃを含《ふく》む側の立体の体積を求めなさい。

⑵　切り口Kの辺PQ上に点Ｒをとり，ＲとＧを直線で結ぶと，三角形GQRの面積は切り口Kの面積の$\frac{1}{3}$倍になりました。このとき，(PRの長さ)：(RQの長さ)を最も簡単な整数の比で表しなさい。

4　下の図で，三角形ABCは直角三角形です。また，四角形BDEC，ACFG，AHIB，EKLF，HGMN，IOJDはすべて正方形です。

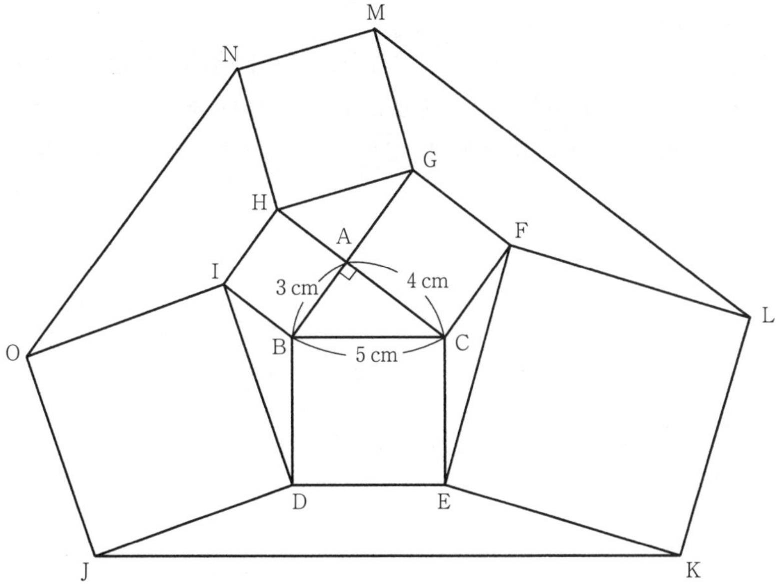

⑴　六角形DEFGHIの面積を求めなさい。

⑵　辺JK，LM，NOの長さをそれぞれ求めなさい。

⑶　六角形JKLMNOの面積を求めなさい。

5　[1]，[2]，[3]，[4] と書かれた４枚のカードが横一列に並んでいます。この列に，次のA，B，Cのうちのいずれか１つだけを行うことを１回の操作として，この操作を繰り返し行います。

A：左端にあるカードを，左から２番目にあるカードと左から３番目にあるカードの間に移動させる。

B：左端にあるカードを，左から３番目にあるカードと左から４番目にあるカードの間に移動させる。

C：左端にあるカードを，右端に移動させる。

[1][2][3][4] の順にカードを並べた状態から，この操作を始めます。

例えば，BACの順に操作を行うとカードの並びは

[1][2][3][4]→[2][3][1][4]→[3][2][1][4]→[2][1][4][3]

と変化します。

(1)　この操作を３回繰り返し行うことにします。

(ア)　ACBの順に操作を行った後のカードの並びは□□□□です。

(イ)　操作を３回行う方法は，各回ごとにA，B，Cのどれを選択《たく》するかで，全部で27通りあります。このうち，３回の操作後に左端のカードが

[4] であるような操作の方法は□通り，

[3] であるような操作の方法は□通り，

[2] であるような操作の方法は□通り，

[1] であるような操作の方法は□通りあります。

(ウ)　27通りの操作方法のうち，例えばAAAのときも，BABのときも，操作後のカードの並びは [2][1][3][4] となります。このように２通り以上の操作方法で実現できるカードの並びで [2][1][3][4] 以外のものは，□□□□と□□□□です。

(2)　この操作を３回繰り返し行うと左端のカードが [2] になり，さらに３回繰り返し行うとカードの並びが [1][2][3][4] となるような計６回の操作方法は全部で何通りありますか。

(3)　この操作を６回繰り返した後，カードの並びが [1][2][3][4] となるような６回の操作方法は全部で何通りありますか。

【理　科】〈**第1日目**〉（60分）〈満点：100点〉

1　日本の森の中には，多くの動物たちが住んでいます。近年では，①アライグマやツキノワグマ，イノシシのように，人里に現れる動物たちが増えてきています。一方，私たちが探しても見つけにくいヤマネのような小動物もいます(図)。ヤマネは体長5cm，しっぽをふくめて10cmくらいの小型ほ乳類で，ふだんは樹の中や樹の上，まれに山小屋などにも巣をつくり，主に夜間に活動しています。ヤマネは②果実や種子，木の実，昆虫《こんちゅう》，花粉などを食べますが，春と夏には，その季節に最も多く手に入る食べ物を優先的に食べています。秋になると糖分を多くふくむものをたくさん食べて脂肪《しぼう》をつけ，温度が下がってくると冬眠《とうみん》します。

問1　下線部①の動物たちが人里におりてくる主な理由を6文字以内で答えなさい。(文字数には句読点をふくみません。以下同じ。)

問2　クマとヤマネは冬眠する前に，たくさん糖分を取り入れ，ある臓器で糖分を脂肪に変えて，体内にたくわえます。この働きをする臓器の名前を，次の**あ**～**か**から選び，記号で答えなさい。

あ　口　　**い**　胃　　**う**　肝臓《かんぞう》　　**え**　小腸　　**お**　大腸　　**か**　腎臓《じんぞう》

問3　下線部②のヤマネの食べ物について，次の問いに答えなさい。

(1)　下線部②の食性は，ヤマネが生きていく上でどのような利点がありますか。必ず「季節」という語句を入れて，15文字以内で答えなさい。

(2)　ヤマネが春と夏に，最も多く食べると考えられるものを，次の**あ**～**お**からそれぞれ1つずつ選び，記号で答えなさい。

あ　果実　　**い**　種子　　**う**　花粉　　**え**　昆虫　　**お**　木の実

問4　ヤマネが昆虫を食べるとき，大きさに関わらず，非常にかたい外骨格を持つ昆虫をさける傾向《けいこう》があります。ヤマネがさけると思われる昆虫の成虫を，次の**あ**～**か**から2つ選び，記号で答えなさい。

あ　ハエ　　**い**　オオクワガタ　　**う**　蚊《か》

え　チョウ　　**お**　セミ　　**か**　カブトムシ

問5　野生のヤマネの寿命《じゅみょう》は長くても3年とされています。ある年の春，ある山で，ヤマネが100匹《ひき》生まれたとします。これをグループTとします。

期間	出生～ 0.5年まで	0.5年～ 1.0年	1.0年～ 1.5年	1.5年～ 2.0年	2.0年～ 2.5年	2.5年～ 3.0年
期間の生存率	80%	80%	50%	50%	25%	25%
期間終了時の残り	80匹	64匹	?匹	?匹	?匹	?匹

(1)　ヤマネの半年ごとの生存率と生き残り数が表のように示されるとすると，3.0年後まで生き残っているのは，グループTの中で何匹ですか。

(2)　ヤマネは生まれてから1.0年後と2.0年後に，生きている限りは，それぞれ同数の子供を産むと仮定します。1匹のメスが1回の出産機会あたり，平均で何匹の子供を産めば，グループTのヤマネが，一生のうちに出産する子供の数の合計が100匹となるでしょうか。ただし，メスとオスは常に同数とし，孫は合計には入れないものとします。

問6　ヤマネが人間には見つかりにくい理由を，問題文を参考に，生活場所以外について，7文字以内で答えなさい。

問7　ヤマネのすみかや活動時間などから判断して，より天敵となりやすいものを次の**あ**～**く**から3つ選び，記号で答えなさい。

あ　キツネ　　**い**　オオカミ　　**う**　テン　　**え**　フクロウ

お　イノシシ　　**か**　ヘビ　　**き**　トナカイ　　**く**　タヌキ

2　厚さが0.5mmで均一なアルミニウム板と鉄板があります(図)。それぞれの金属板から，一辺5mmの正方形の金属片をいくつか切り取り，うすい塩酸に溶《と》かして発生する気体の体積を調べる実験を行いました。

アルミニウム板　　鉄板

発生した気体の体積(mL)

金属片の数	1	2	3
実験1	45	90	120
実験2	42	84	120

実験1　3本の試験管に，それぞれうすい塩酸10mLをはかりとり，1本目の試験管には切り取ったアルミニウム片を1つ，2本目の試験管にはアルミニウム片を2つ，3本目の試験管にはアルミニウム片を3つ入れ，発生した気体の体積をはかりました。

実験2　別の3本の試験管に，それぞれうすい塩酸10mLをはかりとり，1本目の試験管には切り取った鉄片を1つ，2本目の試験管には鉄片を2つ，3本目の試験管には鉄片を3つ入れ，発生した気体の体積をはかりました。

実験の結果は表のようになりました。なお，気体の体積はすべて同じ条件ではかりました。

問1　この実験で発生した気体の名前を答えなさい。

問2　この実験で発生した気体について，次の**ア**～**オ**の説明のうち，誤りをふくむものをすべて選び，記号で答えなさい。

ア　水には溶けにくい。

イ　無色で刺激臭《しげきしゅう》がある。

ウ　空気より軽い。

エ　燃える。

オ　ろうそくが燃えた後に生じる。

問3　アルミニウムと鉄についての**ア**～**オ**の文のうち，誤りをふくむものを1つ選び，記号で答えなさい。

ア　一辺5mmの正方形の金属片1つの重さは，鉄の方がアルミニウムより大きい。

イ　鉄板は電気を通すが，アルミニウム板は電気を通さない。

ウ　水酸化ナトリウム水溶液《すいようえき》にアルミニウムは溶けるが，鉄は溶けない。

エ　アンモニア水には，アルミニウムも鉄も溶けない。

オ　アルミニウム板も鉄板も折り曲げることができる。

問4　次の(1)，(2)の金属片1つを，実験に用いた金属板から切り取り，うすい塩酸10mLを入れた別々の試験管に入れたとき，それぞれ発生する気体の体積は何mLですか。

(1)　一辺8mmの正方形のアルミニウム片

(2)　一辺9mmの正方形の鉄片

問5　この塩酸10mLに溶ける最大の正方形のアルミニウム片と鉄片について，その正方形の面積を比較するとアルミニウム片の面積は鉄片の面積の何倍ですか。小数第三位を四捨五入して，小数第二位まで答えなさい。

問6　この塩酸10mLに一辺5mmの正方形の鉄片2つを入れた試験管に，さらにアルミニウム片を加えて120mLの気体を発生させたい。アルミニウム板から新たに長方形の金属片を切り取って加えるとき，一方の辺の長さを5mmとすると他の辺の長さは少なくとも何mm必要ですか。

3　ある平野に，水中の昆虫《こんちゅう》を食べる魚がいる池(以下「いる池」)と，いない池(以下「いない池」)があります。2つの池のまわりには，ある同じ植物が大規模にほぼ同数生育しています。この植物は自家受粉できず，1種類の昆虫だけが受粉に関わっています。この「花粉を運ぶ昆虫」は，ある「別の昆虫」に食べられ，さらにこの「別の昆虫」は「魚」に食べられることがわかっています。「花粉を運ぶ昆虫」から「魚」までの『食べる・食べられる』の関係が，この植物が「種子」を作ることにどのような影響《えいきょう》をおよぼしているかを調査しました。ただし，この2つの池は魚がいるかどうか以外の条件は全く同じだったとします。

問1　(1)　昆虫の生息する場所は，幼虫と成虫で異なる場合があります。次にあげる昆虫A～Dの生息場所をそれぞれ下の表の**ア**～**ウ**から選び，記号で答えなさい。

A　セミ　　B　テントウムシ　　C　コオロギ　　D　カブトムシ

	幼虫の生息場所	成虫の生息場所
ア	地中	空をふくむ陸上
イ	地表面	空をふくむ陸上
ウ	水中	空をふくむ陸上

(2)　昆虫が次の①～③のとき，どのような活動をしますか。下の**ア**～**ウ**からそれぞれあてはまるものをすべて選び，記号で答えなさい。

①　幼虫が地中で過ごすとき

②　幼虫が水中で過ごすとき

③　成虫が空をふくむ陸上で過ごすとき

ア　生息域の拡大　　**イ**　繁殖《はんしょく》相手の確保　　**ウ**　からだの成長に必要なエサ探し

問2　本文の「別の昆虫」にあてはまる昆虫の名前を1つ答えなさい。

問3　「別の昆虫」の数を調べたいと思います。池の水を抜《ぬ》くことは不適切なので，次のような方法を試しました。

魚の「いない池」で「別の昆虫」を21匹捕《つか》まえ，それらに目印をつけて放しました。後日30匹捕まえると，うち3匹に目印がついていました。「いない池」には「別の昆虫」は全部で何匹生息していたと推測できますか。ただし「別の昆虫」は川から流入・流出せず，新たに誕生することもありません。また，まんべんなく行動し，捕まることによる影響もないものとします。

問4　下線部の調査の方針として最も適切と思われるものを，次の**ア**～**エ**から1つ選び，記号で答えなさい。

ア　それぞれの池周辺の昆虫を追跡《ついせき》することで巣を発見し，内部の昆虫の数を数える。

イ　それぞれの池周辺に分布している植物を区画に分け，一つの区画に飛んでいる昆虫の数から，全体数を推測する。

ウ　それぞれの池周辺の植物をすべて刈《か》り取り，種子の数をすべて数え上げる。

エ　それぞれの池周辺の植物を同数刈り取り，植物１本あたりの種子の数から，全体数を推測する。

問５　ある年，それぞれの池の周囲の　(1)夏の「別の昆虫」の数，(2)秋の「種子」の数　を調べたところ，どのようであったと考えられますか。それぞれについて，適切なものを次の**ア**～**ウ**から１つずつ選び，記号で答えなさい。

ア「いる池」のほうが多い。　　**イ**「いない池」のほうが多い。

ウ　どちらの池も同じ。

4　夜に方位を知るのに，北の空にあって動かない北極星を使うとよいといわれますが，実は北極星も少しだけ動きます。たとえば図１のように，ある日の北極星は円を描《えが》いてほぼ１日(23時間56分)で一周します。そのうち半分ほどは昼間なので空が明るく，北極星は見えません。円の中心の方位が真北です。この円の大きさは満月の見えている大きさの約４倍の直径があります。

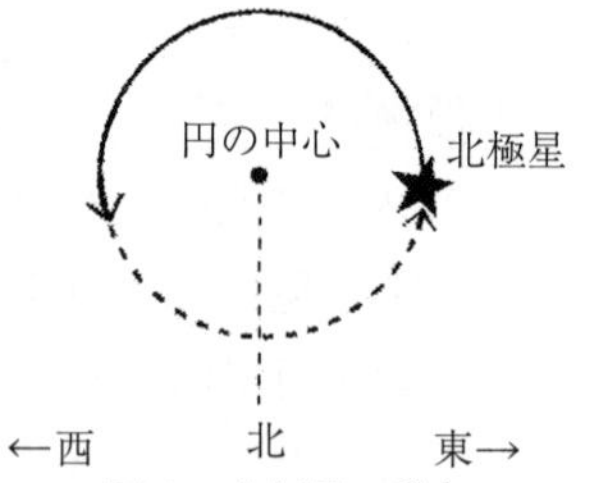

図１　北極星の動き

問１　望遠鏡で北極星の動きを観察し，正確な北の方位を求めることにしました。ただし望遠鏡の台には，望遠鏡の向いている「方位」と「高さ」を角度ではかるためのめもりがついています。北極星が一番高くなったとき(南中といいます)は，北極星は真北にあるので，望遠鏡で北極星を真ん中にとらえ，そのまま望遠鏡を下の方におろしてくれば地上の風景のどこが真北になるかわかります(図２)。北極星の南中する時刻を先生に調べてもらったところ，その日は午前９時20分でした。この時刻では空が明るくて北極星が肉眼では見えません。その日に正確な北の方位を求めるにはどうすればよいですか。次の**ア**～**エ**から最も適切な方法を記号で答えなさい。

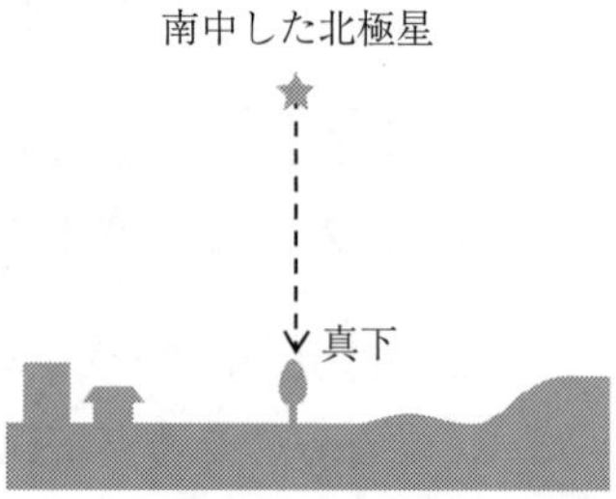

図２　真北の求め方

ア　午前９時20分に望遠鏡の倍率を一番高くして北極星を観測し，その真下の方位を求める。

イ　午前９時20分に望遠鏡の倍率を一番低くして北極星を観測し，その真下の方位を求める。

ウ　午後３時19分と翌日の午前３時17分に北極星を観測し，その２つの方位の真ん中の方位を求める。

エ　午後９時18分に北極星を観測し，その真下の方位を求める。

問２　北極星の南中する時刻がわからない場合，北極星の高さが最も高くなったときか，最も低くなったときの北極星の方位を求めようとしましたが，うまくいきませんでした。その理由について述べた次の文のA，Bの{　}にあてはまる適切な語句を選んで，記号で答えなさい。

北極星が最も高くなる頃《ころ》や最も低くなる頃は，北極星の高さの変化は$_{A}${**ア**　１日で一番大きい　**イ**　ほとんどない}が，方位の変化は$_{B}${**ウ**　１日で一番大きい　**エ**　ほとんどない}から，最も高くなったときや最も低くなったときの方位が決めにくい。

問３　次に，北極星が最も東に来たときと，最も西に来たときの真ん中の方位を求めることを考えました。この方法で一晩のうちに求めるには，どのような条件が必要ですか。次の文のC，Dの{　}にあてはまる適切な語句を選んで，記号で答えなさい。

この方法では北極星が円を半周しなくてはならず，$_{C}${**ア**　夜が長い秋から春にかけて　**イ**　昼が長い春から秋にかけて　**ウ**　昼と夜の長さがほぼ等しい春と秋}の季節にしかできない。しかも夕方に北極星が$_{D}${**エ**　最も高くなっているか低くなって　**オ**　最も東か西に来て}いる必要がある。

問４　実は北極星を使わずに，北斗《ほくと》七星やカシオペヤ座の星を使っても，正確な北の方位を求めることができます。次の**ア**～**ウ**から１年中使える方法を１つ選んで，記号で答えなさい。

ア　夕方に北の空で北極星の右上に見える星の高さと方位をはかり，その星が北極星の左上で再び同じ高さになったときの方位をはかり，２つの方位の真ん中をとる。

イ　夕方に北の空にある星の方位をはかり，11時間58分後にその星の方位を再びはかり，２つの方位の真ん中をとる。

ウ　夕方に北の空で地平線に沈《しず》みかけている星の方位をはかり，次にその星が東側の地平線から昇《のぼ》ってくるときの方位をはかり，２つの方位の真ん中をとる。

5　夏の暑い日に見られる積乱雲(入道雲)は，上空まで大きく雲が発達します。ここでは，どんな範囲《はんい》の高さに雲ができるかを考えます。説明をよく読んで，以下の問いに答えなさい。

高さ(km)	気温(℃)
0	20
1	9
2	0
12	−35

表１

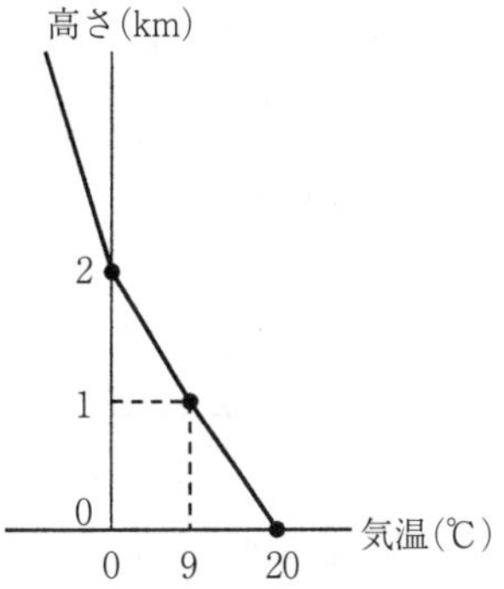

気温は上空にいくほど低くなります。いま，地上からの高さと気温との関係が表１のようになっているものとします。右図はこの関係をグラフにしたものの一部で，表１に示された値を表す点の間はそれぞれ直線で結ばれていて，グラフは３本の折れ線になっています。

問１　地上0.5kmの高さでの気温は何℃ですか。

風でふき上げられるなどして，上昇《じょうしょう》する空気のかたまりの温度は，周囲の気温と関係なく，１km上昇するごとにきまった割合で下がります。この割合は，雲ができずに上昇するときには１kmにつき10℃，雲ができながら上昇するときは，水蒸気が水になるときに熱を放出するので１kmにつき５℃です。

問２　地面で温度20℃の空気のかたまりが風などによって地上0.5kmの高さまでふき上げられたとします。この高さでは，まだ雲ができないとして，空気のかたまりの温度は何℃になりますか。

高さ(km)	Xの温度(℃)
0	20
(ア)	12
2	(イ)

表２

空気のかたまりの温度が下がって，小さな水滴《すいてき》ができると雲になります。空気の温度と湿度《しつど》に応じて，その空気の温度を何℃まで下げると水滴ができるかがきまっていて，温度20℃，湿度60％の空気のかたまり(以下Xとよぶ)では，12℃まで温度を下げると水滴が生じます。表２はXが地面から上昇していくときの，高さとXの温度の関係を表します。

問３　Ｘが地面から上昇していくと，地上何kmで雲ができはじめますか。(表２(ア))

問４　Ｘが地上２kmの高さまで上昇したときに，その温度は何℃になりますか。(表２(イ))

たとえば地上２kmの高さでは，周囲の気温よりも，上昇したＸの温度の方が高く，Ｘに上向きの力がはたらき上昇が続きます。もし，周囲の気温よりも，上昇したＸの温度が低くなることがあれば，下向きの力がはたらき上昇が止まります。したがって，上昇したＸの温度が周囲の気温と等しくなる高さが雲のできる高さの上限となります。

問５　Ｘが上昇してできる雲の高さの上限は地上何kmですか。

6　右の図Ａのような，円形の枠《わく》の内側に小さなおもりを１つつけた物体を考えます。円形枠内の直線は中心から30度ずつで描《えが》かれています。図Ｂのように，この物体を水平面上に置いて，静かに手をはなすと，物体は左に転がります。手をはなす前の物体の置き方によって，手をはなした直後の物体の動きはいろいろ異なり，下の**ア**～**オ**の５種類の動きが考えられます。ただし，物体は置かれた面の上を自由に転がることはできますが，すべることはないものとします。また，物体の重さはおもりの重さだけを考え，それ以外の部分の重さは無視します。

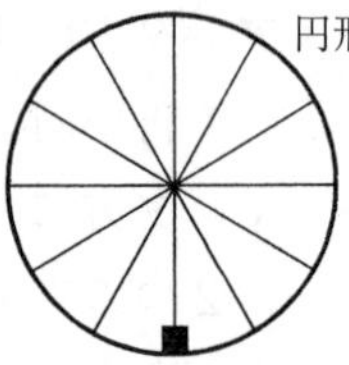

図Ａ

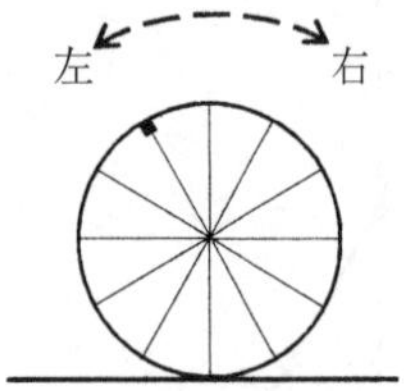

図Ｂ

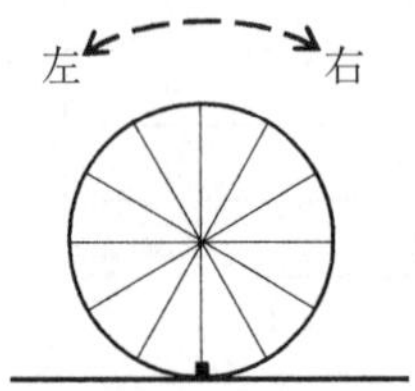

図Ｃ

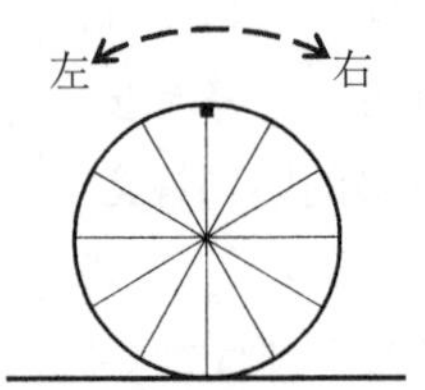

図Ｄ

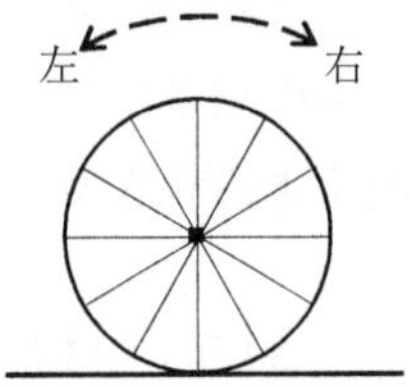

図Ｅ

ア　左に転がる。

イ　右に転がる。

ウ　安定なつりあいになる(静止し，右や左に少し転がしても元にもどろうとする)。

エ　不安定なつりあいになる(静止するが，右や左に少し転がすと元にもどらずにその方向に転がっていく)。

オ　中立のつりあいになる(静止し，右や左に少し転がしてもそこで静止させることができる)。

たとえば図Ｂの場合は**ア**，図Ｃの場合は**ウ**，図Ｄの場合は**エ**，図Ｅの場合は**オ**です(図Ｅではおもりは円形枠の中心につけられている)。

ア～**オ**のちがいは「物体を少しだけ転がしたときのおもりの高さの変化」に関係があります。このことを参考にして以下の問いに答えなさい。

問１　次のページの図(1)～図(4)のように，物体を斜面《しゃめん》上に置き，手をはなすと物体の動きはどうなるでしょうか。それぞれ上の**ア**～**オ**から選び，記号で答えなさい。

図(1)　おもりは下にある。

図(2)　おもりは上にある。

図(3)　おもりは接点にある。

図(4)　おもりは接点の真上にある。

問２　今度は図(5)～図(7)のように，物体を，固定された大きな半円形の枠上に置き，手をはなすと物体の動きはどうなるでしょうか。それぞれ上の**ア**～**オ**から選び，記号で答えなさい。ただし大きな枠の半径の長さは，物体の半径の２倍です。

図(5)　おもりは下にある。

図(6)　おもりは上にある。

図(7)　おもりは接点の真上にある。

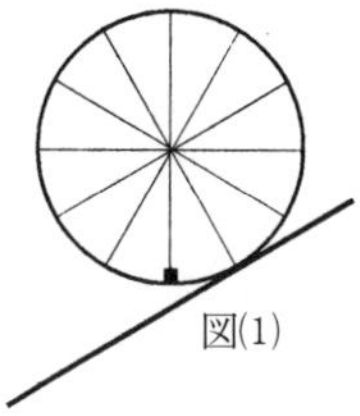
図(1)

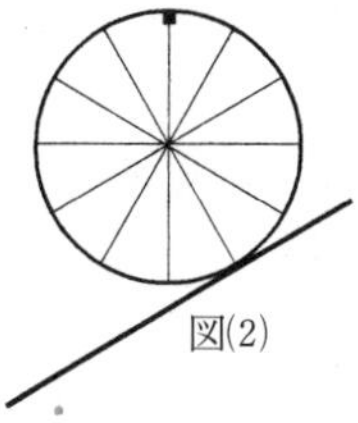
図(2)

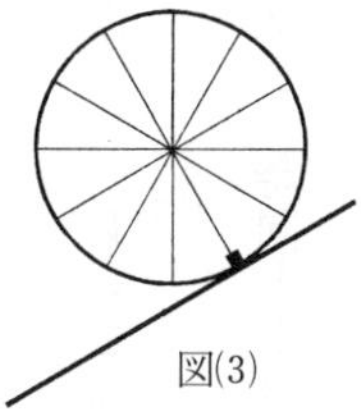
図(3)

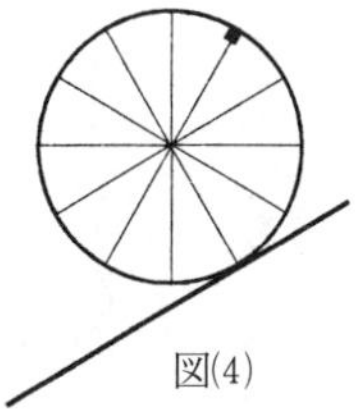
図(4)

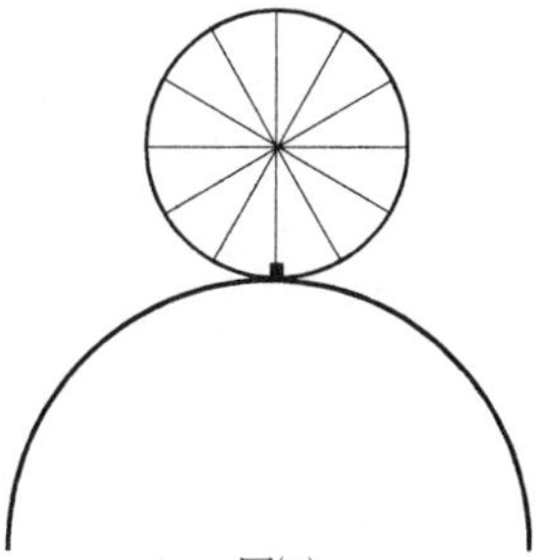
図(5)

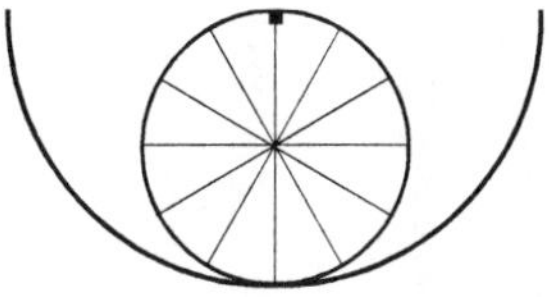
図(6)

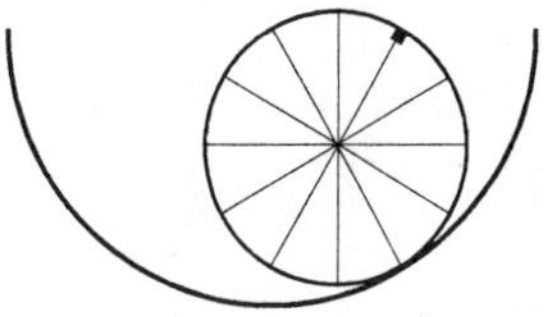
図(7)

くり返しくり返し朝がきて
くり返しくり返し春がきて

おじいさんの分の場所には
木が大きく緑を広げ
雲を押《お》し上げて立っている

北の町から若者が
ノコギリをかついでやってくる

問一　——線部1「また会おうと木は倒れた」とありますが、これは何を表していますか。最も適当なものを次のア〜オから選び、記号で答えなさい。

ア　木とおじいさんが、おじいさんの死後にあの世で再会すること。

イ　切り株から芽吹《めぶ》き、時間をかけてまた立派な木に生長すること。

ウ　切られた木が加工され、再びおじいさんの役に立つこと。

エ　切られる木が、木を切ったおじいさんを敵としてうらんでいること。

オ　木は切られてしまっても、木のたましいはその場に残っていること。

問二　——線部2とありますが、このとき「おじいさん」が「何も言わなかった」のはなぜですか。理由を答えなさい。

問三　——線部3とありますが、「部屋」が「どんどん暗くなる」のはなぜですか。理由を答えなさい。

問四　——線部4「木といっしょにどこまでも／伸びていけた」とありますが、これはおじいさんのどのような想いを表していますか。最も適当なものを次のア〜オから選び、記号で答えなさい。

ア　早く自分も元気になって、すくすくと伸びる木をまた切りたいと望んでいる。

イ　体の自由が利《き》かなくなったのに木がすごい勢いで伸びることにおびえている。

ウ　体は動かなくなったが、生長する木に一体感をおぼえ、うれしく思っている。

エ　体が動かなくなったことで、ゆっくりとしか生長できない木に同情している。

オ　木がどんどん大きくなるのに、自分の体の自由が利かないことを悔《く》やんでいる。

問五　——線部5「枝で窓をつきやぶり／根で家をかたむかせた」からは、木の生長の様子以外に、おじいさんについてどのようなことがわかりますか。簡潔に答えなさい。

問六　作者はこの詩で何を表現しようとしていますか。最も適当なものを次のア〜オから選び、記号で答えなさい。

ア　木の生命力の強さとたくましさ。

イ　木とおじいさんとの厚い友情。

ウ　ノコギリという道具の重要性。

エ　人の一生の短さとはかなさ。

オ　つながり合う生命と時の流れ。

えなさい。

問五　――線部4「『間違い』を指摘し」とありますが、筆者が「間違い」に「　」を付けたのはなぜだと考えられますか。理由を答えなさい。

問六　――線部5とありますが、「日記の筆者」が「本当に感じたことを書」くことができたのはなぜですか。その理由を説明した、次の文の X ・ Y に入れるのに適当な言葉をそれぞれ十字以内で答えなさい。

X ことを予感するような状《じょう》況《きょう》では、Y ことなど気にならなかったから。

問七　――線部6とありますが、日記を没収されたことがどうして「痛恨の極み」だったのですか。理由を答えなさい。

問八　――線部7とありますが、「本当に知り合った」とはどういうことですか、答えなさい。

三　次の詩を読んで、後の問いに答えなさい。

春　山崎《やまざき》るり子

切られるのかと木は言った
高くなりすぎたとおじいさんは言った
また生えてくるさと木は言った
また切るよとおじいさんは言った
くり返しくり返し朝がきて
くり返しくり返し春がきて
木は切り株から芽を出した
おじいさんはノコギリを新しくした
また切るのかと木は言った
高くなりすぎたとおじいさんは言った
1 また会おうと木は倒《たお》れた
2 おじいさんは何も言わなかった
くり返しくり返し朝がきて
くり返しくり返し春がきて
木は切り株から芽を出した
おじいさんは家から出てこなかった

木は伸《の》びていった
枝を広げ葉を広げ
高く高くどこまでも
伸びていった

おじいさんはふとんの中で
3 どんどん暗くなる部屋で
伸びていく木を想《おも》った
木を想うと
4 木といっしょにどこまでも
伸びていけた

バラバラバラバラ
木は実を屋根に落として
おじいさんを呼んだ
5 枝で窓をつきやぶり
根で家をかたむかせた

いものばかりで、強く興奮した気分は長くは続かなかった。文書は、南太平洋にあるガダルカナル島でDサイシュウされたものだった。島を占領《せんりょう》していた日本軍とアメリカ軍との間で、長期にわたる戦闘《せんとう》が行なわれ、アメリカ軍が最終的に島を奪還《だっかん》することに成功した。この時期、すでにガダルカナルの戦闘は終了《しゅうりょう》し、そこにいた日本人は殺されていた。しかし、私たちはもはや存在しない小隊に関する日課の報告書や、彼《かれ》らが所持していた用紙やインク瓶《びん》の数量に関する3判で押《お》したような明細書を翻訳し続けた。

こうした資料の翻訳はあまりに退屈《たいくつ》だったので、それを楽しい仕事にするために、日本語の文書を古風な英語に訳したり、通俗《つうぞく》小説の文体で訳したりした。日本語がわかる大尉は、翻訳に眼を通すことがあった。大尉は私たちを呼びつけ、怒《いか》り狂《くる》って4「間違《まちが》い」を指摘《してき》し、私たちの英語を海軍英語に訳し直した。

ある日、押収された文書が入っている大きな木箱に気づいた。文書からは、かすかに不快な臭《にお》いがした。聞いた説明によれば、小さな手帳は日本兵の死体から抜《ぬ》き取ったか、あるいは海に漂《ただよ》っているところを発見された日記だった。異臭《いしゅう》は、乾《かわ》いた血痕《けっこん》から出ていた。手帳に触《ふ》れるのは気味悪かったが、注意深く血痕のついてなさそうな一つを選び出して、翻訳を始めた。最初は、手書きの文字が読みにくかった。しかし、今まで訳していた印刷物や＊謄写版《とうしゃばん》で刷られた文書と違って、これらの日記は時に堪《た》えられないほど感動的で、一兵士の最後の日々の苦悩《くのう》が記録されていた。

アメリカ軍の兵士は、日記をつけることが禁じられていた。敵が日記を手に入れた時に、戦略的な情報をEテイキョウしてしまう恐《おそ》れがあったからである。しかし日本の兵隊や水兵は、新年ごとに日記をFシキュウされ、日々の考えを書き留めることが務めとされていた。彼らは上官が日記を検閲《けんえつ》することを知っていて、それは日記に記された感想が十分に愛国的かどうか確かめるためだった。そのため兵士たちは、日本にいる間は日記のページを愛国的な常套句《じょうとうく》で埋《う》めたものだった。しかし、自分が乗船している隣《となり》の船が潜水艦《せんすいかん》に沈《しず》められたり、南太平洋のどこかの島で自分が一人になって＊マラリアにでも罹《かか》れば、なにも偽《いつわ》りを書くいわれはなかった。5日記の筆者は、自分が本当に感じたことを書いた。

日本人兵士の日記には、時たま最後のページに英語で伝言が記してあることがあった。伝言は日記を発見したアメリカ人に宛《あ》てたもので、戦争が終わったら自分の日記を家族に届けてほしいと頼《たの》んでいた。禁じられていたことだが、私は兵士の家族に手渡《てわた》そうと思い、これらの日記を自分の机の中に隠《かく》した。しかし机は調べられ、日記は没収《ぼっしゅう》された。私にとって、これは6痛恨《つうこん》の極《きわ》みだった。7私が本当に知り合った最初の日本人は、これらの日記の筆者たちだったのだ。もっとも、出会った時にはすでに死んでいたわけだが。

（ドナルド・キーン『ドナルド・キーン自伝』（角地幸男《かくちゆきお》訳）による）

＊注　謄写版―印刷の一種。
　　マラリア―熱帯・亜熱帯《あねったい》に多く見られる感染症《かんせんしょう》。命にかかわることが多い。

問一　――線部A～Fのカタカナを漢字に改めなさい。

問二　――線部1「その機密を～見届けるつもりだ」とありますが、大尉はこの言葉でどのようなことを言おうとしていますか、答えなさい。

問三　――線部2「愉快この上ない」とありますが、この表現にこめられている筆者の気持ちとして、最も適当なものを次のア～オから選び、記号で答えなさい。

ア　緊張《きんちょう》　イ　服従　ウ　賞賛　エ　恐怖《きょうふ》　オ　反感

問四　――線部3「判で押したような」とはどういう意味ですか、答自分は何をなしえるのだろう。
　体が弱く生まれたからこそよけいに、私はそのことをずっと考えつづけてきました。
　有限の命を生きるしかない人間が、それでも何かを知りたいと思い、それまで誰も解くことができなかったことに挑《いど》んで、それによって、この世界の何かが確実に変わることがある。変わったからとて、いずれは地球も砂になりますから、じつは意味のないことなのかもしれませんが、少なくとも、生きているあいだ、人の幸せとなる何かを生みだせるなら、それはそれで、意味があるのではないか。
　自分も、そんなふうに何かをなしえる人になりたいと願った。
　学ぶことを志した先人たちがそうしてきたように、何かが少しでも変わることを夢見ながら、7自分のページをめくっていかざるをえない衝動《しょうどう》を、幼いころから確かに抱えていた気がするのです。
（上橋菜穂子《うえはしなほこ》『物語ること、生きること』による）

問一　――線部A～Dのカタカナを漢字に改めなさい。
問二　――線部1「三つ子の魂、恐るべし」とありますが、ここから筆者がどうなったことがわかりますか、答えなさい。
問三　――線部2とありますが、「偉人伝の人たち」は「ウルトラマン」とどのような点が違いますか、答えなさい。
問四　――線部3とありますが、筆者はどうして「すっかりうれしくなってしま」ったのですか。理由を答えなさい。
問五　――線部4「学ぶことへの飢え」とありますが、「飢え」というたとえを用いることによって、どのような様子が表現されていますか。わかりやすく説明しなさい。
問六　――線部5「それだけのこと」とありますが、どのようなことですか。わかりやすく説明しなさい。
問七　――線部6「一回性の命」とはどのようなものですか。自分の言葉で説明しなさい。
問八　――線部7「自分のページをめくっていかざるをえない衝動」とありますが、「ページをめく」るとはどのようにすることですか。問題文中の――線部6以降の言葉を用いて答えなさい。

二

次の文章は、米国出身の日本研究者が書いた「自伝」の一部です。これを読んで、後の問いに答えなさい。

　一九四三年二月に海軍語学校を卒業した者の多くは、真珠湾《しんじゅわん》へ派遣《はけん》された。私たちをサンフランシスコからハワイへ運んだ船は、以前は客船だったが今は古びて汚《きたな》かった。これまで乗った中で最悪の船で、私が船酔《ふなよ》いしたのもこの時だけだった。この航海で、自分が海軍士官に向いていないことを思い知らされた。ついに船がハワイに到着《とうちゃく》した時、Aリクチの上を船の揺《ゆ》れを感じないで歩けるようになるまで一週間かかった。
　真珠湾では、押収《おうしゅう》された日本語の文書を翻訳《ほんやく》するBブショに配属された。任務に就《つ》いた初日、私たちは現役《げんえき》の海軍大尉《たいい》から訓示を受けた。大尉が私たちを見る眼《め》は軽蔑《けいべつ》以外のなにものでもなく、海軍について何も知らない私たちが自分と同じ軍服を着ることを許されている事実を、明らかに不快に思っているようだった(語学校を卒業して、私たちは初めて軍服を着た)。大尉は、次のように告げた。諸君が携《たずさ》わる仕事は軍事機密に属するものである。自分としては、1その機密を外部の者に漏《も》らした者が絞首刑《こうしゅけい》になるのを最後まで責任を持って見届けるつもりだ、と。
　こうした2愉快《ゆかい》この上ない訓示を耳の中にこだまさせながら、私たちは与《あた》えられた文書を翻訳する仕事に取り掛《か》かった。最初の数日間は、自分がやっている機密の文書が戦争をCシュウケツさせるのに役立つのではないかと思って興奮した。しかし、文書はどう見ても価値がな積みあげてみたら、それでもやっぱり気がつかなくて、読みおわって立ちあがるときに、その椅子がガラガラと崩《くず》れて、はじめて気がついた。それでみんなに笑われても、本人は、どうして自分が笑われたのかわからなかったというのだから、相当なものです。私も本の虫だったので、3これにはすっかりうれしくなってしまいました。

（中略）

野尻湖《のじりこ》にある祖母の家のCヤネウラで、ジュール・ヴェルヌの『海底二万里』を見つけたときのことも忘れられません。そこは叔父《おじ》の子ども時代の勉強部屋で、古い時代の本がそのまま残っていたのです。うっすらと本に積もっていたほこりを払《はら》うと、日がDクれるのも気づかないまま、夢中で読みふけりました。

私が、あまりにも本ばかり読んでいるので「このままでは実生活がおろそかになる。」と心配した両親は、やがて、本禁止令をだすようになりました。

「部屋を片付けるとか、宿題をするとか、ほかにやるべきことはいろいろある。そういうことをおろそかにするな。」と。

見つかると怒《おこ》られるから、しまいには、ふとんをかぶり、懐中電《かいちゅうでん》灯《とう》を持ちこんで、薄暗《うすぐら》い灯《あか》りを頼《たよ》りに読んだりもしました。そこまでして読みたいか、って話ですけど、私は、だんだん本を読むのはいけないこと、後ろめたいことのように思うようになっていたんです。

ところが、キュリー夫人は、人からどんなに笑われようと、そんなことはおかまいなし。

黙々《もくもく》と本を読みつづけ、自分の研究に没頭して、ついに単身ソルボンヌ大学に乗りこんでいきます。生活費や食費にも事欠くなかで、学ぶ、学ぶ、学ぶ。赤かぶとサクランボ以外口にせずに、ひたすら勉強していたこともあったそうです。

私は、何があろうと揺《ゆ》らぐことのない、あの4学ぶことへの飢《う》えに惹かれたのだと思います。

（中略）

なぜ、知りたいと思うのか。なぜ自分が、時の流れや、宇宙の果てしなさや、答えがすぐには出ないことを考えつづけずにはいられないのか。

この世界には、未知のこと、わからないことがたくさんあって、どうしてそうなっているのかを、もっと知りたいと思う。どこから湧《わ》いてくるのかもわからないこの気持ちは、たぶん、理屈《りくつ》ではないのでしょう。

その道を究《きわ》めたら、どんな答えが待っているかもわからないまま、ただ、目の前の問いと一心に向き合い、学ぼうとする人間がいる。

私は、いまでもそういう人に無性《むしょう》に惹きつけられてしまいます。

iPS細胞《さいぼう》を開発してノーベル生理学・医学賞を受賞した山中伸弥《やまなかしんや》さんが、テレビのインタビューの中で、こんなふうなことをおっしゃっていました。「実験を繰《く》り返しながら、みんながページをめくっていて、最後にページをめくったときに『あった！』と言ったのが自分だった、5それだけのことです。」と、先人の功績を讃《たた》えたのです。

ああ、すばらしい言葉だな、と思いました。

エポックメイキングな大発見は、それまで積みあげてきたものがあってはじめて起こるもの。ぽたぽたとしずくが落ちて、やがてコップがいっぱいになり、最後の一滴《いってき》であふれだすみたいに、物事が変わるのはつねに最後の最後の瞬間《しゅんかん》が来たときなのです。

子どものころ、学者や研究者に憧れたのは、そのせいかもしれません。

自分ひとりの努力では、一生のあいだになしえることは限られているけれど、学ぶことでその道を究めようとした人たちは、そうやってバトンを、次の世代、また次の世代へとつないでいくことができる。

人は、生まれて、生きて、やがて死んでいきます。

どんな人も、6一回性の命を生きている。そのなかで、いったい、

ア　辞職　イ　辞世　ウ　辞任　エ　固辞　オ　祝辞

2　賛美

ア　賛意　イ　賛成　ウ　賛否　エ　協賛　オ　賞賛

3　質疑

ア　質実　イ　質問　ウ　材質　エ　実質　オ　上質

4　肉眼

ア　肉食　イ　肉声　ウ　肉屋　エ　果肉　オ　牛肉

七　**次の1〜3の意味の四字熟語を答えなさい。意味が反対になる漢字ひと組（合わせて二字）が必ずふくまれています。それ以外の二字は、同じ字をくりかえし使ってもかまいません。**

（例）多くの人がみな同じことを言うこと。

答え　異口同音（「異」と「同」が反対の意味のひと組。）

1　あっちへ行ったりこっちへ来たり、混乱すること。

2　今まで一度もなく、これからも起こらないようなまれな出来事。

3　ほとんど滅亡《めつぼう》・敗北などしかかっているものを助けること。

〈第二日目〉　（七〇分）〈満点：一二〇点〉

◎　解答に字数制限のある場合、句読点などの記号も字数に数えます。

一　**次の文章を読んで、後の問いに答えなさい。**

「菜穂子《なほこ》は将来何をしたいんだ？」

小学生のころ、母方の伯父《おじ》に聞かれたことがありました。

歴史に興味があった私が「歴史を勉強してみたいです。」と言うと、伯父が、こう言ったのです。

「本当に学問をするなら、大学までじゃダメだ。大学院の博士課程まで行かなきゃ、学んだとは言えないよ。」

画家であり、大学教授でもあった伯父ならではのAケンカイだったと思うのですが、子ども心に、なにか、悔《くや》しいというか、そこまでやらなきゃ認めてもらえないんだな、と思うような気持ちになったのでしょうね。小学生なのに「博士課程」という言葉が頭に焼きついてしまって、それがきっかけで「自分もいつか勉強して必ず大学院まで行くぞ。」と、心に決めてしまったのだから、1三つ子の魂《たましい》、恐《おそ》るべしです。

そんな私が小学生のころ、憧《あこが》れたのが、放射能の研究で女性としてはじめてノーベル賞を受賞したことで知られる、キュリー夫人でした。

いまはどうか知りませんが、私の子どものころには図書室に行くとズラリと偉人伝《いじんでん》が並んでいて、小学校低学年のころ、まるで何かにとりつかれたみたいに、片《かた》っ端《ぱし》から、それを読んでいきました。

2偉人伝の人たちは、ウルトラマンと違《ちが》って、地続きのヒーローという感じがしました。エジソンにしろ、リンカーンにしろ、子どものころは度外れて変なところがあったのです。

完全無欠だから「偉人」になったんじゃない、むしろ人とは異なる欠点や過剰《かじょう》さを抱《かか》えていたからこそ、ほかの誰《だれ》とも違う道を歩むことになったんじゃないか。

最初は欠点だと思われていたことも、そうなると欠点じゃなくなるんですね。度を超《こ》した欠点こそが、その人が道を切り開くときの、ほかの誰にもない武器になっていく。

おチビで体が弱かった私は、欠点をバネにした偉人たちのBギャクテンゲキに夢中になってしまったというわけです。

キュリー夫人にしても、やっぱり、とんでもない欠点がありました。それは、「没頭《ぼっとう》しすぎる」ということ。

偉大な業績はさておき、幼い私がなにより惹《ひ》かれたのは、そこです。なにしろ本を読んでいると、あまりに没頭しすぎて、周りがすっかり見えなくなってしまうというのですから。

彼女《かのじょ》が読書に没頭しているとき、兄弟たちがふざけて周りに椅子《いす》を

ア　力がないもの　　イ　立派なもの
ウ　つまらないもの　エ　つかまえにくいもの
オ　悪あがきしないもの

三　**動作を表す言葉には、多くの意味を持つものがあります。次の1～4の各組のa～dは、動作を表すある言葉を言いかえて説明したものです。それぞれ何という言葉の説明ですか。ひらがなで答えなさい。**

(例)　a　文字を声に出して言う。
　　b　文章を見て理解する。
　　c　数をかぞえる。
　　d　先を予想する。
　　答え「よむ」

1　a　水をまく。
　b　目盛りをつける。
　c　芝居《しばい》を行う。
　d　網《あみ》を広げて投げる。

2　a　医者に世話になる。
　b　映画が上映される。
　c　仕組まれたわなにはまる。
　d　お金や時間が必要になる。

3　a　筋肉が急に縮んで痛くなる。
　b　気をひいて誘《さそ》い出す。
　c　魚や虫を捕まえる。
　d　上からぶらさげる。

4　a　理屈が合ってよくわかる。
　b　案が認められて成り立つ。
　c　火が食物によく行きわたる。
　d　声が遠くまでよく聞こえる。

四　**次の1～5の俳句の□に入る言葉として、最も適当なものをそれぞれア～オから選び、記号で答えなさい。ただし、同じものはくりかえして使えません。**

1　□のその真下にて星座狩《せいざが》り　市川英一
2　□の音突《つ》きぬけの明るさに　上村占魚
3　□の身をさかさまに初音かな　榎本其角
4　□が掠《かす》めし水のみだれのみ　中村汀女
5　八雲《やくも》わけ大□の行方《ゆくえ》かな　沢木欣一

ア　うぐいす　　イ　かわせみ　　ウ　きつつき
エ　はくちょう　オ　ふくろう

五　**次の1・2の各文は、二とおりに読み取ることができます。それぞれの二とおりの意味がわかるように、それぞれの文を(例)にならって書きかえなさい。**

(例)　彼《かれ》らはA中学校の生徒には見えない。
　答え
　①　彼らのすがたは、A中学校の生徒だとは見えない。
　②　A中学校の生徒からは、彼らのすがたが見えない。

1　私はBさんと同じくらいその人が好きだ。
2　Cさんは、その人を自分の部屋に立ちよらせた。

六　**次の1～4の熟語の——線部の漢字と同じ意味で使われているものをそれぞれア～オから選び、記号で答えなさい。**

1　辞典

イ　このところ雨らしい雨もふっていない。
ウ　新しく出たカメラはとても便利らしい。
エ　弱音をはくとは、君らしくない。
オ　話がおもしろかったらしく、彼《かれ》はいつまでも笑っている。

問五　〰〰線部b「連休」とは、「ゴールデンウィーク」のことですが、これは「ゴールデン」と「ウィーク」の二つの外来語を合わせたものです。次の1〜8の□に適当な外来語を入れて、直後の外来語と合わせた一つの言葉を作りたいと思います。それぞれ最も適当なものを後のA〜Hから選び、記号で答えなさい。ただし、同じものはくりかえして使えません。

1　熱心に練習するのはよいが、□ワークにならないように注意しなさい。
2　彼は今□テンションでしゃべり続けている。
3　今日の新聞の□ニュースは、アメリカ大統領選挙の結果についてだった。
4　今日のフランス料理の□ディッシュは、鹿《しか》のローストだった。
5　私はお酒が飲めないので、□ドリンクを注文します。
6　彼女《かのじょ》は□トレーニングを積んで、一流選手になった。
7　インスタントでなく、手間ひまをかけた料理は、□フードと呼ばれる。
8　再生紙を使えば、□コストで本を作ることができる。

A　オーバー　B　スロー　C　ソフト
D　トップ　E　ハード　F　ハイ
G　メイン　H　ロー

問六　〰〰線部c「雨」、〰〰線部d「風」とありますが、次のア〜エの雨または風を表す言葉を、春から始めて季節の順に並べかえなさい。

ア　梅雨　イ　夕立　ウ　東風《こち》　エ　木枯《こが》らし

問七　次の1〜5の様子を表すのにふさわしい、「虫」が使われている言葉として最も適当なものをそれぞれア〜オから選び、記号で答えなさい。ただし、同じものはくりかえして使えません。

1　彼はたいへん不機嫌《ふきげん》で、ささいなことでもすぐにおこりだしそうだ。
2　今日は家を出るときから何かが起こりそうな予感がしてならない。
3　特段理由があるわけではないのだが、あの人はどうにも気にくわない。
4　汚職《おしょく》などで不当な利益を手に入れている人たちのニュースを聞くと、不快でたまらない。
5　ねだれば友達《ともだち》がくれるから、遠足におやつを持っていく必要がないと考えている。

ア　虫ずが走る　イ　虫のいどころが悪い
ウ　虫がいい　エ　虫のしらせ
オ　虫が好かない

二

次の1〜5の□に入る言葉をひらがなで答えなさい。また、その言葉の意味として最も適当なものを後のア〜オから選び、記号で答えなさい。

1　□の頭も信心から
2　くさっても□
3　□の歯ぎしり
4　まな板の□
5　ひょうたんで□をおさえる

平成二十九年度 灘中学校

【国　語】〈第一日目〉（四〇分）〈満点：八〇点〉

◎　解答に字数制限のある場合、句読点などの記号も字数に数えます。

一　**次の文章を読んで、後の問いに答えなさい。**

やっと春になった。虫の季節である。

虫の季節といっても、場所によってずいぶん違《ちが》う。当たり前だけど、北は春が遅《おそ》いし、南は早い。しかも日本という国は、細い割には南北にむやみと長いのである。

鎌倉《かまくら》で若葉を食べる虫がでてくるのは、四月中旬《ちゅうじゅん》からである。その一月前、三月末だと少し早すぎる。ただしその季節に出てくる虫もいる。成虫で冬を越《こ》した虫は、気温が高ければもう活動を始める。それだけではない。三月末に出てくる虫には意外に珍《めずら》しいものがいる。日本で唯一《ゆいいつ》の絶滅種《ぜつめつしゅ》とされるキイロハネクイハムシは、絶滅していなければ、この季節に出るaらしい。

これが箱根《はこね》になると、若葉の虫は半月遅《おく》れて、五月の連休くらいに出始める。それでも少し早い。まだ種類が少ないし、でてきている甲《こう》虫《ちゅう》も、体が柔《やわ》らかかったりする。これから葉っぱを食べて、堅《かた》くなるのである。

五月も末になれば、まったく虫の季節。五月蠅と書いて、「ウルサイ」と読ませる。でも今は違いますね。1五月蠅と書いて「珍しい」と読まなければならない。ただしこれは平地の話である。千五百メートルを超《こ》える山では、五月は虫採りにはまだ早い。2だから北海道《ほっかいどう》でも少し早い。

この辺りの微調整《びちょうせい》は、じつはなかなかむずかしい。島根《しまね》県で虫採りをしようとする。b連休に出かけると、ダメ。早すぎる。もう少し遅い季節がいい。あちらはやはり寒いんですねえ。

もちろんその年の気候も影響《えいきょう》する。最近は温暖化だというが、要するに変動が激しい。c雨が降るといえば土砂《どしゃ》降りだし、d風はしばしば台風並み。これでは虫は採りにくい。梅雨《つゆ》の季節は虫採りにはいけれど、天気が問題。梅雨が明けて一週間すれば、山はもう□。私はそれ以降は虫採りにはまず行かない。甲虫がどんどんいなくなってしまう。

カブトムシやクワガタが見られるから、真夏がいいかというと、ダメ。虫だって、暑いのもダメ。でも虫によりますよ。もちろん。セミは暑い季節がいい。でもハルゼミは違いますからね。

虫の季節と場所をとっても、一口ではまとめきれない。生きものとはそういうもので、そこが現代風ではない。現代はすべてを「同じ」にしたがる時代だからである。「同じにする」時代に、違いをどう位置づければいいのか。思えば長年、それで苦労してきたようなものである。科学論文といえば、英語で書く。つまり「同じにする」んですよ。もう年だから、そこはもう好き勝手にさせてもらっている。

（養老孟司《ようろうたけし》「虫の季節」による）

問一　――線部1とありますが、「五月」と「蠅《はえ》」を合わせた「五月蠅」を「珍しい」と読まなければならないのはなぜですか。理由を答えなさい。

問二　――線部2「だから北海道でも少し早い」とありますが、なぜですか。理由を答えなさい。

問三　□に入る最も適当な季節を漢字一字で答えなさい。

問四　〰〰線部a「らしい」と同じ意味・用法のものを、ア～オの「らしい・らしく」からすべて選び、記号で答えなさい。

ア　中学生らしい行動をとらなければならない。

平成29年度

灘 中 学 校 ▶解説と解答

算 数 ＜第１日目＞（60分）＜満点：100点＞

解 答

$\boxed{1}$ 29　$\boxed{2}$ 162　$\boxed{3}$ ① $1\frac{5}{9}$　② 219　$\boxed{4}$ 8.8　$\boxed{5}$ ① 2.5　② 45

$\boxed{6}$ ①，② 432，864　$\boxed{7}$ ①，② 木，土　③ 78　$\boxed{8}$ ① 6　② 70

$\boxed{9}$ $\frac{3}{5}$　$\boxed{10}$ 7.5　$\boxed{11}$ 36　$\boxed{12}$ 188.4

解 説

$\boxed{1}$ 四則計算，逆算

$\left(\frac{20}{17}+\square\right)\times\frac{1}{9}=1+2\div\left(\frac{1}{4}+\frac{3}{5}\right)$ より，$\frac{20}{17}+\square=\left\{1+2\div\left(\frac{5}{20}+\frac{12}{20}\right)\right\}\div\frac{1}{9}=\left(1+2\div\frac{17}{20}\right)\times 9=\left(1+2\times\frac{20}{17}\right)\times 9=\frac{57}{17}\times 9=\frac{513}{17}$　よって，$\square=\frac{513}{17}-\frac{20}{17}=\frac{493}{17}=29$

$\boxed{2}$ 消去算，差集め算

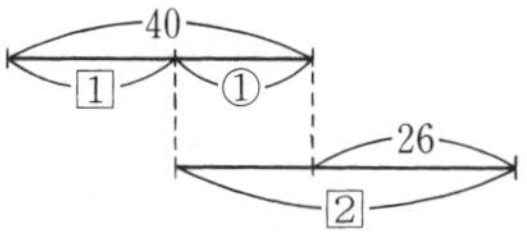

男子，女子の人数をそれぞれ①，$\boxed{1}$とすると，生徒の人数は40人だから，①＋$\boxed{1}$＝40である。また，鉛筆《えんぴつ》を男子に５本ずつ，女子に３本ずつ配ると６本余り，新たに20本を追加して，男子に４本ずつ，女子に５本ずつ配ると過不足なく配ることができる。つまり，女子には，５－３＝２(本)ずつ多く配り，男子には，５－４＝１(本)ずつ少なく配ると，全体では，６＋20＝26(本)多く配ることになる。よって，$\boxed{1}$×２－①＝26となるので，右上の図より，$\boxed{1}$＋$\boxed{2}$＝$\boxed{3}$は，40＋26＝66にあたる。したがって，女子，男子の人数はそれぞれ，66÷３＝22(人)，40－22＝18(人)だから，はじめに用意していた鉛筆の本数は全部で，５×18＋３×22＋６＝90＋66＋６＝162(本)とわかる。

$\boxed{3}$ 数列

この数の並びをＡとすると，Ａは右の図のＢのように書きかえることができる。よって，

A：１，２，１，３，$1\frac{1}{2}$，１，４，２，$1\frac{1}{3}$，１，５，$2\frac{1}{2}$，$1\frac{2}{3}$，$1\frac{1}{4}$，…

B：$\left(\frac{1}{1}\right)\left(\frac{2}{1},\ \frac{2}{2}\right)\left(\frac{3}{1},\ \frac{3}{2},\ \frac{3}{3}\right)\left(\frac{4}{1},\ \frac{4}{2},\ \frac{4}{3},\ \frac{4}{4}\right)\left(\frac{5}{1},\ \frac{5}{2},\ \frac{5}{3},\ \frac{5}{4},\right.$ …

１＋２＋３＋４＋…＋13＝(１＋13)×13÷２＝91(番目)の数は，$\frac{13}{13}$＝１で，92番目からは分子が14である数が14個並ぶから，100－91＝９より，はじめから100番目の数は，$\frac{14}{9}=1\frac{5}{9}$(…①)とわかる。また，$2\frac{1}{3}=\frac{7}{3}=\frac{14}{6}=\frac{21}{9}$より，３回目に$2\frac{1}{3}$が現れるのは，分子が21である組の９番目となる。つまり，$\frac{20}{20}$は，１＋２＋３＋…＋20＝(１＋20)×20÷２＝210(番目)の数なので，$2\frac{1}{3}$が３回目に現れるのは，はじめから，210＋９＝219(番目)(…②)になる。

$\boxed{4}$ 濃度《のうど》

はじめの容器Ａの砂糖水の濃度を a ％，容器Ａ，Ｂに加えた砂糖の重さをそれぞれ□ｇ，△ｇとすると，下の図１で，斜線《しゃせん》部分の面積はそれぞれ等しいから，□×(１－0.2)＝450×0.2－4.5× a

図１

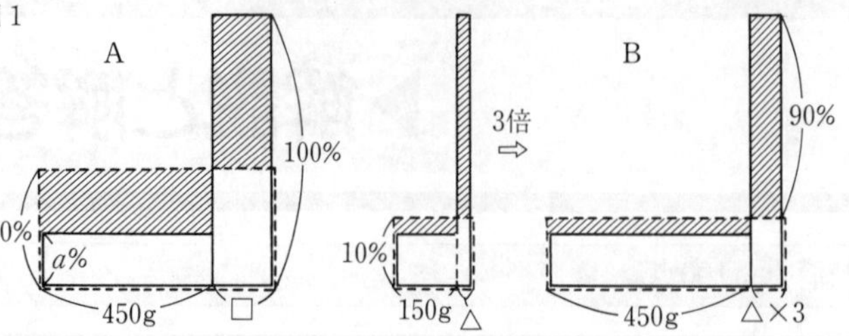

図２

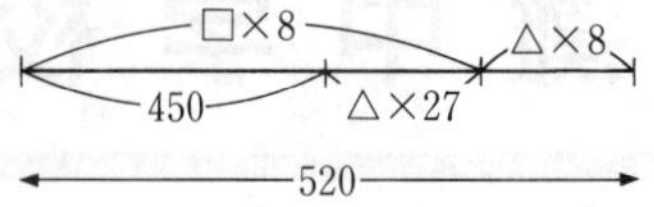

より，□×８＝900－45×a（…(ｉ)）となり，また，△×（１－0.1）＝150×0.1－1.5×aより，これを，３×10＝30(倍)して，△×27＝450－45×a（…(ⅱ)）となる。よって，(ｉ)，(ⅱ)より，□×８－△×27＝900－450＝450であり，□＋△＝65より，□×８＋△×８＝520だから，上の図２より，△×(８＋27)＝520－450＝70となる。したがって，△＝70÷35＝２なので，２×27＝450－45×aより，はじめの容器Aの砂糖水の濃度は，(450－54)÷45＝8.8(％)となる。

〔ほかの解き方〕 はじめに分けた容器A，Bの砂糖水の重さの比は，(600－150)：150＝３：１だから，ふくまれる水の重さの比も３：１である。次に，砂糖を２つに分けて加えた後の水の割合は，容器Aは，100－20＝80(％)，容器Bは，100－10＝90(％)である。よって，このときの砂糖水全体の重さの比は，(３÷0.8)：(１÷0.9)＝$\frac{30}{8}$：$\frac{10}{9}$＝27：８なので，容器Bの砂糖水の重さは，(600＋65)×$\frac{8}{27+8}$＝665×$\frac{8}{35}$＝152(ｇ)となる。つまり，容器Bに加えた砂糖の重さは，152－150＝２(ｇ)である。したがって，砂糖を加える前の容器Bの砂糖水には，砂糖が，152×0.1－２＝13.2(ｇ)溶《と》けていたことになるから，はじめの砂糖水の濃度は，13.2÷150×100＝8.8(％)とわかる。

5 流水算，速さと比

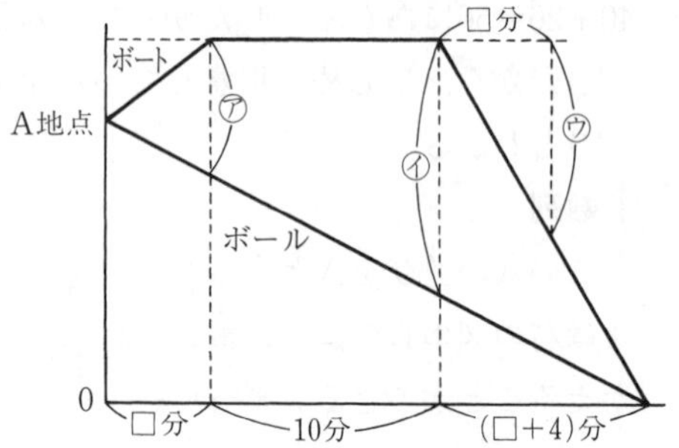

ボートの静水での速さを毎分△m，300m上流に向かってこいだ時間を□分とする。ボートが上流に向かって進む速さと，ボールが流れる速さの和は毎分△mなので，ボートが上流に300m進んだとき，ボールとの距離《きょり》(右のグラフの㋐の長さ)は，(△×□)mである。次に，ボートが下流に向かって進むときの速さとボールが流れる速さの差は毎分△mで，ボートは(□＋４)分でボールに追いつくから，ボートが川を下り始めたときのボールとの距離(㋑の長さ)は，{△×(□＋４)}mである。つまり，㋐と㋑の差は，ボートが静水で４分間に進む距離と等しい。よって，ボートが静水で４分間に進む距離と，ボールが10分間に流れる距離は等しいから，ボートが静水で進む速さは川の流れの速さの，10÷４＝2.5(倍)(…①)とわかる。次に，静水でのボートの速さと川の流れの速さの比は，2.5：１＝５：２である。そこで，静水でのボートの速さを５，川の流れの速さを２とすると，ボートが川を上る速さは，５－２＝３，川を下る速さは，５＋２＝７なので，ボートで300m川を上るのと同じ時間で，川を，300×$\frac{7}{3}$＝700(m)下ることができる。つまり，㋒の距離は700mだから，ボートは残りの４分間で，300＋

1030－700＝630(m)川を下る。したがって，ボートが川を下るときの速さは，毎分，630÷4＝$\frac{315}{2}$(m)なので，川の流れの速さは毎分，$\frac{315}{2}\times\frac{2}{7}=45$(m)(…②)となる。

6 整数の性質

3桁《けた》の整数BCAは3桁の整数ABCの$\frac{3}{4}$倍，3桁の整数CABは3桁の整数BCAの$\frac{3}{4}$倍だから，$ABC : BCA : CAB = 1 : \frac{3}{4} : \left(\frac{3}{4}\times\frac{3}{4}\right) = 16 : 12 : 9$である。また，これらの3つの整数を合計すると，百の位，十の位，一の位すべて$(A+B+C)$なので，3つの整数の和は，$(A+B+C)\times(100+10+1)=(A+B+C)\times111$となる。よって，$ABC$は，$(A+B+C)$の，$111\times\frac{16}{16+12+9}=111\times\frac{16}{37}=48$(倍)になる。さらに，$CAB$は9の倍数だから，$A$，$B$，$C$の和も9の倍数になる。したがって，$A$，$B$，$C$の和は9か18なので，3桁の整数$ABC$は，9×48＝432，432×2＝864とわかる。

7 調べ，場合の数

	日	月	火	水	木	金	土
㋐		1	2	3	4	5	6
㋑	7	8	9	10	11	12	13
㋒	14	15	16	17	18	19	20
㋓	21	22	23	24	25	26	27
㋔	28	29	30	31			

㋐～㋔の各週から1日ずつ，すべて異なる曜日の5日を選ぶとき，その5つの数を7で割ったときの余りをそれぞれ(あ)，(い)，(う)，(え)，(お)とすると，5つの数の和は，(あ)＋(7＋(い))＋(14＋(う))＋(21＋(え))＋(28＋(お))なので，その和が81であるとき，(あ)～(お)の和は，81－(7＋14＋21＋28)＝11となる。つまり，選ばなかった2日の7で割ったときの余りの和は，1＋2＋3＋4＋5＋6－11＝10である。よって，10＝4＋6より，除いた2つの曜日は木曜日と土曜日(…①，②)とわかる。次に，㋐から1を選んだとき，㋔からは28，30，31の3通りあり，同様に，㋐から2，3を選んだときも3通りずつ，㋐から5を選んだときは，28～31の4通りあるので，㋐と㋔から異なる曜日を選ぶ方法は，3×3＋4＝13(通り)ある。さらに，㋑，㋒，㋓から㋐，㋔，木，土を除く異なる曜日を3つ選ぶ方法は，3×2×1＝6(通り)ある。したがって，丸で囲んだ5つの数の和が81になる選び方は全部で，13×6＝78(通り)(…③)となる。

8 場合の数

最短距離でAからBまで移動するとき，下の図1の㋐～㋒のいずれかの道を通る。㋐を通るとき，PからBまでの経路は3通りあり，㋑を通るとき，QからBまでの経路は2通りあり，㋒を通るとき，RからBまでの経路は1通りある。よって，最短距離でAからBまで移動する経路の選び方は全部で，3＋2＋1＝6(通り)(…①)ある。次に，最短距離でAからCまで移動するとき，下の図2の点線部分の経路を通ることはできないので，Aから各格子点までの行き方を順に調べると図2のようになる。よって，最短距離でAからCまで移動する経路の選び方は全部で，35＋35＝70(通

図1

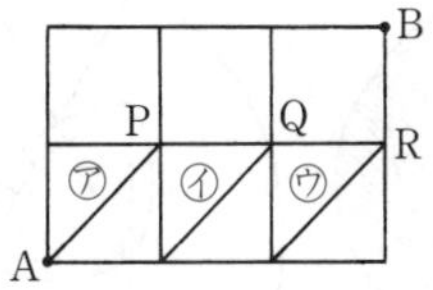

図2

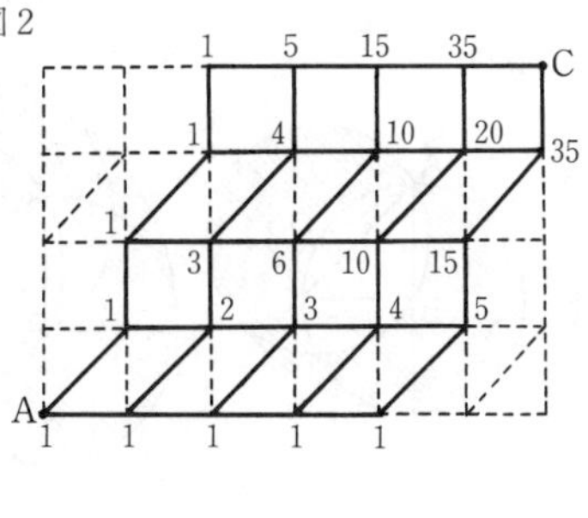

図3

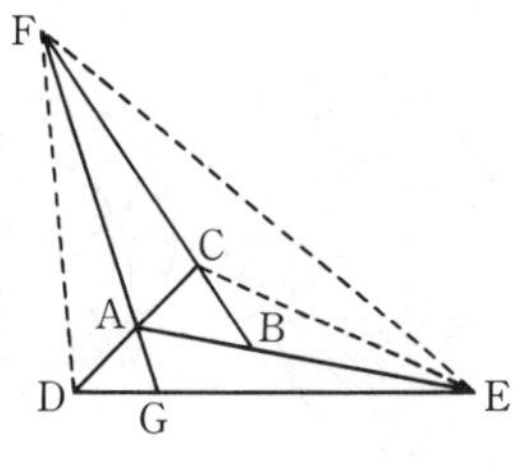

り)(…②)ある。

9 平面図形―辺の比と面積の比

上の図3で，三角形ABCの面積を1とすると，BC：CF＝1：3より，三角形FACの面積は3，三角形FABの面積は，1＋3＝4である。次に，AB：BE＝1：2より，三角形FBEの面積は，三角形FABの2倍だから，4×2＝8である。また，AD＝ACより，三角形FDAの面積は三角形FACと等しく3である。さらに，三角形BECの面積は2，三角形AECの面積は，1＋2＝3で，AD＝ACより，三角形ADEの面積も3である。よって，三角形FDAと三角形FAEの面積の比は，3：(4＋8)＝1：4なので，三角形ADGと三角形AEGの面積の比も1：4になる。したがって，三角形ADGの面積は，$3\times\frac{1}{1+4}=\frac{3}{5}$だから，三角形ADGの面積は三角形ABCの面積の，$\frac{3}{5}\div 1=\frac{3}{5}$(倍)となる。

10 立体図形―長さ，相似

下の図1で，頂点Oを通り，底面に直角に交わる直線が面PQRD，底面と交わる点をそれぞれG，Hとし，QからOHに直角に交わるように引いた線とOHとの交点をMとすると，GはPR上にある。ここで，この四角すいを3点O，B，Dを通る平面で切ったときの切り口(下の図2)で考えると，QM：BH＝OQ：OB＝6：10＝3：5で，BH＝DHだから，三角形QGMと三角形DGHの相似比は3：5である。よって，MG：HG＝3：5，OM：OH＝3：5より，MH：OH＝(5－3)：5＝2：5なので，GH：OH＝$\left(2\times\frac{5}{3+5}\right)$：5＝1：4となる。また，PRは底面に平行だから，GはP，Rと同じ高さにある。したがって，OP：OA＝OG：OH＝(4－1)：4＝3：4なので，OP＝OR＝$10\times\frac{3}{4}$＝7.5(cm)である。

図1

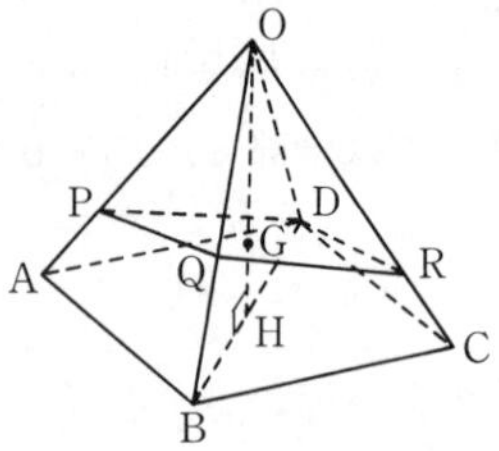

図2

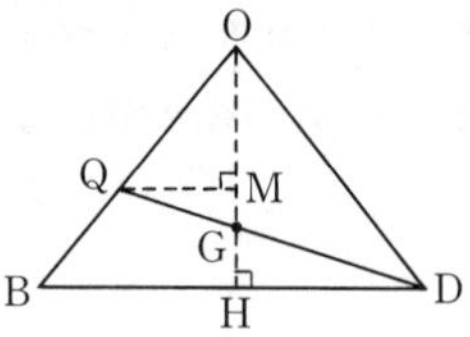

図3

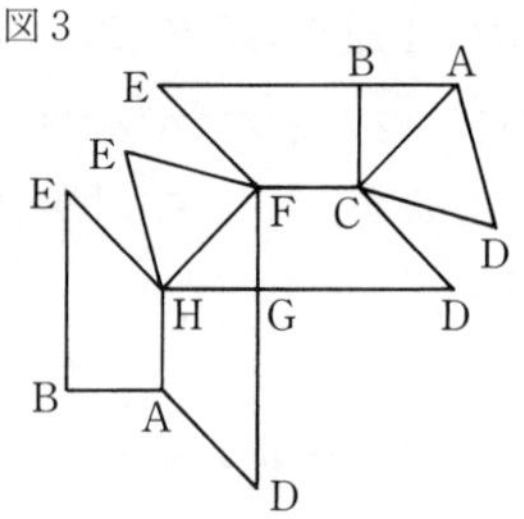

図4

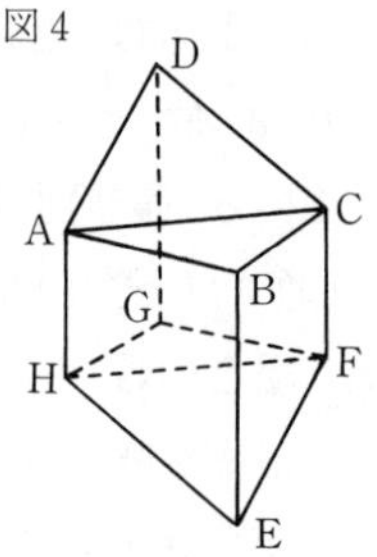

11 立体図形―展開図，体積

上の図3の展開図を組み立てると上の図4のような立体ができる。この立体を面ABC，面FGHで切ると2個の三角すいと，1辺の長さが3cmの立方体に分けられる。よって，この立体の体積は，$3\times3\times\frac{1}{2}\times3\times\frac{1}{3}\times2+3\times3\times3=9+27=36$($cm^3$)である。

12 平面図形―図形の移動，面積

図①

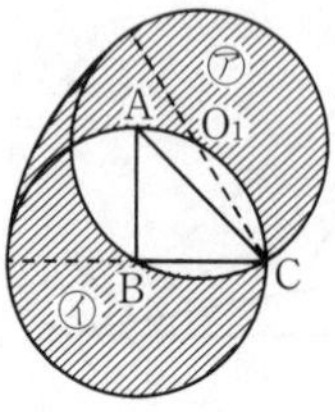

図②

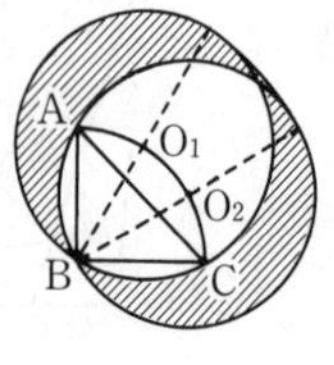

図③

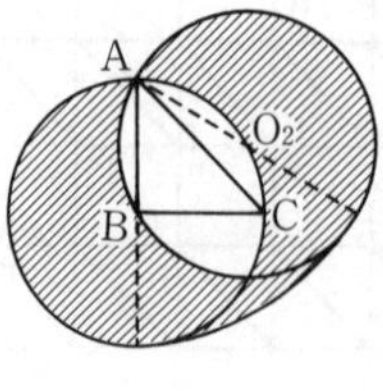

図④

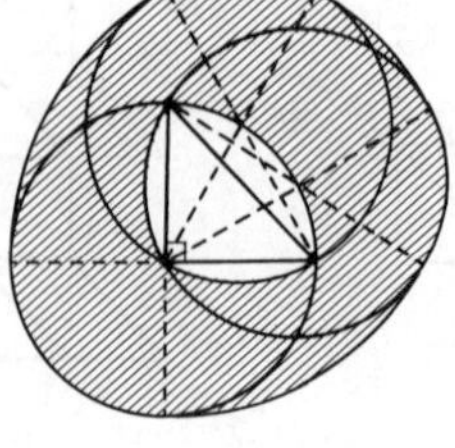

図⑤

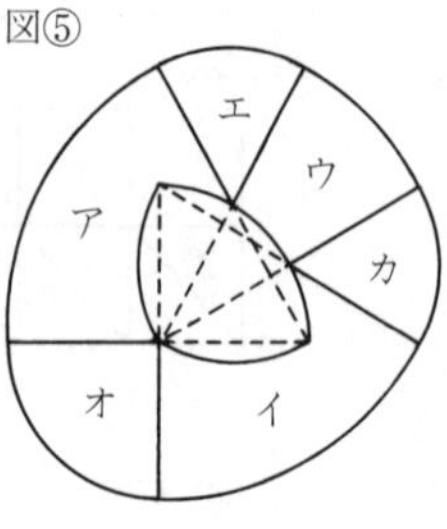

輪を点Cの周りに60度回転させると，輪の上半分は上の図①の㋐，輪の下半分は㋑の部分を通過し，円の中心はBの位置から円周上の点O_1に移る。次に，輪を点Bの周りに30度回転させると，同様に，輪は上の図②の斜線部分を通過し，円の中心はO_1からO_2に移る。最後に，輪を点Aの周りに60度回転させると，上の図③の斜線部分を通過し，輪がもとの位置にもどる。つまり，図①～図③を重ねると，輪がもとの位置にもどるまでの間に通過するのは上の図④の斜線部分である。上の図⑤で，アの部分の面積は，半径12cm，中心角60度のおうぎ形から，半径６cm，中心角90度のおうぎ形を除いた部分の面積と等しい。また，アとイは合同であり，エ，オ，カの部分の中心角の和は，60＋90＋60＝210(度)である。よって，この輪が通過する部分の面積は，$\left(12\times12\times3.14\times\frac{1}{6}-6\times6\times3.14\times\frac{1}{4}\right)\times2+(12\times12-6\times6)\times3.14\times\frac{1}{12}+6\times6\times3.14\times\frac{210}{360}=(24-9)\times3.14\times2+(12-3)\times3.14+21\times3.14=(30+9+21)\times3.14=60\times3.14=188.4(\mathrm{cm}^2)$となる。

算　数　<第２日目>（60分）<満点：100点>

解　答

[1] ⑴　解説の図②を参照のこと。　⑵　解説の図③を参照のこと。　[2] ⑴　570m　⑵　450m　[3] ⑴　97cm³　⑵　１：５　[4] ⑴　74cm²　⑵　**JK**…20cm，**LM**…16cm，**NO**…12cm　⑶　314cm²　[5] ⑴　㋐　[3][4][1][2]　㋑　[4]…６通り，[3]…６通り，[2]…９通り，[1]…６通り　㋒　[2][3][1][4]，[2][3][4][1]　⑵　11通り　⑶　31通り

解　説

[1] 平面図形―構成，分割

⑴　折り目を順に広げていくと下の図①のようになる。よって，紙を全部広げると下の図②のようになる。

⑵　紙を直線CFに沿って切ると，CFは台形ABDEを２等分する(辺BDの真ん中の点を通る)。また，CFは台形ABCDの辺ADと，DM＝CDとなる点Mで交わる。よって，切り口は下の図③のようになる。

図①

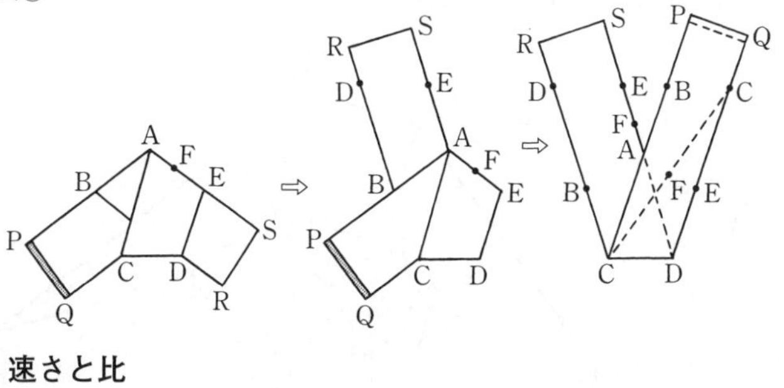

図②

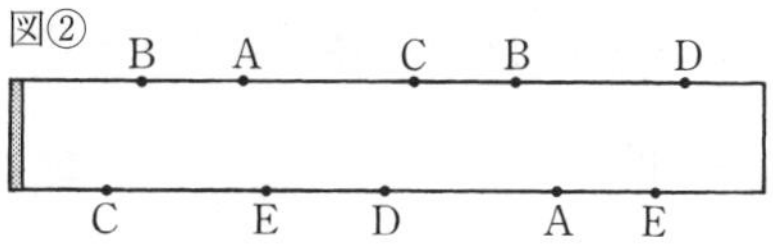

図③

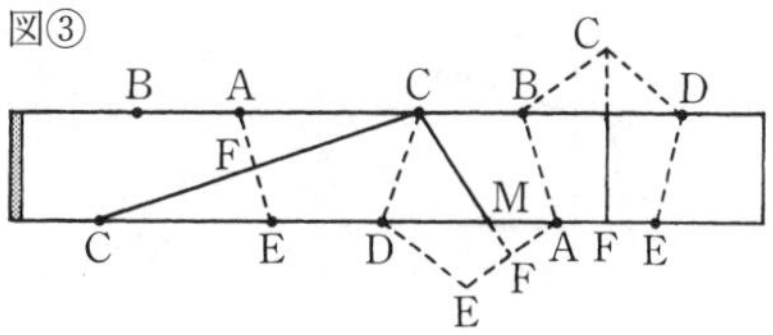

[2] 速さと比

⑴　走る速さ，歩く速さ，ジョギングの速さの比は，240：60：120＝４：１：２で，すべて同じ時間だけかかったから，走った距離《きょり》，歩いた距離，ジョギングした距離の比は４：１：２である。下の図１で，PQ間の距離を，４＋１＋２＝７とすると，太郎君が走り終えたときの２人の間の距離

図1

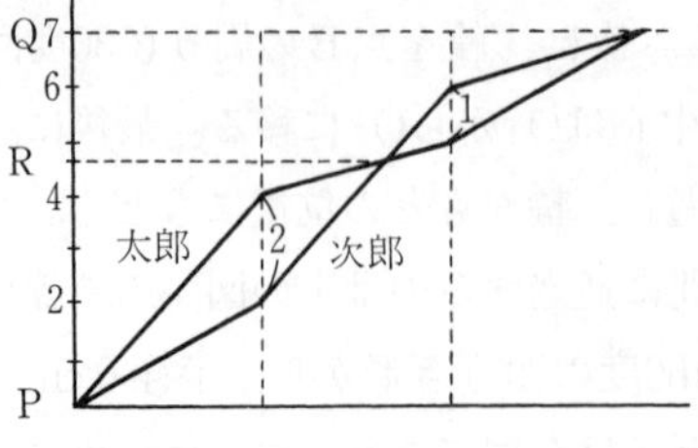

図2

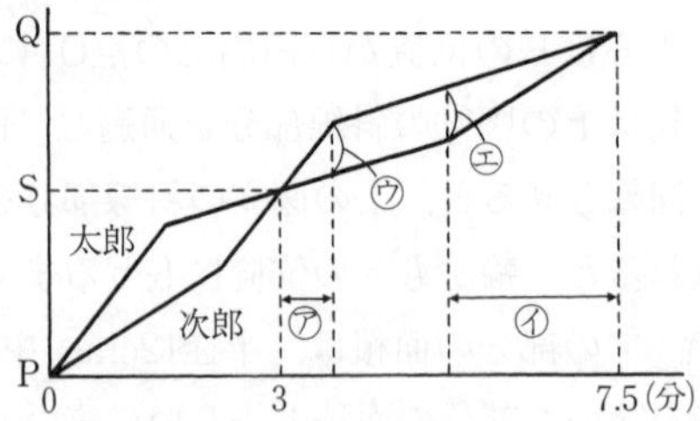

は，$4-2=2$，太郎君が歩き終えたときの2人の間の距離は，$6-5=1$なので，太郎君が歩く道のりの，$\frac{2}{2+1}=\frac{2}{3}$だけ進んだところで次郎君に追い越《こ》される。よって，PR間の距離は，全体の道のりの，$\left(4+1\times\frac{2}{3}\right)\div 7=\frac{14}{3}\times\frac{1}{7}=\frac{2}{3}$だから，$855\times\frac{2}{3}=570$(m)である。

(2) 太郎君と次郎君の走った時間，歩いた時間，ジョギングした時間はそれぞれ同じなので，2人が走った時間をa分，ジョギングした時間をb分，歩いた時間をc分とすると，$a+b+c=7.5$(…①)であり，全体の道のりは855mだから，$240\times a+120\times b+60\times c=855$(…②)である。ここで，②を15で割ると，$16\times a+8\times b+4\times c=57$…(②′)，①を4倍すると，$4\times a+4\times b+4\times c=30$(…①′)なので，②′－①′より，$12\times a+4\times b=27$(…③)となる。また，上の図2の㋐，㋑の区間の2人の速さの差の比は，$(240-60):(120-60)=3:1$で，㋒と㋓の距離は同じだから，㋐，㋑の区間の時間の比は，$\frac{1}{3}:\frac{1}{1}=1:3$である。つまり，$b$は$(a+b-3)$の3倍なので，$3\times a+3\times b-9=b$より，$3\times a+2\times b=9$(…④)となる。よって，④を2倍して，$6\times a+4\times b=18$(…④′)，③－④′より，$12\times a-6\times a=9$となるから，$a=9\div(12-6)=1.5$，$b=(9-3\times1.5)\div2=2.25$，$c=7.5-1.5-2.25=3.75$である。したがって，P地点とS地点の間の距離は，$240\times1.5+60\times(3-1.5)=360+90=450$(m)とわかる。

3 立体図形―構成，分割，体積，辺の比と面積の比

(1) 下の図1で，MA：AP＝QB：BP＝$3:(8-2)=1:2$より，MA＝$2\times\frac{1}{2}=1$(cm)である。次に，QF＋LH＝MEより，LH＝$5+1-(5-3)=4$(cm)，DL＝$5-4=1$(cm)なので，AN＝ND＝3cmである。よって，三角すいMAPNの体積は，$2\times3\times\frac{1}{2}\times1\times\frac{1}{3}=1$(cm^3)だから，点Eを含《ふく》む側の立体の体積は，$6\times8\times(5+1)\div2-1=143$(cm^3)となる。したがって，点Cを含む側の立体の体積は，$6\times8\times5-143=240-143=97$(cm^3)である。

図1

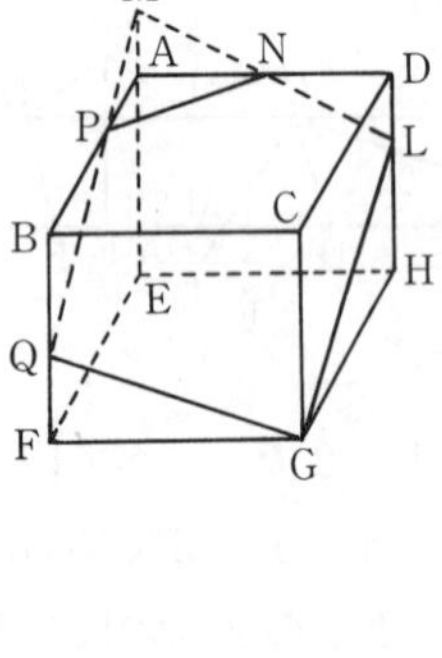

図2

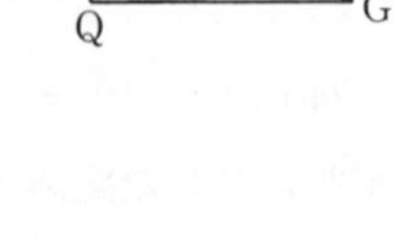

図3

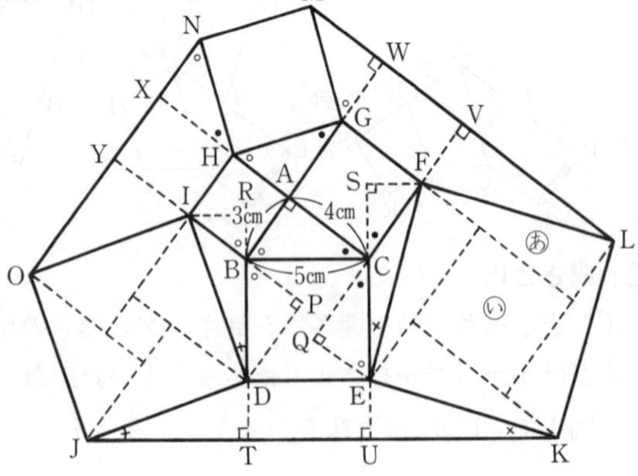

⑵　切り口Kは上の図2の五角形PQGLNで，MP：PQ＝AP：PB＝1：3，MN＝NLである。ここで，三角形MPNの面積を1とすると，切り口Kの面積は，1×4×2×2－1＝15だから，三角形GQRの面積は，15×$\frac{1}{3}$＝5になる。また，三角形PQGの面積は，1×3×2＝6である。よって，三角形PRGの面積は，6－5＝1なので，PR：RQ＝1：5となる。

[4]　平面図形―面積，長さ，相似

⑴　上の図3で，三角形PBD，三角形QECは三角形ABCと合同だから，PD＝AC＝4cm，QE＝AB＝3cmである。よって，三角形ABC，三角形AGH，三角形BID，三角形CEFの面積はすべて，3×4÷2＝6(cm^2)なので，六角形DEFGHIの面積は，3×3＋4×4＋5×5＋6×4＝9＋16＋25＋24＝74(cm^2)となる。

⑵　三角形DJTと三角形IDRは合同で，RB：IB＝3：5より，RB＝3×$\frac{3}{5}$＝1.8(cm)だから，JT＝DR＝1.8＋5＝6.8(cm)である。同様に，UK＝SE＝4×$\frac{4}{5}$＋5＝8.2(cm)だから，JKの長さは，6.8＋5＋8.2＝20(cm)となる。次に，MG＝HG＝5cmより，MW＝AG＝4cmであり，LV＝FQ＝4＋4＝8(cm)なので，LM＝8＋4＋4＝16(cm)である。また，NX＝3cm，YO＝IP＝3＋3＝6(cm)より，NO＝3＋3＋6＝12(cm)である。

⑶　DT＝IR＝3×$\frac{4}{5}$＝$\frac{12}{5}$(cm)だから，台形DJKEの面積は，(5＋20)×$\frac{12}{5}$×$\frac{1}{2}$＝30(cm^2)である。また，LV＝8cm，FV＝3cmより，㋐，㋑の部分の面積は，8×3÷2＝12(cm^2)，5×5＝25(cm^2)なので，正方形FEKLの面積は，12×4＋25＝73(cm^2)であり，同様に，正方形OJDIの面積は，6×4÷2×4＋2×2＝52(cm^2)である。したがって，六角形JKLMNOの面積は，74＋73＋52＋5×5＋30＋(4＋16)×3÷2＋(3＋12)×4÷2＝199＋25＋30＋30＋30＝314(cm^2)となる。

[5]　場合の数，調べ

⑴　㋐　ACBの順に操作を行うとカードの並びは，[1][2][3][4]→[2][1][3][4]→[1][3][4][2]→[3][4][1][2]となる。　㋑　Aを2回行うともとにもどるから，AAAは[2][1][3][4]，AABは[2][3][1][4]，AACは[2][3][4][1]になる。次に，ABの順に行うと，[1][3][2][4]になるから，ABA，ABB，ABCの順に行うとそれぞれ[3][1][2][4]，[3][2][1][4]，[3][2][4][1]になる。同様にして調べると，右の図1のようになる。よって，3回の操作後に左端のカードが[4]であるような操作の方法は6通り，[3]であるような操作の方法は6通り，[2]であるような操作の方法は9通り，[1]であるような操作の方法は6通りある。　㋒　図1より，AABのときとBAAのとき，操作後のカードの並びはどちらも[2][3][1][4]であり，AACのときとCAAのとき，操作後のカードの並びはどちらも[2][3][4][1]になる。

図1

AAA[2][1][3][4]	BBB[1][2][3][4]
AAB[2][3][1][4]	BBC[1][2][4][3]
AAC[2][3][4][1]	BCA[1][3][4][2]
ABA[3][1][2][4]	BCB[1][4][3][2]
ABB[3][2][1][4]	BCC[1][4][2][3]
ABC[3][2][4][1]	CAA[2][3][4][1]
ACA[3][1][4][2]	CAB[2][4][3][1]
ACB[3][4][1][2]	CAC[2][4][1][3]
ACC[3][4][2][1]	CBA[4][3][2][1]
BAA[2][3][1][4]	CBB[4][2][3][1]
BAB[2][1][3][4]	CBC[4][2][1][3]
BAC[2][1][4][3]	CCA[4][3][1][2]
BBA[1][3][2][4]	CCB[4][1][3][2]
	CCC[4][1][2][3]

⑵　この操作を3回行った後のカードの並びが[2][1][3][4]のとき，さらに3回繰り返したときの並びが[1][2][3][4]となるためには，左側の2枚が入れかわればよいから，AAAかBABであればよい。つまり，[1][2][3][4]→[2][1][3][4]→[1][2][3][4]となる操作方法は，2×2＝4(通り)ある。次に，3回の操作後の並びが[2][3][1][4]のとき，3回の操作で右の図2のように入れかわるには，ABAの順に操作すればよいので，[1][2][3][4]→[2][3][1][4]→[1][2][3][4]と

図2

なる操作方法は，2×1＝2(通り)ある。3回の操作後の並びが$\boxed{2}\boxed{3}\boxed{4}\boxed{1}$のときはCCCの順に操作すればよいから，2×1＝2(通り)ある。同様に，3回の操作後の並びが，$\boxed{2}\boxed{1}\boxed{4}\boxed{3}$，$\boxed{2}\boxed{4}\boxed{3}\boxed{1}$，$\boxed{2}\boxed{4}\boxed{1}\boxed{3}$のとき，それぞれBAC，CCB，ACAの順に操作すればよいので，操作方法は，1×1＝1(通り)ずつある。よって，この操作を3回行った後の左端のカードが$\boxed{2}$で，さらに3回繰り返した後の並びが$\boxed{1}\boxed{2}\boxed{3}\boxed{4}$となるような6回の操作方法は全部で，4＋2＋2＋1×3＝11(通り)考えられる。

⑶　この操作を3回行ったときの左端のカードが$\boxed{1}$，$\boxed{3}$，$\boxed{4}$のとき，さらに3回繰り返したときのカードの並びが$\boxed{1}\boxed{2}\boxed{3}\boxed{4}$となるような操作の方法は，それぞれ右の図3のようになる。よって，この操作を6回繰り返した後，カードの並びが$\boxed{1}\boxed{2}\boxed{3}\boxed{4}$となるような6回の操作方法は全部で，11＋2×2＋1×16＝31(通り)ある。

図3

$\boxed{1}\boxed{2}\boxed{3}\boxed{4}$	BBB
$\boxed{1}\boxed{2}\boxed{4}\boxed{3}$	BBC
$\boxed{1}\boxed{3}\boxed{2}\boxed{4}$	BBA
$\boxed{1}\boxed{3}\boxed{4}\boxed{2}$	BCC
$\boxed{1}\boxed{4}\boxed{2}\boxed{3}$	BCA
$\boxed{1}\boxed{4}\boxed{3}\boxed{2}$	BCB
$\boxed{3}\boxed{1}\boxed{2}\boxed{4}$	AAB，BAA
$\boxed{3}\boxed{1}\boxed{4}\boxed{2}$	CAC
$\boxed{3}\boxed{2}\boxed{1}\boxed{4}$	ABB
$\boxed{3}\boxed{2}\boxed{4}\boxed{1}$	CBC
$\boxed{3}\boxed{4}\boxed{1}\boxed{2}$	ACB
$\boxed{3}\boxed{4}\boxed{2}\boxed{1}$	CCA
$\boxed{4}\boxed{1}\boxed{2}\boxed{3}$	AAC，CAA
$\boxed{4}\boxed{1}\boxed{3}\boxed{2}$	CAB
$\boxed{4}\boxed{2}\boxed{1}\boxed{3}$	ABC
$\boxed{4}\boxed{2}\boxed{3}\boxed{1}$	CBB
$\boxed{4}\boxed{3}\boxed{1}\boxed{2}$	ACC
$\boxed{4}\boxed{3}\boxed{2}\boxed{1}$	CBA

〔ほかの解き方〕　⑴　(イ)　左端が$\boxed{4}$になる3回の操作は，右端の$\boxed{4}$が毎回1つずつ左に移動する場合であり，$\square\square\square\boxed{4}\xrightarrow{C}\square\square\boxed{4}\square\xrightarrow{B,\ C}\square\boxed{4}\square\square\xrightarrow{A,\ B,\ C}\boxed{4}\square\square\square$となるから，このような操作方法は，1×2×3＝6(通り)ある。左端が$\boxed{3}$になるには，2回目の操作後に$\boxed{3}$が左から2番目にならなければならないので，1回目の操作では左から3番目のままで，2回目の操作で左から2番目に移ればよい。つまり，$\square\square\boxed{3}\square\xrightarrow{A}\square\square\boxed{3}\square\xrightarrow{B,\ C}\square\boxed{3}\square\square\xrightarrow{A,\ B,\ C}\boxed{3}\square\square\square$となるから，1×2×3＝6(通り)ある。左端が$\boxed{2}$になるには，1回目の操作後の$\boxed{2}$は必ず左端にあるので，2回目の操作は$\boxed{2}$が左から2番目になる操作Aでなければならない。つまり，$\square\boxed{2}\square\square\xrightarrow{A,\ B,\ C}\boxed{2}\square\square\square\xrightarrow{A}\square\boxed{2}\square\square\xrightarrow{A,\ B,\ C}\boxed{2}\square\square\square$となるから，このような操作方法は，3×1×3＝9(通り)ある。また，左端が$\boxed{1}$になるのは，残りの，27－(6＋6＋9)＝6(通り)ある。　(ウ)　左端が$\boxed{2}$になる場合だけ9通りで，残りはすべて6通りずつだから，この9通りについて調べると右上の図4のようになる。

図4

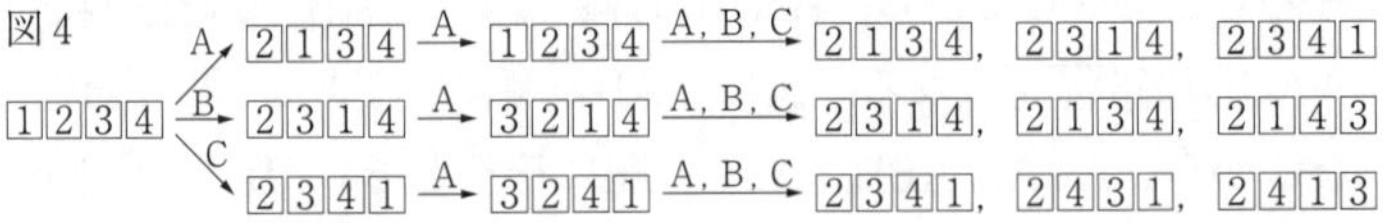

よって，求めるカードの並びは，$\boxed{2}\boxed{1}\boxed{3}\boxed{4}$以外では，$\boxed{2}\boxed{3}\boxed{1}\boxed{4}$，$\boxed{2}\boxed{3}\boxed{4}\boxed{1}$となる。

⑵　3回の操作で左端が$\boxed{2}$になる9通りについて，その後の3回の操作で$\boxed{1}\boxed{2}\boxed{3}\boxed{4}$の並びになる場合を調べる。同じ並びから2通りの方法で$\boxed{1}\boxed{2}\boxed{3}\boxed{4}$にできるものは，$\boxed{1}$が左から2番目にあるものに限られ，$\boxed{2}\boxed{1}\boxed{3}\boxed{4}$→$\boxed{1}\boxed{2}\boxed{3}\boxed{4}$の操作は，$\boxed{1}\boxed{2}\boxed{3}\boxed{4}$→$\boxed{2}\boxed{1}\boxed{3}\boxed{4}$と同じなので2通りあるが，$\boxed{2}\boxed{1}\boxed{4}\boxed{3}$→$\boxed{1}\boxed{2}\boxed{3}\boxed{4}$の操作は，$\boxed{1}\boxed{2}\boxed{3}\boxed{4}$→$\boxed{2}\boxed{1}\boxed{4}\boxed{3}$と同じだから1通りある。よって，9通りの中で，2通りある$\boxed{2}\boxed{1}\boxed{3}\boxed{4}$以外の7通りについては，$\boxed{1}\boxed{2}\boxed{3}\boxed{4}$になる操作方法はすべて1通りずつなので，求める場合の数は，2×2＋7×1＝11(通り)である。

理科 ＜第1日目＞（60分）＜満点：100点＞

解答

1 **問1** （例） 食べ物を探す **問2** う **問3** (1) （例） どの季節にも食べ物を確保できる (2) **春** う **夏** え **問4** い，か **問5** (1) 1匹 (2) 2.5匹 **問6** （例） 夜間に活動する **問7** う，え，か 2 **問1** 水素 **問2** イ，オ **問3** イ **問4** (1) 115.2mL (2) 120mL **問5** 0.93倍 **問6** 4 mm 3 **問1** (1) **A** ア **B** イ **C** イ **D** ア (2) ① ウ ② ウ ③ ア，イ **問2** （例） トンボ **問3** 210匹 **問4** エ **問5** (1) イ (2) ア 4 **問1** エ **問2** **A** イ **B** ウ **問3** **C** ア **D** オ **問4** ア 5 **問1** 14.5℃ **問2** 15℃ **問3** 0.8km **問4** 6℃ **問5** 6 km 6 **問1** (1) ア (2) ア (3) ウ (4) エ **問2** (5) ウ (6) オ (7) オ

解説

1 ヤマネの生態についての問題

問1 近年，山や森の中にすむ動物が人里に現れて，人間をおそったり農作物を食い荒らしたりするなどの被害が増えている。これらの動物は，エサとなる食べ物を探すために，人里に下りてくる。

問2 体内に取り入れた糖分が運ばれてきて，形を変えてたくわえる働きをする臓器(器官)は，肝《かん》臓《ぞう》である。

問3 (1) エサとなる食べ物の種類が多いことは，季節の変化にあまり影響《えいきょう》を受けずに食べ物を得ることができるという利点を持つ。 (2) 春には花が多くさくので，ヤマネは花粉を多く食べていると考えられる。また，夏になると昆虫《こんちゅう》がさかんに行動するようになり，数が増えるため，ヤマネは昆虫を多くとるようになる。なお，果実や種子，木の実は秋ごろに多くできる。

問4 特にかたい外骨格を持つ昆虫として，かたいはねを持つオオクワガタやカブトムシなどの甲《こう》虫《ちゅう》のなかまがあてはまる。

問5 (1) 1.0～1.5年の生存率は50%なので，1.0年後に生き残っていた64匹のうち1.5年後に生き残っているものは，64×0.5＝32(匹)となる。同様にして求めていくと，3.0年後の生き残り数は，32×0.5×0.25×0.25＝1(匹)とわかる。 (2) メスとオスは常に同数なので，1.0年後のメスの生き残り数は，64÷2＝32(匹)，2.0年後のメスの生き残り数は，64×0.5×0.5÷2＝8(匹)である。1匹のメスが1回の出産機会あたりに産む平均の子供の数(孫の数はふくまない)を□匹とすると，32×□＋8×□＝100になればよく，□＝100÷(32＋8)＝2.5(匹)となる。

問6 ヤマネは主に夜間に行動すると述べられているので，夜行性の動物である。そのため，主に昼間に活動する人間には見つかりにくい。

問7 ヤマネは樹の中や樹の上などに巣をつくり，主に夜間に活動していると述べられている。このことから，樹にのぼることができたり樹の上ですごしていたりするもので，小動物をとらえて食べるものが，よりヤマネの天敵になると考えられる。

2 水素の発生についての問題

問1 アルミニウムや鉄がうすい塩酸に溶《と》けると，水素が発生する。

問2　水素は無色無臭《むしゅう》の水に溶けにくい気体であり，空気より軽く，空気中で点火すると燃えて水ができる。ろうそくが燃えた後には二酸化炭素と水蒸気(水)が生じる。

問3　アルミニウムと鉄はどちらも金属であり，金属には電気を通すという共通の性質がある。

問4　⑴　実験1より，アルミニウム片の数が1つから2つに増えると，発生した水素の体積が45mL増えているが，2つから3つに増えたときには30mLしか増えていない。このことから，10mLのうすい塩酸にアルミニウム片をできるだけ溶かすと120mLの気体が発生することがわかる。一辺が8mmの正方形のアルミニウム片がうすい塩酸にすべて溶けるときに発生する気体は，$45\times\frac{8\times8}{5\times5}=115.2$(mL)で，120mLよりも少ないので，このアルミニウム片はうすい塩酸10mLにすべて溶けて115.2mLの気体が発生する。　⑵　実験2より，10mLのうすい塩酸に鉄片をできるだけ溶かしたときに発生する気体は120mLである。一辺が9mmの正方形の鉄片がうすい塩酸にすべて溶けるときに発生する気体は，$42\times\frac{9\times9}{5\times5}=136.08$(mL)で，120mLよりも多いため，この鉄片はうすい塩酸10mLに入れると120mLの気体を発生させ，一部が溶け残る。

問5　うすい塩酸10mLに溶ける最大のアルミニウム片と鉄片の面積をくらべると，$\frac{120}{45}\div\frac{120}{42}=\frac{42}{45}=0.93\cdots$より，アルミニウム片が鉄片の0.93倍である。

問6　アルミニウム片を加えることで，$120-84=36$(mL)の気体を発生させればよいので，一方の辺の長さが5mmのアルミニウム片はもう一方の辺を，$5\times\frac{36}{45}=4$(mm)にすればよい。

3 生物のつながりについての問題

問1　⑴　**A**　セミの幼虫は，長い間土の中で木のしるを吸いながら生活する。一方，成虫は陸上で生活している。　**B**　テントウムシは成虫も幼虫もほぼ同じもの(アブラムシ)を食べ，同じような陸上の場所で生活する。　**C**　コオロギは幼虫も成虫も草原などの陸上で生活している。

D　カブトムシの幼虫は，腐葉土《ふようど》の中で生活し，成虫は雑木林の樹木の表面などで生活する。

⑵　一般に昆虫《こんちゅう》は，幼虫の時期にはエサを食べながらからだを成長させ，成虫の時期になると子孫を残し繁栄《はんえい》させるために繁殖《はんしょく》相手の確保や生息域の拡大をしている。なお，成虫の時期にもエサを食べるが，これは生活していくためのエネルギーを得るためといえる。

問2　別の昆虫は，陸上にいる花粉を運ぶ昆虫を食べ，魚に食べられるので，陸上で生活する時期と水中で生活する時期がある肉食の昆虫であると考えられる。オニヤンマなどのトンボは，幼虫が水中，成虫が陸上で生活しており，幼虫も成虫も肉食である。

問3　目印をつけた21匹がまんべんなく散らばっているとするので，全体の生息数を□匹とすると，□：21＝30：3の関係が成り立ち，□＝21×30÷3＝210(匹)となる。

問4　「いる池」と「いない池」のまわりに生育している植物の種子の数を調べれば，食べる・食べられるの関係が植物の種子を作ることに影響しているかどうかを調査することができる。このとき，すべての植物を刈《か》り取るのは環境をこわすことになるので，それぞれの池のまわりから同数の植物を刈り取り，その種子の数を調べて全体の種子の数を推測する。

問5　⑴　別の昆虫は，これを食べる魚が「いない池」のほうが，食べられることがないので，「いる池」より数が多くなる。　⑵「いる池」のほうが「いない池」よりも別の昆虫が少ないため，花粉を運ぶ昆虫は食べられる数が少ない。つまり，花粉を運ぶ昆虫が多くいるから，植物の種子の数も多くなる。

4 北極星の動きと方位についての問題

問1　北極星が南中したときから180度回ったときも，北極星は正確な北の方位にある。このときの時刻は，午前９時20分＋23時間56分÷２＝午後９時18分となる。

問2　北極星が最も高くなる頃や最も低くなる頃は，北極星がほぼ東西の方向に動いている。そのため，北極星の高さの変化はほとんどなく，方位の変化は１日のうちで最も大きい。

問3　北極星を一度観察し，23時間56分÷２＝11時間58分後に円を半周した北極星をふたたび夜空に観察することは，昼と夜の長さがほぼ等しい春や秋の頃《ころ》や，昼が長く夜の長さが短い春から秋にかけての頃では難しく，夜が長い秋から春にかけての頃であれば可能である。ただし，この方法の場合，日の入りの頃の夕方に北極星が最も東か西にきている必要がある。

問4　北の空に見える星座をつくる星も，北極星と同じように円の中心のまわりを回っている。そのため，星の高さが円の中心の右側と左側で等しくなるときがあり，そのときの２つの方位の真ん中は正確な北の方位となる。また，アのように，夕方に北の空で右上に見えている星を選べば，左上の同じ高さにくるまでの時間が12時間よりも短くなり，この方法は１年中使える。

5 雲ができる高さの範囲《はんい》についての問題

問1　地上０kmから１kmの間は，上空にいくほど気温が20℃から９℃まで一定の割合で下がっている。そのため，この中間の高さである地上0.5kmにおける気温は，（20＋９）÷２＝14.5(℃)となる。

問2　雲ができずに空気のかたまりが上昇《じょうしょう》するときには，１kmにつき10℃の割合で温度が下がるので，地面で20℃の空気のかたまりが地上0.5kmまで上昇すると，温度は，20－10×0.5＝15(℃)になる。

問3　水滴《すいてき》ができはじめるまでに温度が，20－12＝８(℃)下がるので，Ｘは，$1\times\frac{8}{10}=0.8$(km)上昇している。つまり，地上0.8kmで雲ができはじめる。

問4　Ｘは雲ができながら，２－0.8＝1.2(km)上昇するため，地上２kmでは温度が，12－５×1.2＝６(℃)になっている。

問5　地上２kmでは，Ｘの温度が表２より６℃，周囲の気温が表１より０℃であり，周囲の気温のほうが６℃高い。ここからさらに１km上昇するごとに，Ｘの温度は５℃ずつ，周囲の気温は，35÷(12－２)＝3.5(℃)ずつ下がるので，Ｘの温度が周囲の気温と同じになるのは，２＋６÷(５－3.5)＝６より，地上６kmまで上昇したときである。つまり，Ｘが上昇してできる雲の高さの上限も地上６kmとなる。

6 物体の運動についての問題

問1　⑴，⑵　物体と斜面《しゃめん》の接点に水平面に対して垂直な線(以後，鉛《えん》直線とよぶ)を引くと，⑴と⑵はどちらも，図Ｂと同じようにおもりが鉛直線よりも左にあり，物体は左に転がる。　⑶　図Ｃと同じように，おもりが置かれた面との接点にあるため，物体は安定なつりあいになると考えられる。これらは，鉛直線の上におもりがあるため，手をはなしても静止する。また，右に転がそうとしても，おもりが鉛直線の左にきて左に転がそうとして，物体は元にもどろうとし，左に転がそうとしても同様に物体は元にもどろうとするため，安定なつりあいになる。　⑷　ここでは，図Ｄと同じように，おもりが置かれた面との接点にはないが，鉛直線上にある。よって，不安定なつりあいとなる。図Ｄは図Ｃと同じように，おもりが鉛直線上にあるため，物体は手をはなしても静止する。しかし，右に転がそうとすると，おもりが鉛直線より右にくるため物体は元にもどらず右に転がってしまう。同様に，左に転がそうとすれば，物体は左に転がる。

問2 ⑸ おもりが置かれた面との接点にあるため，置かれた面が半円形であっても，問１の⑶で述べたように，安定なつりあいとなる。　⑹，⑺ 鉛直線上におもりがあるから，どちらも物体は手をはなしても静止する。⑹を接点が円形枠内の直線２つ分（60度分）右に転がすと，⑺になる。このことからもわかるように，⑹と⑺はどちらも右や左に少し動かしてもおもりが図Ｅのように常に鉛直線上にくるため，中立なつりあいになる。

国語 ＜第１日目＞（40分）＜満点：80点＞

解答

一 **問1** （例） 今は蠅の姿を見ることが，昔と比べると格段に少なくなってしまったから。
問2 （例） 北にある北海道は季節の訪れが遅く，千五百メートルを超える山と同じような気候だから。　**問3** 秋　**問4** ウ，オ　**問5** **1** Ａ　**2** Ｆ　**3** Ｄ　**4** Ｇ　**5** Ｃ　**6** Ｅ　**7** Ｂ　**8** Ｈ　**問6** ウ→ア→イ→エ　**問7** **1** イ　**2** エ　**3** オ　**4** ア　**5** ウ　二 **1** いわし，ウ　**2** たい，イ　**3** ごまめ，ア　**4** こい，オ　**5** なまず，エ　三 **1** うつ　**2** かかる　**3** つる　**4** とおる　四 **1** オ　**2** ウ　**3** ア　**4** イ　**5** エ　五 **1** ①（例） 私は，Ｂさんのこともその人のことも，同じくらい好きだ。　②（例） 私とＢさんは，同じくらいその人のことが好きだ。　**2** ①（例） Ｃさんは，その人をＣさんの部屋に立ちよらせた。②（例） Ｃさんは，その人をその人自身の部屋に立ちよらせた。　六 **1** オ　**2** オ　**3** イ　**4** イ　七 **1** 右往左往　**2** 空前絶後　**3** 起死回生

解説

一 **出典は養老孟司《ようろうたけし》の「虫の季節」による。**昆虫《こんちゅう》採集を趣味《しゅみ》とする筆者が，虫の現れる時期が場所によってさまざまであることを述べながら，すべてを「同じ」にしようとする現代の風潮を批判している。

問1 「五月も末になれば，まったく虫の季節」であり，昔はうるさいほど蠅《はえ》が現れたために「五月」の「蠅」と書いて「ウルサイ」と読ませたのである。しかし，今では，都会などでは特にだが，蠅の姿をめったに見ることがなくなった。そのため「珍《めずら》しい」と読むべきではないかと，筆者は述べているのだと考えられる。

問2 直前の一文で，「千五百メートルを超《こ》える山では，五月は虫採りにはまだ早い」と述べていることに注目する。標高が高い地域では，平地と比べれば気温が低いため，平地では「虫の季節」をむかえても，「虫の季節」になっていないということである。同じように，「南北にむやみと長い」日本では「北は春が遅《おそ》いし，南は早い」のであり，北にある北海道も「虫の季節」の訪《おとず》れが遅い。それがちょうど「千五百メートルを超える山」と同じような条件だというのである。

問3 すぐ後の内容に注目する。空らんにあてはまる季節以降は「虫採りにはまず行かない」と筆者は述べており，その理由として，真夏には見られる「カブトムシやクワガタ」のような「甲虫《こうちゅう》」が「どんどんいなくなってしまう」ことをあげている。また，続く部分に「セミは暑い季節がい

い」とあるように，夏にはセミ採りをすると推測できる。これらのことから，「虫採り」に行かなくなるのは「秋」以降であると判断できる。

問4　推定の意味・用法なので，ウとオが選べる。なお，ア，イ，エは名詞の後について，“いかにも～のようすである”という意味をそえる接尾語。

問5　**1**「オーバーワーク」は，過度の労働や練習量のこと。　**2**「ハイテンション」は，感情などが高ぶった状態にあること。　**3**「トップニュース」は，新聞や放送などで最初に大きく取り上げる主要な事件やできごと。　**4**「メインディッシュ」は，コース料理の中心となる料理。　**5**「ソフトドリンク」は，ジュースやお茶などのように，アルコールをふくまない飲み物。　**6**「ハードトレーニング」は，猛《もう》練習。　**7**「スローフード」は，食について根本から考え直そうという運動から生まれた考え方で，伝統的・地域的な食材や料理の継承《けいしょう》や，質のよい食材を提供する生産者の保護などをうったえている。インスタント食品などのファーストフードに対する語としても使われる。　**8**「ローコスト」は，費用があまりかからないこと。

問6　ア　六月ごろに降り続く長雨。　イ　夏の夕方ごろに強く降るにわか雨。　ウ　春に東から吹《ふ》いてくる風。　エ　秋の終わりから冬の初めに吹く強い風。

問7　**1**　機嫌《きげん》が悪く，少しのことでも気にさわるという状態を表すイが合う。　**2**　よくないことが起こりそうだと感じることを言うエがあてはまる。　**3**　なんとなくいやに思うことを言うオがよい。　**4**　非常に強い不快感を抱《いだ》くことを表すアが選べる。　**5**　自分に都合よく物事を考えることを言うウがふさわしい。

二　ことわざの知識

1「いわしの頭も信心から」で，“いわしの頭のようなつまらないものであっても，信じる気持ちがあれば，非常にありがたいもののように思えてくる”という意味。　**2**「くさってもたい」で，“立派なものは簡単にはその価値を失わない”という意味。　**3**「ごまめの歯ぎしり」で，力のないものが負けてくやしがることのたとえ。「ごまめ」は，小さなカタクチイワシを素干《すぼ》しにしたもの。　**4**「まな板のこい」で，相手の意向にしたがうよりほかに方法がない状態。今まさに調理されようとするこいが，おとなしくしているようすからのことわざ。　**5**「ひょうたんでなまずをおさえる」で，とらえどころがないことのたとえ。ひょうたんのようないびつな形をしたもので，ただでさえつかまえにくいなまずをつかまえようとするようすからのことわざ。

三　多義語の知識

1　aは「打ち水(水を打つ)」，bは「点を打つ」，cは「一芝居《ひとしばい》を打つ」，dは「網《あみ》を打つ」などの表現がある。　**2**　aは「医者にかかる」，bは「新作がかかる」，cは「わなにかかる」，dは「費用がかかる」などの表現がある。　**3**　aは「足がつる」，bは「甘《あま》い言葉で客をつる」，cは「川で魚をつる」「トンボつり」，dは「蚊帳《かや》をつる」などの表現がある。　**4**　aは「筋がとおる」，bは「予算案がとおる」，cは「肉に火がとおる」，dは「よくとおる声」などの表現がある。

四　俳句の完成

1「星座」が見える状況《じょうきょう》なのだから，時間は夜。よって，夜に活動が活発になる「ふくろう」があてはまる。　**2**　音が「突《つ》きぬけ」るという部分から考えるとよい。「きつつき」が木をくちばしでたたく音のようすを表現している。　**3**「初音」は，その年に初めて鳥の鳴き声を聞くことで，特に春の訪れを告げる「うぐいす」の鳴き声を聞くことを言う。　**4**　水辺に生息し，水面を掠《かす》めるような速さで飛ぶ鳥は「かわせみ」である。　**5**　直前に「大」とあることに注目する。選択肢《せんたくし》の中で“大きい”と表現できる鳥は「はくちょう」である。「八雲」は，何層にも重なった雲のようすで，雄大《ゆうだい》な風景をえがいている。

五　短文の修正

1　「私」「Bさん」「その人」の三人が登場するが，「その人」のことを「好き」なのは「私」だけなのか，「私」と「Bさん」の二人が「その人」のことを「好き」なのかがはっきりとしない文である。よって，主語を「私」としたものと「私とBさん」とした二つの文をつくるとよい。　**2**　文中に出てくる「部屋」が，「Cさん」の「部屋」なのか「その人」の「部屋」なのかがはっきりとしない文である。これは，「自分の」という語を用いて表現しているためである。「自分の」の部分を「Cさんの」，あるいは，「その人の」といった具体的な言葉で示すとよい。

六　熟語の知識

1　“言葉”という意味で使われているので，オが同じ。ア，ウ，エは“断る，やめる”，イは“別れを告げる”という意味。　**2**　“ほめたたえる”という意味で使われているので，オが合う。オ以外は，“同意する”という意味。　**3**　“問いただす”という意味で使われているので，イがあてはまる。アは“かざりけがない”，ウ～オは“中身”という意味。　**4**　“じかに”という意味で使われているので，イがあてはまる。ア，ウ，オは“動物などの肉”，エは“肉のようにやわらかいもの”という意味。

七　四字熟語の知識

1　「右」と「左」が反対になる。「急に降り出した雨に人々が右往左往している」のように用いる。　**2**　「前」と「後」が反対になる。「今回の都市開発は空前絶後の規模になった」のように用いる。　**3**　「死」と「生」が反対。「九回裏に起死回生のホームランが飛び出した」のように用いる。

国　語　＜第2日目＞（70分）＜満点：120点＞

解　答

一　**問1**　下記を参照のこと。　**問2**　(例)　小学生のときに心に決めたとおり，大学院まで進んだこと。　**問3**　(例)　完全無欠ではなく，むしろ人とは異なる欠点や過剰さを抱えている点。　**問4**　(例)　本が好きな筆者は，読書に没頭しすぎて周囲が見えなくなるというキュリー夫人の欠点に親近感を覚えたから。　**問5**　(例)　周囲の評価など気にせず，ただ学びたいという欲求につき動かされる様子。　**問6**　(例)　自分の大発見は，先人たちが積みあげてきたものの最後の瞬間に居合わせただけのことだということ。　**問7**　(例)　一度しかない人生。　**問8**　(例)　何かを知りたいと思い，誰も解くことができなかったことに挑み，人の幸せとなる何かを生み出していくこと。　二　**問1**　下記を参照のこと。　**問2**　(例)　軍事機密は決して外部に漏らしてはならないということ。　**問3**　オ　**問4**　(例)　どれも同じようなものであるようす。　**問5**　(例)　内容的には間違いがないのに，海軍英語を使わなかっただけで間違いだとされたものであるから。　**問6**　X　(例)　自分の死が近い　Y　(例)　日記を検閲される　**問7**　(例)　日記を家族に届けてほしいという兵士たちの最後の願いをかなえることができなくなったから。　**問8**　(例)　兵士たちの日記からは，彼らの苦悩や本当に感じたことが伝わり，同じ人間であることが理解できたということ。　三　**問1**　イ　**問2**　(例)　次に切らねばならないほど木が生長するまで，自分が元気でいられるかどうか自信がなかったから。　**問3**　(例)　木がどんどん伸びて，家をおおうように生長していったから。　**問4**　ウ　**問5**　(例)　すでに亡くなってしまったこと。　**問6**　オ

●漢字の書き取り

一　**問1**　A　見解　B　逆転劇　C　屋根裏　D　暮(れる)　二　**問1**　A　陸地　B　部署　C　終結　D　採集　E　提供　F　支給

解説

一　**出典は上橋菜穂子《うえはしなほこ》の『物語ること，生きること』による。**有限の命を生きるしかない人間にとって，何かを知りたいと思い，それまで誰《だれ》も解くことができなかったことに挑《いど》んで，人の幸せとなる何かを生み出すことで，この世界の何かを変えていくことの大切さを語っている。

問1　A　あることに対する見方や考え方。　B　それまで勢力などがおとっていた側が，最後に勝利を収めるような展開になること。　C　屋根のすぐ下につくられた部屋。　D　音読みは「ボ」で，「暮色」などの熟語がある。

問2　「三つ子の魂《たましい》」という表現は，「三つ子の魂百まで」ということわざからきたものと考えられる。「三つ子の魂百まで」は，幼いころの性質や性格は，大人になっても変わらないということ。ここでは，小学生のころに「自分もいつか勉強して必ず大学院まで行くぞ」と決心したことが，その後もずっと変わらず，ついには実際に大学院に進学することにつながったことを表している。

問3　「偉人《いじん》伝の人たち」について，「子どものころは度外れて変なところがあった」人たちだと語っていることに注目する。ウルトラマンのように「完全無欠だから『偉人』になった」わけではなく，「むしろ人とは異なる欠点や過剰《かじょう》さを抱《かか》えていたからこそ，ほかの誰とも違《ちが》う道を歩むことに」なり，その結果，「偉人」になったという点で「地続きのヒーロー」のように感じられるのだと読み取れる。

問4　直前の部分に，「私も本の虫だった」とあることに注目する。「本の虫」は，読書が好きで，いつも本ばかり読んでいる人のこと。「本の虫」だった筆者は，キュリー夫人が「本を読んでいると，あまりに没頭《ぼっとう》しすぎて，周りがすっかり見えなくなってしまう」という「欠点」を持っていたことを知り，「うれしくなってしま」ったというのである。筆者自身も，祖母の家の屋根裏で見つけた『海底二万里』を「日が暮れるのも気づかないまま，夢中で読みふけ」るような子どもだったので，親近感を覚えたのだと推測できる。

問5　「飢《う》え」は，お腹がすいている状態のほか，望んでいるものが満たされない状態を表すこともある。筆者が，キュリー夫人のどのようなようすに「学ぶことへの飢え」を感じていたのかをとらえる。キュリー夫人が「人からどんなに笑われようと，そんなことはおかまいなし」で「黙々《もくもく》と本を読みつづけ，自分の研究に没頭して」「ひたすら勉強していた」ようすに，筆者は「惹《ひ》かれた」のである。両親などの影響《えいきょう》で「だんだん本を読むのはいけないこと，後ろめたいことのように思

うようになっていた」筆者にとって，キュリー夫人の「揺《ゆ》らぐことのない」姿勢は，心惹かれずにいられないものだったと考えられる。

問6　直前の言葉の内容に注目する。「実験を繰《く》り返しながら，みんながページをめくって」いくとは，多くの研究者が実験を行い，わからないことを解明する研究成果を積みあげてきたことを言っている。「最後にページをめくったときに『あった！』と言ったのが自分だった」とは，先人が「それまで積みあげてきたもの」があって，「最後の最後の瞬間《しゅんかん》」に自分は居合わせることができたために「大発見」を行うことができたということ。自分の「大発見」は，自分の力だけでなしとげたものではなく，「先人の功績」があってこそできたものだということを伝えているのである。

問7　「一回性」は，“一回限りの”という意味。

問8　「ページをめく」るということは，それまでに書かれてなかった新しい内容を知ることでもある。筆者は，「何かを知りたいと思い，それまで誰も解くことができなかったことに挑んで，それによって，この世界の何かが確実に変わる」という生き方をしたいと考えているのである。そのうえで，「世界の何かが確実に変わる」ことに意味を持たせるのは，「人の幸せとなる何か」を生み出すことだと語っている。

二　**出典はドナルド・キーンの『ドナルド・キーン自伝』による。**日本研究者である筆者が，第二次世界大戦の時に海軍に属し，押収《おうしゅう》された日本語の文章を翻訳《ほんやく》する任務に就《つ》いていた時のようすを語っている。

問1　**A**　地球の表面で，水におおわれていない場所。　**B**　役割や分担する任務をあてがわれた場所。　**C**　物事の決着がつくこと。　**D**　資料として採って集めること。　**E**　ほかの人の役に立つように，資金や物資などを差し出すこと。　**F**　お金や物資などを人に与《あた》え配ること。

問2　「軍事機密」を外部に漏《も》らした者が「絞首刑《こうしゅけい》になる」と告げることで，「軍事機密」を外部に決して漏らしてはいけないとおどしているのだと読み取れる。

問3　筆者が皮肉をこめて，「愉快《ゆかい》」という言葉を用いていることをおさえる。「訓示」をした大尉《たいい》が筆者たちのことを見る眼《め》は「軽蔑《けいべつ》以外のなにものでもなく」，海軍について何も知らない筆者たちが大尉と同じ軍服を着ることを許されている事実を「明らかに不快に思っているようだった」と前にあり，そのような大尉の態度に筆者は反感を覚えていたために，皮肉をこめた表現をしているのだと考えられる。

問4　「判で押《お》したよう」は，どれもこれもがまったく同じようで，変わりばえのしないようす。

問5　筆者は，日本語の文書の内容を「古風な英語」に訳したり，「通俗《つうぞく》小説の文体」で訳したりしただけで，文書自体の内容には「間違い」はなかった。大尉が「間違い」だと指摘《してき》したのは「海軍英語」を使っていなかったからであり，そのような形式的なことに対して「怒《いか》り狂《くる》って」いる大尉に対する反感の気持ちがこめられた表現でもある。

問6　日本軍が兵士に支給した日記は，書かれた内容を上官が検閲《けんえつ》し，その兵士の考え方が「十分に愛国的かどうか確かめる」ためのものだった。だから，兵士たちは「日本にいる間は日記のページを愛国的な常套《じょうとう》句《く》で埋《う》めた」，つまり，本音ではなく建前だけを書いたのである。しかし，「自分が乗船している隣《となり》の船が潜水艦《せんすいかん》に沈《しず》められたり，南太平洋のどこかの島で自分が一人になってマラリアにでも罹《かか》れば」，つまり，自分の身に死がせまってきた状況なら，上官に日記を検閲されることをおそれて「偽《いつわ》りを書くいわれ」はなくなるため，「一兵士の最後の日々の苦悩《くのう》」のような「自分が本当に感じたこと」を日記に書いたのだと推測できる。

問7　「痛恨《つうこん》の極《きわ》み」は，これ以上にないほど残念だと思うこと。筆者が「痛恨の極み」と感じたのは，自分の机の中に隠《かく》しておいた日本人兵士の日記を発見され，没収《ぼっしゅう》されてしまったことである。筆者としては，「戦争が終わったら自分の日記を家族に届けてほしい」という日本人兵士の最後の頼《たの》みをかなえるために日記を隠し持っていたのだが，没収されたことで，その頼みをかなえることができなくなり，「痛恨の極み」だったと感じたのである。

問8　筆者が「本当に知り合った最初の日本人」は，「日記の筆者たち」だったと書かれている。筆者が手にした日記には，「一兵士の最後の日々の苦悩」や「自分が本当に感じたこと」が記されていた。それらの内容は，敵味方の立場をこえて，日本人も同じ人間であることを筆者に伝える内容であったはずである。だからこそ，筆者は「堪《た》えられないほど感動的」だと感じ，それらの日記を家族に手渡《わた》したいと思ったのだと考えられる。

三　**出典は山崎《やまざき》るり子の詩「春」による。**木とおじいさんの心の交流をえがいている。

問1　切り倒《たお》されても「切り株から芽を出し」，長い年月を経た後で，また切り倒す必要があるほどに生長する木の姿が，第一連と第二連につづられている。木は，再び生長することができるので，「また会おう」と呼びかけているのだと読み取れる。

問2　木と交流しているのがおじいさんであることと，次に木が生長したときには，おじいさんは「ふとんの中で」木を想《おも》うことしかできなくなっていることに注目する。おじいさんは自分の年齢《ねんれい》を考えると，次に木が生長するまで自分が元気でいられるかどうか自信がなかったので，「また切るよ」とは言えなかったのだと推測できる。

問3　おじいさんが家から出て木を切ることができないために，家の外にある木が「枝を広げ葉を広げ／高く高くどこまでも／伸《の》びていった」ことに注意する。木が生長することで家をおおうようになったために，「部屋」にさしこむ日光がさえぎられ，「どんどん暗く」なっていったのである。

問4　おじいさんは体も動かなくなり，もはやふとんから出ることもできないような状態である。そうした状態でも「木を想うと／木といっしょにどこまでも／伸びていけた」と，自分も自由に「伸びて」いけるような気持ちになっている。木の生長を喜んでいるようなおじいさんの気持ちが伝わるので，ウの「うれしく思っている」という内容が合う。

問5　木が生長しすぎて，家を破壊《はかい》するようなようすからは，この家がもはや無人になってしまったことがうかがえる。そのことは，「木は実を屋根に落として／おじいさんを呼んだ」にもかかわらず，おじいさんからの返答が何もなかったことからもうかがい知ることができる。

問6　最後の連に「北の町から若者が／ノコギリをかついでやってくる」とあることに注目する。長い時間をかけて交流してきたおじいさんと木のつながりは，時が流れ，おじいさんが死んでしまったことで終わってしまったが，若者という次の世代に引きつがれて，また長い時をかけて続いていくことをうかがわせる内容である。

Memo

平成28年度　灘　中　学　校

〔電　話〕(078) 411－7 2 3 4
〔所在地〕〒658-0082　神戸市東灘区魚崎北町８－５－１
〔交　通〕JR「住吉駅」より徒歩10分,
阪神本線「魚崎駅」より徒歩10分

【算　数】〈**第１日目**〉(60分)〈満点：100点〉

次の問題の $\boxed{\quad}$ にあてはまる数を解答欄《らん》に書き入れなさい。

［注意］・問題にかいてある図は必ずしも正しくはありません。

・円周率は3.14とします。

・角すいの体積は,(底面積)×(高さ)×$\frac{1}{3}$　で求められます。

1　$\frac{1}{7}-\frac{1}{9}-\frac{1}{32}=\frac{1}{224}+\frac{1}{\boxed{\quad\quad}}-\frac{2}{63}$

2　深さ15cmの直方体の形をした水槽《そう》が水平な床《ゆか》の上にあります。右の図のように,この水槽の中には,同じ形をした高さ15cmの四角柱が５本入っていて,この水槽に深さが９cmになるまで水を入れても,四角柱の底面は水槽の底面に接していました。この状態から四角柱を２本取り除くと,水の深さは７cmになりました。さらに残りの四角柱３本を取り除くと,水の深さは $\boxed{\quad\quad}$ cmになります。

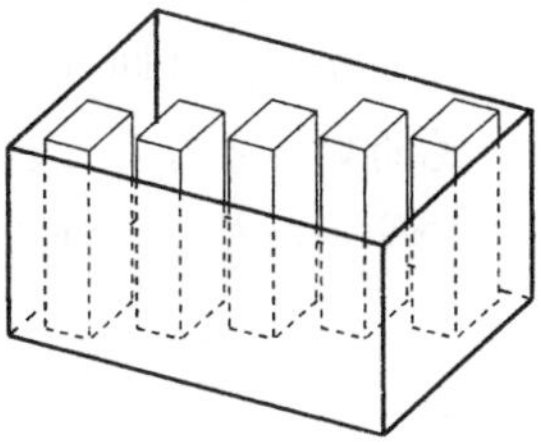

3　A君とB君は２人とも,１から10までの数字が書かれた10枚のカード $\boxed{1}$, $\boxed{2}$, …, $\boxed{10}$ をもっています。A君は自分のもっている10枚のカードから４枚のカード $\boxed{1}$, $\boxed{4}$, $\boxed{\text{あ}}$, $\boxed{\text{い}}$ を選び,B君も自分のもっている10枚のカードから４枚のカード $\boxed{2}$, $\boxed{6}$, $\boxed{10}$, $\boxed{\text{う}}$ を選び,たがいに選んだ４枚のカードを交換《かん》します。その後,同じ数字が書かれたカードが手元にあれば,その２枚のカードを手元から取り除きます。その結果,A君の手元には６枚のカード $\boxed{3}$, $\boxed{4}$, $\boxed{5}$, $\boxed{6}$, $\boxed{7}$, $\boxed{8}$ が残りました。このとき,$\boxed{\text{あ}}$ に書かれた数字は $\boxed{①\quad}$, $\boxed{\text{い}}$ に書かれた数字は $\boxed{②\quad}$, $\boxed{\text{う}}$ に書かれた数字は $\boxed{③\quad}$ です。ただし,$\boxed{\text{あ}}$ に書かれた数字は $\boxed{\text{い}}$ に書かれた数字より小さいものとします。

4　A君とB君が円形のジョギングコースを同じ向きに走りました。A君とB君は地点Pを同時にスタートし,その９分後に,A君はちょうど６周,B君はちょうど４周して同時に地点Pを通過しました。この間,A君は毎分200mの速さで走りました。B君は,初めの30秒間は毎分200mの速さで走りました。その後,B君は,A君に追いつかれるごとに,追いつかれてから30秒間だけは毎分200mの速さで走りましたが,それ以外の時間は一定の速さで走りました。その一定の速さは,最も速くて毎分 $\boxed{①\quad}$ m,最も遅《おそ》くて毎分 $\boxed{②\quad}$ mです。

5　1000以下の整数のうち，2でも3でも5でも割り切れない整数を小さいものから順に並べると

1，7，11，13，17，…，997

となります。このなかで，一の位の数が7である整数は全部で［①　］個あります。また，7で割り切れる整数は全部で［②　］個あります。

6　$\overbrace{7777777777}^{\text{10個}}\times\overbrace{7777777777}^{\text{10個}}$ を計算すると20桁《けた》の整数になります。この20桁の整数の上10桁，下10桁を取り出して，それぞれ10桁の整数A，Bをつくります。このとき，$A+B=$［　　］です。ただし，例えば4桁の整数5678の上2桁，下2桁を取り出して，それぞれ2桁の整数C，Dをつくると，$C=56$，$D=78$，$C+D=134$ です。

7　光が鏡で反射するときには，下の図1のように角㋐と角㋑が等しくなります。

図2は，2枚の鏡 OX，OY で，光が何回も反射する様子を表しています。1回目に反射する点がP，2回目に反射する点がQです。4回目に反射する点が，反射する点のうちでOに最も近い点となるとき，角㋒の大きさは，最も大きくて［①　］度，最も小さくて［②　］度です。ただし，Oに最も近い点は2個以上あってもよいものとします。

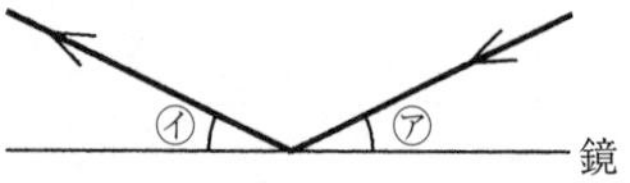

図1

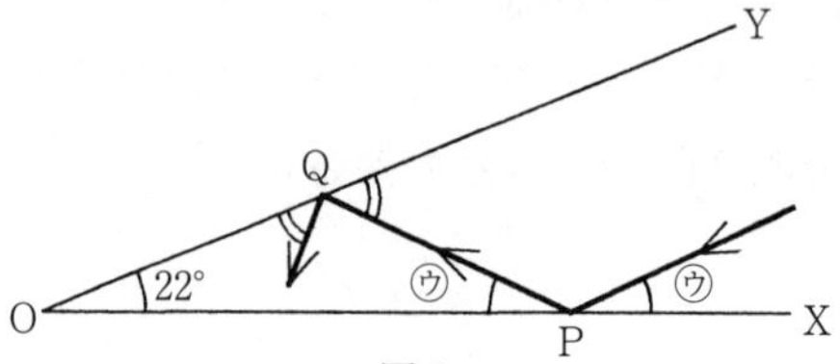

図2

8　右の図のような正六角形 ABCDEF があり，点P，Q，Rは，それぞれ辺 AB，BC，DE の真ん中の点です。2本の直線 PR，QF は点Sで交わっています。このとき，三角形 QRS の面積は，正六角形 ABCDEF の面積の［　　］倍です。

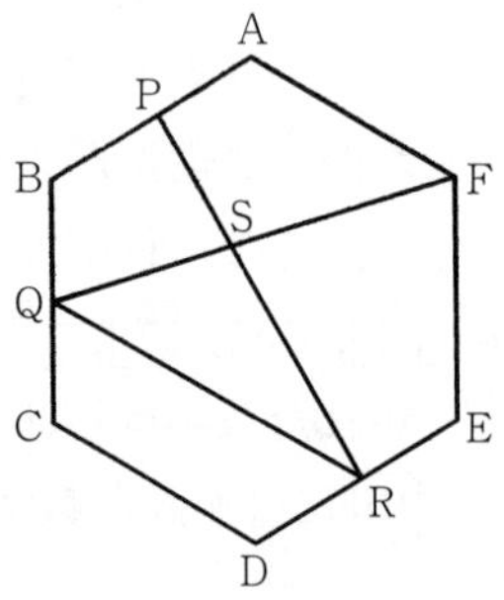

9　右の図のような直角三角形 ABC があります。この直角三角形が斜線《しゃせん》部分の外側を，①の状態から矢印の方向にすべることなく転がって，②の状態まで移動します。このとき，辺 AB が通過する部分の面積は［　　］cm^2 です。

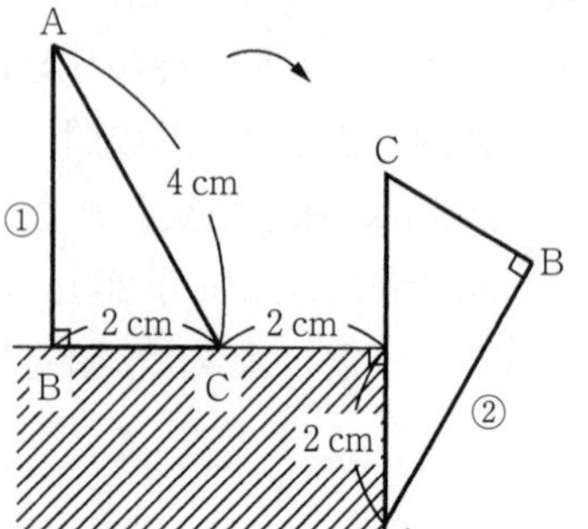

10　右の図の三角形ABCにおいて，2本の直線ADとBEは点Fで垂直に交わっています。また，

(BDの長さ)：(DCの長さ)＝3：2

(ABの長さ)：(CFの長さ)＝3：2

です。このとき，FDの長さはAFの長さの [①] 倍で，四角形FDCEの面積は三角形ABCの面積の [②] 倍です。

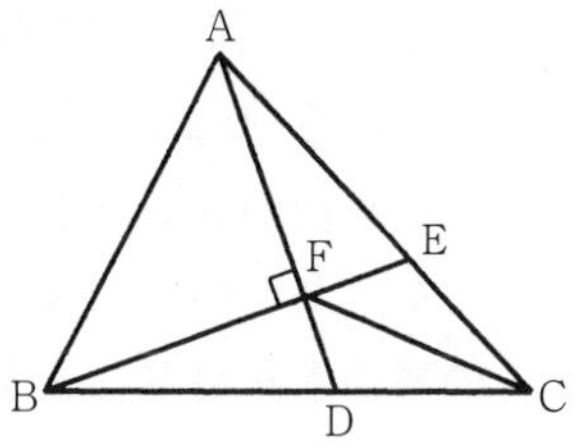

11　右の図は，1辺の長さが6 cmの立方体です。この立方体を3点A，I，Gを通る平面で切ったとき，この平面と辺DHは点Jで交わります。四角すいK-AIGJの体積は [①] cm^3 です。また，3点B，D，Gを通る平面で四角すいK-AIGJを2つの立体に分けたとき，点Kを含《ふく》む立体の体積は [②] cm^3 です。

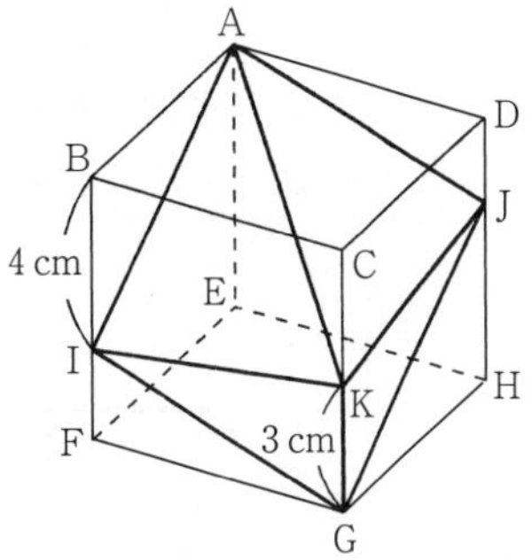

〈**第2日目**〉（60分）〈満点：100点〉

［注意］・**1**，**2**，**5**(1)(ア)，(2)(ア)は答えのみ記入しなさい。それ以外は，答え以外に文章や式，図なども書きなさい。

・問題にかいてある図は必ずしも正しくはありません。

・角すいの体積は　(底面積)×(高さ)×$\frac{1}{3}$　で求められます。

1　1から2016までの数字が書かれたカードが，それぞれ1枚ずつあります。これら2016枚のカードが横一列に並んでおり，カードに書かれている数字は，左から順に1，2，3，4，5，6，……，2015，2016のように1ずつ大きくなっています。このカードの列に，次の操作を繰《く》り返し行います。

操作：カードの列の一番左にあるカードを取り除く。その後，カードの列の一番左にあるカードを，カードの列の一番右に移す。

例えば，列に並んでいるカードに書かれている数字は，左から順に次のようになります。

[1回目の操作の後]　3，4，5，6，……，2015，2016，2

[2回目の操作の後]　5，6，……，2015，2016，2，4

(1)　1009回目の操作で，[　　] という数字が書かれたカードを取り除きます。

(2)　[　　] 回目の操作で，1000という数字が書かれたカードを取り除きます。

(3)　[　　] 回目の操作で，2016という数字が書かれたカードを取り除きます。

(4)　2000回目の操作が終わったとき，カードの列には16枚のカードが残ります。これら16枚のカードに書かれている数字は，いずれも [①] で割ると [②] 余ります。ただし，空欄《らん》②に入る数は0ではありません。

(5)　2015回目の操作でカードを取り除くと，[　　] という数字が書かれたカードだけが残ります。

2　80cmの深さまで水の入る直方体の水槽《そう》があり，右の図のように高さ50cmの仕切りで2つの部分P，Qに区切られています。水槽の底面は水平であり，仕切りは水槽の底面に垂直です。また，2つの蛇《じゃ》口A，Bがあり，蛇口からはそれぞれ毎秒一定の量の水が注《そそ》がれます。蛇口Aから入れた水はPの側《がわ》に，蛇口Bから入れた水はQの側に入ります。空《から》の水槽に蛇口Aだけから水を入れたとき，水を入れ始めてからのPの側の水深の変化はグラフ1のようになります。また，空の水槽に蛇口Bだけから水を入れたとき，水を入れ始めてからのPの側の水深の変化はグラフ2のようになります。

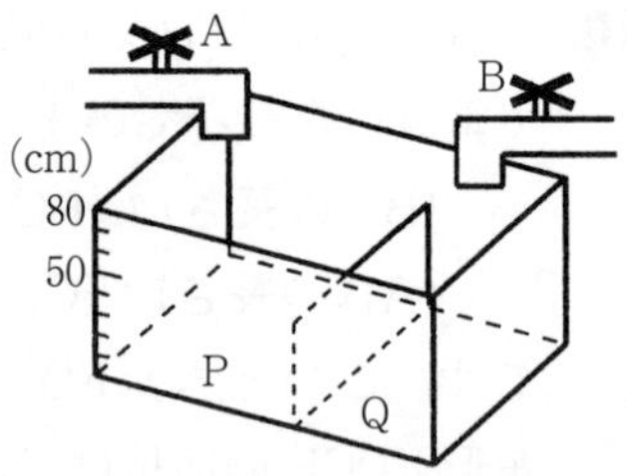

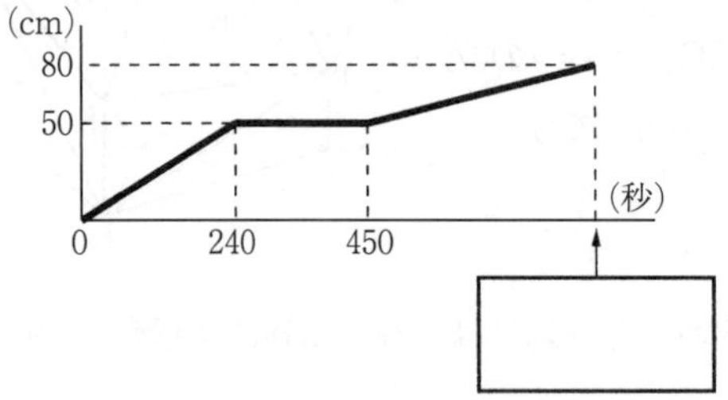

グラフ1

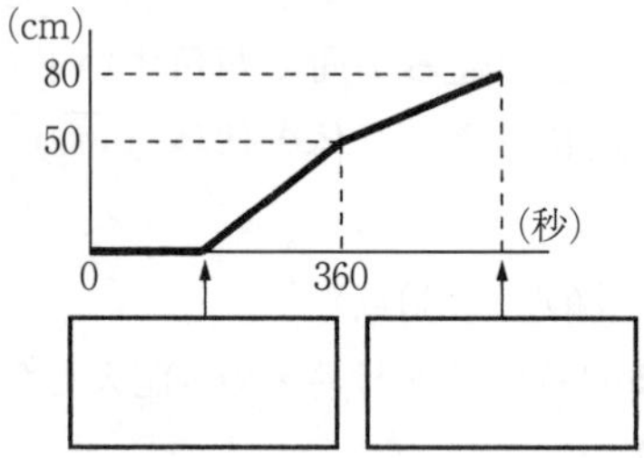

グラフ2

(1)　グラフ1，グラフ2の空欄に適切な数を書き入れなさい。単位は不要です。

(2)　空の水槽に蛇口A，Bから同時に水を入れ始めます。水を入れ始めてからのPの側の水深の変化を表しているものとして正しいものを，グラフ3，グラフ4の2つから選び，選んだグラフの空欄に適切な数を書き入れなさい。単位は不要です。ただし，両方のグラフの空欄に数を書き入れた場合は不正解とします。

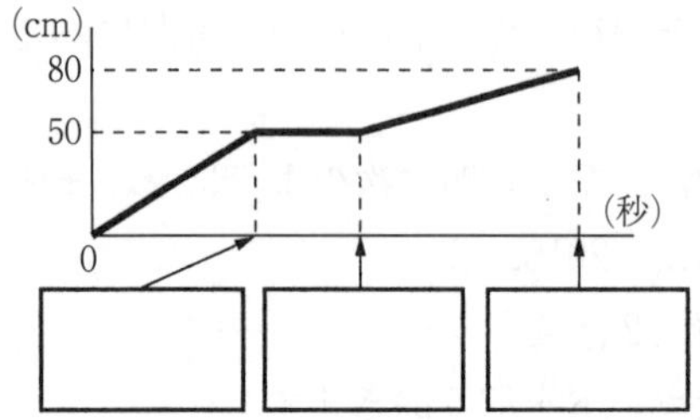

グラフ3

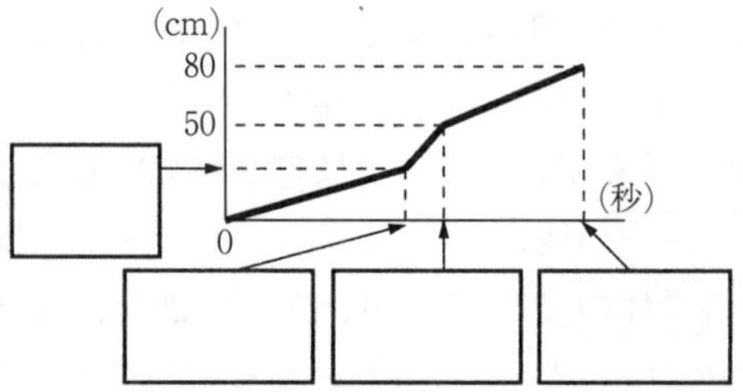

グラフ4

3　1辺の長さが6cmの正方形の板を5枚使って，図1のような立方体の形をした箱を作り，水平な床《ゆか》に置きます。上面ABCDの部分には板はありません。

また，図2のようなガラス板があります。斜線《しゃせん》を引いた，1辺の長さが3cmの正方形の2つの辺が箱の辺AB，ADと重なるように，ガラス板を箱の上に置くと，図3のようになりました。

点PはAの真上3cmのところ，点QはDの真上6cmのところにあり，2点P，Qを結ぶ直線上を電球が動きます。

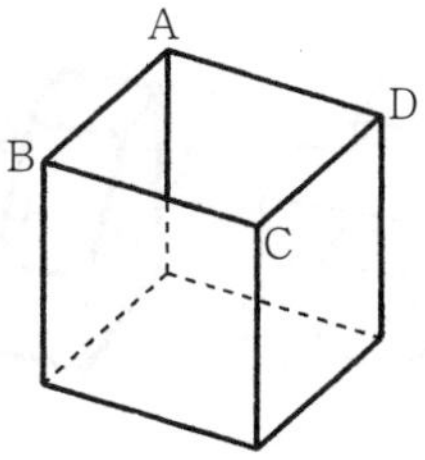

図1

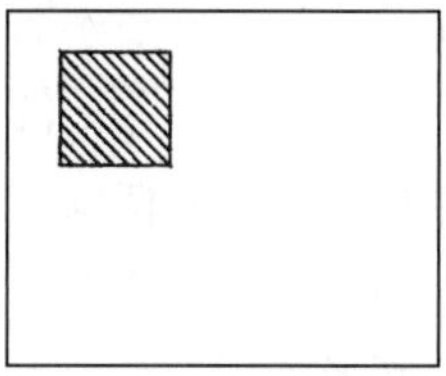

図2

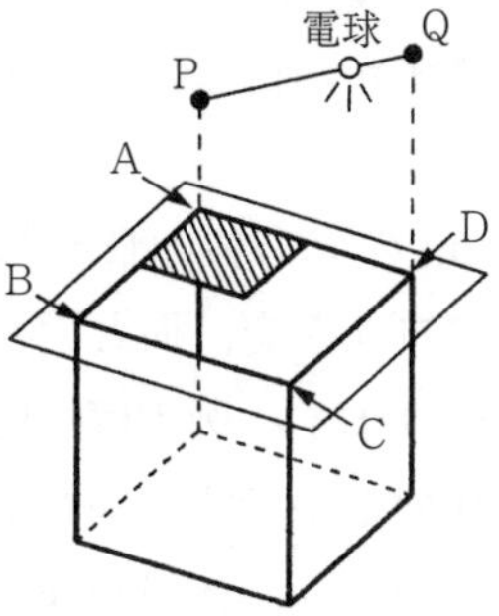

図3

板と，ガラス板の斜線部分は光を通さず，ガラス板の斜線部分以外の部分は光を通します。また，板とガラス板の厚さ，電球の大きさは考えません。

(1)　下の図4のように，電球が点Pの位置にあるとき，箱の内部で，電球の光が通る部分の体積を求めなさい。

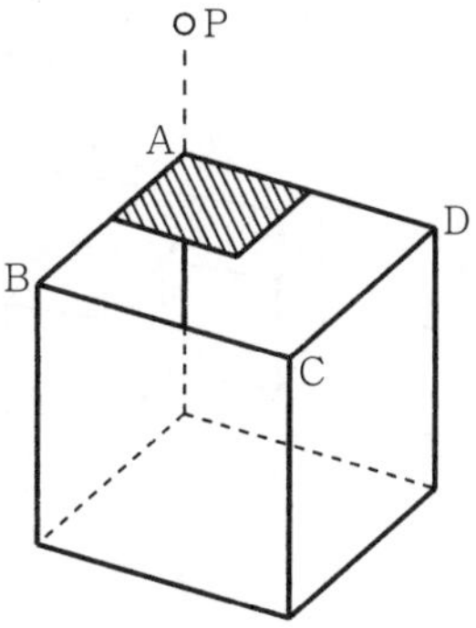

図4

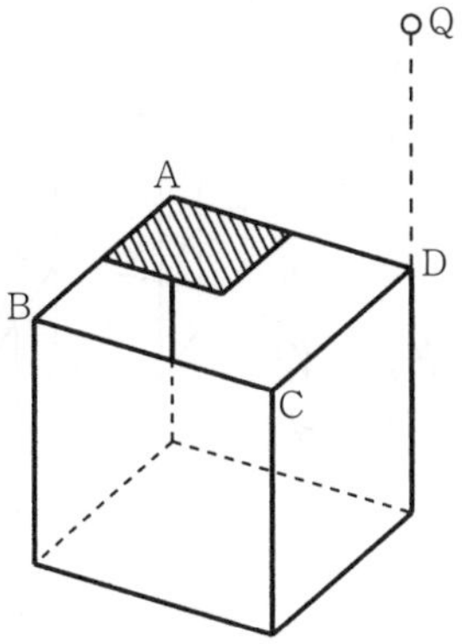

図5

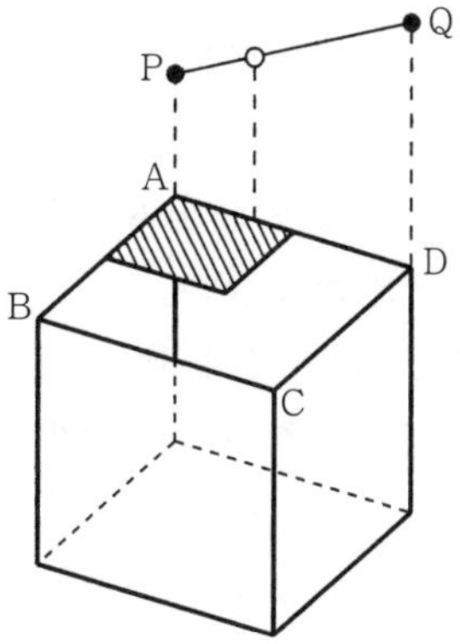

図6

(2)　上の図5のように，電球が点Qの位置にあるとき，箱の内部で，電球の光が通る部分の体積を求めなさい。

(3)　上の図6のように，PQを3等分する点のうちPに近い方の位置に電球があるとき，箱の内部で，電球の光が通る部分の体積を求めなさい。

4　9桁《けた》の整数123456789をAとします。また，Aの各桁の数から2個を選び，それらを入れ替《か》えてできる9桁の整数を考えます。このような9桁の整数は全部で36個あり，これらを小さいものから順に①，②，……，㊱とします。例えば，①＝123456798，②＝123456879，③＝123456987，⑨＝123486759，㊱＝923456781です。

以下では，①，②，……，㊱からAを引いて得られる36個の整数①－A，②－A，……，㊱－Aを考えます。例えば，

①－A＝123456798－123456789＝9，②－A＝90，㊱－A＝799999992

です。

(1)　36個の整数①－A，②－A，……，㊱－Aのうち，1000で割り切れるものは何個ありますか。

(2)　36個の整数①－A，②－A，……，㊱－Aのうち，37で割り切れるものは何個ありますか。

(3)　これら36個の整数をすべてかけて得られる整数（①－A）×（②－A）×……×（㊱－A）は3で最大何回割り切れますか。例えば，810は3で最大4回割り切れます。

5　1辺の長さが1cmの立方体の形をしたブロックがいくつかあります。これらのブロックを，面と面がぴったり重なるようにはり合わせて立体を作ります。例えば，図1はブロックを4個はり合わせてできる立体の1つです。図2は，図1の立体をふくむへこみがない立体図形のうち，体積が最も小さい図形です。このように，いくつかのブロックをはり合わせた立体が与《あた》えられたとき，この立体をふくむへこみのない立体図形のうち，体積が最も小さいものを，「この立体を最小に包む図形」と呼ぶことにします。

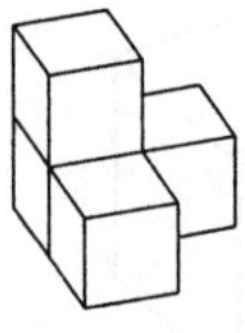
図1

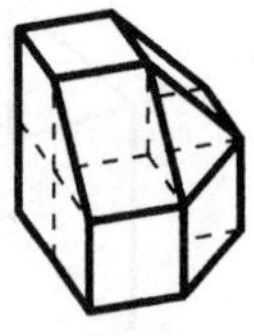
図2

なお，図2の立体は，五角形の面を3個，正方形の面を3個，長方形の面を3個，正三角形の面を1個，合計10個の面をもち，その体積は $5\frac{2}{3}$ cm^3 です。

(1)　ブロックを5個はり合わせて，図3の立体を作ります。この立体を最小に包む図形をAとします。

(ア)　Aは□個の面をもちます。

(イ)　Aの体積を求めなさい。

(2)　ブロックを6個はり合わせて，図4の立体を作ります。この立体を最小に包む図形をBとします。

(ア)　Bは□個の面をもちます。

(イ)　Bの体積を求めなさい。

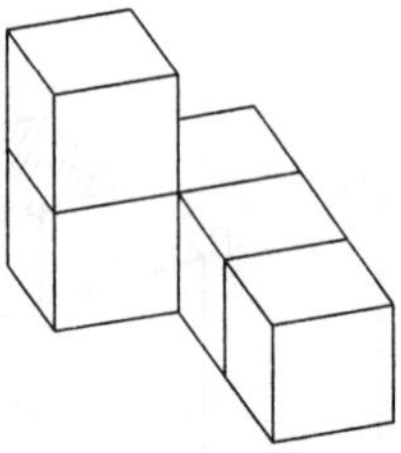
図3

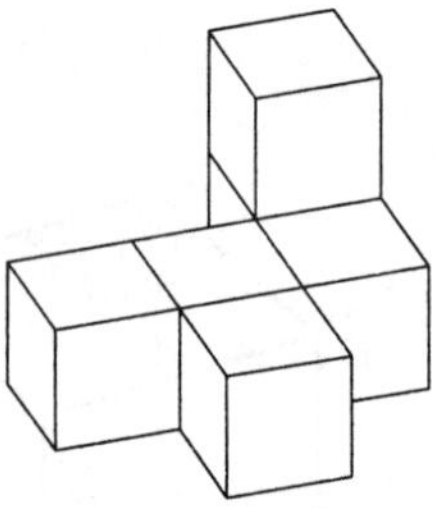
図4

【理　科】〈第1日目〉（60分）〈満点：100点〉

1　以下の問いに答えなさい。

問1　種や実を他の植物のものと比較《ひかく》して，タンパク質の割合が多い植物と，脂肪《しぼう》の割合が多い植物をそれぞれ次の**ア**～**オ**から1つ選び，記号で答えなさい。

ア　イネ　　**イ**　ダイズ　　**ウ**　アブラナ

エ　ジャガイモ　　**オ**　サツマイモ

問2　私たちが，主に子葉の部分を食べているものを次の**ア**～**カ**からすべて選び，記号で答えなさい。

ア　ソラマメ　　**イ**　ムギ　　**ウ**　タマネギ

エ　ユリ　　**オ**　イネ　　**カ**　ダイズ

問3　イネが発芽するとき，一番先に出るのは，根，茎《くき》，葉のいずれですか。

問4　子葉が2枚の植物を次の**ア**～**オ**からすべて選び，記号で答えなさい。

ア　ムギ　　**イ**　イネ　　**ウ**　アサガオ

エ　ヒマワリ　　**オ**　トウモロコシ

問5　植物の成長に必要な5つの条件のうち，稲作《いなさく》において特に多く必要とする条件を1つ，語句で答えなさい。

問6　イネと似たような葉がつき，同じような高さの植物Wを下図のように畑に植え，数百本を育てました。その際①「夏の早朝や夕方」と②「夏の昼間」に，それぞれ畑の中央で，地面からの高さごとに植物Wが二酸化炭素を消費した量を計測してグラフにすると，どのような形のグラフになるでしょうか。①と②のそれぞれについて，適するグラフを次の**ア**～**オ**から１つ選び，記号で答えなさい。なお，グラフの横軸《よこじく》は二酸化炭素の消費量を，縦軸《たてじく》は地面からの高さを表しています。

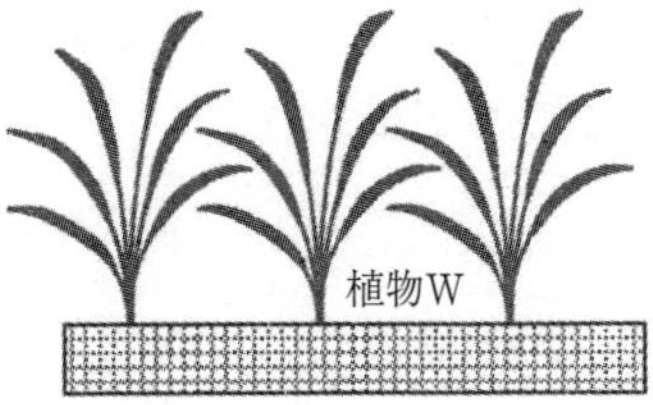

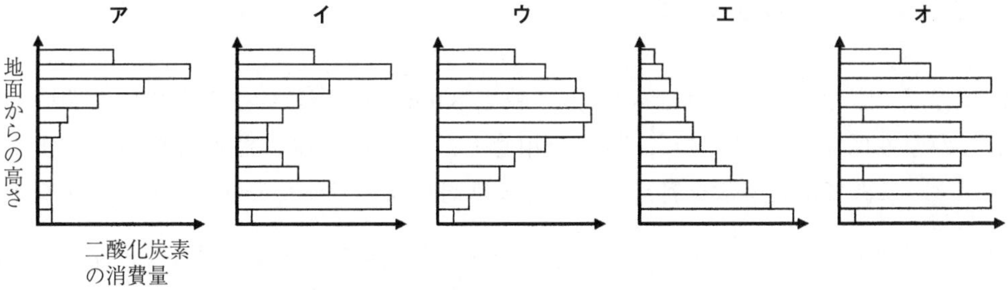

2　学校の屋上から遠くの景色を見て，北はどの方向だろうと考えました。方位磁針《じしん》を使って調べましたが，方位磁針が小さいので，およその方向しかわかりませんでした。北の正確な方向を知るために，いろいろな方法で調べました。

問1　細長い磁石を３本つないでさらに長い磁石を作り，発泡《はっぽう》ポリスチレンの板にのせて，屋上に置いた洗面器の水に静かにうかべました。しかし，洗面器を置く場所によって方位磁針の示す方向が異なっていました。その理由は次の**ア**～**エ**のうちどれだと考えられますか。１つ選び記号で答えなさい。

ア　太陽の光のあたり方で場所により温度がちがったから。

イ　場所により風のあたり方がちがったから。

ウ　洗面器を置く場所のかたむきがちがっていたから。

エ　建物のいろいろな所に鉄が使われていたから。

問2　次に学校の北の方向に何があるかを調べるためにくわしい地図を用意しました。すると地図には「磁北」と「真北」が書かれていて，方位磁針の示す北(磁北)が正しい北(真北)からずれていることを知りました。このずれができる理由は何だと考えられますか。次の**ア**～**エ**から１つ選び，記号で答えなさい。

ア　地球の回転する軸《じく》がかたむいていて日本に季節があるから。

イ　日本が赤道と北極の間にあるから。

ウ　地球の中の磁石が地球の回転する軸とかたむいているから。

エ　地球の中の磁石が毎日動くから。

問3　こんどは屋上の水平な場所に垂直に立てたぼうの太陽による影《かげ》の動きを観察し，北の方向を調べました。このとき北の方向は，ぼうから見てどの方向ですか。次の**ア**～**エ**から１つ選び，記号で答えなさい。

ア　一番長くなる影の方向
イ　一番短くなる影の方向
ウ　一番長くなる影の反対方向
エ　一番短くなる影の反対方向

問４　ぼうの太陽による影は先がぼやけていて，影の方向や長さが決めにくかったです。影の先がぼやけた理由は何ですか。次の**ア**～**エ**から１つ選び，記号で答えなさい。

ア　太陽が大きさをもって見えているから。
イ　太陽が動くと影がぼやけるから。
ウ　太陽が雲にかくれていたから。
エ　屋上の地面がざらざらしていたから。

3　図１のような，幅《はば》60cm，奥行《おくゆ》き 60cm，高さ 80cm の直方体の上の面だけが開いている容器（ふちの厚みは考えないものとする）を用意し，雨水を容器にためる実験をします。下の［①］～［⑥］にあてはまる数を答えなさい。雨は同じ強さで降り続けており，水平な地面のどの場所にも $1\,\mathrm{cm}^2$ に１秒あたり $\frac{1}{3600}$ g の雨が降っています。また風はなく，全ての雨滴《うてき》はどの高さにおいても毎秒５m の速さで地面に垂直な方向に落下しているものとします。

問１　この容器を１分間置いておきます。この間に容器にたまった雨水の量は［①］g です。このたまった雨水は，最初の時刻に容器の上の幅 60cm，奥行き 60cm，高さ［②］m の空間にあった雨滴が集まったものです。

問２　容器を真上の方向に速さ毎秒２m で１分間移動させます。この間に容器にたまった雨水の量は［③］g です。

問３　図２のように，容器を右側の面Ａ（奥行き 60cm，高さ 80cm）に垂直な方向に速さ毎秒２m で１分間移動させます。この間に容器にたまった雨水の量は［④］g です。またこの間に面Ａにあたる雨水の量は［⑤］g です。

問４　図３のように容器をかたむけたまま，水平方向に速さ毎秒２m で１分間移動させます。この間に容器にたまった雨水の量は［⑥］g です。

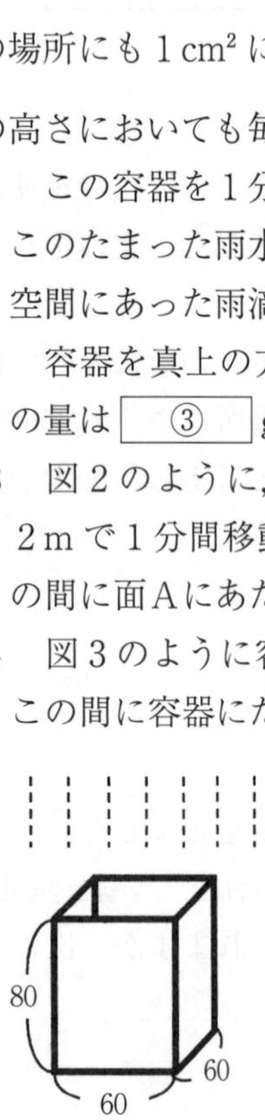

図１

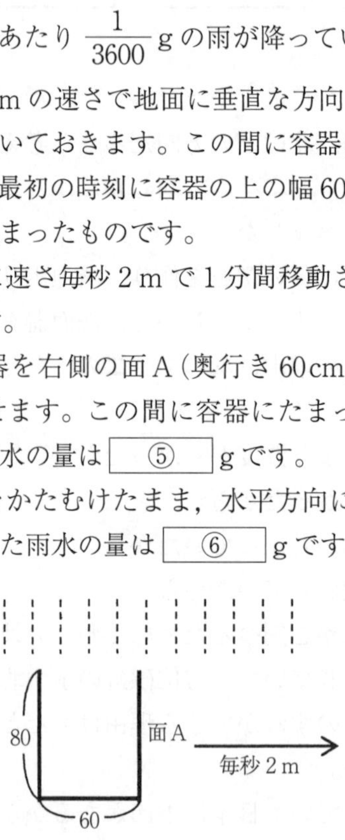

図２　（真横から見た図）

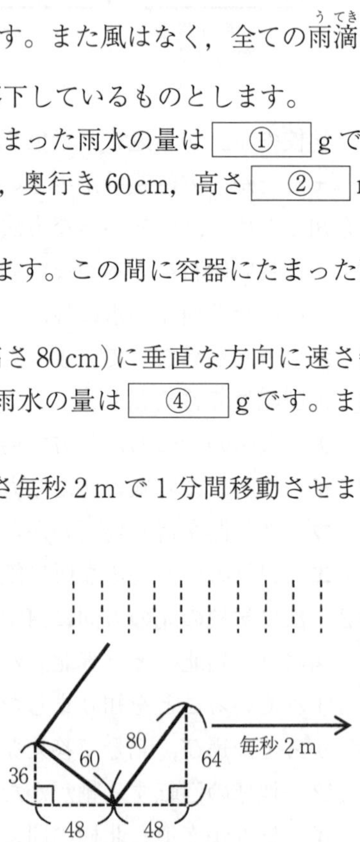

図３　（真横から見た図）

4　右のグラフは，固体A～Cが0℃から80℃までの間の温度で水100gに溶《と》けることのできる最大の重さ(単位g)を表したものです。

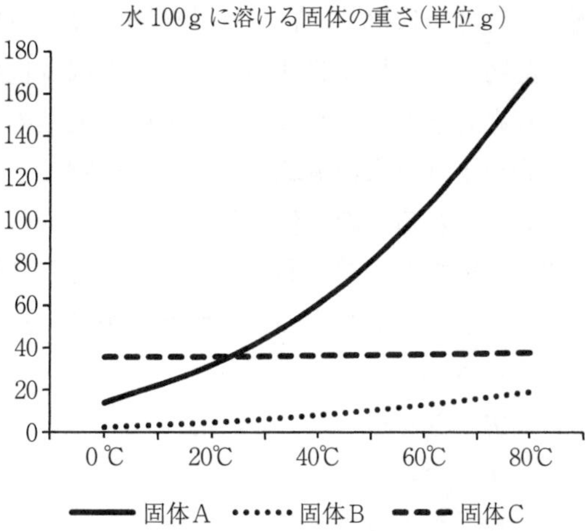

問1　溶け残りを含《ふく》む水溶液《すいようえき》から，溶け残った固体を分離《ぶんり》する方法に「ろ過」があります。以下の文は，ろ過の操作の説明文です。操作の方法がよくわかるように，①と②にそれぞれあてはまる語句を書きなさい。

> 円形のろ紙を[　①　]。次に，ろ紙をろうとにおしつけてから，[　②　]。そして，ろうと台にビーカーとろうとを置き，液をガラス棒に伝わらせて，ろうとに少しずつ入れる。この際，ろうとの先の長い方をビーカーの内側につける。

問2　固体Aを80℃で溶かせるだけ溶かした水溶液200gがあります。この水溶液を20℃まで冷やしてからろ過を行ったとき，最大で何gの固体Aを取り出すことができますか。小数第1位を四捨五入して整数で答えなさい。ただし水100gに対して，固体Aは20℃では32gまで，80℃では167gまで溶けることができます。

問3　水溶液に溶けている固体を取り出す方法として，方法1「蒸発皿に水溶液を入れて，実験用ガスコンロで加熱する」，方法2「蒸発皿に水溶液を入れて，風通しのよいところで数日間放置する」の2つの方法があります。方法1と方法2を比べると，得られた固体の様子にどのようなちがいがありますか。25字以内で書きなさい。(字数には句読点を含みます。以下同じ)

問4　不純物として約1%の重さの固体Bを含む，固体A(以下，混合物という)があります。この混合物から，純粋《じゅんすい》な固体Aをできるだけ多く取り出す手順を説明した以下の文で，①の**ア**と**イ**，②の**ウ**と**エ**のうちそれぞれ適切なものを選びなさい。ただし，水100gには，複数の種類の物質を同時に，上のグラフに表された量まで溶かすことができるものとします。

> 混合物を，{①　**ア**　できるだけ温度の高い　　**イ**　あまり温度の高くない}，{②　**ウ**　なるべく多い量の　　**エ**　なるべく少ない量の}水で溶かし，温度を下げていくと，固体Aだけが溶けなくなって出てくるので，これをろ過により取り出すことができる。

問5　(1)　次の**ア**～**ウ**のうち，問4と同じ方法では純粋な固体をほとんど取り出すことができないと考えられるものを1つ選びなさい。

ア　不純物として約1%の重さの固体Cを含む固体Aから，固体Aのみを取り出す。

イ　不純物として約1%の重さの固体Aを含む固体Bから，固体Bのみを取り出す。

ウ　不純物として約1%の重さの固体Bを含む固体Cから，固体Cのみを取り出す。

(2)　(1)でその答えを選んだ理由を，数値を使わずに，25字以内で書きなさい。

5　地球上には「植物」と「植物を食べる植物食性動物」と「植物食性動物を食べる肉食性動物」が存在します。右図は日本付近の，大型のコンブが育つような寒い海域に生息する生物の「食べる－食べられる」の関係を矢印で示したものです。

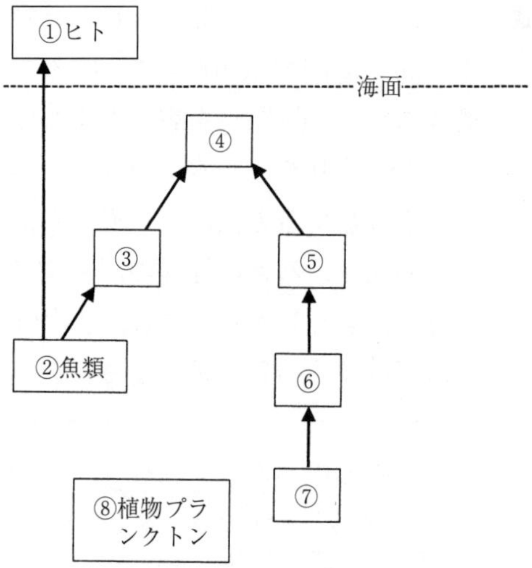

問１　図の③～⑦にあてはまる生物として適当なものをそれぞれ次の**ア**～**オ**から選び，記号で答えなさい。

ア　シャチ

イ　ウニ

ウ　ラッコ

エ　アザラシ

オ　大型のコンブ

問２　図のような「食べる－食べられる」の関係では，おおむね光合成を行う生物から矢印が始まります。図中には「植物プランクトン」から出る矢印が書かれていません。植物プランクトンを食べる生物として最も適当なものを図の①～⑦から１つ選び，番号で答えなさい。

問３　近年の人口増加とそれにともなう漁獲量《ぎょかくりょう》の増加が，他の生物の生息数を減少させます。漁獲量が増加し，シャチの生息数に目立った変化がなかった場合，生息数が減る生物を図の③～⑦からすべて選び，番号で答えなさい。

問４　この海域の魚類資源を保つために行う以下(1)～(5)の手法について，有効ならば○を，有効でなければ×を，それぞれ書きなさい。なお，増減は上図をもとに考えるものとします。

(1)　下水処理場を大幅《おおはば》に増やして海が富栄養化しないようにする。

(2)　ラッコの禁漁をより徹底《てってい》する。

(3)　網目《あみめ》の大きい漁網《ぎょもう》を使用したり，魚の産卵時期に禁漁期間を設けたりする。

(4)　シャチをできる限り捕獲《ほかく》し，水族館で飼育する。

(5)　大型魚類を養殖《ようしょく》するために，小型魚類をエサにする。

問５　地球温暖化による海水温の上昇《じょうしょう》を放置した場合，この海域に生息する魚類はどのようになると予想されますか。次の文で，①の**ア**と**イ**，②の**ウ**～**カ**のうちそれぞれ適切なものを選び，記号で答えなさい。

現在この海域に生息している種類の魚は{①　**ア**　増加　**イ**　減少}し，他の種類の魚が{②　**ウ**　北東の海　**エ**　南西の海　**オ**　深海　**カ**　太平洋の中央あたり}から移住してくる。

問６　大型のコンブが減少した場合，コンブをねぐらとしているラッコや産卵場所としている魚類の減少をまねきます。このように生物の生息数の増減は「食べる－食べられる」以外のことも関係していて簡単ではありません。では，この海域の生物の生息数が安定するためには，どの生物が存在しなければ一番都合がよいでしょうか。図の①～⑦から１つ選び，番号で答えなさい。

6　3.2%の過酸化《かさんか》水素水10gに，二酸化マンガンを加えて酸素を発生させ，発生した酸素の体積を時間とともに測定しました。表1はその結果です。この表は，それぞれの時間における過酸化水素水中に含《ふく》まれる過酸化水素の量(g)も表しています。なお，酸素の体積はすべて同じ条件で測定しました。この実験に関して，以下の問いに答えなさい。

表1

経過時間(分)	0	3	6	9
発生した酸素の体積(cm^3)	0	56	84	98
過酸化水素水中の過酸化水素の量(g)	0.32	0.16	①	0.04

問1　次の**ア**～**オ**の文から，正しいものをすべて選び，記号で答えなさい。

ア　空気の約80%が酸素である。

イ　酸素はものを燃やすはたらきがあり，燃えると酸素はすべて二酸化炭素になる。

ウ　鉄がさびるのは空気中の酸素が関係している。

エ　雨水が弱い酸性を示すのは，空気中に酸素が含まれるからである。

オ　酸素は水には全く溶《と》けない。

問2　表1の①にあてはまる数値を答えなさい。

問3　右の表2は，表1の結果を，3分間ごとに発生した酸素の体積と，その間の過酸化水素水中の過酸化水素の平均量(g)について整理したものです。表2の②，③にあてはまる数値を答えなさい。

表2

時間の間隔《かんかく》(分)	0～3	3～6	6～9
3分間に発生した酸素の体積(cm^3)	56	28	②
過酸化水素水中の過酸化水素の平均量(g)	0.24	③	0.06

問4　表2について，3分間ごとに発生する酸素の体積(cm^3)と，その間の過酸化水素水中の過酸化水素の平均量(g)との間にはどのような関係がありますか。

問5　実験開始から15分経過するまでの間に，発生した酸素は何cm^3になりますか。

問6　実験開始から，過酸化水素水中に残っている過酸化水素がなくなるまでの間に，発生する酸素は何cm^3になりますか。

問7　4.8%の過酸化水素水10gを用いて同様の実験を開始した場合，過酸化水素水中に残っている過酸化水素が0.24gになるのは実験開始から何分後ですか。

7　小さい物体を水平方向に発射すると，物体は，水平方向(横方向)には「一定の速さの運動」をし，鉛直《えんちょく》方向(下方向)には「しだいに速くなる運動」をします。高さ45mから発射した場合，空気の抵抗を無視すると物体の軌《き》道《どう》は図1の曲線のようになります。図1の横軸《よこじく》と縦軸《たてじく》の値の単位はメートルです。図1には発射速度5m/秒，10m/秒，15m/秒，20m/秒，25m/秒，30m/秒に応じた6本の曲線が描《えが》かれています。たとえば，左から2本めの曲線は発射速度10m/秒のもので，その曲線上の3個の●(黒丸)は，発射1秒後，2秒後，3秒後の位置を表しています。図1をもとにして以下の問

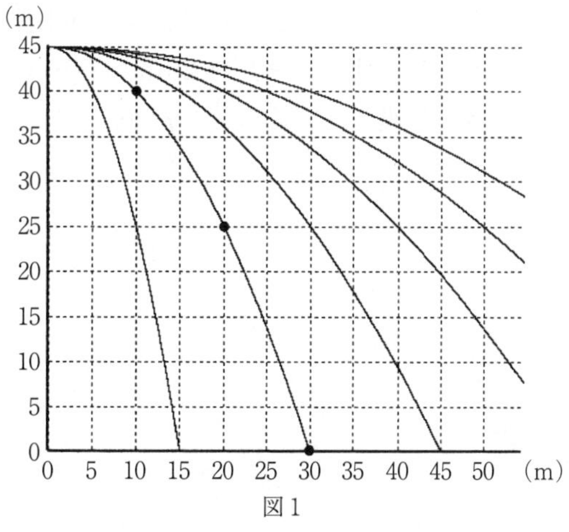

図1

いに答えなさい。(「毎秒５メートル」を「５m/秒」と書きます)

問１　図２のように，高さ45mの壁《かべ》の頂点から物体を水平方向に速さ15m/秒で発射します。

(1)　物体が地面に落下する地点はその壁から何mの距離《きょり》ですか。

(2)　物体が地面に落下するのは発射してから何秒後ですか。

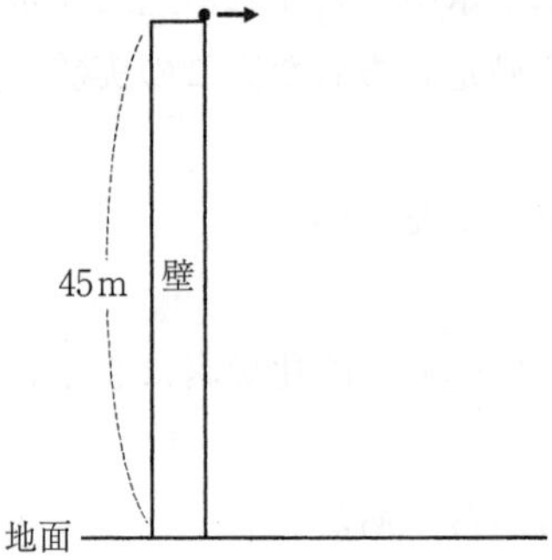

図２

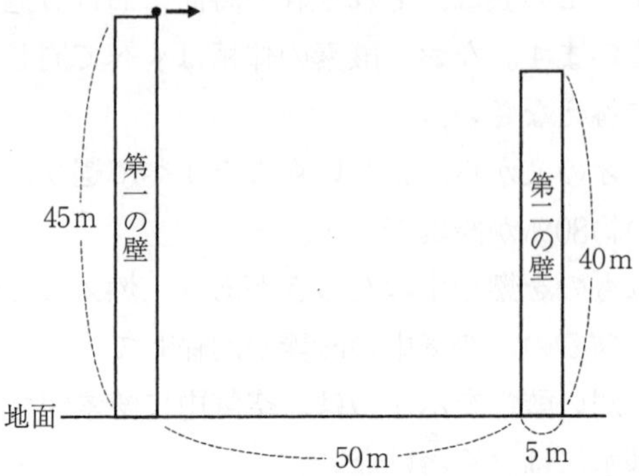

図３

問２　図３のように，高さ45mの第一の壁から50m離《はな》れた位置に，高さ40mの第二の壁が，第一の壁と平行に立っています。

(1)　第一の壁の頂点から水平方向に物体を発射し，接触《せっしょく》することなく第二の壁を越えさせるためには，最低いくらの発射速度が必要ですか。ただし第二の壁の厚さを５mとします。

(2)　第一の壁の頂点から水平方向に速さ25m/秒で物体を発射します。物体は第二の壁に当たってはねかえり，地面に落下します。落下地点は第一の壁から何mの距離ですか。ただし，壁に当たる物体は，鏡の反射のようなはねかえり方をするものとします。

(3)　第一の壁の頂点から，図１のように水平方向に速さ５m/秒，10m/秒，15m/秒，20m/秒，25m/秒，30m/秒で，６個の物体を同時に発射します。空中で衝突《しょうとつ》した物体どうしは衝突した瞬間に消滅《しょうめつ》するものとすると，最終的に物体が落下するのはどの地点でしょうか。落下地点を図１の横軸の数字で，すべて答えなさい。

問３　図２にもどり，高さ45mの壁の頂点から，物体を水平方向に速さ10m/秒で発射します。その１秒後に，２つめの物体を同じ壁のある高さの点から水平方向に，ある速さで発射したところ，地面から高さ25mの空中で２つの物体は衝突しました。２つめの物体を発射した高さと速さはいくらでしたか。

熱い海を
オムライスの小野塚《おのづか》さんは
瀬戸内海《せとないかい》のゆうぐれを

あの海も、この海も、すでに老いてしまったが
引き寄せればどの波も
4たしかな音をもっていた

行きましょう、地面へ降りて、道をきっぱりと歩きましょう

5四つの海を、ひんやりと＊迂回《うかい》して
椅子の車輪がすべっていく

＊注　外地―敗戦前に日本が海外で支配していた土地。
若狭―福井《ふくい》県南西部の旧名。
裏日本―日本海沿岸地域の古い言い方。
迂回―遠回りすること。

問一　――線部1「ホームの車椅子のお年寄り」とありますが、この詩には「お年寄り」が何人登場しますか、答えなさい。

問二　――線部2「無いものを見せ合うことは、こころたのしく／そして、むごい」について、次のA・Bの問いに答えなさい。

A　それが「こころたのし」いのはなぜですか、答えなさい。

B　それが「むごい」のはなぜですか、答えなさい。

問三　――線部3「ここでは、地面さえ、欲望なのだ」とありますが、その理由を説明した次の文の［X］・［Y］に入る言葉を答えなさい。ただし、二か所の［X］には同じ言葉が入ります。

若い人にとっては［　X　］ことは当たり前であるが、車椅子の老人にとってはそうではないので、［　X　］ことが［　Y　］になるから。

問四　――線部4「たしかな音をもっていた」とはどういうことですか。わかりやすく説明しなさい。

問五　――線部5「四つの海を、ひんやりと迂回して／椅子の車輪がすべっていく」とありますが、これはどういうことをたとえていますか。その説明として最も適当なものを次のア～オから選び、記号で答えなさい。

ア　老人たちがそれぞれの思い出にひたっていた自由で豊かな時間から、車椅子に頼《たよ》らなければならない現実に戻《もど》っていくこと。

イ　老人たちが熱心に思い出を話し合って、その気分にどっぷりとひたり、昔をなつかしんだまままそれぞれの部屋に向かうこと。

ウ　老人たちがないものねだりのむなしい気持ちでしょげかえることのないうちに話を断《た》ち切《き》り、気持ちを外の世界に向かわせること。

エ　老人たちが海をきっかけに外の広い世界に導かれてホームから出て行くことのないように気持ちをしずめさせ、部屋に戻すこと。

オ　老人たちが若き日の自由にあこがれた気分で盛り上がり、それぞれの希望をかなえようと、ホームの外の海へ向かうこと。

B　「わかってしまった」のはなぜですか、答えなさい。

問四　――線部4「皺が寄ったお金」とありますが、「皺が寄っ」ているのはなぜですか、答えなさい。

問五　――線部5「鉢合わせた時」とは、具体的にはどのような時ですか、答えなさい。

問六　――線部6「こんなの、間違ってる」とありますが、「こんなの」とは、どのようなことを指していますか。問題文中の言葉を用いて三十字以内で答えなさい。

問七　――線部7「ずっと、仲良くしなさい」とありますが、この時の母の気持ちを説明したものとして、最も適当なものを次のア～オから選び、記号で答えなさい。

ア　母親のせいで町じゅうから仲間はずれにされる律子をふびんに感じ、全力で守ってやりたいと思っている。

イ　ミチルと律子が将来けんか別れをする運命にあることを予感し、二人の友情が続くかどうか不安を感じている。

ウ　ミチルが律子とどうつき合えばいいか、正解を教えたくないばかりに、適当な言葉でごまかそうと思っている。

エ　律子のことと律子の母のしたこととを切りはなして考えようと思い、つとめて理性的に判断しようとしている。

オ　律子の母が警察に捕まってしまうと、小さい赤ちゃんの面倒《めんどう》はだれが見るのか、親身になって心配している。

三　次の詩を読んで、後の問いに答えなさい。

四つの海

齋藤恵美子《さいとうえみこ》

1 ホームの車椅子《くるまいす》のお年寄りに
何がしたいか、たずねてみた

買い物がしたいなあ
出前のタンメンを食ってみたい
あたしは、ケチャップをたっぷりかけた、あざやかなオムライス

そういえば、＊外地でも、こんな遊び、いつかしたな
大正生まれの源蔵《げんぞう》さんが
遠いひとみで、思いあたる

2 無いものを見せ合うことは、こころたのしく
そして、むごい

おれは地面を歩きたい
山岸《やまぎし》さんが、ぽつりと言う
3 ここでは、地面さえ、欲望なのだ
それから海が、ながめたいな

テレビや写真の海じゃあなくて、なまの海、みたいなあ
＊若狭《わかさ》うまれの藤吉《とうきち》さんも
＊裏日本の海、をおもう
タンメンの源蔵さんは、フィリッピンの

る。そこでお互《たが》い、どんな顔をするんだろう。今まで、優美子の母と、＊美貴《みき》の母と、＊翔太《しょうた》の母と、どんな顔して会っていたんだろう。スーパーのレジだって、近所の内田さんがパートで来ている。内田さんの家の子供は＊幹也《みきや》と同級生だから、「泥棒《どろぼう》」のことは知っているはずだ。どんな気持ちでお金を受け取るんだろう。

　何にもなかったことにする。

　うちの町の大人は、何にもなかったことにしてしまう。

　階段を降りてリビングに入ると、4皺《しわ》が寄ったお金が机の上に置いてあった。疲《つか》れた表情の母が、その前で座《すわ》っていた。私が入ってきたのに気づいて立ち上がる。困ったような微笑《びしょう》が浮《う》かんでいた。置きっぱなしのお金を、すっと自分のポケットに隠すようにしまった。

　美貴の母親は5鉢合《はちあ》わせた時二千円をあげてしまったと聞いたけど、うちはそうしなかったのだ。

「お母さん。りっちゃんのおばちゃん、泥棒なんだって。」

　これまでずっと律子への裏切りのような気がして言えなかった。でも今、私が教えなかったからこんなことになった気がして、どうしても言っておきたかった。母は、いつかの優美子みたいに「知ってたよ。」と答えた。

「転校してくる前から、そういう話はあったの。だけど、律子ちゃん自身はお母さんのこととは関係ない。ミチル、わかるよね？」

「りっちゃんと仲良くしてていいの？」

　唇をかみながら、時間をかけて聞いた。

　本当に泥棒だった。話でずっと聞いていたけど、想像以上にショックで、私は結局、これまで何にもわかっていなかったんだということを思い知った。なんで入られた家の子はみんな、平気な顔して学校に来ているんだろう。律子とも彼女の母とも、平然と話せてしまうのか。

　母は、警察に言うべきなんじゃないか。だけど、律子は、ここにいられなくなる。また転校するし、小さい赤ちゃんがいるのに、律子の母は警察に捕《つか》まって刑務所《けいむしょ》に入れられるかもしれない。どうするのが正しいのか、誰も正解を教えてくれない。でも6こんなの、間違《まちが》ってる。

　答えない母に、もう一度聞いた。

「りっちゃんと仲良くしてていいの？　これからも、うちに、呼んでもいいの。」

　母がうなずいた。

「いいよ。」

　笑顔《えがお》はなかった。母も精一杯《せいいっぱい》考えながら言ってることがわかった。

「7ずっと、仲良くしなさい。」

（辻村《つじむら》深月《みづき》『鍵のない夢を見る』所収「仁志野町《にしのちょう》の泥棒」による）

＊注　はんだごて―金属どうしを接着する工具の一つ。
　優美子―ミチルの同級生。
　軽トラ―軽トラックの略。
　ママチャリ―主婦などが使う、荷かごのある自転車。
　美貴・翔太―ミチルの同級生。
　幹也―律子の弟。

問一　――線部1「これまで何度も見た、いつもと同じはずの律子の母の顔」とありますが、いつもの「律子の母」はどのような人物だったのですか。「〜人物。」に続く形で、問題文中の言葉を用いて十字以内で答えなさい。

問二　――線部2「ミチル！　玄関、閉めな！」とありますが、母が玄関を閉めさせようとしたのはなぜですか、答えなさい。

問三　――線部3「わかってしまった」について、次のA・Bの問いに答えなさい。

A　何を「わかってしまった」のですか、答えなさい。

玄関の引き戸が、しっかり閉まっていないことに気づいた。わずかに開いた細い隙間《すきま》の向こうが、どこまでのぞいても真っ暗な気がした。嫌《いや》な予感がした。

母は戸締《とじ》まりしていただろうか。出かける時にはまだ家にいたおじいちゃんの＊軽トラは、表になかった。きっと畑に行っている。うちは留守のはずだった。

引き戸に手を掛《か》けると、カラカラカラカラ、と戸が滑《すべ》った。突《つ》き当《あ》たりの廊下《ろうか》に、丸い背中が見えた。ひゅるっと喉《のど》を冷たい空気が通った。驚《おどろ》きすぎて悲鳴も出なかった。黄色いエプロンの紐《ひも》。短い髪《かみ》、ぽっちゃりした、肉のついた丸い背中。気配に気づいて、律子の母が振《ふ》り向《む》く。

1これまで何度も見た、いつもと同じはずの律子の母の顔が、今初めて見る他人みたいに引きつっている。ここはうちだ。私のうちで、律子の家じゃない。ここにおばちゃんがいるのはおかしい。

ワンテンポ遅《おく》れて、ようやく叫《さけ》び声《ごえ》をあげそうになったその時、背後から母が走ってきた。私をしゃんとさせるように、声が飛ぶ。

「2ミチル！　玄関、閉めな！」

びくっとなって振《ふ》り返《かえ》る。すごい速さで駆《か》け込《こ》んできた母の目は、律子の母を見ていた。彼女《かのじょ》も、私の母の顔を正面から見つめていた。母が、声に動けないでいる私を追《お》い越《こ》し、自分の手で玄関を閉じた。外から中を隠《かく》すように。

青ざめた顔で立《た》ち尽《つ》くす律子の母の手に、一万円札と千円札が数枚握《にぎ》られていた。目がまばたきをするのを忘れたように開いたままだ。目の端《はし》がひくひく動き、唇《くちびる》が細かく、細かく、震《ふる》えるように揺《ゆ》れている。

「ミチル。」

母が私に言った。目線の高さまで腰を折り、「二階の自分の部屋に行ってなさい。」と告げる。私はうなずけなかった。

3わかってしまった。きっとうちの母もまた知っていたのだということを。私に何も告げず、話題にもせず、だけど、知っていた。

「上に行ってなさい！」

律子の母が、喜怒哀楽《きどあいらく》のどれでもない顔で宙を見ていた。その膝《ひざ》から下が固まったようにぐらりと廊下にまっすぐ崩《くず》れていく。母の声に負けて、私はその場から追いやられた。唇をかんでどうしよう、と思う。見ちゃった。どうしよう。りっちゃん、どうしよう。

二階に行っても、部屋に入る気になれず、ずっと階段の上からのぞきこむように下を窺《うかが》っていた。大人たちの声は、私の耳を気にしているのか、囁《ささや》くように小さく、確かに何かの言葉を交《か》わしていることは伝わるのに、内容が全然上がってこない。

話す声は、律子の母のものの方が圧倒的《あっとうてき》に小さく、か細く、そして少なかった。ほとんど、うちの母が話すだけ。いつもはあんなに元気な律子の母の口数が少ないことが私の足をすくませる。

わからないことだらけだった。

普段《ふだん》律子の家で話すおばちゃんは、全然あんなふうじゃない。なんで、急に話しかけちゃいけない、全然別の人になってしまったような気持ちがするんだろう。わからない、わからない、わからない。

しばらくして、玄関から誰《だれ》かが出て行く気配がした。慌《あわ》てて場所を移動して、階段の窓から外を見る。＊ママチャリに乗った律子の母が、エプロン姿のまま、何も持たずにノロノロと道を漕《こ》いで行く。

その後ろ姿を見ながら、あの姿のまま、おばちゃんは買い物に行くのかな、とふと思った。

うちの近くにはスーパーが一つしかない。律子の母は車の免許《めんきょ》を持っていないと聞いたから、買い物はいつもそこでするしかない。たくさんの知り合いが来るし、うちの母だってあそこに行く。顔を合わせ

問二　――線部1「われわれの常識」とはどのような内容ですか、答えなさい。

問三　――線部2「いたたまれない」とは、何にどのような気持ちをいだいたということですか、説明しなさい。

問四　――線部3「これまで見たこともないような音具」とはどのようなものですか。解答らんのブリキ缶にかき加えて示しなさい。ただし、部品の固定のしかたは考える必要はありません。また、絵の上手さは問いません。

問五　――線部4「貧困のなかでこそ～爆発するのかもしれない」とありますが、筆者がそのように考えるのはなぜですか、答えなさい。

問六　――線部5「ぼくはほとんど圧倒されたのである」とありますが、筆者が圧倒されたのはなぜですか。その説明として最も適当なものを次のア～オから選び、記号で答えなさい。

ア　子どもたちが、伝統にとらわれず、見る者の反応に即興で応える様子が見事だったから。

イ　子どもたちが、先生の教えを忠実に再現し、歯切れよいリズムに乗って機敏な踊りを見せたから。

ウ　子どもたちが、伝統にもとづいた厳しいけいこにたえてきたことがうかがえるから。

エ　子どもたちが、伝統に反発を感じ、新たな伝統をつくり出そうと懸命だったから。

オ　子どもたちが、伝統を守りながらも、見事に自分たちの踊りをつくり上げていたから。

問七　□に入る言葉として最も適当なものを次のア～オから選び、記号で答えなさい。

ア　自分よりずっと若いと思っていた友人が、じつは豊富な人生経験を持っていた

イ　怒《おこ》りっぽくて乱暴だと思っていた友人が、じつは思いやりのある一面を持っていた

ウ　日ごろ何気なくあいさつを交《か》わしていた友人が、じつは天才的な音楽家であった

エ　元気いっぱいでやんちゃだと思っていた友人が、じつはかなりの読書家であった

オ　親しく付き合ってきた友人が、じつは有名な歴史上の人物の血を引いていた

問八　――線部6「本当は同じ子どもたちであったはずなのである」とありますが、この「子どもたち」とはどのようなものですか。問題文中の言葉を二十五字以内でぬき出して答えなさい。

二

次の文章を読んで、後の問いに答えなさい。

六年生の夏になっても、律子《りつこ》は転校する様子がなかった。他の学校では一年程度で引《ひ》っ越《こ》してしまったと聞いたけど、私たちの北小には三年生で転校してきて、それからずっといた。

二学期からはいよいよ、卒業制作に取りかかることになった。夏休みの間に、一緒《いっしょ》に作りたい子同士グループになって、制作の内容を相談しておくように宿題が出ていた。律子の母はもう内職をやめていて、＊はんだごてを使う案はなしになったが、私は＊優美子《ゆみこ》と律子の三人で模造紙に大きな絵を描《か》くことを決めた。

夏休み、私は母と県庁所在地の繁華街《はんかがい》に出かけた。映画を観《み》て、ご飯を食べて、買い物して、夕方近くなって家に帰って来た。

車庫で車を降り、買ってもらった新しい服が入った紙袋《かみぶくろ》片手に玄関《げんかん》まで歩く。後ろで、母が車の鍵《かぎ》を閉めていた。

三カ所にそれぞれひとつずつ自転車のベルの蓋《ふた》をつけた「楽器」だった。ブリキ缶は太鼓《たいこ》代わりに棒で叩《たた》き、ベルはトライアングルのように金属打楽器として打つと、チンチンと快い響きを奏《かな》でる。
面白《おもしろ》いアイディアである。そこにいた男の子の一人が考え出したらしい。

物のない貧困のなかでは、どんな廃品《はいひん》も彼らの工夫《くふう》によって新しく生まれ変わる。E スてるのが惜《お》しい。だからそれは、彼らにとって生活の必然だ。豊かすぎて、手にするものはすべて創意工夫をこらす隙《すき》間《ま》もない完成品ばかりという、われわれの生活のありようとはあまりにも違《ちが》う。そんな豊かな社会では、逆に子どもたちの本来もっているつくり出す力は枯渇《こかつ》していく。むしろ 4 貧困のなかでこそ、子どもたちの潜在的《せんざいてき》な創造力は生き生きと爆発《ばくはつ》するのかもしれない。

そんな子どもたちの力の爆発を、ぼくはアフリカで何度か目にした。カフエでの出来事もそのひとつだ。

ザンビアの首都ルサカからバスで一時間ほど行ったところに、カフエという町がある。友人の一人ジョナサン・ムロンディワがそこに住んでいた。

彼の家に泊《と》まりに行ったときのことである。彼とカフエでバスを降りると、一〇人ほどの少年たちが出迎《でむか》えてくれた。ジョナサンの教え子たちだ。ジョナサンはザンビアの伝統音楽と舞踊《ぶよう》の名手で、ボランティアで近所の子どもたちに音楽と舞踊を教えているのだった。明日は弟子たちの発表会だという。

さて、翌日彼に連れられて町から少し離《はな》れた広場に行ってみると、すでに五〇人近い子どもたちが集まっていた。あらかじめプログラムが決められていたとみえ、次々と子どもたちが皆《みな》の前に出てきて踊《おど》り始めた。腰蓑《こしみの》をつけ、太鼓に合わせて一生懸命《いっしょうけんめい》に踊る。激しいリズムに鋭《するど》くステップを踏《ふ》み、腰をふり、肩《かた》をゆする。そのリズムの歯切れよさ、機敏《きびん》な手足の動き、見る者を興に乗せるショーマンシップ。

すべてが、それまで自分の知っている子どもとは違っていた。何よりも、彼らは自分自身の力でその場をつくり上げているのだった。見る者の反応に即興的《そっきょうてき》に応《こた》え、みなを沸《わ》かせながら。その創造的なエネルギーと、そして伝統的なものを難なくのみ込んでしまう彼らの許容力の大きさに、5 ぼくはほとんど圧倒《あっとう》されたのである。

やがて、コミカルな F スンゲキが始まった。彼らがそこで見せた即興的な演技の何と見事なこと。みなドラマの役になりきり、表情を変え、変身する。特別に G クンレンされたわけでもない子どもたちが、どうしてあそこまで演技を自然にやってのけることができるのだろうか。

大地に遊ぶ子どもたち。このカフエの光景は、ぼくの子ども観を完全に変えた。子どもというものが本当はいかに創造力にあふれ、豊かな才能とエネルギーをもつものであるかということを知らされたからである。その驚きは、言ってみれば、□ことを知らされたときのような驚きに似ていた。

それまで日本でもわらべうたの H サイシュウなどで、子どもたちには随分接してきたつもりだった。しかし、子どもたちのこれほどの力の爆発を目《ま》の当たりにしたことはない。そこでは、すべてが生き生きとしていた。この大地で遊ぶ褐色《かっしょく》の子どもたちに比べると、日本の子どもたちはまるで子どもの体をした大人のように青白く萎《な》えていた。

人間の音楽性も創造性も、結局抑圧《よくあつ》されたなかでは決して充分《じゅうぶん》には I ハッキされないのであろう。あの青白く萎えた日本の子どもたちも、6 本当は同じ子どもたちであったはずなのである。

（塚田健一《つかだけんいち》『文化人類学の冒険《ぼうけん》』による）

問一　——線部A～Iのカタカナを漢字に改めなさい。

七　次の〔条件〕に合うように、漢字のしりとりを完成させなさい。

〔条件〕
・使われる漢字はすべて音読みで、毎回同じ読み方で用いなければならない。
・各組のX・Yの読み方は同じである。
・各組五つの字はすべて異なる字である。

（例）X念―念a―a書―書b―b事―事物―物c―cX―XY―Y歯
（答え）X　疑　Y　義　a　願　b　記　c　質

1　発X―X店―店a―ab―b通―通c―cX―XY―Y収
2　安X―X理―理a―a放―放出―出b―b在―在c―cX―XY―Y体

〈第二日目〉　（七〇分）　〈満点：一二〇点〉

◎　解答に字数制限のある場合、句読点などの記号も字数に数えます。

一　次の文章を読んで、後の問いに答えなさい。

　アフリカの子どもたちは夜遊ぶ。アフリカの村でこのことを最初に知ったときは驚《おどろ》いた。なにしろ夜中の寝静《ねしず》まったころに、キャーキャーと子どもたちのはしゃぐ声が聞こえてくるのである。
　電灯もないアフリカの村では、夜九時ともなると、もうみんな食後の団欒《だんらん》もすませ寝入《ねい》ってしまう。さて、それからが子どもたちの時間だ。親たちは寝る。子どもたちは起きて遊ぶ。1われわれの常識とは正反対のこのAゲンショウが何なのかを彼《かれ》らに随分《ずいぶん》聞いてみた。ところが、「昼間は暑いから。」といった期待はずれの答えしか返ってこない。親たちは心配しないのだろうか。しかし考えてみれば、奥地《おくち》の平《へい》穏《おん》な村に人さらいなどいるよしもなし、何を心配することがあろう。子どもたちの夜の遊びについて、親たちはまったく無頓着《むとんじゃく》のように見えた。
　それにしても、アフリカの夜は明るい。満月の夜など、サバンナの白い砂地にくっきりと黒い人影《ひとかげ》が映る。それほど月と星の光は強いのだ。夜のBゲンヤを照らす自然の光がどれほど明るいものであるか、人工照明の威力《いりょく》を知って久しいわれわれはすでに完璧《かんぺき》なまでに忘れてしまっている。この明るい夜空のもとで子どもたちが遊ぶことは、考えようによってはむしろ自然なのかもしれない。
　ザンビア北西部のサバンナの村に滞在《たいざい》していたときのことである。夜の九時ごろ、ぼくはもう疲《つか》れて小屋のベッドに横になっていた。あたりは不気味なほど静まり返っている。ところが、遠くから何やら騒々《そうぞう》しい子どもたちの声が聞こえてきた。お祭りでもやっているのだろうか。いや、そんなはずはない。と、その子どもたちの声は、自分の小屋の方に近づいてくるではないか。いったい何だろう。やがてその喧噪《けんそう》は、自分の小屋のわきを通って隣《となり》の村へと消えていった。
　あまりの突然《とつぜん》の夜の音の出来事に、ひょっとしてこれは自分だけの聞いた幻聴《げんちょう》なのかもしれない、と一瞬《いっしゅん》自分の耳をCウタガった。
　ところがしばらくすると、今度は別の方角から、別の子どもたちであろう、楽しそうな歌声が聞こえてきた。もう2いたたまれない。むっくとベッドから起き上がり、懐中電灯《かいちゅうでんとう》を灯《とも》して声のする方へと歩いていった。
　やがて懐中電灯に照らし出されたのは、八、九人の男の子たちの集団だ。Dガッショウに合わせて、何やらキラキラとしたオルゴールのような金属質の快い響《ひび》きが聞こえる。彼らのなかに入ってみると、そこには3これまで見たこともないような音具が置かれていた。
　それは、古びたブリキ缶《かん》に十字型の木を取りつけ、その十字の端《はし》の

長子次子稚《わか》くて逝《ゆ》けりういてこい　能村登四郎
ういてこい　瞬《またた》きひとつせぬひまに　佐藤和枝

ア　春、木にぶらんこをかける遊び。
イ　夏、水に入れて遊ぶ子供のおもちゃ。
ウ　秋、風船を空に飛ばす行事。
エ　冬、川に住むとんぼの幼虫。

3　てんかふんしんじつ吾子《あこ》は無一物　鷹羽狩行
てんかふん額四角にたたきやる　久保より江
てんかふんまだ土知らぬ土踏《つちふ》まず　古賀まり子

ア　新年、もちにまぶす粉。
イ　春、花見のときに食べる粉菓子《こながし》。
ウ　夏、汗止《あせど》めに用いる粉。
エ　冬、朝に積もったまっさらな粉雪。

4　明くる夜もほのかに嬉《うれ》しよめがきみ　宝井其角
三宝《さんぼう》に登りて追は《（わ）》れよめがきみ　高浜虚子
囓《かじ》られし写楽《しゃらく》の顔やよめがきみ　阿波野青畝

ア　新年、ねずみの別名。
イ　春、へびの別名。
ウ　夏、ごきぶりの別名。
エ　冬、すずめの別名。

四

次の説明にあたる漢字三字の熟語をそれぞれ答えなさい。ただし、必ず［舌・面・骨・耳・眼］のいずれか一字をふくみ、同じものは二度使えないものとします。

1　うそや食いちがうことを言うこと。
2　他人の話を聞いて物知りになること。
3　遠くのものやかくされたものを見る力。
4　その人や物が本来持っているすぐれたあり方。
5　はじ知らずでずうずうしいこと。

五

次の各文の――線部が正しければ○を解答らんに記し、まちがっている場合は同じ字数で正しい表現に直しなさい。

1　かれはこの地域の犯罪をなくそうと心血を傾《かたむ》けて対応してきた。
2　細かいところまでは目が回らず、失敗が起こってしまった。
3　伝統的な作法にのっとり、結婚式《けっこんしき》が古式ゆたかにとり行われた。
4　問題の焦点《しょうてん》がぼやけてきた場面での、的を射た意見に感心した。
5　私では役不足ですが、精いっぱいつとめさせていただきます。

六

次の各文を完成させるのに適当な語を後のア～カから選び、記号で答えなさい。ただし、同じものは二度使えないものとします。

1　方向はいいと思うんだが、（　）君の提案は内容が難しすぎるよ。
2　自分でしなければならないことを、（　）親にたよりがちだ。
3　見てもいないものを、（　）見てきたかのように語る。
4　（　）人間として生まれた以上、思いやりの心がないはずがない。
5　かれらをあまく見てはいけない。かれらの能力をあなどる（　）だ。
6　こういう場合は、にげるに（　）だ。

ア　あたかも　イ　いかんせん　ウ　およそ
エ　しかず　オ　なかれ　カ　ややもすれば

きた人々へのあこがれ。

問四　――線部4「焦って肥料のやりすぎなどすると、枯れてしまったりする」とありますが、これはカウンセリングでいうと、どのようなことにあたりますか。考えて答えなさい。

問五　〰〰線部a「コンプレックス」は「自分が相手よりおとっているという感情」という意味ですが、このように「〜ックス」という形で、次の1〜4の意味になる外来語を答えなさい。

1　正統的であるようす。
2　最高に盛り上がったところ。
3　高級でぜいたくなようす。
4　くつろいでゆったりした気分になること。

問六　〰〰線部b「ゆっくり」とありますが、このように「□っ□り」という形のひらがな四字の言葉で、次の各文の（　）に入れるのに適当なものをそれぞれ答えなさい。ただし、始めの一字は後から選ぶこと。また、同じ言葉を二度用いてはいけません。

1　お菓子《かし》をたくさんもらったので、いくら食べてもまだ（　　）残っている。
2　故郷をはなれて二十年、この辺りの景色も（　　）変わってしまった。
3　春のやわらかい雨に打たれて、石だたみが（　　）とぬれている。
4　友達と遊びに行ったので、（　　）宿題は終わっていると思っていたよ。
5　そうぞうしい通りから一歩入ると、（　　）として音もない。
6　遊びほうけていたので父から（　　）油をしぼられた。

［一字め］　こ・し・す・た・て・ひ

問七　〰〰線部c「無用の用」とありますが、このように「□□の□」の形の言葉で、次の説明にあてはまるものをそれぞれ答えなさい。ただし、□には漢字一字が入ります。

1　他の人よりも経験などが少しすぐれていること。
2　おさないころからのなじみのこと。
3　よその出来事でも、自分をみがく助けとなること。
4　争いにつけこんで第三者が得をすること。

二

次にあげたのはそれぞれ動作や状態を表す言葉です。各群の□□に共通するひらがな二字を入れて、言葉を完成させなさい。

1　うご□□　いろ□□　とき□□
2　むし□□　つい□□　あせ□□
3　いき□□　さか□□　うず□□
4　うす□□　やわ□□　やす□□
5　いて□□　ぐず□□　かさ□□
6　かた□□　はか□□　ふち□□

三

各群の――線部の季語（全てひらがなにしてある）はどのような季節のものですか。俳句をよく読んで、それぞれ最も適当なものを後のア〜エから選び、記号で答えなさい。

1
新しき枕《まくら》眠《ねむ》れずもがりぶえ　星野椿
もがりぶえ風の又三郎《またさぶろう》やあーい　上田五千石
一湾《いちわん》の春まだ遠きもがりぶえ　富安風生

ア　春、朝を知らせる鳥の鳴き声。
イ　夏、山歩きのときに吹く笛。
ウ　秋、夕暮れごろ鳴く虫の声。
エ　冬、夜に風の立てるかすれた音。

2
ういてこいういてこいとて沈《しず》ませて　京極杞陽

し、柱にすれば虫に食われるという具合で、まったく無用の大木であることを知っていたからである。ところが、石の夢にこの櫟の大木が現われ、次のように語った。

「有用」な木は、果実のためにもぎとられて枝を折られたり、切り倒《たお》して何かに使われたりで、天寿《てんじゅ》を全《まっと》うできない。結局は、自ら長所と思うところによって自分の命を縮めている。

これに対して、自分は無用であろうとつとめてきた。無用なために自分を求める人もないし、自分はおかげで大木となっている。まさに大用《たいよう》をなしているのである。

このように櫟が語るのを聞いて、石は無用の用の意味を悟《さと》る。

このような木のイメージを知るにつけても、私のしている＊カウンセリングは、木のイメージと重なる部分が多いように思う。カウンセリングの仕事は動物をしつけるようなことではなく、木の成長を待つようなところがある。

成長のための条件を整え、後は相手のもつ成長への可能性の発現を待つばかりなのである。それを4焦《あせ》って肥料のやりすぎなどすると、枯《か》れてしまったりするところもよく似ている。そんなわけで、私は大木の姿を見て楽しんでいるが、そのうちだんだんと「無用」になってゆくのではないかと思っている。

（河合隼雄《かわいはやお》「木」による）

＊注　ミネアポリス―アメリカ合衆国ミネソタ州の都市。ミシシッピ川上流沿いにある。
箱庭療法―箱庭を利用した精神的療法の一つ。
インディアン―アメリカ先住民。現在では「ネイティブ・アメリカン」と呼ぶことが多い。
『荘子』―古代中国の思想書。
石《せき》―人名。
カウンセリング―カウンセラーが心の悩《なや》みや病気を持つ人と話し合うことで、治療《ちりょう》の手助けをすること。

問一　――線部1「乗せていただけましょうか、というような気持ち」とありますが、これはどのような気持ちですか。最も適当なものを次のア～オから選び、記号で答えなさい。

ア　どこまで乗せてもらえるのか楽しみにする気持ち。
イ　なかなか乗せてもらえずいらいらする気持ち。
ウ　乗せてもらえるかどうか不安な気持ち。
エ　乗せてもらえないのかとがっかりする気持ち。
オ　ようやく乗せてもらえると喜ぶ気持ち。

問二　――線部2「東京のタクシーに対する私の偏見」とありますが、筆者は東京のタクシーにどのような印象をもっていたのですか。それにあたる言葉を問題文中から六字でぬき出して答えなさい。

問三　――線部3「たくさんのインディアンの人たちを見たんだろうね」とありますが、このときの筆者の気持ちはどのようなものですか。その説明として最も適当なものを次のア～オから選び、記号で答えなさい。

ア　自転車に乗ってミシシッピ川沿いの峡谷を走り、新緑を見て楽しんできた喜び。
イ　自然のなかの大木が動かず静かにしており、近づくことができることへの安らぎ。
ウ　三百年、四百年という寿命のなかで様々なものを見つめてきた大木に対する親しみ。
エ　果実のために枝を折られたり、切り倒して使われたりせず立っている木への敬意。
オ　土地が広く人が少ない、すばらしいミシシッピの地に生きて

平成二十八年度
灘中学校

【国語】〈第一日目〉（四〇分）〈満点：八〇点〉

◎ 解答に字数制限のある場合、句読点などの記号も字数に数えます。

一 次の文章を読んで、後の問いに答えなさい。

東京でタクシーに乗るときは、何となく心配になる。京都のタクシーに乗りつけている人間にとっては、だいぶ様子が違《ちが》うからである。京都のタクシーの運転手さんは何かと話しかけてきたり、行き先を言っても知らないなどということはまずない。

東京は広すぎることもあって、行き先を言っても「知らない。」と言われる。それが何となく、ぶっきらぼうの感じがする。近距離《きんきょり》のときなど、1乗せていただけましょうか、というような気持ちになったりする。これはおそらく、お上りさんのaコンプレックスのなすわざであろう。

ところが、先日、東京で乗ったタクシーの運転手さんは違った。まず「お客さん、新芽が美しいでしょう。」ではじまった。窓外に目をやると皇居周辺の木々の葉が、実に美しい。「銀杏《いちょう》の新芽はいいですね。」「見てください。あれは楠《くすのき》ですよ。」という具合である。

私は実のところ木が大好きなのである。「松もいいですね。」と言うと、「この手入れが大変なのですよ。何しろ一本一本、手でするわけですから。」という具合で、目的地に着くまで、二人でさんざん「木」の話を楽しんだ。降りてからもさわやかな気がして、これで2東京のタクシーに対する私の偏見《へんけん》もだいぶ正された感じがした。

私は木が好きで、と言っても盆栽《ぼんさい》いじりをするよりは、自然の木を見る方が好きである。だから外国に行って、森の中を歩いたり、川べりに立ち並ぶポプラを見ていたりするだけで嬉《うれ》しくなる。その国特有の木があり、たたずまいがある。

昨年、*ミネアポリスの*箱庭療法《はこにわりょうほう》研究会から招かれて行ったとき、半日の休日をどうしてすごすか、「あなたの見たいものは何か。」と主催者《しゅさいしゃ》に言われたので「自然の中の木。」と言うと、「いい考えがある。」というわけで、自転車に乗ってミシシッピ川沿いの峡谷《きょうこく》を走り、新緑の木々を見て楽しむことになった。

昨年、このアメリカに二カ月滞在《たいざい》したのだが、このことは忘れられない思い出となった。何しろアメリカのいいところは、土地が広く人が少ないことだ。車ではなく自転車で走る方がはるかに自然に近い。大木の姿のいいのなどに出会うと、「何年くらいここに居るの。」「3たくさんの*インディアンの人たちを見たんだろうね。」などと話しかけたくなる。

動物好き、植物好き、鉱物好き、人さまざまである。そしてそのそれぞれに特徴《とくちょう》がある。私はなぜ木が好きなのかと思う。いろいろあるが、特に大木などになると、そのペースのbゆっくりしたところが好きなのではないかと思う。三百年、四百年という寿命《じゅみょう》を保っている。それに成長のペースもゆっくりである。

動物はペットなどどうしても人間のペースに合わせて訓練されるし、野生の動物は大きいのになると怖《こわ》くなる。それに対して自然のなかの大木は傍《かたわ》らに寄ってゆくこともできる。動かずに静かにしているところもいい。

それに、木の姿を見ていると*『荘子《そうじ》』のなかの「c無用の用」の話を思い出す。

簡単に紹介《しょうかい》すると、大工の*石《せき》は巨大《きょだい》な櫟《くぬぎ》が神木として祭られているのを見るがまったく無視してしまう。この木は舟《ふね》をつくれば沈《しず》む

平成28年度

灘 中 学 校 ▶解説と解答

算 数 ＜第１日目＞（60分）＜満点：100点＞

解 答

［1］ 36　［2］ 5.25　［3］ ① 6　② 9　③ 4　［4］ ① 125　② 120
［5］ ① 67　② 38　［6］ 14444444443　［7］ ① 35　② 13　［8］ $\frac{9}{56}$
［9］ 14.915　［10］ ① $\frac{2}{5}$　② $\frac{8}{35}$　［11］ ① 36　② $6\frac{6}{35}$

解 説

［1］ 逆算

$\frac{1}{7}-\frac{1}{9}-\frac{1}{32}=\frac{1}{224}+\frac{1}{\square}-\frac{2}{63}$より，$\frac{1}{224}+\frac{1}{\square}=\frac{1}{7}-\frac{1}{9}-\frac{1}{32}+\frac{2}{63}$，$\frac{1}{\square}=\frac{1}{7}-\frac{1}{9}+\frac{2}{63}-\left(\frac{1}{32}+\frac{1}{224}\right)=\frac{9}{63}-\frac{7}{63}+\frac{2}{63}-\left(\frac{7}{224}+\frac{1}{224}\right)=\frac{4}{63}-\frac{8}{224}=\frac{4}{63}-\frac{1}{28}=\frac{16}{252}-\frac{9}{252}=\frac{7}{252}=\frac{1}{36}$　よって，□＝36

［2］ 水の深さと体積

水槽《すいそう》の中に四角柱を５本入れると水の深さは９cm，２本取り除くと水の深さは７cmになったから，このとき，水面の面積の比は，$\frac{1}{9}:\frac{1}{7}=7:9$である。つまり，四角柱２本の底面積の和は，９－７＝２にあたる。よって，さらに残りの３本の四角柱を取り除くと，水面の面積は，９＋３＝12になるので，このとき，水の深さは，９×７÷12＝5.25(cm)になる。

［3］ 推理，条件の整理

Ａ君はＢ君に［4］のカードをわたしたが，交換《こうかん》した後もＡ君の手元には［4］のカードがあるから，Ｂ君もＡ君に［4］のカードをわたしたことになる。つまり，［う］に書かれた数字は４とわかる。次に，Ａ君はＢ君から［6］のカードを受け取っているが，交換した後もＡ君の手元には［6］のカードが１枚だけ残っているから，［あ］，［い］のうちの一方は［6］とわかる。また，Ａ君の手元には［9］が残っていないので，［9］はＢ君にわたしたことになる。よって，［あ］，［い］，［う］に書かれた数字はそれぞれ６，９，４である。

［4］ 旅人算

Ａ君は毎分200ｍの速さで走り，９分間で６周したから，ジョギングコース１周の長さは，200×９÷６＝300(ｍ)である。ここで，Ｂ君が４周したのと同時にＡ君に追いつかれた場合，Ｂ君は初めの30秒間と途中Ａ君に１回追いつかれた直後の30秒間の２回，毎分200ｍの速さで走ったので，残りの，300×４－200×0.5×２＝1000(ｍ)を，９－0.5×２＝８(分間)で走ったことになる。よって，その一定の速さは，最も速くて毎分，1000÷８＝125(ｍ)である。また，Ａ君に追いつかれた直後の30秒間はＡ君と同じ速さで走るから，Ｂ君が４周する30秒前にＡ君に追いつかれた場合，毎分200ｍで走っていない，300×４－200×0.5×３＝900(ｍ)を，９－0.5×３＝7.5(分間)で走る。よって，その一定の速さは，最も遅《おそ》くて毎分，900÷7.5＝120(ｍ)となる。

［5］ 数列，倍数

２，３，５の最小公倍数は30なので，30ごとに調べると，１から30までの整数のうち，２でも３

でも5でも割り切れない整数は，1，7，11，13，17，19，23，29の8個で，このうち，一の位の数が7であるものは，7と17の2個である。よって，1000÷30＝33余り10より，1000以下の整数では全部で，2×33＋1＝67(個)ある。また，7で割り切れる整数は，2でも3でも5でも割り切れない整数の7倍だから，30×7＝210までの中に8個の割合である（1×7＝7，7×7＝49，11×7＝77，13×7＝91，…など)。よって，210×4＝840以下の整数の中に，8×4＝32(個)あり，19×7＝133，23×7＝161，1000－840＝160より，841から1000までの整数の中に6個あるから，7の倍数は全部で，32＋6＝38(個)あるとわかる。

6 調べ，計算のくふう

7777777777×7777777777＝7×7×1111111111×1111111111となる。ここで，右の計算を参考にすると，1111111111×1111111111の10桁《けた》目の合計は10なので，10桁目の数字は0，11桁目は，9＋1＝10だから0，12桁目は，8＋1＝9になる。また，7×7＝49＝$\frac{100}{2}$－1である。つまり，7777777777×7777777777＝1234567900987654321×$\left(\frac{100}{2}-1\right)$＝1234567900987654321÷2×100－1234567900987654321＝617283950493827160 50－1234567900987654321＝60493827148395061729になる。よって，このとき，A＝6049382714，B＝8395061729となるので，$A+B$＝14444444443である。

```
       1 1 1 1
×      1 1 1 1
--------------
       1 1 1 1
     1 1 1 1
   1 1 1 1
 1 1 1 1
--------------
 1 2 3 4 3 2 1
```

7 平面図形―角度

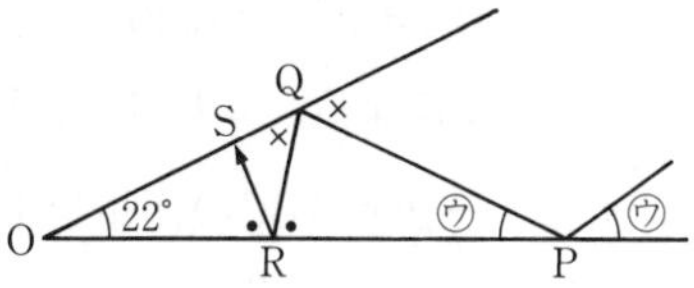

左の図で，3回目に反射する点Rと，4回目に反射する点Sが，Oから同じ距離《きょり》になるとき，3回目に反射する角度は，(180－22)÷2＝79(度)だから，点Qで反射するときの角度は，79－22＝57(度)で，角㋒の大きさは，57－22＝35(度)になる。角㋒の大きさが35度より大きくなると，角ORS＞角OSRより，OR＜OSとなるので，ふさわしくない。同様に，4回目に反射する点Sと，5回目に反射する点TがOから同じ距離になるとき，角OST＝角OTS＝79度だから，角㋒の大きさは，35－22＝13(度)である。角㋒の大きさが13度より小さくなると，角OTS＞角OSTより，OT＜OSとなるので，ふさわしくない。よって，4回目に反射する点がOに最も近くなるとき，角㋒の大きさは，最も大きくて35度，最も小さくて13度である。

8 平面図形―辺の比と面積の比

図1

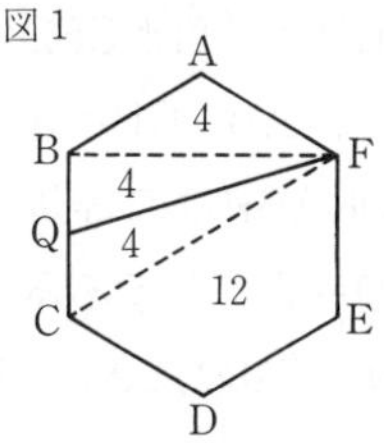

図2

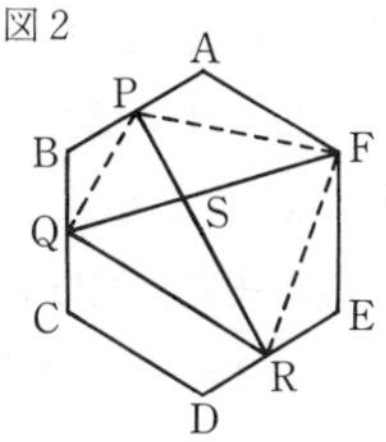

三角形PBQの面積を1とすると，三角形ABCの面積は，2×2＝4，三角形APFと三角形FREの面積は2，正六角形ABCDEFの面積は，4×6＝24である。また，CD：QR：BE＝2：3：4より，台形QCDRと台形BQREの面積の比は，(2＋3)：(3＋4)＝5：7で，面積の和は12だから，台形QCDRの面積は5であり，三角形BQFの面積は，(12－4)÷2＝4である。これより，三角形PQF，三角形QRFの面積はそれぞれ，4×2－1－2＝5，12＋4－5－2＝9となるので，PS：SR＝5：9である。さらに，五角形PBCDRの面積は12だから，三角形PQRの面積は，12－1－5＝6である。よって，三角形QRSの面積は，6×$\frac{9}{5+9}$＝$\frac{27}{7}$なので，正六角形ABCDEFの面積の，$\frac{27}{7}$÷24＝$\frac{9}{56}$(倍)となる。

9 平面図形―図形の移動，面積

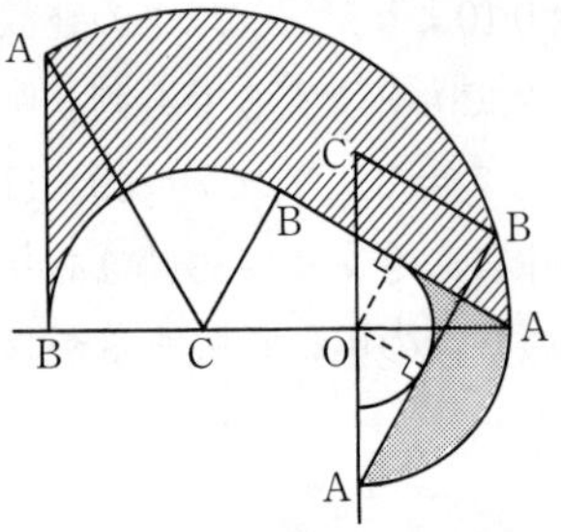

三角形ABCは1辺が4 cmの正三角形を2等分したものになるから，角Cの大きさは60度である。まず，三角形ABCを点Cを中心に，180－60＝120(度)回転させるとき，辺ABは左の図の斜線《しゃせん》部分を通る。次に，辺ACの真ん中の点を中心に90度回転させると，辺ABの通る部分は図の黒くぬった部分だけ増える。ここで，辺ACの真ん中の点から辺ABまでの距離は，辺BCの長さの半分なので，2÷2＝1(cm)であり，辺ABが図の点Oから1 cm以内を通ることはない。よって，斜線部分の面積は，半径がそれぞれ4 cmと2 cmで，中心角がどちらも120度のおうぎ形の面積の差と等しく，黒くぬった部分の面積は，半径がそれぞれ2 cmと1 cmである四分円の面積の差と等しいから，辺ABが通過する部分の面積は，$(4\times4-2\times2)\times3.14\times\frac{120}{360}+(2\times2-1\times1)\times3.14\times\frac{1}{4}=4\times3.14+\frac{3}{4}\times3.14=\frac{19}{4}\times3.14=14.915(\mathrm{cm}^2)$となる。

10 平面図形―辺の比と面積の比，相似

図1

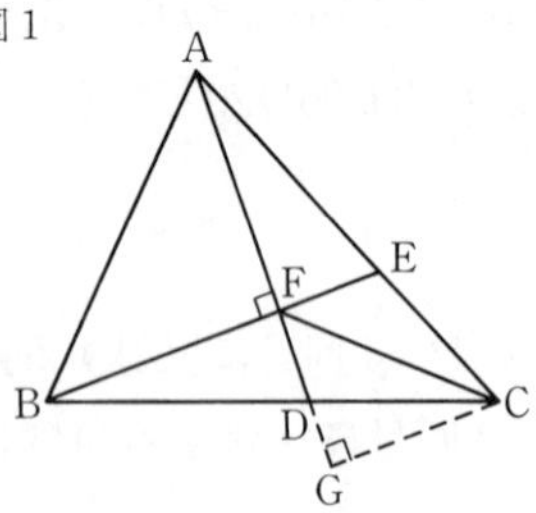

左の図1で，CからADの延長線上に直角に交わる線を引き，その交点をGとする。三角形BDFと三角形CDGの相似より，BF：CG＝BD：CD＝3：2であり，AB：CF＝3：2，角AFB＝角FGC＝90度だから，三角形ABFと三角形FCGは相似であることがわかる。よって，AF：FG＝3：2であり，DF：DG＝3：2なので，AF：FD＝$3:\left(2\times\frac{3}{3+2}\right)=15:6=5:2$になる。これより，FDの長さはAFの長さの$\frac{2}{5}$倍となる。次に，三角形ABCの面積を1とすると，BD：DC＝3：2，AF：FD＝5：2より，三角形FDCの面積は，$1\times\frac{2}{3+2}\times\frac{2}{5+2}=\frac{4}{35}$である。また，AE：EC＝AF：FG＝3：2より， 三角形AFCの面積は，$\frac{2}{5}\times\frac{5}{5+2}=\frac{2}{7}$だから，三角形EFCの面積は，$\frac{2}{7}\times\frac{2}{3+2}=\frac{4}{35}$である。よって，このとき，四角形FDCEの面積は三角形ABCの面積の，$\frac{4}{35}+\frac{4}{35}=\frac{8}{35}$(倍)となる。

図2

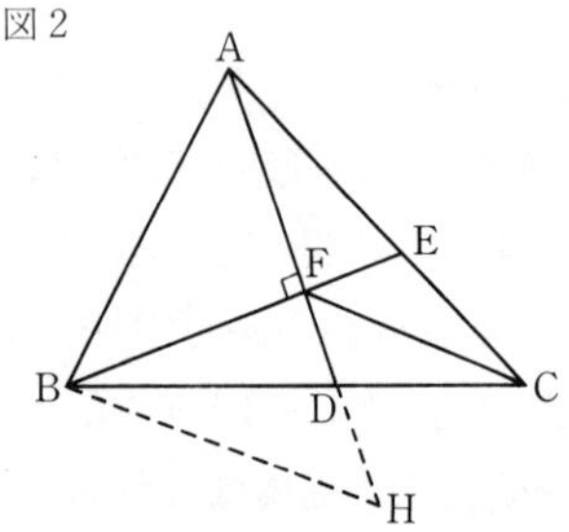

〔ほかの解き方〕 左の図2で，Bを通り，FCと平行な直線がADの延長線と交わる点をHとすると，三角形BHDと三角形CFDの相似より，BH：CF＝BD：CD＝3：2であり，AB：CF＝3：2なので，BH＝ABとわかる。つまり，三角形ABHは二等辺三角形だから，AF＝FHとなる。また，HD：FD＝3：2である。よって，AF：FD＝(3＋2)：2＝5：2より，FDの長さはAFの長さの$\frac{2}{5}$倍である。次に，三角形FDCの面積を4とすると，三角形FBDの面積は，$4\times\frac{3}{2}=6$，三角形ABFの面積は，$6\times\frac{5}{2}=15$なので，AE：EC＝15：(6＋4)＝3：2となる。さらに，三角形AFCの面積は，$4\times\frac{5}{2}=10$だから，三角形EFCの面積は，$10\times\frac{2}{3+2}=4$である。よって，このとき，四角形FDCEの面積は，三角形ABCの面積の，

$(4+4)\div(15+6+10+4)=\dfrac{8}{35}$(倍)とわかる。

11 立体図形—体積

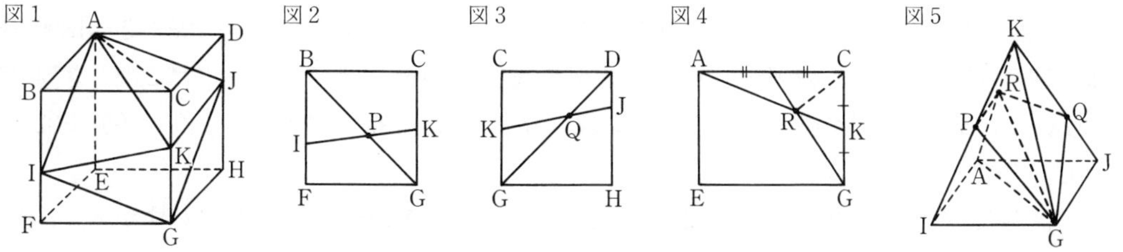

上の図1で，AIとJG，AJとIGは平行なので，DJ＝IF＝2cmである。この立方体を3点A，I，Gを通る平面で切ると，点Cを含《ふく》む立体の体積は，$6\times6\times6\div2=108(cm^3)$で，この立体から四角すいA－BIKC，四角すいA－CKJDを除くと，四角すいK－AIGJが残る。よって，四角すいK－AIGJの体積は，$108-(4+3)\times6\div2\times6\times\dfrac{1}{3}-(3+2)\times6\div2\times6\times\dfrac{1}{3}=108-42-30=36(cm^3)$となる。次に，上の図2～4で，四角すいK－AIGJを3点B，D，Gを通る平面で2つの立体に分けたとき，切り口が辺KI，KJ，KAと交わる点をそれぞれP，Q，Rとすると，KP：PI＝KG：IB＝3：4，KQ：QJ＝KG：JD＝3：2であり，KR：RAは，三角形CRKと三角形CARの面積の比と等しいから，1：2である。また，上の図5で，三角すいKAIGと三角すいKAGJの底面積，高さは同じなので，体積はどちらも，$36\div2=18(cm^3)$である。よって，三角すいKPGR，三角すいKQRGの体積はそれぞれ，$18\times\dfrac{3}{3+4}\times\dfrac{1}{1+2}=\dfrac{18}{7}(cm^3)$，$18\times\dfrac{3}{3+2}\times\dfrac{1}{1+2}=\dfrac{18}{5}(cm^3)$だから，このとき，点Kを含む立体の体積は，$18\times\left(\dfrac{1}{7}+\dfrac{1}{5}\right)=\dfrac{216}{35}=6\dfrac{6}{35}(cm^3)$となる。

算　数　<第2日目>（60分）<満点：100点>

解　答

1 (1) 2　(2) 1827　(3) 1985　(4) ① 128　② 64　(5) 1984　2 (1) グラフ1…720，グラフ2…(左から順に)168，576　(2) グラフ4…(横軸は左から順に)168，200，320／(縦軸は)35　3 (1) $45cm^3$　(2) $180cm^3$　(3) $101cm^3$　4 (1) 15個　(2) 9個　(3) 90回　5 (1) (ア) 9　(イ) $7\dfrac{5}{6}cm^3$　(2) (ア) 13　(イ) $10\dfrac{2}{3}cm^3$

解　説

1 倍数，調べ

(1) 2016÷2＝1008(回目)の操作ですべての奇数《きすう》が取り除かれ，偶数《ぐうすう》が1008個残る。よって，1009回目の操作では，2が書かれたカードが取り除かれ，4が書かれたカードが列の一番右に移される。

(2) 1009回目からは2，6，10，14，…，2014が書かれたカードが取り除かれ，4の倍数が書かれたカードだけが残る。つまり，1008＋1008÷2＝1512(回目)の操作の後，4，8，12，…，2016の順にカードが並ぶ。さらに，1513回目からは，4，12，20，…，2012が取り除かれ，8の倍数が書かれたカードだけが残る。よって，1512＋1008÷4＝1512＋252＝1764(回目)の操作の後，8，16，

24，32，40，…，1000，…，2016となるから，1000が書かれたカードを取り除くのは，1764＋(1000÷８＋１)÷２＝1764＋63＝1827(回目)の操作のときである。

(3) 2016＝２×２×２×２×２×３×３×７より，2016は２で５回割り切れる。1764＋252÷２＝1764＋126＝1890(回目)の操作の後，16の倍数のカードが126枚残り，1890＋126÷２＝1890＋63＝1953(回目)の操作の後，32の倍数のカードが63枚残る。2016が書かれたカードはこのとき列の最後にある。よって，2016が書かれたカードを取り除くのは，1953＋(63＋１)÷２＝1953＋32＝1985(回目)の操作のときである。

(4) 1985回目の操作で2016のカードが取り除かれ，次の64のカードを一番右に移すから，1985回目の操作の後，64の倍数のカードが，128，192，256，…，1984，64の順に31枚並ぶ。よって，さらに，(31－１)÷２＝15(回)続けると，64，192，320，…と16枚のカードが残るが，これら16枚のカードに書かれている数字は，いずれも128で割ると64余る。

(5) (4)のカードの数字を小さい順に１，２，３，…，16とすると，次の８回で偶数だけが残り，さらに，次の４回で４の倍数だけが残る。さらに，次の２回で８と16が残る。よって，2015回目の操作で８が取り除かれ16が残る。つまり，最後に残るカードに書かれている数字は，128×16－64＝2048－64＝1984であるとわかる。

2 グラフ―水の深さと体積

図１

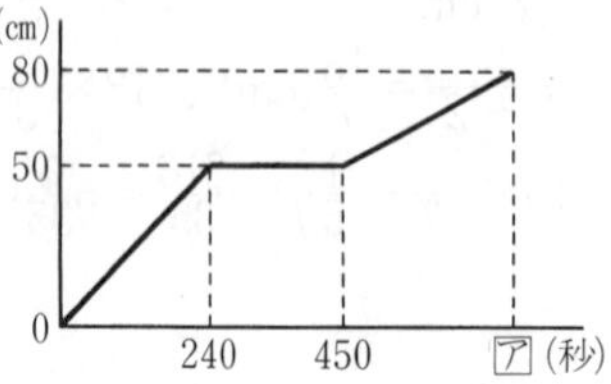

グラフ１

図２

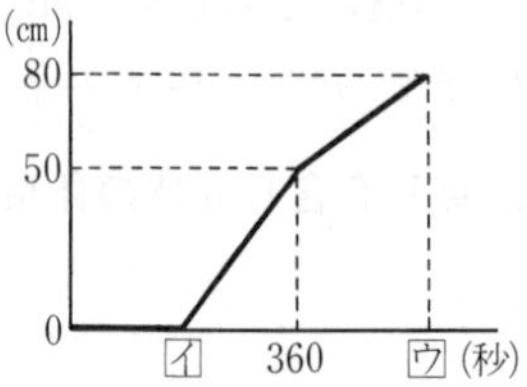

グラフ２

図３

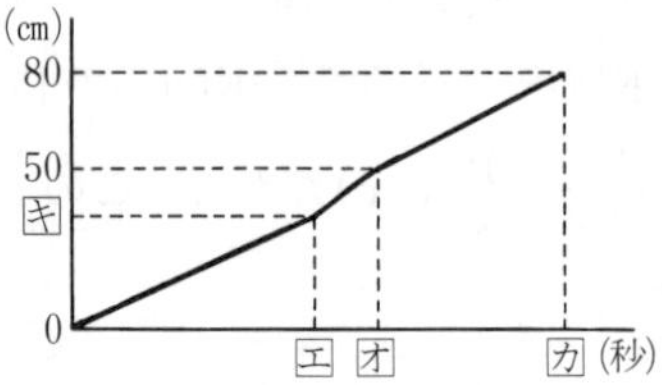

グラフ４

(1) 上の図１で，水槽《すいそう》全体に50cmの深さまで水を入れるのに450秒かかるから，アの値は，$450\times\frac{80}{50}$＝720である。またＰ，Ｑの側に50cmの深さまで水を入れるのにそれぞれ240秒，450－240＝210(秒)かかるので，その時間の比は，240：210＝８：７である。次に，上の図２で，水槽全体に50cmの深さまで水を入れるのに360秒かかるので，蛇口《じゃぐち》Ａ，Ｂから同じ量の水を入れるのにかかる時間の比は，450：360＝５：４である。よって，蛇口ＢからＱの側に50cmの深さまで水を入れるのに，$210\times\frac{4}{5}$＝168(秒)，満水にするのに，$720\times\frac{4}{5}$＝576(秒)それぞれかかるから，イの値は168，ウの値は576となる。

(2) (1)より，Ｐの側とＱの側の底面積の比は８：７，蛇口Ａ，Ｂから同じ時間に入る水の量の比は，$\frac{1}{5}:\frac{1}{4}$＝４：５なので，Ｐの側の水深が50cmになる前にＱの側からＰの側へ水が入る。つまり，このときのＰの側の水深の変化を正しく表しているのはグラフ４である。ここで，蛇口Ａ，Ｂから入る水の量の和は，蛇口Ａから入る水の量の，(４＋５)÷４＝$\frac{9}{4}$(倍)なので，同じ量の水を入れるのにかかる時間は$\frac{4}{9}$倍になる。よって，Ｑの側の水深が50cmになるのは，(1)より168秒だから，上の図３のエの値は168であり，オ，カの値はそれぞれ，$450\times\frac{4}{9}$＝200，$720\times\frac{4}{9}$＝320となる。また，168秒後のＰの側の水深は，$50\times\frac{168}{240}$＝35(cm)なので，キの値は35である。

3 立体図形—体積，相似

図①

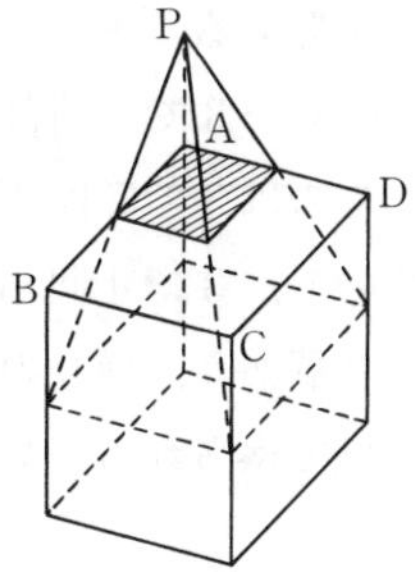

図②

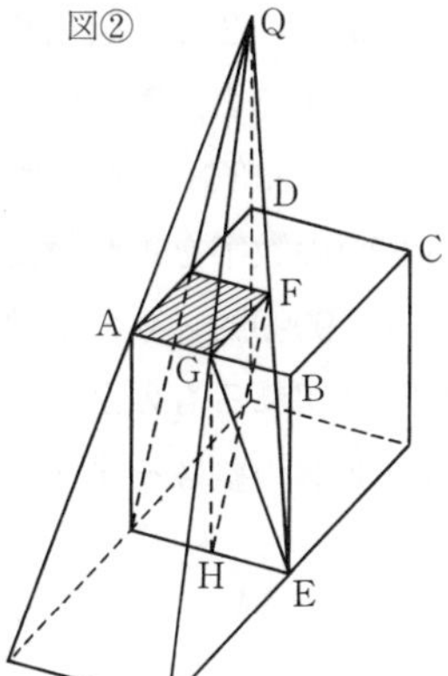

図③

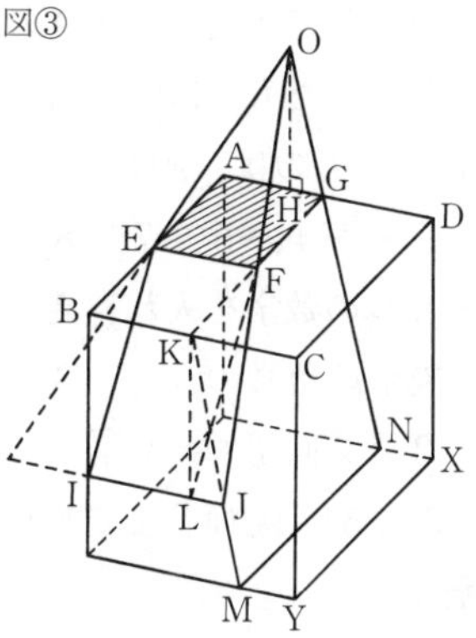

(1) 電球が点Pの位置にあるとき，左の図①のようになるので，電球の光が通らないのは，立方体の箱の下半分と角すい台の部分である。ここで，角すい台の部分の体積は，$6\times6\times6\times\frac{1}{3}-3\times3\times3\times\frac{1}{3}=72-9=63$(cm³)である。よって，このとき，光が通る部分の体積は，$6\times6\times6\times\frac{1}{2}-63=108-63=45$(cm³)となる。

(2) 電球が点Qの位置にあるとき，上の図②のようになり，箱の内部で光が通らない部分は三角柱と三角すいEFGHに分けられる。よって，箱の内部で光が通らない部分の体積は，$3\times3\times6\div2+3\times6\div2\times3\times\frac{1}{3}=27+9=36$(cm³)だから，光が通る部分の体積は，$6\times6\times6-36=180$(cm³)となる。

(3) PQを3等分する点のうちPに近い方の位置に電球があるとき，箱の内部で，電球の光が通る部分は，右上の図③のようになるので，四角柱KMYC－GNXD，三角柱BIE－KLF，三角すいJ－KLFを合わせたものになる。ここで，$AH=6\times\frac{1}{3}=2$(cm)，$HG=3-2=1$(cm)，$OH=3+(6-3)\times\frac{1}{3}=4$(cm)だから，OH：HG＝4：1＝6：1.5より，NはGの真下から1.5cmのところになり，$NX=6-3-1.5=1.5$(cm)である。また，BE：BI＝AE：OH＝3：4より，BI＝4cm，LJ＝HG＝1cmである。よって，このとき，四角柱KMYC－GNXDの体積は，$(3+1.5)\times6\times\frac{1}{2}\times6=81$(cm³)，三角柱BIE－KLFの体積は，$3\times4\times\frac{1}{2}\times3=18$(cm³)，三角すいJ－KLFの体積は，$3\times4\times\frac{1}{2}\times1\times\frac{1}{3}=2$(cm³)だから，箱の内部で，電球の光が通る部分の体積は，$81+18+2=101$(cm³)となる。

4 場合の数，倍数

(1) 差が1000で割り切れるとき，下3桁《けた》の数字の並びは同じである。よって，1000で割り切れるものは，1から6までのうちの2個の数字を入れ替えたものになるから，全部で，$6\times5\div2=15$(個)ある。

(2) 差が1の2つの数字を入れ替えると，例えば，123465789－123456789＝9000のように9の倍数になり，差が2の2つの数字を入れ替えると，例えば，123654789－123456789＝198000のように，198＝99×2の倍数になる。差が3である2つの数字を入れ替えてできる整数の差は，3000－3＝2997＝999×3の倍数であり，同様に，差が4，5，…である2つの数字を入れ替えてできる整数の差は，9999×4，99999×5，…の倍数になる。ここで，111÷37＝3より，111，111111は37の倍数である。つまり，999，999999は37の倍数だから，37で割り切れるものは差が3か6である2つの数を入れ替えたものになる。よって，37の倍数になるものは，1と4，2と5，3と6，4と

7，5と8，6と9，1と7，2と8，3と9をそれぞれ入れ替えたものなので，9個ある。

(3) 差が1の2つの数字を入れ替えたものは9の倍数だから，3で2回割り切れ，8個ある。差が2である2つの数字を入れ替えたものは99の倍数なので，3で2回割り切れ，7個ある。差が3である2つの数字を入れ替えたものは，$999\times3=3\times3\times3\times3\times37$の倍数なので，3で4回割り切れ，6個ある。同様に，差が4，5，7，8である2つの数字を入れ替えたものは3で2回ずつ割り切れ，差が6である2つの数字を入れ替えたものは，999999×6の倍数なので，3で4回割り切れる。よって，これら36個の整数のうち，3で4回割り切れるものが，(2)の9個あり，残りの，$36-9=27$(個)はすべて3で2回ずつ割り切れるから，36個の整数をすべてかけて得られる整数は，3で，$4\times9+2\times27=36+54=90$(回)まで割り切れる。

5 立体図形―構成，体積

図①

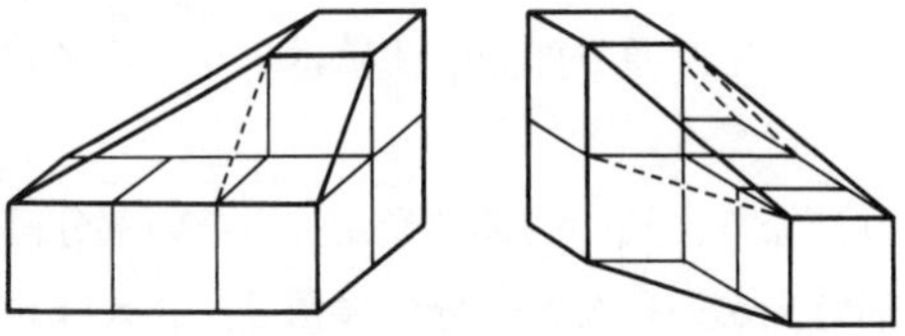

図②

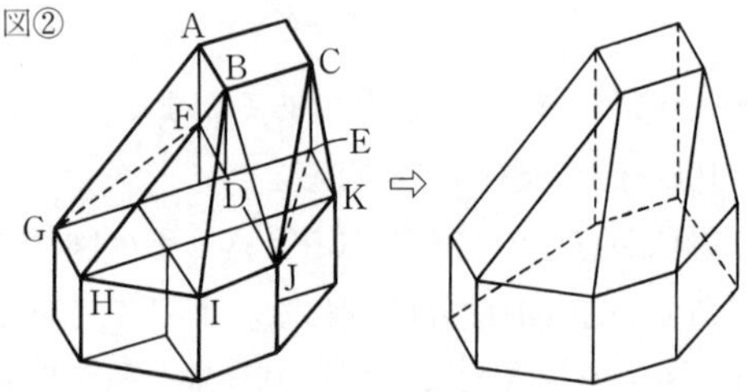

(1) この立体を最小に包む図形Aは上の図①のようになり，五角形の面が2個，正方形の面が2個，長方形の面が2個，台形の面が2個，平行四辺形の面が1個ある。よって，Aは9個(…(ア))の面をもつ。次に，もとの立体の体積は，$1\times1\times1\times5=5$ (cm^3)で，これに2個の三角柱の体積，$1\times1\times\frac{1}{2}\times1+1\times2\times\frac{1}{2}\times1=1\frac{1}{2}$ (cm^3)と，2個の四角すいの体積，$1\times1\times2\times\frac{1}{3}+1\times2\times1\times\frac{1}{3}=\frac{4}{3}=1\frac{1}{3}$ (cm^3)を加えると，Aの体積は，$5+1\frac{1}{2}+1\frac{1}{3}=7\frac{5}{6}$ (cm^3) (…(イ))となる。

(2) この立体を最小に包む図形Bは上の図②のようになるから，Bは13個(…(ア))の面をもつ。次に，四角すいGABDF，四角すいJBDEC，五角すいBDGHIJ，三角すいCEJKの体積はそれぞれ，$1\times1\times2\times\frac{1}{3}=\frac{2}{3}$ (cm^3)，$\frac{2}{3}$ cm^3，$3.5\times1\times\frac{1}{3}=\frac{7}{6}$ (cm^3)，$1\times1\times\frac{1}{2}\times1\times\frac{1}{3}=\frac{1}{6}$ (cm^3)であり，底面の面積は，$1\times1\times5+1\times1\times\frac{1}{2}\times2+1\times2\times\frac{1}{2}=5+1+1=7$ (cm^2)なので，下の段の体積は，$7\times1=7$ (cm^3)である。よって，立体Bの体積は，$\frac{2}{3}\times2+\frac{7}{6}+\frac{1}{6}+1\times1\times1+7=1\frac{1}{3}+1\frac{1}{3}+8=10\frac{2}{3}$ (cm^3) (…(イ))となる。

理　科　＜第1日目＞（60分）＜満点：100点＞

解　答

1 **問1** **タンパク質**…イ　**脂肪**…ウ　**問2** ア，カ　**問3** 根　**問4** ウ，エ　**問5** 水　**問6** ① ア　② ウ　**2** **問1** エ　**問2** ウ　**問3** イ　**問4** ア

3 **問1** ① 60　② 300　**問2** 84　**問3** ④ 60　⑤ 32　**問4** 62.4

4 **問1** ①（例）四つ折りにし，円すい形に開く　②（例）水でしめらせてろうとに密着させる　**問2** 101g　**問3**（例）方法1より方法2の方が，大きな結晶に成長する。

問4　①　ア　②　エ　問5　(1)　ウ　(2)（例）固体Cは温度による溶ける重さの変化が小さいから。　5　問1　③　エ　④　ア　⑤　ウ　⑥　イ　⑦　オ　問2　②　問3　③，⑤，⑦　問4　(1)　×　(2)　×　(3)　○　(4)　×　(5)　×　問5　①　イ　②　エ　問6　①　6　問1　ウ　問2　0.08　問3　②　14　③　0.12　問4　比例　問5　108.5cm^3　問6　112cm^3　問7　3分後　7　問1　(1)　45m　(2)　3秒後　問2　(1)　55m/秒　(2)　25m　(3)　15，30　問3　高さ…30m　速さ…20m/秒

解説

1　植物のつくりや成長についての問題

問1　植物の種子や実にたくわえられる栄養分は一般的にでんぷんであるが，ダイズの種子にはタンパク質が多く含まれ，アブラナやゴマなどの種子には脂肪《しぼう》が多く含まれる。ダイズの種子は豆腐《とうふ》などの材料として利用され，アブラナの種子は菜種油をとるのに使われる。

問2　マメのなかまであるソラマメやダイズの種子は無胚乳《はいにゅう》種子であり，栄養分は種子の中の子葉にたくわえられている。ソラマメやダイズは種子を食用としているので，子葉の部分を食べていることになる。

問3　多くの植物は発芽するとき，まず根が伸《の》びて，その後に葉が出てくる。イネの種子も空気(酸素)が十分にある場合，同じように発芽する。ただし，水を十分にはった状態では，初めに葉が出てきて，その後根が伸びることもある。

問4　子葉が2枚の植物は双《そう》子葉類のなかまで，アサガオ，ヒマワリ，アブラナ，ダイズなどが属する。なお，ムギ，イネ，トウモロコシは単子葉類。

問5　イネは空気不足に強く，水を厚くはっていても種子が発芽する。稲作ではこの性質を利用し，空気不足の状態では発芽しにくい雑草の成長をおさえてイネだけを成長させるなどのため，田に水をはって育てる。

問6　二酸化炭素の消費量は，日光を利用して葉が行う光合成のはたらきがさかんなほど多くなる。したがって，二酸化炭素の消費量を比べるには，日光の当たり方を考えればよい。夏の早朝や夕方の場合，太陽の高度が低いので，植物Wの下の方には日光が当たりにくく，主に上部付近で光合成がさかんに行われると考えられる。よって，グラフはアが選べる。また，夏の昼間の場合，太陽の高度が高く，真上に近い方向から日光が当たる。植物Wは上部付近の葉が地面に対して垂直に近い方向に伸びていて，その少し下付近で横に伸びている葉の方が日光を多く受けやすい。そのため，グラフはウのように，中間の高さ付近で光合成がさかんに行われると考えられる。

2　方位磁針と太陽の動きについての問題

問1　学校などの建物は鉄筋コンクリートで建てられている場合が多く，内部に鉄筋が通っている壁《かべ》などの近くで方位磁針を使うと，鉄の影響《えいきょう》を受けて磁針が正しく南北の方向を指さないことがある。

問2　正しい北(真北)は，地球の自転軸《じく》である地軸の北側のはしの方向である。一方，方位磁針が示す北(磁北)は，地球の中の磁石のS極の方向になる。地球の磁石のS極の方向が地軸の北側の方向から少しかたむいているため，方位磁針の指し示す北の方角が真北からは少しずれる。

問3　ぼうの影《かげ》は，太陽とは正反対の向きにできる。太陽の高度は南中したときに最も高くなり，そのときにぼうの影は真北に伸びて，長さが最も短くなる。

問4　太陽は地球から見るとある程度の大きさをもって見える。電灯の光による影が少しぼやけて見えるように，ある程度の大きさをもったものが発する光によってできる影はぼやける。太陽の場合，上のふちからとどく光でできる影のさかい目と，下のふちからとどく光でできる影のさかい目の位置が少しずれるので，影のふちがぼやけて見える。

3　雨水のたまり方についての問題

問1　①　容器の口の面積は，60×60＝3600(cm^2)なので，1 cm^2に1秒あたり$\frac{1}{3600}$ gの雨が降るとき，1分間に容器にたまる雨水は，3600×$\frac{1}{3600}$×60＝60(g)である。　②　雨滴《うてき》は毎秒5 mの速さで落下していることから，1分間の初めに容器に入るのは，容器の口の位置にある雨滴であり，1分間の最後に入る雨滴は，5×60＝300(m)上空にあった雨滴となる。

問2　容器を真上の方向に毎秒2 mで移動させると，1秒間に，5＋2＝7(m)の空間の雨滴が容器にたまる。よって，1分間に容器にたまる雨水の重さは，60×$\frac{7}{5}$＝84(g)と求められる。

問3　④　雨は水平な地面のどの場所にも同じ強さで降っているので，容器を水平方向に動かしても雨水のたまり方は変わらない。つまり，1分間に①と同じ60 gの雨水がたまる。　⑤　①，②より，幅《はば》60cm，奥行き60cm，高さ300(＝5×60) mの空間に含まれる雨滴の重さが60 gである。図2のように，容器が面Aに垂直な方向に毎秒2 mの速さで1分間動くと，奥行き60cm，高さ80 cm，面Aに垂直方向に(2×60) mの空間にある雨滴に面Aが当たるので，その雨水の重さは，60×$\frac{80}{60}$×$\frac{2}{5}$＝32(g)と求められる。

問4　図3では，右の図に示すように，アの幅48cmの部分に入る雨水と，イの高さ36cmの開いた部分に入る雨水の和が容器にたまる雨水の量である。1分間に，アからは問3の④より，60×$\frac{48}{60}$＝48(g)，イからは問3の⑤より，32×$\frac{36}{80}$＝14.4(g)が入るので，合計で，48＋14.4＝62.4(g)の雨水がたまる。

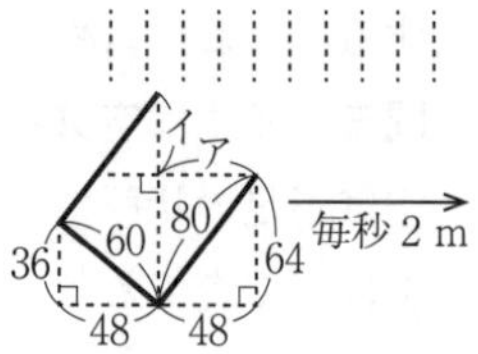

4　ものの溶《と》け方についての問題

問1　ろ紙は四つ折りにして，円すい形に開く。すると，ろ紙が3枚に重なった部分と1枚の部分ができる。円すい形に開いたろ紙をろうとに取りつけて水でしめらせ，ろうとに密着させる。そして，ろ紙が3枚重なった部分にガラスぼうを当て，ろ過する液をガラスぼうに伝わらせて少しずつろ紙の上に注ぐ。このとき，ろうとの先はとがった方をビーカーの内側の側面にくっつける。

問2　80℃の水100 gに固体A 167 gを溶かすと，飽和水溶液《ほうわすいようえき》(物質を溶かせるだけ溶かした水溶液)が，100＋167＝267(g)できる。この水溶液を20℃に冷やすと，167－32＝135(g)が溶けきれずに固体となって出てくる。出てくる固体の重さは初めの飽和水溶液の重さに比例するので，80℃で200 gの飽和水溶液を20℃に冷やすと，135×$\frac{200}{267}$＝101.1…より，101 gの固体Aが取り出せる。

問3　水溶液を自然にゆっくりと冷やすと，加熱して急に冷やしたときと比べて，出てくる固体の粒《つぶ》が大きな結晶《けっしょう》に成長する。

問4　不純物の固体Bは約1％と割合が小さいので，水溶液を冷やしても固体として出てきにくく，固体Aだけが溶けなくなって出てくる。このとき，固体をできるだけ少ない量の，できるだけ温度の高い水に溶かして濃《こ》い溶液をつくってそれを冷やせば，固体Bが出てこないまま固体Aだけをできるだけ多く取り出すことができる。

問5　問4の方法で取り出すことのできる物質は，固体Aのように，溶ける限度の物質の重さが温度によって大きく変化するものでなければならない。固体Cは温度による溶け方があまり変化しないので，ウの場合には不純物の固体Bが出てこなくても，固体Cもあまり出てこないので，問4の方法ではほとんど固体Cを取り出すことができない。

5　生物のつながりについての問題

問1　アのシャチは，海の中では食物連鎖《れんさ》(食べる―食べられるの関係)の最上位に位置する動物なので④になる。また，オのコンブは光合成を行う生産者とよばれる位置にあり，最も下位の⑦にあてはまる。イのウニは海藻《かいそう》などを食べる動物で⑥，そのウニなどを食べるのはウのラッコで⑤となる。シャチはこのラッコやアザラシを食べるので，③にエのアザラシがあてはまる。

問2　植物プランクトンを食べるのは，一般に小型の魚類のなかまであるから，②が選べる。

問3　①のヒトが②の魚類を大量にとって漁獲《ぎょかく》量が増加すると，③のアザラシは食べ物が少なくなるので数を減らす。このとき，シャチの生息数があまり変化しないとすれば，シャチはラッコを以前よりも多くとるようになるので，⑤のラッコの数が減ることになる。ラッコが減ると，ラッコに食べられるウニの数が少なくなって，⑥のウニが増加し，その結果⑦のコンブの数が減ると考えられる。

問4　(1)　海の富栄養化が進むと，植物プランクトンが大量に発生し，海水中の酸素量が減るなどして魚が死ぬことが多く，そのため魚類資源を保つには海の富栄養化をしないようにするとよい。ただし，ここではヒトは魚類を食べることでのみ，この海域の生物の生息数を増減させるため，この方法は有効ではない。　(2)　この海域でラッコを禁漁にすると，ラッコの数が増えて，その影響でシャチに食べられるアザラシの数が少し減り，アザラシの数は増える。すると，食べられる魚類の数は減ることになるので，逆効果になるといえる。　(3)　網目《あみめ》の大きい漁網《ぎょもう》を使用すると，成長があまり進んでいない子魚を捕獲《ほかく》することが防げる。また，魚類の産卵時期に禁漁期間を設けることで，卵がふ化し，子魚が成長する期間ができるため，魚類の数をある一定の範囲内に保つことができる。　(4)　シャチをできる限り捕獲して海域からいなくすると，③のアザラシが増えるので魚類の数は減る。　(5)　小型魚類の数が減るので，魚類全体の資源保護とはならない。

問5　海水温が上昇《じょうしょう》すると，もともと生息していた寒い海域にすむ魚類は北の海域に移りすみ，この海域には暖かい海域にすむ魚類が南～南西の海から移ってくると予想される。

問6　②～⑦の生物は，自然の状態では一定の範囲の中でつり合いを保っている。①のヒトは漁業などの活動によってこの自然の状態をこわす可能性が高いため，①のヒトが存在しないということが生物の生息数の安定に最も都合がよいといえる。

6　酸素の発生についての問題

問1　酸素は，空気中に約21％含まれ，水に溶けにくいがわずかに溶ける。また，燃える気体ではないが，ものを燃やすはたらきがある。炭素に酸素が結びつくと二酸化炭素ができ，鉄に酸素が結びつくとさび(酸化鉄)ができる。なお，雨水が弱い酸性を示すのは，空気中に含まれる二酸化炭素が溶けこむためである。

問2　表1より，酸素が56cm^3発生すると，過酸化水素が，0.32－0.16＝0.16(g)減少している。酸素の発生量がさらに，84－56＝28(cm^3)増えると，過酸化水素はさらに，$0.16\times\frac{28}{56}=0.08$(g)減って，0.16－0.08＝0.08(g)になる。

問3　②　表1より，6～9分の3分間に発生した酸素の体積は，98－84＝14(cm^3)である。

③　表2の過酸化水素水中の過酸化水素の平均量は，3分間の初めと終わりの値の中間値(足して2で割った値)を記していることがわかる。したがって，(0.16＋0.08)÷2＝0.12(g)と求められる。

問4　表2で，3分間ごとに発生する酸素の体積が，56，28，14と半分ずつになるとき，過酸化水素水中の過酸化水素の平均量も，0.24，0.12，0.06と半分ずつになっている。このことから，この2つの量は比例の関係である。

問5　問4より，9～12分，12～15分のそれぞれ3分間に発生する酸素の体積はそれぞれ，7cm^3，3.5cm^{3}となる。したがって，15分後までに，56＋28＋14＋7＋3.5＝108.5(cm^3)の酸素が発生する。

問6　0.16gの過酸化水素が減ると56cm^{3}の酸素が発生することから，0.32gの過酸化水素がすべて反応してなくなるまでに発生する酸素の体積は，$56\times\frac{0.32}{0.16}=112$(cm^3)と求められる。

問7　表1で，時間が実験開始から3分経過するごとに，過酸化水素水中の過酸化水素の重さが半分ずつに減っていて，過酸化水素が減って濃度が変わっても，この変化は一定となっている。4.8％の過酸化水素水10gには過酸化水素が，10×0.048＝0.48(g)含まれているので，残っている過酸化水素の重さがこの半分の0.24gになるまでの時間も3分である。

7　物体の運動についての問題

問1　(1)　図1の軌道《きどう》のうち，左から3本目のもので読み取ればよい。15m/秒で水平に発射された物体は，発射点の真下から45m離《はな》れた位置に落下している。　(2)　物体が水平方向に発射されたとき，鉛直《えんちょく》方向にはしだいに速くなる運動をするが，その様子は水平方向への発射速度に関係なくすべて同じになる。したがって，15m/秒で発射したときも10m/秒で発射したときと同じ3秒後に地面に落下する。

問2　(1)　第一の壁の頂上から発射した物体を，50＋5＝55(m)離れた位置で40m以上の高さのところを通過させればよい。図1より，同じ高さのところを通過するときの壁からの距離は，発射するときの速さに比例している。発射速度が5m/秒で40mの高さの位置を通過するとき，壁からの距離は5mなので，壁からの距離が55mで高さが40mの位置を通過するためには，$5\times\frac{55}{5}=55$(m/秒)以上の発射速度が必要となる。　(2)　物体が壁に当たってはねかえるとき，第二の壁がない場合に第一の壁から50mより遠い範囲でえがく軌道と，第二の壁ではねかえった物体がえがく軌道が，第二の壁の左側の面(物体が衝突《しょうとつ》する面)に対して対称となる。発射速度が5m/秒の5倍の25m/秒のとき，第二の壁がなければ地面に達する地点は，(1)と同様に求めると，15×5＝75(m)となる。したがって，第二の壁で反射すると第一の壁から，50－(75－50)＝25(m)の位置に物体は落下する。

(3)　6個の物体をそれぞれ発射したときの軌道をえがくと右の図のようになる。これらの物体を同時に発射すると，鉛直方向にはつねに同じ高さにあるので，発射速度が30m/秒の物体は，第二の壁で反射した後，発射速度が25m/秒の物体と衝突して2つとも消えてしまう。また，発射速度が20m/秒の物体は，第二の壁で反射後に発射速度

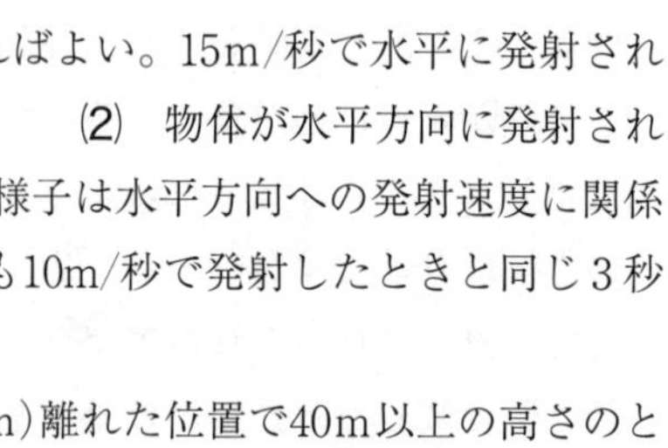

が15m/秒の物体と衝突して2つとも消える。したがって，発射速度が5m/秒と10m/秒の2つの物体だけが地面に落下し，それぞれの落下地点は第一の壁から，15m，30mの位置となる。

問3　図1より，発射速度10m/秒で45mの高さから発射された物体が高さ25mの位置に達するのは2秒後で，このとき壁から20m離れた位置にある。よって，遅れて発射される物体は，発射してから1秒後に壁から20m離れた位置で高さ25mのところに達していなければならない。図1でどの物体も発射して1秒後には鉛直方向に5m下がっていることから，2つ目の物体を発射する高さは，25＋5＝30(m)となる。また，1秒後には壁から20m離れた位置に達するので，この物体の発射速度は20m/秒である。

国　語　＜第1日目＞（40分）＜満点：80点＞

解　答

一　**問1**　ウ　**問2**　ぶっきらぼう　**問3**　ウ　**問4**　(例)　心の悩みや病気をもつ人に，過度の手助けやアドバイスをすると，かえって症状を悪化させてしまうこと。　**問5**　**1**　オーソド(ックス)　**2**　クライマ(ックス)　**3**　デラ(ックス)　**4**　リラ(ックス)　**問6**　**1**　た(っ)ぷ(り)　**2**　す(っ)か(り)　**3**　し(っ)と(り)　**4**　て(っ)き(り)　**5**　ひ(っ)そ(り)　**6**　こ(っ)て(り)　**問7**　**1**　一日(の)長　**2**　竹馬(の)友　**3**　他山(の)石　**4**　漁夫(の)利　二　**1**　めく　**2**　ばむ　**3**　まく　**4**　らぐ(らか)　**5**　つく　**6**　どる　三　**1**　エ　**2**　イ　**3**　ウ　**4**　ア　四　**1**　二枚舌　**2**　耳学問　**3**　千里眼　**4**　真骨頂　**5**　鉄面皮　五　**1**　注いで　**2**　届かず　**3**　ゆかしく　**4**　○　**5**　力不足　六　**1**　イ　**2**　カ　**3**　ア　**4**　ウ　**5**　オ　**6**　エ　七　**1**　**X**　売　**Y**　買　**a**　主(長)　**b**　流(文)　**c**　商(販)　**2**　**X**　心　**Y**　身　**a**　解　**b**　現　**c**　中(野)

解　説

一　**出典は河合隼雄《かわいはやお》の『河合隼雄の幸福論』所収の「木」による。**木が好きな筆者が，自分の仕事であるカウンセリングと木のもつイメージを重ねて考えたことをのべている。

問1　タクシーを利用する客の立場でありながら，「乗せていただけましょうか」とへりくだった気持ちになってしまうというのである。「近距離《きょり》」である場合，たいした料金にもならないために，もしかしたら乗車拒否《きょひ》をされるのではないかと不安になってしまうのだと推測できる。

問2　前の部分に，「京都のタクシーの運転手さんは何かと話しかけてきたり，行き先を言っても知らないなどということはまずない」とある。これに対して，東京の場合は「行き先を言っても『知らない。』と言われる」ことがあることをあげ，「ぶっきらぼうの感じがする」と語っている。「ぶっきらぼう」は，ものの言い方や態度に愛想がない様子。

問3　「何年くらいここに居るの」「たくさんのインディアンの人たちを見たんだろうね」という言い方は，その大木が長い時間をかけてその地で成長してきたことに対する思いを伝えるものである。

問4　筆者は「カウンセリング」について，「木のイメージと重なる部分が多い」と指摘《してき》し，「木の成長を待つようなところがある」と語っている。「木の成長」は「ペースもゆっくり」だが，「カウンセリング」の仕事も「成長のための条件を整え，後は相手のもつ成長への可能性の発現を」ゆっくりと「待つばかり」でいいと考えているのである。そのことをおさえたうえで，「焦《あせ》って肥料のやりすぎなどすると，枯《か》れてしまったりする」というのが，カウンセリングの場合はどのようなことに結びつくかを考える。「肥料のやりすぎ」は，過度の手助けやアドバイスをあたえることであり，それをしてしまうと，木が枯れるのと同じように，患者の症状《しょうじょう》も悪化してしまうのだと考えられる。

問5　主な外来語は，意味だけではなく用法も理解しておく。「～ックス」で終わる外来語には，ほかにも「インデックス(見出し)」や「パラドックス(逆説)」などがある。

問6　**1**「たっぷり」は，満ちあふれるほど，たくさんある様子。　**2**「すっかり」は，“残すところなく”という意味。　**3**「しっとり」は，しめり気がある様子。　**4**「てっきり」は，“きっと”という意味。確かだと思っていた予想と異なった場合に用いる。　**5**「ひっそり」は，人の声や物音がしないで，静かな様子。　**6**「こってり」は，程度がはなはだしい様子。「油をしぼる」は，厳しくしかること。

問7　**1**「一日の長」は，経験や技能などに少しすぐれていること。　**2**「竹馬の友」は，おさないころに，ともに竹馬に乗って遊んだような友だちのこと。　**3**「他山の石」は，他人の誤った言動も，自分を成長させるのに役に立つということ。　**4**「漁夫の利」は，二者が争っているのにつけこんで，第三者がもうけを得ること。

二　言葉の完成

1「うごめく」は，ぴくぴくと動くこと。「いろめく」は，緊張《きんちょう》したり興奮したりすること。また，はなやかになること。「ときめく」は，喜びや期待で胸がどきどきすること。　**2**「むしばむ」は，心や体を少しずつ損《そこ》なうこと。「ついばむ」は，くちばしでつついて食べること。「あせばむ」は，汗《あせ》がにじみ出ること。　**3**「いきまく」は，激しい勢いで話したり怒《おこ》ったりすること。「さかまく」は，流れに逆らって波が巻き上がること。「うずまく」は，うずを巻くように激しく入り乱れること。　**4**「うすらぐ」は，うすくなったり，弱くなったりすること。「やわらぐ」は，おだやかになったり，なごやかになったりすること。「やすらぐ」は，やすらかな気持ちになること。状態を表す「うすらか」「やわらか」「やすらか」という言葉もできる。　**5**「いてつく」は，こおりつくこと。「ぐずつく」は，行動や態度などがはっきりしないこと。「かさつく」は，肌《はだ》などが乾燥《かんそう》すること。　**6**「かたどる」は，ある物の形に似せて作ること。「はかどる」は，仕事などが順調に進むこと。「ふちどる」は，物のまわりに，かざりを付けること。

三　季語の知識

1「一湾《いちわん》の春まだ遠き」から，冬の季語であることがわかる。　**2**「浮《う》いてこい」と書く。「沈《しず》ませて」とあることから，水に入れて遊ぶおもちゃだと判断できる。　**3**「天花粉」と書く。ベビーパウダーのこと。「額四角にたたきやる」とあることから，汗止めに用いる粉だとわかる。
4「嫁《よめ》が君」と書く。正月の三が日に縁起《えんぎ》をかつぐために，ねずみのことを「よめがきみ」と表現した。「三宝《さんぼう》」は，供え物をのせるための台。「三宝に登りて」「齧《かじ》られし」とあることから，ねずみだと判断できる。

四　三字熟語の知識

1「二枚舌」で，矛盾《むじゅん》したことを平気で言うこと。　**2**「耳学問」で，他人の話を聞いて得た知識。　**3**「千里眼」で，千里の先まで見通す能力。　**4**「真骨頂」で，その物が本来持つ姿。　**5**「鉄面皮」で，ずうずうしいこと。面《つら》の皮が厚いこと。

五　言葉の使い方

1「心血を注ぐ」は，ありったけの力を使って物事に取り組むこと。　**2**「目が届く」は，注意がすみずみまで行き届くこと。「目が回る」は，忙《いそが》しい様子のたとえ。　**3**「古式ゆかしい」は，伝統的な作法にのっとっている様子。　**4**「的を射る」は，物事の要点をきっちりととらえること。　**5**「力不足」は，役目に比べて自分の力が足りないこと。「役不足」は，自分の能力に比べて役割が軽すぎること。

六　言葉の知識

1“残念ながら”という意味の「いかんせん」が入る。　**2**とかくそうなりがちである様子を表す「ややもすれば」が合う。　**3**後に「〜のように」とあるので，“まるで”という意味の「あたかも」がよい。　**4**“そもそも”という意味の「およそ」があてはまる。　**5**「〜なかれ」で，“〜してはいけない”という意味をつけ加える。　**6**「〜にしかず」で，“〜が最もよい”という意味になる。

七　漢字のしりとり

1　同じ音読みとなるXは「売」，Yは「買」で，ともに「バイ」と読む。上から順に，「発売」「売店」「店主(店長)」「主流(長文)」「流通(文通)」「通商(通販)」「商売(販売)」「売買」「買収」という熟語ができる。　**2**　同じ音読みとなるXは「心」，Yは「身」で，ともに「シン」と読む。上から順に，「安心」「心理」「理解」「解放」「放出」「出現」「現在」「在中(在野)」「中心(野心)」「心身」「身体」という熟語ができる。

国　語　＜第２日目＞（70分）＜満点：120点＞

解　答

一　**問1**　下記を参照のこと。　**問2**　(例)　夜は子どもは寝るものだということ。　**問3**　(例)　夜にもかかわらず聞こえてくる子どもたちの歌声に対し，外に出て正体を確かめたいという気持ちをいだいた。　**問4**　(例)　右の図　**問5**　(例)　物のない貧困のなかでは，創意工夫をこらさなければ，新しい物を手にすることができないから。　**問6**　オ　**問7**　ウ　**問8**　創造力にあふれ，豊かな才能とエネルギーをもつもの　**二**　**問1**　(例)　元気で話しかけやすい(人物。)　**問2**　(例)　家の中で起こっている出来事を他人に見られないようにするため。　**問3**　**A**　(例)　律子の母が泥棒をしていることを母もまた知っていたということ。　**B**　(例)　母は律子の母のぬすみの現場を見てもあまり驚かなかったから。　**問4**　(例)　律子の母が握りしめていたから。　**問5**　(例)　律子の母が泥棒をしている現場に居合わせてしまった時。　**問6**　(例)　泥棒のことを何もなかったことにして，平気な顔で接すること。　**問7**　エ

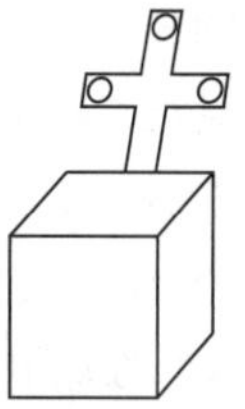

三　**問1**　四(人)　**問2**　**A**　(例)　ほしいものについて自由に想像して話し合うことができるから。　**B**　(例)　現実には希望を実現するのは非常に困難なことだから。　**問3**　**X**

(例) 地面を歩く　Y (例) 強く望む対象　**問4** (例) もはや記憶の中にしかないが，ありありと思い出すことができるということ。　**問5** ア

●漢字の書き取り

一 **問1** A 現象　B 原野　C 疑(った)　D 合唱　E 捨(てる)　F 寸劇　G 訓練　H 採集　I 発揮

解説

一 **出典は塚田健一《つかだけんいち》の『文化人類学の冒険《ぼうけん》―人間・社会・音楽』による。**アフリカの子どもたちと接するなかで，子どもというものは本来創造力にあふれ，豊かな才能とエネルギーをもつものであるということを，筆者が再認識したことをのべている。

問1 A 人間が知覚できるすべての出来事。　B 自然のままの土地。　C 音読みは「ギ」で，「疑問」などの熟語がある。　D 多くの人が声を合わせて歌うこと。　E 音読みは「シャ」で，「取捨」などの熟語がある。　F 上演時間の短い，簡単な劇。　G 技量などを高めるため，練習を積ませること。　H 資料などにするためにとり集めること。　I もっている能力や特性を充分《じゅうぶん》に示すこと。

問2 アフリカの村では「夜九時」を過ぎてからが「子どもたちの時間」で，親たちは寝《ね》るのに，子どもたちは起きて遊ぶということに対して，「われわれの常識とは正反対」だとのべている。「われわれの常識」とは，日本の子どもについていだいてる常識で，日本であれば，子どもたちが遊ぶのは昼間のうちで，夜は子どもたちが寝る時間だ，という考え方である。

問3 「いたたまれない」は，“それ以上その場にいられない”という意味。遠くから「騒々《そうぞう》しい子どもたちの声」が聞こえてきたときには，「ひょっとしてこれは自分だけの聞いた幻聴《げんちょう》なのかもしれない」と思っただけだが，「楽しそうな歌声が聞こえて」くるにいたって，「ベッドから起き上がり，懐中《かいちゅう》電灯を灯《とも》して声のする方へと歩いていった」ことに注意する。何が起こっているのかを確かめたいと思い，いても立ってもいられなくなったのである。

問4 すぐ続けて，「古びたブリキ缶《かん》に十字型の木を取りつけ，その十字の端《はし》の三カ所にそれぞれひとつずつ自転車のベルの蓋《ふた》をつけた『楽器』」と説明されている。「十字型の木」は，端が四カ所あるから，そのうちの一カ所が「ブリキ缶」に取りつけられていると判断できる。

問5 アフリカの子どもたちが，廃品《はいひん》である「古びたブリキ缶」や「自転車のベル」で「これまで見たこともないような音具」をつくり出しているのを見て，ぼう線部4のように筆者が感じたことをおさえる。「物のない貧困のなかでは，どんな廃品も彼らの工夫によって新しく生まれ変わる」のだが，それは，「創意工夫をこらす隙間《すきま》もない完成品」が手に入らない環境《かんきょう》だからである。そのような環境では，子どもたちは創意工夫をして新しい物を手にしようとするのだと推測できる。

問6 子どもたちは「自分自身の力でその場をつくり上げ」，「見る者の反応に即興的《そっきょうてき》に応《こた》え，みなを沸《わ》かせながら」踊《おど》っていたのだから，オの「見事に自分たちの踊りをつくり上げていた」が合う。一方で，「伝統的なものを難なくのみ込《こ》んでしまう彼らの許容力の大きさ」とものべているので，子どもたちの踊りが伝統をふまえたものであったこともわかる。

問7 アフリカの子どもたちに接することで，今まで日本の子どもたちと接するなかでつちかってきた「子ども観」がすっかり変わったというのである。「子どもというものが本当はいかに創造力

にあふれ，豊かな才能とエネルギーをもつものであるか」ということを知った「驚《おどろ》き」に関連するものを考える。「創造力」「豊かな才能とエネルギー」という内容と対応するのは，ウの「天才的な音楽家」である。

問8　日本の子どもたちもアフリカの子どもたちも，ともに本来はどのような存在であるのかを読み取る。二つ前の段落に「創造力にあふれ，豊かな才能とエネルギーをもつもの」とあるが，日本の子どもたちも本来はそうなのだと筆者は考えている。

二　**出典は辻村深月《つじむらみづき》の『鍵《かぎ》のない夢を見る』所収の「仁志野町《にしのちょう》の泥棒《どろぼう》」による**。ミチルは，同級生の律子《りつこ》の母親が泥棒を働いているところを実際に見てしまう。

問1　本文の中ほどに「いつもはあんなに元気な律子の母の口数が少ない」とあるので，普段《ふだん》の律子の母は，元気で口数も多い人物であったことが推測できる。

問2　この後の，律子の母に対するミチルの母の対応や，「何にもなかったことにする」町の大人たちの態度から考えて，律子の母が泥棒をしている姿を，他の人には見られてはいけないという思いがあったと考えられる。

問3　**A**　「きっとうちの母もまた知っていたのだということを」と続いていることに注目する。母がある事実を「知っていた」ことを「わかってしまった」というのである。何を「知っていた」のかということについては，後の場面で，「りっちゃんのおばちゃん，泥棒なんだって」と言ったミチルに対して，母が「知ってたよ」と答えていることから想像できる。　**B**　母はお金を握《にぎ》りしめている律子の母を前にしても驚く様子を見せず，「自分の手で玄関《げんかん》を閉じ」たり，ミチルの「目線の高さまで腰《こし》を」折って話しかけたりしている。ミチルは母のこのような冷静な対応を見て，律子の母が泥棒であることを母は知っていたのだと「わかってしまった」のである。

問4　机の上に置いてあった「お金」は，律子の母の手に握られていた「一万円札と千円札」である。強くお金を握りしめていたために，「皺《しわ》が寄ったお金」になってしまったのだと考えられる。

問5　「鉢《はち》合わせ」は，思いがけずに出会うこと。この場面では，律子の母が泥棒をしている現場に，ミチルと母がたまたま居合わせてしまったが，美貴《みき》の母も同じように，律子の母が泥棒に入っていた時に居合わせてしまった，ということである。

問6　ミチルは，律子の母が泥棒であるなら「警察に言うべきなんじゃないか」と考えている。しかし，町の大人たちはそうしようとはせず，律子の母の泥棒行為《こうい》を見て見ぬふりをしている。ミチルはそのことを「間違《まちが》ってる」のではないかと感じたのだと読み取れる。

問7　律子の母が泥棒であったと現実に知ってしまった後で，母が「律子ちゃん自身はお母さんのこととは関係ない。ミチル，わかるよね？」と語っていることに注意する。その上で，「りっちゃんと仲良くしてていいの？」というミチルの問いかけには，「いいよ」「ずっと，仲良くしなさい」と答えている。ただし，「笑顔《えがお》はなかった。母も精一杯《せいいっぱい》考えながら言ってることがわかった」とあることから，親の問題は子どものことと切りはなして考えなければいけないと，理性的に判断しようとしている様子がうかがえる。

三　**出典は齋藤恵美子《さいとうえみこ》の詩「四つの海」による**。ホームで暮らす四人の老人たちの姿をえがくことで，人は現実を受け入れて，しっかりと生きていかなければならないという思いを伝えている。

問1　この詩には，「源蔵《げんぞう》さん」「山岸《やまぎし》さん」「藤吉《とうきち》さん」「小野塚《おのづか》さん」の四人が登場する。

問2　本文の内容から，「無いもの」とは，今はもう体験できない思い出を指すものとわかる。

A　思い出の中から，今ほしいものを自由に想像し，そのころのたのしかった気持ちや元気だったころの思いをもって語り合うのは，「こころたのしく」感じられるものと考えられる。　**B**　一方で，その願いをかなえることはもはや非常に困難であるという現実を改めて思い知らされてしまうために，「むごい」と感じられるのである。

問3　**X**　「地面さえ」という表現は，「おれは地面を歩きたい」と言う山岸さんの思いを受けたものである。　**Y**　年老いて車《くるま》椅《い》子《す》で生活しなければならなくなった山岸さんにとって，そんな当たり前のことでさえ，強く望む対象になってしまうのだと読み取れる。

問4　「あの海も，この海も」とは，四人の老人たちの記《き》憶《おく》や思い出の中にある海のことである。それらの思い出や記憶がもうずっと昔のものであることを「すでに老いてしまった」と表現し，そうであっても「引き寄せれば」，つまり，思い出せば波が打ち寄せる「音」が聞こえるかのように，ありありとしたものとして思い出されると語っている。

問5　直前の「行きましょう，地面へ降りて，道をきっぱりと歩きましょう」は，思い出にひたっているのではなく，今の現実を受け入れて，そのうえでしっかりと生きていこうという老人たちの気持ちをたとえた表現。「四つの海を，ひんやりと迂《う》回《かい》して」は，思い出の中の「海」にひたっている時間を遠ざけてということ。「迂回」は，ある場所をさけて遠回りすること。

平成27年度　灘　中　学　校

〔電　話〕（078）411－7 2 3 4
〔所在地〕〒658-0082　神戸市東灘区魚崎北町 8－5－1
〔交　通〕JR「住吉駅」より徒歩10分，
阪神本線「魚崎駅」より徒歩10分

【算　数】〈**第 1 日目**〉（60分）〈満点：100点〉

次の問題の□にあてはまる数を解答欄《らん》に書き入れなさい。

［注意］・問題にかいてある図は必ずしも正しくはありません。

・円周率は3.14とします。

・角すいの体積は，(底面積)×(高さ)×$\frac{1}{3}$　で求められます。

1　$\left\{\frac{1}{31}-\left(\frac{1}{5}-\frac{1}{13}\right)\div\square\right\}\times\frac{1}{3}=\frac{1}{2015}$

2　材料Aが□kgあります。Aの$\frac{1}{4}$の部分にはAの 1 kgにつき材料Bを 2 kg，Aの$\frac{3}{4}$の部分にはAの 2 kgにつきBを 3 kg混ぜて 2 種類の製品を作る予定でしたが，間違《まちが》えてAの$\frac{3}{4}$の部分にはAの 1 kgにつきBを 2 kg，Aの$\frac{1}{4}$の部分にはAの 2 kgにつきBを 3 kg混ぜてしまいました。その結果，Bは初めの予定よりも 24kg 多く必要になりました。

3　2 桁《けた》の整数Aがあります。Aの一の位と十の位を入れ替《か》えると，2 桁の整数になりました。さらに，その数にAをかけると，12で割り切れる整数になりました。Aとして考えられる整数は□個あります。

4　商品を包装《ほうそう》する機械があります。その機械は，始動ボタンを押《お》してから0.5秒後に商品 1 個を包装して送り出し，以後0.5秒ごとに商品 1 個を包装して送り出します。また，この機械には，始動ボタンを押してから 6 秒後に未包装の商品 5 個がまとめて送りこまれ，以後 6 秒ごとに未包装の商品 5 個がまとめて送りこまれます。この機械は，未包装の商品がなくなると自動的に止まります。はじめ，機械の中に800個の未包装の商品が入っているとき，この機械が止まるのは，始動ボタンを押してから□秒後です。

5　右の図のように，1 辺の長さが 6 cm の正方形の周上に，AからLまでの点が 2 cm ごとにあります。これらの12個の点から 3 個の点を選び，それらを頂点とする三角形を作ります。三角形は全部で［①］個できます。そのうち二等辺三角形は全部で［②］個です。ただし，合同な三角形であっても，選んだ点が違えば，別の三角形と考えます。

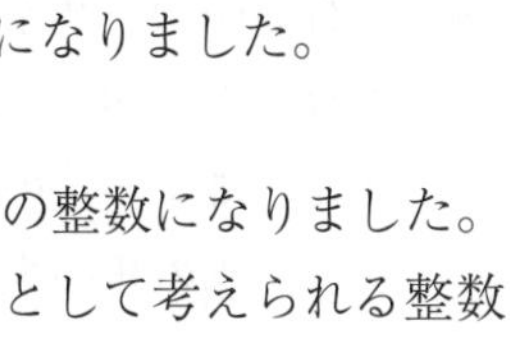

6　$\dfrac{1}{43}$ を小数で表すと，$\dfrac{1}{43}=0.023255813953488372093 02\cdots$ となり，21桁ごとに同じ数字をくり返す小数になります。そして，$\dfrac{1}{43}$，$\dfrac{2}{43}$，…，$\dfrac{42}{43}$ はどれも，21桁ごとに同じ数字をくり返す小数になります。

次の $\boxed{\text{①}}$，$\boxed{\text{②}}$ に，1以上42以下の整数を入れなさい。

$\dfrac{\boxed{\text{①}}}{43}$ を小数で表すと，小数第12位が8，小数第13位が3になります。

$\dfrac{\boxed{\text{②}}}{43}$ を小数で表すと，小数第12位が3，小数第13位が9になります。

7　P駅からQ駅に向かう列車Aと，Q駅からP駅に向かう列車Bが，平行な線路上をそれぞれ毎秒14m，毎秒16mの速さで走っています。途《と》中にある長いトンネルにAが入り始めた32秒後に，Bも入り始めました。その後Aが完全にトンネルを抜《ぬ》けるのと同時に，Bの先頭がトンネルから出てきました。A，Bの車両の全体が同時にトンネルの中にあるのは11秒間で，A，Bどちらかの車両の一部でもトンネルの中にあるのは109秒間でした。このとき，Aの先頭が，トンネルに入り始めてからトンネルを出始めるまでに $\boxed{\text{①}\quad}$ 秒かかりました。また，A，Bの車両同士が一部でも真横から見て重なるのは $\boxed{\text{②}\quad}$ 秒間です。

8　右の図の三角形ABCで，Aが中心でCを通る円と辺ABが点Dで交わり，Bが中心でCを通る円と辺ABが点Eで交わっています。㋐の角の大きさが22度，㋑の角の大きさが27度のとき，㋒の角の大きさは $\boxed{\qquad}$ 度です。

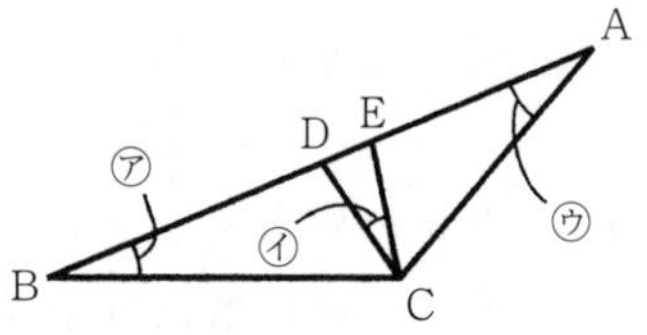

9　半径6cmの円の板を，中心を通る3本の直線で6つの合同なおうぎの形の板に分けて，そのうちの2つをア，イとします。板アは平らな机の上に固定されていて，そのまわりを板イが下の①②③④の順に動きます。板イが初めの位置に戻《もど》るまでに通過する部分の面積は，1辺の長さが6cmの正三角形の面積の2倍より $\boxed{\qquad}$ cm^2 大きいです。ただし，回転の向きは時計の針が回る向きと逆です。

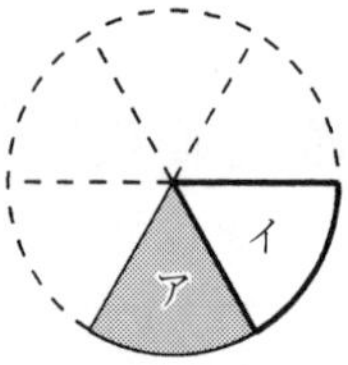

① 点Aを中心に240度回る。
② 点Bを中心に180度回る。
③ 曲線BCに沿って，すべらずに転がる。
④ 点Cを中心に180度回る。

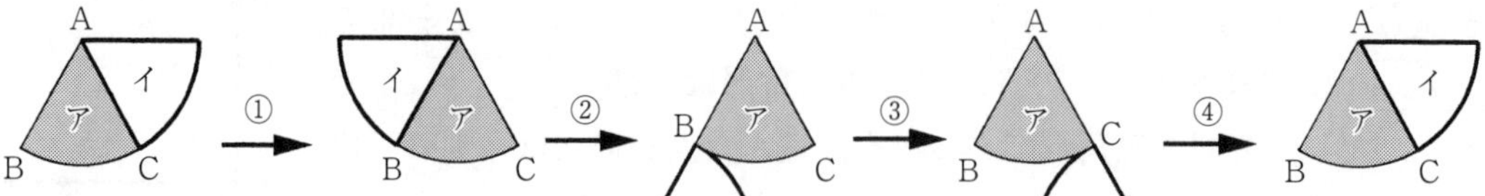

10　右の図について，ACの長さは8 cmです。また，㋐，㋑の角の大きさはともに60度です。直線AC，BDが交わる点をEとすると，AEの長さは［①　　］cmです。また，三角形AEDの面積は，1辺の長さが1 cmの正三角形の面積の［②　　］倍です。

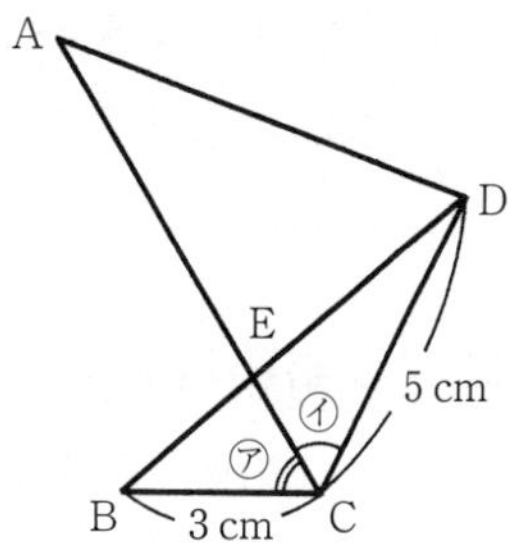

11　展開図が右の図のような立体の体積は，1辺の長さが4 cmの正三角形を底面とし，高さが4 cmである三角すいの体積の［　　　］倍です。ただし，四角形の面は平行な2辺の長さが4 cm，8 cmの台形，六角形の面は正六角形で，三角形の面は直角二等辺三角形です。

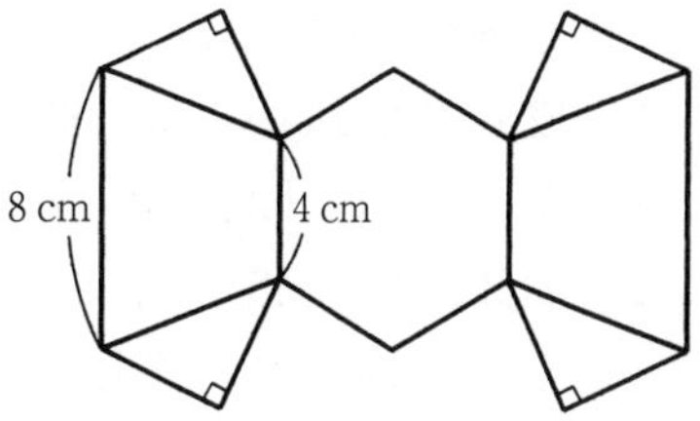

12　図1のように，光を通さない1辺の長さが1 mの正方形の板を，水平な地面の上に垂直に立てたところ，地面には斜線《しゃせん》部分のような影《かげ》ができました。このとき，図2のように，光を通さない1辺の長さが1 mの立方体の箱5個を水平な地面の上に置くと，地面にできる影の面積は［　　　］m^2です。ただし，板の厚みは考えません。また，箱が地面にふれている部分は影に含《ふく》みません。

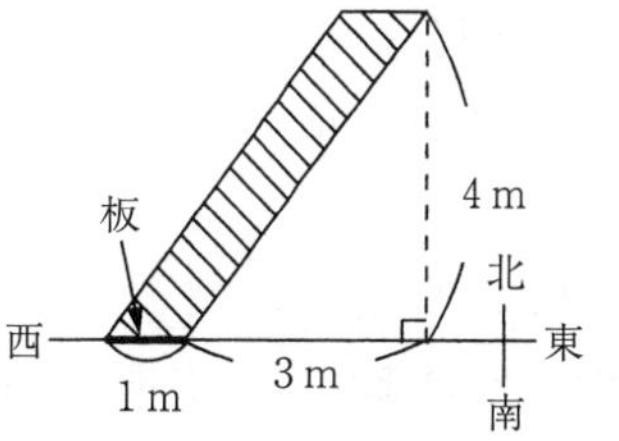

図1　（真上から見た図）

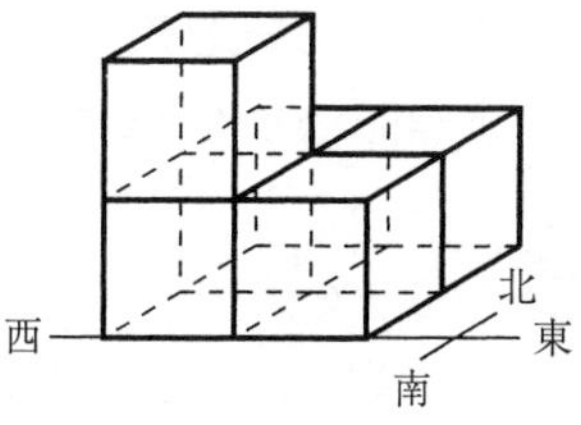

図2

〈**第2日目**〉　（60分）　〈満点：100点〉

［注意］　・**1**(1)は答えのみ記入しなさい。それ以外は，答え以外に文章や式，図なども書きなさい。
・問題にかいてある図は必ずしも正しくはありません。
・角すいの体積は　(底面積)×(高さ)×$\frac{1}{3}$　で求められます。

1　水平な床《ゆか》の上に置かれた，内側の底面積が1 m^2，深さが50cmの直方体の形をした水そうに，いくらかの水が入っています。この水そうの中に，底面積が0.7 m^2，高さが50cmの直方体の物体Aを，その底面を水平に保ちながらゆっくり沈《しず》めていきます。物体Aの側面と水そうの側面には，どちらにも下の端《はし》を0 cmとし，真上に向けて目盛りがついています。ただし，水そうの底面の厚みは考えません。

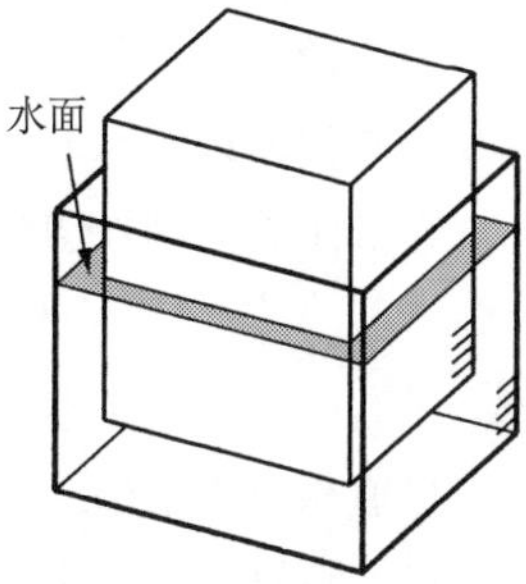

(1)　物体Aの底面が水面に触《ふ》れている状態から物体Aを沈めて，その底面を水そうの底面に3 cmだけ近づけたとき，水はあふれませんでした。このとき，水面は，水そうの目盛りで［　　　］cm上がり，物体Aの目盛りで［　　　］cmのところにありました。

(2)　水面が物体Aの目盛りで30cmのところにくるまで物体Aを沈めたとき，水面は水そうの目盛りで50cmのところまで上がりましたが，水はあふれませんでした。

(ア)　物体Aを沈め始める前の水面は，水そうの目盛りで何cmのところにありましたか。

(イ)　物体Aを水そうの底まで沈めて水をあふれさせたのち，物体Aをゆっくり引き上げました。水面が水そうの目盛りで(ア)の答えと同じところまで下がったとき，水面は物体Aの目盛りで何cmのところにありますか。

2　3種類の液体A，B，Cが混ざった「混合液」を考えます。例えば，容器にAを150g，Bを120g，Cを30g入れてできる「混合液」は，全体の重さが300gで，全体の重さに対するA，B，Cの重さの割合はそれぞれ50%，40%，10%です。これらの数字を並《なら》べた(50，40，10)を，この「混合液」の成分比率と呼ぶことにします。

(1)　成分比率が(10，30，60)の「混合液」にAを40g加えると，成分比率が(x，x，y)になりました。もとの「混合液」の全体の重さと，x，yの値を求めなさい。

(2)　成分比率が(45，25，30)の「混合液」にAを120g加えたのち，Bを加えると，成分比率が(50，30，20)になりました。もとの「混合液」の全体の重さと，加えたBの重さを求めなさい。

(3)　成分比率が(30，60，10)の「混合液」(ア) 100gに，別の成分比率の「混合液」(イ)をag加えると，成分比率が(42，36，22)になりました。さらに「混合液」(イ)をag加えると，成分比率が(45，30，25)になりました。「混合液」(イ)の成分比率とaの値を求めなさい。

3　6枚のカード[0]，[1]，[2]，[3]，[4]，[5]が入った袋《ふくろ》が6個あり，袋ア，袋イ，袋ウ，袋エ，袋オ，袋カと名前がついています。これらの袋のうちいくつかからカードを1枚ずつ取り出します。ただし，例えば袋アから[2]を，袋イから[5]を取り出した場合と，袋アから[5]を，袋イから[2]を取り出した場合とで，取り出し方は異なるものとします。また，0は5で割り切れます。

(1)　袋アと袋イからカードを1枚ずつ取り出すとき，取り出したカードに書かれている数の合計をAとします。次のようなカードの取り出し方は，全部で何通りですか。

(あ)　Aが5で割り切れる

(い)　Aを5で割った余りが1である

(2)　袋ア，袋イ，袋ウ，袋エからカードを1枚ずつ取り出すとき，取り出したカードに書かれている数の合計が5で割り切れるようなカードの取り出し方は，全部で何通りですか。

(3)　6個の袋すべてからカードを1枚ずつ取り出すとき，取り出したカードに書かれている数の合計が5で割り切れるようなカードの取り出し方は，全部で何通りですか。

4　右の図で，4本の直線ア，イ，ウ，エは平行です。点Aは直線ウの上に，点Cは直線アの上に，点Eは直線イの上に，点H，I，J，K，Lはすべて直線エの上にあります。直線AH，BI，CJ，DK，ELはすべて直線エと垂直で，CJの長さはAHの長さの2.5倍，ELの長さはAHの長さの2倍です。また，直線AD，BEはどちらも直線CDと垂直です。

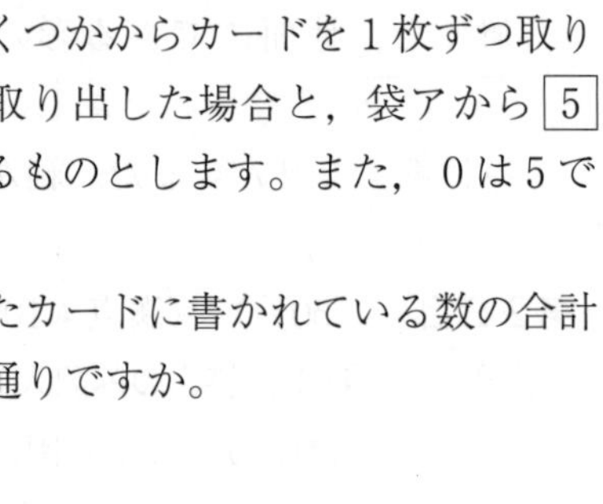

(1)　BIの長さはAHの長さの何倍ですか。

(2)　DKの長さはAHの長さの何倍ですか。

(3)　JL の長さは HJ の長さの何倍ですか。

5　1 辺の長さが 6 cm の立方体から 3 辺の長さが 1 cm，2 cm，3 cm の直方体を取り除いてできた，右の図のような立体 T があります。いくつかの辺には 1 cm ごとに目盛りがついています。また，3 点A，B，C を通る平面を S とします。

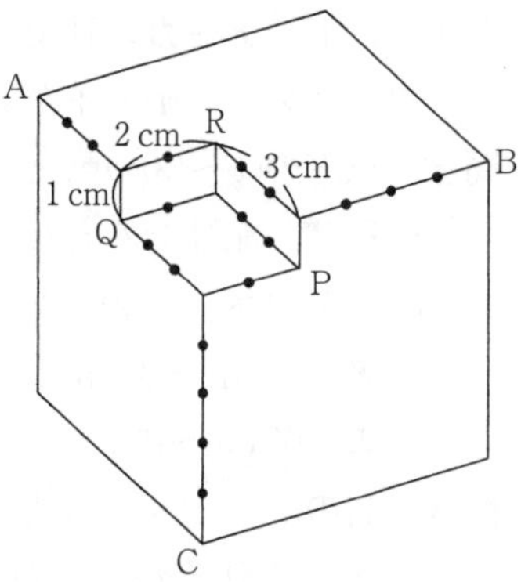

(1)　点Pを通り平面 S に平行な平面で立体 T を切ります。切り口全体の周を，(例)にならって下の図にかきなさい(答えのみかきなさい)。また，切り口全体の面積は，三角形 ABC の面積の何倍ですか。

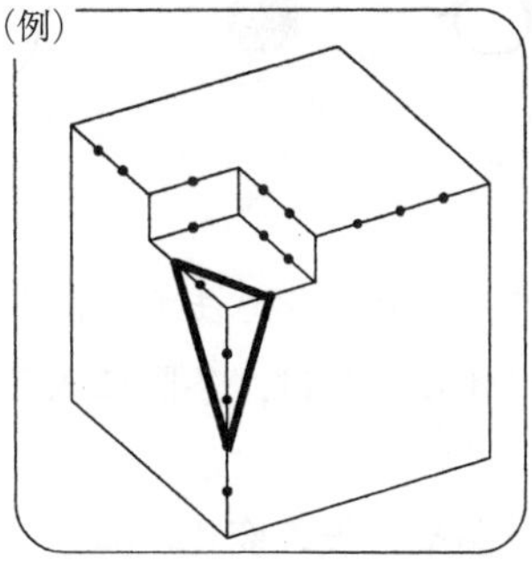

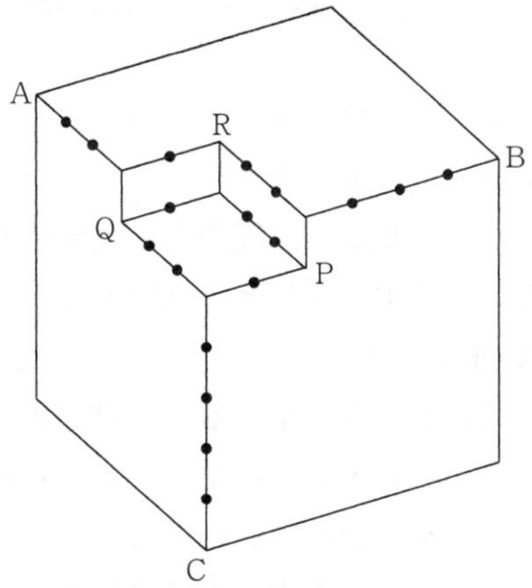

(2)　点Qを通り平面 S に平行な平面で立体 T を切ります。切り口全体の周を，(1)の(例)にならって右の図にかきなさい(答えのみかきなさい)。また，切り口全体の面積は，三角形 ABC の面積の何倍ですか。

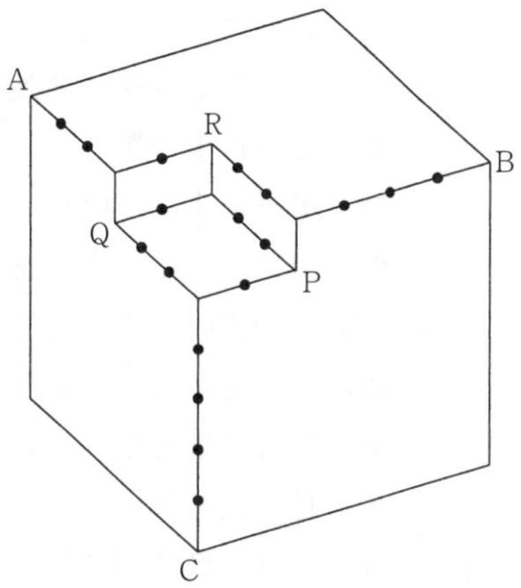

(3)　立体 T のうち，点Pを通り平面 S に平行な平面と，点Rを通り平面 S に平行な平面との間にある部分の体積は何 cm^3 ですか。

【理　科】〈第１日目〉（60分）〈満点：100点〉

1　日本のほ乳類について，次の問いに答えなさい。

問１　以下の**ア**～**カ**の動物から，肉食性のものを２つ選び，記号で答えなさい。

ア　リス　　**イ**　イタチ　　**ウ**　ネコ　　**エ**　ウマ　　**オ**　サル　　**カ**　シカ

問２　以下の(1)～(3)の動物の成体の体長（しっぽを除く）として，適するものを**ア**～**カ**から１つずつ選び，記号で答えなさい。

(1)　ヤマネ　　(2)　ツキノワグマ　　(3)　カワウソ

ア　1cm～3cm　　**イ**　5cm～8cm　　**ウ**　20cm～30cm

エ　60cm～80cm　　**オ**　1.2m～1.6m　　**カ**　2m～2.5m

問３　右の(1)～(3)は，ほ乳類の手（前あし）の手形や足跡《あしあと》の図です。それぞれ，どの動物のものですか。**ア**～**カ**から１つずつ選び，記号で答えなさい。なお，図の縮尺は同じではありません。

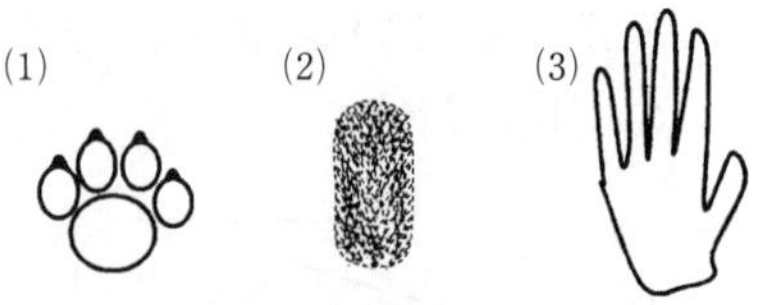

ア　ウサギ　　**イ**　サル　　**ウ**　ネコ

エ　ネズミ　　**オ**　ヤマネ　　**カ**　シカ

問４　リスの仲間の多くは，秋が深まると，周囲の変化を感じ取り，冬眠《とうみん》に入ります。同じ地域でも，標高の高いところで生活するリスと，低いところで生活するリスは，冬眠に入る際に「基準」とするものが違います。

(1)　標高の高いところと低いところを比べると，日によって気温や天候の変化が激しいのはどちらだと考えられますか。適するものを**ア**，**イ**から選び，記号で答えなさい。

ア　標高の高いところ　　**イ**　標高の低いところ

(2)　冬眠は，その動物にとって，身を守るための行動です。日によって気温や天候の変化の激しいところで生活するには，長い年月を考えると，冬眠に入る時期はどのようであるのが有利でしょうか。冬眠の日数は毎年同じぐらいであることも考えに入れ，適するものを**ア**～**エ**から１つ選び，記号で答えなさい。

ア　年々早まっていく　　**イ**　年々遅《おそ》くなっていく

ウ　年によってさまざまに異なる　　**エ**　毎年ほぼ同じ頃《ころ》

(3)　標高の高いところに住んでいるリスは，何を「基準」に冬眠に入ると考えられますか。次の**ア**～**オ**から１つ選び，記号で答えなさい。

ア　晴れの日と雨の日の割合　　**イ**　日々の温度　　**ウ**　昼と夜の長さ

エ　月の満ち欠け　　**オ**　風の強さ

問５　日本では，ほ乳類に限らず多くの生物が，絶滅《ぜつめつ》のおそれがあるとされています。このような生物は，絶滅［　　　］種に指定されています。［　　］に適する語句を，**ひらがな**で答えなさい。

問６　<u>ある地方では，人里の農作物を荒《あ》らすウサギを駆除《くじょ》するために，テンをたくさん放しました。テンは，ふだんは森の中の樹《き》の穴に巣を作り，ウサギ，ネズミ，木の実など，いろいろな種類のエサをとります。結果として，ウサギは減りましたが</u>，その後，テンの数や住み家はどうなるでしょうか。次の文中の

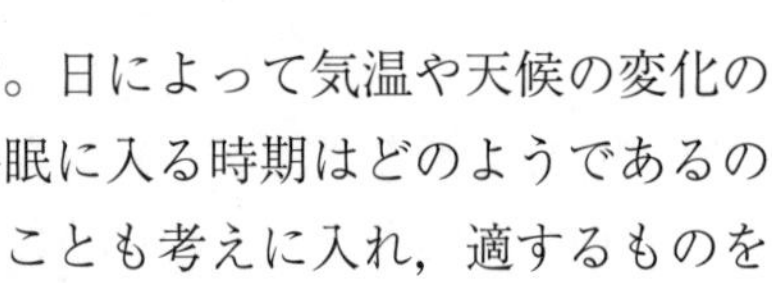
テン

［　　］に適する語句を下線部中の言葉を抜き出して答え，{　}内の**ア**～**ウ**から適するものを記号で選びなさい。

『テンは［　(1)　］を食べるので，ウサギが減ったとき，テンの数は{(2)　**ア**　大きく増える　**イ**　あまり変わらない　**ウ**　大きく減る}。人間の活動によって自然が減り，住み家となる［　(3)　］は減っているので，別の住み家を探し，山小屋に巣を作ったり，［　(4)　］に出て民家の屋根裏などにも巣を作るようになる。』

2　次の文を読んで，以下の問いに答えなさい。

約400年前に望遠鏡が発明されると，月の表面には写真のようなクレーターがたくさん見えました。このクレーターがどうしてできたかは，長く議論されました。一つの考えは「火山のふん火」でできたとする説。もう一つは「隕《いん》石の衝突《しょうとつ》」でできたとする説です。

どちらが正しいかはA遠くから見ているだけではなかなかわかりませんでした。約50年前に人類がロケットで月に行って，ようやくB隕石衝突説が正しいとわかりました。

問１　下線部Aに関して，ふん火でできたクレーターと隕石の衝突でできたクレーターは，形がよく似ていますが，地球ではそれらの近くへ行っていろいろ調べることができます。地球上のクレーターで次のことがわかった場合，(1)～(3)のそれぞれについて，火山のふん火でできたと考えられるものは**ア**を，隕石衝突でできたと考えられるものは**イ**を，どちらともいえないものは**ウ**を答えなさい。

(1)　クレーターのかべや底を作っている岩石と同じ岩石が，クレーターのまわりに飛び散っていた。

(2)　よう岩がまわりに流れ出て，固まっていた。

(3)　とても強く押《お》されてできる物質が，底の地中から発見された。

問２　下線部Bに関して，人類が月に行って発見したある事実によって，隕石衝突説が正しいとわかりました。その事実とは次の**ア**～**エ**のうちのどれだと考えられますか。１つ選び，記号で答えなさい。

ア　月の海とよばれる地域の石から生物の化石が見つかった。

イ　月の海とよばれる地域には大きなクレーターが少なかった。

ウ　月面にある石は，どれもかどが取れていて丸かった。

エ　月面にある石の表面に数 mm 以下の小さなクレーターがたくさん見つかった。

惑星《わくせい》の表面については，距離《きょり》が月よりもはるかに遠いため，望遠鏡で見ても，そのくわしいようすはわかりませんでした。無人のロケットが惑星の近くまで行って初めて，表面のくわしい写真を送ってくるようになりました。C惑星の中には表面に無数のクレーターがあり，月とそっくりのものもありました。地球は惑星の一つで，月とは非常に近く，同じような環境《かんきょう》で同じようなでき方をしたと考えられます。しかし地球の表面には，隕石の衝突でできたクレーターは少ししか見つかりません。

問３　下線部Cに関して，その惑星も地球も月も，誕生した当時はすべて表面に無数のクレーターがあったと考えられます。その惑星に今も多数のクレーターが残っている最も大きな理由は何と考えられますか。次の**ア**～**オ**から１つ選びなさい。

ア　その惑星の表面の温度が高い。

イ　その惑星の表面の温度が低い。

ウ　その惑星の表面に水と空気がある。

エ　その惑星の表面に水と空気がない。

オ　厚い雲におおわれていてその惑星の表面が見えない。

3　次の実験１～実験３についての文を読み，以下の問いに答えなさい。

実験１　試験管①に10cm^{3}の塩酸Xを，試験管②に10cm^{3}の水溶液《すいようえき》Yをとり，それぞれにアルミニウム0.1gを加えたところ，どちらからも20cm^{3}の水素が発生し，アルミニウムは溶《と》け残りました。また，試験管③に10cm^{3}の塩酸Xを，試験管④に10cm^{3}の水溶液Yをとり，それぞれを蒸発皿に入れておだやかに加熱し，体積をそれぞれおよそ半分にしてからそれぞれ元の試験管にもどし，それぞれにアルミニウム0.1gを加えたところ，$_{A}$試験管③，④のうち片方はほとんど気体が発生せず，もう片方からは20cm^{3}の水素が発生しました。

実験２　水溶液Yの性質を青色リトマス紙で調べると，リトマス紙は赤く変色しました。

実験３　「水溶液Y」「セッケン水」「食塩水」の性質を，万能試験紙を用いて調べました。万能試験紙は，その色の変化によって，酸性やアルカリ性の強さを表す数値（pH，ピーエイチと読む）がわかるものです。その結果，万能試験紙の色は，$_{B}$一つの水溶液はオレンジ色（pHが２）に，別の一つの水溶液は緑色（pHが６）に，さらに別の一つの水溶液は青色（pHが10）になりました。なお，これらの水溶液をつくるために用いた水は，実験用につくられた純粋な水をしばらく置いておいたものですが，その水のpHを万能試験紙で調べたところ，何度調べても$_{C}$中性を示すpHよりも少しずれていることがわかりました。

問１　実験を行うときの一般的な注意として適切なものを，次の**ア**～**オ**からすべて選びなさい。

ア　試験管立ては，試験管の取り出しに便利なように，実験台の端の方に置くのがよい。

イ　試験管に入れる液体の量は，多くても高さの４分の３までにする。

ウ　試験管に入っている水溶液のにおいをかぐときは，試験管の口のほうに顔を近づけないようにする。

エ　ビーカーに入った水溶液の性質を調べるときは，ピンセットを用いてリトマス紙をビーカー内の水溶液に直接つける。

オ　誤って塩酸が手についたときは，ただちに多量の水で洗い流す。

問２　ガスバーナーに点火したとき，炎の色が黄色になりました。このとき，ガスの量を変えないまま，適切な炎にするためには，ガスバーナーのどちらのねじをどちらに回せばよいですか。次の**ア**～**エ**から正しいものを選びなさい。

ア　上のねじを，上から見て時計回りに回す。

イ　上のねじを，上から見て反時計回りに回す。

ウ　下のねじを，上から見て時計回りに回す。

エ　下のねじを，上から見て反時計回りに回す。

問3　下線部Aについて，水素が20cm^3発生したのは試験管③，④のどちらと考えられますか。番号で答えなさい。

問4　水溶液Yに溶けている物質の性質は，塩酸Xに溶けている物質の性質とどのような点が異なると考えられますか。10字以内で答えなさい。(字数には句読点を含《ふく》みます。以下同じ)

問5　下線部Bで，それぞれの水溶液が示したpHの組み合わせとして正しいものを，下の表の**ア**～**カ**から選んで答えなさい。

	ア	**イ**	**ウ**	**エ**	**オ**	**カ**
水溶液Y	2	2	6	6	10	10
セッケン水	6	10	2	10	2	6
食塩水	10	6	10	2	6	2

問6　下線部Cのようになる理由を考えて，20字以内で書きなさい。

4　ニュートンは，地表付近で落下する物体(たとえば木から落ちるリンゴ)に働く力と月に働く力とを比べて，万有引力の法則を予想したといわれています。次のヒントを参考にして，以下の問いに答えなさい。

ヒント　おうぎ形で中心角が非常に小さいときには，弧《こ》(円周の一部)の長さと弦《げん》(直線)の長さはほとんど等しい。

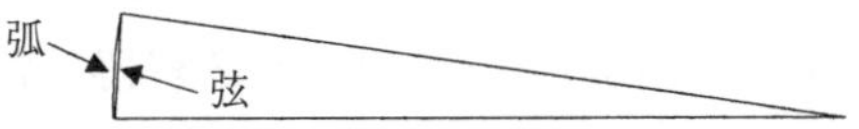

月は地球を中心に，半径38万kmの円周を1周236万秒(27.3日)で回っているとします。月が1秒間で円周上を図のAからBに動きます。1秒間に月が円周上を回る角度は非常に小さく，図で弧ABの長さは{3.14×(①)÷(②)}kmなので，月の動く速さは，およそ毎秒 ③ kmと計算されます。

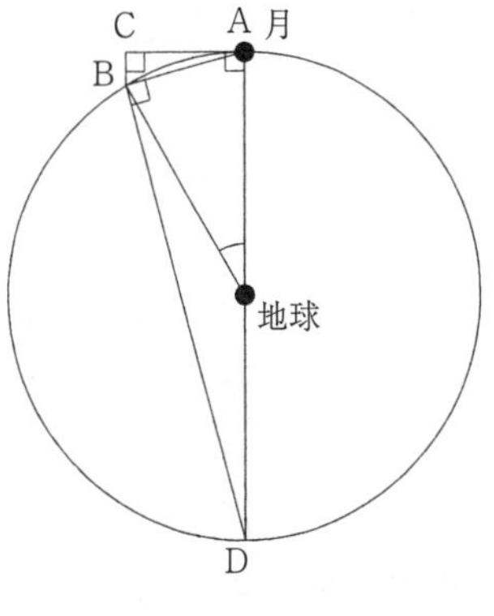

問1　(①)，(②)にあてはまる数値を次の**ア**～**ソ**から記号で選びなさい。

ア　0.0135　**イ**　0.135　**ウ**　1.35　**エ**　13.5
オ　27.3　**カ**　38　**キ**　60　**ク**　76
ケ　135　**コ**　236　**サ**　490　**シ**　1350
ス　3600　**セ**　6380　**ソ**　12760

問2　 ③ にあてはまる数値を小数第1位まで求めなさい。

上のことを，引力が働かなければ月は同じ速さでAからまっすぐCに進むところ，引力が働いたために月がCBの長さだけ地球に向かって落下したとみなします。ヒントから弦ABの長さは弧ABの長さにほとんど等しいことと，直角三角形ABDは直角三角形BCAを拡大した形であることを使って，AB：AD＝ ④ ： ⑤ よりCBが(⑥)cmと求まります。

木から落ちるリンゴの場合，1秒間に490cm落下するので，リンゴと月の1秒間の落下距《きょ》離《り》の比は約(⑦)：1になります。

また，地球から月までの距離38万kmと，地球の中心からリンゴまでの距離(地球の半径)6380kmの比は約(⑧)：1です。リンゴと月の1秒間の落下距離が，それぞれの場所で地球から働く引力の大きさに比例するとすれば，『地球から働く引力は［　⑨　］』という法則がなりたつことが予想されます。

問3　［④］と［⑤］にあてはまる長さを，次の**タ**～**ト**からそれぞれ選びなさい。

タ　AB　　**チ**　AC　　**ツ**　AD　　**テ**　BC　　**ト**　BD

問4　(⑥)，(⑦)，(⑧)にあてはまる最も近い数値を，問1の**ア**～**ソ**から記号で選びなさい。

問5　［⑨］にあてはまる語句として適当なものを，次の**ナ**～**ノ**から選びなさい。なお「距離」とは，地球の中心からの距離のことです。

ナ　「距離」に比例する。

ニ　「距離×距離」に比例する。

ヌ　「距離」に反比例する。

ネ　「距離×距離」に反比例する。

ノ　「距離」とは無関係である。

5　乾燥《かんそう》していない空気中には水蒸気が含《ふく》まれています。空気は，その温度が高くなるほど多くの水蒸気を含むことができます。ある温度で，水蒸気をそれ以上含むことができない空気を「湿度《しつど》100％の空気」とよび，同じ温度で，その5分の1の重さの水蒸気を含む空気を「湿度20％の空気」とよび，水蒸気をまったく含まない空気を「乾燥空気」とよぶことにします。

30℃で内部が1 m^3 のガラス容器に乾燥空気が入っているとき，内部に液体の水を少しずつ加え，30℃に保ち続けると，30 g の水を水蒸気にすることができ湿度100％の空気になります。同じことを25℃で行うと水 22 g が水蒸気になった湿度100％の空気になり，10℃で行うと水 10 g が水蒸気になった湿度100％の空気になります。何 g の水が水蒸気になれるかは，容器内の空気の量に関係なく，容器の体積と温度だけによって決まります。

次の問1～問4に答えなさい。なお，室内の気体は出入りできないものとします。

問1　エアコン付きの容積 500 m^3 の室内に30℃の乾燥空気を入れました。そこに，水を少しずつ蒸発させていくと，30℃，湿度80％の空気になりました。蒸発させた水は何 kg ですか。

問2　エアコンを25℃，湿度60％に設定し，問1の30℃，湿度80％の空気を除湿冷房しました。この除湿によってエアコン内で，水蒸気から何 kg の液体の水ができましたか。

問3　同じ部屋のエアコン内に，問2とは別の除湿でできた水 6 kg が残っているまま，室内の空気を10℃，湿度30％の空気と入れかえました。その後，エアコンを25℃，湿度60％に設定して加湿暖房しました。加湿に必要な水として，エアコン内にあった水を使えるとすると，室内が設定した温度と湿度になったとき，エアコン内に水は何 kg 残りますか。

問4　問2の最後の室内の気体(25℃，湿度60％の空気)を気体Aとします。気体Aは乾燥空気 491 m^3 と水蒸気 9 m^3 が均一に混ざり合っています。また，乾燥空気は体積比で78％の窒素《ちっそ》と21％の酸素と1％のアルゴンが均一に混ざり合っています。気体A中に窒素，水蒸気はそれぞれ体積比で何％含まれていますか。小数第2位を四捨五入して小数第1位まで求めなさい。

6　現在，日本で繁殖《はんしょく》しているタンポポにはいくつかの種類があります。それらのうち昔から日本に自生しているものをまとめて「在来タンポポ(在来種)」とよび，明治以降に外国から入ってきた「外来タンポポ(外来種)」と区別しています。次の問いに答えなさい。

問１　私たちがよく見るタンポポの花は「小さな花」が集合したものであり，受粉の後それぞれの花に種子ができます。タンポポの種子がどのように花から変化したのかを考えて，「小さな花」１つを図示しなさい。(解答らんのわく内にはめしべとおしべの先端《せんたん》を示してあります。花として必要な器官をかき加えて花の図を完成させなさい。文字を使ってはいけません。)

問２　外来種が在来種を圧倒《あっとう》して分布を広げたのは昭和30～40年代の高度成長期以降です。

⑴　外来種が多く分布しているのは次の**ア**，**イ**のどちらですか。

ア　乾燥《かんそう》し，やせている地面やコンクリートのすき間

イ　野焼きやあぜ道整備のある里山

⑵　それぞれのタンポポには特有の性質があり，分布がかたよる傾向《けいこう》があります。以下の①～⑥の｛　｝の性質のうち，一つは外来種の，もう一つは在来種の性質を示しています(例の**ア**は外来種，**イ**は在来種)。それぞれの｛　｝の中から**外来種の**性質を記号で選びなさい。

例 ｛**ア**　軽い種子が多数でき，地面に落ちるとすぐに発芽《はつが》する。／**イ**　大きい種子が少数でき，夏期は土の中で眠《ねむ》り秋に発芽する。｝

① ｛**ウ**　成長が速く，芽吹《めぶ》いて半年あれば小さいタンポポでも花が咲《さ》く。／**エ**　成長が遅《おそ》く，芽吹いて花が咲くまでに２～３年かかることもある。｝

② ｛**オ**　花が咲くのは春だけである。／**カ**　春に多いが，ほぼ一年中花が咲く。｝

③ ｛**キ**　夏は葉を落とし，ほとんど光合成をしない。／**ク**　一年中葉を広げ，光合成をする。｝

④ ｛**ケ**　比較的《ひかくてき》寒さに強く，寿命《じゅみょう》が長い。／**コ**　おおむね１年で枯《か》れる。｝

⑤ ｛**サ**　受粉しなくても種子ができる。／**シ**　受粉しなければ種子ができない。｝

⑥ ｛**ス**　受粉するのに虫が必要である。／**セ**　親と子の遺伝的特徴《とくちょう》が完全に同じである。｝

7　糸を通す穴のある小さなおもりと，長さ60cmの糸があります。糸を通したとき，おもりは糸にそって，摩擦《まさつ》なく自由に動くことができます。おもりの穴には止め具がついていて，おもりを糸に固定することもできるようになっています。糸の重さは無視します。

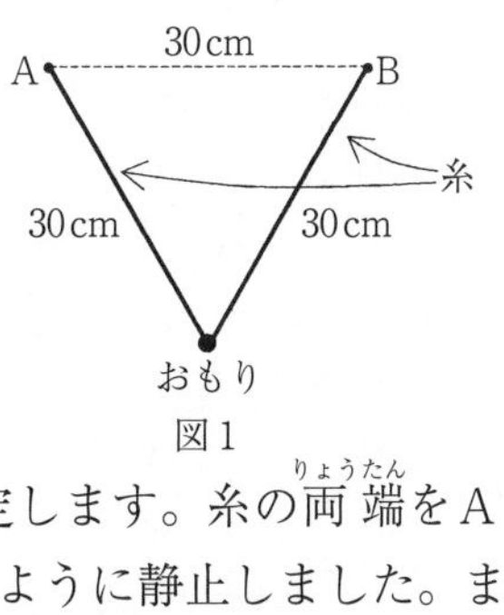

図１

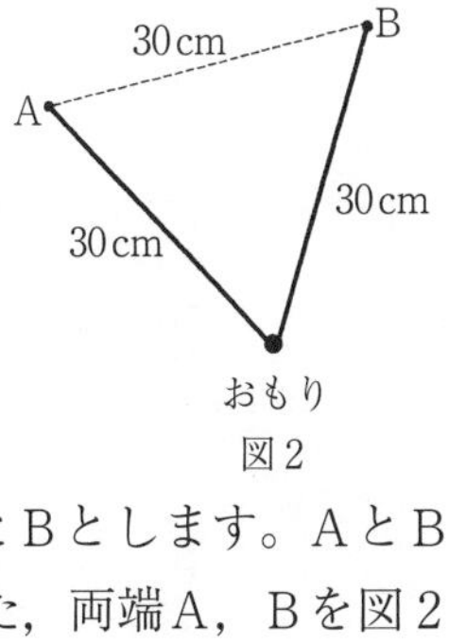

図２

おもりに糸を通し，糸の中央におもりを固定します。糸の両端《りょうたん》をAとBとします。AとBを水平に30cm離《はな》して持つと，おもりは図１のように静止しました。また，両端A，Bを図２のようになめにして持つと，おもりは図２のように静止しました。

問1　糸の中央におもりを固定して，図1の状態から，糸の端《はし》Bだけを，ゆっくりと，真上方向に，点Pまで移動させていきます(図3)。点PはBの真上で，Aから60cm離れた点です。このとき，おもりはどのような道筋をたどるでしょうか。解答らんの図に線でかきなさい。

図1の状態ではおもりの左右両側の糸の傾《かたむ》きは同じになっています。この状態でおもりの止め具をはずしておもりが自由に動けるようにしても，おもりが動くことはありませんでした。

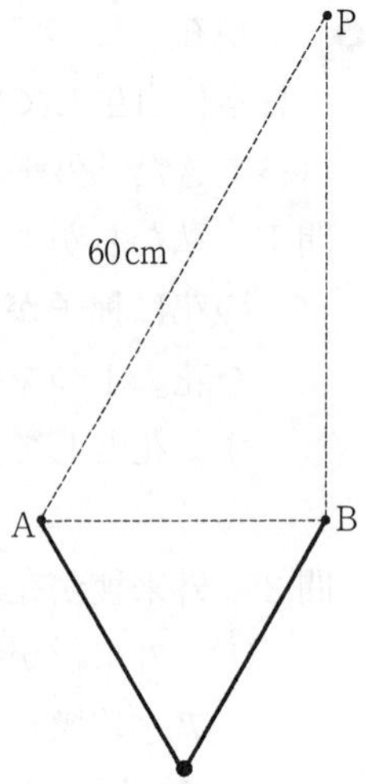

図3

問2　図2の状態では，おもりの右側の糸のほうが傾きが急になっています。この状態でおもりの止め具をはずし，おもりが自由に動けるようにすると，おもりはどうなるでしょうか。次の文中の①②③の**ア**～**ウ**からそれぞれ適するものを選び，正しい文にしなさい。

『おもりは①{**ア**　左に動く　　**イ**　右に動く　　**ウ**　動かない}。なぜなら，②{**ア**　動いたほうがおもりの位置が低くなる　　**イ**　動いたほうがおもりの位置が高くなる　　**ウ**　動いてもおもりの高さは変わらない}からである。またその後，おもりが静止したとき，おもりの左右の糸の傾きは③{**ア**　両側の糸の傾きは同じになる。**イ**　右側の糸のほうが傾きが急になる。　　**ウ**　左側の糸のほうが傾きが急になる。}』

問3　図1の状態でおもりの止め具をはずし，糸の端Bだけを，ゆっくりと，真上方向に，点Pまで移動させていきます(図3)。点PはBの真上で，Aから60cm離れた点です。このとき，おもりはどのような道筋をたどるでしょうか。解答らんの図に線でかきなさい。

らうのは主役です。なのにこの期《ご》に及《およ》んでも、この「私」は花を独り占めすることに罪悪感を持っています。心底、人のよい人なのでしょうが、腹を括《くく》り主役に収まるのも実はエネルギーを要すること。謙遜《けんそん》もほどほどにねと、ちょっと意地悪を言いたくなるような場面でもあります。

　もしあなたが、石垣りんに、ここから二、三本抜き取って、と言われたら、どうしますか。わたしなら一度は断るものの、素直《すなお》にもらうかもしれない。なかなかこの女性詩人のようなリアクションはできません。しかも石垣りんより年下ですよ！

　でも言われたほうの石垣りんは「むっ」としません。ありがたい、やさしい言葉だと、心おきなく花束を抱きしめる。ああ、そうかとわたしは思います。5石垣りんのような人に、花束を心おきなく抱いてもらうというのは、実は大変なことなのですね。外から見たら、この「私」をいじめているような言葉ですが、「私」にとっては、これが何よりも「やさしい言葉」だという。「やさしい」というのは、この詩人にとって、「真実」という意味だったのです。

（小池昌代《こいけまさよ》『詩を読んで生きる　小池昌代の現代詩入門』による）

問一　――線部1「気持が花より赤くなり」とありますが、これはどのような気持ちを表していますか。簡潔に答えなさい。

問二　――線部2「大きな目をありったけ見ひらいて」とは、何をどのように思う気持ちを表したものですか、答えなさい。

問三　――線部3「こんどもらうのは白い花だよ」とありますが、「こんど」とはいつのことですか、答えなさい。

問四　――線部4「目をつむって／心おきなく赤い花を抱いた」とありますが、このときの「私」の気持ちを説明したものとして最も適当なものを次のア～オから選び、記号で答えなさい。

ア　花束を独り占めにしていいとすなおに受け入れている。

イ　女性詩人の言葉に傷つき、赤い花になぐさめられている。

ウ　赤い花束を自分と重ね合わせて親しみを覚えている。

エ　自分の気持ちにふたをして、赤い花束を受け入れている。

オ　赤い花束にはまだ遠慮《えんりょ》が残るが、女性詩人に同意している。

問五　――線部5「石垣りんのような人」とは、どのような人ですか。解説文をふまえて答えなさい。

問六　詩の題に「やさしい言葉」とありますが、次の説明文について後の問いに答えなさい。

「女性詩人」の言葉は、「私」が高齢《こうれい》であることへの　X　のようだが、「私」はこの言葉を「真実」だと思い、むしろ　Y　。

1　X　に入れるのに適当な言葉を、解説文中から五字以内でぬき出して答えなさい。

2　Y　に入れるのに最も適当なものを次のア～オから選び、記号で答えなさい。

ア　自分が年をとりすぎていることに気づかされ、落ちこんでいる。

イ　自分に高価な花束を用意してくれた人々に申しわけなく思っている。

ウ　限りある生を大切に生きようと思わせてくれたのだと感謝している。

エ　年寄りは年寄りらしくひっそりと暮らすのがふさわしいと思っている。

オ　自分は本当は赤い花が大好きだったのだと気づかされ、満足している。

うな気持ちのことですか。最も適当なものを次のア～オから選び、記号で答えなさい。

ア　子どもに人としてのルールやマナーを学ばせる機会を大事にしようという気持ち。

イ　子どもの危険な行動に対してひやりとしても、それをがまんしようという気持ち。

ウ　子どもが自分のしようとすることに逆らっても笑って許してやろうという気持ち。

エ　子どもといっしょに、いろいろなものに興味を持って足をとめようという気持ち。

オ　子どもがする無意味な行動をヒントに、短歌を作れることを喜ぼうという気持ち。

問五　――線部4「似たようなこと」とありますが、これはどのようなことですか。次の説明文について後の問いに答えなさい。

母親が、[X]ことによって、子どもに[Y]ようにさせてしまい、子どもの成長をうながせなくなってしまうこと。

1　[X]に入れるのに適当な言葉を、問題文中から二十字以内でぬき出しなさい。

2　[Y]に入れるのに適当な言葉を、問題文中の言葉を使って十五字以内で答えなさい。

問六　――線部5「ほら、あの子はもう、あんなに遠く。ほら、この子は、こんなところでひっかかって」とありますが、ここで母親としての筆者はどのようなことを想像していますか。自分で考えて答えなさい。

問七　[6]に入れるのに適当な言葉を、問題文中から十字以内でぬき出して答えなさい。

三　次の詩とそれについての解説文を読んで、後の問いに答えなさい。

やさしい言葉　石垣《いしがき》りん

祝いごとに
ひとかかえの花束をもらった。
独《ひと》り占《じ》めする欲の深さに
1気持が花より赤くなり
どうぞ二、三本
ここから抜《ぬ》き取って下さいと
そばにいた
私より年若い女性詩人に差し出すと
美しいその大学教授は
2大きな目をありったけ見ひらいて
ケラケラ笑い
歌うように言ったものだ。
3「みんなとっておきなさいよ
こんどもらうのは白い花だよ」
4目をつむって
心おきなく赤い花を抱《だ》いた。

これ、よく見ると、ちょっと面白《おもしろ》い詩なのです。石垣りんが六十四歳《さい》のときに刊行された最後の単行詩集に収められています。大学教授という社会的には地位の高い、けれど自分よりは年が若い女性詩人と「私」が出てきます。何かのお祝いの席で、「私」が花束をもらう。この「私」は、ほとんど石垣りんのこととして読める詩です。花束をも息子《むすこ》との散歩コースのひとつに、隅田川《すみだがわ》ぞいの公園があった。広々とした緑の斜面《しゃめん》があって、春にはたんぽぽ、夏にはバッタ、秋には小犬のしっぽのようになったエノコログサ……。ii ささやかではあるが、都会のなかに残された自然を、感じさせてくれる場所だった。

たんぽぽが綿毛になると、ふうっと吹いて見せてやるのが楽しみだった。はじめは、何がおきたのか、わからないという顔をしていた。まあるい白いものが、突然《とつぜん》ばらばらになって飛んでゆくのだから。

そのうち、自分でもやってみたくなったようで、息子はふうふうとかわいい息をかけていた。だが、その程度の風では、なかなかうまく飛ばない。しまいにはぶんぶん振《ふ》り回《まわ》したり、手で綿毛をつかんで、投げたりしていた。

たんぽぽの綿毛は、たんぽぽの子どもたちだ。地面に根をはっている母親は、子どもたちのこれからを、見とどけてやることはできない。ただ、風に祈《いの》るばかり。

たんぽぽの母さん、iii せつないだろうなあ——そんなことを春の斜面で思うようになったのも、自分が子どもを持ってからのことだ。そしてまた、「見とどけられない」という点では、実はたんぽぽも自分も同じである。

いつかは、この子も、この綿毛のように飛んでゆく。そう思いながら吹いていると、それはもうただの遊びではなく、息子と自分の時間が限られたものであることを、切実に感じるひとときとなった。5 ほら、あの子はもう、あんなに遠く。ほら、この子は、こんなところでひっかかって。

息子と一緒《いっしょ》にいられる時間を、だから私は「たんぽぽの日々」と感じている。綿毛になって飛んでいったらもう、あとは［ 6 ］。

（俵《たわら》　万智《まち》『たんぽぽの日々』による）

問一　〰〰線部i〜iiiの問題文中での意味として、最も適当なものをそれぞれ選び、記号で答えなさい。

i「すこぶる」

ア　非常に　イ　見るからに　ウ　気のせいか

エ　たまたま　オ　何度も

ii「ささやかではあるが」

ア　たまにしかみられないが

イ　ほんの一部にすぎないが

ウ　小さく目立たないものではあるが

エ　個人的な好みであるが

オ　大げさな言い方ではあるが

iii「せつない」

ア　ゆくえが気になって仕方がない

イ　わくわくするほど楽しい

ウ　成果があがるのが待ち遠しい

エ　胸がしめつけられるようにつらい

オ　努力がむくわれずむなしい

問二　——線部1「『おかあさんの機嫌がいい』というのが、一番ではないだろうか」とありますが、筆者がこのように考えるのはなぜですか。次の説明文の［　］に入れるのに適当な言葉を、(B)と(C)の間の問題文中の言葉を使って、二十五字以内で答えなさい。

母親というものは、［　　　　］と思うから。

問三　——線部2「『機嫌のいいおかあさん』を維持するのは、実はとても大変だ」とありますが、これはどうしてですか。「〜から」に続く形で、問題文中から二十字以内の言葉をぬき出して答えなさい。

問四　——線部3「『散歩』の気持ち」とありますが、これはどのよ嫌のいいおかあさん」を維持《いじ》するのは、実はとても大変だ。自慢《じまん》ではないが、私は人一倍気が長く、まあめったなことでは人間関係のトラブルも起こさず、ちょっとやそっとでは腹を立てないという性格だ。

それでも、子どもを相手にしていると、ついつい怒鳴《どな》ったり、恐《こわ》い顔をしてしまう。「だめだめだめ！」と日に何度、声を荒《あら》げることだろう。

もちろん、生命に関《かか》わるような危険なことからは、声を荒らげてでも守ってやらねばならないし、人としての基本のルールやマナーを身につけるためには、厳しく叱《しか》ることも必要だ。が、そういう場面でなくても、なんだかイライラしてしまうことがある。

イライラ＝不機嫌の原因は、子どもが自分の思うようにやってくれない、ということが多い。急いでいるのに、なんだかんだと遊びながら道を歩かれたりすると、「んもう～早くしてよ！」となる。が、よく考えてみれば、自分にも3「散歩」の気持ちがあれば、ここは機嫌よく歩ける場面なのだ。

電信柱があれば棒でたたき、郵便ポストがあれば手をつっこみ、横断歩道があれば白い線の数を数えてみたくなる。こういうことに根気よくつきあって待つということが、特別何かをしてやるよりも、大事なのだという気がする。

叱られて泣いてわめいてふんばってそれでも母に子はしがみつく（B）

子どもにとって、ある意味自分は全世界に近いぐらいの存在なんだな、と思うのは、この歌のようなときだ。母が世界の一部にすぎないのなら、叱られて泣いてわめいてそこを離れればいいのだが。子どもは、そうはできない。この母にもう一度機嫌よくなってもらわないことには、世界は再開されない、というぐらいの思いがあるのだろう。

時々、私より小さな子どもを持つ友人から、相談を受けることがある。「母乳でがんばりたいのに、なかなか出ない。もっと努力すべきかしら？」「保育園に預けるかどうか、迷っている。」

誰《だれ》にでもあてはまる正解なんてないけれど、少なくとも私はこうアドバイスする。「あなたが機嫌のいいママでいられることを、最優先するのがいいんじゃない。」と。それは、自分本位になれということではなく、子ども本位に考えて、のこと。イライラしながら母乳を出しているお母さんより、多少栄養的には劣《おと》っても、機嫌よくミルクをくれるお母さんのほうがいい、と思う。

子どものことを思うあまり、機嫌が悪くなるというパターンもある。以前、本屋さんの児童書のコーナーで、iすこぶる機嫌の悪いお母さんを目撃《もくげき》したことがある。

「どうしてあなたは、こういう付録のついた本ばかり選ぶの。本はオモチャじゃないのよっ！」

結局子どもは、お母さんの顔色をうかがって、優良そうな物語の本を選んでいた。「いい本に出会わせてやりたい。しかも自主的にそれを選ばせたい」という思いが、前のめりになった結果だろう。そもそもは、子どもへの愛情から生まれた強い思い。そこが切ないのだが、本とのいい出会いとは言い難《がた》い場面だった。

このように人のことはよくわかるのだが、自分と子どもとの関係では、4似たようなことをしてしまいがちだ。日々反省しつつも、「機嫌のいい母であること」は、自分の中心にある指針だ。それは子どもがどんなに大きくなっても、変わらないだろうと思う。

たんぽぽの綿毛を吹《ふ》いて見せてやるいつかおまえも飛んでゆくから（C）

くりかえします。生きていくうえで一つたりとも欠かせぬことの大半を、わたしたちはいま社会の公共的なサービスに委託《いたく》して暮らしています。たがいのいのちの世話を、病院や学校、保育園、介護《かいご》施設、外食産業、クリーニング店、警察署・消防署などにそっくり任せて生活しています。これは福祉の充実《じゅうじつ》、あるいは「安心・安全」と世間では言われますが、Gウラを返していえば、各人が自活能力を一つ一つ失ってゆくHカテイでもある。わたしたちは社会のこのサービスが事故や故障で止まったり、劣化《れっか》したり、停滞《ていたい》したりしたとき、それに文句(クレーム)をつけることしかできなくなっています。じぶんたちで解決策をIテイアンしたり、あるいは行政やサービス業から仕事を取り返してじぶんたちでやりますと言うことができなくなっています。それほど6わたしたちは市民として、地域社会の住民として、無能力になっているのです。このことが震災のような大災害のときにむきだしになるのです。ふだんはそうしたサービス業務にあるていど任せておくとしても、いざというときのために、いつでもそれらが自前でできる準備だけはしておかなければ、非常時に復興を担《にな》えない、とても壊《こわ》れやすい存在に一人ひとりがなってしまいます。

(鷲田《わしだ》清一《きよかず》『おとなの背中』による)

問一　――線部A～Iのカタカナを漢字に改めなさい。

問二　――線部1「文明が進めば進むほど天然の暴威による災害がその劇烈の度を増す」の内容をよりくわしく述べている部分を問題文中から七十五字以内でぬき出し、始めと終わりの六字を答えなさい。

問三　――線部2「一部の損傷が系全体に致命的なダメージを与えてしまう」とありますが、現代の都市生活においては、どのようなことがこれにあてはまりますか。「＊」以降の内容から、具体的に答えなさい。

問四　□に入れるのに最も適当な言葉を次のア～オから選び、記号で答えなさい。

ア　われ関せずで　　イ　じだんだをふんで

ウ　いわれるがままに　　エ　夜を日についで

オ　なすすべもなく

問五　――線部3「帰宅難民」とはどういう人のことですか。「通勤」「電車」という言葉を必ず使って答えなさい。

問六　――線部4「むきだしになります」とありますが、「むきだしになる」とはここではどういう意味ですか。自分の言葉で答えなさい。

問七　――線部5「いのちの世話」とは、どのようなことですか。問題文中の言葉を使って説明しなさい。

問八　――線部6「わたしたちは市民として、地域社会の住民として、無能力になっている」とありますが、これはどういうことですか。「いのちの世話」という言葉を必ず使って説明しなさい。

二

次の文章を読んで、後の問いに答えなさい。(A)～(C)は、短歌につけられた記号です。

機嫌《きげん》のいい母でありたし無農薬リンゴひとかけ摺《す》りおろす朝(A)

離乳食《りにゅうしょく》を作っていたころの歌だから、もう三年近く前のことだ。けれど、この「機嫌のいい母でありたし」という思いは、今も変わらない。いや、変わらないどころか、日々強くなっている。子どもの環《かん》境《きょう》を考えるとき、大事なことはさまざまあるだろうけれど、1「おかあさんの機嫌がいい」というのが、一番ではないだろうか。

ものすごくシンプルで、簡単そうなことだが、環境としての2「機れもまたすぐに忘れられるというようなことがくりかえされてきたのでしょう。それを知るには、自然の脅威の前では人はちっぽけな存在であるばかりでなく、社会のなかでも人はどんどん無力になってきているという、冒頭《ぼうとう》で書いたことを、さらに問いただしておく必要があります。

＊

この国のほとんどの人は、ふだん、飢餓《きが》や戦争をはじめとして、生存がCコンテイから脅《おびや》かされるような可能性を考えないで生きています。生存そのものが危うくなるような状況をまったくと言っていいほどDソウテイしないで暮らしています。なんとなく「だれかがやってくれる」と思っていられる社会に生きているからです。わたしたちは、一見とてもよくできた社会で暮らしています。電車は数分遅《おく》れただけでニュースになるくらい正確に運行しているし、停電や郵便物の遅配《ちはい》もめったにありません。深夜もたいていのところは危険も感じずに歩けるし、突然《とつぜん》体に変調をきたしても病院に駆《か》けつければなんとかしてもらえます。生活保護や福祉《ふくし》、Eリュウツウや防犯・防災など、社会にはいろんなセイフティネットの仕組みが備わっていて、過去の時代になかったような安心で安全な社会に暮らしているのが、わたしたちです。

けれども、このように暮らしやすい環境《かんきょう》のなかで、知らないあいだに、じぶんたち自身がとんでもなく無能力になっているということには、なかなか気づきません。そしてそのことが、こんどの震災のような大災害のときには4むきだしになります。先の例にもどれば、水道が止まるだけで、目の前の川には水がたっぷり流れているのに、雨はしばしばどっさり降るのに、それらを飲める水に変えることが、個人としてのわたしたちにはできません。浄水場になにかトラブルが発生すればとたんにアウト、なのです。

生きものであるかぎり、人にはどうしても自力でしなければならないこと、しつづけなければならないことがあります。食べること、そのために食材を調達し調理すること、食べたあとのゴミや排泄物《はいせつぶつ》を処理すること。赤ちゃんをとりあげること、子どもを育てること、子どもに世の中のことをいろいろ教えること。身近に病人がいればその看護をすること、おとしよりの世話をすること。人を看取《みと》り、見送ること。人と人のあいだでいろいろめんどうなもめ事が起こればそれを調停すること。防犯にFツトめること、などなどです。これらは人のいのちに深くかかわることなので、細心の注意を払《はら》っておこなわなければなりません。失敗は許されません。こうした「5いのちの世話」をいいかげんにしたつけは、あとでぐっと大きくなって身にふりかかってきます。

そのために、先人たちは、これらの「いのちの世話」を確実に代行するプロフェッショナルを養成し、またその「世話」の場所を公的な施設として整備してゆきました。これは、社会が「近代化」するときの大事な一面です。めんどうな排泄物処理は文字どおりみずから手を汚《よご》さなくても、「下水道」というかたちで行政がやってくれる。病気になれば病院に行って、医師の診断と治療《ちりょう》を受ける。そのあとは看護師に看病される。夜に「火の用心」とみなで交替《こうたい》で地域を回らなくても、消防士・警察官が見回ってくれています。もめ事がややこしくなれば弁護士を立てることができます。

たがいのいのちを世話しあう、そんな大事なことを能力の高いプロが代行してくれる(もちろんそのために税金を払い、サービス料を支払う義務が生じますが)、そんな「安楽」な社会に何代にもわたって暮らしているうちに、しかし、わたしたちはそれらをじぶんでやる能力をしだいに失ってきました。かつてはだれもがそれができるよう、家族に、あるいは地域社会のなかで鍛《きた》えられてきたものですが。

〈第二日目〉（七〇分）〈満点：一二〇点〉

◎　解答に字数制限のある場合、句読点などの記号も字数に数えます。

一　次の文章を読んで、後の問いに答えなさい。

震災《しんさい》、台風、豪雨《ごうう》。自然はわたしたちの日々の暮らしに、ときにすさまじい力によって襲《おそ》いかかります。自然のこの脅威《きょうい》を前にして、わたしたちは、人間がいかにちっぽけな存在か、人間がつくったものがいかに脆《もろ》いかを、思い知らされます。

けれども、大災害のときにもっともつよく思い知らされるのは、社会のなかでわたしたちがいかに無力な存在になってきているか、です。えっ、人間は技術の進歩によって力をどんどん蓄《たくわ》えてきたのではないの？　さらに技術を高度なものに進化させれば、自然災害だって克服《こくふく》できるのではないの？　そんなAギモンがすぐに頭をよぎるかもしれません。

でも、ちょっと思い出してください。東日本大震災のあの日、（被《ひ》災地《さいち》ではなく）東京で起こったことを。揺《ゆ》れや停電で電車は止まってしまいました。そして東京で働く多くの人が家に帰れなくなり、会社に泊《と》まったりしました。歩いて帰るにも七時間、八時間とかかった人が多かったようです。それだけではありません。浄水場《じょうすいじょう》が放射能で汚染《おせん》され、水道の水も一部で飲めなくなりました。それでペットボトルの水を求め、みながコンビニやスーパーに走りました。そしてすぐに品切れBジョウタイになりました。

「1文明が進めば進むほど天然の暴威《ぼうい》による災害がその劇烈《げきれつ》の度を増す」──これは寺田寅彦《てらだとらひこ》という物理学者のことばです。彼《かれ》は、昭和一ケタの時代にすでにこんな警告を発していました。

文明よりはるか以前、人びとが洞窟《どうくつ》に住んでいたとき、たいていの地震や暴風は洞窟のなかに潜《ひそ》んでいればしのげた。粗末《そまつ》な小屋をつくって住むようになっても、倒壊《とうかい》しても吹《ふ》き飛《と》ばされても、すぐに復旧できた。が、重力に逆らい、風圧水力に抗《あらが》うような施設《しせつ》をつくりだすにつれて、人は建物の倒壊や堤防の崩壊《ほうかい》で命を危《あや》うくするようになり、災害の度は逆に大きくなっていった、というのです。

そこからさらに、彼はこう言います。文明化は人びとの連携《れんけい》や結合を強め、緊密《きんみつ》にしてゆく。単細胞《たんさいぼう》動物なら組織を切断しても各片《かくへん》が別のかたちで生き延びるが、高等動物は分化がいちじるしく発達しているので、2一部の損傷が系全体に致命的《ちめいてき》なダメージを与えてしまう。文明社会もこれとおなじで、局所での災害がさまざまなかたちで全体に波及《はきゅう》しやすい、と述べています。

寺田のこれらの言葉にあるように、現代の都市生活はじつはたいへん脆い基盤《きばん》のうえに成り立っています。ライフラインが止まれば、人は原始生活どころかそれ以下に突《つ》き落《お》とされるのです。自然が残る土地であれば、渓流《けいりゅう》の水が飲めます。土や石ころや枝葉で雨露《あめつゆ》をしのぐ工夫もできますが、都市の河水は汚《きたな》くて飲めない、アスファルトに覆《おお》われた路上には土も石ころもない。わたしたちは□ライフラインの復旧をただただ待つしかないのです。道を歩いていても、頭上高くそびえる高層ビルや、空中を走る高架《こうか》道路が落下して大災害になることもあります。十七年前の阪神《はんしん》・淡路《あわじ》大震災では、それがじっさいに起こりました。

原子力発電所の事故、高架道路の落下、「3帰宅難民」……。こういうことが過去にじっさいに何度か起こっているのに、その教訓もいつしか忘れ、またおなじことがくりかえされました。さいわい高架道路の落下だけは今回は起こらずにすみましたが。

なぜ、過去の教訓が活《い》かされてこなかったのでしょう。なぜ、歩いて七、八時間かかるようなところから職場に働きに出るという奇妙《きみょう》なことがずっとあたりまえのことのように思われ、このあたりまえがけっしてあたりまえでないことが、災害時にはじめて垣間見《かいまみ》えても、そ

（広く全体に行きわたっている様子）

5　好きな歌手のコンサートに□通う。
（同じ場所にひんぱんに出向く様子）

四

次の1～6の句の（　）には、各組でそれぞれ同じ言葉が入ります。その言葉として最も適当なものを後のア～スから選び、記号で答えなさい。

1　（　）のいのちはかなく剝《む》かれけり　（久保田万太郎）
（　）を刻む涙《なみだ》は楽しくて　（古沢蘇雨子）

2　（　）笑って実る土の中　（田口令二）
ストレスをほぐす炬燵《こたつ》の（　）　（蔵多李溪）

3　（　）の味を豆腐《とうふ》がほめられる　（上野淡月）
老醜《ろうしゅう》に似た（　）の干し具合　（荒金千秋）

4　（　）の力地を割り天を突《つ》き　（菊地喜代史）
越境《えっきょう》の罪で（　）捕獲《ほかく》する　（山本昭彦）

5　（　）ののの字ばかりの寂光土《じゃっこうど》　（川端茅舎）
（　）の拳《こぶし》ほどけよ雲と水　（桂信子）

6　（　）をつまみ素直《すなお》な待ちぼうけ　（大西彩雲）
（　）の三ツ子のみどり押《お》せば飛ぶ　（久保武）

ア　ぎんなん　　イ　ふきのとう　　ウ　えだまめ
エ　らっかせい　　オ　ぜんまい　　カ　だいこん
キ　たけのこ　　ク　しゅんぎく　　ケ　しいたけ
コ　にがうり　　サ　えのきたけ　　シ　たまねぎ
ス　まくわうり

五

次の1～6の各文が慣用句を使った表現となるように、□にそれぞれ漢字一字を入れなさい。

1　身を□にして働く。
2　木によりて□を求む。
3　□に衣《きぬ》着せぬ言い方をする。
4　失敗しては元も□もない。
5　柳《やなぎ》に□と受け流す。
6　木で□をくくったような返事をする。

六

次の〔条件〕にしたがって、漢字のしりとりを完成させなさい。

〔条件1〕　AB と CD は対義語です。
〔条件2〕　AB の読み方は次の〔語群〕から選びなさい。
〔語群〕　カクシン・カクダイ・カシツ・ゲンイン・セイサン
〔条件3〕　すべての字は音読みで読むものとします。読み方は変わってもかまいません。
〔条件4〕　同じ漢字は二度使ってはいけません。

〔例〕　変A─AB─B①─①正─正②─②C─CD─D衛
（答）　A 革　B 新　① 規　② 確
C 保　D 守
＊「革新」と「保守」が対義語。

1　発A─AB─B①─①理─理②─②C─CD─D用
2　通A─AB─B①─①検─検②─②C─CD─D見

オ　歌のうまくない歌手

問三　――線部2「言語表現は誤解を招きやすい仕組みになっている」とありますが、言語表現はどうして誤解を招きやすいのですか。次の説明文の[X]に入る言葉を問題文中の言葉を使って答えなさい。

言葉が多義的な場合、[　X　]から。

問四　――線部3「兄は妹のように歌がうまくない」は二通りに解釈できます。それぞれの意味を答えなさい。

問五　――線部4「マッチある?」とありますが、こうたずねた人の「意図」はどういうことですか。簡潔に答えなさい。

問六　――線部5「コミュニケーション」は「意思の伝達」という意味ですが、このように「～ーション」という形で、次の1～5の意味になる外来語をそれぞれ答えなさい。

1　電飾《でんしょく》
2　話すときの声の上がり下がり
3　機械が自動的に仕事をすること
4　多様な変化
5　輪番・持ち回り

問七　――線部6「粋な文章」として**適当でないもの**を次のア～オから一つ選び、記号で答えなさい。

ア　書かれた言葉以上に広がる余情を持っている、しなやかな文章。
イ　力量や感性のない読者には、意図が通じないかもしれない文章。
ウ　日本の伝統的な美意識にかなった、言葉の数を切りつめた文章。
エ　読者の誤解を避けようと工夫をこらし、わかりやすくした文章。
オ　筆者が意図をつめこまず、読者の想像力によって完成する文章。

二

次の1～4の[　]には、「明々白々」のように、「々」が二度使われる四字熟語が入ります。(　)内の意味を参考にして答えなさい。

1　準備のできた人から、[　　]出発する。
(少しずつのまとまりになって行動する様子)
2　にげかくれせず、[　　]と勝負する。
(ひきょうなやり方をせず、態度が立派な様子)
3　[　　]まで大切に伝えられてきた家宝。
(ずっと後になっても血筋を引いている者たち)
4　[　　]と新しいニュースが入ってくる。
(しだいしだいに物事が移り変わる様子)

三

次の1～5の[　]には、「あ」で始まって「く」で終わる言葉が入ります。(　)内の意味となるように、解答らんに合わせてひらがなで答えなさい。ただし、同じ言葉は一回しか使えないものとします。

1　[　　]働いているのに暮らしが楽にならない。
(心にゆとりがなくせわしなくことを行う様子)
2　[　　]の雨天の中、開会式が行われた。
(期待や目的にそわずぐあいの悪い様子)
3　強いチームに挑戦《ちょうせん》したが、[　　]敗れ去った。
(はかなくあっけない様子)
4　[　　]世界に知られるような人物になりたい。

平成二十七年度 灘中学校

【国語】〈第一日目〉(四〇分)〈満点：八〇点〉

◎ 解答に字数制限のある場合、句読点などの記号も字数に数えます。

一 次の文章を読んで、後の問いに答えなさい。

文章は読まれなくては始まらない。読む義理のない人間に読んでもらうために、読みやすく魅力《みりょく》のある文章をめざしたい。1「講議」「専問」「異和感」といった誤字、「耳ざわりがいい」「立派な生きざま」「尊敬させていただく」といった無神経な表現の続出する文章は論外だ。が、対策は簡単。醜態《しゅうたい》をさらさないために国語辞典がある。今では語感の辞典も出ている。辞典を引かない書き手は、［　　　　］だそうだ。

辞書で解決できない問題も多い。2言語表現は誤解を招きやすい仕組みになっている。伝える側はある情報をことばに託《たく》す。受けとる側は逆にことばから情報を探《さぐ》る。この構造がくせものなのだ。「大きな象」も「僕《ぼく》の好きな人」も「彼女《かのじょ》の写真」も「再婚《さいこん》した弁護士の妻」も「3兄は妹のように歌がうまくない」も「二百万円の貯金と株の半分」も＊多義的で、意図が正確に通じるか心配になる。表現が正しくても、それが多義的なら、情報が思いどおりに伝達できるという保証はないからだ。他人は自分ではない。背景も知識も違《ちが》う。その表現で他人に正しく伝わるか、一度は他人の目になって点検したい。そんなちょっとした配慮《はいりょ》が誤解を未然に防ぐ。

だが、どんなに気を配っても、相手の協力なしに誤解は完全に防げるものではない。ことばは万全《ばんぜん》ではないのだ。「4マッチある？」と聞かれると、「ない」と答えてそのまま立ち去らず、黙《だま》ってライターを差し出す。「白石君、生まれたって」と聞くと、白石君自身ではなくその家庭で赤《あか》ん坊《ぼう》(子犬かもしれないが)が生まれたものと理解する。情報がきちんと伝わるのは、ことばの運ぶ論理だけではなく多分に相手の常識の働きによる。聞く側がことばの意味よりも表現の意図を理解しようとするからだ。5コミュニケーションは話し手と聞き手との共同作業なのである。

文章でも基本的な構造は同じだ。新聞の見出しに「日本人二人がイラクで襲撃《しゅうげき》」とあると、当時の常識から「した」でなく「された」と解釈《かいしゃく》する。そんな読み手の力量と感性を信じて風通しのよい表現ですませたい。誤解を避《さ》けようと表現にこだわるうちに文章はがちがちになり、しなやかさを失う。＊寡黙《かもく》を尊ぶ美意識が発達し、日本では伝統的に余情を大事にしてきた。極端《きょくたん》になれば、ヒント程度のことばで刺激《しげき》を与《あた》え、あとは考えさせる。少なくとも、書かない部分を残して、完成を読者に期待する。6粋《いき》な文章はそんな姿をしているように思われる。

(中村《なかむら》　明《あきら》『日本語の美』による)

＊注　多義的―多くの意味にとれる様子。
寡黙―言葉数が少なくてだまりがちなこと。

問一　――線部1「講議」(学問等を説いて聞かせること)「専問」(特定の分野を研究すること)をそれぞれ正しい漢字に書き改めなさい。

問二　［　　］に入る語句として最も適当なものを次のア～オから選び、記号で答えなさい。

ア　包丁を握《にぎ》らない料理人
イ　患者《かんじゃ》が来ない医者
ウ　政策のない政治家
エ　制服を着ない生徒

平成27年度

灘 中 学 校 ▶解説と解答

算 数 ＜第１日目＞（60分）＜満点：100点＞

解 答

[1] 4　[2] 96　[3] 13　[4] 682.5　[5] ① 204　② 36　[6] ① 11　② 4　[7] ① 64　② 22.4　[8] 32　[9] 188.4　[10] ① $6\frac{1}{8}$　② $30\frac{5}{8}$　[11] 10　[12] $19\frac{1}{24}$

解 説

[1] 逆算。

$\left\{\frac{1}{31}-\left(\frac{1}{5}-\frac{1}{13}\right)\div\square\right\}\times\frac{1}{3}=\frac{1}{2015}$より，$\frac{1}{31}-\left(\frac{13}{65}-\frac{5}{65}\right)\div\square=\frac{1}{2015}\div\frac{1}{3}=\frac{3}{2015}$，$\frac{8}{65}\div\square=\frac{1}{31}-\frac{3}{2015}=\frac{65}{2015}-\frac{3}{2015}=\frac{62}{2015}=\frac{2}{65}$　よって，$\square=\frac{8}{65}\div\frac{2}{65}=4$

[2] 割合。

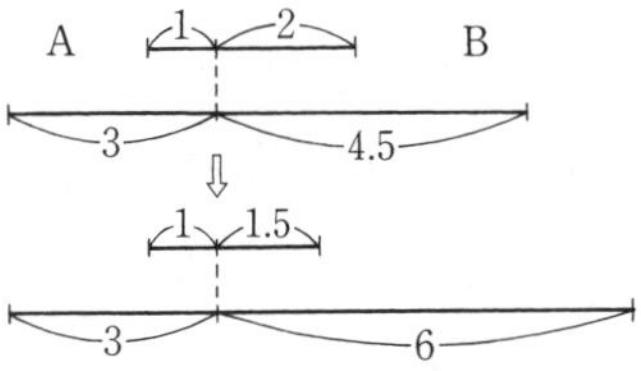

右の図で，材料Ａの重さを４とすると，Ａの$\frac{1}{4}$の部分にはＡの１kgにつき材料Ｂを２kg，Ａの$\frac{3}{4}$の部分にはＡの２kgにつきＢを３kg混ぜるから，Ｂは合わせて，$1\times\frac{2}{1}+3\times\frac{3}{2}=2+4.5=6.5$使う。また，間違《まちが》えて逆にすると，Ｂは，$1\times\frac{3}{2}+3\times\frac{2}{1}=1.5+6=7.5$使う。よって，24kgは，7.5－6.5＝１にあたるので，材料Ａは，24×４＝96(kg)ある。

[3] 整数の性質，倍数。

２桁《けた》の整数Aの一の位と十の位を入れ替《か》えた２桁の整数をBとする。AとBの積が12で割り切れるとき，AかBの少なくとも一方は12の倍数であるか，A，Bとも６の倍数のいずれかである。ここで，12の倍数は，60を除くと，12，24，36，48，72，84，96の７個あり，整数Bが12の倍数になるときの整数Aは，21，42，63，27，69の５個が加わる。次に，A，Bとも６の倍数であるとき，十の位，一の位はどちらも偶数《ぐうすう》だから，さらに66が加わる。よって，このようなAとして考えられる整数は全部で，７＋５＋１＝13(個)ある。

[4] ニュートン算。

６秒間に，６÷0.5＝12(個)の商品を包装して送り出し，６秒ごとに未包装の商品５個がまとめて送りこまれるので，未包装の商品の個数は６秒間に，12－５＝７(個)の割合で減っていく。よって，800÷７＝114余り２より，始動ボタンを押してから，６×113＝678(秒後)の未包装の商品の個数は，２＋７＝９(個)なので，この機械が止まるのは，始動ボタンを押してから，678＋0.5×９＝678＋4.5＝682.5(秒後)である。

[5] 場合の数。

12個の点から３個の点を選ぶとき，３個の点を選ぶ順番は関係ないから，12×11×10÷(３×２

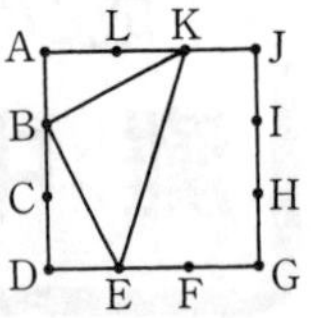

×１)＝220(通り)の選び方ができる。このうち，A，B，C，Dの中から３点を選ぶ選び方が４通り，D，E，F，Gの中から３点を選ぶ選び方が４通りで，同様に，辺GJ上，辺AJ上の３点を選ぶ場合も４通りずつあるので，三角形ができない組み合わせが，４×４＝16(通り)ある。よって，このとき，三角形は全部で，220－16＝204(個)(…①)できる。次に，点Aを頂点とする二等辺三角形の底辺は，BL，CK，DJ，EI，FHの５通りだから，点D，G，Jを頂点とする二等辺三角形も５個ずつできる。また，点Bを頂点とする二等辺三角形の底辺はHJとEKの２通りで，同様に，点C，E，F，H，I，K，Lを頂点とする二等辺三角形も２個ずつできる。よって，二等辺三角形は全部で，５×４＋２×８＝20＋16＝36(個)(…②)できる。

6　周期算。

①　$\frac{1}{43}$＝0.02325581395348837209302…で，小数第15位が８，小数第16位が３なので，小数第12位が８，小数第13位が３になるとき，$\frac{1}{43}$を小数で表した数字の並びを左へ３桁ずらしたものになる。つまり，$\frac{1}{43}$を1000倍した数の小数第12位，13位の数字はそれぞれ８，３になる。よって，小数第12位が８，小数第13位が３になるのは，$\frac{1}{43}$×1000＝23.25581395348837…から23を引いたものになるから，$\frac{1000}{43}$－23＝$\frac{11}{43}$である。　②　21桁の数字の並びの最後の３桁は093で，21桁の数字の並びがくり返されるので，093の０から数えて12番目は３，13番目は９である。つまり，93＋$\frac{1}{43}$＝93.02325581395348837209302…を1000で割ると小数第12位は３，小数第13位は９になる。よって，93$\frac{1}{43}$÷1000＝$\frac{4000}{43}$×$\frac{1}{1000}$＝$\frac{4}{43}$＝0.09302325581395348837209…となるから，小数第12位が３，小数第13位が９になるのは$\frac{4}{43}$とわかる。

7　通過算。

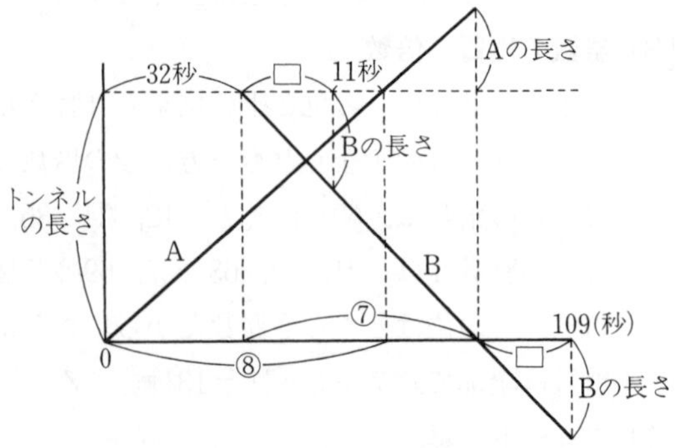

①　列車Aがトンネルに入り始めてからの時間と，列車A，Bの先頭の位置との関係をグラフにすると右のようになる。ここで，AとBがトンネルの長さだけ走るのにかかる時間の比は，$\frac{1}{14}$：$\frac{1}{16}$＝８：７である。BがBの長さだけ走る時間を□秒とすると，Bが完全にトンネルに入ってから11秒後にAがトンネルを出始めるので，⑧＝32＋□＋11＝43＋□(秒)であり，⑦＋□＝109－32＝77(秒)である。よって，⑧＋⑦＝43＋77＝120(秒)より，①＝120÷15＝８(秒)となるから，Aの先頭がトンネルに入り始めてからトンネルを出始めるまでに，８×８＝64(秒)かかる。　②　BはBの長さだけ走るのに，77－８×７＝21(秒)かかるので，AがAの長さだけ走るのに，109－21－64＝24(秒)かかる。よって，AとBの長さの和は，14×24＋16×21＝48×(７＋７)＝48×14(m)だから，AとBが重なっている時間は，48×14÷(14＋16)＝22.4(秒間)となる。

8　平面図形―角度。

下の図１で，角B＝22度，BC＝BEより，角BEC＝(180－22)÷２＝79(度)なので，角ADC＝

180−79−27=74(度)である。さらに，AD=ACだから，㋒の角の大きさは，180−74×2=32(度)となる。

図1

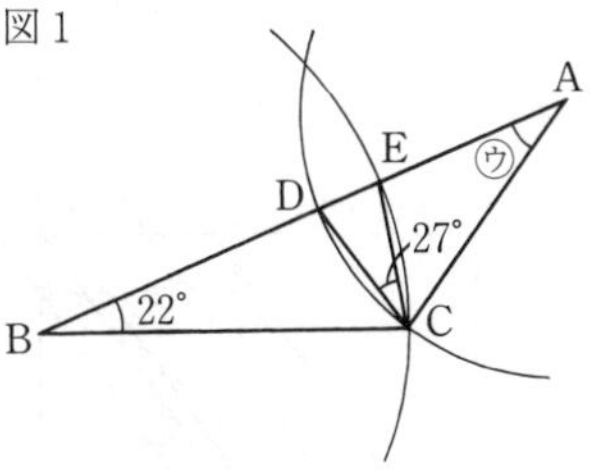

図2

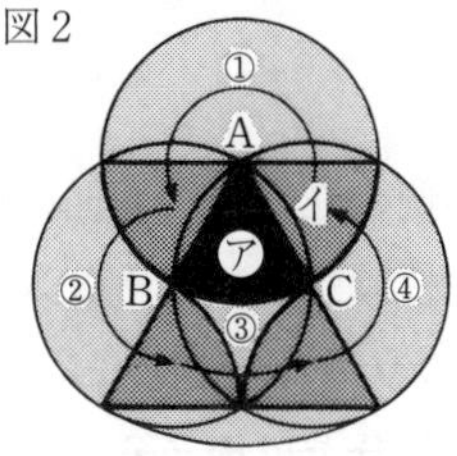

図3

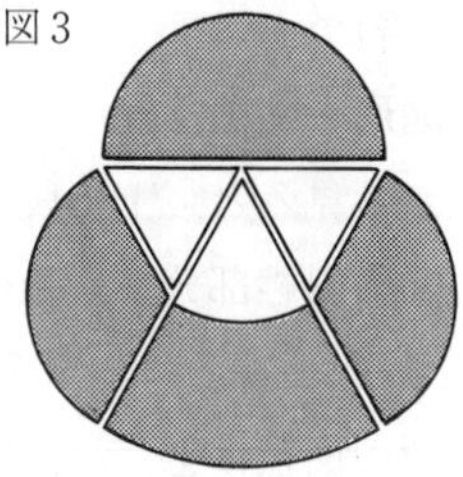

9 平面図形―図形の移動，面積。

板イが①②③④の順に動くとき，板イが初めの位置に戻《もど》るまでに板イは上の図2のように動く。よって，板イが通過する部分の面積と，1辺が6cmの正三角形の面積の2倍との差は，上の図3の影《かげ》をつけた部分の面積と等しいから，$6\times6\times3.14\times\left(\frac{1}{2}+\frac{1}{3}\times2\right)+(12\times12-6\times6)\times3.14\times\frac{1}{6}=36\times3.14\times\frac{7}{6}+(144-36)\times3.14\times\frac{1}{6}=(42+18)\times3.14=188.4(\mathrm{cm}^2)$となる。

10 平面図形―辺の比と面積の比，相似。

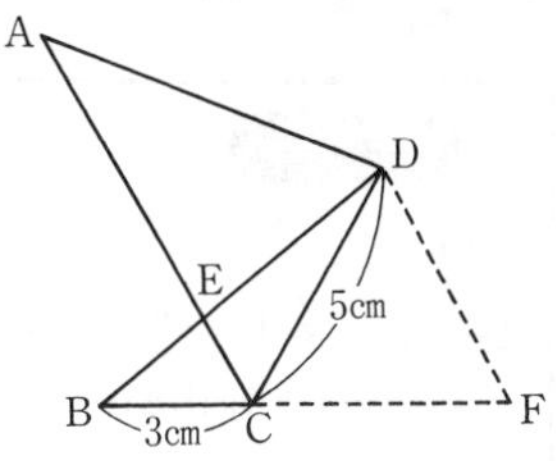

① 右の図のように，辺BCの延長線上に，CF=5cmとなる点Fをとると，三角形DCFは正三角形になるので，ACとDFは平行である。よって，三角形BECと三角形BDFの相似より，EC：DF=BC：BF=3：(3+5)=3：8だから，EC=$5\times\frac{3}{8}=\frac{15}{8}$(cm)，AE=$8-\frac{15}{8}=6\frac{1}{8}$(cm)となる。　② ACとDFは平行なので，三角形AEDと三角形DCFの面積の比は，AE：DF=$6\frac{1}{8}$：5=49：40である。また，三角形DCFの面積は，1辺が1cmの正三角形の面積の，5×5=25(倍)である。よって，三角形AEDの面積は，1辺の長さが1cmの正三角形の面積の，$25\times\frac{49}{40}=\frac{245}{8}=30\frac{5}{8}$(倍)となる。

11 立体図形―展開図，体積。

図1

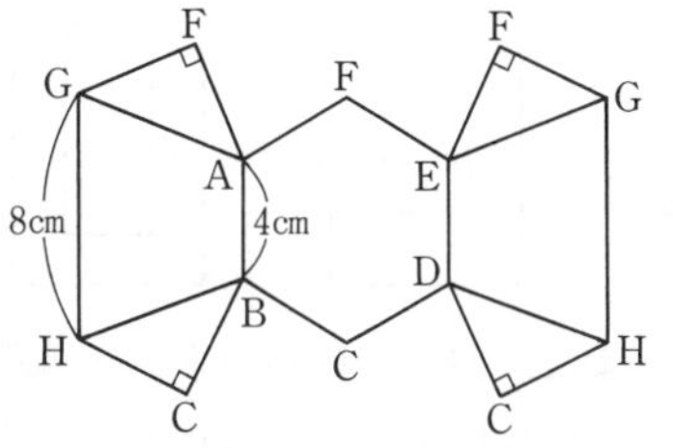

図2

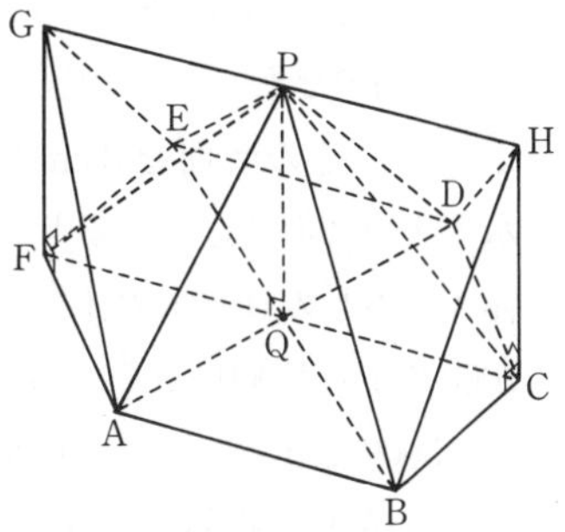

右の図1の展開図を組み立てると，右の図2のような立体ができる。このとき，角GFA，角GFEはどちらも90度であるから，GFはFA，FEが作る面に対して直角に交わる。同様に，HCは正六角形の面に対して直角に交わり，GH=FCなので，GHの中点をPとすると，PQは正六角形の面に対して直角に交わり，PQ=GF=4cmである。よって，六角すいPABCDEFの体積は，1辺が4cmの正三角形を底面とし，高さが4cmである三角すいの体積の6倍である。また，PQとHCは平行だから，三角すいPBCHの体積は，三角すいQBCHの体積と等しく，同様に，三角すいPDCH，三角すいPAFG，三角すいPEFGの体積も三角すいQBCH

の体積と等しい。したがって，このときできる立体の体積は，１辺の長さが４cmの正三角形を底面とし，高さが４cmである三角すいの体積の，６＋１×４＝10(倍)である。

12 立体図形―面積。

真上から見ると，下の段の４個の立方体が地面に作る影は右の図の斜線《しゃせん》部分で，その面積は，２×４＋２×３＝14(m^2)である。さらに，５個目の立方体を置くと，地面にできる影の面積はあ，い，うの部分だけ増える。ここで，うの部分の底辺の長さは，$1-1\times\frac{3}{4}=\frac{1}{4}$(m)，高さは，$\frac{1}{4}\times\frac{4}{3}=\frac{1}{3}$(m)である。よって，このとき，地面にできる影の面積は，14＋１×(８－４－１)＋１×(６－３－１)＋$\frac{1}{4}\times\frac{1}{3}\times\frac{1}{2}$＝14＋３＋２＋$\frac{1}{24}$＝$19\frac{1}{24}$($m^2$)となる。

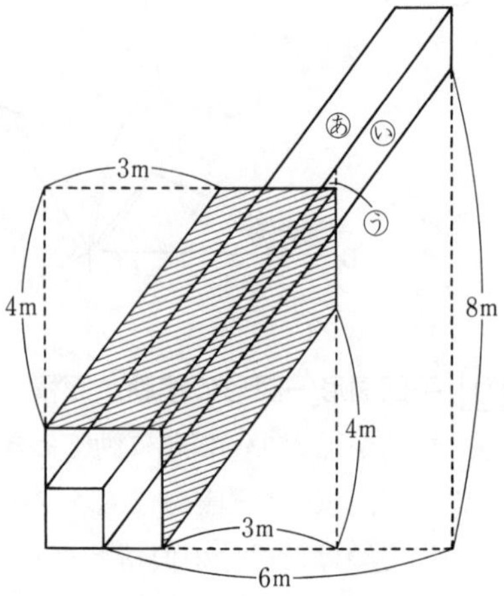

算　数　＜第２日目＞（60分）＜満点：100点＞

解　答

1 (1)　水そうの目盛り…７cm，物体Ａの目盛り…10cm　(2)　(ア)　29cm　(イ)　20cm
2 (1)　全体の重さ…200ｇ，x＝25，y＝50　(2)　全体の重さ…400ｇ，Ｂの重さ…80ｇ　(3)　(イ)の成分比率…(50，20，30)，a＝150　3 (1)　(あ)　８通り　(い)　７通り　(2)　260通り　(3)　9332通り　4 (1)　$1\frac{3}{4}$倍　(2)　$1\frac{3}{14}$倍　(3)　$\frac{19}{25}$倍　5 (1)　図…解説の図１を参照のこと。／$\frac{5}{36}$倍　(2)　図…解説の図２を参照のこと。／$\frac{13}{36}$倍　(3)　13.5 cm^3

解　説

1 水の深さと体積。

(1)　物体Ａの底面積は，0.7m^2＝7000cm^2だから，右の図１のように，その底面を３cmだけ水そうの底面に近づけると，物体Ａがおしのける水の体積は，

図１

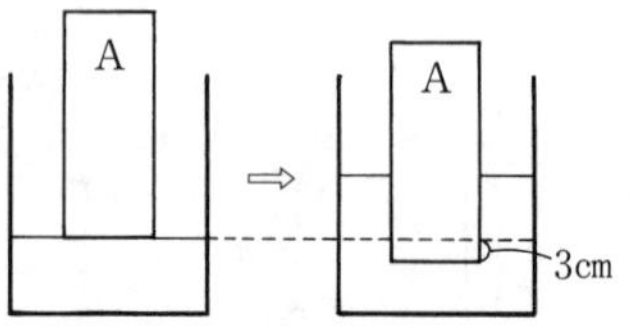

図２

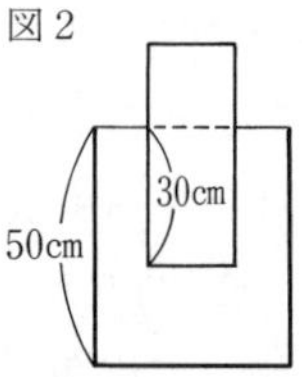

図３

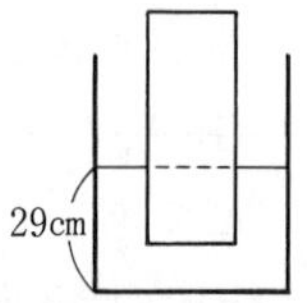

7000×３＝21000(cm^3)である。また，おしのけられる水の水面の面積は，１－0.7＝0.3(m^2)，つまり，3000(cm^2)である。よって，このとき，水面の高さは，水そうの目盛りで，21000÷3000＝７(cm)上がり，物体Ａの目盛りで，３＋７＝10(cm)のところにある。

(2)　(ア)　右上の図２のように，水面が物体Ａの目盛りで30cmのところまできたとき，物体Ａの水面より下の部分の体積は，7000×30＝210000(cm^3)なので，物体Ａを沈《しず》め始める前に比べて，水面の高さは，210000÷10000＝21(cm)上がっている。よって，物体Ａを沈め始める前の水面の高さは，50－21＝29(cm)である。　(イ)　物体Ａを底まで沈めると，7000×(50－30)＝140000(cm^3)の水が

あふれるから，上の図３のように，水面の高さが29cmになるまで物体Ａを引き上げたとき，水の中にある物体Ａの体積は140000cm^3である。よって，このとき，水面は物体Ａの目盛りで，140000÷7000＝20(cm)のところにある。

２ 割合と比。

(1) 成分比率が(10，30，60)の「混合液」にＡを40ｇ加えると，ＡとＢの割合は同じになるから，40ｇは，全体の，30－10＝20(％)にあたる。よって，もとの「混合液」の全体の重さは，40÷0.2＝200(ｇ)である。また，Ａを40ｇ加えると，ＡとＢは，200×0.3＝60(ｇ)ずつ，Ｃは，200×0.6＝120(ｇ)で，全体の重さは，200＋40＝240(ｇ)になるから，このとき，xの値は，60÷240×100＝25，yの値は，100－25×２＝50となる。

(2) Ｃの重さを６とすると，もとの「混合液」のＡ，Ｂの重さはそれぞれＣの重さの，45÷30＝1.5(倍)，25÷30＝$\frac{5}{6}$(倍)なので，６×1.5＝９，６×$\frac{5}{6}$＝５である。また，できた「混合液」のＡ，Ｂの重さはそれぞれＣの重さの，50÷20＝2.5(倍)，30÷20＝1.5(倍)だから，６×2.5＝15，６×1.5＝９になる。よって，加えたＡ120ｇは，15－９＝６にあたるので，もとの「混合液」の全体の重さは，120÷６×(９＋５＋６)＝20×20＝400(ｇ)となる。また，加えたＢの重さは，20×(９－５)＝80(ｇ)である。

(3) 「混合液」(ア)100ｇの成分比率は(30，60，10)だから，はじめの「混合液」(ア)のＡ，Ｂ，Ｃの重さはそれぞれ30ｇ，60ｇ，10ｇである。次に，「混合液」(ア)に，「混合液」(イ)をaｇ加えると，成分比率は(42，36，22)になるので，このときのＡ，Ｂの重さをそれぞれ㊷，㊱とすると，さらに，「混合液」(イ)をaｇ加えたときのＡ，Ｂの重さはそれぞれ，右上の図より，㊷×２－30＝(84)－30(ｇ)，㊱×２－60＝(72)－60(ｇ)で，このとき，ＡとＢの重さの比は，45：30＝３：２である。つまり，Ａの重さの$\frac{1}{3}$と，Ｂの重さの$\frac{1}{2}$は等しいから，((84)－30)×$\frac{1}{3}$＝((72)－60)×$\frac{1}{2}$より，㉘－10＝㊱－30である。よって，①＝(30－10)÷(36－28)＝20÷８＝2.5(ｇ)より，「混合液」(イ)をaｇ加えたときの全体の重さは，2.5×100＝250(ｇ)なので，aの値は，250－100＝150(ｇ)とわかる。また，「混合液」(イ)に含《ふく》まれるＡ，Ｂの重さはそれぞれ，250×0.42－30＝75(ｇ)，250×0.36－60＝30(ｇ)で，Ａ，Ｂ，Ｃの割合はそれぞれ，$\frac{75}{150}$×100＝50(％)，$\frac{30}{150}$×100＝20(％)，100－50－20＝30(％)だから，「混合液」(イ)の成分比率は，(50，20，30)となる。

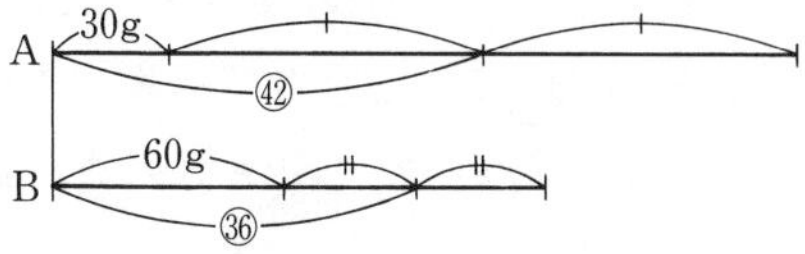

３ 場合の数。

(1) (あ) A＝０となる場合の取り出し方は，(ア，イ)＝(０，０)の１通り，A＝５となる場合は，(ア，イ)＝(０，５)，(１，４)，(２，３)，(３，２)，(４，１)，(５，０)の６通りで，A＝10となる場合は，(ア，イ)＝(５，５)の１通りあるから，Aが５で割り切れるようなカードの取り出し方は，全部で，１＋６＋１＝８(通り)ある。　(い) A＝１となる場合は，(ア，イ)＝(０，１)，(１，０)の２通りで，A＝６となる場合は，(ア，イ)＝(１，５)，(２，４)，(３，３)，(４，２)，(５，１)の５通りなので，Aを５で割った余りが１であるようなカードの取り出し方は，全部で，２＋５＝７(通り)ある。

(2) 袋《ふくろ》ウ，袋エから取り出したカードの数の合計をBとすると，A，Bがどちらも５で割り切れるようなカードの取り出し方は，$8\times8=64$(通り)ある。また，A，Bを5で割った余りが1，2，3，4になる場合はすべて7通りずつあるから，A，Bを5で割った余りがそれぞれ1と4になる取り出し方は，$7\times7=49$(通り)で，同様に，AとBを5で割った余りがそれぞれ2と3，3と2，4と1になる取り出し方も49通りずつある。よって，AとBの和が5で割り切れるようなカードの取り出し方は，全部で，$64+49\times4=64+196=260$(通り)となる。

(3) 4枚のカードの取り出し方は，全部で，$6\times6\times6\times6=1296$(通り)で，このうち，4枚のカードの数の和が5で割り切れる場合が260通りあるから，5で割ると余りが1，2，3，4になる場合がそれぞれ，$(1296-260)\div4=259$(通り)ずつある。よって，袋オ，袋カから取り出したカードの数の和をCとすると，$(A+B)$とCがどちらも5で割り切れるような場合が，$260\times8=2080$(通り)，$(A+B)$，Cを5で割った余りがそれぞれ1と4になる場合が，$259\times7=1813$(通り)あり，同様に，$(A+B)$，Cを5で割った余りが2と3，3と2，4と1になる場合も1813通りずつある。したがって，6個の袋から1枚ずつ取り出したカードの数の合計が5で割り切れるようなカードの取り出し方は，全部で，$2080+1813\times4=2080+7252=9332$(通り)考えられる。

4 平面図形—相似。

(1) 下の図1で，三角形CADは三角形CBFを2倍に拡大したものになるので，点Bは直線AC上にある。ここで，AHの長さを2とすると，CJ，ELの長さはそれぞれ，$2\times2.5=5$，$2\times2=4$だから，$CQ=5-2=3$である。さらに，CB：CA＝1：2より，BP：CQ＝AB：AC＝$(2-1)$：2＝1：2なので，$BP=3\times\frac{1}{2}=1.5$である。よって，BIの長さはAHの長さの，$(1.5+2)\div2=\frac{7}{4}=1\frac{3}{4}$(倍)となる。

(2) $SB=4-3.5=\frac{1}{2}$で，三角形ADRと三角形EBSの相似より，DR：BS＝AD：EB＝30：35だから，$DR=\frac{1}{2}\times\frac{30}{35}=\frac{3}{7}$である。よって，DKの長さはAHの長さの，$\left(2+\frac{3}{7}\right)\div2=\frac{17}{14}=1\frac{3}{14}$(倍)となる。

(3) 下の図2で考えると，三角形EFTと三角形EBSの相似より，FT：BS＝EF：EB＝20：35なので，$FT=\frac{1}{2}\times\frac{20}{35}=\frac{2}{7}$であり，CD＝EFより，三角形CDUと三角形EFTは合同だから，$DU=FT=\frac{2}{7}$である。また，(1)，(2)より，$CU=3-\frac{3}{7}=\frac{18}{7}$である。つまり，三角形CDUと相似な三角形の直角をはさむ2辺の長さの比は，$\frac{2}{7}:\frac{18}{7}=1:9$になる。よって，$AR=\frac{3}{7}\times9=\frac{27}{7}$，$AQ=\frac{27}{7}-\frac{2}{7}=\frac{25}{7}$，$ES=\frac{1}{2}\times9=\frac{9}{2}$，$AP=PQ=\frac{25}{7}\times\frac{1}{2}=\frac{25}{14}$より，$JL=ES-PQ=\frac{9}{2}-\frac{25}{14}=\frac{38}{14}=\frac{19}{7}$となるので，JLの長さはHJの長さの，$\frac{19}{7}\div\frac{25}{7}=\frac{19}{25}$(倍)と求められる。

図1

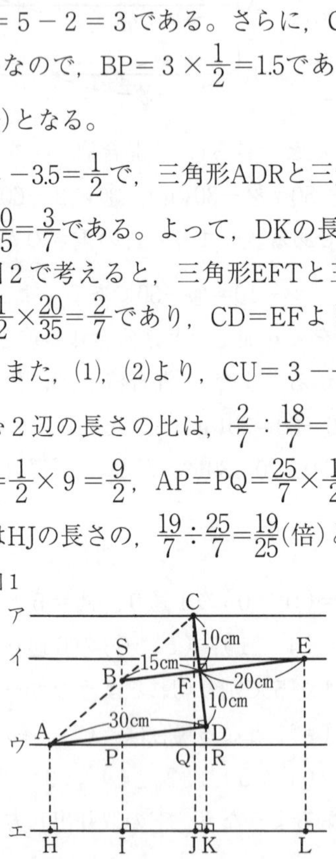

図2

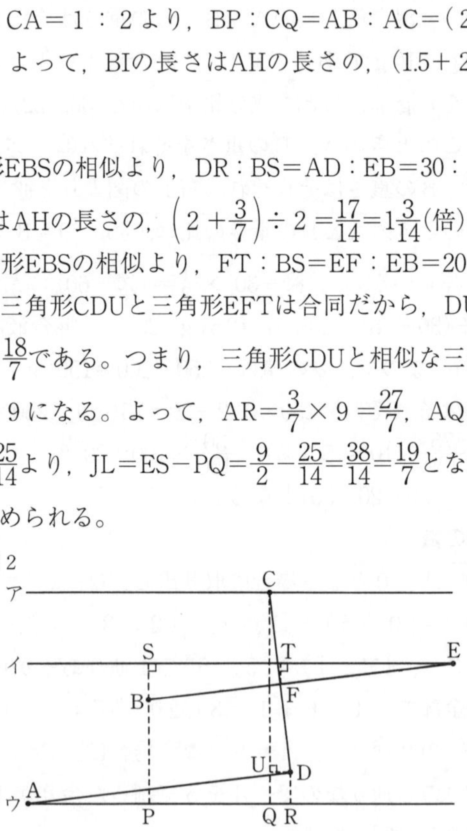

5 立体図形—構成，分割，辺の比と面積の比，体積。

(1) 点Pを通り平面Sに平行な平面で立体Tを切ると，その切り口の線はAB，BC，CAに平行になるから，切り口全体の周は下の図１の太線のように，点Ｐを通る大小２個の正三角形になる。また，大小２個の正三角形の切り口と三角形ABCの１辺の長さの比は，２：１：６なので，その面積の比は，（２×２）：（１×１）：（６×６）＝４：１：36である。よって，このとき，切り口全体の面積は，三角形ABCの面積の，（４＋１）÷36＝$\frac{5}{36}$(倍)である。

(2)　点Ｑを通り平面Ｓに平行な平面で立体Ｔを切ると，その切り口全体の周は下の図２の太線のようになる。また，三角形ABCの面積を36とすると，三角形EFGの面積は，４×４＝16，台形HQIJの面積は，１×３＝３だから，切り口全体の面積は，16－３＝13である。よって，このとき，切り口全体の面積は，三角形ABCの面積の$\frac{13}{36}$倍となる。

(3)　立体Ｔのうち，点Ｐを通り平面Ｓに平行な平面と，点Ｒを通り平面Ｓに平行な平面との間にあるのは，下の図３の影《かげ》をつけた部分である。ここで，下の図４の部分の体積は，$2\times3\times1-1\times1\times\frac{1}{2}\times1\times\frac{1}{3}=5\frac{5}{6}$(cm^3)である。よって，このとき，求める部分の体積は，$5\times5\times\frac{1}{2}\times5\times\frac{1}{3}-5\frac{5}{6}-1\times1\times\frac{1}{2}\times1\times\frac{1}{3}-2\times2\times\frac{1}{2}\times2\times\frac{1}{3}=\frac{125}{6}-\frac{35}{6}-\frac{1}{6}-\frac{8}{6}=\frac{81}{6}=\frac{27}{2}=13.5$(cm^3)となる。

図１

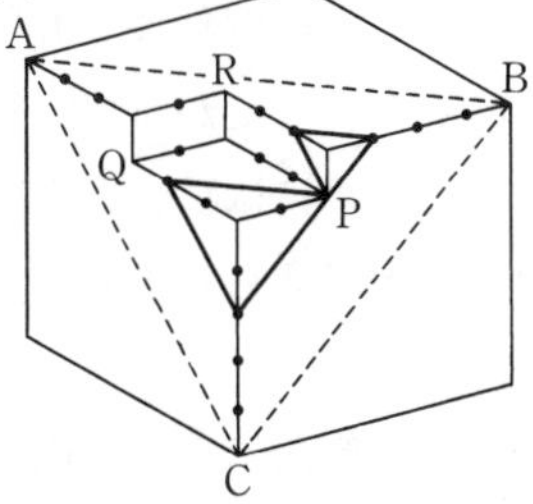

図２

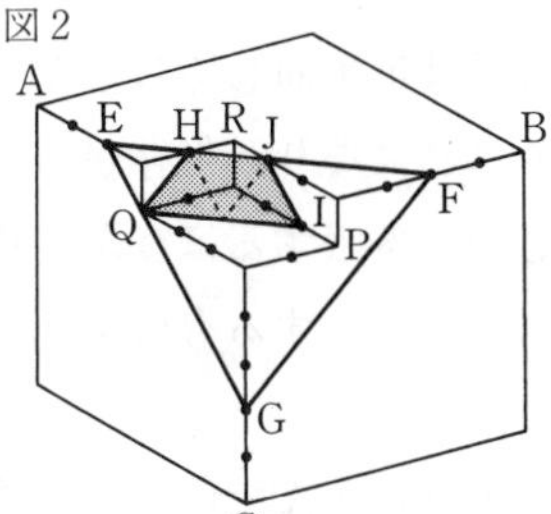

図３

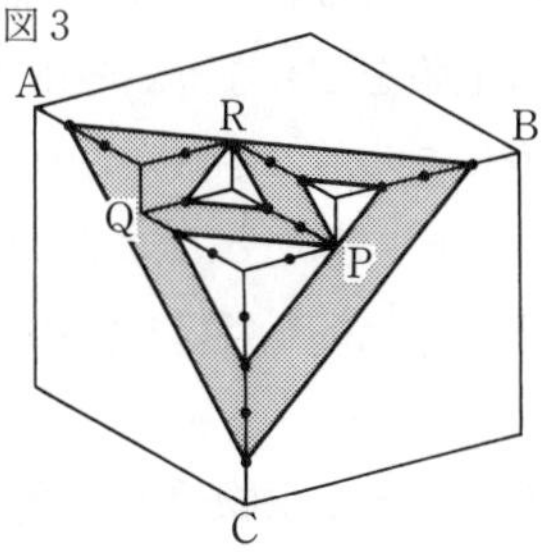

図４

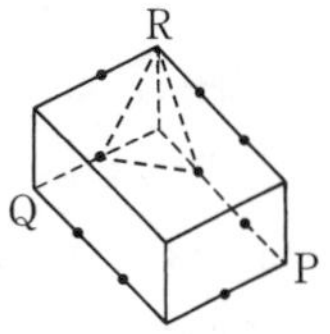

理　科　＜第１日目＞（60分）＜満点：100点＞

解　答

1　問１　イ，ウ　　問２　(1)　イ　　(2)　オ　　(3)　エ　　問３　(1)　ウ　　(2)　ア　　(3)　イ　　問４　(1)　ア　　(2)　エ　　(3)　ウ　　問５　きぐ　　問６　(1)　いろいろな種類のエサ　(2)　イ　　(3)　樹の穴　　(4)　人里

2　問１　(1)　ウ　　(2)　ア　　(3)　イ　　問２　エ　　問３　エ

3　問１　ウ，オ　　問２　イ　　問３　④　　問４　(例)　蒸発しない点。　問５　イ　　問６　(例)　空気中の二酸化炭素が溶けこんだから。

4　問１　①　ク　②　コ　　問２　毎秒1.0km　　問３　④　テ　　⑤　タ　　問４　⑥　イ　　⑦　ス　　⑧　キ　　問５　ネ

5　問１　12kg　　問２　5.4kg　　問３　0.9kg　　問４　窒素…76.6%，水蒸気…1.8%

6　問１　右の図　　問２　(1)　ア　(2)　①　ウ　　②　カ　　③　ク　　④　コ　　⑤　サ　　⑥　セ

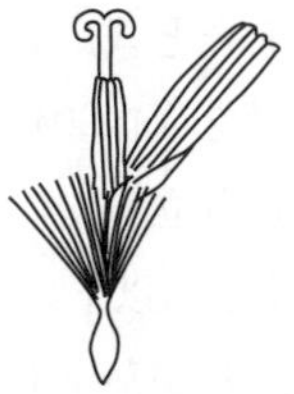

7　問１　解説の図①を参照のこと。　　問２　①　ア　　②　ア　　③　ア　問３　解説の図③を参照のこと。

解　説

1　日本のほ乳類についての問題。

問1　イタチやネコは肉食性で，ネズミなどの小動物や鳥を捕食する。なお，リスは木の実など，サルは木の実や芽など，ウマは草などを食べる。

問2　(1)　ヤマネは，体長が7cmほどで天然記念物に指定されている。　(2)　ツキノワグマの体長は1.5mくらいで，胸のあたりに月のような模様がある。　(3)　カワウソは体長が70cmほどで，ニホンカワウソは2012年に環境省によって絶滅《ぜつめつ》種に指定された。

問3　(1)　肉球(しょ球)の跡《あと》が特徴《とくちょう》的で，ネコの足跡とわかる。ネコのあしの裏には肉球が発達していて，音を立てずに歩くことができる。　(2)　ウサギのあしの裏には肉球はなく，毛が生えている。そのため，足跡にもそのようすが表れる。　(3)　サルのあしの親指は，ほかの4本の指とは離れていて，木の枝などにつかまるのに適している。

問4　(1)「山の天気は変わりやすい」といわれるように，標高の高いところでは気温や天候の変化が激しい。これは，山の斜面に沿った空気の流れが起こりやすいことや，低い雲が生じる高さにあることなどが原因である。　(2)　気温や天候の変化の激しいところでは，これらを基準として冬眠に入ることは危険をともなう。冬眠の日数は毎年同じくらいなので，たとえば例年よりも早く冬眠に入ると，春になる前に冬眠から覚めることになり，生存があやうくなる。したがって，毎年，ほぼ変わりのないものを基準とし，ほぼ同じ頃《ころ》に冬眠するほうが，身を守るためには都合がよい。
(3)　(2)で述べたように，毎年ほぼ一定のリズムで変化するものを基準とすると考えられるので，ウが選べる。

問5　絶滅のおそれがある生物種を，絶滅危惧《きぐ》種とよんでいる。地球規模での調査により，国際自然保護連合(IUCN)が公表するレッドリストと，日本で環境省が公表するレッドリスト・レッドデータブックなどの中で指定される。

問6　(1)，(2)　いろいろな種類のエサをとるテンは，ウサギだけが減っても，ほかの種類のエサをとることができるので，その数はあまり変わらない。　(3)　テンはふだん森の中の樹の穴に巣をつくっているので，人間の活動によって自然が減ると，住み家となる場所が減る。　(4)　民家の屋根裏などに巣をつくることから，テンが人里に出てきているとわかる。

2　月についての問題。

問1　(1)　クレーターをつくっている岩石がクレーターのまわりに飛び散るのは，クレーターが火山のふん火でできる場合にも，隕石《いんせき》の衝突《しょうとつ》でできる場合にも起こり得ることなので，これを理由にでき方を特定することはできない。　(2)　溶《よう》岩がまわりに流れ出て固まっていることから，火山のふん火によってできたことがわかる。　(3)　とても強く押されてできる物質は，隕石が衝突したときに大きな力が働いてできるので，この物質の発見は隕石衝突説の根拠《こんきょ》となる。

問2　1960年代から70年代に実施されたアメリカのアポロ計画では，1969年に初めて人類が月面に降り立った。その後，何度かの月面着陸によって採取された月の岩石を調べた結果，岩石の表面に数mm以下の小さなクレーターが見つかった。これは，隕石が月面に衝突したとき，ふき上げられた粒《つぶ》が落下し，周囲の岩石に衝突してできたと考えられ，この発見から隕石衝突説が正しいとされた。

問3　地球にクレーターが少ないのは，大気や水が存在し，土地の表面をけずる作用が働いているからである。月や，月の表面によく似た表面を持つ水星には大気も水もほとんど存在しないので，クレーターの地形が長い間にわたって保存されている。

3 水溶液の性質についての問題。

問１　ア　実験台の端《はし》に試験管立てを置くと，手がふれて落下するなどのおそれがある。　イ　試験管に入れる液体の量は，４分の１くらいまでとする。　ウ　においをかぐときに，直接鼻を近づけてかいではいけない。試験管の口付近を手であおいで顔に風を送るようにする。　エ　調べようとする水溶液などに直接リトマス紙を入れずに，きれいなガラス棒に水溶液をつけ，台の上に並べたリトマス紙につけるようにする。　オ　塩酸などの薬品が手についた場合は，ただちに多量の水で洗い流す。

問２　ガスバーナーの炎《ほのお》が黄色いときは空気が不足しているので，空気調節ねじである上のねじを上から見て反時計回りに回して開き，空気を入れながら適切な青白い炎にする。

問３　塩酸は気体の塩化水素が水に溶《と》けた水溶液であり，加熱して水分を蒸発させると，塩化水素も空気中に逃げてしまうため，残った塩酸の濃さは非常にうすくなる。このため，加熱して体積を半分程度にした塩酸Ｘにアルミニウムを加えた試験管③では，水素がほとんど発生しない。よって，水素が20cm^3発生したのは，水溶液Ｙにアルミニウムを入れた試験管④となる。

問４　気体が溶けた塩酸と異なり，水溶液Ｙは加熱して体積を半分程度にしても，アルミニウムを加えると，はじめの10cm^3の水溶液Ｙに加えたときと同じ20cm^3の水素が発生している。つまり，加熱して水分を蒸発させても，溶けている物質の量はまったく変化していないので，水溶液Ｙに溶けている物質は蒸発しない固体と考えられる。

問５　pHは酸性やアルカリ性の強さを表し，pHが７で中性であり，それよりも値が小さくなるほど酸性が強く，反対に値が大きくなるほどアルカリ性が強くなる。セッケン水は弱いアルカリ性を示すので，pHは10があてはまる。食塩水は中性なので，pHは中性の７に近い６があてはまる(このずれについては問６を参照のこと)。したがって，残る水溶液ＹのpHは２となる。

問６　水をふたをしないで空気中に放置しておくと，空気中の二酸化炭素が溶けこむため，性質がやや酸性になる。

4 月の動きと引力についての問題。

問１，問２　地球を中心とする弧《こ》ABの中心角を□度とすると，□＝360÷2360000(度)となり，弧ABの長さは，380000×２×3.14×$\frac{\square}{360}$で求められ，3.14×760000÷2360000＝3.14×76÷236＝1.01…(km)となる。つまり，月はこの道のりを１秒で進んでいることになり，月の動く速さはおよそ毎秒1.0kmとなる。

問３　三角形ABDと三角形BCAは相似なので，AB：AD＝BC：ABが成り立つ。

問４　⑥　問３より，BCの長さは，1.0×1.0÷(380000×２)×1000×100＝0.1315…(cm)より，最も近い値の0.135(イ)が選べる。　⑦　リンゴは１秒間に490cm，月は１秒間に0.135cm落下するので，落下距離《きょり》の比は，490÷0.135＝3629.6…より，およそ3630：１となる。したがって，最も近い3600(ス)を選ぶ。　⑧　380000÷6380＝59.5…より，地球から月までの距離と，地球の中心からリンゴまでの距離の比は，およそ60：１となる。

問５　リンゴと月の１秒間の落下距離の比は3600：１なので，落下距離が地球から働く引力の大きさに比例しているならば，引力の大きさの比も同じく3600：１である。リンゴと月の地球の中心からの距離の比は1：60で，60×60＝3600であることから，地球から働く引力の大きさは，(距離)×(距離)に反比例していることがわかる。

5 大気中の水蒸気についての問題。

問1　30℃の空気1 m³は，30 gの水蒸気を含んで湿度《しつど》100％になるので，湿度80％にしたときは，$30\times\frac{4}{5}$＝24(g)の水蒸気を含んでいる。したがって，容積500m³の室内には，24×500÷1000＝12(kg)の水蒸気が含まれる。

問2　25℃，湿度60％の空気1 m³には，$22\times\frac{3}{5}$＝13.2(g)の水蒸気が含まれるので，室内全体では，13.2×500÷1000＝6.6(kg)の水蒸気が含まれるように除湿を行う。すると，エアコン内で，12－6.6＝5.4(kg)の水蒸気が液体の水になる。

問3　10℃，湿度30％の空気を入れた室内には，$10\times\frac{3}{10}$×500÷1000＝1.5(kg)の水蒸気が含まれている。また，25℃，湿度60％にした室内には，問2で求めたように6.6kgの水蒸気が含まれる。この差の，6.6－1.5＝5.1(kg)の水蒸気はエアコン内にあった水が蒸発したものなので，エアコン内には，6－5.1＝0.9(kg)の水が残っている。

問4　気体Aの体積は500m³であり，その中に含まれる窒素《ちっそ》の体積は，$491\times\frac{78}{100}$(m³)であるため，窒素は体積比で，$491\times\frac{78}{100}$÷500×100＝76.596より，76.6％である。また，水蒸気は9 m³含まれているので，9÷500×100＝1.8(％)となる。

6 タンポポの在来種・外来種についての問題。

問1　タンポポの1つの花は，5枚の花びらが1つにくっついた舌状《ぜつじょう》花とよばれる姿をしていて，がくは毛状(冠毛《かんもう》)で，その下に子房《しぼう》が位置する。種子が熟すと，がくは開いて風に乗り，種子を散布する。

問2　(1)　セイヨウタンポポなどの外来種は，在来種のタンポポに比べて繁殖《はんしょく》力が強く，乾燥《かんそう》した場所でも育つため，市街地のコンクリートのすき間やアスファルトの道路の端などに多く分布している。　(2)　①　外来種のタンポポがふえているのは，その成長が速いことが一つの原因である。成長の遅い在来種は，育ちにくい。　②　外来種のタンポポは，ほぼ一年中花を咲かせるが，最も多く咲くのは在来種と同じく春である。　③　外来種のタンポポは，一年中葉を広げて光合成を行うので育ちやすい。　④　種子が多数でき，すぐに発芽して成長も速い外来種のタンポポは，在来種よりも寿命《じゅみょう》が短い。　⑤，⑥　セイヨウタンポポは単為生殖《たんいせいしょく》といって，受粉(受精)しなくても新しい個体が育つというふえ方をする。これが繁殖力の強いことの大きな理由である。受精せずに種子ができるため，親と子の遺伝《いでん》的特徴が完全に同じになる。

図①

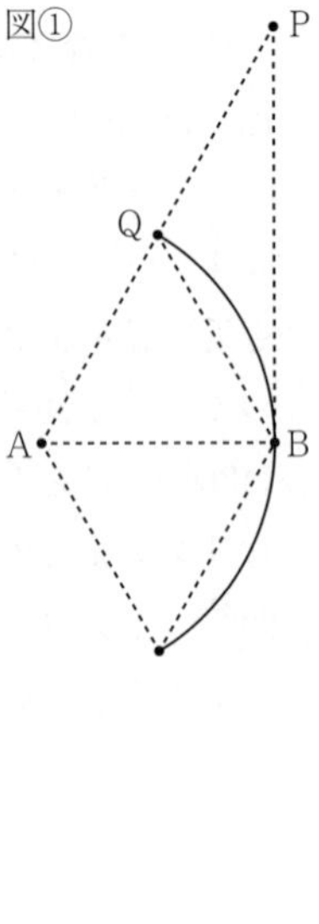

7 力のつり合いとおもりの移動についての問題。

問1　糸の端Aはつねに固定されていて，おもりの位置もAから30cmの位置で固定されている。そのため，おもりは端Aから30cmの距離を保ったまま，右の図①のようにはじめの位置から円の弧をえがくように上昇移動して，最後に点Qに達する。

問2　①，②　図2の状態からおもりを自由に動けるようにすると，おもりはより低い位置に移動しようとして左に動く。物体を自由に動ける状態にしておくと，物体はその物体がとりうる最も低い位置まで移動する。　③　おもりが自由に動けるときは，図1で左右の糸の傾きが同じになった状態でおもりが静止することから，端Bを持ち上げたときも，つねに左右の糸の傾きが等しくなった状態をとろうとする。

問3　右の図②のように，おもりのはじめの位置をW，移動した位置をW′，糸の端Bを持ち上げた位置をB′，端Bを通りAWに平行に引いた直線が糸と交わる点をRとすると，四角形WBRW′は平行四辺形，三角形BB′RはBR＝B′Rの二等辺三角形となる。そのため，WW′＝B′R＝□(cm)，W′R＝WBとなり，糸の長さである，AW′＋W′R＋RB′＝60(cm)で一定となっている。つまり，□の値が0～30cmの間で変化するとき，おもりはつねに直線AW上にあって，右上の図③のようにおもりははじめの位置からAまで動く。

図②

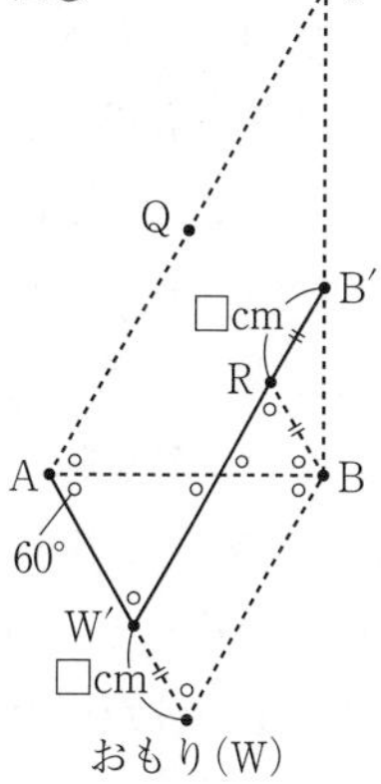

図③

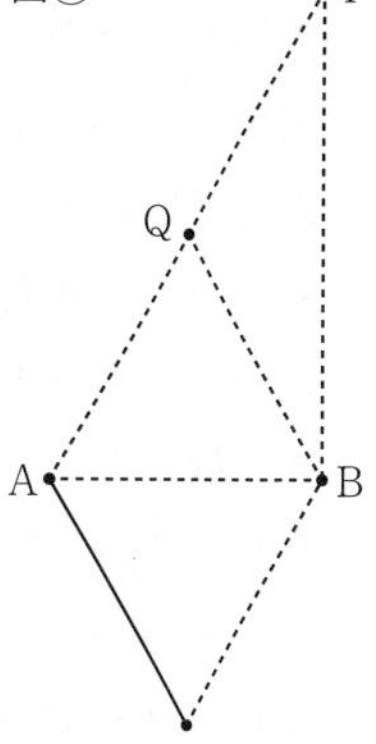

国　語　＜第1日目＞（40分）＜満点：80点＞

解　答

一　問1　(講議→)講義　(専問→)専門　問2　ア　問3　(例)　背景も知識も経験も違う他者に，情報が思いどおりに伝わる保証はない(から。)　問4　(例)　兄も妹も歌がうまくない。／兄は歌がうまくないが，妹はうまい。　問5　(例)　マッチを借りて火をつけたい。　問6　1　イルミネ(ーション)　2　イントネ(ーション)　3　オートメ(ーション)　4　バリエ(ーション)　5　ローテ(ーション)　問7　エ　二　1　三(々)五(々)　2　正(々)堂(々)　3　子(々)孫(々)　4　時(々)刻(々)　三　1　(あ)くせ(く)　2　(あ)いに(く)　3　(あ)えな(く)　4　(あ)まね(く)　5　(あ)ししげ(く)　四　1　シ　2　エ　3　ケ　4　キ　5　オ　6　ウ　五　1　粉　2　魚　3　歯　4　子　5　風　6　鼻　六　1　A　生　B　産　①　地(物)　②　解　C　消　D　費　2　A　過　B　失　①　点　②　事　C　故　D　意

解　説

一　**出典は中村明《なかむらあきら》の『日本語の美―書くヒント』による。**誤字や多義的な表現を例にあげながら，粋《いき》な文章とはどんなものかについて述べている。

問1　「義」には，“意味”や“人のふみ行うべき道”などの意味がある。「意義」「道義」「教義」などの熟語がある。　「門」には，“限られた範囲《はんい》”という意味がある。「仏門」「部門」「門外漢」などの熟語がある。

問2　「醜態《しゅうたい》をさらさないために国語辞典がある」とあることから，「国語辞典」は正しい文章を書くために必要な道具ととらえることができる。アは，「料理」に必要な道具である「包丁」を使わないということであてはまる。

問3　筆者は「誤解を招きやすい仕組み」として，「多義的」にとらえられてしまう表現を例に示

している。「大きな象」の場合でも，他の動物と比べて「大きな」と述べているのか，象の中でも特に「大きな」ものなのか，と状況《じょうきょう》によって表す意味が微妙《びみょう》に異なる。このような場合には，伝える側が意図している「情報」が「思いどおりに伝達できるという保証はない」ことになる。その背景にあるのは，他人は自分とは「背景も知識も経験も違《ちが》う」存在だということである。

問４　ぼう線部３ではっきりしているのは，兄は歌がうまくないということ。「妹も歌がうまくないが，兄もそれと同じように歌がうまくない」という意味と，「歌がうまい妹のようには，兄はうまく歌えない」という二つの意味にとることができてしまう文である。

問５　「黙《だま》ってライターを差し出す」のは，マッチは「ない」けれども，マッチの代わりにライターはあるから，それを貸そうという行動である。「マッチある？」と言ってきた相手が，マッチを借りてタバコなどに火をつけたいという意図で聞いていることを理解しての行動だといえる。

問６　主な外来語は，意味だけではなく用法も理解しておくこと。「〜ーション」という形の外来語にはほかにも，「シミュレーション」（コンピューターなどを使って模擬《もぎ》的に実験を行うこと），「シチュエーション」（状況，立場），「フォーメーション」（球技などにおける選手の配置），「モチベーション」（動機づけ）などがある。

問７　「粋な文章」について，筆者は「読み手の力量と感性を信じて風通しのよい表現ですませたい」と述べ，「誤解を避《さ》けようと表現にこだわる」のではなく，「ヒント程度のことばで刺激《しげき》を与《あた》え，あとは考えさせる」ような文章であることを示している。エは，「誤解を避けようと工夫をこらし」という内容が合わない。

二　「々」が二度使われる四字熟語。

「々」が二度使われる四字熟語にはほかにも，「戦々恐々」（大変なことが起こるのではないかと，恐れおののくこと），「奇々怪々」（非常に不思議であること），「平々凡々」（とても平凡であること），「年々歳々」（来る年も来る年も）などがある。

三　言葉の知識。

１「あくせく」は，目先のことにとらわれて，落ち着かない様子。　２「あいにく」は，不都合な事態が起こる様子。　３「あえなく」と似た意味を表す言葉に「あっけなく」がある。　４「あまねく」は，広く行きわたる様子。　５「あししげく」は，ひんぱんに足を運ぶ様子。

四　俳句の完成。

１　四音の言葉が入る。「剝《む》かれけり」，「刻む涙《なみだ》」という表現に注目すると，「たまねぎ」であることがわかる。　２　五音の言葉が入る。「実る土の中」に注目する。「らっかせい」は，殻《から》つきのピーナッツのこと。　３　四音の言葉が入る。「干し具合」という表現に注目すると，乾物として食材に利用される「しいたけ」であることがわかる。　４　四音の言葉が入る。「地を割り天を突《つ》き」は，地中から「たけのこ」が顔を出し，やがて竹に育っていく様子。「越境《えっきょう》」は，隣接《りんせつ》する竹林などから根が伸《の》びてきて，自宅などの庭に「たけのこ」が生えてくる様子を表現している。　５　四音の言葉が入る。「のの字」，「拳《こぶし》」は，きれいなうずまき状になっている「ぜんまい」の若葉の様子を表したもの。　６　四音の言葉が入る。「三ツ子のみどり」は，「えだまめ」の一つのさやに，豆が三つおさまっている様子。

五　慣用句・ことわざの完成。

１「身を粉にする」は，労力をおしむことなく，一生懸命《けんめい》に働くこと。　２「木によりて魚を求む」は，誤った方法をとると，目的を達することはできないということのたとえ。　3「歯に衣着せぬ」は，思ったことを包みかくさず，はっきりと言う様子。　4「元も子もない」は，すべてが台なしになること。　5「柳《やなぎ》に風」は，逆らわずに，うまく受け流すこと。　6「木で鼻をくくったよう」は，無愛想な対応をする様子。

六　漢字のしりとり。

四つの〔条件〕をしっかりと理解したうえで，考えていくこと。　1　対義語となるのは「生産」と「消費」。上から順に，「発生」「生産」「産地（産物）」「地理（物理）」「理解」「解消」「消費」「費用」という熟語ができる。　2　対義語となるのは「過失」と「故意」。上から順に，「通過」「過失」「失点」「点検」「検事」「事故」「故意」「意見」という熟語ができる。

国　語　＜第2日目＞（70分）＜満点：120点＞

解　答

一　問1　下記を参照のこと。　問2　始め…重力に逆らい／終わり…なっていった　問3　（例）浄水場に何かトラブルがあるだけで飲み水が入手不可能になってしまうこと。　問4　オ　問5　（例）電車が止まってしまうことで，通勤先から自宅に帰ることが困難になってしまった人。　問6　（例）はっきりと示される。　問7　（例）人が生きていくうえで，自力でしつづけなければいけないこと。　問8　（例）いのちの世話を社会の公共的なサービスに委託して暮らすなかで自活能力を失い，いのちの世話を自前でできなくなっているということ。　二　問1　i　ア　ii　ウ　iii　エ　問2　（例）子どもにとって，全世界に近いぐらいの存在である（と思うから。）　問3　子どもが自分の思うようにやってくれない（から。）　問4　エ　問5　1　子どものことを思うあまり，機嫌が悪くなる　2　（例）母親の顔色をうかがって行動する　問6　（例）成長し，母親のもとから巣立つ子どもたちに，さまざまな未来が待っているであろうこと。　問7　ただ，風に祈るばかり　三　問1　（例）花を独り占めすることへの恥ずかしさ。　問2　（例）「私」のあまりの人のよさに驚き，あきれるような気持ち。　問3　（例）「私」が死をむかえるとき。　問4　ア　問5　（例）自分だけが花を独り占めすることに罪悪感を持ってしまうような，心底，人のよい人。　問6　1　意地悪　2　ウ

●漢字の書き取り

一　問1　A　疑問　B　状態　C　根底　D　想定　E　流通　F　努（める）　G　裏　H　過程　I　提案

解　説

一　**出典は鷲田清一《わしだきよかず》の『おとなの背中』による。**現代社会に生きる人は，大きな災害などの非常時に復興を担うためにも，「いのちの世話」を自前でできるような準備をしておかなければならないと指摘《してき》している。

問1　A　疑わしく思うこと。　B　ものごとのありさま。　C　ものごとや考え方の土台となるところ。　D　条件や状況《じょうきょう》などを仮に定めること。　E　商品などが，生産地から消費

地へと動かされること。　F　音読みは「ド」で，「努力」などの熟語がある。　G　音読みは「リ」で，「表裏一体」などの熟語がある。　H　ものごとが移り変わって，ある結果に達するまでのみちすじ。　I　会議などで，意見や案を提示すること。

問２　直後の段落に注目する。粗末《そまつ》な小屋をつくって住んでいたような時代なら，倒壊《とうかい》しても吹《ふ》き飛ばされてもすぐに復旧できたのだが，文明が進み，「重力に逆らい，風圧水力に抗《あらが》うような」建物や堤防をつくるようになると，それらの倒壊や崩壊《ほうかい》で「命を危うくする」事態が起こり，「災害の度は逆に大きくなっていった」と述べられている。

問３　すぐ続けて「局所での災害がさまざまなかたちで全体に波及《はきゅう》しやすい」と述べ，「ライフライン」が止まってしまうと，水も飲めなくなるような事態になることを紹介《しょうかい》している。「＊」以降の部分でも，「浄水場」という「局所」で「なにかトラブルが発生」しただけで，「水道」という「ライフライン」が止まってしまい，飲み水を手に入れられなくなる状況を説明している。

問４　水道という「ライフライン」が止まってしまった場合，「都市の河水は汚《きたな》くて飲めない」し，雨露《あめつゆ》をしのぐための「土も石ころもない」ために，自力で飲み水を手に入れることができなくなる。そのため，人々は「ライフラインの復旧をただただ待つしかない」ということになるのである。このような状態には，オの「なすすべもなく」が合う。「なすすべもなく」は，“有効な方法もなく”という意味。

問５　第三段落で，「揺《ゆ》れや停電で電車は止まってしまいました。そして東京で働く多くの人が家に帰れなくなり，会社に泊まったりしました。歩いて帰るにも七時間，八時間とかかった人が多かったようです」と述べていることに注目する。これが「帰宅難民」という言葉が示す状況である。

問６　「むきだしになる」は，おおい隠《かく》さず，直接目に見える形で現れること。ここでは，「じぶんたち自身がとんでもなく無能力になっているということ」が，大災害のときに“はっきりと示される”という意味で用いられている。

問７　「いのちの世話」の具体例としては，同じ段落で「食べること，そのために食材を調達し調理すること～防犯に努めること，などなど」とあげられている。これらのことは，人が生きていくうえで「どうしても自力でしなければならないこと，しつづけなければならないこと」だと筆者は考えている。

問８　現代社会を生きるわたしたちは「生きていくうえで一つたりとも欠かせぬこと」，つまり，「いのちの世話」を「社会の公共的なサービスに委託《いたく》して暮らして」いるために，「各人が自活能力を一つ一つ失って」しまったと前にある。そのため，「サービスが事故や故障で止まったり，劣化《れっか》したり，停滞《ていたい》したりしたとき」に，「じぶんたちで解決策を提案したり，あるいは行政やサービス業から仕事を取り返して」じぶんたちでやるということができなくなってしまったと筆者は考え，「無能力になっている」と表現しているのである。

二　**出典は俵万智《たわらまち》の『たんぽぽの日々―俵万智の子育て歌集』による。**自身の子育ての経験をまじえながら，母親として子どもにどのように接すればよいのかということを語っている。

問１　i　程度がはなはだしいこと。　ii　「ささやか」は，規模などが小さく，取るに足りないほどである様子。多くの場合，謙遜《けんそん》の気持ちをこめて，「ささやかながらお祝いをさしあげた」のように用いる。　iii　さびしさや悲しさ，恋《こい》しさなどから，やりきれない気持ちになること。

問２　(B)と(C)の間の部分では，子どもにとって母親である「自分」は「全世界に近いぐらいの存在」なのだと思うときがあると語り，そうであるために，「叱《しか》られて泣いてわめいて」も子どもは母親から離《はな》れることができず，「この母にもう一度機嫌《きげん》よくなってもらわないことには，世界は再開されない，というぐらいの思いがあるのだろう」と推測している。子どもと母親の関係をこのようにとらえているから，「おかあさんの機嫌がいい」ということが，子どもの環境に「一番」だと考えるのである。

問３　「『機嫌のいいおかあさん』を維持《いじ》する」ことができないということは，不機嫌になるということである。その原因については三つ後の段落で，「子どもが自分の思うようにやってくれない」からだと語っている。

問４　「散歩」の具体的な様子が，直後の段落に書かれていることに注目する。「電信柱があれば棒でたたき～横断歩道があれば白い線の数を数えてみたくなる」と，何にでも興味を持って「散歩」する子どもの様子が語られており，「こういうことに根気よくつきあって待つ」のが大事だと筆者は考えている。

問５　「以前，本屋さんの児童書のコーナー」で目撃《もくげき》した「すこぶる機嫌の悪いお母さん」と「似たようなことをしてしまいがち」だと，筆者は子どもへの接し方を「反省」している。筆者が目撃したお母さんが機嫌を悪くしたのは，子どもが「付録のついた本ばかり選ぶ」からである。「いい本に出会わせてやりたい。しかも自主的にそれを選ばせたい」という「子どもへの愛情から生まれた強い思い」からのことなのだろうと筆者は理解を示しつつも，「子どものことを思うあまり，機嫌が悪くなるというパターン」だとも指摘している。お母さんが機嫌を悪くしたために，「結局子どもは，お母さんの顔色をうかがって，優良そうな物語の本を選んでいた」が，それは「本とのいい出会いとは言い難《がた》い場面」だと筆者は感じたのである。

問６　「飛んでゆく」たんぽぽの綿毛を子どもたちの行く末，つまり，未来の姿に重ねていることをおさえる。「あんなに遠く」まで，つまり，順調に人生を歩んでいる子どももいる一方で，「こんなところでひっかかって」，つまり，さまざまな困難にあって，人生をうまく送れていない子どももいるだろうというのである。母親のもとからやがて巣立っていく子どもたちの前に現れてくるだろう，さまざまな未来の姿に思いをはせているのだと推測できる。

問７　「綿毛になって飛んでいったら」は，母親である自分のもとを息子が巣立っていったら，ということ。そうなれば，「子どもたちのこれからを，見とどけてやることはできない」というのである。見とどけられないとはいえ，できるならば順調な人生を送ってほしいという思いが，「ただ，風に祈《いの》るばかり」という表現にこめられていることを読み取る。

三　出典は小池昌代《こいけまさよ》の『詩を読んで生きる―小池昌代の現代詩入門』による。石垣《いしがき》りんの「やさしい言葉」という詩の解説をしながら，詩人である石垣りんの人柄《ひとがら》を伝えている。

問１　解説文の中に「この『私』は花を独り占《じ》めすることに罪悪感を持っています」とあることを手がかりにする。自分だけが花束を「独り占め」してしまっていることに「欲の深さ」を感じ，そのことを恥《は》ずかしく思っているのだと考えられる。

問２　「目を見ひらく」は，驚《おどろ》きなどから目を大きくひらく様子。「主役」である以上，「花を独り占め」して当然であるにもかかわらず，「私」は「罪悪感」にさいなまれ，「どうぞ二，三本／ここから抜《ぬ》き取って下さい」と，他の人に分けあたえようとしている。そのようにしたのは，「主役」になれたのは自分だけの力ではなく，周囲の人に支えられてきたからだという思いがあるからだろう。意地悪な見方をすれば「謙遜《けんそん》もほどほどにね」とも言えてしまうほどの，「心底，人のよい」「私」の人柄に大学教授も驚くとともに，あきれたような気持ちになったから，「みんなとっておきなさいよ」と言ったのである。

問３　解説文の中に，「こんどもらうのは白い花だよ」という言葉は「『私』をいじめているような言葉」だとあることに注目する。おそらく高齢であろう「私」に対して，年下の大学教授が「こんどもらうのは」葬式《そうしき》の時に飾《かざ》られる「白い花」だよと言ったので，「いじめているような言葉」だと筆者は表現している。

問４　「『私』をいじめているような」大学教授の言葉を，「私」が「やさしい言葉」と受け止めていることをおさえる。「主役」となって，「花を独り占め」してもいいのだという大学教授のやさしさを受け止めたから，「心おきなく花束を抱《だ》きしめ」たのである。

問５　「花束を心おきなく抱いてもらうというのは，実は大変なことなのですね」と続いていることに注目し，なぜ「大変」なのかを考える。「主役」として花束をもらっても，自分だけが花束を「独り占め」してしまうのは申しわけないという「罪悪感を持って」しまい，周囲の人にも分けあたえようとするほど「人のよい人」であるから，「大変」だというのである。

問６　１「こんどもらうのは白い花だよ」という大学教授の言葉は，外から見たら，「『私』をいじめているような言葉」とも感じられるものだと解説文中で語っていることに注目して，同じような意味を表す言葉を指定字数内で探せばよい。　　２　死を意識させるような大学教授の言葉を，「真実」を意味する「やさしい言葉」と受け止め，「心おきなく赤い花を抱いた」のだから，限りある生を大切にしようとしたのだと考えられる。

2025年度用
中学スーパー過去問

■編集人 声の教育社・編集部
■発行所 株式会社 声の教育社
〒162-0814 東京都新宿区新小川町8-15
☎03-5261-5061㈹ FAX03-5261-5062
https://www.koenokyoikusha.co.jp

カコを追いかけ
ミライをつかめ
「今の説明、もう一回」を何度でも
web過去問
ストリーミング配信による入試問題の解説動画
もっと古いカコモンないの？
カコ過去問
「さらにカコの」過去問をHPに掲載（DL）
声の教育社
詳しくはこちらから

ストリーミング配信による入試問題の解説動画

2025年度用web過去問　ラインナップ

■ 男子・女子・共学（全動画）見放題
36,080円（税込）

■ 男子・共学　見放題
29,480円（税込）

■ 女子・共学　見放題
28,490円（税込）

● 中学受験「声教web過去問（過去問プラス・過去問ライブ）」（算数・社会・理科・国語）

3〜5年間 24校

過去問プラス

麻布中学校	桜蔭中学校	開成中学校	慶應義塾中等部	渋谷教育学園渋谷中学校
女子学院中学校	筑波大学附属駒場中学校	豊島岡女子学園中学校	広尾学園中学校	三田国際学園中学校
早稲田中学校	浅野中学校	慶應義塾普通部	聖光学院中学校	市川中学校
渋谷教育学園幕張中学校	栄東中学校			

過去問ライブ

栄光学園中学校	サレジオ学院中学校	中央大学附属横浜中学校	桐蔭学園中等教育学校	東京都市大学付属中学校
フェリス女学院中学校	法政大学第二中学校			

● 中学受験「オンライン過去問塾」（算数・社会・理科）

3〜5年間 50校以上

東京	青山学院中等部	東京	国学院大学久我山中学校	東京	明治大学付属明治中学校	千葉	芝浦工業大学柏中学校	埼玉	栄東中学校
東京	麻布中学校	東京	渋谷教育学園渋谷中学校	東京	早稲田中学校	千葉	渋谷教育学園幕張中学校	埼玉	淑徳与野中学校
東京	跡見学園中学校	東京	城北中学校	東京	都立中高一貫校 共同作成問題	千葉	昭和学院秀英中学校	埼玉	西武学園文理中学校
東京	江戸川女子中学校	東京	女子学院中学校	東京	都立大泉高校附属中学校	千葉	専修大学松戸中学校	埼玉	獨協埼玉中学校
東京	桜蔭中学校	東京	巣鴨中学校	東京	都立白鷗高校附属中学校	千葉	東邦大学付属東邦中学校	埼玉	立教新座中学校
東京	鷗友学園女子中学校	東京	桐朋中学校	東京	都立両国高校附属中学校	千葉	千葉日本大学第一中学校	茨城	江戸川学園取手中学校
東京	大妻中学校	東京	豊島岡女子学園中学校	神奈川	神奈川大学附属中学校	千葉	東海大学付属浦安中等部	茨城	土浦日本大学中等教育学校
東京	海城中学校	東京	日本大学第三中学校	神奈川	桐光学園中学校	千葉	麗澤中学校	茨城	茗溪学園中学校
東京	開成中学校	東京	雙葉中学校	神奈川	県立相模原・平塚中等教育学校	千葉	県立千葉・東葛飾中学校		
東京	開智日本橋中学校	東京	本郷中学校	神奈川	市立南高校附属中学校	千葉	市立稲毛国際中等教育学校		
東京	吉祥女子中学校	東京	三輪田学園中学校	千葉	市川中学校	埼玉	浦和明の星女子中学校		
東京	共立女子中学校	東京	武蔵中学校	千葉	国府台女子学院中学部	埼玉	開智中学校		

web過去問 Q&A

過去問が動画化！
声の教育社の編集者や中高受験のプロ講師など、
過去問を知りつくしたスタッフが動画で解説します。

Q どこで購入できますか？

A 声の教育社のHPでお買い求めいただけます。

Q 受講にあたり、テキストは必要ですか？

A 基本的には過去問題集がお手元にあることを前提としたコンテンツとなっております。

Q 全問解説ですか？

A 「オンライン過去問塾」シリーズは基本的に全問解説ですが、国語の解説はございません。「声教web過去問」シリーズは合格のカギとなる問題をピックアップして解説するもので、全問解説ではございません。なお、「声教web過去問」と「オンライン過去問塾」のいずれでも取り上げられている学校がありますが、授業は別の講師によるもので、同一のコンテンツではございません。

Q 動画はいつまで視聴できますか？

A ご購入年度２月末までご視聴いただけます。
複数年視聴するためには年度が変わるたびに購入が必要となります。

よくある解答用紙のご質問

01

実物のサイズにできない

拡大率にしたがってコピーすると，「解答欄」が実物大になります。配点などを含むため，用紙は実物よりも大きくなることがあります。

02

A3用紙に収まらない

拡大率164％以上の解答用紙は実物のサイズ（「出題傾向＆対策」をご覧ください）が大きいために，A 3に収まらない場合があります。

03

拡大率が書かれていない

複数ページにわたる解答用紙は，いずれかのページに拡大率を記載しています。どこにも表記がない場合は，正確な拡大率が不明です。

04

1ページに2つある

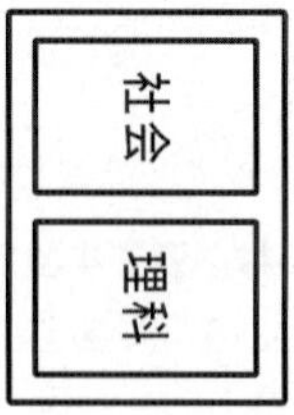

1ページに2つ解答用紙が掲載されている場合は，正確な拡大率が不明です。ほかの試験回の同じ教科をご参考になさってください。

灘中学校

【別冊】入試問題解答用紙編

解答用紙は本体からていねいに抜きとり、別冊としてご使用ください。

※　実際の解答欄の大きさで練習するには、指定の倍率で拡大コピーしてください。なお、ページの上下に小社作成の見出しや配点を記載しているため、コピー後の用紙サイズが実物の解答用紙と異なる場合があります。

●入試結果表

年　度	項　目	国　語（1日目）	国　語（2日目）	算　数（1日目）	算　数（2日目）	理　科	合　計	合格者
2024（令和６）	配点（満点）	80	120	100	100	100	500	最高点
	合格者平均点	60.5	72.9	72.7	72.2	77.6	355.9	451
	受験者平均点	54.7	66.9	60.7	59.2	70.5	312.0	最低点
	キミの得点							330
2023（令和５）	配点（満点）	80	120	100	100	100	500	最高点
	合格者平均点	55.5	70.6	79.4	65.8	72.6	343.9	417
	受験者平均点	51.1	65.4	63.5	53.4	64.0	297.4	最低点
	キミの得点							316
2022（令和４）	配点（満点）	80	120	100	100	100	500	最高点
	合格者平均点	57.5	70.9	64.5	65.3	69.9	328.1	409
	受験者平均点	53.4	64.2	52.7	53.8	60.4	284.5	最低点
	キミの得点							297
2021（令和３）	配点（満点）	80	120	100	100	100	500	最高点
	合格者平均点	63.2	78.0	83.0	67.8	76.5	368.5	447
	受験者平均点	57.7	71.0	65.1	54.3	68.5	316.6	最低点
	キミの得点							341
2020（令和２）	配点（満点）	80	120	100	100	100	500	最高点
	合格者平均点	58.1	79.9	72.0	71.2	66.7	347.9	428
	受験者平均点	54.3	75.2	55.4	55.4	57.3	297.6	最低点
	キミの得点							320
2019（平成 31）	配点（満点）	80	120	100	100	100	500	最高点
	合格者平均点	63.6	75.1	49.8	56.8	73.2	318.5	414
	受験者平均点	60.0	69.1	38.5	44.5	64.5	276.6	最低点
	キミの得点							290
2018（平成 30）	配点（満点）	80	120	100	100	100	500	最高点
	合格者平均点	63.9	77.3	66.5	69.2	71.9	348.8	422
	受験者平均点	59.4	70.7	52.6	54.8	62.5	300.0	最低点
	キミの得点							322
平成 29	配点（満点）	80	120	100	100	100	500	最高点
	合格者平均点	62.0	79.1	63.1	62.4	79.7	346.3	419
	受験者平均点	57.0	73.4	49.1	48.4	72.5	300.4	最低点
	キミの得点							321
平成 28	配点（満点）	80	120	100	100	100	500	最高点
	合格者平均点	55.7	77.4	54.8	61.2	71.7	320.8	401
	受験者平均点	50.4	70.3	42.7	50.8	64.0	278.2	最低点
	キミの得点							296
平成 27	配点（満点）	80	120	100	100	100	500	最高点
	合格者平均点	59.1	88.5	54.4	64.6	76.3	342.9	436
	受験者平均点	52.7	81.1	41.9	52.7	68.6	297.0	最低点
	キミの得点							312

※　表中のデータは学校公表のものです。ただし、合計は各教科の平均点を足したものなので、目安としてご覧ください。

声の教育社

２０２４年度　　灘中学校

算数解答用紙〈第１日目〉

番号		氏名	

評点	／100

解　答　欄

(単位は記入しなくてよろしい)

1	2	3

4	5		6
	①	②	

7	8	9

10	11	12

(注) この解答用紙は実物大です。

第１日目〔算　数〕100点(推定配点)

1～8　各8点×8＜5は完答＞　9～12　各9点×4

２０２４年度　灘中学校

算数解答用紙〈第２日目〉No. 1

番号		氏名		評点	/100

［解答上の注意］

- [1] (2)（イ），[2] (2)，[3] (2)（イ），（ウ），[5] (2) は答え以外に文章や式，図などもかきなさい。それ以外の問題は答えのみ記入しなさい。
- 問題にかいてある図は必ずしも正しくはありません。
- 角すいの体積は，(底面積) × (高さ) × $\frac{1}{3}$ で求められます。

[1] (1) ２桁《けた》の整数ＡでＡ → ０となるものは全部で ☐ 個あり，３桁の整数ＢでＢ → ０となるものは全部で ☐ 個あります。

(2) ３桁の整数ＣでＣ → Ｄ → ２となるものを考えます。ただしＤは整数です。

（ア）このような整数Ｃのうち，最も小さいものは ☐ で，最も大きいものは ☐ です。

（イ）

答＿＿＿＿＿＿個

[2] (1) ☐ 個

(2)

答＿＿＿＿＿＿個

算数解答用紙〈第２日目〉No. ２

3 (1) ＿＿ cm^2, ＿＿ cm^3

(2) (ア) ＿＿ cm, ＿＿ cm^3

(イ)

答＿＿cm

(ウ)

答＿＿cm

4 (1) ＿＿ cm^2

(2) 円の半径 ＿＿ cm, 辺 HK の長さ ＿＿ cm

5 (1) (ア) ＿＿ 通り　(イ) ＿＿ 通り

(2)

答＿＿通り

（注）実際の試験では、問題用紙の中に設けられた解答欄に書く形式です。
この解答用紙は使いやすいように小社で作成いたしました。

第２日目〔算　数〕100点(推定配点)

1～3　各５点×13　4　(1)　５点　(2)　各６点×２　5　各６点×３

２０２４年度　灘中学校

理科解答用紙〈第１日目〉

番号		氏名	

評点	／100

1

問１		問２	(1)	時　分　秒	(2)	①	②	③	(3)	

2

問１		問２	(1)		(2)	A	C
問３	方法	区別のしかた					
問４		問５	,				

3

問１	倍	問２	cm	問３	(1)	(2)	問４	cm^3	問５	

4

問１		問２					
問３	℃	問４		問５		問６	g

5

①		②		③		④			
⑤		⑥		⑦		⑧		⑨	
⑩		⑪		⑫					
A		B							

6

問１	cm	問５
問２		
問３		
問４	cm	

（注）この解答用紙は実物を縮小してあります。Ｂ５→Ａ３（163%）に拡大コピーすると、ほぼ実物大の解答欄になります。

第１日目〔理　科〕100点(推定配点)

1 問１　２点　問２　(1)　３点　(2)，(3)　各２点×４　2 各２点×７<問３～問５はそれぞれ完答>　3 問１，問２　各３点×２　問３　各２点×２　問４，問５　各３点×２　4 問１，問２　各２点×２　問３　３点　問４，問５　各２点×２　問６　３点　5 各２点×14<⑥は完答>　6 各３点×５

2024年度　灘中学校

国語解答用紙〈第一日目〉

番号		氏名		評点	/80

◎解答に字数制限のある場合、句読点などの記号も字数に数えます。

一

問一	
問二	
問三 1	Ⅰ　ト
問三 2	Ⅰ　ト
問三 3	Ⅰ　ト
問三 4	Ⅰ　ト
問三 5	Ⅰ　ト
問四 1	〔Ⅰ〕　〔Ⅱ〕
問四 2	〔Ⅰ〕　〔Ⅱ〕
問四 3	〔Ⅰ〕　〔Ⅱ〕
問四 4	〔Ⅰ〕　〔Ⅱ〕
問四 5	〔Ⅰ〕　〔Ⅱ〕
問四 6	〔Ⅰ〕　〔Ⅱ〕
問五	A　B 1　2　3　4　5

二

1	2	3	4	5	6

三

1	2	3	4	5

四

1	2	3	4	5

五

1	和語	漢語
2	和語	漢語
3	和語	漢語
4	和語	漢語

六

問一	Ⅰ	A	B	C
	Ⅱ	A	B	C
	Ⅲ	A	B	C
問二	Ⅰ			
	Ⅱ			
	Ⅲ			
問三	Ⅰ	Ⅱ	Ⅲ	

（注）この解答用紙は実物を縮小してあります。B5→A3（163%）に拡大コピーすると、ほぼ実物大の解答欄になります。

第一日目〔国　語〕80点(推定配点)

一　問1　2点　問2　3点　問3　各2点×5　問4，問5　各1点×12　二，三　各2点×11　四　各1点×5　五，六　各2点×13<五，六の問1は各々完答>

２０２４年度　灘中学校

国語解答用紙〈第二日目〉

番号　　氏名　　評点　／120

◎解答に字数制限のある場合、句読点などの記号も字数に数えます。

一

問一　A　B　C　D　E　F　G　H　（み）I

問二

問三

問四

問五

問六

問七

問八　X　Y

二

問一

問二

問三

問四

問五

問六

三

問一

問二

問三

問四　A　B

問五

問六

（注）この解答用紙は実物を縮小してあります。B５→A３（163%）に拡大コピーすると、ほぼ実物大の解答欄になります。

第二日目〔国　語〕120点(推定配点)

一　問１　各２点×９　問２　５点　問３　６点　問４　５点　問５　８点　問６　６点　問７　７点　問８　４点＜完答＞　二　問１　４点　問２，問３　各５点×２　問４　６点　問５　４点　問６　７点　三　問１　４点　問２，問３　各５点×２　問４　各３点×２　問５，問６　各５点×２

２０２３年度　灘中学校

算数解答用紙〈第１日目〉

番号		氏名		評点	／100

解　答　欄

(単位は記入しなくてよろしい)

1	2	3		
		①	②	③

4		5
①	②	

6		7	
①	②	①	②

8	9	10	11

12

(注) この解答用紙は実物大です。

第１日目〔算　数〕100 点(推定配点)

1～4　各６点×5<3は完答>　5～12　各７点×10

2023年度 灘中学校

算数解答用紙〈第2日目〉No. 1

番号		氏名		評点	/100

[解答上の注意]

- 1 (1)，2 (1)，(2)，3 (3)，5 (1) は答えのみ記入しなさい。それ以外の問題は答え以外に文章や式，図などもかきなさい。
- 問題にかいてある図は必ずしも正しくはありません。

1 (1) 81 から始めて【操作】を 3 回行うと，[　　　] が得られます。また，81 から始めて【操作】を 2023 回行うと，[　　　] が得られます。

(2)

答 ＿＿＿＿＿＿＿＿＿＿

(3)

答 ＿＿＿＿＿ 回

2 (1)

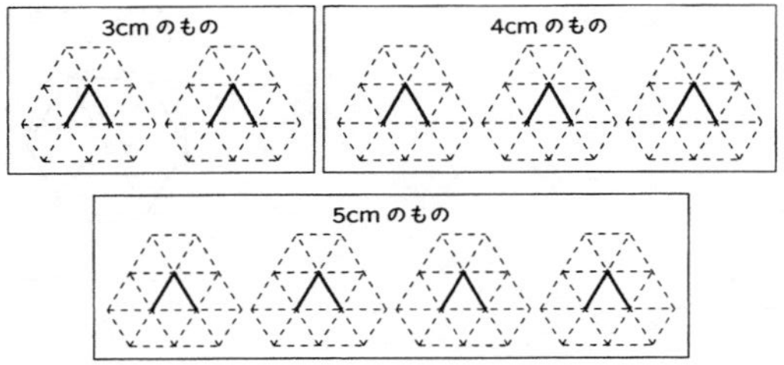

(2) [　　　] cm，[　　　] 通り

(3)

答 ＿＿＿＿＿ cm，＿＿＿＿＿ 通り

3 (1)

答 ＿＿＿＿＿ 人

(2)

答 ＿＿＿＿＿ 人

(3)

得点（点）	人数（人）
10	
8	2
7	
5	
3	
2	
合計	25

得点（点）	人数（人）
10	
8	4
7	
5	
3	
2	
合計	25

得点（点）	人数（人）
10	
8	6
7	
5	
3	
2	
合計	25

２０２３年度　灘中学校

算数解答用紙〈第２日目〉No. 2

4 (1)

答 ______ cm²

(2)

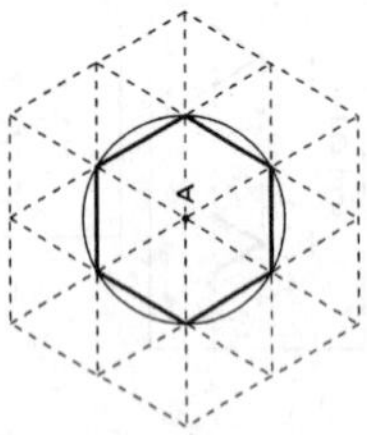

答 ______ cm²

(3)

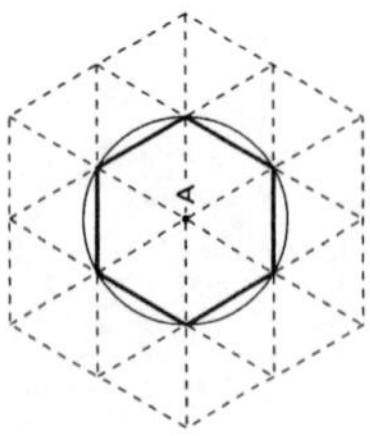

答 ______ cm²

5 (1) ______ cm³

(2)

答 ______ cm³

(3)

答 ______ cm³

(4)

答 ______ cm³

（注）実際の試験では、問題用紙の中に設けられた解答欄に書く形式です。この解答用紙は使いやすいように小社で作成いたしました。

第２日目〔算　数〕100点(推定配点)

1 (1), (2)　各5点×2＜各々完答＞　(3)　7点　2 (1), (2)　各5点×2＜各々完答＞　(3)　7点＜完答＞　3　各6点×3＜(3)は完答＞　4 (1)　5点　(2), (3)　各7点×2＜各々完答＞　5 (1)　5点　(2)～(4)　各8点×3

２０２３年度　灘中学校

理科解答用紙〈第１日目〉

番号		氏名		評点	／100

1

問１	g	問２	g	問３	g	問４	水 g	物質A g	問５	(1) g	(2) g

2

問１	①	②	③	問２	℃	問３		問４	℃	問５	℃

3

問１	A	B	C	D	E
問２	X	Y	Z		
問３	①	②	③	④	
問４	あ				
	い				

4

問１	北斗七星　→　→		やぎ座　→　→		問２	
問３	星座　座	星	星座　座	星	問４	

5

問１	①	②	③	④	⑤						
問２	枚	問３	⑥	⑦	⑧	⑨	⑩	問４	② %	③ %	
問５	① g	③ g									

6

問１		問２		問３	度	問４	度	問５	度

（注）この解答用紙は実物を縮小してあります。Ｂ５→Ａ３（163%）に拡大コピーすると、ほぼ実物大の解答欄になります。

第１日目〔理　科〕100点（推定配点）

1～6　各２点×50＜1の問４，3の問３は完答，4の問１，問３は各々完答＞

二〇二三年度　灘中学校

国語解答用紙〈第一日目〉

番号　　氏名　　評点 ／80

◎解答に字数制限のある場合、句読点などの記号も字数に数えます。

一

問一

問二

問三

問四　1 ーク　2 ーク　3 ーク　4 ーク　5 ーク

問五　1（誤）→（正）　2（誤）→（正）　3（誤）→（正）

二　1　2　3　4　5　6

三　1　2　3　4　5　6

四　1　2　3　4　5

五　1 つ　2 つ　3 つ　4 つ　5 つ

六

A	B	C	D
E	F	G	H
I	J	K	L

（注）この解答用紙は実物を縮小してあります。Ｂ５→Ａ３（163％）に拡大コピーすると、ほぼ実物大の解答欄になります。

第一日目〔国　語〕80点（推定配点）

一　問1　2点　問2　4点　問3～問5　各2点×9＜問5は各々完答＞　二～五　各2点×22　六　各1点×12

二〇二三年度　灘中学校

国語解答用紙〈第二日目〉

番号　　氏名　　評点　/120

◎解答に字数制限のある場合、句読点などの記号も字数に数えます。

一

問一　A　B　C　D　E　われ　F　んだ　G　H　I

問二

問三

問四　X　Y　Z

問五

問六　〜

問七

二

問一　・　・

問二

問三

問四

問五

問六

問七

三

問一

問二

問三

問四

問五　A　B

問六

（注）この解答用紙は実物を縮小してあります。B5→A3（163%）に拡大コピーすると、ほぼ実物大の解答欄になります。

第二日目〔国　語〕120点(推定配点)

一　問1　各2点×9　問2　4点　問3　6点　問4　各3点×3　問5　8点　問6　3点　問7　6点　二　問1　各3点×2　問2　4点　問3，問4　各6点×2　問5　8点　問6，問7　各6点×2　三　問1　3点　問2，問3　各2点×2　問4　3点　問5　A　4点　B　6点　問6　4点

２０２２年度　灘中学校

算数解答用紙〈第１日目〉

番号		氏名		評点	／100

解　答　欄

（単位は記入しなくてよろしい）

1	2	3	
		①	②

4		5	6
①	②		

7		8	
①	②	①	②

9	10	
	①	②

11	12

（注）この解答用紙は実物大です。

第１日目〔算　数〕100点(推定配点)

1～9　各６点×12＜3は完答＞　10～12　各７点×４

2022年度　灘中学校

算数解答用紙〈第2日目〉No. 1

番号		氏名		評点	/100

［解答上の注意］

・1(1)，(2)，2(1)，3(1)，5(2)は答えのみ記入しなさい。それ以外の問題は答え以外に文章や式，図なども書きなさい。

・問題にかいてある図は必ずしも正しくはありません。

・角すいの体積は，（底面積）×（高さ）× $\frac{1}{3}$ で求められます。

1

(1) ☐，☐，☐，☐

(2) ☐，☐，☐，☐

(3)

答　最も小さい数　　　，2番目に小さい数

(3)

答　　　通り

2

(1) ☐ 通り

(2)

答　　　通り

3

(1) 短針が動き始めたのち，初めて短針と長針がぴったり重なるのは，短針が動き始めてから ☐ 時間後です。その次に短針と長針がぴったり重なるのは，短針が動き始めてから ☐ 時間後です。

(2)

答　　　時間後

２０２２年度　灘中学校

算数解答用紙〈第２日目〉No. ２

（注）実際の試験では、問題用紙の中に設けられた解答欄に書く形式です。
この解答用紙は使いやすいように小社で作成いたしました。

⑵

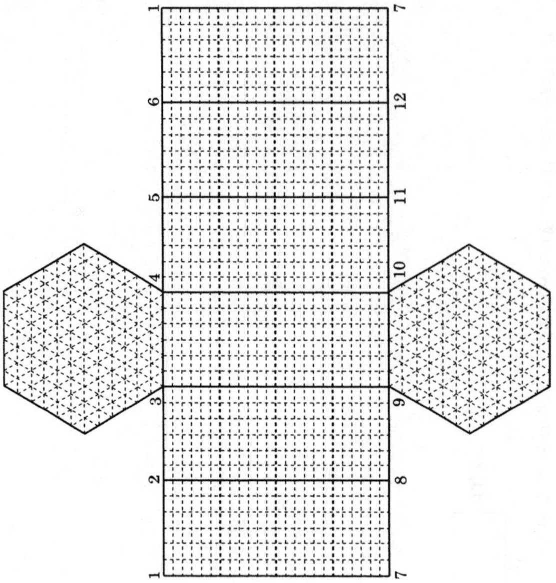

4

⑴

答 ＿＿＿＿ cm

⑵

答 ＿＿＿＿ cmと ＿＿＿＿ cm

5

⑴

答 ＿＿＿＿ 倍

第２日目〔算　数〕100 点(推定配点)

1　(1)，(2)　各 7 点×2<各々完答>　(3)　各 4 点×2　2　各 8 点×3　3　(1)　各 7 点×2　(2)　8 点　4　(1)　8 点　(2)　各 4 点×2　5　各 8 点×2

２０２２年度　　灘中学校

理科解答用紙〈第１日目〉

番号		氏名		評点	／100

1

問1	①	②	問2	(　　,　　,　　)

問3	おもりの重さ　　g	問4	おもりの重さ　　g
	おもりの場所 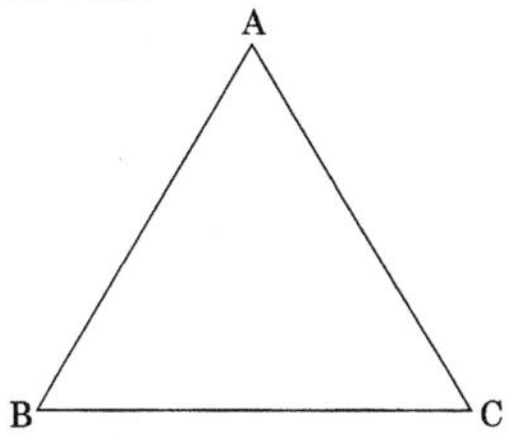		おもりの場所 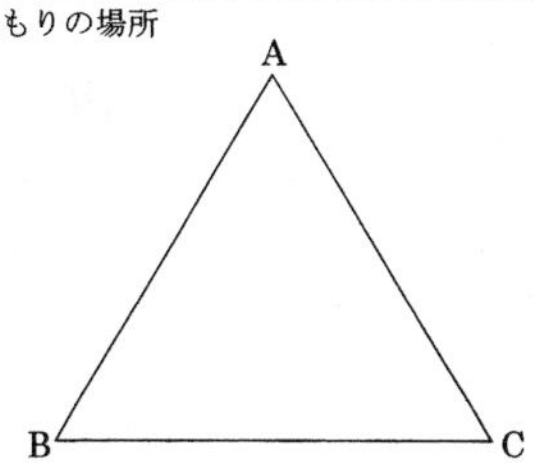

問5	D　　g	E　　g	F　　g

2

問1	

問2		問3	g	問4	①	②	③	問5	個	問6	%

3

問1	①	②	③	④	問2	%	問3		問4	①　度	②　度	③　km

4

問1		問2	A：B＝　：	問3	mA	問4	y　mA	つなぎ方

5

問1	①	②	問2	

問3	あ	い	う	え	お	か	き	く

問4	L	問5	L	問6	③	④

6

問1	℃	問2	℃

問3	①　℃	②　℃	③　℃	④　℃	
	⑤　色	⑥　色	⑦　色	⑧　色	⑨　cm^3

（注）この解答用紙は実物を縮小してあります。Ｂ５→Ａ３(163%)に拡大コピーすると、ほぼ実物大の解答欄になります。

第１日目〔理　科〕100点(推定配点)

1～5　各３点×26＜1の問１，問３～問５，2の問４，3の問１，問４，4の問４，5の問３，問６はそれぞれ完答＞　6　各２点×11

二〇二三年度　灘中学校

国語解答用紙〈第一日目〉

番号		氏名		評点	/80

◎解答に字数制限のある場合、句読点などの記号も字数に数えます。

（注）この解答用紙は実物を縮小してあります。B５→A３（163%）に拡大コピーすると、ほぼ実物大の解答欄になります。

一

問一

問二

問三　1　2　3　4　5　6

問四　おい　と

問五　1　2　3　4

問六　1　2　3　4　5

二　1　2　3　4

三　1　2　3　4　5

四　1　2　3　4

五

1　大
2　大
3　大
4　大
5　大
6　大

六

1　（記号）　（書きかえ）
2　（記号）　（書きかえ）
3　（記号）　（書きかえ）

七

A　B　C　D
E　F　G　H
I　J　K　L

第一日目〔国　語〕80点(推定配点)

一　問1　3点　問2　4点　問3　各1点×6　問4　2点　問5, 問6　各1点×9　二～五　各2点×19
六, 七　各1点×18

二〇二三年度　灘中学校

国語解答用紙〈第二日目〉

番号		氏名		評点	／120

◎解答に字数制限のある場合、句読点などの記号も字数に数えます。

一

問一	A	B	C
	D	E	F
	G	H	I

問二

問三

問四

問五

問六

問七

問八

二

問一

問二

問三

問四

問五

問六　ような場所。

問七

三

問一

問二

問三

問四

問五

問六

（注）この解答用紙は実物を縮小してあります。B5→A3（163%）に拡大コピーすると、ほぼ実物大の解答欄になります。

第二日目〔国　語〕120点(推定配点)

一　問1　各2点×9　問2～問4　各6点×3　問5，問6　各5点×2　問7，問8　各6点×2　二　問1　3点　問2～問4　各5点×3　問5～問7　各6点×3　三　問1　5点　問2，問3　各3点×2　問4～問6　各5点×3

2021年度　　灘中学校

算数解答用紙〈第1日目〉

番号		氏名		評点	／100

解　答　欄

(単位は記入しなくてよろしい)

1	2	3	
		①	②

4	5	6	
		①	②

7	8	9	10

11	12

(注) この解答用紙は実物大です。

第1日目〔算　数〕100点(推定配点)

1～10　各7点×12　11, 12　各8点×2

２０２１年度　灘中学校

算数解答用紙〈第２日目〉No. 1

番号		氏名		評点	/100

［解答上の注意］

・1(2)(イ)，2(2)，3(2)，(3)，5(2)(イ)，(ウ)は答え以外に文章や式，図なども書きなさい。それ以外の問題は答えのみ記入しなさい。

・問題にかいてある図は必ずしも正しくはありません。

・角すいの体積は，（底面積）×（高さ）×$\frac{1}{3}$　で求められます。

1

(1)　　　g以上　　　g以下

(2)　(ア)　Pから　　　回，Qから　　　回

(イ)

答　Pは　　　回，Qは　　　回，A液の濃度は　　　%

2

(1)　　　個

(2)

1	1	1	1	1	1	1	1	1
1	2	3	4					
1	3	6	10					
1	4	10	20					
1								
1								
1								
1								
1								

答　　　個

(3)　　　個

3

(1)　CHの長さは　　　cm，

DKの長さは　　　cm

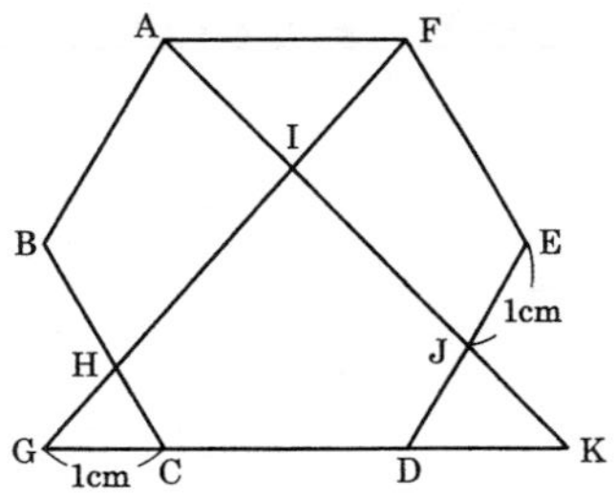

(2)

答　　　倍

(3)

答　　　倍

２０２１年度　灘中学校

算数解答用紙〈第２日目〉No. ２

5

(1) □ cm^3

(2)

(ア)

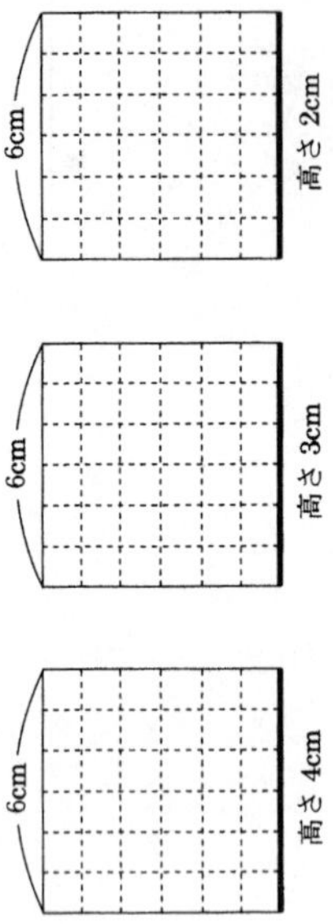

(イ)

答 ________ cm^3

(ウ)

答 ________ cm^3

4

(1)

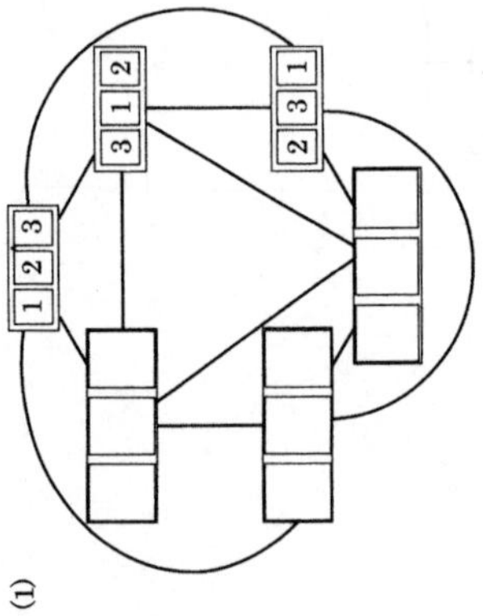

(2) □ 通り

(3) □ 通り

(4) □ 通り

(5) □ 通り

（注）実際の試験では、問題用紙の中に設けられた解答欄に書く形式です。
この解答用紙は使いやすいように小社で作成いたしました。

第２日目〔算　数〕100点(推定配点)

1 (1)　5点　(2)　(ア)　5点　(イ)　6点＜完答＞　**2** (1)　5点　(2), (3)　各6点×2　**3** (1)　5点＜完答＞　(2), (3)　各6点×2　**4** (1)　6点＜完答＞　(2)～(5)　各5点×4　**5** (1)　6点　(2)　(ア)　各2点×3　(イ), (ウ)　各6点×2

２０２１年度　　灘中学校

理科解答用紙〈第１日目〉

番号		氏名		評点	／100

1

問1		問2	日	問3		問4	①	②	③

2

問1	(ア)	(イ)	(ウ)	問2	濃くしたとき	うすくしたとき
問3	グラフ	数値　g				

3

問1	①	②	③	④	⑤	⑥	⑦	⑧
問2	A	B						
問3								
問4	⑨	⑩						

4

問1	A	問2	倍	問3	倍	問4	
問5	倍	問6		問7	倍		

5

問1	溶けたものが					
	溶けたものが					
問2		問3		問4		
問5	g	問6	g	問7	%	

6

問1			問3	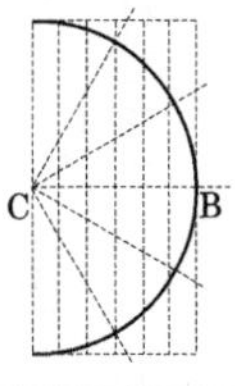
問2	(1)	(2) A側：B側 ＝　　：		
問4	Y＝			

（注）この解答用紙は実物を縮小してあります。Ｂ５→Ａ３（163%）に拡大コピーすると、ほぼ実物大の解答欄になります。

第１日目〔理　科〕100点（推定配点）

1　問１　２点＜完答＞　問２～問４　各３点×３＜問３，問４は完答＞　2　問１　各２点×３　問２　３点＜完答＞　問３　グラフ…２点，数値…３点　3　問１，問２　各２点×９＜問２は完答＞　問３，問４　各３点×３　4　問１～問４　各２点×４＜問４は完答＞　問５～問７　各３点×３＜問６は完答＞　5　問１　各３点×２　問２～問４　各２点×３＜各々完答＞　問５～問７　各３点×３　6　各２点×５

二〇二二年度　灘中学校

国語解答用紙〈第一日目〉

番号		氏名		評点	/80

◎解答に字数制限のある場合、句読点などの記号も字数に数えます。

一

問一	X	
	Y	
問二		
問三	1	
	2	
	3	
	4	
	5	
問四	1	
	2	
	3	
	4	
	5	
問五		

二

1		2		3		4	
5		6		7			

三

1	
2	
3	
4	
5	

四

1		2		3	

五

六

1	(誤)　→(正)
2	(誤)　→(正)
3	(誤)　→(正)

七

1		2		3		4	
5		6		7		8	

八

A		B		C		D		E	
F		G		H		I			

(注)この解答用紙は実物を縮小してあります。B5→A3(163%)に拡大コピーすると、ほぼ実物大の解答欄になります。

第一日目〔国　語〕80点(推定配点)

一　問1　2点<完答>　問2　4点　問3　各1点×5　問4, 問5　各2点×6　二～四　各2点×15　五　4点<完答>　六　各2点×3<各々完答>　七, 八　各1点×17

二〇二二年度　灘中学校

国語解答用紙〈第二日目〉

番号		氏名		評点	/120

◎解答に字数制限のある場合、句読点などの記号も字数に数えます。

一

問一　A　B　C　D　E　F　G　H　I

問二

問三

問四

問五

問六

問七

二

問一

問二

問三

問四

問五

問六

問七　〜

問八

三

問一

問二

問三　3　4

問四

問五

（注）この解答用紙は実物を縮小してあります。B5→A3（163%）に拡大コピーすると、ほぼ実物大の解答欄になります。

第二日目〔国　語〕120点（推定配点）

一　問1　各2点×9　問2〜問4　各5点×3　問5　6点　問6，問7　各5点×2　二　問1〜問3　各5点×3　問4，問5　各6点×2　問6　5点　問7　4点　問8　6点　三　問1　4点　問2〜問5　各5点×5

2020年度　　灘中学校

算数解答用紙〈第1日目〉

番号		氏名	

評点	／100

解　答　欄

（単位は記入しなくてよろしい）

1	2	3

4		5
①	②	

6		
①　分　秒	②	③

7	8	
	①	②

9	10	11

（注）この解答用紙は実物大です。

第1日目〔算　数〕100点(推定配点)

1～5　各7点×6　6　①　7点　②・③　7点　7～9　各7点×4　10，11　各8点×2

2020年度　灘中学校

算数解答用紙〈第2日目〉No. 1

番号		氏名		評点	/100

［解答上の注意］

・3，4，5(1)，(2)は答え以外に文章や式，図なども書きなさい。それ以外の問いは，答えのみ記入しなさい。

・問題にかいてある図は必ずしも正しくはありません。

・角すいの体積は，（底面積）×（高さ）×$\frac{1}{3}$　で求められます。

1

(1)

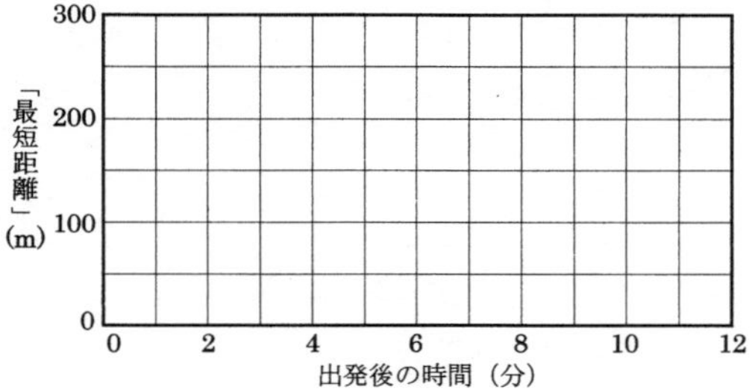

(2)

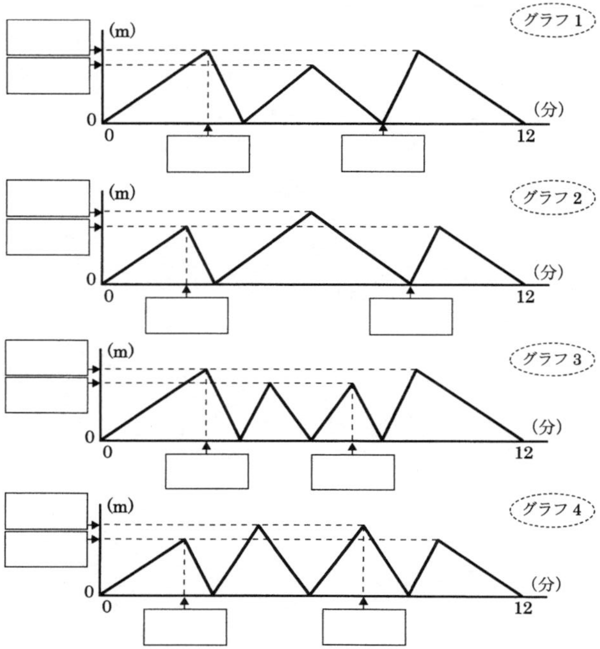

2

(1) (ア)

(イ)

(2)

3

(1)

答　　　　　分間

(2)

答　　　　　分間

(3)

答　　　　　分間

２０２０年度　灘中学校

算数解答用紙〈第２日目〉No.２

（注）実際の試験では、問題用紙の中に設けられた解答欄に書く形式です。
この解答用紙は使いやすいように小社で作成いたしました。

5

(1)

答 ＿＿＿＿ cm^3

(2)

答 ＿＿＿＿ cm^3

(3) □ 倍， □ cm^3

4

(1)

答 ＿＿＿＿ cm^2

(2)

答 ＿＿＿＿ cm^2

第２日目〔算　数〕100点(推定配点)

1　各８点×2＜(2)は完答＞　2～5　各７点×12＜2の(1)の(ア)は完答＞

２０２０年度　灘中学校

理科解答用紙〈第１日目〉

番号		氏名	

評点	／100

1

問 1		問 2		問 3		問 4	

問 5	①	②	③	④	⑤

2

問 1		問 2	mL	問 3	mL	問 4	mL	問 5	mL

3

問 1	倍	問 2	倍	問 3	倍	問 4	度

4

問 1	①	②	③	④	⑤	⑥	⑦

問 2		問 3		問 4		問 5	倍

5

問 1		問 2	mL	問 3	mL

問 4	記号	理由

問 5	① %	② %	③ %	④ %	⑤

6

問 1

①

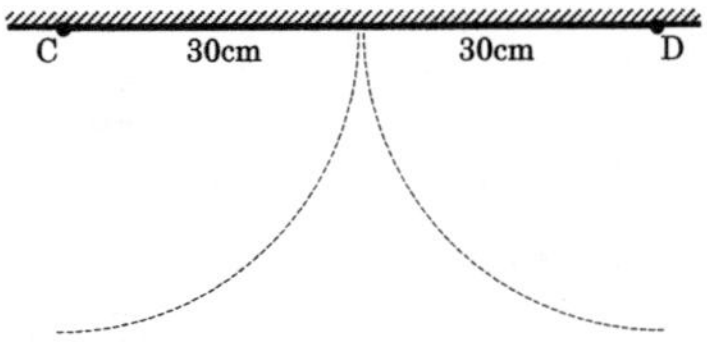

②

(点線は半径 30cm の円)

問 2	①	②

問 3

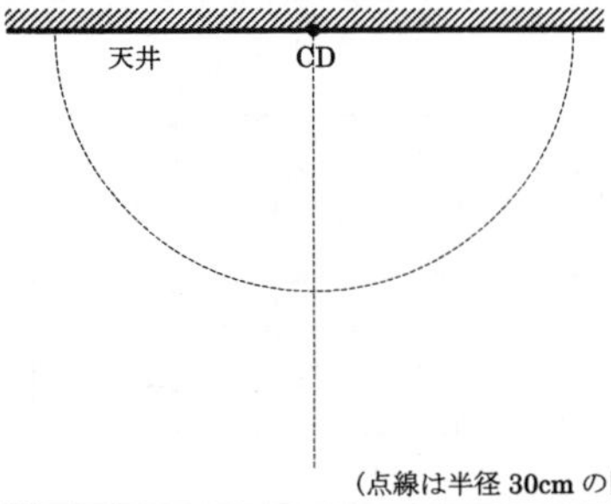

(点線は半径 30cm の円)

問 4

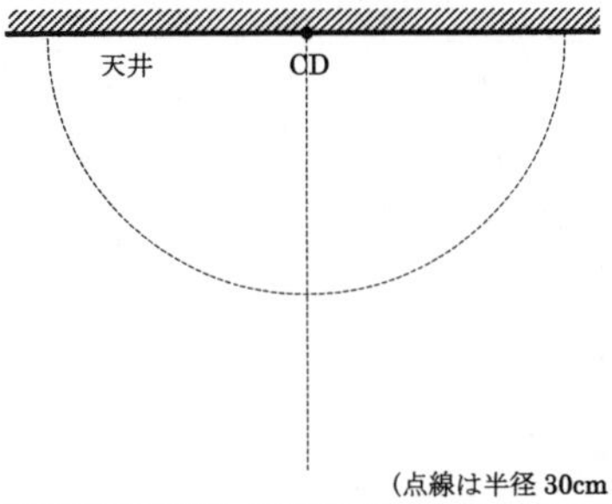

(点線は半径 30cm の円)

(注) この解答用紙は実物を縮小してあります。Ａ３用紙に149%拡大コピーすると、ほぼ実物大で使用できます。(タイトルと配点表は含みません)

第１日目〔理　科〕100点(推定配点)

1, 2　各 2 点×14<1の問 1, 2の問 1 は完答>　3　各 3 点×4　4, 5　各 2 点×21<5の問 1 は完答>　6　各 3 点×6

二〇二〇年度　灘中学校

国語解答用紙〈第一日目〉

番号		氏名		評点	/80

◎解答に字数制限のある場合、句読点などの記号も字数に数えます。

一

問一

問二

問三

問四
1 　ット
2 　ット
3 　ット
4 　ット
5 　ット

問五
1 あ　しい
2 ま　しい
3 み　しい
4 い　しかっ（た）
5 に　しく
6 は　しく

問六
1 　て
2 　て
3 　て
4 　て
5 　て

二

1		2		3	

三

1 因　2 己　3 医　4 誠　5 卵　6 級

四

1	
2	
3	
4	
5	
6	

五

1		2		3		4		5		6	

六

A		B		C		D		E		F	

七

（1）	1		A		B		2
（2）	1		A		B		2
（3）	1		A		B		2

（注）この解答用紙は実物を縮小してあります。Ａ３用紙に156％拡大コピーすると、ほぼ実物大で使用できます。（タイトルと配点表は含みません）

第一日目〔国　語〕80点(推定配点)

一　問1　2点　問2，問3　各4点×2　問4～問6　各1点×16　二～五　各2点×21　六，七　各3点×4<六は完答，七は各々完答>

二〇二〇年度　灘中学校

国語解答用紙〈第二日目〉

番号		氏名		評点	/120

◎解答に字数制限のある場合、句読点などの記号も字数に数えます。

一

問一　A　B　C（わって）　D　E　F　G　H　I

問二

問三　段階。

問四

問五

問六

問七

二

問一

問二　・　・

問三

問四　A　B

問五

問六

問七

三

問一

問二

問三　3　4

問四

問五

（注）この解答用紙は実物を縮小してあります。Ａ３用紙に164%拡大コピーすると、ほぼ実物大で使用できます。（タイトルと配点表は含みません）

第二日目〔国　語〕120点(推定配点)

一　問1　各2点×9　問2　5点　問3　7点　問4　5点　問5　4点　問6　7点　問7　5点　二　問1　5点　問2～問4　各4点×5　問5　7点　問6　6点　問7　5点　三　問1　5点　問2～問4　各4点×4　問5　5点

2019年度　　灘中学校

算数解答用紙〈第1日目〉

番号		氏名		評点	／100

解　答　欄

(単位は記入しなくてよろしい)

1	2	3	
		①	②

4		5	
①	②	①	②

6	7	8	9

10		11	12
①	②		

(注) この解答用紙は実物大です。

第1日目〔算　数〕100点(推定配点)

1～4　各7点×6　5　8点＜完答＞　6～9　各7点×4　10　8点＜完答＞　11, 12　各7点×2

2019年度　灘中学校

算数解答用紙〈第2日目〉No. 1

番号		氏名		評点	/100

［解答上の注意］

・2, 3(1), (2), (3)(ア), 4(1), 5(1)は答えのみ記入しなさい。それ以外の問いは，答え以外に文章や式，図なども書きなさい。

・角すいの体積は，（底面積）×（高さ）× $\frac{1}{3}$ 　で求められます。

1

答＿＿＿＿＿＿個

2

(1)

答　1番目＿＿＿＿　2番目＿＿＿＿　3番目＿＿＿＿

(2)

答＿＿＿＿番目

(3)

答　1番目＿＿＿＿　2番目＿＿＿＿　3番目＿＿＿＿

(4)

答＿＿＿＿番目

(5)

答＿＿＿＿

2019年度　灘中学校

算数解答用紙〈第2日目〉No. 2

4

(1) 答 ①　②　③

(2) 答

(3) 答

5

(1)

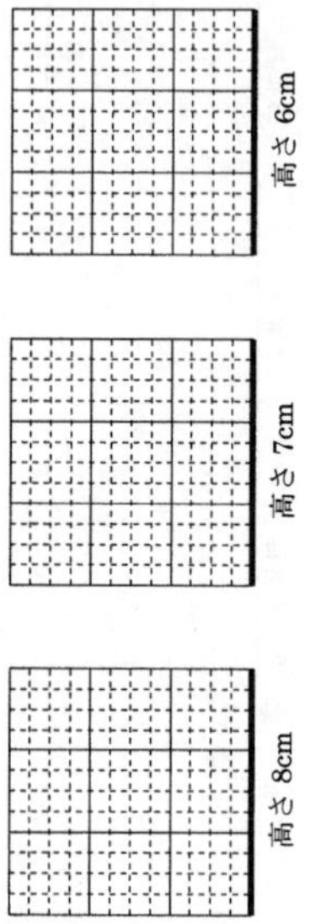

(2) 答　cm³

(3) 答　cm³

(注) 実際の試験では、問題用紙の中に設けられた解答欄に書く形式です。
この解答用紙は使いやすいように小社で作成いたしました。

3

(1) 　cm²

(2)

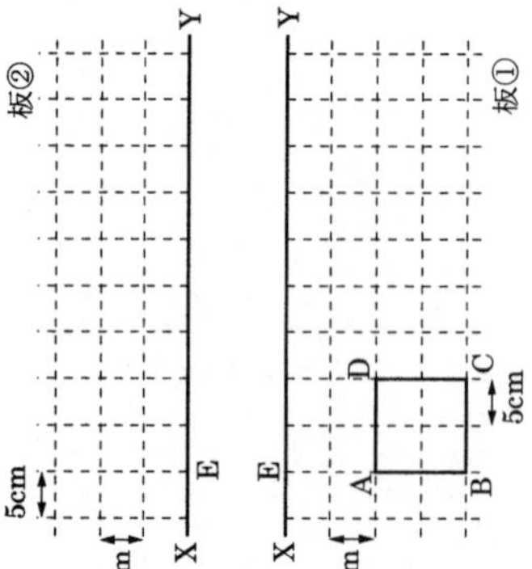

(3)(ア)

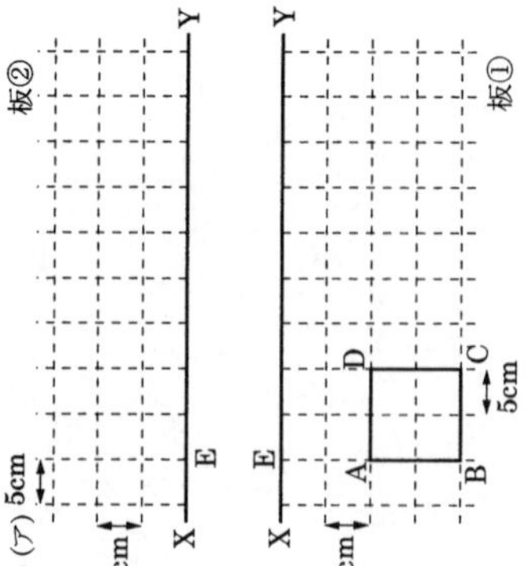

(イ) 答　cm²

第2日目〔算　数〕100点(推定配点)

1～5　各5点×20＜2の(1), (3), 3の(2), (3)の(ア), 4の(2), (3)は完答＞

２０１９年度　　灘中学校

理科解答用紙〈第１日目〉

番号		氏名		評点	／100

1

問1	1	2	問2	①	②	③	問3	
問4	(1)	A	B	(2)				

2

問1	①	②	③	④	問2	g	問3	℃
問4	g	問5	℃					

3

問1		問2		問3		問4		問5	

4

問1	%	問2	g			
問3	①	② g	③ g	④	⑤ g	⑥

5

問1	[1]	[2]	[3]	問2	[1]	[2]	[3]	問3		問4

6

問1	(1)	g	
	(2)	① ② ③ ④ ⑤ ⑥ ⑦ ⑧ ⑨	① ② ③ ④ ⑤ ⑥ ⑦ ⑧ ⑨
問2	(1)	g	(2)

(注) この解答用紙は実物を縮小してあります。Ｂ４用紙に143%拡大コピーすると、ほぼ実物大で使用できます。(タイトルと配点表は含みません)

第１日目〔理　科〕100点(推定配点)

1　各２点×９<問１は各々完答>　2　問１　各２点×４　問２～問５　各３点×４　3　各３点×５　4，5　各２点×16<5の問４は完答>　6　各３点×５

二〇一九年度　灘中学校

国語解答用紙〈第一日目〉

番号　　氏名　　評点　／80

◎解答に字数制限のある場合、句読点などの記号も字数に数えます。

一

問一　～

問二　書こうとするものを、　方法

問三　1　2　3　4　5

問四　I　1　2　3　4
II　1　2　3　4

問五　1　自　自
2　自　自
3　自　自
4　自　自

問六

二

1　→　→　→
2　→　→　→
3　→　→　→

三

1　2

四

1　2　3　4　5

五

1　あ
2　あ
3　あ
4　あ

六

A　1　2　3
B　1　2　3
C　1　2　3

（注）この解答用紙は実物を縮小してあります。A3用紙に152%拡大コピーすると、ほぼ実物大で使用できます。（タイトルと配点表は含みません）

第一日目〔国　語〕80点(推定配点)

一　問1，問2　各4点×2　問3　各2点×5　問4　各1点×8　問5　各2点×4　問6　7点　二，三　各3点×5＜各々完答＞　四～六　各2点×12＜六は各々完答＞

二〇一九年度　灘中学校

国語解答用紙〈第二日目〉

番号		氏名		評点	/120

◎解答に字数制限のある場合、句読点などの記号も字数に数えます。

一

問一					
A		B		C	
D		E		F	
G		H		I	

問二

問三　からだと考えている。

問四

問五

問六

問七

問八

二

問一

問二

問三

問四

問五	A		B		C	

問六

問七

三

問一

問二

問三

問四

問五

問六

（注）この解答用紙は実物を縮小してあります。A３用紙に156％拡大コピーすると、ほぼ実物大で使用できます。（タイトルと配点表は含みません）

第二日目〔国　語〕120点(推定配点)

一　問１　各２点×９　問２～問７　各５点×６　問８　４点　二　問１　５点　問２　６点　問３，問４　各５点×２　問５　各２点×３　問６，問７　各６点×２　三　問１～問５　各５点×５　問６　４点

２０１８年度　灘中学校

算数解答用紙〈第１日目〉

番号		氏名		評点	／100

解　答　欄

（単位は記入しなくてよろしい）

1	2		3
	①	②	

4		5	
①	②	①	②

6		7	8
①	②		

9	10	11	
		①	②

（注）この解答用紙は実物大です。

第１日目〔算　数〕100点（推定配点）

1～10　各７点×12＜2，6は完答＞　11　各８点×２

2018年度　灘中学校

算数解答用紙〈第2日目〉No. 1

番号		氏名		評点	/100

［解答上の注意］

・1(4), 2(2), (3)（イ）, 3(4), (5)は答え以外に文章や式, 図なども書きなさい。それ以外の問いは, 答えのみ記入しなさい。

・円周率は 3.14 とします。

1

(1) ＿＿＿ 通り　(2) ＿＿＿ 通り

(3) 2枚のタイルBと2枚のタイルCをはりつける方法は全部で ＿＿＿ 通り,

4枚のタイルAと2枚のタイルCをはりつける方法は全部で ＿＿＿ 通り

(4)

答＿＿＿＿＿通り

2

(1) 例

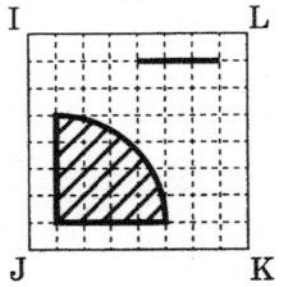

（ア）

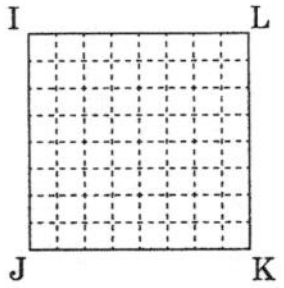

（イ）

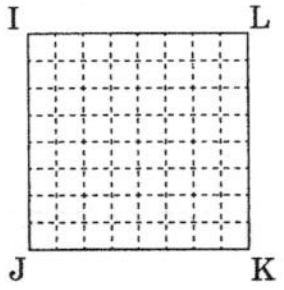

(2)

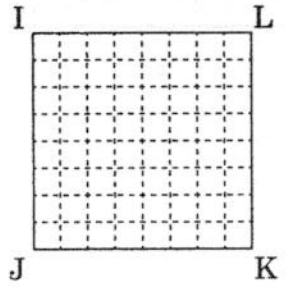

答＿＿＿＿＿cm^2

(3)（ア）

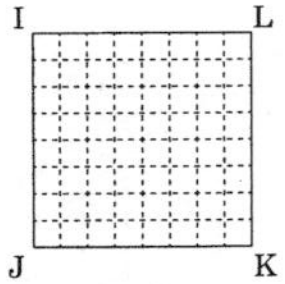

（イ）

答＿＿＿＿＿cm^3

3

(1)

		桁の数					
		1	2	3	4	5	6
各位の数の和	1	1					
	2	1	1				
	3	1	2	1			
	4	1	3				
	5						
	6						

算数解答用紙〈第２日目〉No. 2

(2) 答 理由①

理由②

(3) 答 ③

(4) 理由④

(5) 答 番目

答

4

(1) (ア)

(イ)

(ウ) 最大で □ 個，最小で □ 個

(エ) □ 通り

(2) (ア) Hの真下

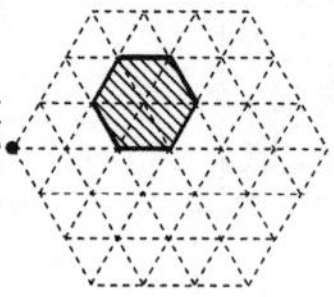

図５

(イ) Hの真下

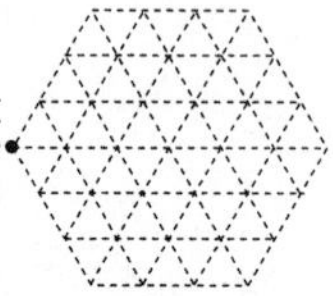

図６

(注) 実際の試験では、問題用紙の中に設けられた解答欄に書く形式です。
この解答用紙は使いやすいように小社で作成いたしました。

第２日目〔算　数〕100点(推定配点)

1 (1)～(3)　各４点×４　(4)　５点　**2** (1)　各４点×２　(2)　５点＜完答＞　(3)　(ア)　４点　(イ)　５点　**3** (1)，(2)　各４点×３＜(1)は完答＞　(3)～(5)　各５点×３＜(3)は完答＞　**4** (1)　(ア)，(イ)　各５点×２＜各々完答＞　(ウ)，(エ)　各４点×３　(2)　各４点×２

２０１８年度　灘中学校

理科解答用紙〈第１日目〉

番号		氏名	

評点	／100

1

問１	(1)	(2)	(3) 回	問２	A	B
問３	(1)		(2)			
問４	(1)	アゲハ	昆虫X	昆虫Y	(2)	植物B	植物C

2

問１		問２		問３	

問４

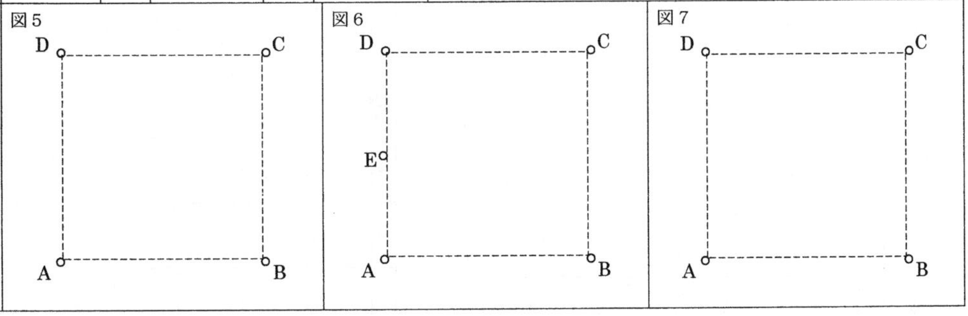

3

問１	ア	イ	ウ	エ	オ	カ	問２		問３	B	C	D	E

4

問１	時速　km	問２			問３		問４	秒

5

問１	L	問２	L			
問３	(1)	グラフ	体積　L	(2)	グラフ	体積　L

6

問１	mL	問２		問３	アルミニウム：金属Z　：
問４	アルミニウムの場合：金属Zの場合　：	問５	A液のとき：B液のとき　：	問６	アルミニウム：金属Z　：

（注）この解答用紙は実物を縮小してあります。Ａ３用紙に147％拡大コピーすると，ほぼ実物大で使用できます。（タイトルと配点表は含みません）

第１日目〔理　科〕100点(推定配点)

1　各２点×12　2　各３点×６＜問４は各々完答＞　3　問１　ア・イ　２点　ウ・エ　２点　オ，カ　各２点×２　問２，問３　各３点×２＜問３は完答＞　4　各３点×４＜問２は完答＞　5　問１，問２　各３点×２　問３　各２点×４　6　各３点×６

二〇一八年度　灘中学校

国語解答用紙〈第一日目〉

番号		氏名		評点	/80

（注）この解答用紙は実物を縮小してあります。A３用紙に147%拡大コピーすると、ほぼ実物大で使用できます。（タイトルと配点表は含みません）

◎解答に字数制限のある場合、句読点などの記号も字数に数えます。

一

問一　　　　こと

問二　I　II

問三

問四

問五　X　Y

問六

問七　1　2　3

問八　1　2　3　4　5　6

二

1　2　3　4

三

1　2　3　4

四

1　2　3　4

五

1　2　3　4　5　6

六

1　2　3　4　5　6

七

	A		X・Y			B	
例	A	降	X・Y	下	手	B	言
1	A		X・Y			B	
2	A		X・Y			B	
3	A		X・Y			B	

第一日目〔国　語〕80点(推定配点)

一　問1　2点　問2　各1点×2　問3～問7　各2点×8<問6は完答>　問8　各1点×6　二～七　各2点×27<七は各々完答>

二〇一八年度　灘中学校

国語解答用紙〈第二日目〉

番号		氏名		評点	/120

◎解答に字数制限のある場合、句読点などの記号も字数に数えます。

一

問一	A		B		C
	D	(る)	E		F	(せ)
	G		H		I
問二					
問三					
問四	こと				
問五					
問六					
問七	A				
	B				

二

問一	a		b	
問二				
問三				
問四				
問五				
問六				
問七				
問八				

三

問一	A		B	
	C			
	D			
問二				
問三				
問四				
問五				
問六				

(注)この解答用紙は実物を縮小してあります。A３用紙に159%拡大コピーすると、ほぼ実物大で使用できます。(タイトルと配点表は含みません)

第二日目〔国　語〕120点(推定配点)

一　問1　各2点×9　問2，問3　各5点×2　問4　4点　問5，問6　各5点×2　問7　A　3点　B　5点　二　問1　各2点×2　問2　6点　問3，問4　各5点×2　問5　4点　問6　5点　問7　6点　問8　4点　三　問1　各2点×4　問2　3点　問3　4点　問4　6点　問5，問6　各5点×2

平成29年度　　　灘中学校

算数解答用紙〈第１日目〉

番号		氏名		評点	／100

解　　答　　欄

(単位は記入しなくてよろしい)

1	2	3		4
		①	②	

5		6	
①	②	①	②

7			8	
①　曜日と	②　曜日	③	①	②

9	10	11	12

(注) この解答用紙は実物大です。

第１日目〔算　数〕100点(推定配点)

1～4　各５点×５　5, 6　各６点×４　7　各５点×３　8～12　各６点×６

平成29年度　灘中学校

算数解答用紙〈第2日目〉No. 1

番号		氏名		評点	/100

［解答上の注意］
- 1, 5(1)は答えのみ記入しなさい。それ以外は，答え以外に文章や式，図なども書きなさい。
- 問題にかいてある図は必ずしも正しくはありません。
- 角すいの体積は　(底面積)×(高さ)×$\frac{1}{3}$　で求められます。

1 (1)

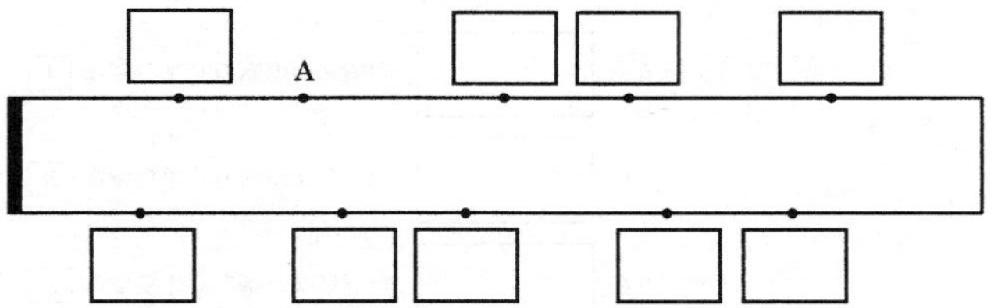

(2)

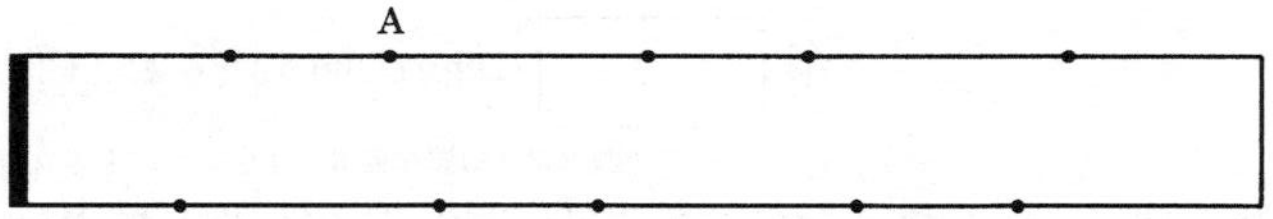

2 (1)

答＿＿＿＿＿m

(2)

答＿＿＿＿＿m

3 (1)

答＿＿＿＿＿cm^3

(2)

答＿＿＿＿＿

平成29年度 灘中学校

算数解答用紙〈第2日目〉No. 2

4

(1)

答 ＿＿＿＿ cm²

(2)

答 JK ＿＿ cm LM ＿＿ cm NO ＿＿ cm

(3)

答 ＿＿＿＿ cm²

5

(1) この操作を3回繰り返し行うことにします。

(ア) ACBの順に操作を行った後のカードの並びは □□□□ です。

(イ) 操作を3回行う方法は，各回ごとにA，B，Cのどれを選択《たく》するかで，全部で27通りあります。このうち，3回の操作後に左端のカードが

[4] であるような操作の方法は □ 通り，

[3] であるような操作の方法は □ 通り，

[2] であるような操作の方法は □ 通り，

[1] であるような操作の方法は □ 通りあります。

(ウ) 27通りの操作方法のうち，例えばAAAのときも，BABのときも，操作後のカードの並びは [2][1][3][4] となります。このように2通り以上の操作方法で実現できるカードの並びで [2][1][3][4] 以外のものは，□□□□ と □□□□ です。

(2)

答 ＿＿＿＿ 通り

(3)

答 ＿＿＿＿ 通り

（注）実際の試験では、問題用紙の中に設けられた解答欄に書く形式です。
この解答用紙は使いやすいように小社で作成いたしました。

第2日目〔算　数〕100点(推定配点)

[1]〜[5]　各5点×20＜[4]の(2)は各5点×3，[5]の(1)の(ウ)は各5点×2＞

平成29年度　　灘中学校

理科解答用紙〈第１日目〉

番号		氏名		評点	／100

1

問１		問２	

問３	(1)	

問３	(2)	春	夏	問４			問５	(1) 匹	(2)	匹

問６		問７			

2

問１		問２		問３	

問４	(1) mL	(2) mL	問５	倍	問６	mm

3

問１	(1)	A	B	C	D	(2)	①	②	③

問２		問３	匹	問４		問５	(1)	(2)

4

問１		問２	A	B	問３	C	D	問４	

5

問１	℃	問２	℃	問３	km
問４	℃	問５	km		

6

問１	(1)	(2)	(3)	(4)	問２	(5)	(6)	(7)

（注）この解答用紙は実物を縮小してあります。Ａ３用紙に149％拡大コピーすると、ほぼ実物大で使用できます。（タイトルと配点表は含みません）

第１日目〔理　科〕100点（推定配点）

1～6　各２点×50＜2の問２は完答，3の問１の(2)は各々完答＞

平成二十九年度　灘中学校

国語解答用紙〈第一日目〉

番号　　氏名　　評点　／80

◎解答に字数制限のある場合、句読点などの記号も字数に数えます。

一

問一

問二

問三

問四

問五　1　2　3　4　5　6　7　8

問六　→　→　→

問七　1　2　3　4　5

二

	言葉	記号
1		
2		
3		
4		
5		

三

1　2　3　4

四

1　2　3　4　5

五

1　①　②

2　①　②

六

1　2　3　4

七

1　2　3

（注）この解答用紙は実物を縮小してあります。A３用紙に149％拡大コピーすると、ほぼ実物大で使用できます。（タイトルと配点表は含みません）

第一日目〔国　語〕80点(推定配点)

一　問1，問2　各3点×2　問3，問4　各2点×2＜問4は完答＞　問5　各1点×8　問6，問7　各2点×6＜問6は完答＞　二～七　各2点×25＜二は各々完答＞

平成二十九年度　灘中学校

国語解答用紙〈第二日目〉

番号		氏名		評点	/120

◎解答に字数制限のある場合、句読点などの記号も字数に数えます。

一

問一　A　B　C　D（れる）

問二

問三

問四

問五

問六

問七

問八

二

問一　A　B　C　D　E　F

問二

問三

問四

問五

問六　X　Y

問七

問八

三

問一

問二

問三

問四

問五

問六

（注）この解答用紙は実物を縮小してあります。A３用紙に159％拡大コピーすると、ほぼ実物大で使用できます。（タイトルと配点表は含みません）

第二日目〔国　語〕120点（推定配点）

一　問１　各２点×４　問２　４点　問３，問４　各６点×２　問５　４点　問６　６点　問７　４点　問８　６点　二　問１　各２点×６　問２～問４　各４点×３　問５　６点　問６　各４点×２　問７，問８　各６点×２　三　問１　４点　問２　６点　問３～問６　各４点×４

平成28年度　　灘中学校

算数解答用紙〈第１日目〉

番号		氏名	

評点	／100

解　答　欄

(単位は記入しなくてよろしい)

1	2	3		
		①	②	③

4		5	
①	②	①	②

6

6の答えは右づめで書きなさい。

7		8	9
①	②		

10		11	
①	②	①	②

(注) この解答用紙は実物大です。

第１日目〔算　数〕100点(推定配点)

1～9　各６点×12＜3は完答＞　10, 11　各７点×４

平成28年度　灘中学校

算数解答用紙〈第2日目〉No. 1

番号　　　　氏名　　　　評点　　／100

［解答上の注意］

・1, 2, 5(1)(ア), (2)(ア)は答えのみ記入しなさい。それ以外は，答え以外に文章や式，図なども書きなさい。

・問題にかいてある図は必ずしも正しくはありません。

・角すいの体積は　(底面積)×(高さ)×$\frac{1}{3}$　で求められます。

1

(1) ［　　］　(2) ［　　］回目　(3) ［　　］回目

(4) いずれも ①［　　］ で割ると ②［　　］ 余ります。　(5) ［　　］

2

(1)

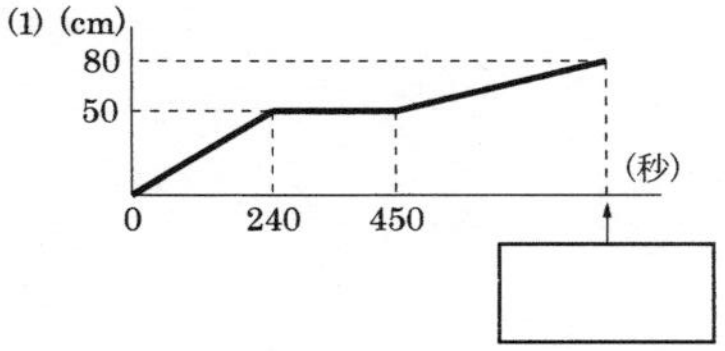

グラフ 1

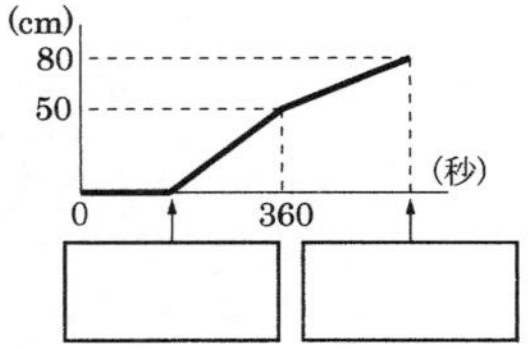

グラフ 2

(2)

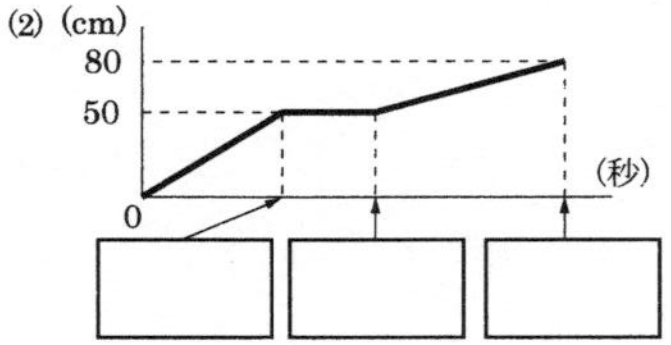

グラフ 3

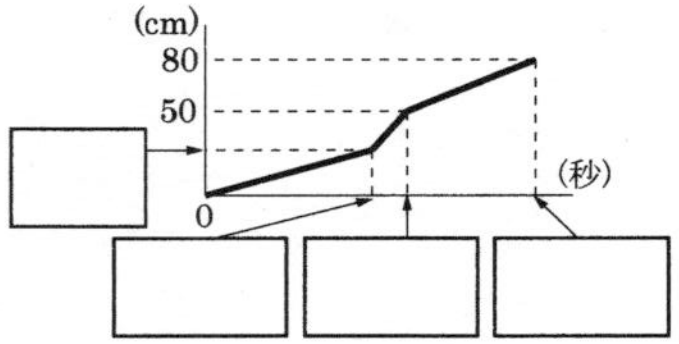

グラフ 4

3

(1)

答　　　　　cm³

(2)

答　　　　　cm³

(3)

答　　　　　cm³

平成28年度　灘中学校

算数解答用紙〈第2日目〉No. 2

（注）実際の試験では、問題用紙の中に設けられた解答欄に書く形式です。
この解答用紙は使いやすいように小社で作成いたしました。

4

(1)

答 ＿＿＿＿ 個

(2)

答 ＿＿＿＿ 個

(3)

答 ＿＿＿＿ 回

5

(1) (ア) ☐ 個

(イ)

答 ＿＿＿＿ cm³

(2) (ア) ☐ 個

(イ)

答 ＿＿＿＿ cm³

第２日目〔算　数〕100点(推定配点)

1　各４点×５　2　(1)　各６点×２　(2)　８点　3　(1)　６点　(2), (3)　各７点×２　4　(1)　６点　(2), (3)　各７点×２　5　各５点×４

平成28年度　　灘中学校

理科解答用紙〈第１日目〉

番号		氏名		評点	／100

1

問１	タンパク質	脂肪	問２		問３		問４	
問５			問６	①	②			

2

問１		問２		問３		問４	

3

問１	①	②	問２	③
問３	④	⑤	問４	⑥

4

問１	①	②		
問２	g			
問３				
問４	①	②	問５	(1)
問５	(2)			

5

問１	③	④	⑤	⑥	⑦	問２		問３	
問４	(1)	(2)	(3)	(4)	(5)	問５	①	②	問６

6

問１		問２	①	問３	②	③	問４	
問５	cm³	問６	cm³	問７	分後			

7

問１	(1) m	(2) 秒後	問２	(1) m/秒	(2) m	(3)	問３	高さ m	速さ m/秒

(注) この解答用紙は実物を縮小してあります。Ａ３用紙に149%拡大コピーすると、ほぼ実物大で使用できます。(タイトルと配点表は含みません)

第１日目〔理　科〕100点(推定配点)

1～7　各２点×50＜1の問２，問４，4の問４，5の問１，問３，問５，6の問１，7の問２の(3)は完答＞

平成二十八年度　灘中学校

国語解答用紙〈第一日目〉

番号		氏名		評点	/80

◎解答に字数制限のある場合、句読点なども字数に数えます。

一

問一		
問二		
問三		
問四		
問五	1	ツクス
	2	ツクス
	3	ツクス
	4	ツクス
問六	1	つ　り
	2	つ　り
	3	つ　り
	4	つ　り
	5	つ　り
	6	つ　り
問七	1	の
	2	の
	3	の
	4	の

二

1		2		3	
4		5		6	

三

1		2		3		4	

四

1	
2	
3	
4	
5	

五

1	
2	
3	
4	
5	

六

1		2		3		4		5		6	

七

1	X		Y		a		b		c	
2	X		Y		a		b		c	

(注) この解答用紙は実物を縮小してあります。A３用紙に149%拡大コピーすると、ほぼ実物大で使用できます。(タイトルと配点表は含みません)

第一日目〔国　語〕80点(推定配点)

一　問１～問３　各２点×３　問４　４点　問５～問７　各１点×14　二～五　各２点×20　六, 七　各１点×16

平成二十八年度　灘中学校

国語解答用紙〈第二日目〉

番号　　氏名　　評点 /120

◎解答に字数制限のある場合、句読点などの記号も字数に数えます。

一

問一　A　B　C（った）　D　E（てる）　F　G　H　I

問二

問三

問四

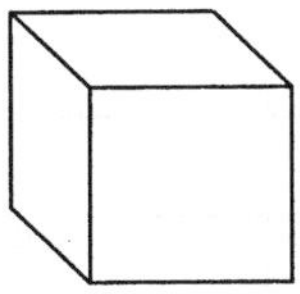

問五

問六

問七

問八

二

問一　人物

問二

問三　A　B

問四

問五

問六

問七

三

問一　人

問二　A　B

問三　X　Y

問四

問五

(注) この解答用紙は実物を縮小してあります。A３用紙に156%拡大コピーすると、ほぼ実物大で使用できます。(タイトルと配点表は含みません)

第二日目〔国　語〕120点(推定配点)

一　問1　各2点×9　問2　4点　問3〜問5　各6点×3　問6, 問7　各3点×2　問8　4点　二　問1　4点　問2, 問3　各5点×3　問4　4点　問5　5点　問6　6点　問7　3点　三　問1　3点　問2　各6点×2　問3　各4点×2　問4　6点　問5　4点

平成27年度　灘中学校

算数解答用紙〈第１日目〉

番号		氏名		評点	／100

解　答　欄

(単位は記入しなくてよろしい)

1	2	3	4

5		6	
①	②	①	②

7		8	9
①	②		

10		11	12
①	②		

(注) この解答用紙は実物大です。

第１日目〔算　数〕100点(推定配点)

1～9　各６点×12　10～12　各７点×４

平成27年度 灘中学校

算数解答用紙〈第2日目〉No. 1

番号		氏名		評点	/100

［解答上の注意］
- 1 (1)は答えのみ記入しなさい。それ以外は，答え以外に文章や式，図なども書きなさい。
- 問題にかいてある図は必ずしも正しくはありません。
- 角すいの体積は　(底面積) × (高さ) × $\frac{1}{3}$　で求められます。

1

(1) 水そうの目盛りで [　　] cm 上がり，物体Aの目盛りで [　　] cm のところ

(2) (ア)

答　　　　　　cm

(イ)

答　　　　　　cm

2

(1)

答　全体の重さ　　　　g,　x =　　　　, y =

(2)

答　全体の重さ　　　　g,　Bの重さ　　　　g

(3)

答　(イ)の成分比率　　　　　　,　a =

3

(1) (あ)

答　　　　　通り

(い)

答　　　　　通り

(2)

答　　　　　通り

(3)

答　　　　　通り

4

(1)

答　　　　　倍

(2)

答　　　　　倍

(注) 実際の試験では、問題用紙の中に設けられた解答欄に書く形式です。
この解答用紙は使いやすいように小社で作成いたしました。

平成27年度　灘中学校

算数解答用紙〈第２日目〉No. 2

4

(3)

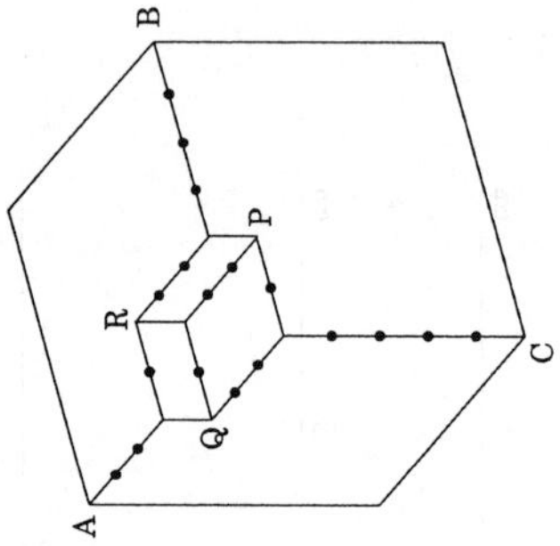

答　　　　倍

5

(1)

(例)

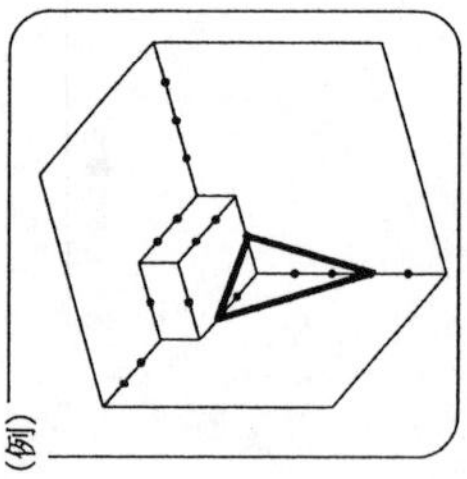

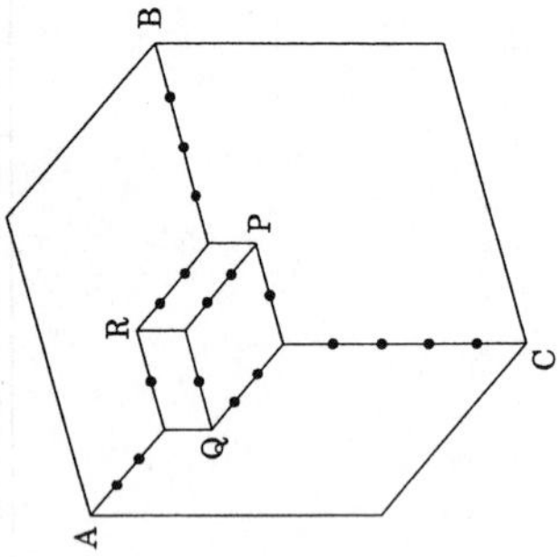

答　　　　倍

(2)

答　　　　倍

(3)

答　　　　cm³

第２日目〔算　数〕100点(推定配点)

1　各６点×3＜(1)は完答＞　2　各７点×3＜各々完答＞　3, 4　各６点×7　5　(1), (2)　各６点×2＜各々完答＞　(3)　７点

平成27年度　灘中学校

理科解答用紙〈第１日目〉

番号		氏名		評点	／100

1

問１		問２	(1)	(2)	(3)				
問３	(1)	(2)	(3)	問４	(1)	(2)	(3)	問５	
問６	(1)	(2)	(3)	(4)					

2

問１	(1)	(2)	(3)	問２		問３	

3

問１		問２		問３	
問４		問５			
問６					

4

問１	①	②	問２	毎秒　　　　km	問３	④	⑤
問４	⑥	⑦	⑧	問５			

5

問１	kg	問２	kg	問３	kg	問４	窒素　　％	水蒸気　　％

6

問１

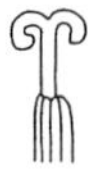

問２	(1)		
	(2)	①	②
		③	④
		⑤	⑥

7

問１

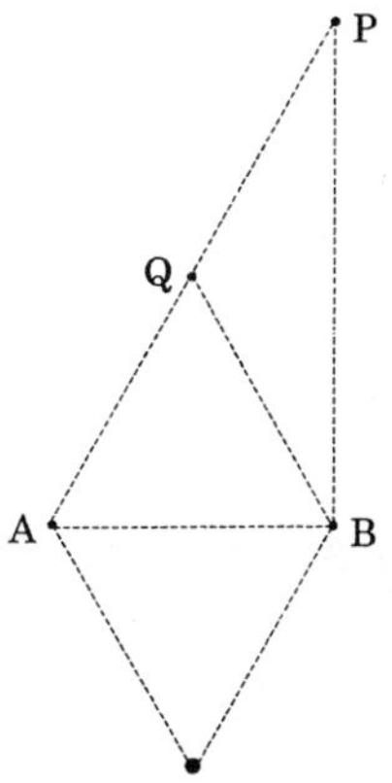

（点QはAPの真ん中の点です）

問２	①
	②
	③

問３

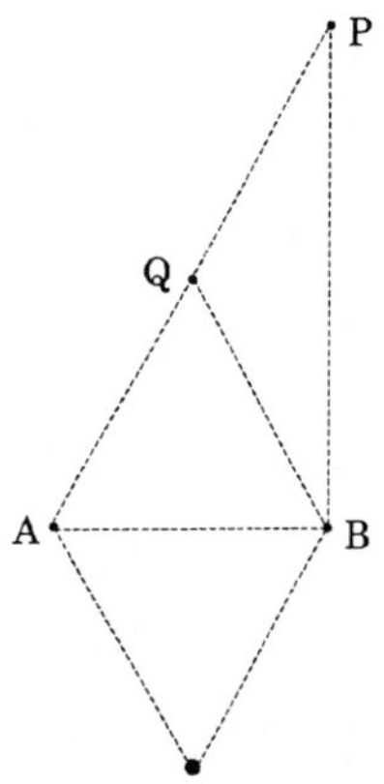

（点QはAPの真ん中の点です）

（注）この解答用紙は実物を縮小してあります。Ｂ４用紙に143％拡大コピーすると、ほぼ実物大で使用できます。（タイトルと配点表は含みません）

第１日目〔理　科〕100点(推定配点)

1～7　各２点×50＜1の問１，3の問１，4の問１，問３，5の問４は完答＞

平成二十七年度　灘中学校

国語解答用紙〈第一日目〉

番号　氏名　評点 /80

◎解答に字数制限のある場合、句読点などの記号も字数に数えます。

一

問一　講義→　専問→

問二

問三　（から。）

問四　・　・

問五

問六　1 ーション　2 ーション　3 ーション　4 ーション　5 ーション

問七

二

1 々 々　2 々 々　3 々 々　4 々 々

三

1 あ く　2 あ く　3 あ く　4 あ く　5 あ く

四

1　2　3　4　5　6

五

1　2　3　4　5　6

六

1 A B ① ② C D　2 A B ① ② C D

第一日目〔国　語〕80点（推定配点）

一～五　各2点×34　六　各1点×12

平成二十七年度　灘中学校

国語解答用紙〈第二日目〉

番号　氏名　評点 /120

◎解答に字数制限のある場合、句読点などの記号も字数に数えます。

一

問一　A B C D E F（める） G H I

問二　始め　終わり

問三

問四

問五

問六

問七

問八

二

問一　i　ii　iii

問二　と思うから。

問三　から。

問四

問五　1　2

問六

問七

三

問一

問二

問三

問四

問五

問六　1　2

第二日目〔国　語〕120点（推定配点）

一　問1　各2点×9　問2，問3　各4点×2　問4　3点　問5　6点　問6　4点　問7　5点　問8　6点　二　問1　各3点×3　問2　6点　問3　4点　問4　3点　問5　各4点×2　問6　6点　問7　4点　三　問1～問3　各5点×3　問4　3点　問5　5点　問6　1　4点　2　3点

中学後見返し